平成史全記録

Chronicle
1989-2019

毎日新聞出版

平成を彩った人びと

◁新元号「平成」を発表する
小渕恵三官房長官（当時）
…1989年

△第15回参院選で社会党大躍進。
土井たか子委員長と山口鶴男書記長…1989年

◁ダウンタウンの
松本人志と浜田雅功
…1990年

▽オウム真理教の麻原彰晃代表…1990年

△日本人初の宇宙飛行、
秋山豊寛TBS宇宙特派員
…1990年

◁尾崎豊　デビューライブのころ
…1984年　©山内順仁

△スペースシャトルに乗り込む
毛利衛宇宙飛行士…1992年

▽バルセロナ五輪で
金メダルの岩崎恭子…1992年

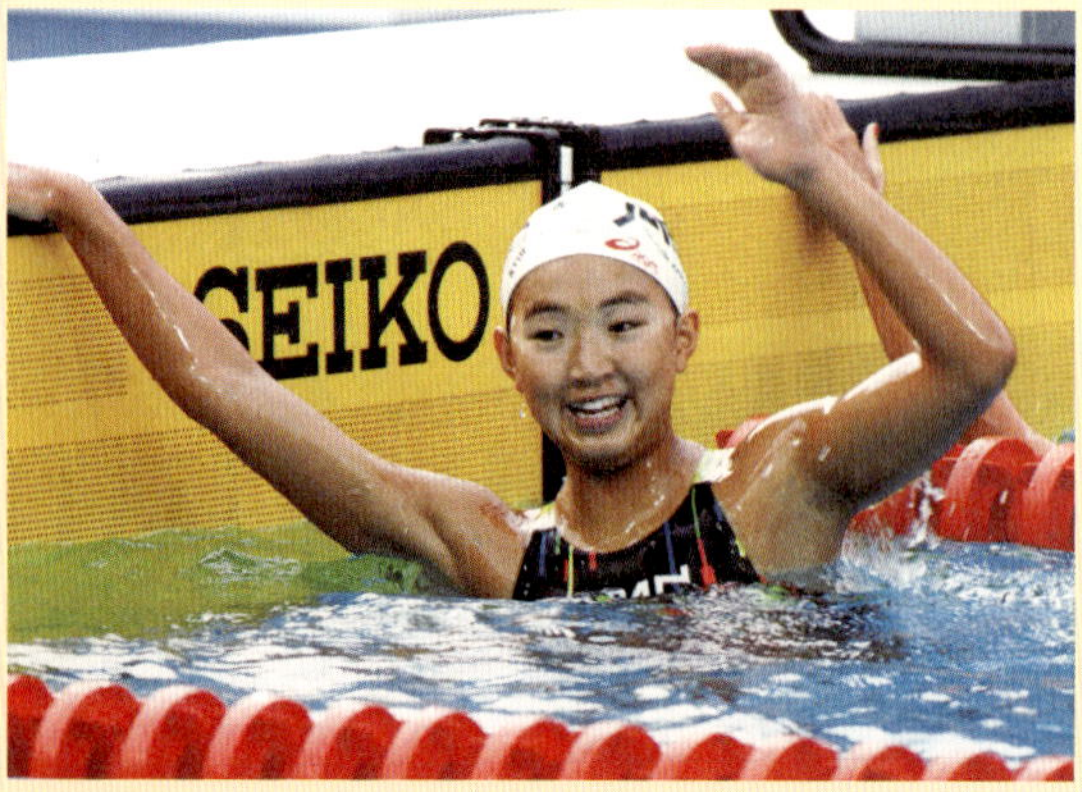

◁シドニー五輪女子マラソン。日本人初の金メダルでゴールした高橋尚子…2000年

▷ジュリアナ東京…1993年

▷背中に矢が刺さったオナガガモ…1993年

▽7冠を制覇した羽生善治新王将…1996年

△春夏連覇した横浜高校の松坂大輔…1998年

◁ガングロギャル…1999年

▷ノーベル文学賞の大江健三郎…1994年

◁九州・沖縄サミットの歓迎レセプションで歌う安室奈美恵…2000年

△退任記者会見した中内㓛ダイエー会長…1999年

▷ノーベル化学賞を受賞した田中耕一さん…2002年

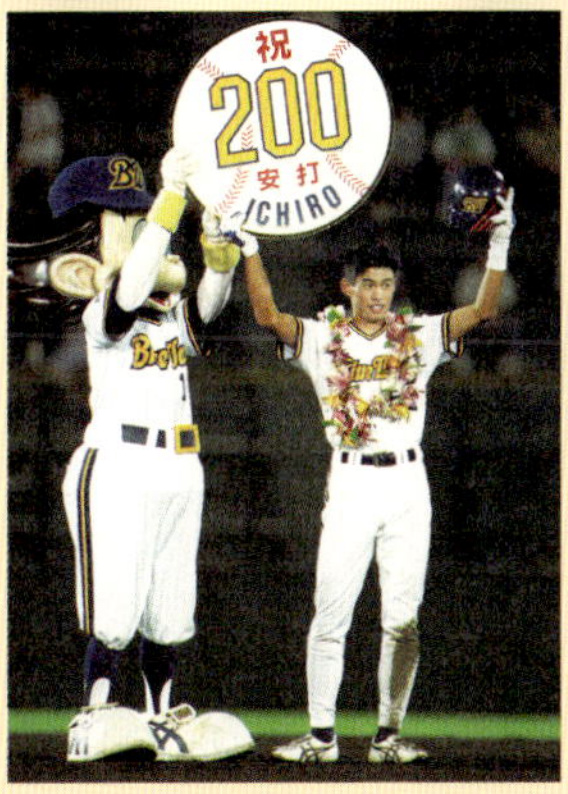

◁200安打を達成したオリックスのイチロー…1994年 ©共同通信

◁「マイアミの奇蹟」中田英寿…1996年

▷山一證券自主廃業 野沢正平社長…1997年

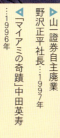

△初の日朝首脳会談。
小泉純一郎首相と金正日総書記…2002年　代表撮影

△横綱貴乃花…2002年

△大リーグ・ドジャースの野茂英雄
…2004年　太田康男撮影

▽アテネ五輪。
優勝した北島康介…2004年

△プロ転向を表明した
宮里藍…2003年

◁アテネ五輪女子マラソン。
1位でゴールする野口みずき…2004年

◁「宮崎県のセールスマン」として
物産品宣伝の先頭に立つ
東国原英夫宮崎県知事…2007年

▽iPS細胞の山中伸弥京都大教授…2008年

▲プロ野球球団、ニッポン放送買収などを次々と仕掛けたライブドアの堀江貴文社長…2006年

◀この年ツアー初優勝した錦織圭…2008年　太田康男撮影

▶三冠を達成したディープインパクトと武豊騎手…2005年

▲大阪府知事選に立候補した橋下徹弁護士…2008年

◀AKB48チームA…2010年

▶「ハンカチ王子」早実の斎藤佑樹…2006年

◀吉田昌郎・福島第1原子力発電所長…2011年　代表撮影

▲事業仕分けで質問する蓮舫民主党参院議員…2010年

▼トリノ冬季五輪で金メダルの荒川静香…2006年

▼衆院選で圧勝。政権交代を果たした民主党の鳩山由紀夫代表…2009年

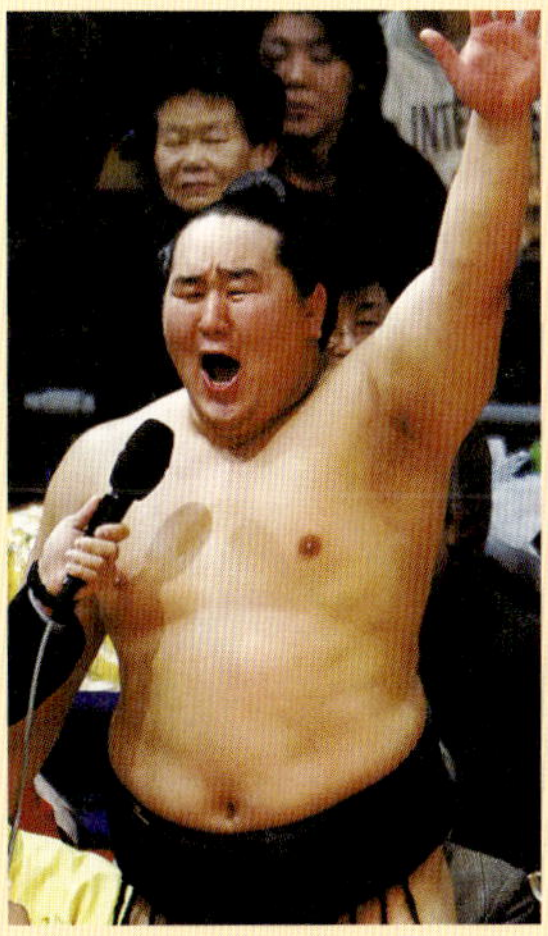

▶優勝インタビューで観客に応える横綱朝青龍…2005年

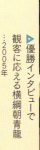

△NHK紅白歌合戦の出場が決まった
芦田愛菜ちゃんと鈴木福君…2011年

◁サッカー女子W杯で優勝した
なでしこジャパン…2011年　©共同通信

◁「生放送単独司会世界最高記録」として
ギネスブックに認定された
タモリさん…2002年

▷5千万円の借入金を追及される
猪瀬直樹都知事…2013年

△ピョンチャン冬季五輪、
女子500メートルで優勝した
小平奈緒…2018年

△ソチ五輪の浅田真央…2014年

△地方議会の政務調査費の
闇を世間に知らしめた
野々村竜太郎兵庫県会議員
…2014年　©共同通信

△国民栄誉賞の
長嶋茂雄読売ジャイアンツ終身名誉監督と
松井秀喜…2013年　代表撮影

◁歴代単独1位の1048勝を挙げた
横綱白鵬…2017年

▷トランプ米大統領と
安倍晋三首相…2018年　代表撮影

△七冠を達成した
井山裕太六冠…2016年

▷自民党を離党して都知事選に立候補した小池百合子衆議院議員…2016年

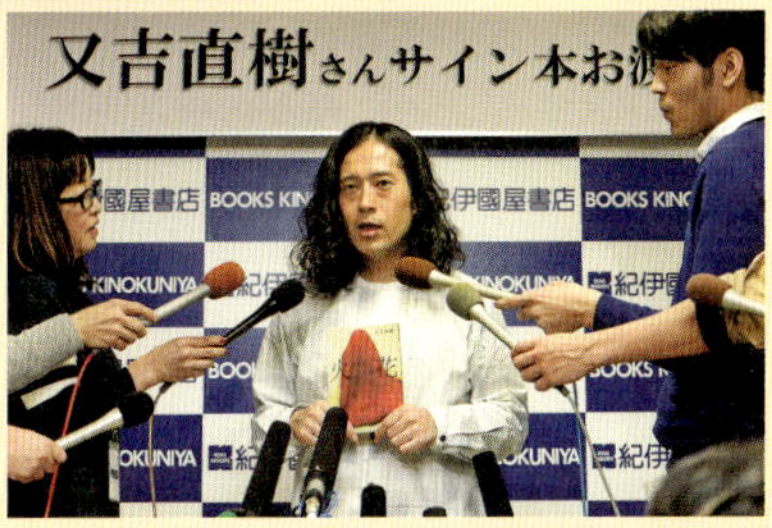

▷『火花』が
大ベストセラーとなった
お笑い芸人の
又吉直樹さん…2015年

◁JRA16年ぶりの
女性騎手・藤田菜七子騎手
…2016年

▽W杯ジャンプ女子で初優勝した
高梨沙羅…2012年

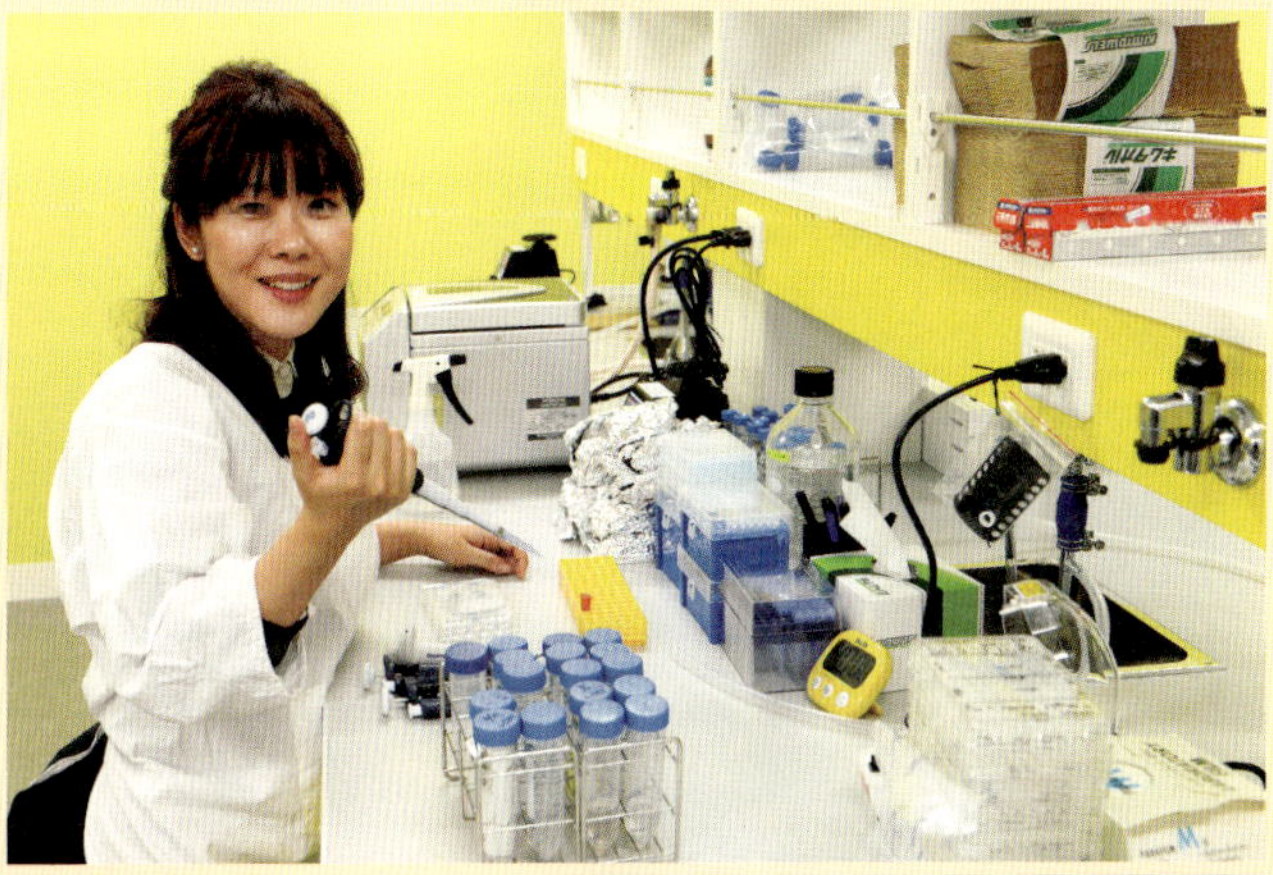

△「STAP細胞」を
作製したと発表した
小保方晴子
理化学研究所
ユニットリーダー
…2014年

◁証人喚問を受ける籠池泰典森友学園理事長…2017年

△プロ1年目で賞金王に輝いた
松山英樹…2013年

△ピョンチャン冬季五輪、2連覇した羽生結弦…2018年

▽全米オープンで優勝した
大坂なおみ…2018年 ©共同通信

▽SMAP×SMAPの最終回…2016年

▷報道写真展で、自身のパネルの前に立つ大谷翔平…2018年

▲阪神・淡路大震災。
黒煙があがる神戸市内…1995年1月17日

▲新潟中越地震。
脱線した上越新幹線「とき325号」の
最後尾車両…2004年10月24日

平成の災害

▶雲仙普賢岳噴火。
民家へ迫る大火砕流、
手前は水無川
長崎県島原市…1991年6月3日

▲東日本大震災。
閉伊川をさかのぼった津波が
堤防を越え襲いかかった
…岩手県宮古市　2011年3月11日

▷北海道胆振東部地震。
多数の山崩れが起きた
厚真町の山…2018年9月6日

▲鬼怒川堤防決壊。
屋根からヘリコプターで
救助される人たち
…茨城県常総市　2015年9月10日

◁熊本地震。
役場前に避難した住民
…熊本県益城町　2016年4月15日

東京電力 福島第1原発 メルトダウン

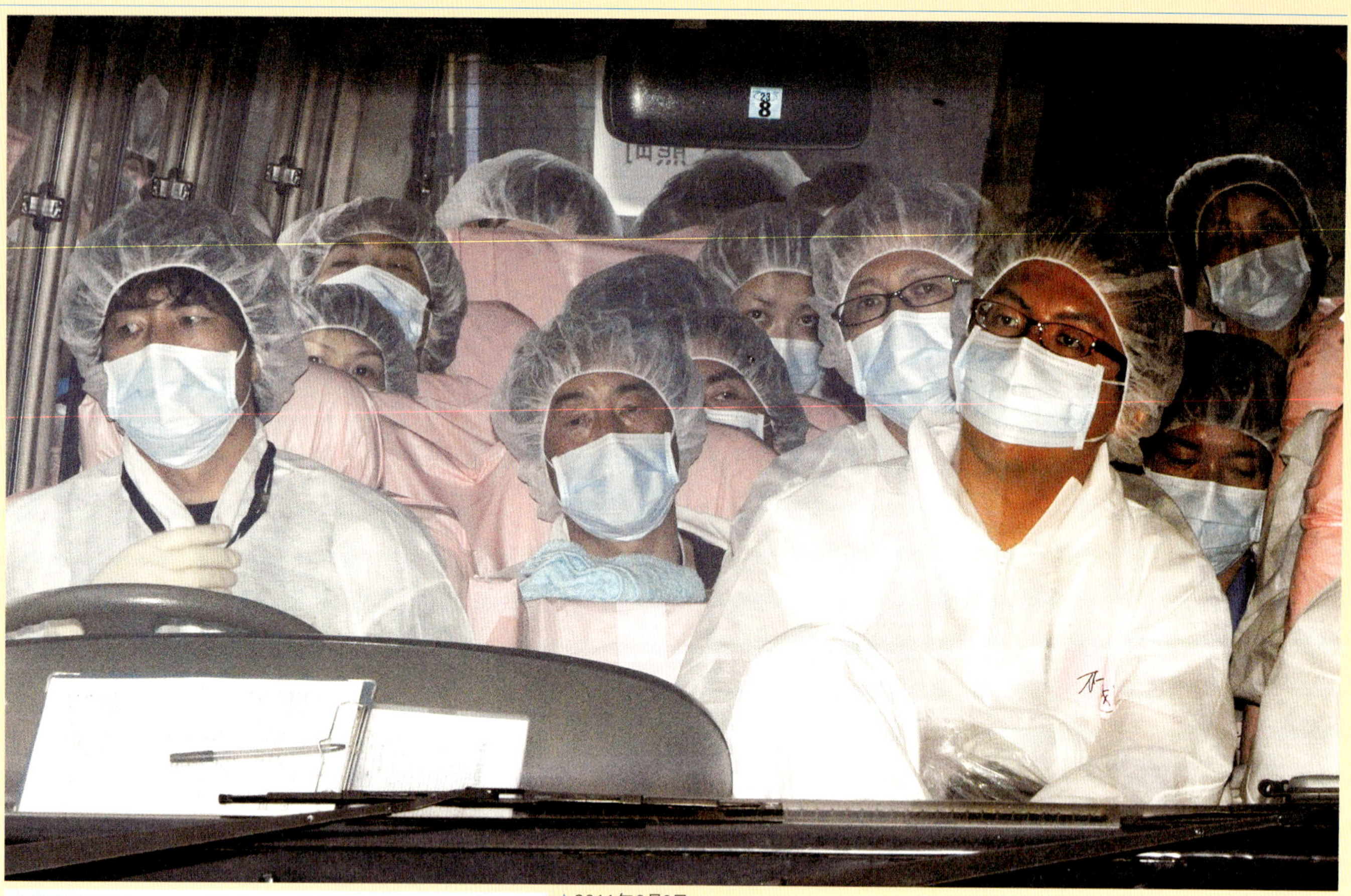

▲2011年6月9日
全村避難が続く福島県大熊町の住民が一時帰宅。
一時帰宅を終えて、バスの中でスクリーニング検査を待つ住民
…福島県田村市

▲2011年3月11日
高さ10メートルの堤防を乗り越え、原発を襲った津波
…福島第1原発　東京電力提供

▼2011年3月15日
爆発で大破した
福島第1原発3号機(左)と4号機
…東京電力提供

▼2011年11月12日
福島第1原発敷地内で放射線量を測ると、毎時70マイクロシーベルトを超える値を示した
…福島県大熊町　代表撮影

▶2011年10月18日
民家の屋根を洗浄して除染する作業員…福島市大波

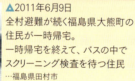

▲2019年3月30日
福島第1原発(奥)に
隣接する集落。
中間貯蔵施設の
用地提供に同意した
住民の家屋の解体作業が
目立つ
…福島県大熊町夫沢地区

▶2011年12月7日
民家の軒先で餌を食べるイノブタ。
住民のいなくなった町では
ペットも家畜も野生化している
…福島県富岡町　松村直人撮影

▶2018年2月28日
避難指示の一部解除から
1年が経過しても帰還した人は少ない。
JR浪江駅前でも暗くなると
歩いている人にはほぼ会わない
…福島県浪江町

◀2013年4月12日
原発から約3・5キロの
大熊中学校のグラウンドで
咲く桜…福島県大熊町

▲2018年2月19日
一月後に避難先の茨城県つくば市から帰還予定で、
自宅敷地の畑を耕す住民。
「何もせず年を取った」とこの7年間を振り返る…福島県楢葉町

◀2017年2月21日
汚染土などが詰め込まれた
フレコンバッグの仮置き場。
積み上げた
黒いフレコンバッグを
グリーンシートで覆う
…福島県富岡町

▶2019年4月6日
帰還困難区域の境界から桜並木を見つめる夫婦。区域内にある自宅の解体を来月に控えている。
「ここへ来ると時間が止まった別の世界にいるような感覚になってしまうが、
桜は住んでいた頃と同じように咲いていますね」と話した…福島県富岡町

平成の事件

▷和歌山毒物カレー事件。町内の夏祭りで提供されたカレーに毒物(亜ヒ酸)が混入され、カレーを食べた67人が中毒症状を起こし4人が死亡…和歌山市園部　1998年7月25日

◁バブル時代の過剰融資が原因で、都市銀行の北海道拓殖銀行が経営破綻…1998年11月4日

▷旧石器発掘ねつ造事件。早朝、たった一人で石器を埋める「東北旧石器文化研究所」の藤村新一副理事長…宮城・上高森遺跡　2000年10月22日

◁地下鉄サリン事件。サリンが撒かれた地下鉄の車両を洗浄する自衛隊員…営団地下鉄後楽園駅　1995年3月20日　防衛省提供

▽地下鉄サリン事件。
営団地下鉄日比谷線、小伝馬町駅上の交差点の路上に横たわる被害者
…東京都中央区　1995年3月20日

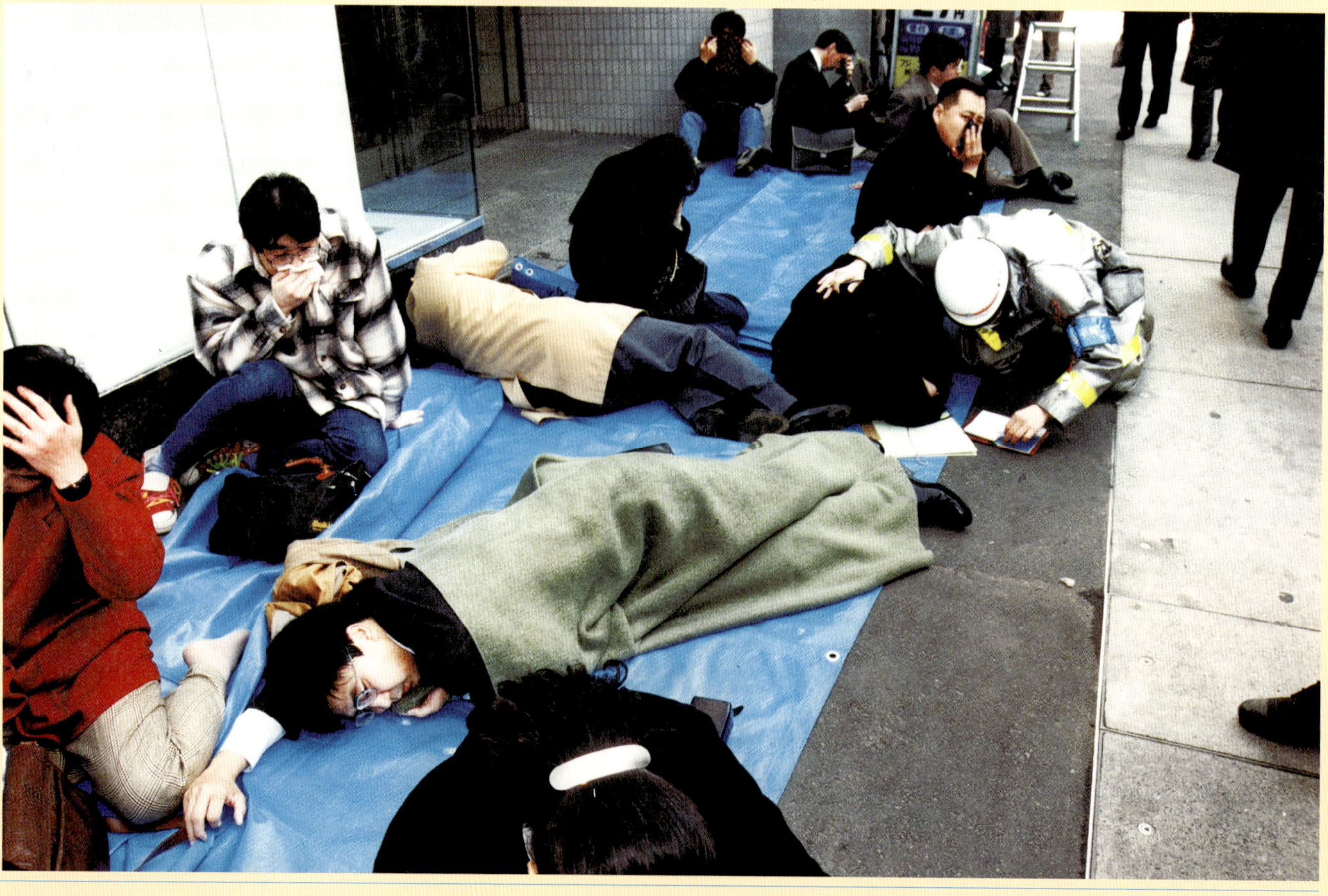

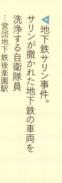

△秋葉原無差別殺傷事件。
負傷者を手当てする通行人たち
…東京都千代田区外神田　2008年6月8日　馬上雄一撮影

▽西鉄高速バス乗っ取り事件。
運転席付近で刃物を持った少年…山陽自動車道小谷SA 2000年5月3日

△神戸連続児童殺傷事件（酒鬼薔薇事件）
切断された男児の頭部と「酒鬼薔薇聖斗」名の犯行声明文が放置されていた
神戸市立友が丘中学校の校門（写真左）と、
頭部のない遺体が発見された通称タンク山のケーブルテレビアンテナ基地
…神戸市須磨区　1997年5月27日

◁鳥インフルエンザに感染した鶏を殺処分
…山口県阿東町　2004年1月17日

▽2010年9月7日、尖閣諸島付近で
海上保安庁の巡視船に中国漁船が体当たり。11月4日、ユーチューブに流出した映像

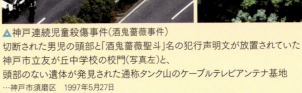

平成の歴代総理大臣

△「すし会談」となった日米首脳会談。
クリントン米大統領と宮澤喜一首相
…東京・ホテルオークラ　1993年7月9日

△首相主催の「桜を見る会」で伊藤みどりさん（右）と
竹下登首相（中央）、直子夫人（後方右）
…東京・新宿御苑　1989年4月20日

△立ったままで就任記者会見に臨む細川護熙首相…首相官邸　1993年8月10日

◁お年寄りたちと
ゲートボールを
楽しむ海部俊樹首相
…首相公邸中庭
1989年11月11日

△政府与党首脳会議に臨む
羽田孜首相…国会内　1994年6月24日

▷第11回貿易会議に
出席した宇野宗佑首相
…首相官邸
1989年6月28日

◁「ダイオキシン汚染」報道で
風評被害を受けた
所沢産のホウレンソウを食べる
小渕恵三首相
…国会内　1999年2月19日

▷経済対策の4兆円減税を
発表した橋本龍太郎首相
…首相官邸　1998年4月9日

△東京都の総合防災訓練会場を
視察する森喜朗首相(中央)と扇千景建設相
…東京都中央区銀座　2000年9月3日

▷自衛隊を巡閲する村山富市首相
…埼玉・陸上自衛隊朝霞訓練場
1995年10月29日

歴代	氏名	在職期間	在職日数	就任時年齢	出身地	
74	竹下　登	1987(昭和62).11.6－1989(平成元).6.3	576	63歳	島根県	自由民主党総裁
75	宇野宗佑	1989(平成元).6.3－1989(平成元).8.10	69	66歳	滋賀県	自由民主党総裁
76	海部俊樹(第1次)	1989(平成元).8.10－1990(平成2).2.28	203	58歳	愛知県	自由民主党総裁
77	海部俊樹(第2次)	1990(平成2).2.28－1991(平成3).11.5	616	59歳	愛知県	自由民主党総裁
78	宮澤喜一	1991(平成3).11.5－1993(平成5).8.9	644	72歳	広島県	自由民主党総裁
79	細川護熙	1993(平成5).8.9－1994(平成6).4.28	263	55歳	熊本県	日本新党代表
80	羽田　孜	1994(平成6).4.28－1994(平成6).6.30	64	58歳	長野県	新生党党首
81	村山富市	1994(平成6).6.30－1996(平成8).1.11	561	70歳	大分県	日本社会党委員長
82	橋本龍太郎(第1次)	1996(平成8).1.11－1996(平成8).11.7	302	58歳	岡山県	自由民主党総裁
83	橋本龍太郎(第2次)	1996(平成8).11.7－1998(平成10).7.30	631	59歳	岡山県	自由民主党総裁
84	小渕恵三	1998(平成10).7.30－2000(平成12).4.5	616	61歳	群馬県	自由民主党総裁
85	森　喜朗(第1次)	2000(平成12).4.5－2000(平成12).7.4	91	62歳	石川県	自由民主党総裁
86	森　喜朗(第2次)	2000(平成12).7.4－2001(平成13).4.26	297	62歳	石川県	自由民主党総裁
87	小泉純一郎(第1次)	2001(平成13).4.26－2003(平成15).11.19	938	59歳	神奈川県	自由民主党総裁
88	小泉純一郎(第2次)	2003(平成15).11.19－2005(平成17).9.21	673	61歳	神奈川県	自由民主党総裁
89	小泉純一郎(第3次)	2005(平成17).9.21－2006(平成18).9.26	371	63歳	神奈川県	自由民主党総裁
90	安倍晋三(第1次)	2006(平成18).9.26－2007(平成19).9.26	366	52歳	山口県	自由民主党総裁
91	福田康夫	2007(平成19).9.26－2008(平成20).9.24	365	71歳	群馬県	自由民主党総裁
92	麻生太郎	2008(平成20).9.24－2009(平成21).9.16	358	68歳	福岡県	自由民主党総裁
93	鳩山由紀夫	2009(平成21).9.16－2010(平成22).6.8	266	62歳	北海道	民主党代表
94	菅直人	2010(平成22).6.8－2011(平成23).9.2	452	63歳	東京都	民主党代表
95	野田佳彦	2011(平成23).9.2－2012(平成24).12.26	482	54歳	千葉県	民主党代表
96	安倍晋三(第2次)	2012(平成24).12.26－2014(平成26).12.24	729	58歳	山口県	自由民主党総裁
97	安倍晋三(第3次)	2014(平成26).12.24－2017(平成29).11.1	1044	60歳	山口県	自由民主党総裁
98	安倍晋三(第4次)	2017(平成29).11.1－	－	63歳	山口県	自由民主党総裁

▲障害を持つ子どもたちとの
チャリティーファッションショーに
参加した鳩山由紀夫首相夫妻
…東京都渋谷区　2009年10月3日
代表撮影

▷日朝共同宣言に署名し握手を交わす
北朝鮮の金正日総書記と小泉純一郎首相
…平壌・百花園迎賓館　2002年9月17日　代表撮影

▷福島第1原発事故の
警戒区域に関する政府方針を
説明に訪れた福島県庁で、
険しい表情の佐藤雄平知事に
迎えられた菅直人首相
…2011年4月21日

▼記者団の質問に応える福田康夫首相
…首相官邸　2007年12月25日

◁衆院選惨敗。当選の花がないボードの前で
民主党代表の辞意を表明した野田佳彦首相
…東京都港区　2012年12月16日

▲内閣不信任決議案の
投票を見つめる
麻生太郎首相
…衆議院本会議　2009年7月14日

◁新元号「令和」の書を傍らに、
記者会見する安倍晋三首相
…首相官邸　2019年4月1日　代表撮影

新しい時代の人々へ

「平成」の終わりと「令和」の始まりに寄せる鎮魂歌と賛歌

作家 作詩家 なかにし礼

平成は確かに戦争のないままに終わった。しかし為政者は着々と戦争準備に怠りない。あとは憲法9条に1行加えさえすれば、準備完了である。

まさに春爛漫、令和元年を迎えて世の中は奇妙にはしゃいでいる。何やら怖いと感じているのは私だけだろうか。いや、他にもいるはずだ。そんな平和を願う人たちとともに、この詩を歌いたい。

藤城清治・画

1 戦争という邪悪

轟音《ごうおん》とともに大地が震えた
見上げれば雲一つない北の空に
ソ連軍爆撃機の大編隊が現れた
ガラス細工のような翼をきらめかせ
爆撃機たちは一斉に胴体を開き
鹿の糞《ふん》のような黒いものを吐きだした
鹿の糞と見えたものは無数の爆弾で
くるくると旋回しながら落下してきて
私の頭上を越えて飛んで行き
道を隔てた陸軍の兵器庫に命中し炸裂《さくれつ》した
もの凄《すご》い爆発音とともに焔柱《ほばしら》が巻き上がり

私は爆風に飛ばされ地面にたたきつけられた
昭和二十年八月十一日午前十時 六歳
その時、私の人生という現実が始まった
現実とはまず逃げること
家を棄《す》て街を棄て命以外の全てを棄てて
避難列車を奪い合う群衆を尻目に
軍人退却用の列車に潜り込んだ
夜明けとともに軍用列車をソ連軍機が襲う
機銃掃射で人が死ぬ 血を流して人が死ぬ
屍臭《ししゅう》を放つ死体を列車の窓から投げる
線路際に延々と連なる死体……死体……
赤い尾を引く照明弾が闇の中に

累々たる屍《しかばね》を浮かびあがらせる
私が生きているのはただの偶然だ
いや　そうだろうか　偶然だけだろうか
われらも乗せろと列車にすがりつく人々の
その手を払いその指を一本一本引き剝《は》がし
歯を食いしばって死の大地に突き放した
あれは偶然ではない　邪悪な心がさせたのだ
私は人を見殺しにし人殺しに手をかしたのだ
私は自分の中の邪悪を見て戦慄《せんりつ》した
その身の震えは父の死の悲しみを上回った
昭和二十一年十月十五日の夕まぐれ
中国人から奪って建国した幻の満洲帝国から
日本という祖国へ倭僑《わきょう》として私は流れついた

2 失われし人たちへの鎮魂歌

私が日本に帰ってきたのは
天皇が人間宣言をされたあとだった
焼け跡に生きる日本人はやけに明るかった
「リンゴの唄」は復興の応援歌でもあったが
戦争が終ったことを喜ぶ解放の歌でもあった
昭和二十一（1946）年十一月三日
人間天皇は「日本国憲法」を
深いよろこびとともに公布せしめた
この新しい憲法には
基本的人権・国民主権・戦争放棄という
かつて見たこともない文字が輝いていた
天皇は日本国・日本国民統合の象徴となった

平和憲法とともに誕生した象徴天皇は
平和の象徴にほかならない
そのあるべき姿とは国民と共に平和を守ること
それ以外に何があろうというのか
日本は国土の大半を焦土とされ
三百万を超える同胞を失って
昭和二十年八月十五日　敗戦国となった
戦争はアジアの国々や民たちに
謝りきれない被害をもたらした
それらの国々に居留していた五百万日本人は
日本からは疎外され現地からは追い出され
棄民となって命一つで祖国へ逃げ帰ってきた
南の島々で武器もなく全滅した守備兵たちよ
帰るに道なく突撃死した特攻隊員たちよ
大空襲で死んだ東京大阪名古屋神戸の人々よ
民衆までもが戦って死んだ沖縄の人々よ
原子爆弾で苦悶《くもん》死した広島長崎の人々よ
私たちは想像力のありったけを駆使して
失われし人たちの死と痛みと悲しみを
燃える国土と山なす屍《しかばね》の殺伐たる風景を
瞼《まぶた》の裏に焼き付けなければならない
そして語り継いでいかなくてはならない
二度三度安保反対のデモで国は揺れ動いたが
戦後の四十三年間昭和に戦争はなかった
象徴天皇と国民の総意が成し遂げたものだ
平成の天皇皇后両陛下は
象徴天皇のあるべき姿を一層重く受け止め
かつて戦火にさらされた沖縄や南の島々への

慰霊と祈りの旅をつづけられ
パラオの海に向かって深々と頭を下げられた
大きな自然災害にたびたび見舞われはしたが
平成はついに戦争のない幸せな時代として
その三十一年に幕を下ろした
奇跡的にも七十四年間日本に戦争はなかった
戦争なき時代を奇跡とせず
当然の事実として継続させることを
ここに改めて固く誓うことでせめてもの
失われし人たちへの鎮魂の歌としよう

3 新しい時代の人々への賛歌

新しい時代の人たちよ　約束しよう
令和の天皇が象徴としてのあるべき姿に
心の揺らぎを見せるようなことがあったら
ご即位を言祝《ことほ》ぎつつも躊躇《ためら》うことなく
異議を唱える勇気を胸に秘めておくことを
新しい時代の人たちよ　約束しよう
私たちは伝統などに誇りを持たないことを
私たちは将来にこそ誇りを持とうではないか
私たちの行為によって誇りを作りあげよう
国際社会で名誉ある地位を占めたいのなら
限りなく優しくあるべきなのだ
ほかにどんな国のありようがあるというのだ
過酷な状況を戦争で免《まぬが》れようとはしない
私たちは戦争をしないことに決めたのだ
普通の国になりたいなどとは思わない
世界で特別な国でありつづけたいのだ日本は
この先百年二百年と平和を守りつづけて
振り返って見るがいい　きっと数多《あまた》の国々が
長い列をなして従《つ》いてきているに違いない
理想とは厳しい試練を経てなし得るものだが
結局は人類最後のよりどころなのだ
今、令和の時代となってにわかに風が立った
いざ生きめやも　今こそ本当に生きるのだ
いざ生きめやも　平和と自由と平等を旨とし
いざ生きめやも　愛と歓喜と幸福を抱きしめ
いざ生きめやも　寛容と多様性を重んじて
いざ生きめやも　学び考えさらに目覚めて
いざ生きめやも　自立した意志と行動力で
いざ生きめやも　世界の友と手を携え
いざ生きめやも　光あるうちに光の中を
闇の中にいる人たちへの想像力を高めて
いざ生きめやも　光より明るい希望をめざし
いざ生きめやも　いざ生きめやも　いざ！

なかにし　れい——1938年、中国黒龍江省（旧満洲）牡丹江市生まれ。立教大学文学部仏文科卒業。在学中よりシャンソンの訳詩を手がけ、その後、作詩家として活躍。日本レコード大賞、日本作詩大賞ほか多くの音楽賞を受賞。00年、『長崎ぶらぶら節』で直木賞受賞。著書に『兄弟』『赤い月』『天皇と日本国憲法』『平和の申し子たちへ』『生きるということ』『夜の歌』など多数。音盤に「なかにし礼と12人の女優たち」「昭和レジェンド　美空ひばりと石原裕次郎」などがある。

目次

グラビア

平成を彩った人びと……002
平成の災害……008
東京電力福島第1原発メルトダウン……010
平成の事件……012
平成の歴代総理大臣……014
写真で見る平成時代　定点撮影・流山おおたかの森……139
写真で見る平成時代　東京湾ウォーターフロントの30年……148
写真で見る平成時代　土浦市成人式の晴れ着……265
平成事件簿――ドローンが撮影した殺人事件現場……291

平成考

新しい時代の人々へ――作家・作詞家　なかにし礼……017
「平成」の三つのキーワードから「令和」の時代を展望する――ノンフィクション作家・評論家　保阪正康……022
「米国の一極幻想」「日本の改革幻想」が崩壊した時代――多摩大学学長・日本総合研究所会長　寺島実郎（構成／倉重篤郎）……026
「平成政治」3つの不都合な真実――毎日新聞専門編集委員　倉重篤郎……060
中国の台頭で変貌する「日中関係」の行方――ジャーナリスト・拓殖大学海外事情研究所教授　富坂 聰……082
「ウィンドウズ95とスマホ」の衝撃！――ITジャーナリスト　三上 洋……084
未曽有のテロ事件を起こした「オウム真理教」の内幕――作家・ジャーナリスト　青沼陽一郎……086
「貯蓄から投資へ」で国民の損失は膨らんだ――経済ジャーナリスト　荻原博子……095
「プロ野球グローバル化」の先駆者となった「野茂英雄」――ノンフィクション作家　黒井克行……098
「Jリーグ開幕」とW杯「ドーハの悲劇」――ノンフィクション作家　黒井克行……128
新たに出現した反社会集団「半グレ」の成立と実態――ノンフィクション作家・ジャーナリスト　溝口 敦……130
高橋尚子はなぜ初の金メダルを取れたのか――ノンフィクション作家　黒井克行……134
「平成経済の大転落」は小泉構造改革から始まった！――経済アナリスト　森永卓郎……136
平成を彩った「イチロー伝説」の軌跡――ノンフィクション作家　黒井克行……140
食料自給率ダウンで激変した「食の安全」――作家・ジャーナリスト　青沼陽一郎……142
「ひきこもり問題」そして「8050問題」の深刻度――ジャーナリスト　池上正樹……146
「国家の情報」を隠す無残な出来事――ジャーナリスト　青木 理……152
「米・中デジタル冷戦」への日本の課題――元外務審議官　田中 均……226
なぜ「平成の金融再編」が起きたのか――作家・経済評論家　大塚將司……236
世界が「暗黒時代」に突入するのを阻止せよ！――同志社大学大学院教授　浜 矩子……239
「GAFA+M」の時代はそう簡単に崩れない――元アスキー社長・東京大学大学院IoTメディアラボラトリーディレクター　西 和彦……244
「医療」「健康法」はこんなに変貌した――ジャーナリスト　笹井恵里子……247
「裏切られた平成の30年」沖縄とともに――ルポライター　鎌田 慧……250
平成の30年で「文官統制」は葬り去られた！――共同通信記者　石井 暁……254
人間が神を求める気持ちは衰えない――ジャーナリスト　山田直樹……258
少子化時代の「生き残る大学」「沈む大学」――大学通信常務取締役　安田賢治……262
「転形期」に直面した出版ビジネスの30年――評論家・編集者　今井照容……266
「ヘイトの主体」は一体、誰なのか――ジャーナリスト　安田浩一……270
「政・官」攻防戦の結末は〝最強官庁〟の沈没――ノンフィクション作家　塩田 潮……274
「自然災害は有事」政治は被災民に寄り添っているか――政治ジャーナリスト　鈴木哲夫……278

年表

1989（平成元）年……030
1990（平成2）年……040
1991（平成3）年……046
1992（平成4）年……050
1993（平成5）年……054
1994（平成6）年……072
1995（平成7）年……076
1996（平成8）年……104
1997（平成9）年……110
1998（平成10）年……116
1999（平成11）年……122
2000（平成12）年……158
2001（平成13）年……164
2002（平成14）年……170
2003（平成15）年……176
2004（平成16）年……182
2005（平成17）年……188
2006（平成18）年……194
2007（平成19）年……200
2008（平成20）年……206
2009（平成21）年……212
2010（平成22）年……230
2011（平成23）年……318
2012（平成24）年……324
2013（平成25）年……330
2014（平成26）年……336
2015（平成27）年……342
2016（平成28）年……348
2017（平成29）年……354
2018（平成30）年……366
2019（平成31）年……372

「ファッション大国」の光と影——毎日新聞学芸部編集委員 永田晶子……281
平成の渋谷東急本店界隈は奇跡的な空間だった——文芸評論家 坪内祐三……284
「AKB48」はなぜ成功したのか！——芸能ジャーナリスト 渡邉裕二……286
生命操作はどこまで許されるか——毎日新聞論説委員 青野由利……288
「日本の基幹産業」をどう作り変えていくか——経済学者 金子 勝……298
「笑い」は時代の空気を吸って生まれる！——ライター 常松裕明……302
新自由主義の惨状「機会不平等」の30年——ジャーナリスト 斎藤貴男……306
第2の敗戦となった「東日本大震災」——作家・ジャーナリスト 青沼陽一郎……311
W杯女子サッカー「なでしこジャパン」奇跡の優勝——ノンフィクション作家 黒井克行……316
「アンダークラス」1200万人の実態——早稲田大学教授 橋本健二……360
「ゆとり世代」のアスリートはなぜ海外で成功したのか——ノンフィクション作家 黒井克行……364
くすぶり続ける「森友・加計」疑惑の謎——ノンフィクション作家 森 功……375
「平成の希望」はなぜ長続きしなかったのか——ジャーナリスト 田原総一朗……380

平成の証言

石原信雄（元内閣官房副長官） 「平成の元号」決定時の舞台裏！……038
細川護熙（元内閣総理大臣） 「平成」は人類の楽観的シナリオが打ち砕かれた時代……064
田中秀征（元経済企画庁長官） 細川政権時代こそ「北方領土問題」解決のチャンスだった……068
江上 剛（作家） 広報部次長が見た「第一勧業銀行事件」の教訓……092
石破 茂（元自民党幹事長） 「平成の30年」は次の大動乱への移行期だ……100
藤井裕久（元民主党最高顧問） 「2度の政権交代」その失敗の本質とは……156
鳩山由紀夫（元内閣総理大臣） 「従来外交の虚妄」と「虚偽文書事件」……218
小沢一郎（衆議院議員） 「政権交代で本物の議会制民主主義が定着する！」……222

［註］

❖本書に記載の称号、肩書などは当時のものです。
また、原則として敬称は省略しました。

❖写真説明最後尾に©○○、○○提供、○○撮影と、写真の入手先、撮影者を記しています。
記載のない写真は毎日新聞社撮影です。

「平成」の三つのキーワードから「令和」の時代を展望する

保阪正康
ノンフィクション作家・評論家

◀東京ローンテニスクラブを訪れた上皇ご夫妻
…東京都港区　2019年5月

平成とはどういう時代だったというべきだろうか。この時代は歴史の中ではどのように位置づけられるのだろうか。

私の見るところ、平成という時代も、昭和という時代と同様に、三つのキーワードで語ることができるように思う。まず昭和のキーワードだが、これは「天皇」「戦争」「国民」である。この三つの語を組み合わせて用いると、昭和という時代の様相を十全に語ることができる。ただ三つのキーワードとも、二つの意味を持っているといっていいであろう。

「天皇」は、神格化した存在と人間天皇である。天皇の意味は、昭和という時代にはこの相反する性格によって、その存在が位置づけられたのである。

「戦争」は、軍事と非軍事である。昭和20（1945）年8月15日までの軍事は、敗戦という事態によってあっけなく非軍事と評すべき事態に移行している。

そして「国民」は、やはり昭和20年8月15日までの臣民という時代があり、それ以後の市民といった時代があった。臣民と市民の間には、天皇の赤子《せきし》という考え方と、一人の個人としての市民的権利を持つ存在というべき理解がある。

昭和という時代をこれらの三つのキーワードで語るように、では平成という時代はどのような語で評すべきであろうか。

私は次の三つのキーワードで語りたいのである。

【一】天皇（象徴天皇と昭和の戦争の清算）
【二】政治（制度と人物）
【三】災害（天災と人災）

この三つの語を組み合わせて考えていくと、平成という時代の本質は語れるのではないかと思う。

平成の天皇は、これまでの天皇にない象徴天皇という像をいかにつくりあげるかに意を注いできた。現憲法でいう「象徴」という語をいかにして現実の姿に変えていくか、それが平成の天皇と天皇を支える皇后の務めだったのである。そしてそれは、2015（平成27）年8月の天皇によるビデオメッセージの中でも、この約28年間、いかに努力してその像をつくりあげるかに邁進《まいしん》してきたかを率直に語られている。

同時に平成の天皇ご夫妻は、2005年のサイパンへの追悼、慰霊の旅をはじめとして海外に赴くだけではなく、沖縄へは皇太子時代を含めて11回も訪れて、この地で眠っている人たちの追悼、慰霊に力をそそいでいる。いわばあの戦争への清算の旅を続けられることによって、戦争の傷を風化させてはならないとの意思表示を行ってきた。

　そのお姿は、ある意味では国民にとって、教科書の役を果たしたのではないか。平成という時代にあって、戦争の持つ残酷さや非人間的所業であるということを語り続けているのは、天皇と皇后ではなかったかと、私には思える。

「55年体制の崩壊」で昭和の政治が根本から解体

「政治」についていえば、制度の変革である。1994（平成6）年にそれまでの中選挙区制に代わって、小選挙区制で比例代表制も取り入れられての制度に変わった。つまり昭和という時代とまったく異なる制度に変わったのである。近代日本を支えてきた中選挙区制は、日本の政治風土も成熟したとの理解のもとで、一気に小選挙区制にと変わったのだ。

　この選挙制度改革のころには、中選挙区制にこだわる人びとは、守旧派呼ばわりされて、頑迷な保守主義者とされたのである。そのキャンペーンは、今にして思えばまるでファシズムのようではなかったか。

　選挙制度改革のころ、つまり93（平成5）年には、細川護煕を首班とする非自民8派による政権が誕生した（93年8月～94年4月）。この段階で1955（昭和30）年から38年間続いてきた「55年体制」は崩壊したことになる。この55年体制の崩壊によって、昭和の政治は根本から解体したことになった。

　平成の政治は、このときから始まったといってよい。

　ここであえてつけ加えておかなければならないのだが、1年間ほど続いた細川内閣のあと、羽田孜内閣がわずかの期間、政権を担ったにせよ、自民党、社会党、さきがけの3党による、いわゆる自社さ連立政権が誕生し、世間を驚かせた。私は当時、この政権を歓迎した側にいたのだが、それは自民党と社会党、つまり55年体制の与党と野党が政権を担うことによって、日本の政治風土に中道的政権が生まれることを期待したのである。実際それは現実化したといっていいだろう。

　両党の政策のすり合わせにより、きわめて中道的な政権ができあがった。村山富市に率いられた社会党に対し、自民党の側でも後藤田正晴、野中広務、河野洋平などのハト派が、この政権を支える側に回った。

　しかしこの自社さ連立政権は、歴史的に見れば決して理にかなったものではなかったと、私は考えるようになった。なぜなら38年間にわたり、対立を続けてきた与野党が、ひとつの政権をつくったということは、裏を返せば38年間の対立は、実は表面上のことであり、議会政治は表では対立、衝突をくり返しているように見せながら、その実、裏では野合の相談をしていたといっていいような実態が見えてしまったからであった。55年体制そのものが、あるゴマカシではなかったのかという思いももったのである。

　私はこの見方は、平成という時代を俯瞰したときにある程度、的を射ているのではないかと考えるに至った。

　55年体制は、戦後政治の中で光と影を映しているのではないかというのが、私の受け止め方なのだが、このような視点の見方がもっと強調されるべきではないかと、私には思える。

　平成を語るときの「政治」の中で、劣化が著しいのは政治家の質であろう。つまる

◀天皇陛下の即位を祝う一般参賀に臨まれた天皇、皇后両陛下
…皇居・宮殿　2019年5月

ところ小選挙区制のもとで選ばれる政治家は、選挙区で選ばれる政治家ならまだしも、比例代表制で、しかも名簿に名が載っているだけで当選してきた者の質はかなり低いのではないか。暴言、あるいは失言の例を調べると、意外なほどこの比例制で当選してきた者が多い。私はそのような例を知ることにより、あえて暴論を言えば、選挙区制で選ばれた政治家は院内での投票は1票でいいとしても、比例制での当選者には0・5票にすべきではないかと言いたくなるほどである。

平成の政治家は、昭和の政治家と比べると精神的強靭さがない。自らの意見を確立していない、政治闘争への姿勢が弱いといった点が特質として挙げられるのではないだろうか。そのような弱さは、比例制の名簿順は党の幹部により決められることもあり、結果的に党幹部のいいなりになるタイプが多いということなのであろう。

◀東日本大震災。
津波が押し寄せ、
無残な姿となった
街の前で立ち尽くす男性
…岩手県陸前高田市　2011年3月

「平成の災害」から見えた日本社会の責任体制の不備

平成の「災害」は、1995（平成7）年の阪神・淡路大震災、2011（平成23）年の3・11（東日本大震災）という大きな地震を体験した。この災害を考えるときに、私たちは「天災」と「人災」に分けて見つめる必要がある。まず天災について考えるならば、私たちは相互の助け合い、ヒューマニズム、そして起《た》ちあがるエネルギーなどできわめて理性的、知的な対応を行ったように思う。

1923（大正12）年9月1日の関東大震災では、日本人の資質や性格がさまざまな面で試された。これらの事象の中からあえて2点を選べば、1点は建物の崩壊を目のあたりにしての心理的衝撃からくる虚無感の広がりを指摘できる。作家の田山花袋や佐藤春夫をはじめとして文化人がこのころに書いた原稿の中には、あらゆる文明など天災の前にあっけなく解体することが謳《うた》われ、虚無感の広がりが率直に語られている。

この虚無感は大正末期から昭和の初めにかけて、エログロナンセンスという語に代表されるように退嬰的な文化や流行を生んだ。そして昭和初期に続く三原山への投身自殺などの自殺ブーム、さらに心中事件の多発などにつながっている。

そしてもう1点は、当時の日本社会は情報閉鎖集団そのものであり、そこに悪質なルーマー（噂話）を投げ入れると、その集団は自己増殖活動を始め、朝鮮、中国の人びとや社会主義者を惨殺するという行為をやってのけたことだ。これは日本人の宿痾《しゅくあ》というべき行動か、それとも情報閉鎖集団の特質なのかが問われた。それはそのまま現代に引き継がれたままになっていた。

昭和に入っての日中戦争下での残虐行為の分析には、こうした課題をどのように扱うかの視点も必要だったのである。

阪神・淡路大震災や3・11で、日本社会は、この二つを乗り越えている、あるいは乗り越えつつあることを示した。確かに心理的には虚無感を抱えたまま自殺を試みる人は存在した。しかし社会全体にはそのような動きはなかったように思われる。もうひとつの情報閉鎖集団についていうと、関東大震災時のような非人間的な出来事はなかった。つまり日本社会は情報閉鎖集団ではなかったし、こういうときに日本人の宿痾として、虐殺行動に走るわけではないと結論づけることができたのである。

しかし、情報開放の時代に情報閉鎖集団に似た形なのが、ヘイトスピーチなどの排外主義である。この動きには虚無感も見てとれ、いずれにしても厳しい注意が必要だろう。

▶原発事故。
公開された
福島第1原発4号機の
原子炉建屋
…福島県大熊町　2012年5月

平成を語る「災害」の中で、人災についてということだが、東京電力の福島原子力発電所の事故は、明らかに人災であった。この事故の発端から現在に至るまでの経緯を見つめていくと、人災がいつのまにか天災にすり替えられていくかに見え、そして巧みに責任逃れが進んでいるように思えてくる。

同時に被災者の救済などにあたっての現状を見ていくと、そこには日本社会の責任体制の不備がそのまま表れているかにも思えてくるのであった。

これらの問題については、平成という時代の宿題という形で次代に伝えられていくと考えるべきであろう。原発事故そのものの企業責任から、他の原発の再稼働に至るプロセスについては、いま一度根本から整理しておく必要があるようにも思うのだ。

平成を語るキーワードの3語を整理して考えてみると、社会構造の中には、活力を生むエネルギーが欠けているようにも思えてくる。昭和という時代が抱えていたエネルギーの爆発(むろん、戦争などに見られるような大きな歪みを含んだ爆発もあるわけだが)は、見当たらない。社会がある落ち着きを見せてきたのか、それとも日本人の心理の中にそのようなエネルギーを生みだす力が欠けてきたのか、それは私にはわからない。

だが言えることは活力を欠いたこの社会は、次の時代に向けての新しい価値観をつくりうるのか、といった課題をつきつけられているのではないか。

令和のキーワードは「天皇」「科学技術」「ナショナリズム」

そこで平成の次の令和の時代、新天皇が即位されての新しい時代、これはどんな時代になるのだろうか。

やはり昭和や平成と同じように、私は三つのキーワードで令和を語ってみたい。そのキーワードは、【一】天皇【二】科学技術【三】ナショナリズムではないかと思える。

天皇は、二つの側面を持つ。

ひとつは平成の天皇がつくられた象徴天皇像をどのような形にされていくか、現状のままを引き継がれるのか、それともさらに新しい天皇像を模索するのか、その点が確かめられるであろう。

そしてもうひとつは、令和の天皇ご自身が研究されている水の研究をもとにしつつ、国際的なプロジェクトへの参加などが試されていくのではないだろうか。

これは私の予測なのだが、これから10年以内には、英国王室と日本の皇族などが軸になって、「王室・皇室サミット」が開かれるのではないだろうか。それぞれの国の利害が衝突するようなテーマではなく、地球規模で自然との共生を考えたり、疾病の克服などの提言を行うことで、存在感を高めていくのではないかと私は思う。このグローバル化が来るべき時代のテーマだと考えると、そこでナショナリズムとの両立はどのようになっていくか、新しい課題が生まれてくるだろう。

令和の時代は、そうした問題につきあたる。

科学技術はロボット時代の到来で、非人間的空間が広がるが、逆に人間的感情がより求められるだろう。21世紀の文明と日本の天皇制とが、どのような折り合いをつけていくかが鍵になってくるように思う。私は日本社会に新たな価値観が生まれるのではと予想しているのである。

▲令和の時代はロボット時代が本格化か。写真は客と会話する分身ロボットカフェ…東京都港区　2018年12月

ほさか　まさやす――1939年、北海道生まれ。同志社大学文学部卒業後、編集者などを経てノンフィクション作家。『昭和天皇』『昭和史の大河を往く』シリーズ、『山本五十六の戦争』『昭和の怪物 七つの謎』など著書多数。昭和史研究の第一人者。『昭和史講座』の刊行で04年に第52回菊池寛賞、17年に『ナショナリズムの昭和』で第30回和辻哲郎文化賞を受賞。

「常温社会」に陥った日本の行方

寺島実郎

（多摩大学学長・日本総合研究所会長）

「米国の一極幻想」「日本の改革幻想」が崩壊した時代

構成　『毎日新聞』専門編集委員　倉重篤郎

◀東欧民主化革命。チェコスロバキアのプラハのバツラフ広場を埋め尽くす市民…1989年11月

平成という時代を代表する知性の一人に寺島実郎氏がいる。

寺島氏といえば、「世界の構造変化」と「日本の針路」を時代の最先端で提言し続けている。最近では、高齢化時代の日本のあり方に焦点を絞っている。『シルバーデモクラシー　戦後世代の覚悟と責任』（岩波新書　2017年1月）では、高齢者人口が4000万人になる社会の到来を見据え、社会に貢献するシルバーのあり方を模索し、『ジェロントロジー宣言　「知の再武装」で100歳人生を生き抜く』（NHK出版新書　18年8月）では、高齢者は「知の再武装」をして食と農、高度観光人材やNGOなどで活躍すべし、と具体的提言をしている。

ただ寺島氏の本領は、立体感のある歴史的視野と世界をまたにかけた行動力からメリハリのある時代認識を生み出すことにある。氏が月刊『世界』で長期連載する「脳力のレッスン」はその試みの一つである。なぜ氏が現在、17世紀オランダからの視界にこだわるのか。そこに民主主義、科学技術、資本主義という近代の淵源と、江戸時代の鎖国交易を通じた世界史と日本史の結節点を見るからだ、という。寺島氏ならではの知的営為だと思う。

その時代認識力をぜひともお借りしたい。平成とは、一体どういう時代だったのか？

「冷戦崩壊とかぶる時代だ。そのスタート時点、つまり、1989（平成元）年にベルリンの壁が崩壊し、91年にソ連が倒れた時、私はちょうど米国東海岸に駐在していた。87年から97年までの10年だ。崩壊直前のソ連、崩壊後の東欧圏もかなりの密度でウオッチしていた。つまり、昭和から平成に変わりゆく日本を冷戦崩壊という外の軸から眺めていたわけだ。西側自由主義陣営が東側共産主義陣営に勝利した、と世界が浮かれているのを横目で見ながら、現実には一体何が進行しているのかを見る機会に恵まれた」

そこで何が見えたか？

「東欧を歩いていて、コカ・コーラやマクドナルドといった、むせかえるような商業主義や卑猥《ひわい》な風俗が蔓延《まんえん》し、マネーゲームが横行していく気配があった。イデオロギー対立が終わったものの、民族、宗教対立に移っていくのではないか、という不吉な予感もあった。もちろん期待もあったが、総じて感じたのは、西が東に勝った、といわれるがそれは本当なのか、という疑念だった」

その疑問をまとめたのが、『中央公論』94年2月号に掲載された「新経済主義宣言」という論稿だった。

「私にとっては石橋湛山賞をもらった記憶に残る論文だ。ポスト冷戦をもてはやす論調とは一線を画した。米国ウォール街の金融資本主義の世界展開、つまり、マネーゲームの肥大化をもってグローバリゼーションといっているのではないか。そうであるなら、結果的に幻滅をもたらすだけではないか。資本主義が社会主義に勝利したといえるのか。そういう怒りにも近い感情が動機となって書いたものだ」

いま振り返ると、西側の勝利とはいえない。

「それどころか、この30年はポスト冷戦のマネジメントに失敗した米国の後退の歴史といってもいい」

米国の後退？

「冷戦が終わった10年後の2001(平成13)年9月11日、米国がテロに襲われる。その直前、私が欧州出張で目撃したのは、いまのトランプの米国ファーストとは違った意味で、自国利害中心主義に傾斜していく米国に対し、当時の欧州の人達が肩をすくめる仕草だった。アメリカン・エキセプショナリズム(米国は例外)というか、唯一の超大国となった米国は国際ルールで縛られるべきではないという、ある意味傲慢な空気がすでに9・11前ににじみ出ていた。欧州からの帰りの飛行機で『不吉な予感』という原稿を書いたのを今でも思い出す」

9・11後、米国はアフガニスタン、イラクという2つの戦争に乗り出していく。

「イラク戦争は間違った戦争だというのが、私のスタンスだった。欧州で感じた空気もあったし、80年代のIJPCプロジェクト(日本、イラン折半による石油化学会社建設構想。寺島氏が所属した三井物産が主導したが、イラン・イラク戦争の勃発で計画を清算)で、中東を歩いており、米国の中東戦略が79年のホメイニ革命以降、失敗を重ねるプロセスを見てきたこともあった」

ただ、この米国の戦争に日本もかかわることになる。

「米国に対する過剰同調という時代の空気が生まれ、まずはアフガン攻撃に賛成し、イラク戦争にも参戦していく。私自身は日本には歴史的に米国とは異なる中東政策があり、米国とは適切な距離感が大事だとメディアなどで主張した。あの時に誰が何を発言してきたか、ということはものすごく大事だと思う。あの時イラク戦争に賛成していた人達もその後、宗旨替えしたかのように戦争は間違っていたと話しているのを聞くにつけ、そう思う。本当の意味で平成をとらえるなら、そういう検証報道こそしてもらいたいと思うほどだ」

「それはそれとして、ポスト冷戦を米国が一極支配どころか、そのマネジメントに失敗した30年だとすれば、1つの枠組みが見えてくる。つまり、79年ホメイニ革命、91年湾岸戦争、02年イラク戦争と、中東における米国のヘゲモニーが後退に次ぐ後退、後ずさりするように影響力を失って今日に至る構図だ」

「まさにトランプ政権の対イラン政策には、この国に対する米国の深いトラウマが出ている。イスラエル(ユダヤ)とサウジアラビア(石油権益)に引き寄せられ、イスラムの核を恐れるあまり、中東をまとめる役割に必要な最低限の正統性を失いつつある。イラク戦争で米国が失ったのは『理念の共和国』だった米国のレジティマシー(正統性)だった」

「決められない政治」から官邸主導の「専制体制」へ

理念の後退は、中東だけの現象ではない。

「米国が我々にとって希望であり輝いたのは、その掲げている価値だった。全体主義的な社会体制に対しては、政治的には民主主義、経済的には市場主義を掲げ、米国の正統性の基軸としてきた。それが平成という時代、冷戦後の30年を経て、その理念を、自分の足をピストルで撃つかのように消滅させていっている。これこそが、現下のトランプ政権が持っている歴史的な意味ではないか」

米国の一極支配は幻想だった？

「問題はそれと併走した日本の30年とは何だったのか、ということだ。政治に引きつけると、改革幻想というものに幻滅を繰り返した30年であったといっていい」

改革幻想？

▲イラク戦争
炎を噴き上げるルメイラ油田
…イラク南部のルメイラ油田　2003年3月

▼アフガン反政府勢力を監視する米軍
…アフガニスタン南東部のパクティカ州で　2009年6月

▶平成の30年で激変した株価
…2019年3月

「まずは、細川護煕政権下で政治改革と称するものが動いた」

選挙制度を中選挙区から小選挙区主体へと変更したことか。

「それを政治改革といってしまった。本来は戦後民主主義を作り上げてきた代議制民主主義の根幹を問うべきであった。そのひとつが、国会議員の思い切った定数削減だ。政治の質を高めるために、政治でメシを食うという立場に緊張感を持たせ、間延びした日本の代議制民主主義を活性化すべきであった。日本は人口比で米国の2倍の国会議員を抱え続ける。そこに手をつけず、政治改革などできないと私はにらんでいた」

「次に行政改革が来た。橋本龍太郎政権では省庁再編に取り組んだが、単に省庁の数を減らして見せただけに終わり、本来の目的であった行政の圧縮、効率化にはつながらなかった。小泉純一郎政権では道路公団、郵政事業の民営化改革が行われたが、いずれも新自由主義の空回りと化し、本質的改革とはならなかった。ベターだったかもしれないが、マストの改革とはならなかった」

「行政改革の関連でいえば、官僚主導から政治主導へという幻想もあった。いわゆる『決められない政治』を是正するために内閣法を改正して、首相官邸の官僚に対する人事権を強化したが、現実に行き着いたのは、皮肉にも官邸主導という名の『専制体制』だった。そのことが行政改革かと苦笑いしたくなるような『森友・加計問題』に表出した忖度《そんたく》官僚を生み出すことになった。行政官僚が最後に持っていた光っていた部分、かつては政治がどんなに混乱しても行政基盤がしっかりしているから日本の政治は安定している、と海外の研究者が指摘していた。そこさえも失ってある種の混迷と液状化にはまっているというのが現状だ」

世界も日本も、結局どうなった?

「平成の30年を振り返ってみると、国際的には米国の一極支配幻想が崩壊、国内的には改革幻想が崩壊していったプロセスだったと単純化できる」

NYのタイムズスクエアに日本企業の広告がない

平成の日本経済はどう総括します?

「企業の株式時価総額を世界と比較すると一目瞭然だ。1990年段階では世界の企業のトップ50社のうち32社を日本が占めたが、2018年はトップ50社の中に入ったのはトヨタ1社だけになった。何が起きたのか。米国のGAFA(グーグル、アップル、フェイスブック、アマゾン)にマイクロソフトを加えたIT5社の時価総額が3・4兆ドル(378兆円)、中国のテンセント、アリババというIT2社が0・7兆ドル(82兆円)。これがいわゆる現代版セブンシスターズだ。20世紀のセブンシスターズは石油の世界だったが、21世紀はデータリズム時代を象徴する7社になりつつある」

「問題は、それに比べて日本でトップのトヨタの株式時価総額が21兆円でしかないことが象徴している。経団連会長会社の日立は3兆円にも届かないし、『鉄は国家なり』の新日鐵が1・8兆円。よく聞かれる質問に『時価総額とはそんなに大事なのか』というものがあるが、市場が企業の価値を決める時代だ。企業は時価総額を超すプロジェクトは打てない、リスクは取れない。逆に言えば、時価総額をテコにあらゆる理屈を超えて大プロジェクトを仕掛けることができる」(株式時価総額はいずれも18年末時点)

まさに、日本企業のプレゼンスが下がった30年だった。

「18年暮れ、ニューヨークのタイムズスクエアを見つめて驚いた。かつて軒を並べていた日本企業の広告看板が1社もなくなっている。ブロードウェーの角の一番いいところには新華社通信、サムスン、ヒュンダイがあった。米国だけではない。香港の夜景でも、ロンドンのピカデリーサーカスでもなくなっている。自虐的な話ではない。『モノづくり大国日本』といってきたが、新しい付加価値を生み出す競争では完全に劣後してきた、との認識をきちんと持つべきだ。日立、東芝、パナソニックという日本のエレクトロニクスを代表する三大柱の時価総額を足しても10兆円にいかない。GAFA1社の10分の1以下だ。平成という時代に何が起きたのか確認するためにも、この事実は重い」

では、平成の政治経済を総覧すると?

「政治と経済の連携の中で、日本という国の冷戦後の世界構造変化に対応するマネジメントに失敗した時代と言っていいのではないか。もちろん、平成の天皇陛下がお話しになられたように、平和で戦争がなかったという文脈ではいい時代だったかもしれないが」

「イマ」「ココ」「ワタシ」だけが大事

その平成の30年が生み出した「今」をどうとらえる?

「いまの日本を一言でどう表現すべきなのか。NHKや内閣府の世論調査結果などを見ながらずっと考えてきたが、博報堂生活総研が使っている言葉に行き当たった。『常温社会』がそれだ。この先、日本は良くも悪くもならない、これといった希望もない、だからといって自己否定するわけでもない、という国民の時代感覚だ。現状に不満はないが、将来に不安はあるという社会心理をうまく言い表していると思う」

「大学で学生に向き合って感じたことに、『イマ』『ココ』『ワタシ』がある。情報社会の中で、優先するのは未来でもなければ過去にさかのぼるわけでもなく、『イマ』が大事という感覚。世界のことだとか、隣国だとかではなく『ココ』が大事。公とか社会ではなくて『ワタシ』が大事という感覚だ。まさに『常温社会』に染まっている感がある」

「つまり、『内向する日本』ともいえる。18年のインバウンド(外国人旅行客)が3000万人を突破したと喜んでいるが、逆に日本人の海外出国者数は21世紀に入って1700万人前後と横ばいの状態が続いている。海外で出会うのは高齢者か女性だ。ビジネスマンは自分の会社の関連プロジェクトとの往復でしか海外に動かない。世界の変容ぶりを見てこようとか、多文化共生を体得しようとか、世界を学ぼうという余裕のある壮年期の人間は少なくなっていることが、日本の空気を一段と内向きにしている。安倍晋三政権の長期化もこの内向化と相関している」

▲訪日外国人は増加。浅草寺雷門前で記念撮影する外国人旅行者
…東京都台東区で　2016年12月

「メディアも海外展開を圧縮させている。問題意識を内向させている。例えば、民放のテレビ番組を分析してわかるのは、自画自賛型の番組が増えていることだ。『ここがすごいぞ日本人』とか、『外国人が日本のクールジャパンを絶賛する』とか、『世界の果てまで行って活躍している日本人を特集する』とか、そういうものをひたすら作って、自己満足している。本当の意味での世界がまったく見えていない。伝わっていない。そこのギャップ。それは先述した株式時価総額のギャップとつながるものがある。このギャップこそが、平成30年の1つの結末ではないかと思う。ここからどうやって21世紀の世界環境に主体的にかかわる視座を開くかが、日本の課題である。戦後なる日本を前向きに総括して、その成果と課題を生かし切ることが大切だ」

客観的指標では明らかに没落しているにもかかわらず、主観的な自賛に走ってしまう。寺島氏が最後に持ち出した数字のギャップが、平成がどういう時代だったのかを雄弁に物語るものになろう。

てらしま　じつろう――1947年、北海道生まれ。73年に早稲田大学大学院政治学研究科修士課程修了後、三井物産に入社。三井物産戦略研究所会長などを務める。2009年4月から多摩大学学長、一般財団法人・日本総合研究所会長。

1989
平成元年

日本も世界も大変動の年だった。1月7日、昭和の天皇が逝去。64年の「昭和」という時代が終わった。4月にはリクルート疑惑と消費税実施で竹下登内閣が総辞職。後を継いだ宇野宗佑総理の女性スキャンダルが発覚。7月の参議院選挙で土井たか子率いる社会党が与野党逆転の勝利。26歳の宮崎勤が幼女連続誘拐殺人事件の犯人として逮捕された。

中国では民主化を要求する若者を弾圧し数百人の死者を出した天安門事件。東欧へのソ連の支配力が急速に弱まり各国の共産党政権が立て続けに崩壊。ベルリンの壁は破壊され、ルーマニアの独裁者チャウシェスク大統領夫妻は処刑された。

大変動が相次ぐ中、年末には株価が3万円の大台を突破。「変わるまい!」という強気の姿勢を保っていたのは、日本のバブル景気だけだった。

出来事

◀天皇が即位後初めて国民の代表に会う「即位後朝見の儀」でお言葉を述べる天皇陛下…皇居・宮殿「松の間」 1989年1月9日

1・7◉昭和天皇は87歳で死去。皇太子明仁が新天皇に即位し、「平成」と改元。翌日施行

1・13◉住友生命は米・アトランタのIBMタワーを3億ドルで買収

1・14◉国の行政機関で土曜閉庁スタート。病院、税関等除き第2、第4土曜日を休日に

1・17◉米カリフォルニア州の小学校で乱射事件。児童5人が死亡、30人が重軽傷

1・18◉嫁不足が深刻な岩手の農村地域に、中国人女性が結婚のため来日

1・20◉JRの国労組合員不採用問題で、北海道地労委は1704人全員の採用を命令。JRは拒否し、問題は長期化

1・20◉第41代米大統領にジョージ・ブッシュが就任

1・23◉ソ連タジク共和国で地震。三つの村が土砂に埋まり1400人以上が死亡

1・24◉原田憲経済企画庁長官はリクルートコスモス社からの献金受領が発覚し辞任

1・27◉国税庁発表の最高路線価は、前年比28%増で、過去最高の地価上昇

1・29◉西独・西ベルリン市議会選挙でネオナチの共和党が初の議席(11議席)。3月にはヘッセン州の地方議会でもネオナチ政党が議席

1・30◉贈賄工作を撮影した日本テレビのビデオを東京地検が押収した問題で、最高裁は「報道・取材の自由も制約を受ける」と、押収を認める判断

1・31◉島田事件で死刑確定の赤堀政夫・死刑囚は、再審・無罪となり34年ぶりに釈放

1・31◉婦女暴行事件の犯人とされ服役の故松尾政夫・元服役囚は再審・無罪となり、34年ぶりに名誉回復

1月◉各地で観測史上最高の暖冬。東京では氷点下が1日もなく、月平均気温が平年より3・3度高い8・0度で観測史上最高を記録

1月◉インフルエンザ大流行。過去最高時の5倍の猛威

2・2◉南米のパラグアイでクーデター。ストロエスネル大統領の35年間にわたる独裁体制崩壊

2・4◉金融機関が完全週休2日制に

2・6◉連続幼女殺害事件の宮崎勤が被害幼女宅前に、骨片や衣類の写真などが入った段ボール箱を放置

2・13◉非公開株譲渡の贈賄容疑で、東京地検特捜部はリクルート前会長・江副浩正を逮捕

2・14◉イランの最高指導者ホメイニ師は、『悪魔の詩』の英国人作家に処刑宣告

2・15◉ソ連軍はアフガニスタンから完全撤退。9年2カ月の軍事介入に終止符

2・24◉新宿御苑で昭和天皇大喪の礼。柩は武蔵野陵に埋葬

3・1◉ラオスで、現地駐在の三井物産所長を誘拐。8日後救出

3・2◉貝塚事件(1979年発生)で、再審の大阪地裁は、服役しながら無実を訴え続けていた男性に無罪判決。捜査員の拷問による自白強要の疑いを認定。共犯者含め5人全員の無実が明らかに

3・5◉中国チベット自治区で、独立を求めるデモ隊に警官隊が自動小銃を乱射。死者数百人(中国政府発表は死者12人)

3・6◉リクルート事件で、東京地検特捜部はNTT前会長真藤恒を収賄容疑で逮捕。8日に元労働事務次官加藤孝、28日に前文部事務次官高石邦男を逮捕

3・8◉アフガニスタンで政府軍と反政府ゲリラが戦闘。ゲリラ側2000人、政府軍14人が死亡(政府軍発表)

3・8◉最高裁は、法廷での傍聴メモ原則自由の初判決

3・9◉東京入管横浜支局は指紋押捺拒否の在日韓国人の未成年男性に再入国を許可。留学のため再入国許可申請

3・11◉世界環境首脳会議(環境サミット)は、環境破

▲消費税をPRする国税庁のポスター
…1989年2月

◀新元号の
「平成」を発表する
小渕恵三官房長官
…総理官邸　1989年1月7日

壊対策で「ハーグ宣言」を採択。24カ国が参加

3・16◉米軍機が青森・六ケ所村に模擬爆弾を誤投下

3・17◉愛媛玉串料訴訟で、松山地裁は県費支出を憲法違反と判決、住民側の全面勝訴。92年高裁は合憲、97年最高裁は違憲の判決

3・22◉私立大学の学費値上げが相次ぎ、初年度納付金平均が初めて100万円超に

3・26◉ソ連成立後初の複数候補制による人民代議員選挙で、急進改革派のボリス・エリツィンが当選

3・29◉豊田商事事件で大阪地裁は、犯罪史上最高の138億円の詐欺罪に問われた元社長・石川洋に懲役13年の判決

3・30◉女子高生を40日間にわたり監禁、殺害しコンクリート詰めにした容疑で、警視庁は東京・足立区の少年2人を逮捕。他に少年2人が共犯

3・30◉竹下登首相は衆院予算委員会で正式国名の「朝鮮民主主義人民共和国」を使用した上、過去の両国の関係について反省と遺憾の意を表明

3月◉東映Vシネマ第1弾『クライムハンター怒りの銃弾』発売

3月◉イタリアの捜査当局は、省庁の公務員のさぼりを詐欺罪で一斉摘発

4・1◉国土庁の全国地価公示で、14年ぶりの都心の地価下落が判明

4・1◉秋田内陸縦貫鉄道、着工以来67年ぶりに開通

4・1◉消費税スタート。税率3%

4・6◉春闘で金属労協主力4単産に一斉回答。鉄鋼6100円、電機平均1万1957円の賃上げ。4年ぶり5%以上の上げ幅

4・6◉オーストリアで、多数の患者を殺害した看護師3人を逮捕。その後の調べで、犯人は計4人、被害者は49人に。地元紙は過去6年で犠牲者300人前後と報道

4・11◉川崎市の竹藪に1億4500万円

4・13◉天皇は来日中の中国・李鵬首相と会見し、「近代における不幸な歴史」との表現で日中戦争を含む過去の歴史について遺憾の意を表明

4・17◉漫才師の横山やすしが飲酒運転事故で、吉本興業から解雇

4・18◉九州地区予防接種禍訴訟で、福岡地裁は国に被害者9家族へ計約3億円の賠償を命令

4・18◉中国・北京の天安門広場で、学生3千人が故・胡耀邦前総書記の追悼集会。民主化要求デモに発展し、22日には10万人膨張

4・20◉朝日新聞は夕刊に「沖縄西表島沖アザミサンゴの損傷」の写真と記事を掲載。のちに写真部記者の捏造が発覚し、一柳東一郎社長は辞任

4・25◉竹下首相は予算成立後の退陣を表明。政治不信の責任

4・25◉韓国・ソウル地裁は大韓航空機爆破事件の実行犯・金賢姫に死刑判決。90年の上告審で死刑確定後、特赦

4・26◉竹下首相の元秘書自殺。リクルート事件で東京地検特捜部から事情聴取を受けていた

4・26◉バングラデシュで大規模竜巻。死者600人、行方不明200人、負傷者12000人

4・28◉野党欠席の衆議院本会議で、自民党は予算案を憲政史上初の単独可決

4・29◉昭和天皇の誕生日が「みどりの日」に。制定に反対して宮内庁宿舎駐車場、自衛隊習志野駐屯地などで同時多発ゲリラ

▲上空から見た
横浜博覧会YES'89会場
…横浜・みなとみらい　1989年3月

▼首相主催の「桜を見る会」で、
3月の世界フィギュアスケート選手権で優勝した
伊藤みどりさんと竹下登首相
…東京・新宿御苑　1989年4月20日

▶竹下首相私邸付近で気勢をあげる消費税反対のデモ行進
…東京都世田谷区　1989年4月23日

4月◉89年春の大学短大卒女性就職者は史上最高の24万3000人で、戦後初めて男性就職者数を上回る（文部省「学校基本調査」10・23発表）

4月◉横浜の暴力団が就職情報誌に組員募集の広告。月給は30万円

5・1◉外貨準備高が世界で初めて1000億ドルを突破（大蔵省発表）

5・1◉千葉県の元運転手の男が、自宅で就寝中の妻と2歳の長男を殺害。長野県の山中に遺棄

5・2◉東証1部上場の株式時価総額が500兆円超に。米・ニューヨーク市場の344兆円を引き離し世界一。

5・5◉モントリオール議定書締約国会議は、ヘルシンキ宣言を採択。オゾン層保護のため20世紀末までにフロンガスを全廃

5・7◉米ニューズウィーク誌は、1965年に沖縄近海で1メガトン級の水爆を積んだ米軍艦載機が水深4800mに沈んだ事故を報道

5・8◉非加熱製剤でエイズ感染の血友病患者2人が、国と製薬会社を提訴。国内初の薬害エイズ訴訟

5・16◉東京・練馬区の派出所で、元自衛官の男が警官2人を刺殺

5・17◉大阪府はモディリアニの「裸婦」を19億円で購入。建設予定の府立近代美術館の目玉に

5・20◉中国政府は北京市内に戒厳令

5・22◉リクルート事件で、東京地検特捜部は元内閣官房長官・藤波孝生と公明党衆院議員・池田克也を受託収賄容疑で在宅起訴

5・22◉インド政府は中距離弾道ミサイル（IRBM）打ち上げ成功。5番目のIRBM保有国に

5・25◉リクルート疑惑で、衆議院予算委は中曽根康弘前首相を証人喚問。31日、前首相は自民党離党を表明

5・25◉衆議院予算委の中曽根前首相の証人喚問をテレビ各局が「静止画」と音声で中継。視聴者からの抗議、問い合わせ相次ぐ

5・25◉米政府は日本を包括通商法スーパー301条を適用する不公正貿易国とし、スーパーコンピュータ、人工衛星、木材加工品を貿易不公正品目に特定

4版
サンゴ汚した
K・Yってだれだ
写'89
地球は何色？

▶写真部記者が捏造した「沖縄西表島沖アザミサンゴの損傷」の写真と記事が掲載された朝日新聞…1989年4月20日付け夕刊

5・25◉ソ連の第1回人民代議員大会は、新設の国家元首・最高会議議長にミハイル・ゴルバチョフ共産党書記長を選出

5・29◉長崎・五島にベトナム難民を偽装した出稼ぎ目的の中国人107人を乗せた船が漂着。偽装難民は10月末までに24隻3100余人に及んだ

5・30◉茨城の日本原子力研究所東海研究所で天然ウランが自然発火し貯蔵庫内で火災。原研は「放射能漏れなし」と発表

5・31◉校則違反として女子生徒140人の前髪を切った富山県の私立高校長に、同県法務局は「人権侵害」と文書通告

6・1◉NHKは衛星放送の本放送を開始

6・2◉衆参両院は宇野宗佑を第75第内閣総理大臣に指名。同日、宇野内閣発足

6・3◉イランの最高指導者ホメイニ師が死去。6日の葬儀には数百万人の群衆

6・3◉ソ連ウラル地方で液化石油ガスのパイプラインが爆発し。付近を通過中の列車2本が炎上し、乗客ら607人が死亡

6・4◉中国・北京で天安門事件。死者数不明。数

▶吉野ケ里遺跡。発掘、確認された弥生時代中期の全国でも最大級の墳丘墓…佐賀県神埼郡　1989年5月

◀衆議院予算委員会がリクルート事件疑惑で、中曽根康弘前首相証人喚問。テレビ中継で写しだされた静止画像
…1989年5月25日

◀天安門事件。戦車の前に立ちはだかる若者
…北京・天安門広場　1989年6月5日
Ⓒロイター

百人から数万人

6・4◉ポーランドで、東欧社会主義圏で初の完全自由選挙。レフ・ワレサ委員長の「連帯」が圧勝

6・6◉宮崎勤が東京・江東区で5歳の幼女を殺害。遺体をバラバラに切断し、埼玉・飯能市に遺棄。事件2人目の被害者

6・12◉郵政省の不正経費支出判明。営業推進費名目で郵便職員14万人に1人6000円総額8億4000万円の飲食費を支給

6・16◉厚生省の「末期医療に関するケアの在り方の検討会」最終報告で、本人の希望などを条件に、がん告知を積極的に検討すべきと提言

6・18◉ビルマ軍事政権は、国名をミャンマー連邦に改称

6・22◉山中事件（1972年）の上告審で、最高裁は一、二審の死刑判決を破棄し高裁に審議を差し戻し（90年7月無罪確定）

▼長崎県五島列島・美良島に漂着したベトナム難民を乗せた木造船
…長崎県五島列島　1989年6月21日

6・24◉美空ひばり死去、享年52。7月6日に国民栄誉賞

6・24◉中国共産党は、趙紫陽総書記を解任し、江沢民・政治局員を新総書記に選出

6・27◉家永第2次教科書訴訟で、東京高裁は一審判決（1970年）を破棄し、原告敗訴の判決

6・30◉横浜市の産業廃棄物処分場で、耐火金庫から1億7000万円

7・2◉琵琶湖でアユ200万匹が大量死

7・5◉米・サンフランシスコ市は同性愛カップルに婚姻届と同様の登録を受け付ける制度を開始。6日にはニューヨーク州最高裁が同性愛カップルを法的に家族と認知の判断

7・7◉天皇は相続税4億2800万円を納税（課税遺産18億6911万円）

7・10◉米「フォーブス」誌の世界金持ち番付で、日本人6人がトップ10入り。ほとんどが不動産業関係

7・16◉福井・越前町の国道で崖崩れの落石がマイクロバスを直撃し15人が死亡

7・21◉ミャンマー軍事政権は、反体制派のリーダー、アウンサン・スー・チーを自宅軟禁

◀美空ひばりさんの本葬でファンのための祭壇に置かれた遺影と位牌
…東京・青山葬儀所　1989年7月22日

7・23◉第15回参議院選挙。自民党大敗、社会党議席倍増で保守合同後初めて与野党の勢力逆転し「ねじれ国会」に。翌日、宇野首相は退陣を表明

7・28◉スリランカ全土で反政府・反インド暴動。30日までに150人が死亡

7・30◉カンボジア問題国際会議がパリで開幕

7月◉小学校で飼育動物のウサギや鶏の虐殺相次ぐ

8・5◉国内初のセクシャルハラスメント訴訟。性的いやがらせで退職強要と、元編集者の女性が上司と会社を福岡地裁に提訴

8・6◉台風13号が関東・東北を縦断。北関東、東北で死者6人、行方不明9人の被害

8・8◉厚生省は「医師過剰時代」到来を前提に、文部省に医学部定員削減を要求

8・9◉衆議院は海部俊樹を第76代内閣総理大臣に指名。参議院指名は土井たか子。同日、海部内閣発足

8・25◉女性スキャンダルの山下徳夫官房長官が辞任。

▲第15回参議院選挙で社会党が大躍進。当選の赤いバラを飾る
土井たか子社会党委員長と山口鶴男書記長
…東京・千代田区の社会党本部　1989年7月23日

▶連続幼女誘拐殺人事件。家宅捜査された宮崎の自室。押収した証拠品から入間市で失踪した幼女の遺体を撮影したビデオテープが見つかる…東京都五日市町　1989年8月10日

9・5◉最高裁は芸者付き接待の公費支出は違法と初の判断

9・7◉国土庁発表の地価動向で、東京圏の地価上昇鎮静化が判明

9・8◉名古屋市のNTT名古屋会館の食事客から感染者44人、戦後最大級の集団コレラ発生

9・12◉長寿番付で100歳以上が3000人を突破し3078人に。女性が2448人

9・13◉建設中の新都庁舎に発がん性物質とされるアスベストが大量に使われていることが判明

9・13◉年末ジャンボ宝くじの最高賞金が1億円の大台へ

9・14◉横浜地検は指紋押捺拒否のフランス人神父を収監し、12日間の労役場留置。罰金支払いを拒否

9・14◉米政府はネバダで地下核実験

9・16◉東京・品川区の難民一時居住施設で乱闘事件。9人が負傷。ベトナム難民と難民偽装の中国人が対立

▼連続幼女誘拐殺人事件。
江東区で失踪した保育園児の誘拐殺人を自供した
宮崎勤の実況検分…東京都江東区東雲公園　1989年8月20日

9・19◉UTAフランス航空の旅客機が、西アフリカ上空で爆破され、乗員乗客170人が死亡。仏重罪院はリビア情報機関員6人を被告人不在のまま終身禁固刑に。リビア政府は賠償責任を認め、遺族に2億フラン(約38億円)を支払い

9・19◉最高裁は有害図書規制の岐阜県条例を合憲と初の判断

9・23◉ローマ法王は、地動説を唱えたガリレオ・ガリレイの名誉を回復

9・26◉カンボジア駐留のベトナム軍が完全撤退。11年の駐留に幕

9・27◉ソニーは米映画会社コロンビアを買収

9・29◉大相撲の横綱千代の富士が国民栄誉賞受賞

9月◉損保大手各社は介護費用保険の販売、介護相談業務など高齢社会に向けたサービスを開始

10・5◉チベット仏教最高位聖職者ダライ・ラマ14世にノーベル平和賞

10・6◉パート収入非課税限度額が年収100万円まで引き上げ

10・13◉米ニューヨーク株式市場で株価が190ドルの大暴落。87年10月のブラックマンデーに次ぐ史上2番目の暴落

▲映画事業参入のため
米・コロンビア映画買収について会見する
ソニーの盛田昭夫会長…東京都千代田区　1989年10月3日

10・17◉県立長野図書館のOA化入札で、富士通と日本電気は1円で入札。他県でも同種の超低価受注が判明し、落札辞退、再入札の事態に

10・17◉米サンフランシスコで大地震。2階建て高速道路が崩壊。死者63人、負傷者3000人超の惨事

10・31◉三菱地所と米・ロックフェラーグループ(RGI)は、三菱のRGI買収に合意。ロックフェラーセンタービルが日本企業の手へ

10月◉東京・新宿区で、駐輪禁止看板に中国語、ハングル、英語の3カ国語を掲示

10月◉山一証券の損失補填発覚

11・1◉仏は南太平洋ムルロア環礁で地下核実験。

11・4◉オウム真理教の幹部6人は、坂本堤弁護士一家3人を殺害

11・4◉沖ノ鳥島の護岸工事完了。最南端の領土保全で、周辺40万平方キロの経済水域を堅持

11・8◉国税庁調査で、大企業の法人所得の申告漏れ(88年7月からの1年間)が過去最悪の4895億円と判明

11・9◉ベルリンの壁消滅。東独は西独との国境を開放

◀東ドイツの国境警備隊が見守るなか「ベルリンの壁」を打ち砕く西ベルリン市民
…西ベルリン・ブランデンブルク門付近　1989年11月11日 ©ロイター

11・11◉内戦の続くエルサルバドルで、左翼ゲリラ連合組織が大統領公邸、軍主要部隊などを攻撃。大統領は非常事態を発令

11・11◉平成1年11月11日11時11分11秒の歴史的スタンプ求める人が駅や郵便局に行列

11・15◉韓国の海上警察は、竹島(独島)付近で日本漁船を拿捕。領海侵犯と主張

11・15◉「ベルリン新聞」は東独老人が壁のできる4日前に西ベルリンの図書館で借りた2冊の本を28年ぶりに返却と報道

11・16◉世界一早い解禁でボジョレー・ヌーボー人気過熱

11・17◉永住権を持つ英国人が選挙権を認めないのは違憲と提訴。外国人の選挙権をめぐる提訴は初めて

11・20◉国連総会は「子どもの権利条約」を採択

11・21◉組合員800万人の日本労働組合総連合会(連合)発足。全国労働組合総連合(全労連)も結成大会。12月9日には全国労働組合連絡協議会(全労協)が結成され、労働組合は再編

11・27◉コロンビアの麻薬密売組織メデジン・カルテルが、ボゴタでアビアンカ航空機を空中爆破。乗員乗客107人が死亡

11・27◉大和証券の大口顧客への損失補填と巨額粉飾決算が発覚

11・27◉英国のオークションで、日本人がセザンヌ作品で最高額の25億円で静物画「リンゴとナプキン」を落札

11・28◉ルーマニアの体操金メダリスト、ナディア・コマネチが厳重警備のハンガリー国境を脱出し亡命

11・29◉米議会で1990年米国防歳出権限法成立。給与を除く在日米軍駐留経費を全額日本に負担させる条項

11・29◉大阪・門真税務署は松下幸之助の遺産2449億円を公示。史上最高

11・30◉衛星中継による競売で、日本企業が絵画最高額の72億円でピカソの「ピエレットの婚礼」を落札

12・1◉ソ連とカトリック教会が歴史的和解。ゴルバチョフ議長はバチカンを訪問しローマ法王と会談

12・1◉働く女性は過去最高の1670万人となり、前年比55万人増加

12・3◉マルタで会談の米ソ両首脳は、東西冷戦終結を宣言

12・4◉警視庁は過去最高の大麻175キロを押収し、暴力団員ら10人を逮捕。末端価格10億円

12・6◉カナダのモントリオール工業大学で無差別乱射事件。学生13人が死亡、犯人は自殺

▼建設中の都庁新庁舎
…東京・西新宿　1989年12月

12・8◉福岡事件(1947年)で死刑確定後、恩赦で無期懲役に減刑された受刑者の男性が仮釈放。42年7カ月の服役は史上最長

12・13◉改正公職選挙法成立。選挙区内での政治家の寄付行為を原則禁止

12・14◉土地基本法成立。投機的取引の抑制を明記

12・15◉参議院は86年度決算を否決(不承認)。決算否決は戦後国会史上初

12・15◉パナマでマヌエル・ノリエガ将軍が「国家元首」に就任。20日、米軍は将軍逮捕を目的にパナマに侵攻

12・22◉ルーマニアで民衆革命。25日、新政権はチャウセスク前大統領夫妻を処刑

12・29◉東証平均株価3万8915円の史上最高値

12月 ◉初のデジタルカメラ(業務用)発売。1セット300万円

◀ノーベル平和賞を受賞するチベット仏教最高指導者のダライ・ラマ14世
…ノルウェー・オスロ　1989年12月10日

話題

英会話教室ブーム
ホテルに禁煙ルームが誕生
1世帯の構成人員が初めて3人割る
1989年の女性出産数が戦後最低の1・57人に（1990年6月9日発表）
人手不足顕著で外国人労働者急増
フロン全廃、二酸化炭素規制など地球環境保全に世界的関心

【暴言、放言、失言、妄言】

堀之内農水相「女性が政治の世界で使いものになるのか」（7／7参議院選挙の演説会で。翌日、陳謝し発言を取り消す）

松田九郎・衆議院議員（自民党）「農民は筋肉労働で働くしか能がない」（7／20テレビ番組で。抗議電話殺到）

【流行語】

セクハラ／山が動いた／オヤジギャル／3K／おたく／オバタリアン／ホタル族／朝シャン／ファジイ／一杯のかけそば／ツーショット／ハナコ

【流行】

ティラミス／エスニック料理／テトリス

【新商品・ヒット商品】

任天堂ゲームボーイ（4／21発売）／液晶携帯用パソコン（シャープ、日本電気、100万円）／家庭用電子カメラ（ソニー）／家庭用ビデオカメラ「ハンディカム」（ソニー）／「はちみつレモン」（サントリー）／コードレス電話／「写ルンです」

◀平成元年生まれの任天堂ゲームボーイ

【誕生】

雑誌「サライ」／「テーミス」／「サピオ」
横浜アリーナ開場（4／1　1万7000人収容）／横浜ベイブリッジ（9／27）／幕張メッセ（10／9）／東京都葛西臨海水族園（10／10）
「山形国際ドキュメンタリー映画祭'89」（10／10、アジア初のコンペ形式ドキュメンタリー映画祭）

【さよなら】

新宿ロマン劇場（1／16　1924年開館）／新日鉄釜石製鉄所（3／25　高炉による製鉄所日本発祥の地。130年の歴史に幕）／「ザ・ベストテン」（9／28　12年間放送のTBSの人気歌番組）

【スポーツ】

3・18◉フィギュアスケート世界選手権パリ大会で伊藤みどりが優勝。日本人初の金メダル
7・15◉プロ野球読売の斎藤雅樹投手は、11試合連続完投勝利のプロ野球新記録を達成
8・24◉米大リーグは賭博疑惑のピート・ローズ（レッズ監督）を永久追放
9・4◉国際陸連は、ベン・ジョンソン（カナダ）の男子100メートル世界記録9秒83を抹消。薬物使用
9・9◉日本女子サッカーリーグが開幕
9・22◉大相撲の横綱千代の富士が通算965勝の最多記録を達成
9・27◉大相撲の貴花田が史上最年少の17歳2ヶ月で関取に
10・29◉プロ野球日本シリーズは巨人が3連敗から4連勝で近鉄を破って優勝。巨人4－3近鉄
12・14◉プロ野球ドラフトで8球団に1位指名された野茂英雄が史上最高額の契約金1億2000万円で近鉄と契約
12・27◉将棋の羽生善治六段（19）が新竜王となり、将棋界初の10代タイトル保持者に

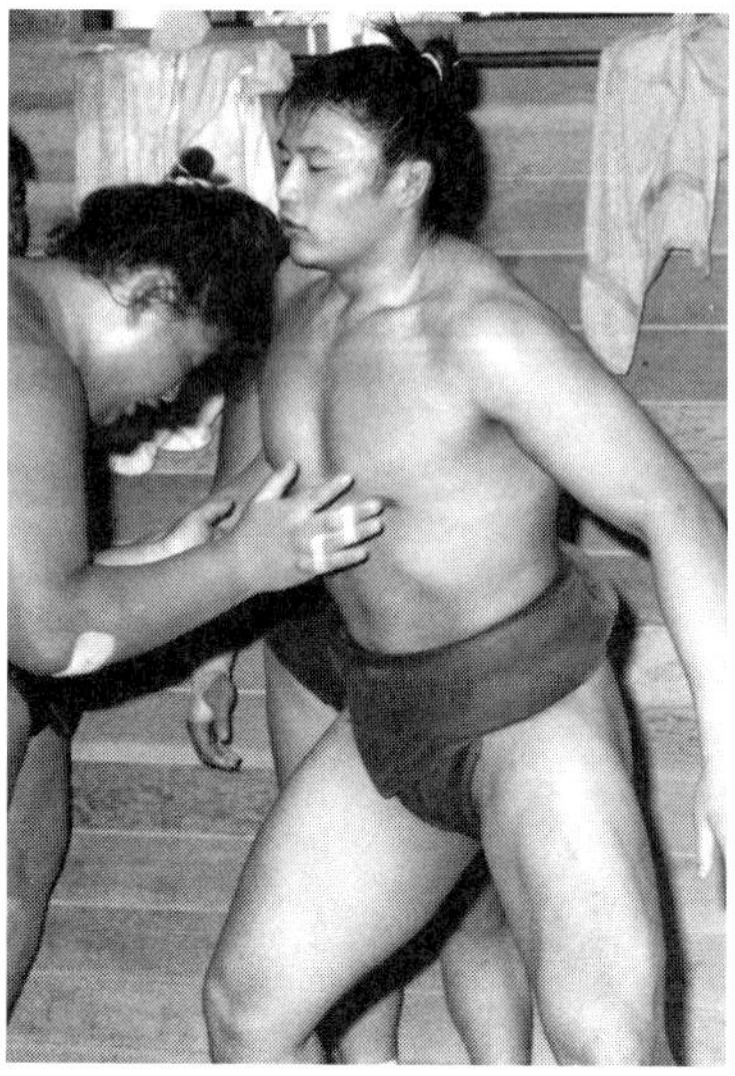

▲ぶつかり稽古で胸を出す貴花田
…東京・中野区の藤島部屋　1989年5月1日

【科学・学術】

2・22◉佐賀県教委は、吉野ヶ里遺跡で国内最大の弥生時代後期の環濠集落を確認
2月◉日本電気は光メモリーLSIを世界に先駆けて開発
3・7◉日本通信衛星は初の民間通信衛星をギアナで打ち上げ
3・11◉特殊器台形埴輪を発掘していた兵庫県・権現山51号墳で三角縁神獣鏡5面を発掘
3・23◉M・フライシュマン（英）とS・ポンズ（米）は室温での重水電気分解による核融合に成功
4・10◉日本電気は世界最速の演算能力を持つスーパーコンピュータ「SX－3シリーズ」を開発・販売
6・8◉奈良・桜井市教育委員会と県立橿原考古学研究所は、纒向石塚古墳が3世紀後半の最古の前方後円墳と確認
8・11◉しんかい6500が日本海溝で深さ6527mの海底に到達。自主航行の潜水船の世界記録
8・25◉ボイジャー2号が海王星に最接近。6つの衛星を発見し、リングの存在を確認
8月◉福井・勝山市で手取層群から草食恐竜の化石発見。のちにフクイリュウと命名
11・13◉島根医大は初の生体部分肝臓移植に成功。術後285日生存
12・25◉東京医科歯科大市川総合病院で初めて凍結受精卵べビーが誕生
◈ナイジェリアコビトカバ（偶蹄目カバ科）ナイジェリア分布、環境悪化により絶滅

【文化・芸術・芸能】

1・29◉ローザンヌ国際バレエ・コンクールで熊川哲也（16歳）が最優秀賞
2・22◉米グラミー賞で、坂本龍一に最優秀映画音楽アルバム賞
3月◉安藤忠雄が仏建築アカデミー金賞受賞

4・1◉第1回モスクワ国際児童青少年映画祭でアニメ「火垂るの墓」がグランプリ受賞
11・13◉映画カメラマン宮川一夫が日本人初のユネスコ・ピカソメダル
12・10◉パリ国際声楽コンクールでソプラノの秋山理恵が第1位に

【音楽】

プリンセス・プリンセス「Diamonds」「世界でいちばん暑い夏」／Wink「愛が止まらない」「淋しい熱帯魚」(日本レコード大賞)／工藤静香「恋一夜」／斉藤由貴「夢のなかへ」／光GENJI「太陽がいっぱい」(歌謡大賞)／長渕剛「とんぼ」／美空ひばり「川の流れのように」／石川さゆり「風の盆恋歌」／「ミス・ユー・マッチ」(ジャネット・ジャクソン)／「エリー・マイ・ラブ～いとしのエリー」(レイ・チャールズ)

【映画】

外国映画『ダイ・ハード』米 監ジョン・マクティアナン 演ブルース・ウィリス／『紅いコーリャン』中国 監張芸謀(チャン・イーモウ) 演コン・リー／『レインマン』米 監バリー・レヴィンソン 演ダスティン・ホフマン、トム・クルーズ／『バグダッド・カフェ』西独 監パーシー・アドロン 演マリアンネ・ゼーゲブレヒト／『ニュー・シネマ・パラダイス』伊・仏 監ジュゼッペ・トルナトーレ 演ジャック・ペラン／『セックスと嘘とビデオテープ』米 監スティーブン・ソダーバーグ 演アンディ・マクダウェル

日本映画『黒い雨』(今村プロ) 監今村昌平 演田中好子／『魔女の宅急便』(徳間書店ほか) 監宮崎駿／『その男、凶暴につき』(松竹富士) 監・演北野武／『ファンシイダンス』(大映) 監周防正行 演本木雅弘

【出版・文芸】

盛田昭夫・石原慎太郎『「NO」と言える日本』／S・W・ホーキング『ホーキング、宇宙を語る』／大塚英志『少女民俗学』／上野千鶴子『スカートの下の劇場』／石川好『ストロベリー・ロード』(大宅賞)／吉本ばなな『TUGUMIつぐみ』／栗良平『一杯のかけそば』／李良枝『由熙』(芥川賞)／大庭みな子『海にゆらぐ糸』／津本陽『下天は夢か』／原尞『私が殺した少女』(直木賞)／干刈あがた『アンモナイトをさがしに行こう』／古井由吉『仮往生伝試文』／山口雅也『生ける屍の死』／山田太一『丘の上の向日葵』／ねじめ正一『高円寺純情商店街』(直木賞)

【漫画】

柴門ふみ「東京ラブストーリー」(ビッグコミックスピリッツ)／森川ジョージ「はじめの一歩」(少年マガジン)／坂田信弘・かざま鋭二「風の大地」(ビッグコミックオリジナル)／西原理恵子「まあじゃんほうろうき」(近代麻雀)／堀田かつひこ「オバタリアン」／吉田戦車「伝染るんです。」(ビッグコミックスピリッツ)／三条陸・稲田浩司「DRAGON QUEST――ダイの大冒険――」(少年ジャンプ)／三浦建太郎「ベルセルク」(月刊アニマルハウス)／秋川りす「OL進化論」(モーニング)／中崎タツヤ「じみへん」(ビッグコミックスピリッツ)

【テレビ】

「平成名物TV いかすバンド天国」TBS／「サンデープロジェクト」テレビ朝日／「ニュース23」TBS

【CM】

「24時間戦えますか」(三共・リゲイン)／「クリスマスエクスプレス」(JR東海)

▲手塚治虫…1985年5月撮影

▶天皇、皇后両陛下に本をプレゼントするアンドレイ・サハロフ博士。一月半後、心臓麻痺で急死
…東京・元赤坂　1989年10月30日　宮内庁提供

◀松下幸之助
…1968年1月撮影

◀ヘルベルト・フォン・カラヤン夫妻
…1984年10月撮影

冥友録

1・23◉**サルバドール・ダリ**(84歳)スペイン人画家／2・9◉**手塚治虫**(62歳)漫画家／3・20◉**五島昇**(72歳)元東急社長、日商会頭／4・10◉**色川武大**(阿佐田哲也)(60歳)作家／4・15◉**胡耀邦**(73歳)元中国共産党総書記／4・27◉**松下幸之助**(94歳)松下電器産業創業者／5・2◉**春日一幸**(79歳)元民社党委員長／6・3◉**A・R・ホメイニ**(86歳)イラン・イスラム共和国初代最高指導者／6・24◉**美空ひばり**(52歳)歌手／6・25◉**尾上松緑**(76歳)歌舞伎俳優／7・16◉**H・カラヤン**(81歳)オーストリア人指揮者／7・29◉**辰巳柳太郎**(84歳)俳優／11・5◉**V・ホロビッツ**(85歳)米国人ピアニスト／12・9◉**開高健**(58歳)作家／12・12◉**田河水泡**(90歳)漫画家／12・14◉**A・サハロフ**(68歳)ソ連人物理学者／12・22◉**S・ベケット**(83歳)仏人劇作家

石原信雄（元内閣官房副長官）

「平成の元号」決定時の舞台裏！

倉重篤郎　構成

◀平成（元号）の書
…東京都千代田区の国立公文書館で
2017年12月

平成時代を語るにふさわしい官僚としては、石原信雄氏の右に出る人物はいないのではないか。何といっても、昭和から平成に切り替わる際の元号決定から各種儀式まですべてを事務方トップとして仕切ってきた。

事務官房副長官として支えた政権は、1987（昭和62）年の竹下登政権から宇野宗佑、海部俊樹、宮澤喜一、細川護熙、羽田孜、村山富市に至る7代に及んだ。官房副長官時代や平成時代を回顧した著作も多数ある。

その石原氏に「平成」という元号決定時に焦点を当てて聞いた。

平成という時代を振り返ると？

「私は竹下内閣で昭和天皇崩御、平成のスタートを官邸で担当した1人で、いろんな思いがある。ただ、平成の30年がどういう時代だったのかと問われたら、何といっても平成の世の中になって、日本を当事者とする国際紛争は1つもなかった、ということでしょう。とくに、私は戦争の昭和を経験しているだけにその思いが強い」

上皇陛下もそこをおっしゃっていた。

「二・二六事件の時が10歳。当時、『内閣がだらしないからだ』と大人たちが議論していたのを覚えている。例の盧溝橋事件が昭和12（1937）年、小学校6年生の時だった。私の友人の父親が召集され送ったのを覚えている。中学校に入った時には日米開戦があった。昭和というのはそういう時代だった」

「昭和17（1942）年ごろだ。友達の父親で今の東京電力、当時の東京電灯に勤めていた人がいた。京都大卒、あの『貧乏物語』の河上肇の弟子筋で、病気で自宅療養中だったが、その人の言葉が忘れられない。『この戦争は負ける。なぜならば、日米では鉄鋼の生産能力が1対8だ。戦争とはビスマルクが言うように鉄と血の勝負だ。今は大和魂でいいが、体力勝負になったらもたない』。子供心にショックだった。とんでもないことを言っていると思ったが、戦局が厳しくなってああそうか、と思うようになった」

「病人だったから冷静に見ていた、といまは思う。当時を振り返ると、陸軍がヒトラーを高く評価し過ぎた。日米対決では勝てないのがわかっていた。ドイツが英国をやっつけるから相手が米国だけになる、だから何とかなる。そういう楽観論に立っていた。ヒトラーに対する過大な期待が当時の陸軍にあった」

「平成」という元号にふさわしい時代だった

その昭和と比べると？

「平成は当事者になった戦争は1回もなかった。もちろん、自然災害は何回かあった。列島の地理的条件からして地震も台風も来る。平成は大震災、台風にはやられたが、戦争はなかった。そういう意味では、平成という元号にふさわしい時代だったんだと思う」

元号はどう決まった？

「中国の古典から取った。出典は『内平らかにして外成る』（史記）と『地平らかにして天成る』（書経）だ」

考案者については？

「竹下登首相と小渕恵三官房長官は、考案者の名前は出すべきでないという考えだった。錚々《そうそう》たる方々に案をお願いしておきながら、

▶首相官邸を去る
石原信雄・官房副長官
…1995年2月

▶平成の天皇陛下ご即位「奉祝」パレード
…東京都中央区で
1990年11月

選ばれなかった先生たちに申し訳ない、と」

ただ、当時の元号決定の事務を担当した的場順三・元内政審議室長が考案者を明かしている。山本達郎・東京大学名誉教授（当時）の案だったという。

「彼以外は誰もしゃべってない。彼がしゃべったことが事実かどうかも確認してない。私も当時の約束だから誰だと言わない」

的場氏は、平成の元号決定から30年がたち、当時の関係者も亡くなったからオープンにしてもいいという考えのようだ。

「私の口からは言わないことにしている」

新元号の決定過程は？

「88年9月19日の夜中、昭和天皇が大量下血され、その翌朝に竹下首相のところに関係者が集まって、元号について準備状況を的場君に説明してもらった。彼は事務方の作業としては平成、修文、正化の3案に絞ったのでこれでお願いしたい、とのことだった」

その段階ですでに平成が有力だった？

「昭和が激動の時代だっただけに、国民が安心して生活できるような時代になってほしいという気持ちで平成がいいと思ったのではないか、という気がした」

89年1月7日朝に昭和天皇が崩御、ただちに開かれた「元号に関する懇談会」（8人の有識者で構成）では？

「8人の先生方に説明した。説明後すぐに小林與三次《よそじ》・読売新聞社社長（当時）さんが『平成がいい』と発言し、6人の委員が小林さんに賛成した。1人が『日本は文化国家だから修文がいい』と述べ、もう1人は『修文も平成もおとなしすぎる。正化のほうが力がある』と発言された。元号懇談会は決を採る場ではない。先生たちのご意見を拝聴し、それを踏まえて閣議で決めるという建前だった。最終的には平成ですね、と8人の委員の意見が集約されたと感じた」

懇談会の後の閣僚懇談会では？

「ここで経過報告し、正式に閣議決定した。この日は決めることがいっぱいあり、時間的には切迫していた。私は3つの案をお諮りしたが、すでに大勢は平成だったので、平成についてのみ出典を詳しく説明、他の2つは省略した」

その時の模様を当時厚生相だった小泉純一郎元首相が18年6月の講演で明らかにしている。それによると、「修文、正化、平成の順に元号案の紹介があったが、修文、正化には出典の説明がなかった。その後、当時の石原信雄官房副長官が『平成でいかがでしょうか』と提案。竹下首相がうなずくと、みんなうなずいた。1人ぐらい質問すればいいのに誰もしない。異論がない。それで決まっちゃった。あの時の不思議な雰囲気は今でも覚えている」と言う。

「まさにその通りだった。本命だけはきちんと説明した」

野党の批判勢力がバラバラなのが懸念

その平成も終わり、令和となる。

「思い出深いのは、竹下内閣での消費税導入だ。大きな決断だった。総理執務室で、竹下首相と話をしたことを覚えている。竹下さんは『大衆課税をやった悪い政治家の烙印《らくいん》を押されるだろうなあ』と自嘲気味に語っていたが、私は『いまは評判は悪いですが、将来は日本の財政にとって必要だった。あの時に竹下内閣で決断したから、その後が続いていると感謝されますよ』と申し上げた。その通りになった」

平成の政治については、どう感じているか。

「2度の政権交代はあったものの、基本的には自公連立、自民中心の政治が続いた。懸念するのは、野党の批判勢力がバラバラなことだ。立憲民主党、国民民主党など共産党以外の野党は多少の政策の違いはあっても、批判勢力として連携し、時の政権の驕りを質《ただ》す健全な牽制力を行使してもらいたい」

いしはら　のぶお――1926年、群馬県生まれ。東京大学法学部卒業。自治事務次官などを経て、87年に政府事務方トップの官房副長官。竹下登首相～村山富市首相の7つの政権で同副長官を務める。95年に退官。昭和天皇逝去後の一連の政府行事を担当した。

1990
平成2年

東西ドイツの統一、南アフリカ黒人指導者マンデラの27年ぶりの釈放など、激動、激変のただ中にあった世界で、国内はバブル景気が続き、アッシー君、ミツグ君が流行語となった。戦後45年目にして天皇が植民地支配に「痛惜の念」を表明し、日韓新時代も幕開け。年末には、TBSの秋山記者が日本人として初めて宇宙に旅立った。

出来事

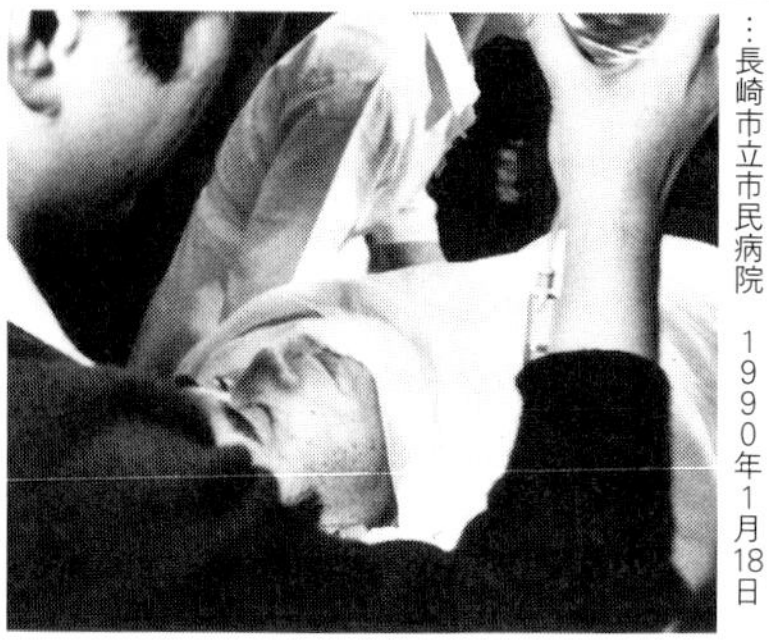

◀右翼団体員に銃撃され重傷を負った本島等・長崎市長
…長崎市立市民病院　1990年1月18日

1・1◉カルピスは黒人をモチーフとしたキャラクターの使用を中止。差別との指摘を受け

1・4◉女性を土俵に上げない慣例を理由に、日本相撲協会は森山真弓内閣官房長官の総理大臣杯授与を拒否

1・13◉共通一次試験に替わる、大学入試センター試験が初実施

1・16◉大麻とコカインを下着に隠していた俳優の勝新太郎が、ハワイ・ホノルル空港で現行犯逮捕

1・18◉本島等・長崎市長が右翼団体員に銃撃され重傷。「(昭和)天皇に戦争責任はある」と発言し、右翼団体から攻撃を受けていた

1・22◉東京・御徒町駅ガード下の道路が陥没。新幹線トンネルの手抜き工事が原因

2・11◉南アフリカの黒人解放運動指導者ネルソン・マンデラが28年ぶりに釈放

2・13◉『悪魔の詩』の邦訳出版。大手書店は店頭販売を見送り

2・18◉第39回総選挙投開票。自民は安定多数の275議席。土井ブームの社会は83から136議席に躍進

2・20◉長良川水害訴訟の控訴審で、名古屋高裁は原告逆転敗訴の判決

2・26◉ニカラグア大統領選挙で、親米国民野党連合のビオレタ・チャモロが当選。79年の革命で誕生した政権は、選挙により政権交代へ

2・28◉スパイ容疑のため韓国で服役の在日韓国人政治犯、徐勝《そすん》が19年ぶりに釈放

3・11◉チリで17年ぶりの文民政権発足。前年12月の大統領選で圧勝のパトリシオ・エイルウィンが新大統領に就任し、ピノチェト軍事政権に幕

3・15◉ソ連の初代大統領にミハイル・ゴルバチョフが就任

3・17◉大阪・寝屋川市で、18歳少年が79歳の父親を殺害

3・20◉公定歩合が1%増の5・25%に。低金利時代に幕

▼壇上に立ち応えるネルソン・マンデラ・アフリカ民族会議副議長
…東京・日本大学文理学部大講堂　1990年10月28日

3・21◉ナミビア共和国誕生。南アフリカから独立し、アフリカ最後の植民地が消滅

3・23◉朝日新聞は日米構造協議のアメリカ側の要求項目を報道。内政干渉を疑われる協議の実態が浮彫りに

3・26◉広島・安浦町で、小学校教諭の男が教え子の6年生女児を絞殺

3・27◉大蔵省は金融機関に「総量規制」の行政指導。地価高騰を引き起こした不動産関連融資抑制が目的で、バブル経済崩壊の引き金に

3・27◉アエロフロート航空の貨物機がアフガニスタンで墜落。9人が死亡。地対空ミサイルによる撃墜の疑い

4・1◉大阪で国際花と緑の博覧会(花博)開幕

4・1◉太陽神戸三井銀行発足

4・2◉前日開幕の花博で、高架水路のウォータライドが転落し、23人が重軽傷

4・6◉小中高等学校の入学式で、日の丸・君が代が義務化

4・13◉ゴルバチョフ・ソ連大統領は、1940年のポーランド将校大量虐殺事件(カチンの森事件)を公式に謝罪

4・17◉連続4人射殺事件の永山則夫に、最高裁は死刑判決

4・26◉中山太郎外相は朝鮮半島の植民地支配を「侵略」と初めて公式に認め、謝罪の意を表明

4月◉銀座に女性専用の会員制ボクシングジム登場

5・2◉朝日新聞は、高校生らがコンピュータ・ウイルスを開発したとする虚偽の記事を1面トップで掲載。高校生の嘘を裏づけもとらずに報道

5・13◉栃木・足利市の河川敷に行方不明4歳女児の遺体(足利事件)

5・15◉ニューヨークの競売でゴッホの「ガシェ博士の肖像」が史上最高額の8250万米ドル(約125億円)で落札。斉藤了英・大昭和製紙名誉会長が購入

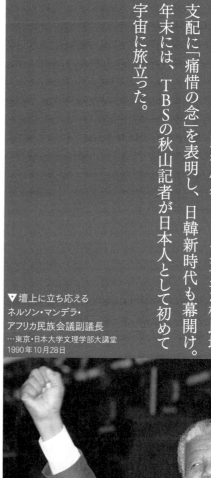

▲大阪花博（国際花と緑の博覧会）の開幕翌日、会場周遊の高架ボート「ウォーターライド」が転落し重軽傷23人を出した…大阪・鶴見緑地　1990年4月2日

▲右手を新憲法に置いて就任の宣誓をするゴルバチョフ大統領…モスクワ　1990年3月15日

◀盧泰愚・韓国大統領（左）を迎えた宮中晩餐会で、植民地支配などに「痛惜の念」を表明した天皇陛下…皇居・豊明殿　1990年5月24日

5・24◉訪日中の盧泰愚・韓国大統領に、天皇は植民地支配などに「痛惜の念」を表明

5・27◉ミャンマーで30年ぶりに複数政党制総選挙。スーチー書記長の野党・国民民主連盟（NLD）が圧勝も、政権移譲実現せず、軍事政権が居座り

6・1◉米ソ首脳会談で戦略兵器削減交渉（START）基本合意。第2次START開始の共同声明

6・4◉東京・練馬区の工務店社長宅に2人組が侵入し、3億円を強奪

6・10◉ペルー大統領選挙でアルベルト・フジモリが当選。日系人初の大統領

6・13◉大阪市は職員採用試験受験資格から国籍条項を撤廃するため採用試験の見直しに着手。が、翌年、断念

6・21◉イラン大地震。5万人が死亡、20万人が負傷

6・27◉ニカラグアの右派武装組織コントラは、武装解除し解体。親米政権誕生で10有余年にわたるゲリラ闘争を終結

▼結婚記念撮影の合間に秋篠宮の髪を直す紀子妃（宮内庁からクレームがついた写真）…皇居　1990年6月29日

6・29◉礼宮文仁親王は川嶋紀子と結婚し、秋篠宮家を創設

7・2◉サウジアラビアのメッカで巡礼者が将棋倒しになり、1426人が死亡

7・3◉九州各地で集中豪雨。土砂崩れや河川の氾濫で27人が死亡

7・5◉鹿島建設は戦時中の花岡鉱山での中国人強制労働について、生存者と遺族に謝罪

7・6◉兵庫県立神戸高塚高校で、遅刻監視の教諭が閉めた門扉にはさまれ女子生徒が死亡

7・16◉フィリピンのルソン島で大地震。バギオなどで1600人余が死亡

7・19◉国際航業乗っ取り事件で、東京地検特捜部は光進代表・小谷光浩らを逮捕

7・20◉弘前大教授夫人殺害事件で、冤罪により14年間収監された男性の国家賠償訴訟で、最高裁は国の賠償責任認めず

7・26◉証券14社が、大口投資家に損失補填してい

たことが判明

7・27◉山中事件(1972年)の差し戻し審で、名古屋高裁が無罪判決

8・2◉イラク軍がクウェートに侵攻

8・7◉レコード針のナガオカは営業を停止。会社解散へ

8・21◉森重文京大教授が数学の分野で著しい業績を上げた研究者に贈られるフィールズ賞受賞

8・25◉甲府市で、大学浪人中の19歳少年が父母を殺害

8・28◉火傷で重体のソ連・サハリン州在住の3歳男児が超法規措置で入国し、札幌で治療

8・30◉政府は中東の多国籍軍協力のため10億米ドルの支出を決定。翌月10億ドル追加

9・5◉朝鮮半島分断後初めて、南北の首相が会談

9・19◉都道府県基準地価が公表され、全用途平均上昇率は過去最高の13・7%に

9・24◉自社合同代表団が訪朝し、金丸信団長は植民地支配を謝罪

9・28◉水俣訴訟で東京地裁が初の和解勧告。熊本県は受け入れ、環境庁は拒否

10・3◉東西ドイツ統一

10・3◉大阪府警警官の汚職判明。捜査情報の見返りに暴力団員から金品1200万円相当を受領

10・8◉エルサレムでイスラエル治安部隊がイスラム教徒のデモ隊に発砲し、22人以上が死亡。87年末以来の抵抗運動・インティファーダで最悪の流血に

10・11◉朝鮮民主主義人民共和国に拘留されていた第18富士山丸の船長と機関長が7年ぶりに帰国

10・15◉ゴルバチョフ・ソ連大統領にノーベル平和賞

10・16◉1971年、神奈川県三浦市三崎町で一家3人が殺害された三崎事件で、最高裁は上告を破棄し、事件発生19年目に死刑確定

10・22◉米国の代理出産訴訟で、親権は受精卵提供の夫妻にあるとの一審判決

10・29◉ジュネーブで第2回世界気候会議。温室効果ガスの排出抑制を論議

10・31◉土呂久公害第一陣訴訟は最高裁で和解成立。住友鉱山が4億6千万円の見舞金

10月◉浦和市の幼稚園で、国内初の病原性大腸菌O157による集団食中毒。236人が発病し園

▶大統領就任式で手を振る日系2世のアルベルト・フジモリ・ペルー新大統領
…ペルー・リマ　1990年7月28日

▶北朝鮮に7年間抑留されていた「第18富士山丸」の紅粉勇船長、栗浦好雄機関長、自民、社会両党合同代表団とともに帰国…東京・羽田空港　1990年10月11日

▶金日成主席(中央)と握手する自民党の金丸信元副総理(左)と田辺誠社会党副委員長
…北朝鮮・妙香山会議所　1990年9月26日

▼天皇が即位後にはじめて行う新嘗祭である「大嘗祭」で、悠紀殿に向かう天皇陛下
…皇居・東御苑・大嘗宮　1990年11月22日

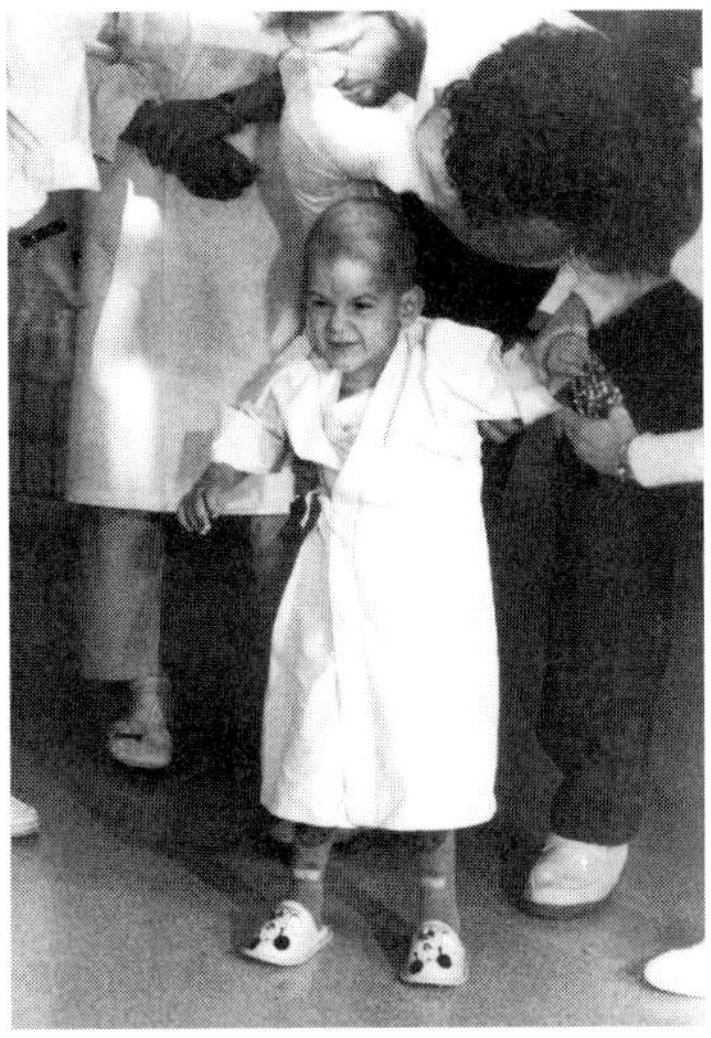

◀2カ月ぶりに集中治療室を出て、両親に支えられながら歩いたコンスタンチン君(3歳)
…北海道・札幌医大病院 1990年10月24日

児2人が死亡

10月 ◉米国会下院の公聴会で、クウェートから生還したという少女がイラク兵の残虐行為を涙ながらに証言。のちに、少女は在米クウェート大使の娘で、証言内容は事実無根と判明

11・1 ◉川崎市で全国初の行政監察官制度、オンブズマン制度発足

11・12 ◉天皇即位の礼。反対する過激派は36件のゲリラ

11・17 ◉長崎の雲仙岳が200年ぶりに噴火

11・19 ◉東西冷戦に終止符。東西欧州22カ国が不戦宣言に調

11・21 ◉福島県会津若松市などの公立中5校が、校則で方言を使わないよう定めていたことが判明

11・26 ◉鉄骨、不動産販売の「共和」が事実上倒産。負債総額は約2000億円

11・27 ◉松下電器と米・娯楽大手MCAレコードは、松下のMCA買収で合意。61億米ドルは海外企業買収で過去最高額

12・2 ◉TBS記者の秋山豊寛はソ連のソユーズに搭乗し、日本人初の宇宙飛行

12・5 ◉環境庁企画調整局長が自殺。政府・環境庁が東京地裁の和解勧告を拒否した水俣病訴訟の担当者だった

12・9 ◉ポーランド大統領選挙でレフ・ワレサが圧勝

12・11 ◉群馬・新里村で、石材店従業員の男が、保険金目的で10歳の娘を絞殺。87年には妻を殺害

12・14 ◉米・ミズーリ州の遺言検認判事は、植物状態の女性の両親の訴えに基づき尊厳死を認める判断

▼進水後21年で初めて100%原子力航行した原子力船「むつ」
…青森 1990年10月

話題

12月 ◉日本の景気減速明らかに
海外渡航者が初めて1000万人を突破

【暴言、放言、失言、妄言】

梶山静六法相「『悪貨が良貨を駆逐する』というが、アメリカにはクロが入ってシロが追い出される、というように(新宿が)混在地になっている」(9月21日)

【流行語】

バブル経済/アッシー君・ミツグ君/イタめし/3高/成田離婚/あげまん/ボーダレス

【新商品・ヒット商品】

キリン一番搾り/新ハンディカム・8ミリビデオムービー(ソニー)/ティラミス/スーパーファミコン(任天堂)/鉄骨飲料(サントリー)

◀大相撲初場所、1000勝をあげ花道で花束をかかげる横綱・千代の富士
…大阪府立体育会館 1990年3月17日

【誕生】

雑誌「自由時間」(マガジンハウス)/情報誌「ケイコとマナブ」(リクルート)

【さよなら】

「11PM」/「兼高かおるの世界の旅」/「夜のヒットスタジオ」/上野「本牧亭」(1月10日)

【スポーツ】

2・7 ◉ボクシングのWBC世界ストロー級王者に大橋秀行

3・17 ◉大相撲の千代の富士は史上初の通算1000勝を達成

3・28 ◉大相撲の霧島は大関昇進。史上最も遅い91場所目の出世

5・1 ◉貴花田は史上最年少(17歳8カ月)で幕内昇進

6・8 ◉イタリアでサッカーW杯開催。決勝は西独がアルゼンチンを破り3回目の優勝

6・9 ◉女子テニスのモニカ・セレシュは16歳6カ月の4大大会最年少記録で全仏オープンを制覇

6・11 ◉米大リーグのノーラン・ライアン投手は、史上最多の通算6度目、史上最年長の43歳でノーヒット・ノーランを達成

7・7 ◉女子テニスのマルチナ・ナブラチロワ(米)は、全英オープンで9度目の優勝。52年ぶりに大会最多優勝記録を更新

7・25 ◉大相撲の旭富士は第63代横綱に昇進

7・29 ◉ボクシングのWBA世界フライ級王者にレパード玉熊

9・9 ◉男子テニスのピート・サンプラス(米)は全米オープンに優勝。19歳28日で大会最年少優勝記録を100年ぶりに更新

9・19 ◉IOCはオリンピック憲章を改訂し、プロ選手に五輪参加認める

10・24 ◉プロ野球日本シリーズは、西武が4連勝で巨人を破る。西武4−0巨人

10・26 ◉プロ野球近鉄の野茂英雄投手は投手部門4冠、MVP、新人王を獲得

12・9 ◉15歳中学3年生の田村亮子が福岡国際女子柔道48kg級で初出場V

▶ソ連の宇宙飛行船ソユーズに乗り込む秋山豊寛TBS宇宙特派員
…ソ連・バイコヌール宇宙基地 1990年12月2日

【科学・学術】

1・24◉日本初の月探査機「ひてん」打ち上げ
2・14◉ボイジャー1号が太陽系の全景写真撮影に成功
2・16◉東大医科学研倫理審査委は脳死者からの肝臓移植を条件付き承認
4・24◉ハッブル宇宙望遠鏡搭載のスペースシャトル「ディスカバリー」打ち上げ
6・7◉日立製作所、世界初の64メガビットDRAMの試作に成功
8・2◉国立循環器病センターは、胎児を体外で手術し母体に戻す母体外手術に成功と発表
8・10◉国際度量衡委が温度標準を改定。水の沸点は99・974℃に
8・11◉阪大医学部医学倫理委は、脳死者からの心・肝・腎臓移植を承認
8・20◉千葉県畜産センターと農水省畜産試験場の研究グループは、受精卵を分割による、日本初のクローン牛出産に成功
9・14◉米国立衛生研究所は、免疫関係酵素欠損症の女児に遺伝子治療を実施
10・5◉原子力船「むつ」が進水後21年で初の100%原子力航行

【文化・芸術・芸能】

3・26◉映画監督の黒沢明が米・アカデミー賞で特別名誉賞を受賞
5・21◉カンヌ国際映画祭で小栗康平監督の『死の棘』が大賞を受賞

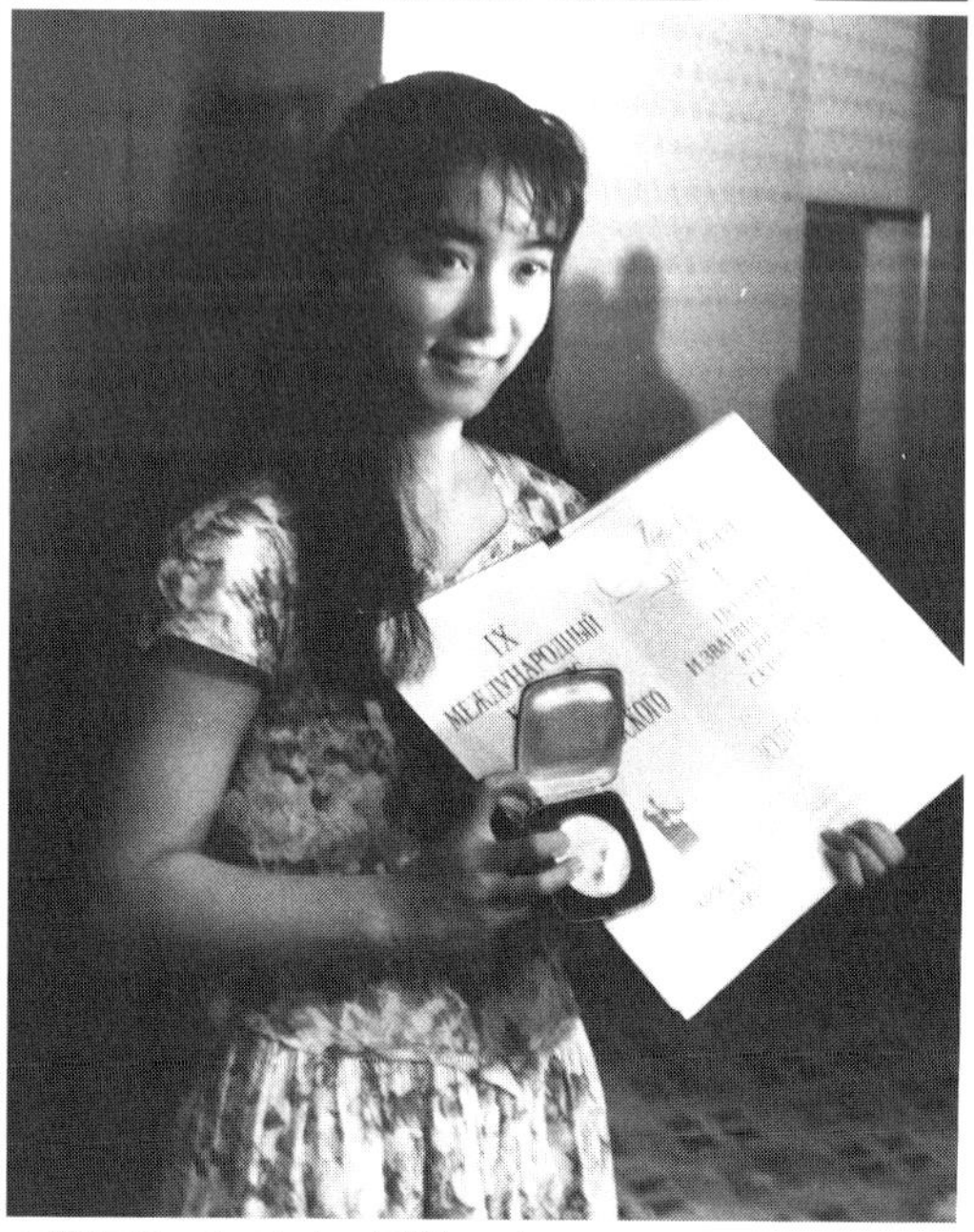

▲第9回チャイコフスキー国際コンクール・バイオリン部門で史上最年少の18歳で優勝した諏訪内晶子…東京 1990年7月10日

▶TVアニメ「ちびまる子ちゃん」の主題歌「おどるポンポコリン」が大ヒットしたB・B・クィーンズ

▶「輝く！日本いか天大賞」。TBS「平成名物TV いかすバンド天国」に前年出演したバンドから大賞に輝いた「たま」。プロデビューし「さよなら人類」がヒット
…東京・日本武道館 1990年1月1日
©瀬戸正人

▶「浪漫飛行」の米米CLUB
…NHKホール 1990年2月17日
©神林立子

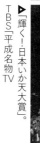

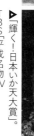

7・5◉チャイコフスキー国際コンクールで諏訪内晶子(バイオリン)が最年少優勝。日本人初

【音楽】

B・B・クィーンズ「おどるポンポコリン」(レコード大賞)／たま「さよなら人類」／BEGIN「恋しくて」／沢田知可子「会いたい」／米米CLUB「浪漫飛行」／プリンセス・プリンセス「OH YEAH!」

▲映画「フィールド・オブ・ドリームス」
©NANA通信社

【映画】

外国映画『フィールド・オブ・ドリームス』米 監フィル・アルデン・ロビンソン 演ケビン・コスナー／『7月4日に生まれて』米 監オリバー・ストーン 演トム・クルーズ／『ドライビング・ミス・デイジー』米 監ブルース・ベレスフォード 演ジェシカ・タンディ、モーガン・フリーマン／『悲情城市』台湾 監ホウ・シャオシェン 演トニー・レオン／『ゴースト　ニューヨークの幻』米 監ジェリー・ザッカー 演パトリック・スウェイジ、デミ・ムーア／『霧の中の風景』ギリシャ・伊・仏 監テオ・アンゲロプロス 演ミハリス・ゼーケ

日本映画『死の棘』(松竹) 監小栗康平 演松坂慶子／『少年時代』(「少年時代」製作委員会) 監篠田正浩 演藤田哲也／『櫻の園』(ニュー・センチュリー・プロデューサーズ) 監中原俊 演中島ひろ子

【出版・文芸】

二谷友里恵『愛される理由』／須賀敦子『ミラノ 霧の風景』／志水辰夫『行きずりの街』／池澤夏樹『バビロンに行きて歌え』／井上ひさし『四千万歩の男』／色川武大『狂人日記』／大沢在昌『新宿鮫』／河野多恵子『みいら採り猟奇譚』／瀧澤美恵子『ネコババのいる町で』(芥川賞)／辻原登『村の名前』(芥川賞)／泡坂妻夫『蔭桔梗』(直木賞)

▲美川憲一とちあきなおみ出演のCM。
「もっと端っこ歩きなさいよ。タンスにゴン」(大日本除虫菊)

◀豊島園が「史上最低の遊園地」と自社の悪口を満載した広告を4月1日付けの新聞に掲載

【漫画】

臼井儀人「クレヨンしんちゃん」(漫画アクション)／青木雄二「ナニワ金融道」(モーニング)／井上雄彦「SLAM DUNK」(スラムダンク)(少年ジャンプ)／冨樫義博「幽☆遊☆白書」(少年ジャンプ)／大島司「シュート!」(少年マガジン)

▲臼井儀人「クレヨンしんちゃん」
©臼井儀人／双葉社

【テレビ】

「渡る世間は鬼ばかり」TBS／「とんねるずのみなさんのおかげです」フジテレビ／「ちびまる子ちゃん」(原作・さくらももこ)フジテレビ／「社会主義の20世紀」NHK／「マジカル頭脳パワー!!」日本テレビ

【CM】

「反省!」(三共胃腸薬)／「鉄骨娘」(鉄骨飲料)／「もっと端っこ歩きなさいよ」(タンスにゴン　ちあきなおみ・美川憲一)／「史上最低の遊園地」(豊島園)／「職業選択の自由アハハン」(学生援護会　サリダ)

冥友録

1・10◉**春日野清隆**(64歳)元横綱栃錦、日本相撲協会理事長／1・20◉**東久邇稔彦**(102歳)敗戦処理の初の皇族内閣組閣／4・3◉**サラ・ボーン**(66歳)米ジャズ歌手／4・15◉**グレタ・ガルボ**(84歳)スウェーデン出身米人女優／5・3◉**池波正太郎**(67歳)作家／5・16◉サミー・デーヴィスJr.(64歳)米・歌手／5・21◉**藤山寛美**(60歳)喜劇役者／5・27◉**高峰三枝子**(71歳)女優／7・15◉**宮田輝**(68歳)元NHKアナウンサー、参院議員／7・23◉**高柳健次郎**(91歳)テレビを開発／9・1◉**E・O・ライシャワー**(79歳)元米駐日大使／9・15◉**土門拳**(80歳)写真家／10・14◉**レナード・バーンスタイン**(72歳)米・指揮者／10・22◉**ルイ・アルチュセール**(72歳)仏・哲学者

1991
平成3年

年明けに湾岸戦争が始まり、年末にはついにソビエト連邦が崩壊。世界は各地で新たな紛争の時代へと突入した。国内ではバブル崩壊のなか、4大証券会社による大口投資家への損失補填や料亭の女将への莫大な不正融資が明らかになった。雲仙普賢岳の火砕流、信楽高原鉄道事故では多くの死者が出た。霊能力とヘアヌード写真集、若貴ブームが話題に。

▼雲仙普賢岳噴火。
惨事をひきおこした大火砕流、手前は水無川
…長崎県島原市　1991年6月3日

出来事

◀湾岸戦争突入。
バグダッド上空を交錯する対空砲火とえい光弾
…1991年1月17日未明　©ロイター

1・1◉東京03局内電話の局番が3ケタから4ケタに変更

1・7◉福岡県春日市で高校2年の長男が母親を殺害し、自分で110番したのち自殺はかり入院

1・13◉都市銀行12行と地方銀行61行で日曜に預金引きだし可能のサンデー・バンキング開始

1・17◉多国籍軍のイラク空爆開始(湾岸戦争始まる)

1・24◉日本は湾岸戦争への追加支援90億ドル拠出を決定

2・9◉美浜原発2号機で冷却水漏れ事故、緊急炉心冷却装置作動は国内初

2・23◉徳仁親王、立太子の礼

2・24◉湾岸戦争が地上戦に突入、イラク軍敗走。27日にはブッシュ米大統領が湾岸戦争終結の勝利宣言

2・25◉原子力船「むつ」が青森県むつ市の関根浜港から第1次実験航海に出港

3・1◉JR東日本は山手線の一部で、磁気式プリペイド乗車カード(イオカード)の使用開始

3・9◉新都庁舎落成式

3・11◉英で処女懐胎希望者が人工授精で受胎で大論争

3・14◉広島市で橋げた落下事故、14人死亡

3・31◉アルバニアで初の複数政党制と自由投票による選挙。東欧すべての国が民主化の手続きを終える

3・31◉ワルシャワ条約機構の軍事機構が正式失効

4・1◉牛肉とオレンジの輸入が自由化される

4・1◉年金法改正。20歳以上の学生の強制加入に

4・7◉東京都知事選で現職の鈴木俊一が自・公・民社推薦の磯村尚徳氏を破り当選し4選

4・9◉参議院内閣委で、アイヌ民族について「少数民族と考えている」と、政府が初めて明言

4・24◉土地税制改革の柱となる「地価税法」成立

4・24◉政府は自衛隊掃海艇のペルシャ湾派遣を正式決定。26日、機雷除去作業のため初のPKO派遣

4・26◉韓国の学費値上げ反対闘争で学生が1人死亡

4・29◉バングラデシュで大規模なサイクロン被害、死者12万人を超える

4月◉セブン-イレブンがNTT料金収納業務取り扱い開始

5・8◉暴力団対策法が成立

5・8◉育児休業法成立。ただし休業中の所得保証、違反事業主への罰則はなし

5・14◉滋賀県の信楽高原鉄道で普通列車とJR西日本の臨時快速が正面衝突事故、死者42人

5・14◉東海大病院で末期がん患者に塩化カリウムを注射して安楽死させた事件が発覚し、担当医逮捕

5・21◉インド総選挙の遊説中に、ラジブ・ガンディー元首相が暗殺される

5・29◉明大入試替え玉事件で職員・学生の3人逮捕

6・3◉長崎県の雲仙普賢岳で大火砕流発生。死者・行方不明者43人、家屋焼失・倒壊179棟の大惨事

6・6◉地産の竹井博友元会長を33億円脱税容疑で逮捕

6・9◉比ルソン島ピナツボ火山が600年ぶり、20世紀最大規模の大噴火

6・12◉ロシア大統領選でエリツィン当選

6・17◉南アのアパルトヘイト法廃止

6・20◉野村証券が大口投資家らへ160億円の損失補填が明るみに。のち日興、大和、山一証券と4大証券の損失補填判明

6・25◉スロベニア、クロアチアがユーゴ連邦からの一方的独立を宣言。27日、連邦軍がスロベニアに進撃し内戦突入を宣言

6・28◉新潟市議会にジーンズで出席した議員に非難集中し10時間の空転

6・28◉コメコン解散宣言

7・1◉妻をトリカブト毒による保険金殺人容疑で夫逮捕

7・1◉東京23区での粗大ゴミ収集が全面有料に

7・12◉「悪魔の詩」日本語訳者の筑波大学准教授が刺殺される

▶立太子礼の「賢所皇霊殿神殿に謁するの儀」で賢所を退出する皇太子殿下
…皇居・賢所　1991年2月23日　宮内庁提供

▲2号機で冷却水漏れ事故が起きた関西電力美浜原発。
右から1号機、2号機、3号機
…福井県美浜町　1991年2月17日

◀広島新交通システム高架橋建設現場の橋げた落下事故
…広島市安佐南区　1991年3月14日

7・23◉巨額な金が闇社会に消えたイトマン事件で前社長ら6人逮捕

7・30◉広島県の風の子学園で園生2人がコンテナに監禁され熱死

8・5◉兵庫県大峰山で阪急航空のヘリコプターが墜落、死者8人

8・13◉東洋信金が料亭経営者・尾上縫に総額4160億円の架空預金証書を発行し、尾上はこの証書を担保に総額3420億円の不正融資が発覚

8・24◉ゴルバチョフ大統領が書記長辞任、ソ連共産党に解散勧告

9・3◉バイクの校則違反で自主退学処分となった男性が校則は違憲と訴えた訴訟で、最高裁は合法と判断

9・13◉宗教法人「幸福の科学」から記事への抗議行動としてファックスによる業務妨害受けたと講談社が「幸福の科学」を告訴

9・17◉南北朝鮮、バルト3国等が国連加盟

9・19◉台風18号により、千葉県松戸市の工事現場で地下トンネルに水がはいって7人が死亡

9・28◉台風19号列島縦断、14府県で死者・行方不明50人。青森県のリンゴ壊滅的被害

9・30◉改正借地借家法成立。定期借地権創設

9・30◉政治改革法案廃案をうけ、海部首相が「重大な決意で臨む」発言

10・14◉アウンサンスーチーにノーベル平和賞

10・15◉ボスニア・ヘルツェゴビナがユーゴから独立宣言、セルビア人自治区はボスニア離脱

10・16◉米・テキサス州で男が銃乱射、22人死亡、米犯罪史上最悪の大量殺人事件

10・20◉米・カリフォルニア州オークランドの高級住宅地で12時間以上火事、被害額50億ドルで米国史

▼平壌市内の2・8文化会館で行われた春の芸術祭に出席した金日成主席…1991年4月16日

▼宮中晩さん会で天皇陛下と乾杯するゴルバチョフ・ソ連大統領
…皇居・宮殿「豊明殿」　1991年4月18日　宮内庁提供

▼ペルシャ湾へ出港する海上自衛隊の派遣掃海部隊。
掃海艇「ゆりしま」(手前)と掃海母艦「はやて」
…広島県呉市　1991年4月26日

▼信楽高原鉄道衝突事故。
42人が死亡、600人以上が負傷、大破した車両から救出される女性客
…滋賀県信楽町(後の甲賀市)　1991年5月14日

▶信楽高原鉄道衝突事故
…滋賀県信楽町（後の甲賀市）
1991年5月14日

上最悪の火災

10・25◉リサイクル法施行

11・5◉衆参両院は、宮沢喜一を78代内閣総理大臣に指名、同日、宮沢内閣発足、渡辺美智雄副総理・外相、羽田蔵相

11・12◉インドネシア東ティモールで葬列に国軍が発砲し115人死亡

11・22◉札幌市で、19歳女子大生が恋人の会社社長とともに、両親を殺害、翌年1月逮捕

11・24◉ロックバンド「クイーン」のフレディ・マーキュリーがエイズで死去

12・4◉パンアメリカン航空は再建行き詰まりから運航を即日全面停止、64年の歴史に幕

12・5◉土地所有が禁止されていたメキシコで74年ぶり農地の私有認められる

12・6◉旧日本軍に徴用された軍人・軍属・従軍慰安婦の韓国人（遺族も含め）35人が補償求め提訴

12・20◉米国最大の玩具チェーン「トイザらス」1号店が茨城県に開店

12・24◉金正日が朝鮮人民軍最高司令官に推戴、金日成の後継が明らかに

12・26◉前日にゴルバチョフ大統領辞任し、ソ連最高会議共和国会議はソ連消滅を宣言

▶雲仙普賢岳噴火。夜空を赤く染める大火砕流。左手前は島原グランドホテル
…長崎県島原市
1991年6月8日

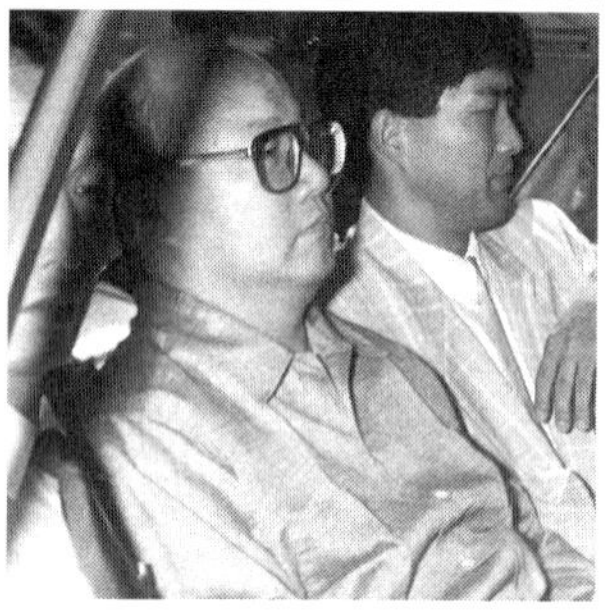
▶イトマン事件、逮捕された許永中被告
…大阪府警天満署
1991年8月19日

▶ペルシャ湾に展開する海上自衛隊の掃海部隊
…1991年8月23日

▶台風19号直撃で落果したリンゴを集める農民
…青森県弘前市　1991年10月4日

▼13年ぶりに帰国したシアヌーク殿下とフン・セン首相（右）
…カンボジア・プノンペン　1991年11月14日

話題

【流行語】
若貴／重大な決意／損失補填／地球にやさしい／火砕流／過労死／バツイチ／バーチャル・リアリティ

【誕生】
成田エクスプレス（JR東日本）

【さよなら】
JR宇高航路（3/16）／「週刊明星」／「朝日新聞」朝刊の「フジ三太郎」（9/30）／「GORO」（12月）

▲WBCバンタム級世界王座になった辰吉丈一郎…1991年9月19日

【スポーツ】

1・19◉田部井淳子が女性として世界初の6大陸最高峰に登頂

2・3◉WBC世界J・フェザー級タイトル戦で畑中清詞がチャンピオンに

3・11◉女子テニスのモニカ・セレシュ（ハンガリー）は、史上最年少の17歳3ヶ月で世界ランキング1位に

5・14◉千代の富士が引退

7・14◉横綱大乃国が引退

8月◉世界陸上選手権大会（東京）の男子走り幅跳びでマイク・パウエル（米）が8m95の23年ぶり世界新記録、男子100mでカール・ルイスも9秒86の世界新

9・19◉WBC世界バンタム級タイトル戦で辰吉丈一郎がチャンピオンに

10・10◉世界初の三大北壁制覇の登山家長谷川恒男ら2人がカラコルム山系で遭難死

10・28◉プロ野球日本シリーズ、西武が広島を破り連覇、西武4―3広島

11・7◉米プロバスケットボールのスター、アービン（マジック）・ジョンソンが自らエイズに感染していると公表し、引退表明

12・17◉WBA世界J・フライ級王者に井岡弘樹

【科学・学術】

4・20◉岡山大の石津日出雄教授、指紋から男女を判定できる

技術を開発

5・8◉英でネズミの性転換に成功、完全な成功は世界初

6・3◉理化学研究所ライフサイエンス筑波研究センター、世界初の人間の遺伝子を解読させる自動解析システムを完成と発表

7・12◉東京女子医大がベルギーから空輸した脳死者の肝臓で日本初の脳死肝移植を実施。患者の女性は翌日死亡

8・25◉放送衛星BS-3b搭載の「ゆり3号b」打ち上げ成功

12・12◉三菱化成生命科学研究所グループ、アルツハイマー病で決定的役割を果たす酵素を発見と発表

【音楽】

小田和正「ラブ・ストーリーは突然に」／CHAGE & ASKA「SAY YES」／KAN「愛は勝つ」／槇原敬之「どんなときも。」／長渕剛「しゃぼん玉」

【映画】

外国映画『ダンス・ウィズ・ウルブズ』米 監・演 ケビン・コスナー／『羊たちの沈黙』米 監 ジョナサン・デミ 演 ジョディ・フォスター、アンソニー・ホプキンス／『ホーム・アローン』米 監 クリス・コロンバス 演 マコーレー・カルキン／『テルマ&ルイーズ』米 監 リドリー・スコット 演 ジーナ・デイヴィス、スーザン・サランドン

日本映画『無能の人』（ケイエスエス・松竹第一興行）監・演 竹中直人／『息子』（松竹）監 山田洋次 演 三国連太郎、永瀬正敏／『大誘拐』（「大誘拐」製作委員会）監 岡本喜八 演 北林谷栄

◀大阪・飛田新地（旧遊郭街）…1991年1月

▽「百番」

▲「百番」店内

◀「百番」内にある「陽明門」

【出版・文芸】

山崎豊子『大地の子』／大沢在昌『新宿鮫』／山田詠美『トラッシュ』／高井有一『立原正秋』／大庭みな子『津田梅子』／船戸与一『砂のクロニクル』／江國香織『きらきらひかる』／鈴木光司『リング』／小川洋子『妊娠カレンダー』（芥川賞）／辺見庸『自動起床装置』（芥川賞）／荻野アンナ『背負い水』（芥川賞）／高橋克彦『緋い記憶』（直木賞）／さくらももこ『もものかんづめ』／ビートたけし『だから私は嫌われる』／シドニィ・シェルダン『血族』

◈篠山紀信のヘアヌード写真集『SantaFe／宮沢りえ』『Water fruit／樋口可南子』が話題に

◈テレビにも引っ張りだことなった宜保愛子の霊能力本がベストセラー

◈絵本『ウォーリーをさがせ!』が幅広い層に受けて、シリーズ4冊で2100万部以上

◈『広辞苑』（第四版）（岩波書店）が発売後わずかで70万部

▲大相撲夏場所、千代の富士を破った貴花田、初金星…1991年5月12日

【漫画】

板垣恵介「グラップラー刃牙」／原秀則「やったろうじゃん!!」（ビッグコミックスピリッツで連載開始）

【テレビ】

「東京ラブストーリー」フジテレビ／「101回目のプロポーズ」フジテレビ／「太平記」NHK大河ドラマ／「たけし・逸見の平成教育委員会」フジテレビ

◈日本テレビ、TBS、フジテレビ、テレビ朝日が輪番制で「松本清張作家活動40周年記念テレビドラマスペシャル」を放送

11・25◉ハイビジョン試験放送開始

【CM】

「ダッダーン! ボヨヨンボヨヨン」（ピップ・ダダン）／「きんは100歳、ぎんも100歳。ダスキン呼ぶなら100番100番」（ダスキン）

◈銀行のTVCM解禁

【文化・芸術・芸能】

上原謙と離婚した大林雅美が、連日TVワイドショーネタに

冥友録

1・2◉**野間宏**（75歳）作家／1・29◉**井上靖**（83歳）作家／2・5◉**中川一政**（97歳）画家／4・3◉**グレアム・グリーン**（86歳）英・作家／4・5◉**升田幸三**（73歳）棋士／4・20◉**海老原博幸**（51歳）ボクサー／5・14◉**江青**（77歳）中国政治家／6・24◉**ルフィノ・タマヨ**（91歳）メキシコ・画家／8・5◉**本田宗一郎**（84歳）本田技研工業創業者／9・28◉**マイルス・デイビス**（65歳）米・トランペット奏者／10・22◉**春日八郎**（67歳）歌手／11・9◉**イヴ・モンタン**（70歳）仏・歌手／11・22◉**今井正**（79歳）映画監督

1992
平成4年

バブル崩壊後、経済企画庁が景気後退を公的に初めて表明、地価公示も17年ぶりに下落、いよいよ不景気とバブル後遺症の時代へと突入した。東京佐川急便事件、皇民党ほめ殺し事件により政界・財界が揺れた。PKO協力法が成立し、第一陣として海上自衛隊部隊がカンボジアに出発。「清貧」なる言葉がもてはやされ、マザコンの「冬彦さん」が流行語に。

出来事

◀大相撲初場所、舞の海を抱え上げる曙…国技館 1992年1月20日

1・13◉共和事件で元北海道・沖縄開発庁長官、阿部文男衆議院議員を収賄容疑で逮捕

1・17◉朝鮮人従軍慰安婦問題で訪韓の宮沢首相が公式謝罪

1・17◉エルサルバドルで政府と左翼ゲリラが停戦合意、11年間の内戦に終止符

1・22◉脳死臨調は「脳死は人の死」とし、臓器移植認める答申

1・24◉常磐炭鉱じん肺第1陣訴訟で、会社の故意責任を認める画期的判決を受けて和解成立。総額4億2000万円

1・28◉ブッシュ米大統領がソ連邦崩壊後、初の一般教書演説で冷戦での勝利を宣言

1・30◉北朝鮮はIAEA核査察協定に正式調印

2・7◉EC加盟国、欧州連合を目指すマーストリヒト条約に正式調印、通貨統合へ

2・8◉アルベールビル冬季五輪開幕(仏～2・23)。ノルディック複合団体が冬季五輪で20年ぶりに金メダル

▼タワー展望台から見た瀬戸大橋

2・14◉東京佐川急便の渡辺広康前社長ら4人を特別背任容疑で逮捕。同社への損害総額は952億円

2・25◉経企庁は月例報告の景気判断から「拡大」の文字を削除し、事実上の景気後退を表明

3・3◉ボスニア・ヘルツェゴビナは国民投票を経てユーゴから独立宣言

3・5◉高知市で、高1女子が自室で勉強中の中1の妹を包丁で刺殺。男が侵入したと嘘の供述したが、のちに自白し逮捕

3・5◉千葉県市川市で19歳の少年が一家4人を殺害し現金を奪った。7日逮捕。平成13年、最高裁で死刑確定。犯行時少年だった被告に対する最高裁の死刑判決は、4人を射殺した永山則夫以来となった。

3・11◉証券会社が仲介し損失補填の手段として使われてきた「飛ばし」問題で大和証券・同前雅弘社長辞任、賠償額865億円

3・13◉筋ジストロフィーを理由に尼崎市立尼崎高を不合格になった生徒が校長と市を訴えた裁判で、神戸地裁は処分取り消しと100万円の賠償命令

3・15◉総選挙までのカンボジアを管理する国連カンボジア暫定統治機構UNTAC(明石康代表)が発足

3・26◉地価公示で、17年ぶりに全国平均で宅地5・6%、商業地4%下落

3・28◉埼玉県桶川市の中学校が、ダウン症児入学の際、保護者不在中の事故に学校は責任を負わないなどの確認書と口止めを保護者に求めていたことが判明

3・31◉富山・長野連続誘拐殺人事件の控訴審で名古屋高裁金沢支部は1審同様、宮崎知子被告に死刑、共犯とされた男性に無罪判決

4・7◉ボスニア内戦始まる

4・10◉ロンドン金融街などで連続爆弾テロ、2人死亡80人負傷。IRAが犯行声明

4・22◉メキシコのグアダラハラでガス漏れとみられる爆発が8回起き、200人以上死亡

4・22◉大相撲・小錦の「外国人差別」発言が騒動に

4・25◉歌手の尾崎豊が死亡。東京・護国寺での葬儀に4万人以上が参列

4・28◉台湾人元日本兵が補償を求めた裁判で、最高裁は訴えを退けた1、2審を支持し原告の上告棄却

4・29◉米ロサンゼルスで、黒人のロドニー・キングさんに暴行した4人の白人警官に無罪判決が出て、3日間黒人暴動起こり、同市に非常事態宣言

5・7◉細川護熙が新党結成を発表。22日に政党名「日本新党」を発表

5・18◉タイ・バンコクの反政府デモに軍が発砲、デモ隊にいたチャムロン前バンコク州知事を連行。死者17人、負傷200人以上

5・20◉在日韓国・朝鮮人ら永住者の指紋押捺制度廃止の外登法改正

5・22◉朝鮮半島の非武装地帯で軍事境界線を越

◀衆院・国際平和協力特別委員会、強行採決し社会党議員らに取り囲まれる林義郎委員長…1992年6月11日

え韓国側に侵入した北朝鮮兵士と韓国兵士が銃撃戦、北の兵士3人死亡

5・22◉リクルートがダイエー傘下に入ることを発表

5・22◉「ミンボーの女」の伊丹十三監督が暴力団に切られ重傷

6・3◉ブラジルで地球環境サミット開幕。14日に「アジェンダ21」（21世紀環境行動計画）など採択し閉幕

6・4◉浦和市の高校教師と妻が家庭内暴力の23歳長男を刺殺

6・11◉任天堂が米大リーグ、シアトル・マリナーズ買収

6・15◉PKO協力法成立

6・17◉南アの黒人不法居住区ボイパトンで、アフリカ民族会議（ANC）と対立する黒人武装組織が住民を襲撃し、39人死亡

7・6◉動燃の東海事業所から都心経由で敦賀市の「もんじゅ」へ、初のプルトニウム燃料をトラック輸送

7・17◉スロバキアが主権宣言、チェコスロバキア解体へ

7・20◉不正な証券取引を摘発する証券取引等監視委員会発足

7・21◉産経新聞取締役会で個人筆頭株主の鹿内宏明会長を解任

7・25◉バルセロナ五輪開幕（〜8・9）、200m平泳ぎで14歳の岩崎恭子が金メダル

7・30◉「大阪靖国訴訟」控訴審で首相公式参拝は違憲の疑いとの判決、確定

7・31◉カトマンズ行きタイ航空機が着陸直前、山に激突、日本人18人含む113人全員死亡

8・24◉中国と韓国が国交樹立

8・25◉元アイドルの桜田淳子が統一教会の合同結婚式に参加

8・27◉金丸副総裁は東京佐川急便からの5億円献金認め辞任

9・1◉知事選をめぐる佐川急便からの裏献金疑惑で金子清新潟県知事が引責辞任

9・11◉佐賀県太良町で、妻が保険金目的で夫を岸壁から突き落とし殺害

9・12◉第2土曜日休業となる月1回の学校5日制始まる

9・12◉毛利衛が乗るスペースシャトル打ち上げ成功

9・17◉カンボジアのPKO派遣第1陣が広島の呉基地から出発

10・2◉米大統領が96年10月から核実験全面禁止する法案に署名

10・2◉南極上空の（オゾン層に穴があいた）オゾンホールが過去最大規模になったとWHOが速報

10・17◉米国留学の日本人男子高校生がハロウィンの扮装のため不審者と疑われ射殺される

10・22◉総会屋対策に多額の現金を渡した容疑でイトーヨーカ堂幹部・総会屋ら6人逮捕され、のち同社社長辞任

10・23◉天皇陛下が訪中歓迎晩さん会（北京）で、中国国民に与えた多大の苦難に「深く悲しみとする」との言葉

10・27◉名簿会社役員らが、札幌市の170万人市民全員の氏名、住所、生年月日記載の住民基本台帳（マイクロフィルム）を持ち出し、コピーを名簿業者に売却

10・31◉ヨハネ・パウロ2世はバチカン科学アカデミー総会で、地動説のガリレオ・ガリレイに対する破門を359年4カ月9日ぶりに解く

11・3◉米大統領選で民主党のクリントン勝利、ブッシュ敗北

11・7◉プルトニウム輸送船あかつき丸が、仏シェルブール港を出港。グリーンピースの監視船が追跡

11・23◉「風船おじさん」鈴木嘉和が太平洋横断に出発、行方不明に

11・26◉佐川急便事件、皇民党ほめ殺し事件をめぐり竹下登元首相を証人喚問

◀不法入国の中国人が乗った木造の密航船…高知・室戸岬沖　1992年7月29日

◀スペースシャトル「エンデバー」打ち上げの朝、笑顔で発射台に向かう毛利衛さん…米フロリダ州ケネディ宇宙センター　1992年9月12日

▲カンボジアPKO。調査のため現地入りした第二次政府調査団の自衛官ら…1992年8月15日

▼カンボジアPKO。国道の補修作業をする自衛隊員と交流する地元の子どもたち…カンボジア・タケオ州　1992年10月

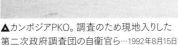

▲西成騒動。
夜遅くなっても群衆と
機動隊のにらみあいが続く
西成のあいりん地区
…大阪市西成区　1992年10月2日

11・30◉尊厳死と臓器提供を希望していた陶芸家が脳死と判定され、腎臓摘出、移植した件で、脳死移植に反対の医師らが「脳死判定基準を満たしていない」と担当医を殺人罪で告発。陶芸家の実弟はこれをぶ告罪で逆告発

11月◉『国民生活白書』が副題を「少子社会の到来、その影響と対応」とし、初めて公文書で「少子社会現象」を分析

12・1◉京都ホテル高層化反対の京都仏教会は、金閣寺など7寺で同ホテルグループ宿泊客に対する参拝拒否を開始

12・10◉大阪府警は、補導した少女にパトカー内でわいせつ行為をした2警官を懲戒免職処分にして逮捕

12・10◉島根県美保関町の民家にいん石と見られる最大直径24センチ、重さ6・5キロの物体が直撃

12・18◉予防接種禍集団訴訟で東京高裁は、1家族を除く原告側への国家賠償責任を認め総額23億1千万円の支払い命令

▲東京佐川急便問題で衆院予算委員会に証人喚問された竹下登元首相…1992年11月26日

12・27◉日本共産党は100歳の野坂参三を「長年の同志を裏切り、スターリンの大量弾圧に加担」などの理由で除名処分

12・31◉水戸市で女子中学生5人がマンションからシンナーを吸って集団投身自殺、3人即死

話題

3・6◉米・テキサス州の裁判所が、少女暴行で起訴された被告からの「罪を繰り返さないよう去勢手術を受ける代わりに刑務所送りを免除して欲しい」との訴えを受けいれ、10年間の保護観察期間をみとめ罪を問わない決定

11・17◉イタリア人絵画収集家が、仏の蚤の市で9600円で買った絵画6点は、専門家の鑑定でゴッホの作品と証明される

【流行語】
ほめ殺し／冬彦さん／飛ばし／ら抜き言葉

【注目の商品】
日清ラ王／Gショック(カシオ・時計)／エアジョーダン(スニーカー・ナイキ)

【誕生】
ハウステンボス(佐世保市)／MD(ミニディスク・初の光磁気記録メディア)／山形新幹線／東京―大阪間2時間30分の「のぞみ」

【さよなら】
「朝日ジャーナル」(5／29号)／「東京タイムズ」(7月)

【スポーツ】

1・26◉貴花田が史上最年少(19歳5カ月)優勝

2・28◉第41期王将戦で谷川浩司竜王が初王将位を獲得し4冠手中に

2月◉アルベールビル冬季五輪で、フィギュア伊藤みどり、スピードスケート黒岩敏幸が銀、橋本聖子、宮部行範、井上純一らが銅

4・26◉天皇賞でメジロマックイーンが

▼アルベールビル冬季五輪。
日本女子初のメダルを獲得した
スピードスケートの橋本聖子…1992年2月12日

▲アルベールビル冬季五輪。
ノルディック複合団体で優勝した、
左から三ケ田礼一、
荻原健司、河野孝典の3選手
…1992年2月18日

▶バルセロナ五輪。
水泳女子200メートル
平泳ぎ表彰式、
金メダルを胸に
笑顔の岩崎恭子
…スペイン・バルセロナ
1992年7月27日

▲夏の甲子園大会。明徳義塾戦で5打席連続で敬遠の四球になった星稜の松井秀喜…1992年08月撮影

V2、武豊騎手は春V4

5・8◉横綱北勝海引退し横綱不在

6・8◉競輪選手の中野浩一引退発表

7月◉バルセロナ五輪で、柔道・古賀稔彦、吉田秀彦が金、マラソン有森裕子、森下広一が銀

8・16◉夏の甲子園野球で明徳義塾が、星稜の松井秀喜に前代未聞の全打席敬遠の四球

10・14◉WBA世界ストロー級タイトル戦で大橋秀行が2年ぶり王座に

10・26◉プロ野球日本シリーズ、西武がヤクルトを破り3連覇。西武4－3ヤクルト

11・8◉アジア杯サッカーで日本はサウジ破り初V

12・20◉ノルディック複合W杯で荻原健司が3連勝

【科学・学術】

2・11◉日本初の地球資源衛星ふよう搭載のH1ロケット打ち上げに成功

4・7◉宮城県岩沼市のスズキ病院で、日本初の顕微授精による体外受精児誕生

4・23◉宇宙背景放射観測衛星(COBE)が銀河誕生のきっかけになった「ゆらぎ」発見とNASAが発表

4・6◉名古屋市立大の鈴森薫助教授ら、人間の受精卵の細胞遺伝子による性別判断実験に成功

7月◉利根川進マサチューセッツ工科大教授ら、マウスを使っての脳の記憶・学習機能を担う遺伝子を発見と発表

8・14◉メキシコ・ユカタン半島の巨大クレーターは6493万～6503万年前に出来たことが分かり、約6500万年前のいん石衝突の影響で恐竜が滅びたとする説の有力証拠と、米科学誌サイエンスに発表

◀相撲界のプリンス・貴花田と宮沢りえが婚約。手をつないで記者会見…東京・ホテルニューオータニ　1992年11月27日

【音楽】

米米CLUB「君がいるだけで／愛してる」／浜田省吾「悲しみは雪のように」／サザンオールスターズ「涙のキッス」／槇原敬之「もう恋なんてしない」

【映画】

外国映画『JFK』米 監 オリバー・ストーン 演 ケビン・コスナー／『氷の微笑』米 監 ポール・バーホーベン 演 シャロン・ストーン／『仕立て屋の恋』仏 監 パトリス・ルコント 演 ミシェル・ブラン／『ポンヌフの恋人』仏 監 レオス・カラックス 演 ジュリエット・ビノシュ／『クーリンチェ少年殺人事件』台湾 監 エドワード・ヤン 演 チャン・チェン

日本映画『シコふんじゃった』(大映／キャビン) 監 周防正行 演 本木雅弘、竹中直人／『阿賀に生きる』監 佐藤真／『青春デンデケデケデケ』監 大林宣彦 演 林泰文／『紅の豚』(徳間書店ほか) 監 宮崎駿

【出版・文芸】

アゴタ・クリストフ『悪童日記』／宮部みゆき『火車』／中野孝次『清貧の思想』／笠井潔『哲学者の密室』／島田雅彦『彼岸先生』／恩田陸『六番目の小夜子』／伊集院静『受け月』(直木賞)／さくらももこ『さるのこしかけ』／小林よしのり『ゴーマニズム宣言』

【漫画】

原 金成陽三郎・さとうふみや「金田一少年の事件簿」(週刊少年マガジンから連載開始)

武内直子「美少女戦士セーラームーン」(なかよしで連載開始)

小林よしのり「ゴーマニズム宣言」(週刊SPA!で連載開始)

神尾葉子「花より男子」／柴門ふみ「あすなろ白書」(ビッグコミックスピリッツ)／江川達也「東京大学物語」(ビッグコミックスピリッツ)

▽アルベールビル冬季五輪。フィギュア女子シングルで銀メダルを獲得した伊藤みどり…1992年2月21日

▶バルセロナ五輪。女子マラソンで2位でゴールする有森選手…1992年8月1日

【テレビ】

「ひらり」NHK／「ずっとあなたが好きだった」TBS(マザコン男の冬彦さん)／「美少女戦士セーラームーン」テレビ朝日／「クレヨンしんちゃん」テレビ朝日／「浅草橋ヤング洋品店」テレビ東京／「信長」NHK大河ドラマ／「進め！電波少年」日本テレビ

【CM】

「具が大きい」(出 安達祐実、ハウス食品・咖喱工房)／「Hungry?」(日清カップヌードル)

◀松本清張

冥友録

2・7◉**小川紳介**(56歳)ドキュメンタリー映画監督／**2・10**◉**岡田嘉子**(89歳)女優／**4・25**◉**尾崎豊**(26歳)歌手／**4・28**◉**オリビエ・メシアン**(83歳)仏・作曲家／**4・28**◉**フランシス・ベーコン**(82歳)英・画家／**5・6**◉**マレーネ・ディートリヒ**(90歳)独生まれの米俳優／**5・11**◉**いずみたく**(62歳)作曲家／**5・27**◉**長谷川町子**(72歳)漫画家／**5・28**◉**藤村富美男**(75歳)初代ミスター・タイガース／**6・10**◉**中村八大**(61歳)作曲家／**6・15**◉**今西錦司**(90歳)生物学者／**7・26**◉**大山康晴**(69歳)棋士／**7・27**◉**山田秀三**(93歳)アイヌ語地名研究家／**8・4**◉**松本清張**(82歳)作家／**8・12**◉**中上健次**(46歳)作家／**8・12**◉**ジョン・ケージ**(79歳)米・前衛音楽作曲家／**9・12**◉**是川銀蔵**(95歳)最後の相場師／**10・13**◉**太地喜和子**(48歳)女優

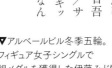

1993
平成5年

1月、射られた矢を背負ったまま泳ぐ「矢ガモ」の姿が人々の心を痛めた。6月、内閣不信任決議案が可決され、宮澤喜一首相は衆院解散。8月6日、細川護熙・日本新党代表が総理大臣に指名された。自民党の一党支配に終止符を打った非自民政権の誕生で、事実上「無風」の状態が続いていた日本の政治は、政界再編と政権交代に向けた激動の時代への端を切った。「お立ち台」でボディコンの女性たちが踊る「ジュリアナ東京」がバブル末期の象徴となった。

◀背中に矢が刺さったオナガガモ
…東京・石神井川 1993年1月31日

出来事

◀プルトニウム輸送に反対する市民が抗議するなか、東海港に接近する「あかつき丸」
…茨城県東海村 1993年1月5日

1・1◉チェコスロバキア連邦はチェコ、スロバキア両共和国に分離

1・5◉フランスのラ・アーグ再処理工場で再処理された核分裂性プルトニウムを搭載した専用運搬船「あかつき丸」が茨城県の東海港に入港

1・13◉山形・新庄市の中学校で、1年生の男子が体操用マットに逆さ吊りになって窒息死

1・14◉南米コロンビアで火山が爆発し、学術調査中の学者6人が死亡、6人が行方不明

1・15◉北海道釧路沖で関東大震災規模の地震発生。2人死亡、571人負傷

1・19◉IBMは92年決算で米国産業史上最大の約50億ドルの赤字と発表

1・20◉米国大統領にビル・クリントン(民主党)が就任

1・20◉最高裁は90年総選挙の一票の格差3・18倍は違憲状態と認定も、結果は合憲の判決

1・28◉「骨髄移植推進財団」(骨髄バンク)の仲介による初の骨髄移植が実現

1・31◉イタリアで19歳の日本人女性観光客6人がレイプされる

1月◉東京・石神井川で、背中を矢で刺されたカモが見つかり騒動に

2・2◉92年放映のNHKスペシャルでの映像捏造が判明

2・6◉川崎市は非開示が原則の小中学校指導要録の全面開示を決定

2・8◉イラン航空の旅客機とイラン空軍の戦闘機が空中衝突し墜落

2・12◉英国で10歳の少年2人が2歳男児を誘拐し、惨殺

2・19◉連合赤軍事件(71年)の永田洋子と坂口弘の死刑確定

2・22◉文部省は業者テストと偏差値の追放を各都道府県教委に通知

2・25◉韓国大統領に金泳三が就任し、32年ぶりに文民政権が誕生

2・26◉ニューヨークの世界貿易センタービルで爆弾テロ

2月◉ドリームズ・カム・トゥルーのアルバム『ザ・スインギング・スター』が史上初めて売上300万枚を突破

2月◉大学生の新卒採用内定取り消しが社会問題に

3・3◉元プロ野球投手の江夏豊が覚醒剤所持の現行犯で逮捕

3・6◉自民党前副総裁・金丸信が4億円の脱税容疑で逮捕

3・13◉北米大陸東部が暴風雪に襲われ、米、カナダ、キューバで213人が死亡

3・16◉第1次家永教科書検定訴訟は、提訴28年目に原告敗訴確定

3・17◉JRは栃木東京間を5年間不正乗車の男に過去最高の1373万円を請求

3・31◉名張毒ぶどう酒事件(1961年)で死刑確定の元被告が、第5次再審請求棄却を不服とした異議審で、名古屋高裁は異議を棄却。同高裁は05年第7次請求で再審決定も06年取り消し。10年4月、最高裁は高裁に審理を差し戻し

4・8◉カンボジア国連選挙監視団の日本人ボランティアが襲撃され死亡

4・9◉インド東部で大型の竜巻が発生し、130人以上が死亡

4・9◉金正日は朝鮮民主主義人民共和国の国防委員会委員長に就任

4・12◉関西の券売機や銀行両替機に大量の偽1万円札

4・13◉政府は13兆2千億円の新総合経済対策を決定。過去最大の景気刺激策

4・19◉米・テキサス州で、武装宗教集団の信者86人が集団自爆死

4・23◉秋田地裁は生活保護費からの貯蓄を容認する初の判決

4・23◉天皇は沖縄を訪問。歴代天皇で初

4・30◉女子テニスのモニカ・セレシュが、試合中に観客

▲卑弥呼の墓ともいわれる
箸墓古墳…奈良県桜井市

◀「結婚の儀」後のパレードで
手を振る皇太子殿下と雅子妃殿下
…東京都千代田区　1993年6月9日

に背中を刺され負傷

4月◉米国有名大の多くが、入試外国語科目に日本語を追加。アジア言語では初

5・1◉スリランカで、ラナシンハ・プレマダサ大統領が暗殺

5・3◉米国ウェブスター社のカレッジエイト辞書が「karaoke」を単語として収録

5・4◉カンボジアPKO派遣の日本人文民警察官が襲撃され、警部補が死亡

5・10◉タイのぬいぐるみ工場で爆発事故。女性労働者ら240人以上が死亡

5・11◉中山利生防衛庁長官はモザンビークPKO参加のため、自衛隊に派遣命令

5・12◉アフガニスタンの首都カブールで戦闘が再激化

5・18◉ロサンゼルスの裁判所陪審は、セクハラ女性上司に100万ドル支払い命令

5・18◉ウインドウズ3・1日本版発売。パソコン低価格競争へ

5・24◉エリトリアがエチオピアから独立。アフリカ53番目の独立国

5・25◉尼崎市議会は自主解散。カラ出張や水増し出張に全議員が関与

5・30◉右翼の男が伊丹十三監督作品上映中のスクリーンを切り裂き逮捕

6・1◉日本人夫妻が、米国で卵子の提供を受け妊娠

6・6◉朝日新聞は、社説で皇室報道での敬語廃止を宣言

6・9◉湿地の保存に関する国際条約、ラムサール条約締約国会議が、北海道釧路市で開催

6・9◉皇太子は小和田雅子と成婚。宮中で結婚の儀

6・18◉衆議院は内閣不信任案を可決。宮澤首相は衆議院を解散

6・20◉世界億万長者番付で、堤義明・西武鉄道会長が世界一に

6・21◉自民党離党の武村正義ら10人は新党さきがけを結成

6・21◉定期預金金利が完全に自由化

6・23◉自民党離党の小沢一郎、羽田孜ら44人は新

▼北海道南西沖地震。
激震と津波と火災で壊滅的打撃を受けた
奥尻島最南端の青苗地区…1993年7月15日

▼完成直後のランドマークタワー。
左後方に横浜ベイブリッジ…1993年8月

▶台風11号で首都圏の鉄道大混乱、冠水した地下鉄丸ノ内線の赤坂見附駅
…1993年8月27日

◀所信表明演説をする細川護熙首相。後ろは土井たか子衆議院議長
…1993年8月23日

生党を結成

6・23◉東京高裁は非嫡出子の相続差別を定めた民法規定は違憲と初判断

6・23◉米・バージニア州で性的虐待に耐えかねた妻が、夫の性器をナイフで切断

6・24◉中堅のコンビニエンスストア「ニコマート」が業界初の倒産

6・26◉米国はイラク情報機関施設をミサイル攻撃。民間人含む6人死亡

6・29◉ゼネコン汚職で仙台市長逮捕。7月に茨城県知事、9月に宮城県知事も

7・1◉カンボジア暫定政府発足

7・1◉映画会社の「にっかつ」は負債総額497億円で事実上倒産

7・7◉東京サミット。不信任で衆議院解散の宮澤首相が議長

7・12◉北海道奥尻島北方沖を震源とするM7・8の北海道南西沖地震。死者・行方不明者230人

7・13◉韓国・ソウル地検は、駐韓米軍機密流出疑惑でフジテレビ支局長を逮捕

7・18◉第40回総選挙。自民は過半数割れの大敗。新生党、日本新党、さきがけの3新党が躍進。22日宮澤首相は退陣表明

7・29◉非自民7党1会派は「細川護熙首相」で合意

7・31◉豪雨で九州・四国・中国の9県で死者25人行方不明5人。8月6日には鹿児島で死者45人行方不明4人

7月後半◉南アジアで集中豪雨。ネパール、インド北東部、バングラデシュで死者・不明者2700人の惨事

8・4◉政府は従軍慰安婦への日本軍の直接関与を初めて認め、河野洋平官房長官が謝罪

8・5◉宮澤内閣は総辞職。55年保守合同以来の自民党政権が終焉

8・6◉憲政史上初の女性国会議長誕生。衆議院は土井たか子・元社会党委員長を議長に選出

8・6◉衆参両院は細川護熙・日本新党代表を第79代総理大臣に指名

8・9◉細川連立政権発足

8・10◉警視庁は都内のブルセラショップを初摘発。古物営業法違反の容疑で書類送検

8・10◉細川首相は太平洋戦争を「侵略戦争であった。間違った戦争であった」との発言

8・13◉タイ東北部で6階建てホテルが倒壊。宿泊客ら85人が死亡

8・15◉全国戦没者追悼式で、細川首相と土井衆議院議長はそろって日本の戦争責任に言及

8・23◉少年への性的虐待容疑で、マイケル・ジャクソン邸が家宅捜索

8・27◉中国・黄河上流域でダムが決壊し、242人死亡157人行方不明

8・29◉角川書店社長・角川春樹が麻薬取締法違反容疑で逮捕

8・31◉学歴詐称の参議院議員新間正次が公職選挙法違反で在宅起訴

8月◉「悪魔」の命名の是非が社会的議論に

9・4◉戦後最大級の台風13号が西日本を縦断し、死者不明者47人

9・5◉中国残留日本人女性12人が強行帰国し、中国残留女性問題が顕在化

9・6◉フリーアナウンサーの逸見政孝は記者会見し、がんを告白

9・6◉作家の筒井康隆が断筆宣言。差別表現批判に抗議

9・13◉イスラエルとPLOはパレスチナ暫定自治政府樹立の共同宣言に調印

9・21◉テレビ朝日報道局長が、総選挙報道方針について「非自民政権成立の手助け」と発言

▲鹿児島市吉野町の国道10号線各所で土石流が発生、車をのみ込んだ土砂と乗り捨てられた約1000台の車が道をふさいだ
…1993年8月7日

▼就任後初めてとなる内閣記者会との会見に、立ったままの姿勢で、ペンを持って質問者を指名する細川護熙首相
…首相官邸　1993年8月10日

◀衆院本会議の代表質問で紛糾。閣僚席の（左から）羽田外相、武村官房長官、細川首相
…1993年8月26日

◀オスロ合意の調印式で握手するイスラエルのイツハク・ラビン首相（左）とパレスチナ解放機構（PLO）のヤセル・アラファト議長。中央はクリントン米大統領
…米ワシントン　1993年9月　Ⓒロイター共同

9・24◉カンボジアで新憲法公布。23年ぶりに君主制が復活

9・30◉インド南西部で大地震。死者9748人の大惨事に

9月◉「ヘア解禁第1号」となる英国映画『オルランド』が公開

10・5◉大阪市で、無人交通システムの「ニュートラム」が暴走し215人が負傷

10・15◉南アのマンデラANC議長とデクラーク大統領にノーベル平和賞

10・20◉新右翼の野村秋介が朝日新聞社内でピストル自殺

10・26◉JR東日本は株式を上場。初値は60万円

10・28◉サッカーW杯最終予選、対イラク戦の平均視聴率が46・3％を記録。日本は予選敗退

11・1◉マーストリヒト（欧州連合）条約発効

11・1◉中堅ゼネコンの村本建設が倒産。債務総額は戦後最大の5900億円。バブル崩壊の象徴

11・4◉右翼団体構成員の男2人は、皇室批判報道に反発し宝島社社長の実家に銃弾。12日未明には宝島社ビル、29日には文藝春秋社社長宅にも

11・6◉細川首相は韓国に植民地統治を謝罪

11・7◉埼玉・坂戸市の河川敷に女児の白骨遺体。21日、女児の父親が、犯人と思い込み同僚の親子を殺傷

11・12◉環境基本法が成立

11・17◉旧ユーゴスラビア内戦での戦争犯罪を裁く国際法廷がオランダのハーグ国際司法裁判所で開廷

11・18◉凶作のため、緊急輸入のタイ産米を積んだ第1号船が横浜港に入港。93年度に190万トンを輸入

11・19◉高体連は朝鮮高級学校の高校総体参加を承認

11・30◉オランダで、世界初の安楽死法が成立

▲「東京宣言」などの署名を終え握手するエリツィン・細川日露両首脳
…東京・迎賓館
1993年10月13日

◀異常低温でコメ大凶作、カラの稲穂を手に取る
…青森県　1993年9月29日

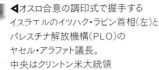

11・30◉日亜化学工業の中村修二は高輝度青色発光ダイオードの製品化に成功
12・2◉改憲発言で中西啓介防衛庁長官は辞任
12・9◉韓国は米国の要求を受け入れ、コメ市場の部分開放を決定
12・9◉法隆寺地域の仏教建造物と姫路城が文化遺産、屋久島と白神山地が自然遺産で世界遺産に登録

12・14◉細川首相はコメの部分開放受け入れを決定
12・14◉東京・日野市で、会社員の女が不倫相手の上司宅に放火。6歳と1歳の姉弟が焼死。無期懲役の一審判決は上司の責任を指弾
12・15◉英・アイルランド両国は、北アイルランド和平宣言に調印
12・15◉新多角的貿易交渉(ウルグアイ・ラウンド)で参加117カ国・地域は、7年間の交渉の末、最終合意

12・16◉92年参院選の1票の最大格差6・59倍は違憲と大阪高裁(一審)が初判断。翌年の東京高裁は合憲、96年最高裁は「違憲状態」と認定。いずれも選挙は有効と判断
12・30◉バチカンとイスラエルは相互承認合意文書に調印。2世紀に及び対立を続けたユダヤ教とキリスト教が歴史的和解

話題

鳥山明のコミック『DRAGON BALL』が1985年の第1巻発行以来累計1億部を突破

【流行語】
天の声／ブルセラ／規制緩和／清貧／コギャル／リストラ／不良債権／「聞いてないよォ」／インターネット

【流行】
ジュリアナ東京／UFOキャッチャー／ナタ・デ・ココ／ワインバー／ミサンガ

【新商品・ヒット商品】
ウインドウズ3・1(パソコン用OSソフト、米・マイクロソフト社)

【誕生】
福岡ドーム(3・31)／横浜ランドマークタワー(7・14)／レインボーブリッジ(8・26)／羽田空港新ターミナルビル(9・27)
雑誌創刊『週刊金曜日』(金曜日)／『たまごクラブ』『ひよこクラブ』(ベネッセ)

【さよなら】
雑誌『主婦と生活』(終戦直後に創刊。4月号を最後に休刊)
専門雑誌『ドレスメーキング』(鎌倉書房)(創刊44年。5月号を最後に休刊)

【スポーツ】
1・27◉大相撲の曙は横綱に昇進し、史上初の外人横綱が誕生
1・27◉大相撲の貴花田は史上最年少で大関に昇進
2・19◉ノルディックスキー世界選手権で複合の荻原健司が史上初の金メダル
3・5◉国際陸連はドーピング再犯の男子短距離ベン・ジョンソン(カナダ)を永久追放
5・15◉日本初のサッカープロリーグ、Jリーグが開幕
5・21◉将棋の米長邦雄九段は史上最年長、7度目の挑戦で新名人に
7・21◉大相撲の若ノ花は大関に昇進し、弟の貴ノ花と史上初の兄弟同時大関が誕生
8・15◉世界陸上選手権女子マラソンで、浅利純子が日本人初の優勝
9・4◉米大リーグの隻腕投手ジム・アボットがノーヒット・ノーランを達成
9・21◉日本プロ野球機構はフリーエージェント制導入を決定
9・24◉プロ野球は、逆指名権を認める新ドラフト導入を決定
9・29◉都市対抗野球の名門、熊谷組が野球部と男子バス

▼ドーハの悲劇。
試合終了寸前にイラクの同点ゴールを許し、本大会出場が不可能となった。
頭を抱えるラモス瑠偉に声をかける
オフト監督と清雲栄純コーチ
…カタール・ドーハ　1993年10月28日

ケット部を休部

11・1◉プロ野球日本シリーズはヤクルトが15年ぶりに優勝。ヤクルト4－3西武

11・4◉プロ野球阪神の松永浩美と巨人の駒田徳広がFA宣言第1号

12・18◉アルペンスキーのW杯女子滑降で川端絵美が日本女子初の表彰台

【科学・学術】

1・11◉英・動物生理遺伝子研究所と米・農務省の共同研究チームは、子牛の雄雌産み分けに成功

2・8◉東芝は世界最小の金属ギア加工技術開発に成功

2・20◉文部省宇宙科学研究所はエックス線天文衛星「あすか」を打ち上げ

4・30◉米・UCLAのウィリアム・ショップフ博士らは、オーストラリアの地層から35億年前の最古の微生物化石を発見と発表

5・31◉NTTと三重大学の共同研究グループは、直径10万分の1ミリのナノカプセル作成に成功

7・12◉トルコ東部のチグリス源流で発見されていた布が、世界最古、9000年前の布と鑑定

10・22◉九大医学部は、心停止後摘出の肝臓を末期肝硬変の患者に移植

▲ジュリアナ東京のお立ち台
…東京・芝浦　1993年4月28日

【文化・芸術・芸能】

9・10◉サルサバンドの「オルケスタ・デ・ラ・ルス」が国連平和メダルを受賞

9・12◉ミュージカル「ミス・サイゴン」が508日間745ステージ、観客動員111万3944人の常設劇場公演新記録で閉幕

【音楽】

CHAGE & ASKA「YAH YAH YAH」／THE 虎舞竜「ロード」／ZARD「負けないで」／松任谷由実「真夏の夜の夢」／THE BOOM「島唄」／広瀬香美「ロマンスの神様」／香西かおり「無言坂」(レコード大賞)

【映画】

外国映画『許されざる者』米 監・演クリント・イーストウッド／『秋菊の物語』中・香港 監チャン・イーモウ 演コン・リー／『レザボア・ドッグス』米 監・演クエンティン・タランティーノ／『マルコムX』米 監スパイク・リー 演デンゼル・ワシントン／『ジュラシック・パーク』米 監スティーブン・スピルバーグ 演リチャード・アッテンボロー

日本映画『月はどっちに出ている』(シネカノン) 監崔洋一 演ルビー・モレノ、岸谷五朗／『まあだだよ』(大映ほか) 監黒沢明 演松村達雄／『病院で死ぬということ』監市川準 演岸部一徳／『学校』(松竹) 監山田洋次 演西田敏行、竹下景子

▲女子プロレス第3期黄金時代。
ブームを牽引したブル中野(全日本女子プロレス)のリングファイト

【出版・文芸】

アーサー・ブロック『マーフィーの法則』／五木寛之『生きるヒント』／S・ハンチントン『文明の衝突』／東京サザエさん学会『磯野家の謎』／R・J・ウォラー『マディソン郡の橋』／池澤夏樹『マシアス・ギリの失脚』／桐野夏生『顔に降りかかる雨』／佐々木譲『ネプチューンの迷宮』／笙野頼子『居場所もなかった』／高村薫『マークスの山』(直木賞)／山田詠美『ぼくは勉強ができない』／松浦理英子『親指Pの修業時代』／多和田葉子『犬婿入り』(芥川賞)／吉目木晴彦『寂寥郊野』(芥川賞)／北原亞以子『恋忘れ草』(直木賞)／佐藤雅美『恵比寿屋喜兵衛手控え』(直木賞)

【漫画】

あゆみゆい「太陽にスマッシュ」(なかよし)

【テレビ】

「高校教師」TBS／「ひとつ屋根の下」フジテレビ／「丘の上の向日葵」TBS／「料理の鉄人」フジテレビ

【CM】

「わたしの服を返してください」で会長ヌード。「H・I・V・POSITIVEの入れ墨」(ベネトン)／「その先の日本へ」(JR東日本)

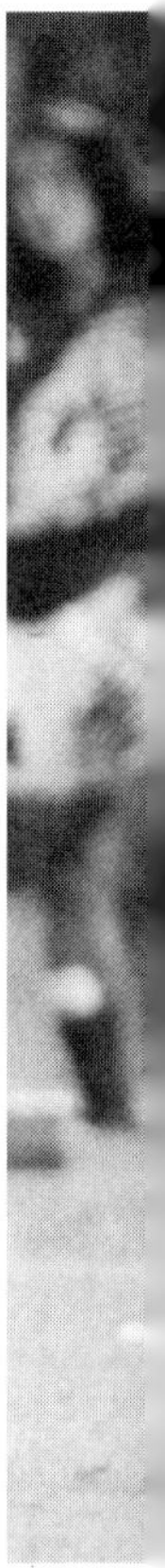

冥友録

1・6◉**R・ヌレーエフ**(54歳)ソ連・ダンサー／**1・20**◉**O・ヘプバーン**(63歳)米・女優／**1・22**◉**安部公房**(68歳)作家／**1・30**◉**服部良一**(85歳)作曲家／**3・16**◉**笠智衆**(88歳)俳優／**6・10**◉**猪俣公章**(55歳)作曲家／**7・10**◉**井伏鱒二**(95歳)作家／**8・5**◉**荻野博**(68歳)オギノ式計算法／**8・21**◉**藤山一郎**(82歳)歌手／**9・10**◉**ハナ肇**(63歳)コメディアン／**10・29**◉**マキノ雅広**(85歳)映画監督／**10・31**◉**F・フェリーニ**(73歳)伊・映画監督／**11・14**◉**野坂参三**(101歳)政治家、日本共産党初代議長／**12・16**◉**田中角栄**(75歳)元首相

「令和の時代」に解決する課題は何か！

「平成政治」3つの不都合な真実

『毎日新聞』専門編集委員
倉重篤郎

◀トランプ米大統領とワーキングランチに向かう安倍晋三首相
…東京・元赤坂の迎賓館で
2017年11月　代表撮影

平成の30年間の政治をどう総括するか。1つの真実は平成の天皇のこの一言に宿る。

「平成が戦争のない時代として終わろうとしていることに、心から安堵《あんど》しています」（２０１８〈平成30〉年12月20日の記者会見）

明治、大正、昭和と異なる最大の特徴は、まさにここにあるからだ。であるだけでなく、国民の共通の思いであるという意味でも平成という時代を凝縮した至言であろう。

ただ、私はこの平成に生き、取材し、時代に責任を持つジャーナリストの端くれとして、以下の「3つの不都合な真実」とも向き合っていくべきだと考える。

第一に、政治制度論でいえば、民主主義に必須である権力の相互抑制システムのタガが外れ、制御なき「1強」忖度《そんたく》政治を誕生に至らしめた。第二に、政治で最も重要な外交・安保政策でいえば、吉田茂政権以降の軽武装・対米協調路線が、重武装・盲目的従米路線に変質しつつあることであろう。第三の経済・財政面では、健全財政とモノ作りでの優越を誇った経済大国が、いつの間にか借金だらけで製造業が軒並み不振という情けない姿に身をやつしてしまった、という経済敗戦にある。以下順に論じよう。

平成政治の変化の中で最も本質的なものは、選挙制度の変更によるものではないか。つまり、衆議院議員の選び方を中選挙区制から小選挙区比例代表並立制に切り替えた。そのことが日本政治の景色を大きく塗り変えた。

それは、これまでの日本政治が抱える3つの弱点、すなわちカネのかかり過ぎる政治、本格的な政権交代のない政治、派閥が強過ぎ相対的に首相権力の弱い政治を改善する狙いがあった。換言すれば、行き過ぎた派閥政治を解消することであった。

1つの選挙区から複数の当選者（2〜6人）が出る中選挙区制度では、自民党の候補者同士が激しく戦うことが迫られ、そこにカネのかかる政治と党内分派化（派閥の誕生）の必然が生まれた。政治活動はサービス、利益誘導合戦と化し、不足資金は帰属する派閥からの支援に頼った。

派閥の公然化と肥大化は、前記の3弱点をもたらした。派閥領《りょう》袖《しゅう》たちの資金需要は、自ら抱える構成員の頭数分だけ掛け算的に跳ね上がり、ロッキード事件、リクルート事件、佐川急便事件といった大疑獄事件につながった。また、派閥領袖が政権をたらい回しすることが疑似政権交代として慣習化し、野党が与党に代わり政権の座に就く、という本格的な政権交代を遠ざけた。与野党の固定化が党の存在意義でもある政策への関心を薄くした。

さらに、領袖のパワー増強が、本来一体であるべき政策と権力と責任をバラバラにした。派閥ごとに政策が異なり、首相権力の源泉である人事権、公認権も領袖たちにシェア（分割）され、重要決定は責任が不透明な密室政治で行われた。領袖の圧力で政権が短期化、中長期の思い切った政治決定もできなかった。

1つの選挙区から1人の当選者しか出ない小選挙区制を主体にした選挙制度に変更したことは、当初の思惑通りの効果を果たした。カネについては、不毛な消耗戦がなくなり、政党助成金制度の創設で、政治家は無理なカネ集めをするリスクから解放された。この制度ゆえの本格的政権交代も09年、12年に実現、マニフェストを軸にした政策本位の論戦も行われた。

「1強」忖度政治が生まれた本当の理由

首相権力も強化された。

小選挙区制という仕組みは二重にその権力を底上げ、強化する機能を持つ。第一に、選挙民の民意の増幅・強化である。その原理は極端に言うと得票率51％の民意を100％（1議席）にし、得票率49％の民意をゼロ議席として切り捨てるものだからである。05年、09年、12年、14年、17年の衆院選が典型だ。いずれも1つの政党が総得票率50％未満の状態で小選挙区議席数の3分の2以上を占めた。

第二に、政権与党内で首相権力を絶対化させる。首相は中選挙区制時代のように派閥領袖たちに相談せずに人事権、公認権を自在に行使できるようになった。人事権は20余の閣僚をはじめ内閣、党、国会のすべてのポストに及ぶ。公認権も強大だ。非協力者、刃向かう者には冷や飯を食わせ、公認取り消しをちらつかせることで党内求心力を増強、絶対化することができるようになった。

こうして生じた首相権力の強化という制度的改編の恩恵を最も受けたのが小泉純一郎、安倍晋三の両政権であろう。小泉氏は自民党内でも抵抗の大きかった道路公団、郵政民営化を行い、安倍氏は歴代自民党が堅く守り続けてきた集団的自衛権行使の縛りを取っ払った。いずれも中選挙区制下ではとてもできなかったはずである。選挙制度変更はこのような政治刷新を生む一方、新たな問題もまた作り出した。その1つが強大化された首相権力に対する政権与党内部での制御力の欠落である。派閥時代にあった健全な批判力が致命的に衰微、権力に対する真摯で抑制的な行使という保守の知恵、節度も失われ始めている。

森友・加計事件がその証左となった。首相が絡む権力の私物化、国会へのウソという前代未聞の不祥事であるにもかかわらず、事実究明、政治責任を求める与党内の制御力が十全に働かず、永田町、霞が関に恐るべき「忖度帝国」を作り出し、かつてないモラル低下、政治不信の蔓延《まんえん》という禍根を残しつつある。17年の衆議院解散権行使もモリ・カケ隠しという首相権力の乱用だった。これは制度設計者の企図を超えた運用であろう。

外交・安保では「盲目的従米主義」を邁進

次に外交・安保政策では何が変わったのか。

それは、吉田茂首相を始祖として連綿と続けてきた軽軍備、対米協調（日米安保依存）路線の変質であった。

振り返ると日本は戦後3度、列島を巡る外交・安保環境の激変に遭遇した。まずは、戦後世界を二分した米ソ冷戦という試練に直面した。GHQ（連合国軍総司令部）の占領下にあった日本は、必然的に米国陣営を選ぶことになったが、そのことが日本の外交・安保政策の基本を、日米安保条約（強固な在日米軍）による軍事的抑止力と、憲法9条による絶対平和規範力という2つの軸に結晶させる吉田路線を誕生させた。

吉田路線は戦後日本にとって僥倖《ぎょうこう》の道だった。国力の大半を経済発展に集中することができた。米国も資本主義陣営の模範国として育てる義務感と、原爆を投下した贖罪《しょくざい》意識から日本を弟分として、安保ではおんぶに抱っこ、経済では市場を大幅に開放し、世界に類のない片務的な同盟関係を作り上げた。朝鮮戦争、ベトナム戦争の特需が象徴的だ。日本は戦争に参加せず、経済的恩恵だけを受けることができた。その路線は、結果的に1人の戦死者も出さない世界第二の経済大国を作り出した。

第二の激変は、米ソ冷戦の終焉《しゅうえん》だ。日米共通の敵だったソ連の崩壊で、同盟はその基本的根拠を失い一時漂流したが、日米同盟維持派の懸命の努力で、北朝鮮のミサイル・核開発と、中国という新たな潜在的脅威を見つけ出し、その命脈を保った。ただし、マイナーチェンジは行われた。冷戦の枠組みが崩れたことで起きやすくなった地域紛争対応としてPKO（国連平和維持活動）には参加することにした。戦後初の自衛隊の海外派遣は、あくまでも国連の指揮権が前提で、活動内容も非軍事の縛りを厳しくかけた。

◀国会前で
安保関連法案反対を
訴える人たち
…東京都千代田区で　2015年8月

▶中国反日デモ。中国国旗を掲げて尖閣諸島の国有化に抗議するデモ隊
…上海市内で　2012年9月

第三の安保環境の変化が、この平成末期に顕著になった中国の台頭と米国の後退である。米国がアフガン、イラクという2つの戦争に失敗し、軍事、政治、経済的な威信を弱め、経済的にも大きく傷つき、オバマ、トランプ両政権を通じてアジア地域からの撤退を模索し始めた。一方で、海洋大国化を目指す中国が太平洋への軍事進出を強め、日本国周辺に大きなパワーシフト(力の交代)が生じる可能性が出てきた。

この新冷戦とも呼ばれる事態は、米ソ冷戦期以上に安保環境の厳しさを日本人に知らしめた。尖閣諸島を巡り大規模な反日デモが行われ、中国軍が増強されるというニュースは、日本国民の不安、恐怖心を増幅させた。底流には、米軍がこの地から撤退していくのではないか、という観測と、中国に対する戦争贖罪を十分果たしてこなかったのではないか、という後ろめたさがあった。

この時期に長期政権となった安倍晋三首相はこの事態に対処するにあたり、日米安保体制による軍事的抑止力強化一辺倒の道を選んだ。すなわち、特定秘密保護法で軍事情報での日米一体化を図り、武器輸出解禁でアジア・太平洋諸国を米国主導の中国包囲網に取り込まんとし、さらには、安保法制改編により自衛隊の対米支援機能を強化、集団的自衛権行使を一部容認し、対米後方支援(補給)活動についても弾薬までOK、対象地域も北東アジアから全世界へと拡大した。

ただこの新しい道は、過去2回の道を踏み外すこととなった。解釈改憲で9条の規範力を貶《おとし》めただけではない。日中国交回復、平和友好条約締結といった独自の外交的努力によって両国関係を改善してきた先人の足跡を継承する姿勢を放棄した。ただひたすらの米国の軍事力頼みである。その対価ともいえる補給活動の拡大が実は最も高いリスクを伴う。国連ならぬ米国の事実上の指揮権の下、世界のどこにでも自衛隊を派遣できるようになったからである。元自民党副総裁で自民党防衛族ドンであった山崎拓氏に言わせると、「半ば引退気味の世界の警察官・米国の警察犬役を務めることになった」わけである。

加えて、18年末に改定された中長期の防衛指針を定める防衛計画大綱と、その武器調達リストである中期防衛計画が、日本の防衛政策の相対的自立性さえ奪いつつある。単なる基地提供というレベルで一体的であった日米同盟が、次期大綱では部隊運用から演習まで軍事一体化の方向性に姿を変え、自動的に米国の戦争に巻き込まれるリスクを強めている。また、安倍・トランプ親密関係下での日米軍事一体化を理由にした米国製兵器の爆買いは、その後、年度負担(ローン)の肥大化で他の防衛予算を圧迫し、日本財政の赤字体質をさらに悪化させている。高価な陸上イージスの導入や、最新鋭ステルス戦闘機F35Aの大量購入がそれを物語る。ここに至っては軽軍備路線とはいえなくなってきた。対米関係も、単なる協調(日米安保依存)路線というのではあまりにも生ぬるい。むしろ、パブロフの犬のような条件反射的な、ある意味、盲目的従米主義になり下がったとはいえないか。

子々孫々につけ回しする「シルバー民主主義」

第三の経済・財政政策でも深刻な失敗があった。平成の始まりは金融バブル崩壊、少子高齢化の急速な進展と軌を一にする。地価、株価暴落によるアリ地獄のような資産デフレ、人口構造の変化による潜在成長率の低下、社会保障費増という構造問題に平成政治が抜本対応できなかった。

それは、本質的には政治の弱さに起因する。高度成長期の右肩上がりの経済に慣れ切った自民党政治は増えていく利益の配分、調整は得意だったが、わずかにしか増えない、または微減していくパイの配分は不得意だった。投票権を持つ現役世代に対し、パイの減配を通告することができなかった。とくに、選挙に関心の深い高齢層を敵に回すことはできなかった。年金、医療、介護など膨らみ続ける費用をその被益者からではなく、赤字国債の大量発行により、子々孫々につけ回しすることがシルバー民主主義として定着した。

先進資本主義経済にとっては、全般的な長期低落傾向に陥った時代であった。イノベーション力の低下や地球的な資源・環境制約が、資本主義の富を生む力を弱体化させた。この長期低落の罠にいち早く捕らえられたのが、90年代の日本だった。GDP（国内総生産）はこの間500兆円前後をはいつくばった。歴代政権は財政出動策を多用、景気対策や社会保障にカネをかけ、現役世代への寛容さをかろうじてつなぎとめてきたが、そのおかげでおよそ1000兆円という持続不能な借金の山を築いた。

そこに安倍政権登場の契機の1つがあった。安倍氏は財政政策の手詰まりを超える政策として異次元金融緩和、つまりアベノミクスを提唱した。マネーストックを異次元に増やし期待感によって経済のインフレ化を図る一方、日銀が国債をいくらでも引き受けるという事実上の財政ファイナンスで放漫財政を許容する、という一石二鳥の政策であった。もちろん、日銀財務を悪化させ、かつ市場による財政規律をマヒさせる、という意味でリスクの高い禁じ手でもあったが、世の中は2年間限定の実験的実施と受け止め容認した。

金融緩和には本来であれば、後の世代の人々が消費、投資すべきものを前倒しさせる効果があった。従って、現役世代がこうむるべき非寛容さは、財政のみならず金融政策という側面でも後世にツケ送りされた、といえる。異次元緩和という劇薬は、当初予定の2年を超え満6年を過ぎた今でもなお処方され、出口が見えないのが現状である。

確かに株高と円安という薬効もあるにはあったが、それを超えるリスクが顕在化しつつある。日銀財務の悪化、マイナス金利による地銀を中心とした金融機関の体力劣化、リーマンショック並みの経済混乱が起きた際の政策手段の払底、そして国債価格暴落、金利暴騰による日本経済メルトダウンの恐れ。誰もが本当のことを言わず、状況に押し流されている。目の前には持続不能の超財政赤字と出口なしの緩和政策がただあるのみ、である。

平成前は健全だった日本の財政・金融は、国民に率直に負担を求めることができなかった、という政治劣化とサボタージュによってこの30年間で恐るべき変貌を遂げた。

失敗は産業政策にも及んだ。日本企業の世界で占める位置づけを見ると一目瞭然だ。1990年段階では世界の企業のトップ50社のうち32社を日本が占めたが、2018年はトップ50社の中に入ったのはトヨタ1社だけになった。

経済同友会代表幹事だった小林喜光三菱ケミカルホールディングス会長が「日本が2度目の敗北に直面している」と述懐する通りだ。

「平成から令和」課題解決の処方箋を探る

さて、こう見るとあまりにも平成政治を卑下し過ぎだとか、過剰な敗北主義と批判されるかもしれない。だが、「制御なき1強」「盲目的従米化」そして「経済敗戦」は、まごうことなく平成時代が生み出した産物で、戦後政治が蹉跌《さてつ》を来した時代といえる。

平成から令和をまたいで生きる者として、課題解決の処方箋に言及したい。第一の首相権力の暴走は政治の知恵によって制御されるべきであろう。与党内では小泉進次郎氏ら若手超党派議員たちの国会改革の動きに注目している。行政権の長である首相権力を制御すべきは、一義的には立法府たる国会の役割であるからだ。解散権への英独並みの法的歯止めも課題だ。野党の復権も必須。その政権担当能力が最も効果的に首相権力を制御するはずだ。政治全体のために野党を育てる、という成熟した民主主義が姿を現す時ではないか。

第二の外交・安保政策の行き過ぎた従米化については、沖縄の辺野古新基地の代替案提起と日米地位協定の抜本改定、中国との軍事的抑止力強化競争の見直しが鍵になるだろう。

第三の経済敗戦については、まずは異次元緩和の出口を勇気をもって探ることである。いつまでたっても薬漬けのところには、真っ当な財政、金融、産業政策の根は育たない。どんな負担と役務が生じるのか。政治が正直に国民に向き合い、国民の協力を得ることなくしては解決できない問題である。偽装や誤魔化しをやめておのれの矮小さを認め、74年前に立ち戻り、一から出直すことである。

くらしげ　あつろう……1953年、東京都生まれ。78年、東京大学教育学部卒業。毎日新聞社入社、水戸支局、青森支局、整理部、政治部、経済部。2004年に政治部長。11年に論説委員長。

細川護熙元首相に聞く

「平成」は人類の楽観的シナリオが打ち砕かれた時代

倉重篤郎 構成

◀細川首相の就任記者会見。立ったままで臨み、ペンを持って質問者を指名するスタイル
…首相官邸で　1993年8月

平成になってまもなく、自民党1党支配が崩れた。颯爽として首相の座に就いた細川護熙氏は、選挙制度改革という大きな仕事を成し遂げ、またさわやかに去った人物である。立って記者会見し、ペン先で質問者を指名するスタイル、その印象はなお強烈に国民の脳裏に残っている。平成の政治は、この選挙制度改革に大きく規定された。カネのかからない政治が実現し、政権交代が行われるようになった。派閥が解体され、首相権力はこれまで以上に強化された。多分、この人抜きではこの改革は実現しなかった。その意味では「平成政治の寵児」と呼ぶべき人である。

氏素性も際立つ。旧熊本藩主細川家第17代当主・細川護貞氏と、五摂家筆頭近衛家の第30代当主で、首相にもなった近衛文麿氏の次女・温子さんとの間の長男として生まれ、朝日新聞記者から政界に入った。皇室への親近感と思い入れも常人とは違うものがある。

早々と政治の世界を引退してからは、神奈川県湯河原に「不東庵」と名付けた別宅に隠棲、作陶の日々を送る。「不東」とは三蔵法師・玄奘がインドへ達せずば東へ戻らず、という気概を示した際の言葉といわれる。一つを極めるまでは他を振り向かない。最近は絵筆を握る。これまで経験のなかった芸域だが、京のある寺に頼まれて描いたものが評判を呼び、名だたる奈良、京都のお寺から屏風絵、襖絵を頼まれるようになった。

この取材は細川氏がアトリエ代わりに使っている東京・品川の工房で行った。「平成時代」を1時間半にわたって語った後、工房に案内してくれ、薬師寺に納めることになっている制作中の障壁画を見せてくれた。釈迦のシンボルでもある菩提樹を中心に、たくさんの人や動物が描かれ、天女が舞っていた。東西の融合をテーマにしたものだった。「これと次の作品で打ち止めにしようと思っています」と言う。平成最大の文人政治家が語る「平成」とは何だったのか、以下聞いてみた。

なお、細川氏は首相当時の日記を『内訟録　細川護熙総理大臣日記』（日本経済新聞社）にまとめ、2010（平成22）年5月に出版している。

細川政権で「非自民」という枠組みを作れた

平成に入り3年目、日本新党を立ち上げた。

「ちょうど時代の転換点だった。冷戦と右肩上がりの経済が終わった。にもかかわらず、日本社会は硬直化していた。政治家も官僚も既得権益にしがみつくだけで、改革の意思も能力もなかった。何とかそれを打開したかった。多分、自民党内からではダメだろう、外からの改革をと考え、新党を結成した」

振り返ると細川政権とは何だったのか。

「非自民という従来の保守革新を超えた枠組みを作り、38年ぶりの政権交代を成し遂げた。短期間だったが、支持が不支持をずっと上回り、平成史においては小泉政権と同様、世論に支えられた政権といっていいと思う」

ちょっと短すぎた?

「ただ、やるべきことはやったつもりだ。政治改革がその一つでした。高度経済成長時代の分配政治に適した中選挙区制ではなく、政権や政策選択に適した政党本位の選挙制度にした。政治資金も適正化した」

だが、なかなか難産だった。

「すでに5年かけて4つの内閣が潰れた」

その法案は参議院で否決されたが、最後は河野洋平自民党総裁との会談で自民党案の丸のみという形で政治決着させた。

「小選挙区、比例区定数が250、250だったのを300、200にしただけだ。国民の7割が改革を望んでいた。土壇場で放り出して白紙に戻すのはまずいと判断した。やむを得ない選択だったと思う」

この選挙制度にはなお賛否両論がある。功罪をどう見るか。

「メリットとしては、野党も自民党と対等に候補者を擁立でき、政権交代可能な政治になった。政党助成金制度もでき、カネ集めに塀の上を歩く必要がなくなった。後は運用の問題だ。デメリットとしては結果的に比例配分が少なくなり、1党支配の懸念が残った」

中選挙区制に戻すべきとの声もある。

「それよりは当時の政府案(250、250の小選挙区比例代表並立制)がいいと思う。多様な意見をより反映しやすくなる」

首相就任後の会見で、先の戦争について「私自身は侵略戦争であった、間違った戦争であったと認識している」と発言した。これも平成の大ニュースとなった。

「質問に答えただけだ。いきなり聞かれ、自然に出てきた。まったく迷いはなかった」

リベラルな歴史認識の表れと受け止められた。祖父の近衛文麿氏が遺書でしたためた「政治的誤り」との関係は?

「近衛の祖父は、日支事変と三国同盟と仏印進駐と政治上三つの過誤を犯した、と書いている。私もまさにその通りだと受け止めていた。だからそういうことは、(発言の)背景にあったと思う」

発言は各国から歓迎された。

「いまとは違って中・韓ともいい関係になれた。アジア全体ともそうだったし、ロシアのエリツィン大統領もあの発言があったから日本に来たと言っていた。93年の東京宣言の時のことだ。あの一つの発言が随分いろんなところに広がった。村山富市首相(の戦後50年)談話にもつながっていったと思う」

「日米関係」を見直したいとの問題意識があった

冷戦の崩壊で「同盟漂流」とも言われたが、日米関係については?

「ソ連は確かに崩壊したが、日米基軸というスタンスを変えるつもりはなかった。当時のクリントン政権との通商交渉は、日本の経済的国益を守る立場から取り組んだ。安全保障上の理由から経済で譲ろうとか、ソ連という仮想敵がなくなったからもう譲らないということは考えたことはない」

94年2月の日米首脳会談の際、包括協議で合意できなかった時には「成熟した大人の関係」と発言した。

「決裂という結果をどう外交的に取り繕うか、という知恵だった。会談が終わって出てきて、外務省幹部に『大人の関係という言葉を使うがいいか』と聞くと、『よろしいんじゃないでしょうか』ということだった。米国人に対しては言いにくいことでも率直に言ったほうがいいと思った」

平成の終わりにトランプ大統領が誕生した。

「米国の悪い癖で、要求が乱暴になってきている。ただ、それを恐れるあまりにすり寄って、偽りの友好を演出する卑屈な外交姿勢は情けないと思う。国際関係というのは冷徹で、首脳をドナルドとかウラジミールと呼ぶなど、そういうもので動くものではない。玉虫色に合意するとかえって両国関係を悪化させる」

日米基軸はいいとしても、日本外交は従米姿勢が過ぎないか。

「私も日米関係を基本的に見直したい、という問題意識があった。米軍基地経費や日米地位協定のあり方を再検討したいと思っていたが、取りかかる余裕がなかった」

「今でもおかしいと思うことは多い。米国の兵器を言いなりに高値で購入、辺野古新基地問題も沖縄県民のためという視点を忘れ、米国にすり寄っている。横田空域の管制を米国にゆだねっ放しで、トランプ氏の来日も横田基地だ。誠に歯がゆい。日本は米国の属領、属国ではないかという議論に反

◀晴耕雨読の日々。
畑に向かう細川元首相
…神奈川県湯河原町で　2004年

論できない。同じ敗戦国でもドイツやイタリアは地位協定でもきちんとモノを言っている」

平成はバブル崩壊後、「失われた時代」ともいわれている。

「バブルの山が高かったので谷も深くなった。ただ、私の首相時代は景気循環の大きなものだという認識しかなかった。不良債権があそこまで深刻とは思わなかった。大蔵省（現・財務省）からもそういう情報が伝えられなかった。いまとなれば問題だと思っている」

コメの市場開放という大事業もあった。著作の『内訟録（10月15日付の日記）』に「海洋国家としてのわが国最大の国益はあくまでも自由な通商体制を保持することにあり。本内閣の最大の使命にあらずや。連立内閣、これをもって倒るるとも我一人にても往かん」とあるが。

▶「脱原発」を主張し都知事選に出馬した。細川元首相（右）左は応援に駆けつけた小泉純一郎元首相…東京都中央区で　2014年2月

「私は農本主義者だ。食管制度や減反政策という自民党農政が、戦後日本の農業を歪めたと思っていた。コメの市場開放は、日本が大きな恩恵を受けてきた自由貿易体制を守るために決断した。農水省はよく頑張って交渉してくれた。ただ、この件で自民党が政権に復帰後、6兆円のバラマキをしたのはけしからんと思った」

国民福祉税騒動もあった。

「大蔵省主導だった。政治改革の実現が遅れる一方、日米首脳会談が早々と決まっていた。対米政策として景気対策のための先行減税があり、セットとしての消費増税（国民福祉税）をドタバタで決めてしまった。時間をかけて手続きを踏みたかったが、政権内での『小沢一郎vs.武村正義』間の角逐も激しく、社会党も巻き込んでおり、なかなかそれができなかった。本質的な手続きとして行政改革による無駄の削減を先行させねばと思っていたが、そういう余裕もなかった」

その際、宮澤喜一元首相からアドバイスがあったとか？

「宮澤さんとは何かあるたびに接触、いろいろ助言をいただいた。その時は85年のプラザ合意の時の話を引き合いに出された。藤井裕久蔵相を更迭するくらいのことをしなければ、というショック療法だった。それも一つの考え方だとは思った」

「蔵相更迭」で国民福祉税構想を取り下げる？

「そうです。ただ、もしやれば小沢さんたちが政権から出ていくという話になるかもしれない。政局になってしまう。残念ながら宮澤さんのアイデアは採用できなかった」

記者として「昭和天皇」をインタビューしたかった

「平成の皇室」についても聞きたい。

「警備が厳重過ぎるとか、そこは行かないほうがいいのではないかとか、どうも両陛下のご意向とは別に垣根ができてしまっているのではないか。もう少し自由でオープンな皇室を目指されたほうが象徴のあり方としてふさわしいのではないかと思う。終戦直後に昭和天皇が全国巡行された時のほうが、ずっと国民とオープンに触れ合っておられた印象だ」

天皇陛下が国内旅行する際、三権の長（首相、衆・参議院議長、最高裁長官）が送迎する慣習を細川首相時代に中止させた、というが。

「いまや明治時代ではない。予算委員会があるというのに、首相がいちいち空港に行って渋滞をもたらしているのはどうか、と言った。事務方に検討してもらったら、結局は全面撤廃にならずに一人ずつ、三権の長が交代で行くという形になった。半歩前進でしょうか」

歴代首相としては、細川さんでないと言えない話ですね。

「そうかもしれませんね。石原（信雄・当時官房副長官）さんもびっくりしてた。細川さんしかできませんと」

皇室に対する親近感は？

「他の方のように陛下の前ではかしこまり過ぎて手が震えるということはない。近衛さんも陛下にどうぞと言われる前に座ってしまったらしい。私もそういう感じなんです。内奏でもそうです。熊本県知事時代は昭和天皇でしたが、私はメモも持たずに行っていました。ご下問も多く、たいてい時間を超過した」

昭和、平成と両天皇の違いは？

「前の陛下のほうは大先輩で畏れ多い。やはり近衛のことなどもよくご存じでしたから」

その話を聞かれたことは？

「ありません。私のほうからもあえて何も申し上げませんでした」

『昭和天皇独白録』では近衛氏についていろいろ話されている。

「戦争を止められたのではないか、とかね。いろいろお話が恐らくおありだったと思いますよ。ただ、私のほうから言うわけにはいかなかった。一番インタビューしてみたいのは昭和天皇でしたね」

どんな点を？

「戦争を止められるところが、どこかあったのではないですか、と。まあそれは一番聞きたいことでした」

「細川記者」が昭和天皇を直撃したらどういう答えが返ってきたであろうか。是非とも聞いてみたいやりとりであった。

「縮小の時代」ゆえに政治に公正さが求められる

最後に、細川氏に平成という時代を総括してもらった。

「平成は、地球と人類の未来についての楽観的シナリオが打ち砕かれた時代と見ていいのではないか。人類がずっと進歩して、その先に豊かさがあって人権の尊重や平和が待っている。そういう楽観的シナリオが失われた。人類が自らの傲慢さに気づかされた時代でもあった」

「明治は文明開化、大正はデモクラシー、昭和は戦争があり、高度経済成長があったが、平成は右肩上がりの経済が終わり、財政赤字で福祉国家が破綻し、人口減社会に向かった時代だ。自然災害と地球温暖化、原発事故、宗教や民族対立、社会の分断、格差の拡大もあった。政治が本当に真剣に向き合わないといけない。縮小の時代ゆえに、これまで以上に公正さが求められる、と思います」

細川さんは律義な人である。この取材後、秋篠宮さまが大嘗祭について、その宗教的色彩を弱めるため簡略化し天皇家の私費でまかなうべきだと発言(2018年11月22日)したことに対して、以下のコメントを送ってくれた。

「発言の内容は健全である。憲法の政教分離の原則を尊重し、国民にできるだけ財政的負担をかけないようにすべきだというお考えは、大変ご立派なお考えであると思う」

「皇族の地位にある秋篠宮が政府の決定に公然と疑問を呈されたことを問題視する向きもある。確かにこのようなことが頻繁に起きることは好ましくないが、今回のことについては、次の点を考慮すべきである」

「第一に自分と無関係な国政についての発言ではない。第二に昭和から平成への代替わりの際に発言され、今回は更に強く発言されたものの、意見が生かされなかったのみならず皇族内にそのような考えがあることも知らされていない状況で、これを国民に知ってもらうことは重要と考えられたことは、十分理由があることといえる。第三に天皇、皇太子が発言されるともっと影響が大きいであろうから、自分が発言しなければと判断されたとも考えられる」

「宮内庁長官について『話を聞く耳をもたなかった』と言われたことは、厳しすぎるという意見もあろう。この点については、次の点を考慮すべきである」

「天皇が16年8月、テレビで国民に退位の意向を滲ます『お気持ちの表明』を行ったのは、長年その意向を伝えながら、官邸が『聞く耳をもたなかった』からだとされる。また、天皇に退位を思いとどまらすことができなかったとして、宮内庁の風岡典之長官は異例の年度途中での退任となり、現在の山本信一郎長官になった。とすれば山本長官は、天皇や皇族の意向ではなく官邸の意向を優先すべきものと考えているのではないかということは、十分推察できる。こう考えると『聞く耳をもたない』のは誰か、自ずと見当がつくのではないか」

「今後は皇室の意向も尊重し、開かれた皇室を実現させていくことが、国民に支えられた皇室制度を維持・発展させていくうえで大切になる」

ほそかわ　もりひろ――1938年、東京都生まれ。63年、上智大学法学部を卒業後、朝日新聞記者に。参議院議員、熊本県知事を経て日本新党代表、首相(93年8月〜94年4月)を就任後、98年に衆議院議員辞職。2014年に脱原発を訴えて東京都知事選に立候補(落選)。

平成の証言

田中秀征（元経済企画庁長官）

細川政権時代こそ「北方領土問題」解決のチャンスだった

倉重篤郎 構成

◀新党さきがけ出陣式
…東京都港区で　1993年6月

平成時代を振り返る時、それを肯定的にとらえるか、あるいは否定的に見るか。平成評は大きく変わってくる。

この人の場合はどう言えばいいのであろうか。極めてきつい平成評である。愚にもつかぬ選挙制度改革にかまけて、本来やるべきことをしなかった、と手厳しい。それは評論家風にあなたまかせの批判ではない。その語り、自らの責任として身もだえる如しである。

それはこの人物が平成の時代、特にその初期の政治における極めて有力なプレーヤーであったことを物語る。いや、プレーヤーというよりむしろシナリオライターといったほうがいいかもしれない。

平成初期、つまり自民党単独支配が終止符を打つ宮澤喜一政権でこの人は、冷戦崩壊に伴い米ソ対立に代わる新たな安全保障の枠組みを模索するシナリオを描いた。30年余続いた55年体制が崩れる時には、自民党に代わる政治勢力の結集を目指し、その先駆け的理念を取りまとめた。

1993(平成5)年に自民党から分かれた新党さきがけの創設理念がそれだが、いま読むと懐かしさとともに、なぜこうした理念が失われつつあるのか、愕然《がくぜん》とする。

それは第一に、憲法の尊重である。日本国憲法が日本の平和と繁栄に寄与してきたことを高く評価し、憲法理念の積極的展開をうたっている。第二に、大国主義の否定である。再び侵略戦争を繰り返さないために政治的軍事的大国主義を目指さない、としている。地球環境重視、皇室尊重、全体主義否定、健全な議会政治の確立、自立と責任の時代精神化を高く掲げている。

読者はここまで読んできて、そのまったく対極にある姿を現実政治に見るかもしれない。

それはこの人物、つまり、田中秀征氏に言わせると以下となる。

平成という時代は戦後保守政治の2つの潮流があった。あの戦争を心から反省して護憲と軍縮の旗を掲げた「保守本流」が力を失い、そうではない「自民党本流」と呼ばれる政治が跋扈《ばっこ》した時代であったというのだ。

どうしてそうなったのか。田中氏の身もだえは続くのか。そんな思いを秘めながら「田中氏と平成時代」を回顧した。

平成を振り返り、最初に思い浮かぶのは？

「強烈に思うのは、ポスト冷戦史としての平成だ。冷戦が終わったということに、日本も世界もうまく対応できなかった」

世界はどう対応不全だった？

「冷戦の檻に2匹の猛獣が閉じ込められていた。1匹はナショナリズム、もう1匹はグローバライゼーション(経済のグローバル化)だ。冷戦崩壊によって解き放たれたこの2匹の猛獣をうまくコントロールする力を持てなかった。いまに至っても同様だ」

トランプ米大統領の誕生、欧州のブレグジット現象と枚挙にいとまがない。

「閉じ込められていたナショナリズムが一番鮮やかに野放しにされたケースはユーゴスラビアの分解だ。6つくらいの旧国家、地域を冷戦体制の大枠の中に無理やり1つの思想とチトー氏という人間の政治力で束ねていた。グローバライゼーションは世界に格差と分断をもたらした。拍車をかけたのが移民問題だ。

「実はポスト冷戦で、これからの国連は安全保障理事会より大事な機関がある、という議論があった。それは、経済や社会問題全般に関して必要な議決や勧告をする経済社会理事会だと。その地位を強化し食糧、環境、人口問題をグローバルに考えるコントロールタワーを作らなければならないという問題意識だった」

「選挙制度改革」に熱狂した日本の政治

だが、そうはならなかった。

「ある意味、正しい認識だったが、何もしないでここまで来てしまった。本来、その分野でリーダーシップを取るべき日本が動かなかったことが大きい」

動けなかった。日本もまたポスト冷戦対応どころではなかった。

「日本の場合、この一番大事な時期に選挙制度改革というとんでもないお門違いのものに熱狂してしまった。同時に、バブル経済の破局が来た。この2点で他の国々とは違う出発点を持たざるを得なかった」

そのお門違いのものに政治エネルギーを消耗、政権が3つ潰れ、そしてできたのが細川護熙政権だ。

「日本の内外が冷戦後の新秩序に向けて音を立てて変化しているのに、何ともとぼけたことにかまけていたわけだ。僕はそういうことをしている時期ではない、冷戦後の日本の新しい進路を一刻も早く探り出したいと思っていた。だから細川政権でも、この選挙制度改革については、具体案を提示して政権参加を呼びかけた」

バブル経済の崩壊にも足を引っ張られた。

「政治が景気対策その他の対応に追われた。いま振り返ると、バブル崩壊は労働市場の国際化、つまり移民問題への対応も遅らせた面もある。労働力、設備、債務という3つの過剰を顕在化させたからだ。グローバル化する国際社会の中で外国人労働者への抜本対応を怠り、今回のような出入国管理法改正による泥縄的対応を生んだ」

本来、あの時に日本の政治は何をすべきだったか。

「いろいろあった。細川さんと政権時代を振り返り一番出る話は、北方領土問題だ。あの時の細川首相、エリツィン大統領だったらどうだっただろうか。解決に向けて大きく展開したのではないか、と」

細川政権下の93年10月11日、ロシアのエリツィン大統領が来日、日ロ首脳会談が開かれ、東京宣言を出した。共同会見では、旧ソ連が締結した条約・国際約束は引き続き履行すること、その中には2島引き渡しを明記した56年の日ソ共同宣言も含まれる、と確認した。私はその時、外務省記者クラブで取材していたが、ロシア側に積極性を感じた。

「エリツィン氏はソ連共産党と戦って出て来た。ソ連共産党が崩壊した後、その共産党と対決して圧倒した人物だ。一方で、プーチン大統領は共産党の中から出て来た。この2人では旧ソ連の歴史に対する責任がまったく違う。エリツィン氏となら一気に解決に持っていける。ロシア国民も容認せざるを得ない。そんな空気があった」

エリツィン氏がシベリア抑留について謝罪したのが印象的だった。

「細川さんが最も尊敬する叔父の近衛文隆さんがシベリア抑留中に亡くなっている。エリツィン氏は来日の際にこの文隆さんの遺品を持参、細川さんを感激させた。細川さんに言わせると、文隆さんは近衛一族の中でも最高の人材だったという」

首脳間のそりも合った。

「その意味では、55年体制下で残された戦後処理問題が解決に向けて進展する可能性があった。冷戦が終わり、米ソ対立を軸とした国際体制の枠組みがまったく変わったからだ。政権が短命に終わりチャンスを逸したことが悔やまれる」

細川政権の1つ前、91年11月発足の宮澤政権にさかのぼる。自民党1党支配最後の政権だ。宮澤さんに近いあなたの目から見て、ポスト冷戦が与えた影響は？

「宮澤さん自身は、自分の目の黒いうちはあり得ないと思っていた冷戦終焉《しゅうえん》を迎えたものだから、強い高揚感があった。とくに、91年1月の湾岸戦争が大きかった。宮

◀衆議院本会議で第79代首相に指名される細川護熙氏
…国会で　1993年8月

▶宮澤首相の退陣会見
…自民党本部で　1993年7月

▶橋本内閣発足
前列左が
経済企画庁長官の
田中氏
…首相官邸で　1996年1月

澤さんが強い政権意欲を持つきっかけになった」

イラクのフセイン大統領が90年8月にクウェートに侵攻、米国のブッシュ(パパ)政権が34カ国からなる多国籍軍を編成してイラクを制裁した戦争だ。日本は当時、海部俊樹政権だった。この戦争がなぜ宮澤さんをそこまで感動させた？

「ソ連、中国を含めた国際社会の一致した行動だったからだ。米ソ体制に代わる国連の場を中心にした冷戦後の新国際秩序のありかたとしての期待感を持った。今こそ自分の出番だと使命感にも燃えていた。僕はそばにいてそれをひしひしと感じた。それまでにはなかったものだった」

対イラク戦争では、国連憲章第7章「平和に対する脅威、平和の破壊及び侵略行為に関する行動」の第42条(軍事制裁)が発動された。国連中心主義者だった宮澤さんのある意味、理想の姿が垣間見えた？

「そう思う。この機運を無駄にせず一歩前に進めなければいけない。そういう思いを込めて、論文『国連常設軍の創設と全面軍縮——国際安全保障体制の構築を急げ』(月刊ASAHI・91年5月号)を発表した。ブッシュパパが唱えた『新国際秩序』に価値観を加味して『世界平和秩序』とした。僕もお手伝いした」

そして、宮澤さんの願いがかない首相になる。

「冷戦後の世界秩序をヤルタ体制を乗り越えて統合していく。そのきっかけに湾岸戦争があり、ブッシュパパが1つの規範を示した。そういう中で宮澤政権もスタートしたが、残念なことに自民党内の金銭スキャンダルに足を引っ張られてしまう」

共和事件、金丸(信・副総理)5億円事件……。そして、カネのかからない政治、つまり政治改革をめぐる抗争と最大派閥・竹下派内の権力闘争が並行して進み、自民党は解体寸前となる。あなたも離党に向け動き出す。

「宮澤さん1人だけが僕の意図に気づいていた。早い段階で秀征君は離党するだろう、と。僕としては宮澤さんを支援するために嫌な自民党に入ったわけだ。宮澤さんで良くなればそのままいたんだろうが、そうならなかった。冗談半分に、自民党に入って靴は脱いだが靴下は脱がなかった、と僕は言っていた。いつでも靴を履いて出られるようにね」

宮澤喜一と細川護煕に「同志的結合」があった

あなたたち(新党さきがけ)と小沢一郎さんたち(新生党)が離党して宮澤政権が倒れ、代わりに誕生したのが、細川首班の非自民連立政権だ。

「おかしい言い方かもしれないが、自民党政権としてどうにもならないスキャンダルの泥沼に入った宮澤が、むしろ非自民だが信頼できる細川に政権を渡した、という解釈もできる。細川、宮澤関係というのはそれくらい良かった」

よく会っていたと？

「細川政権になってからも細川、宮澤、僕と3人で会うことがあった。世の中がびっくりするような話だ。普通で言えば、宮澤を引きずりおろした相手とだよ」

「いま考えると、宮澤さんと細川さんには同志的結合があった。国の形に対するこだわりとしては、大国主義への否定だった。その末路を見たんじゃないか、と。質の高い、実のある国家への志向も3人の共通項だった」

例の国民福祉税の時はどうだった？ 94年2月3日未明に細川氏が会見して構想を発表、4日には撤回となった一件だ。

「当然相談があった。実は前年の10月段階ですでにその話は内々に出ていた。バブルがはじけて景気の谷に入っていた時期だ。宮澤さんとしては、こんな景気の悪い時に増税なんてとんでもない、ということだった。『増税というのはアナウンスしただけで、足元の景気を冷やすものだ』とあの人でしか言えない表現で反対していた」

「穏健な多党制」「少数政党の尊重」

選挙制度改革の話も聞きたい。細川政権の原案は小選挙区２５０議席、全国比例２５０議席だったが、自民党との政治決着で小選挙区３００、ブロック比例２００に変わった。歴史のイフではあるが、原案通りだったらどうなっていた？

「穏健な多党制、少数政党の尊重が僕の意見だった。少数政党はいくつかのタイプがあるが、人権問題や環境問題をシングルイシュー的に徹底的にやる少数党も必ず出てくる」

「例えば、20〜30人の反原発政党などができていただろう。安全面での厳しい対応を求める政党が連立政権に参加でもすれば、廃炉や再稼働、原発輸出などについて電力会社や規制行政に強いプレッシャーをかけられる」

「さらにいえば、そういう人たちが専門的、集中的に原発や行政を監視していたら3・11の原発メルトダウン事故は起きなかった可能性がある。というのも、津波対策についてリスクが指摘されていたのに、東京電力も行政も対応してなかった、ということがその後判明した」

「付け加えると、東電役員だけを被告にした裁判（東電旧経営陣3人が業務上過失致死傷罪で強制起訴された現在進行中の訴訟）には意味がない。電力会社を監視、取り締まる側の行政が問題視されてない。事故直後に僕が調べたら、経済産業省から電力会社の役員への天下りが全国で47人もいた。これからお世話になるところは見て見ぬふりをする。猫がネズミの世話になっている。ネズミが悪いことをしていても猫がそっぽを向く構造がある」

全国比例議席が２５０あれば可能かもしれない。

「そういう話を村山富市（元首相、元社会党委員長）さんにしたら、じゃあ賛成したら良かったのかと」

当時の参議院社会党の反対で小選挙区２５０、比例２５０案は葬り去られた。

「そして、皮肉なことに再び選挙制度を直さないと何も動かないというところまできてしまった」

安倍晋三首相の「1強政治」の行き詰まりだ。現行選挙制度ゆえの首相権限の強化効果に悪乗りしているように見える。だが、どう直すか。「小選挙区２５０、比例２５０」に戻すのか。

「それがひとつだろう。もうひとつは中選挙区連記制ではないか。定数3〜5人のままの中選挙区で投票する際に複数の名前を書けるようにする。同一政党同士の過剰なサービス合戦はなくなる」

果たして、今の政治状況でそれが可能か？

「だから僕は小池百合子（都知事）さんに期待した。２０１７年の都議選、小池新党創設までのあの政治エネルギーに。川に例えれば、激流に受け皿ができて、短期間ですごく水かさを増した。自民党を圧倒するばかりの国民的エネルギーがあるのを小池さんが見せてくれた。僕からすれば、自民党本流政治に保守本流政治が取って代わる需要が極めて高いということを示したことになる」

ただ、小池新党は失敗に終わった。

「いまの自民党に代わる流れを待っている人がこれほど巨大にいる一方で、その失敗によって、そういう人々のためらいを生んでしまったのも事実だろう」

だが、このたまりにたまったエネルギーは、どこに向かうのか。それを引き出せる人物が出てくるのかどうか。「令和政局」のひとつのポイントになろう。

たなか　しゅうせい——１９４０年、長野県生まれ。東京大学文学部、北海道大学法学部卒業。83年、衆議院議員初当選。93年6月に自民党を離党して新党さきがけ結成、代表代行に就任。細川政権の首相特別補佐。第１次橋本内閣で経済企画庁長官などを歴任。福山大学客員教授。著書に『自民党本流と保守本流』『平成史への証言』など多数。

1994
平成6年

前年に続き政界激変の1年となった。4月8日、細川首相が突如辞意を表明。連立与党は羽田孜新生党党首を総理大臣に指名したが、小沢一郎代表幹事に強く反発した社会党が離脱、羽田内閣は少数与党内閣として船出した。連立の枠組みをめぐり、激しい駆け引きを繰り広げた6月29日、村山富市社会党委員長を第81代首相とする自社さ連立政権が誕生。自民党はわずか11か月で政権復帰した。政治が混乱するなか、オリックスのイチローが200本安打、横綱貴乃花の誕生と新しい世代が脚光を浴びた。6月27日、オウム真理教がサリンを噴霧し市民7人を殺害した松本サリン事件が発生。犯罪史上類例を見ない凶悪事件は序章に過ぎず、翌年の地下鉄サリン事件へと続いた。

出来事

◀猛暑。海水浴客でにぎわう神奈川県の三浦海岸…1994年7月30日

1・4◉米国でエイズ予防のテレビCMでコンドーム使用キャンペーンを開始

1・6◉リレハンメル五輪の選考会となるフィギュアスケート全米選手権の会場で、優勝候補のナンシー・ケリガンが何者かに襲われる事件が発生。後にトーニャ・ハーディングが殴打を認めた

1・15◉米国中西部と北東部で103年ぶりの大寒波。113人が死亡

1・20◉警視庁三田署に全国初の女性署長が誕生

1・24◉郵便料金が13年ぶりに値上げ。封書80円、はがき50円に

1・26◉大阪愛犬家連続失踪・殺人事件で5人殺害の自称犬の訓練士を逮捕

1・29◉政治改革関連4法が成立し、衆院は小選挙区比例代表並立制に

1・30◉イスラエルとバチカンが国交を樹立

1・31◉東京・中野区は教育委員準公選を廃止

2・3◉細川首相は国民福祉税導入を発表。翌日、白紙撤回

2・5◉ユーゴスラビアからの独立を宣言したボスニア・ヘルツェゴビナのサラエボの市場が砲撃され68人が死亡

2・8◉大阪府水道部接待費公開訴訟で、最高裁は初の全面開示を命じる判決

2・9◉最高裁初の女性判事に高橋久子・元労働省婦人少年局長が就任

2・12◉関東で大雪。東京は25年ぶりに23cmの積雪

2・16◉伊ベネトン社はボスニア死亡兵の血染めシャツ使用の新聞広告。フランス、日本などで掲載拒否

2・25◉ユダヤ教過激派が占領地のイスラム寺院で乱射し39人以上を殺害

2・27◉福岡市で美容室事務員の女が女性美容師を刺殺しバラバラに

3・7◉食糧庁は国産米の単品販売禁止を決定。世論の反発で7月に解禁

3・11◉前建設相の中村喜四郎が斡旋収賄容疑で逮捕。衆院27年ぶりの逮捕許諾

3・17◉沈没後37日間救命筏で漂流の漁船乗員9人が全員救出

4・1◉酒税法改定。ビールは1リットル14円の引き上げ、地ビールを容認

4・6◉東アフリカの内陸国ルワンダで内戦。フツ族がツチ族を大量虐殺し50～100万人が犠牲に

4・8◉細川首相は辞意を表明

4・14◉ダイエーがビールの値下げ販売を実施

4・20◉保健指導に従事する男性有資格者、初の保健士67人が誕生。2002年3月以降、男女統一の保健師に改められた

4・25◉衆参両院は羽田孜前外相を第80代総理大臣に指名

4・26◉社会党は連立政権を離脱

4・26◉中華航空機が名古屋空港で着陸に失敗し、264人が死亡

4・28◉羽田少数連立内閣発足

4月◉NHKは韓国・北朝鮮の地名を現地発音に変更

5・4◉永野茂門法相の「南京大虐殺はでっちあげ」発言が発覚。7日辞任。

5・6◉英仏間にドーバー海峡トンネルが開通

5・9◉南アフリカの大統領にアフリカ民族会議議長のネルソン・マンデラが就任

5・13◉広島県高体連は全国で初めて朝鮮学校の準加盟を決定。日本高体連は承認を保留

5・13◉指紋押捺拒否で再入国不許可の在日韓国人が高裁で逆転勝訴。最高裁は敗訴

5月◉マツダ、ヤマハ、シチズンなど、翌春の新卒者採用見送り方針を公表する大手企業が続出

6・5◉米国で10歳男子が全米最年少記録でサウス・アラバマ大学を卒業

6・7◉スウェーデンで同性愛者の結婚許可法が成立

6・17◉米・NFLの元スター選手、O・J・シンプソンが前妻殺人容疑で逮捕

◀細川首相、突然の辞任表明。号外を手にする人々…1994年4月8日

▲村山富市・社会党委員長を首班とした自社さ連立内閣が発足…1994年6月30日

▼一夜明けた名古屋空港の中華航空機墜落現場…愛知県豊山町　1994年4月27日

▲猛暑。牧尾ダムの水が消え枯渇する湖底。東海地方の水がめ危機…長野・王滝村　1994年8月3日

▼開港を待つ大阪湾・泉州沖に浮かぶ関西国際空港…1994年8月19日

6・21◉ニューヨーク外為市場で、史上初めて1ドル100円を突破

6・22◉PL法（製造物責任法）成立（1995年7月施行）

6・25◉羽田内閣が総辞職

6・27◉オウム真理教の信者グループが、長野・松本市で猛毒ガスのサリンを散布

6・28◉松本サリン事件で、長野県警は第一通報者の男性を重要参考人として取り調べ。報道各社は繰り返し男性を犯人と決め付ける報道

6・29◉村山富市・社会党委員長首相指名。翌日、自社さ連立内閣が発足

7・1◉「派出所」から「交番」に名称変更

7・8◉朝鮮民主主義人民共和国（北朝鮮）の金日成主席が死去（82歳）

7・18◉埼玉・桶川市で、市が冷房取外し指示の生活保護女性（79）が脱水症状で入院

7・20◉村山首相は自衛隊合憲を明言。社会党は政策転換へ

8・2◉タレントのビートたけしがバイク事故で重傷

8・5◉アイヌ文化研究者で二風谷アイヌ資料館長の萱野茂が繰り上げ当選でアイヌ民族初の国会議員誕生

8・12◉桜井新・環境庁長官は太平洋戦争について、「日本だけが悪いわけではない」と発言。14日辞任

8・31◉アイルランド共和国軍（IRA）は軍事作戦の停止を発表

8月◉記録的猛暑。全国151観測地点中61で史上最高気温を記録。33カ所で39・1度以上

9・1◉川崎市の職員試験に在日韓国人大学生の女性が合格

9・2◉ロシア南部のチェチェン共和国で、反ロシアの大統領派と反政府派が武力衝突。内戦へ

9・4◉関西国際空港開港

9・13◉国連平和維持活動（PKO）協力法に基づく、ザイールへの自衛隊派遣を閣議決定

9・23◉ドイツで「アウシュビッツのうそ」発言を処罰する改正刑法が成立

9・28◉バルト海で大型フェリーが沈没し、900人以上が犠牲に

9・30◉初の気象予報士試験に500人が合格。人気お天気キャスターの森田正光さんは不合格

10・1◉最後の国連信託統治領のパラオが独立

10・4◉北海道東方沖地震発生（M8・2最大震度6）。死者9人、行方不明2人。北方領土でも大きな被害

10・13◉作家の大江健三郎がノーベル文学賞を受賞。文化勲章は辞退

10・14◉PLOのヤーセル・アラファト議長と、イスラエルのイツハク・ラビン首相、シモン・ペレス外相にノーベル平和賞

10・21◉韓国ソウル市で漢江の聖水大橋が崩壊し32人が死亡

10・21◉北朝鮮の核問題を解消し、関係改善をはかる包括合意文書に米朝両国調印

10・25◉東京・品川区の青物横丁駅改札付近で、医師が拳銃で撃たれ死亡

10・27◉長良川水害訴訟で、安八町住民の上告を棄却。一審勝訴の住民に賠償金31億円の返還義務

10・27◉JTは株式を上場。初値は公募売却価格を24万8000円下回る119万円

10・29◉茨城・つくば市の医師が妻と2歳の長女、1歳の長男を絞殺

11・2◉年金改革関連法成立で、厚生年金満額支給開始年齢が65歳に引き上げ

11・25◉税制改革4法成立。97年4月から消費税率5%に

11・27◉愛知・西尾市で13歳男子がいじめを苦に自殺。暴行と恐喝が繰り返されていた

12・6◉収賄容疑で茨城県前北茨城市長・松崎龍夫を逮捕。松崎は拘置所で自殺

12・9◉被爆者援護法成立

12・10◉非自民・非共産の新生党、公明党の一部、民

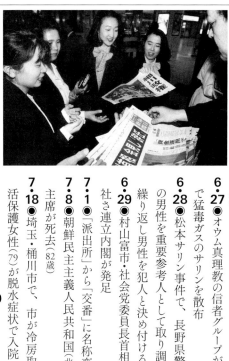

社党、日本新党、自由改革連合などが結集し、新進党結党。初代党首は海部俊樹元首相、小沢一郎幹事長。衆参の野党214議員が結集

12・11◉ロシア軍は内戦状態のチェチェン共和国に軍事介入

12・15◉金閣寺など古都京都の17寺社・城がユネスコ世界遺産（文化遺産）に登録

12・20◉高槻内申書訴訟で、大阪地裁は入試前の内申書非開示は違法と判断

12・21◉「狭山事件」の石川一雄・服役囚が31年ぶりに仮出獄

12・28◉三陸はるか沖地震。震度6の烈震で、青森・八戸市の3人が死亡

話題

劇映画不振でアニメーションが日本映画配収の50％を占める

小林よしのりの漫画「ゴーマニズム宣言」に大反響

天才卓球少女・福原愛ちゃんに人気

TVワイドショーで、タレントの羽賀研二・梅宮アンナ交際が話題に

全国的な記録的猛暑で水不足深刻に

【暴言、放言、失言、妄言】

永野茂門法相　「南京大虐殺など、私はでっち上げだと思う」「（太平洋）戦争を侵略戦争と言うのは間違っている。植民地解放、（大東亜）共栄圏解放ということをまじめに考えた」（5月4日付毎日新聞で発言が発覚）

桜井新環境庁長官　「（太平洋戦争について）日本だけが悪いわけではない」（8月12日の記者会見で）

【流行語】

価格破壊／同情するならカネをくれ／ヤンママ／お受験／高塚光

▲琵琶湖の異常渇水。
水位低下で支柱部分まで現れた浮御堂
…滋賀県大津市　1994年9月16日

▲茨城つくば市・妻子3人殺害事件。
夫の医師を殺人容疑などで逮捕
…茨城県つくば市　1994年11月

▼台風26号の強風で貨物船2隻が座礁
…三重県津市御殿場海岸　1994年10月1日

▶住友銀行名古屋支店長射殺事件で、銃刀法違反罪などで大阪地裁に起訴されていた名古屋市の無職、近藤忠雄被告（73）を恐喝未遂容疑で再逮捕
…1994年12月6日

【流行】

地ビール／屋台村

【新商品・ヒット商品】

プレイステーション（SONY）／クイックルワイパー（花王）／エビアン（カルピス）／ホップス（サントリー、発泡酒）

【誕生】

ちくま新書（筑摩書房）／『ダ・ヴィンチ』（リクルート）

【さよなら】

『プロ野球ニュース』（3・31番組終了）

【スポーツ】

1・17◉テニスの伊達公子は世界ランク9位で日本初のトップ10。直後の全豪で四大大会初の4強

1・16◉Jリーグ初代チャンピオンにヴェルディ川崎

2・12◉リレハンメルオリンピック開幕（〜2・27）。ノルディック男子複合団体で日本が史上初の2連覇

3・26◉選抜高校野球（春の甲子園）で金沢（石川県）の中野真博投手が史上2人目の完全試合を達成

5・1◉ブラジルのF1レーサー、アイルトン・セナはレース中に壁に激突し死亡

5・18◉プロ野球巨人の槙原寛己投手が完全試合を達成。16年ぶり

6・7◉将棋の新名人に羽生善治八段

6・30◉W杯出場のディエゴ・マラドーナは、ドーピング違反で大会追放。引退

7・6◉陸上男子100メートルでリーロイ・バレル（米）が9秒85の世界新記録

7・17◉サッカーW杯アメリカ大会。ブラジルが史上初の決勝PK戦で4度目の優勝

8・12◉米・大リーグ選手会は無期限ストに突入。ワールドシリーズは史上初の中止

9・4◉競馬の武豊騎手が日本人で初めてフランスG1レースを制覇

9・20◉プロ野球オリックスのイチロー（鈴木一朗）外野手が、史上初のシーズン200安打を達成

◀リレハンメル冬季五輪。
ノルディックスキー複合団体で2連覇。
日の丸を持ち、1位でゴールする荻原健司
…ノルウェー・リレハンメル　1994年2月24日

▲三陸はるか沖地震。
M7・5、震度6で宙に浮いた線路
…青森県八戸市　1994年12月29日撮影

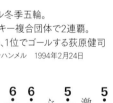

10・2◉広島アジア大会。海外選手15人が蒸発し不法就労も話題に
10・8◉プロ野球セ・リーグで史上初の最終戦同率首位対決。巨人が中日を破り優勝
10・29◉プロ野球日本シリーズは巨人が西武を破って優勝。巨人4―2西武
11・23◉大相撲の貴乃花は第65代横綱に昇進
12・17◉バレーボールのVリーグ開幕

【科学・学術】

2・4◉初の純国産大型ロケットH2の打ち上げに成功
2・28◉東大原子核研は「反陽子ヘリウム」を発見と発表
4・5◉動燃の高速増殖炉「もんじゅ」が初の臨界に
4月◉日米伊などの研究グループは、クォークの最後の一種「トップクォーク」を確認
5・16◉沖縄・西表島で86年発見のホタルは新種と判明。イリオモテボタルと命名
5・25◉地球から5200万光年離れたM87銀河にブラックホールを発見
5・26◉日本学術会議は、人工的な栄養補給の中止など踏み込んだ「尊厳死」を容認 ❖通史「尊厳死」
7・8◉宇宙飛行士の向井千秋が、スペースシャトル・コロンビア号で宇宙へ
7・18◉北海道大学倫理委は遺伝子治療を国内初承認
9・13◉青森・西津軽郡の2万5000年前の地層に、世界最大規模の埋没林
9・22◉人類最古の祖先とみられる440万年前の猿人の化石を発見
10・25◉アンドリュー・ワイルズ博士（英）は、フェルマーの最終定理を証明

【文化・芸術・芸能】

1・22◉作曲家の喜多郎が映画「天と地」で米ゴールデングローブ賞を受賞
3・1◉「山田かまち展――燃え尽きた17歳のメッセージ」（横浜三越）に大反響

◀ノーベル文学賞の受賞を喜ぶ大江健三郎…1994年10月17日撮影

【音楽】

Mr.Children「innocent world」（レコード大賞）／篠原涼子「恋しさとせつなさと心強さと」／中島みゆき「空と君のあいだに」「ファイト！」／松任谷由実「春よ、来い」

▶史上初のシーズン200安打を達成し、ファンの祝福に応えるオリックスのイチロー…グリーンスタジアム神戸 1994年9月20日

【映画】

外国映画『パルプ・フィクション』米 監クエンティン・タランティーノ 演ブルース・ウィリス、ユマ・サーマン／『青いパパイヤの香り』ベトナム・仏 監トラン・アン・ユン 演トラン・ヌー・イェン・ケー／『ピアノ・レッスン』豪 監ジェーン・カンピオン 演ホリー・ハンター／『依頼人』米 監ジョエル・シュマッカー 演スーザン・サランドン／『シンドラーのリスト』米 監スティーブン・スピルバーグ 演リーアム・ニーソン
日本映画『平成狸合戦ぽんぽこ』（徳間書店・スタジオジブリほか）監高畑勲／『全身小説家』（疾走プロダクション）監原一男 演井上光晴／『忠臣蔵外伝　四谷怪談』（松竹）監深作欣二／『居酒屋ゆうれい』（キティフィルムほか）監渡辺孝好

【出版・文芸】

永六輔『大往生』／辺見庸『もの食う人びと』／R・K・レスラー『FBI心理分析官』／網野善彦『日本社会再考――海民と列島文化』／宮台真司『制服少女たちの選択』／京極夏彦『姑獲鳥の夏』／津本陽『夢のまた夢』／花村萬月『笑う山崎』／横森理香『ぼぎちん』／吉本ばなな『アムリタ』／奥泉光『石の来歴』（芥川賞）／笙野頼子『タイムスリップ・コンビナート』（芥川賞）／海老沢泰久『帰郷』（直木賞）

▶横綱「貴乃花」誕生へ…1994年11月19日

【漫画】

満田拓也「MAJOR」（少年サンデー）／くらもちふさこ「天然コケッコー」／青山剛昌「名探偵コナン」（少年サンデー）／つの丸「みどりのマキバオー」（少年ジャンプ）／和月伸宏「るろうに剣心――明治剣客浪漫譚――」（少年ジャンプ）／浦沢直樹「MONSTER」（ビッグコミックオリジナル）／小山ゆう「あずみ」（ビッグコミックスペリオール）

【テレビ】

「家なき子」日本テレビ／「警部補・古畑任三郎」フジテレビ／「開運！なんでも鑑定団」テレビ東京／「チューボーですよ！」TBS

【CM】

「すったもんだがありました」（タカラCAN CHU-HI）出宮沢りえ

冥友録

1・25◉**森滝市郎**（92歳）平和運動家／3・6◉**M・メルクーリ**（73歳）ギリシャ人女優・政治家／3・14◉**田畑忍**（92歳）憲法学者／3・28◉**E・イヨネスコ**（81歳）ルーマニア出身の仏劇作家／4・22◉**R・ニクソン**（81歳）米元大統領／4・26◉**大山倍達**（70歳）空手家／5・1◉**A・セナ**（34歳）ブラジル人・F1レーサー／7・8◉**金日成**（82歳）朝鮮民主主義人民共和国最高指導者／7・26◉**吉行淳之介**（70歳）作家／9・8◉**東野英治郎**（86歳）俳優／10・7◉**三木鶏郎**（80歳）作詞・作曲家／10・9◉**飯沢匡**（85歳）劇作家・演出家／11・20◉**福田恒存**（82歳）劇作家／12・4◉**荻村伊智朗**（62歳）国際卓球連盟会長／12・21◉**千田是也**（90歳）演出家／12・22◉**乙羽信子**（70歳）女優／12・24◉**J・オズボーン**（65歳）英・劇作家

1995
平成7年

戦後50年にあたるこの年、年明けに阪神・淡路大震災が発生、3月には地下鉄サリン事件が起き、大波乱の年となった。オウム真理教事件で明け暮れ、円は79円75銭の戦後最高値を記録(この時点で)。沖縄で少女が米兵に暴行され、怒りの県民決起集会が開かれた。一方、ウィンドウズ95発売でインターネット時代が幕を開け、新たなアイドルとして木村拓哉、安室奈美恵が登場した。

▼阪神・淡路大震災。いたる所から黒煙があがる神戸市内
…1995年1月17日

出来事

▼阪神・淡路大震災。火を囲んで夜を明かす住民たち
…神戸・市立会下山小学校 1995年1月18日

1・1◉GATTに代わり、貿易全体を統一ルールの下に監視する世界貿易機関(WTO)が発足

1・1◉読売新聞が、山梨県上九一色村で「サリン残留物」のスクープ

1・10◉イタリアで人工授精後死亡した妻の妹が凍結受精卵を代理母出産。大論争に

1・12◉埼玉県志木市で全住民6万4000人の住民基本台帳のコピーが名簿業者に流出していたと判明

1・13◉不動産会社への巨額投資で経営破綻した東京協和・安全信用組合救済のため、日銀など出資で「東京共同銀行」設立

1・17◉神戸中心に阪神・淡路大震災が発生

1・30◉米・スミソニアン協会は原爆投下機展示計画を退役軍人団体からの批判で大幅縮小

1・30◉月刊誌「マルコポーロ」(文芸春秋)2月号に掲載の「ナチ『ガス室』はなかった」の記事を遺憾として、文芸春秋は同誌の廃刊を決定

2・13◉アフガニスタンで新興軍事組織「タリバン」が全国30州中7州を制圧

2・21◉豊後水道で自衛隊機墜落、11人死亡

2・22◉最高裁はロッキード事件・丸紅ルートで田中元首相の収賄を認定する判決

2・28◉東京都品川区の路上で、オウム真理教が目黒公証役場事務長(68歳)を拉致し殺害

3・15◉福岡県で息子をいじめた同級生2人に報復した父親が逮捕される

3・20◉地下鉄サリン事件。東京の地下鉄、丸ノ内、日比谷、千代田の3路線の車内でオウム真理教団が猛毒サリンガスをまく。死者13人

3・24◉アフリカ中部・ブルンジの首都で多数派フツ族と少数派ツチ族が大規模な武力衝突、内戦状態に

3・30◉国松孝次警察庁長官が出勤時、自宅前で狙撃され重傷

4・1◉公正で公平な腎臓移植の実施を掲げて、日本腎臓移植ネットワークが発足

4・9◉東京都知事にタレントの青島幸男、大阪府知事にタレントの横山ノックが無党派層の支持をうけ初当選

4・17◉米国最高裁が「黒人優遇は逆差別」と訴えた白人消防士の主張を認める判決

4・19◉東京外国為替市場で1ドル79円75銭の戦後最高値

4・19◉米・オクラホマの連邦政府ビルで爆弾テロ、168人死亡、800人以上が負傷。犯人は陸軍所属で湾岸戦争にも参戦した米国人

4・23◉オウム真理教の幹部村井秀夫が東京南青山の同教総本部前で刺され(翌日死亡)、自称右翼結社の男を逮捕

4・30◉日本産最後の雄のトキ「ミドリ」が死に、国産トキの絶滅が確実となる

5・16◉オウム真理教の麻原彰晃代表(本名・松本智津夫)を山梨県上九一色村で逮捕

5・22◉長良川河口堰、建設差し止め訴訟中のなか、建設相が本格運用と発表

5・22◉死亡率の高いウイルス性伝染病「エボラ出血熱」がアフリカのザイールで流行とWHO発表。死者211人、6月1日に終息宣言

5・31◉青島都知事が都市博中止を最終決断

6・5◉育児・介護休業法(改正育児休業法)成立。期間は3カ月で、1999年度導入義務づけ

6・21◉羽田発函館行きの全日空機がハイジャックされる。「オウム真理教信者」を名乗った犯人は休職中の53歳大手信託銀行員

6・26◉新潟県巻町議会は、原発建設の賛否を問う住民投票条例案を可決。住民投票は全国初の試み

6・28◉「花岡事件」の生存者と遺族の中国人11人が当時の雇用主の鹿島建設を提訴

6・29◉ソウルの高級デパートが突然崩壊し死者約

◀阪神・淡路大震災。
倒壊した阪神高速道路3号神戸線
…神戸市灘区　1995年1月18日

◀オウム真理教・第7サティアン外側の配管
…山梨県上九一色村（後の富士河口湖町）1995年3月22日

◀地下鉄サリン事件。
防護マスク、防護服を着用した
陸上自衛隊化学処理班
…東京都千代田区　1995年3月20日

▼地下鉄サリン事件。
霞ケ関駅構内に向かう化学防護服を着用した
東京消防庁化学機動中隊の隊員
…東京都千代田区　1995年3月20日

500人。手抜き工事が原因で会長、社長に実刑判決

7・1◉簡易型携帯電話（PHS）サービスが首都圏と札幌地区で開始

7・17◉福岡県の近畿大付属高校で女子高生が教師に殴られ転倒、頭を打ち翌日死亡

7・18◉元従軍慰安婦のための国家補償を退け、政府は民間基金を発足

7・25◉パリ中心部の地下駅構内で爆弾テロ、7人死亡。イスラム原理主義組織が犯行声明

7・27◉九州自動車道の人吉—えびの間が開通し、

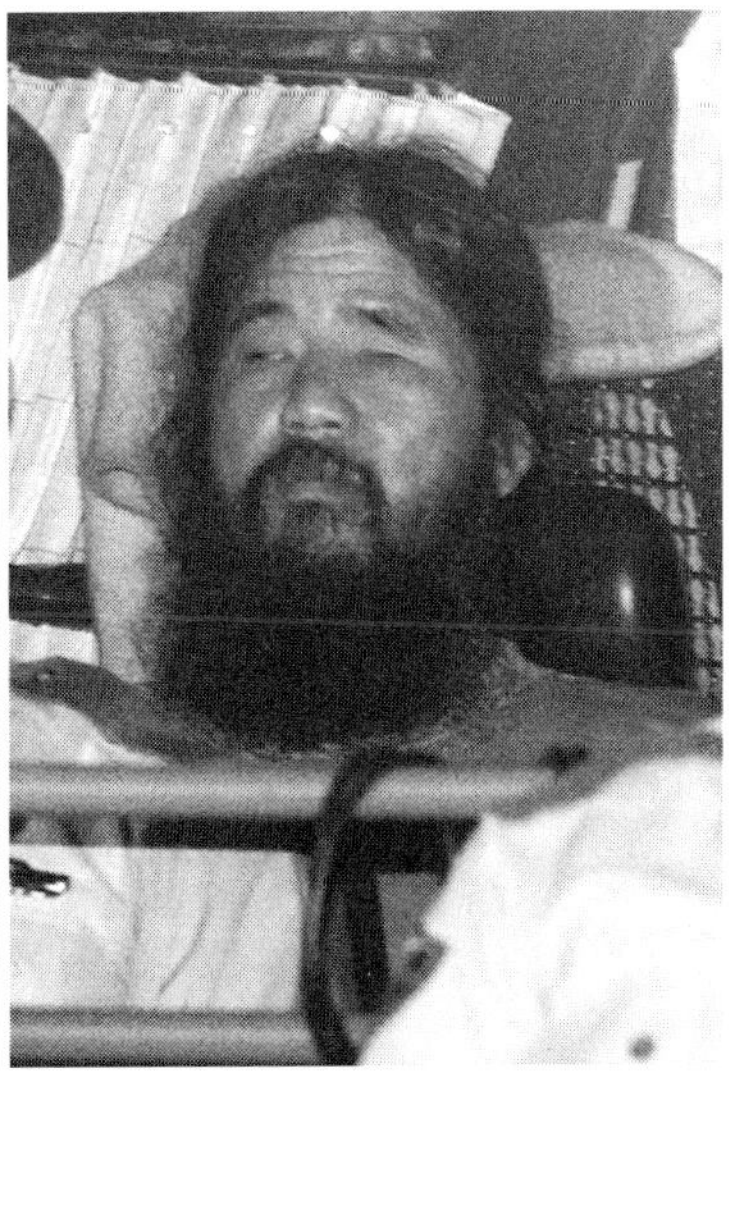

◀拘置尋問を終え警視庁に向かう松本被告
…1995年9月25日

◀オウム真理教を名乗る男に乗っ取られた全日空機。警官隊が突入し犯人を逮捕
…函館空港　1995年6月22日

▶大阪府知事選で当選した横山ノック氏
…大阪市北区　1995年4月9日

32年かけ青森―鹿児島間2150㎞の高速縦貫道が全通

7・30◉八王子のスーパーに強盗、アルバイトの女子高生ら3人を射殺

8・1◉北海道大付属病院で、免疫不全の4歳男児に日本初の遺伝子治療始まる

8・5◉米国とベトナムが国交樹立文書に調印

8・15◉韓国で旧朝鮮総督府の解体・撤去作業が開始

8・24◉「Windows95」英語版発売、世界中で爆発的に普及。日本語版の発売は11月

8・30◉大阪府が木津信組に業務停止命令。不良債権約8600億円で、金融界の破綻として過去最大規模

8月◉東京の真夏日連続37日で101年ぶりの記録

8月◉千葉で高校2年生が学業成績を注意した母親に激怒し、刺身包丁で殺害

9・4◉沖縄で米兵3人が小学女児に暴行、米軍は米兵の引き渡しを拒否。10月21日、県民決起集会8万5000人参加

9・5◉仏が南太平洋ムルロア環礁で核実験強行

9・11◉日本産科婦人科学会の倫理委員会、「着床前診断」を事実上承認

9・14◉住宅金融専門会社（住専）8社の回収不能不良債権は6兆3000億円と大蔵省発表

9・19◉震災からの復興「がんばろうKOBE」を掲げたオリックスが11年ぶりにパリーグ優勝

9・26◉大和銀行NY支店で11年間にわたる米国債不正取引で巨額の損失を出した嘱託行員をFBIなどが逮捕

9月◉埼玉で高校1年女子が不登校や生活態度を注意した母親に憤慨、自宅を放火、煙に巻かれた母親が死亡

10・13◉東京千代田区の不動産会社社長宅に押し入った強盗グループが社長から4億円受け取り社長ら解放。5日後さらに6億円を用意させる。翌年2月5人逮捕

11・4◉イスラエルのラビン首相が暗殺される。極右のユダヤ人青年の犯行

11・4◉大阪府守口市のマンションで2人の小学男児が消火器を落下させ、小学女児に直撃し死亡させる

11・15◉神奈川で高校2年女子が学校をさぼるなと叱った母親を刃物で殺害

▶初登庁する青島幸男都知事
…東京都庁　1995年4月24日

▶1ドル＝79円85銭を記録した円相場
…東京・中央区のトウキョウ・フォレックス　1995年4月19日

▶九州地方に局地的豪雨
…福岡県吉井町　1995年5月1日

▼信越集中豪雨。関川がはんらん、濁流にのまれる民家
…新潟県新井市　1995年7月12日

11・16◉韓国の盧泰愚(ノ・テウ)前大統領が30財閥から約315億円の賄賂を受け取ったとして逮捕

12・3◉韓国の全斗煥(チョン・ドゥファン)元大統領が粛軍クーデター事件での反乱首謀罪容疑で逮捕

12・6◉元労相の山口敏夫代議士を旧東京協和、旧安全信組から親族会社に27億円不正融資などの背任容疑で逮捕

12・8◉高速増殖炉「もんじゅ」で液体ナトリウム漏れ事故発生。後日、事故撮影のビデオの一部を動燃が隠したことを認める

12・15◉EUの首脳会談開催。通貨統合の際の名称を「ユーロ」と決定

12・27◉新幹線三島駅で高校生がドアに挟まれホームから転落し死亡。新幹線初の乗客死亡事故

▲宮中晩さん会で、乾杯する天皇陛下と南アフリカ共和国のネルソン・マンデラ大統領
…皇居・宮殿の「豊明殿」 1995年7月4日

▼戦後50年の記者会見で「村山談話」を発表する村山富市首相
…首相官邸で1995年8月15日

▼従業員ら3人が射殺されたスーパーナンペイ
…東京都八王子市大和田町 1995年7月30日

話題

【流行語】

無党派／インターネット／超氷河期／変わらなきゃ／官官接待／マインドコントロール

【新商品・ヒット商品】

デジタルカメラ QV-10／スノーボード／地ビール／抗菌グッズ

【誕生】

ゆりかもめ／プリント倶楽部(プリクラ)／東京都現代美術館が開館

【スポーツ】

1・15◉ラグビー日本選手権で神戸製鋼が大東文化大に圧勝し7連覇

2・13◉野茂英雄投手が、米大リーグのロサンゼルス・ドジャースに入団発表

3・11◉W杯スケート1000mで宮部行範が日本男子初の種目別総合優勝。翌日、同500mでも清水宏保が総合優勝

3・12◉ノルディックスキー世界選手権で、ノーマルヒル・ジャンプ個人で、岡部孝信が金、斎藤浩哉が銀。複合団体で日本(阿部雅司、荻原健司、荻原次晴、河野孝典)が金メダル

4・21◉オリックス・野田浩司投手が対ロッテ戦で日本新の19奪三振

6・6◉全仏テニスで伊達公子が日本女子初の4強

6・18◉関谷正徳が日本人ドライバーで初のル・マン24時間総合優勝

6・22◉全国高校サッカーに朝鮮高級学校など各種学校、専修学校の参加を認めることが決定

▶自衛隊観閲式に出席、閲兵する村山富市首相…埼玉・朝霞駐屯地　1995年10月29日

6・24◉W杯ラグビーで南アフリカがニュージーランドを破り初優勝

7・23◉武豊騎手が最短・最年少1000勝

10・26◉プロ野球日本シリーズ、ヤクルトがオリックスを破って優勝。ヤクルト4−1オリックス

11・9◉野茂が米大リーグのナ・リーグ新人王

11・26◉大相撲九州場所で若乃花・貴乃花兄弟対決の優勝決定戦で若乃花V

12月◉伊達公子、テニス世界ランキングで日本女子として最高の4位まで進む

【科学・学術】

1・11◉2000万光年離れたりょうけん座の銀河の中心に太陽の3600万倍の質量をもつブラックホールの存在を日米共同研究チームが確認

2・3◉鳥取大学医学部、無精子症の男性の精子のもとになる細胞から核を取り出し卵子に注入することで受精し妊娠させることに成功。しかし流産

3・18◉純国産大型ロケットH2−3号機が種子島宇宙センターから打ち上げ成功、日本初の再利用可能な回収型実験衛星と静止気象衛星は分離

3・24◉海洋科学技術センターの無人深海探査機「かいこう」がグアム島沖マリアナ海溝で水深1万911mの世界記録を樹立

11・11◉宇宙から飛んでくる素粒子ニュートリノを捕らえる東大宇宙線研究所の装置「スーパーカミオカンデ」が岐阜県神岡町に完成。1996・4・1に本格的観測開始

11・14◉地球上に生息の1300万〜1400万種の生物のうち、5400種の動物と4000種の植物が絶滅の危機と国連環境計画が発表

▼大分県九重連山の硫黄山が257年ぶりに噴火…1995年10月12日

【文化・芸術・芸能】

2・24◉片岡孝夫が15代目片岡仁左衛門に襲名決まる

6月 ◉鳥山明「ドラゴンボール」(少年ジャンプ連載)が6／5日号で最終回

◈木村拓哉が男性で初のカネボウ口紅のキャラクターに。320万本を売る

◈安室奈美恵がファッションリーダーになり、追随する女の子はアムラーと呼ばれた。茶髪、ブーツ、極端に細い眉が流行

【音楽】

ドリームズ・カム・トゥルー「LOVE LOVE LOVE」／Mr.Children「シーソーゲーム―勇敢な恋の歌」／岡本真夜「TOMORROW」／シャ乱Q「ズルい女」／trf「オーバーナイト・センセーション」

▶凱旋コンサートで熱唱する安室奈美恵
…沖縄コンベンションセンター
1995年12月27日

【映画】

外国映画「フォレスト・ガンプ 一期一会」米 監ロバート・ゼメキス 演トム・ハンクス／「ショーシャンクの空に」米 監フランク・ダラボン 演ティム・ロビンス／「エド・ウッド」米 監ティム・バートン 演ジョニー・デップ／「アポロ13」米 監ロン・ハワード 演トム・ハンクス／「ショア」(85年仏) 監クロード・ランズマン

日本映画「Love Letter」(フジテレビ・日本ヘラルド) 監岩井俊二 演中山美穂、豊川悦司／「午後の遺言状」(近代映画協会) 監新藤兼人 演杉村春子・乙羽信子

【出版・文芸】

瀬名秀明『パラサイト・イヴ』／北村薫『スキップ』／鈴木光司『らせん』／柳田邦男『犠牲―サクリファイス』／中井久夫編『1995年1月・神戸』／宮台真司『終わりなき日常を生きろ』／橋本治『宗教なんかこわくない』／保坂和志『この人の閾』(芥川賞)／小池真理子『恋』(直木賞)／藤原伊織『テロリストのパラソル』(直木賞)／松本人志『遺書』／ヨースタイン・ゴルデル『ソフィーの世界』

▼「トルネード投法」で力投するドジャースの野茂英雄
©ロイター

【漫画】

原GAINAX・貞本義行「新世紀エヴァンゲリオン」(月刊少年エースで連載開始)／佐々木倫子「おたんこナース」(ビッグコミックスで連載開始)／しげの秀一「頭文字D」

【テレビ】

「王様のレストラン」フジテレビ／「愛していると言ってくれ」TBS／「大地の子」NHK／「世界ウルルン滞在記」TBS

【CM】

♪ 勉強しまっせ引っ越しのサカイ(サカイ引越センター)

♪ 私、脱いでもスゴイんです(TBC)

♪ 見た目で選んで、何が悪いの!(コダック)

▶ヒマラヤ山脈エベレスト山系で遭難事故。邦人10人ら18人遺体確認…1995年11月13日

冥友録

2・9◉ウィリアム・フルブライト(89歳)米・上院議員、フルブライト奨学金を提唱／**2・24◉兵藤**(旧姓前畑)**秀子**(80歳)水泳選手／**5・8◉テレサ・テン**(42歳)台湾・歌手／**7・5◉福田赳夫**(90歳)元首相／**7・31◉山野愛子**(86歳)山野美容専門学校校長／**8・28◉ミヒャエル・エンデ**(65歳)独・作家／**10・19◉丸木位里**(94歳)画家／**11・4◉イツハク・ラビン**(73歳)イスラエル・首相／**11・23◉ルイ・マル**(63歳)仏・映画監督／**11・29◉田中千禾夫**(90歳)劇作家

中国の台頭で変貌する「日中関係」の行方

ジャーナリスト・
拓殖大学海外事情研究所教授
富坂 聰

◀ソチ五輪に出席した
中国の習近平国家主席
…ロシア・ソチ　2014年2月　代表撮影

隔世の感という言葉があるが、平成の始まりまで時計の針を戻すと、日中関係にはもはやその言葉では足りない変化が起きた。

日本では安倍晋三政権の下、憲法改正へ向けた動きが加速し、海では軽空母とはいえ航空母艦保有への道が開かれようとしている。いずれも中国の神経を逆なでする動きだが、習近平政権の反応はいたって穏やかだ。たった7年前の反日デモがウソのようである。

では、この間の日中関係はどのように変わってきたのだろうか。

平成の新元号が発せられてわずか半年、世界を震撼《しんかん》させた天安門事件が起きた。民主化を求めて広場を占拠した学生や市民に向け、人民解放軍が発砲。おびただしい数の市民が犠牲となった。

当時、ほとんどの日本人は民主主義先進国との優越感を持って中国と接し、中国人の認識も概ね一致していたはずだ。忘れられないのは、事件発生直後、日本に暮らしていた留学生の一人が「中国に抗議してくれ。日本の声には共産党も耳を傾ける」と泣きながら訴えたことだ。

1989(平成元)年、日本のGDP(国内総生産)は世界全体の約15%を占め、中国の6倍を超えていた。

だが、日本国内で高まる学生・市民への同情の声に反し、日本政府は「中国を孤立させない」政策をとり、欧米先進国とは一線を画した。

後には天皇陛下の訪中も実現させ、中国の国際社会への復帰を後押しした。

この選択は90年代後半から中国が改革開放政策の下で飛躍的に成長し、世界経済に大きく貢献したことを考えれば間違いではなかった。事実、アメリカは日本に先駆けて大統領補佐官をこっそり北京に送り込むなど、水面下では別の顔をのぞかせていたからだ。

誤算は、日本が中国寄りの政策を進める半面、中国が〝歴史教育〟にまい進したことだ。

日本では〝反日教育〟と称されるが、これを中国では愛国教育という、動機は人民に銃を向けた中国共産党が、人民から「見放されるかもしれない」という強い危機感だった。「侵略者から中国を取り戻した」ことを強調すれば侵略者の右代表として日本がやり玉に挙げられる。日本が中国を侵略した過去は、再び日中の生傷となった。

強い危機感の中での選択とはいえ、日本側に、中国に対する強い不信感が芽生えたことは間違いない。

天安門事件に先立ち、親日的指導者・胡耀邦総書記が、対日政策を批判され失脚したことも日本の政界の感情を害した。

共産党の進めた愛国教育は、一定の効果を上げ、実際に戦争を体験していない世代にも日本に対する厳しい感情が引き継がれていった。後に述べるが、2004年、尖閣諸島に突然上陸して驚かせた中国民間保釣連合会のメンバーたちは、まさにこれに当たる。

一方、天安門事件のショックで発展のチャンスを失ったと思われた中国大陸に、「発展のチャンスを逃すな」とハッパをかけたのは鄧小平だった。いわゆる南巡講話で、これにより中国は、社会に「向銭看(拝金主義)」との批判があふれるほど激しい金儲《もう》け主義に走る。

南巡講話以前には、改革開放を唱えても人々は踊らず、まるで生木を燃やすような印象だったが、92年を境に、まるで充満したガスに火花を近づけるように人々の物質的欲望が爆発したのである。

この凄《すさ》まじい変化の影響を日本の企業が実感するようになるのが、

2001年から02年にかけてのことだ。

時期を同じくして日本に誕生するのが、小泉純一郎内閣である。終戦記念日に靖国神社に参拝すると公約して自由民主党総裁選に勝利していた。

小泉首相には中国を挑発する意思はなかったが、結果、中国は小泉首相を強く警戒し、激しく日本に歴史認識を問うことになる。

こんな中国に対し、日本では「中国は永遠に日本を許さない」「内政に干渉される覚えはない」との反発が国民の間に高まった。

靖国神社への参拝問題は複雑な話だが、一つ日本側の誤解について書いておけば、これは中国共産党が国民との板挟みになり、厳しい立場に置かれる問題だということだ。

1971年、キッシンジャー米大統領補佐官(ニクソン政権)の電撃訪中ではしごを外された日本は、慌てて対中接近を図る。米中接近の背後には中ソが全面戦争直前まで危機を高めていたことがあった。

国際政治の論理で手を握った日中双方の政府は、互いに国民感情の処理に苦しんだ。

特に中国にはまだ多くの戦争の犠牲者がいて、日本と仲良くすることに強く反発する勢力も残っていた。

こうした人々や勢力を納得させるために共産党が生み出したのが、「日本国民も犠牲者だった」という理屈だった。では、何の犠牲者だったのか、といえばそれは「一部の軍国主義者」ということだ。そして中国共産党は、その「一部の軍国主義者」をA級戦犯としたのである。その戦犯が祀《まつ》られている神社に首相が参れば、彼らが国民にした説明も破綻してしまうというわけだ。

中国共産党はある種、とても合理的な組織である。それは自国民が広く靖国神社の存在を知る以前、日本で誰が参ろうとほとんど問題にしなかったことからも分かる。しかし、中曽根康弘首相の時代に「終戦記念日の参拝」が一つの政争の具となり、その騒ぎを中国に〝輸出〟したことで外交問題化していったのである。

中国の存在感が高まり
不安定になった日本の対中感情

こうして2000年代は、「反日」「嫌中」の時代を迎える。利益は中国頼りだが、中国は嫌いというアンバランスな対中感情が日本を支配した。そうした中でも2008年の北京オリンピックの成功など、中国の存在感は高まり、日本経済の長い停滞という国民のフラストレーションと相まって、中国への見方は厳しさを増していった。

2012年には、日本が尖閣諸島を国有化したことに反発して激しい反日暴動も起き、日本人はいよいよ安全保障の面で危機感を覚えるまでに警戒感を高めるのだ。

戦後、平和憲法を抱いてスタートした日本の国民は、中国の潜在的脅威を前に日米同盟への依存心を高めていく。まるでドイツの台頭に怯《おび》えたオーストリアが、さかんにロシアを巻き込もうとしたように、アメリカに対して日本が、最も期待したのがトランプ大統領の誕生であった。前代未聞の強硬手段で中国の頭を押さえてくれる、と。

だが、その期待は17年春、トランプ政権が発足して初めての米中首脳会談が、トランプ氏の別荘があるマール・ア・ラーゴ(米フロリダ州)で開催されると無残にも打ち砕かれてしまうのだ。この直後、安倍政権は対中関係改善に本腰を入れ始める。1年後にはトランプ・金正恩会談によってさらに現実を見せつけられるのだから、この決断は正しかったのだろう。

だが米中は2018年春から最悪の関係に陥りつつある。原因は、国際社会における中国の台頭だ。単に経済大国としてだけでなく、技術力を飛躍的に向上させたことで、次世代の技術を応用した市場でのアメリカのライバルとして認識されたからである。AI、金融、決済システム、ビッグデータなど米中の衝突点は限りなくある。

米中対立は今後数十年間、日中関係を規定する最大の要素となるはずだ。

（一部敬称略）

とみさか　さとし――1964年、愛知県生まれ。北京大学中文系へ留学後に、週刊誌記者などを経てジャーナリストとして独立。94年、『龍の伝人たち』で第1回21世紀国際ノンフィクション大賞(現・小学館ノンフィクション大賞)優秀賞を受賞。著書多数。2014年、拓殖大学海外事情研究所教授に就任。

パソコンとネットが生活を変えた

「ウィンドウズ95とスマホ」の衝撃！

ITジャーナリスト
三上洋

パソコンが一般に普及したのは、1995（平成7）年11月23日、マイクロソフト社のパソコン用基本ソフト「ウィンドウズ95」の発売がきっかけだった。この日、電気街として知られる東京・秋葉原の店舗では、日付が変わると同時に販売を開始。いち早く購入しようとする人々で、店頭には長蛇の列ができた。新時代の到来だった。「ウィンドウズ95」の革新性はどこにあったのか？

まず、マウスでアイコンをダブルクリックするシンプルな操作方法を確立させ、専門知識のない人が利用しやすくなった。また、マイクロソフト社製で互換性のあるソフトウエアが標準搭載されたPCが増え、複数のパソコンを接続するネットワークにも対応した。

こうした機能の向上により、パソコンはオフィスや家庭に加速度的に入り込んだのである。

ただ、「ウィンドウズ95」にはインターネット接続に必要な機能が搭載されていたものの、当時はまだ通信速度の遅いアナログ回線が主流の時代。

◀「ウィンドウズ95」の発売で若者らが殺到した
…1995年11月23日

専用回線による接続サービスはあったが、月額料金が高額なため個人はアナログの電話回線によるダイヤルアップ接続を利用していた。電話回線は、従量課金制のため長時間利用するのは困難だった。

そんな中、95年にNTTがダイヤルアップ接続によるインターネットユーザー向けに「テレホーダイ」を開始。23時から翌日8時までという時間帯限定ではあるものの、月額定額制で電話回線が使い放題という、画期的なサービスだった。

この頃の「初期ネット文化」は、当初は個人のホームページなどのテキストによる情報発信が主流だった。「○○（個人名）のホームページ」という素朴なタイトルをご記憶の方もいるのではないか。

インターネット利用の入り口である「ポータルサイト」も相次いで出現。96年に「ヤフージャパン」が誕生。検索エンジンに加え、ニュースや株価、さまざまな分野の情報にアクセスできるリンク集などを取りそろえ、アクセス数日本一のサイトに成長した。

インターネット利用者は増え続け、98年には1000万人を超えたといわれる。99年には、NTTドコモが携帯電話対応のインターネットサービス「iモード」を提供開始。携帯電話からウェブサイトの閲覧やメールの送受信が可能になった。

「iモード」の契約数は急激に増加。2000年には、1000万を超えた。二つ折りタイプの「ガラパゴス携帯（ガラケー）」を手に、若者は絵文字を使ったメールを送りあった。通話をしていない時に表示される「待ち受け画面」や着信を知らせる音楽「着メロ」などで個性を出した。ジェイフォン（現・ソフトバンク）は、写真を添付したメールを送受信できるサービス「写メール」を開始。カメラ付き携帯と相まって人気を博した。

実は、ネット掲示板「2ちゃんねる」（現・5ちゃんねる）も、同じ頃に生まれた。匿名による誹謗《ひぼう》中傷といったアンダーグラウンドな側面がある一方で、掲示板の書き込みからベストセラー小説『電車男』が生まれ、社会現象を巻き起こした。日本のネット文化の牽引《けんいん》役だった。

状況を一変させた「スマートフォン」の登場

00年には、「グーグル」の日本語検索が始まった。人力を排したアルゴリズム（演算式）による検索機能に特化したスタートページが新鮮だった。

01年は〝ブロードバンド元年〟といわれる。電話回線を活用した高速データ通信技術「ADSL」が普及。月額5500円の定額制つなぎ放題のプランが人気を集めた。ヤフーがADSL用のモデム（通信を送るときの変調・復調装置）を街頭配布した。高速化したADSLや光回線を使う人が増え、リアルタイムでのチャットや、動画の視聴がやりやすくなった。

ネット上で気軽に日記などを公開できる「ブログ」が興隆したのもこの頃。ホームページを自力で立ち上げる必要がなく、テキストを入力し、ボタンを押せば完了という手軽さが魅力だった。ブログを足場にした言論人も出現し、「アルファブロガー」と呼ばれた。

04年にはソーシャルネットワークサービス（SNS）の草分けである「mixi（ミクシィ）」が開設。個人アカウントを作成すると、メッセージのやり取りや、日記の公開などができた。友人関係の登録を行う「マイミクシィ」機能も斬新だった。

ネット上のサービスが充実する中で、状況を一変させたのは、08年に米アップル社のスマートフォン「iPhone 3G」が国内で発売され、爆発的な売れ行きを記録したことだ。スマートフォン（スマホ）の普及が日本で本格化し、誰もがインターネットとつながった「手のひらサイズのパソコン」を持ち歩く時代が幕開けしたのである。

その影響は広範囲に及んだ。まず、人々が使うサービスが変わった。スマホに最適化されたものが支持を集めたのだ。米国発のSNS「Facebook（フェイスブック）」を使う人が増えた。フェイスブックの特徴は、徹底した実名主義である。会員になるには、実名・顔写真・生年月日・勤務先・出身校などの個人情報の登録が必要だった。

匿名文化は変容し、自分のプライベート写真をネットにアップすることに抵抗感を持たなくなっていった。スマホで自分自身を撮影する「自撮り」という言葉もできた。

メッセージのやり取りに関しても、堅苦しいメールではなく、カジュアルなメッセージアプリが一般的になった。その代表格が「LINE（ライン）」だ。1999年6月にリリース。短文のやり取りができるメッセージアプリで、わずか1年7カ月で登録ユーザーは1億人を突破した。

スマホで撮影した動画を気軽にネット上で公開できるようになり、動画共有サービス「YouTube」に動画を投稿して生計を立てる「YouTuber」が生まれた。若年層への訴求力が高く、小学生のなりたい職業ランキングの上位にまで入った。

ネットが社会に与える影響力も高まった。短文投稿サイト「Twitter」では、問題発言を集中的に批判する「炎上」が発生。一方で、災害時に行政が情報発信をするプラットフォームになるなど社会的な役割も担うに至った。

電車に乗れば、老若男女問わずスマホの画面に見入っている昨今。最近ではスマホに傾倒するあまり、パソコンの使い方を知らない学生も増えている。人々の時間の使い方は大きく変わった。隙間《すきま》時間を埋めるのは、スマホによるネット閲覧やゲームのプレー。新聞・雑誌・テレビといったマスメディアは打撃を受けた。広告費もネットへシフトし、14年には市場規模が1兆円を超えた。

便利さの一方で、ネットのトラブルが人々の生活に影響した事件も起きた。15年には、日本年金機構がサイバー攻撃を受け、延べ125万人分の年金番号や個人情報が流出した。16年には、ネット上の情報を切り貼りしてまとめた「キュレーションサイト（まとめサイト）」が、大きな社会問題となり、閉鎖が相次いだ。虚偽の情報が含まれていたり、著作権侵害が多かったりした。

SNS上で拡散される真実でない情報「フェイクニュース」も切実な問題だ。政治的な世論誘導や、サイトのアクセス数を増やす、といった目的がある。次世代に残された課題である。パソコンとネットが人々の生活に浸透した平成の時代。功罪はあるにせよ、この潮流は次の時代もとどまることなく、私たちの日常を変え続けていくはずだ。

（構成／河野嘉誠）

◀パソコンは日常生活に欠かせないものになった

みかみ　よう――1965年、東京都生まれ。東洋大学社会学部卒業。テレビ番組制作会社勤務を経て、95年からITジャーナリストとして独立。テレビ・ラジオ・雑誌などで、インターネットの諸問題について解説を続ける。

未曾有のテロ事件を起こした「オウム真理教」の内幕

作家・ジャーナリスト
青沼陽一郎

カネが溢《あふ》れていた時代。平成の幕開けは日本のバブル期の真っただ中にあった。

バブル経済の引き金は、1985(昭和60)年の先進5カ国蔵相会議(G5)の「プラザ合意」がもたらした円高基調だった。その前年には、麻原彰晃こと松本智津夫が、東京・渋谷のマンションの一室にオウム真理教の前身となるヨーガ教室「オウム神仙の会」を立ち上げている。教団はバブルと共に膨らんでいく。

オウム真理教が、富士山の麓に「サティアン」と呼ばれる教団施設を建設し、サリンを手にできたのも、研究設備と薬品を買い集めるだけの潤沢な資金があったからだ。

オウムを語る上で当時の経済環境は避けては通れない。戦後経済復興の絶頂期。組織の誕生こそ「昭和」だが、この教団が犯した最初の殺人は元号が平成に替わって1カ月後の1989(平成元)年2月のことだった。

そのきっかけは、修行中の信者の事故死だった。前年9月、富士山の麓にあった教団施設で、修行中に奇行を始めた信者を風呂場で頭を浴槽につけるなど、水を浴びせているうちに意識不明となり、死亡させてしまう。

しかし、教団は警察に届け出ずに隠蔽。遺体を護摩壇で焼却してしまった。

この現場を目撃して、脱会を申し出た信者を「口封じ」で殺害したのが、最初の事件として立件された田口修二さん殺害事件だった。

◀サリンが散布された地下鉄日比谷線電車内の除染作業をする陸上自衛隊の除染隊
…東京都中央区　1995年3月20日

やがて、田口さん殺害メンバーが、同年11月の坂本堤弁護士一家殺害事件の実行犯となっていく。

行きすぎた修行から、教団内のひとつの〝死〟をきっかけに失われていく命の重み。そこに殺人を肯定する教義が加わり、閉鎖的な組織の中で価値観が変容していく。言い換えれば、直面する〝死〟に慣れていく過程で、あらゆる違法行為も教団の利益を優先したものなら「救済」であると認められ、テロを引き起こす。

だが、それだけでは組織の内側で事件を肯定する理由にはなっても、なぜ、こうした組織に当時の若者たち、それも高学歴者が惹《ひ》かれていったのか、その謎《なぞ》は解けない。最初から犯罪組織と知り、テロ事件を引き起こしたくて入信、出家したわけではない。

時代はバブル。ワンレン、ボディコンを着飾って派手に踊り狂う連日の饗宴。ゴッホの「ひまわり」などの高額美術品や、国外の著名建築物の日本企業による買収。なにかに浮かれていた昭和の終わりから平成の初期。

そんな時代の空気に誰もが付いていけるわけではなかった。こんなことがいつまで続くのだろう。この幸せはいつ終わるのだろう。いや、そもそも幸せってなんだ？　これが本当の幸せなのか？　そう感じる若者がいたとしてもおかしくはなかった。

早稲田大学で応用物理学を学び首席で卒業。大学院に進みながら大手電器メーカーへの内定を蹴って教団に出家し、やがて地下鉄にサリンを撒《ま》いて死刑となった廣瀬健一は、裁判でこう語っている。

「好きで理工系に進もうと思ったのに、社会を見れば、せっかく開発した製品が発売されるとすぐに市場から消え、新しいものの開発に取り組まなくてはならない。そこに無常を感じまし

た」(98年5月22日／被告人質問より)

慶應義塾大学の心臓外科医から出家。やはり地下鉄にサリンを撒いた林郁夫(無期懲役)は言う。

「医者として力が尽くせないんです。テクニックや能力というものでなく、死んでいく人。なんで死んでいかないといけないのか、なんで死んでいくのか。そこにもどかしさ、わずらわしさがありました」(97年10月7日／被告人質問より)

サリンを生成して死刑になった土谷正実の場合。

「高校生のとき、人間は脳細胞の数パーセントしか使われずに死んでいくと知り、なんて非効率的な生物だろうと思いました。それを100パーセント使えるようになるものはないかと。それで流れるまま大学に進み、そこでオウムを知りました」(99年1月7日／井上嘉浩公判より)

オウム真理教が誕生した時代は、例えばその翌々年の86年に「幸福の科学」が発足するなど、相次いで新興宗教が誕生している。いわば宗教ブームだった。それだけ、人生に迷ったり、悩んだり、自分を見つめる、経済的余裕もあった。悩みは人それぞれだが、それは彼ら、彼女らにとって苦痛となる。

総選挙惨敗の直後に「武装化」を宣言

「生きるって、なんて苦しいんだろう」

麻原彰晃の著書『生死を超える』の冒頭にはそうある。この著書をたまたま書店で手にして、惹かれたと語った信者も少なくない。

この本にあるように自分を変えられたらどんなにいいだろう。世の中が変わらないなら自分を変えるしかない。ただ、それだけでは自己啓発セミナーと大差はない。そこへ、オウムの原点であるヨーガを体験してみると、体の調子が変わることがわかる。それは、より実践的な宗教であることを裏付け、修行によって悟り、解脱ができるような予感を与える。教祖のように超能力が持てる。いまとは違う自分を手に入れることができる。いまの社会とは違う世界に入れる。手っ取り早くはそれが出家であり、教祖の言う通りにしていれば、目指すところに到達できる。

それは「自由からの逃走」と同じことだった。経済的にも恵まれ、自由であることは自分ですべてを決めなければならない。そこに寄り添う不安、悩み。それが苦痛になる。だったらなにも考えなければいい。誰かが決めてくれればいい。

オウムという場所は、自分を変える場所と思い込みつつ、修行と称して教祖の言いなりになる逃避の場所になる。自分で考えることを放棄することによる、苦痛からの解放。

90年2月。教団との関連が疑われながらも、坂本弁護士一家殺害事件(当時は〝失踪事件〟)から3カ月が過ぎて、教祖は弟子たちと総選挙に立候補する。

象の帽子や教祖のお面を被ったパフォーマンス。

「ショーコー、ショーコー……」と、自身の名前を独特のリズムで繰り返す音楽。

選挙カーの上でのオウムシスターズと呼ばれた美女たちの踊り。

そのユニークな選挙活動に世間は注目する。当選することよりも、教団を知ってもらうことが目的のようにも見えた。

だが、教祖は公言して憚らなかった。

「トップ当選する！」

ところが結果は最下位の落選。

その直後のことだった。

ここに教祖と教団にとって、もうひとつの転機が訪れる。

「今の世の中は、もはや救済できない」

教祖は近しい弟子たちを集めてそう言った。そして、「武装化」を宣言。

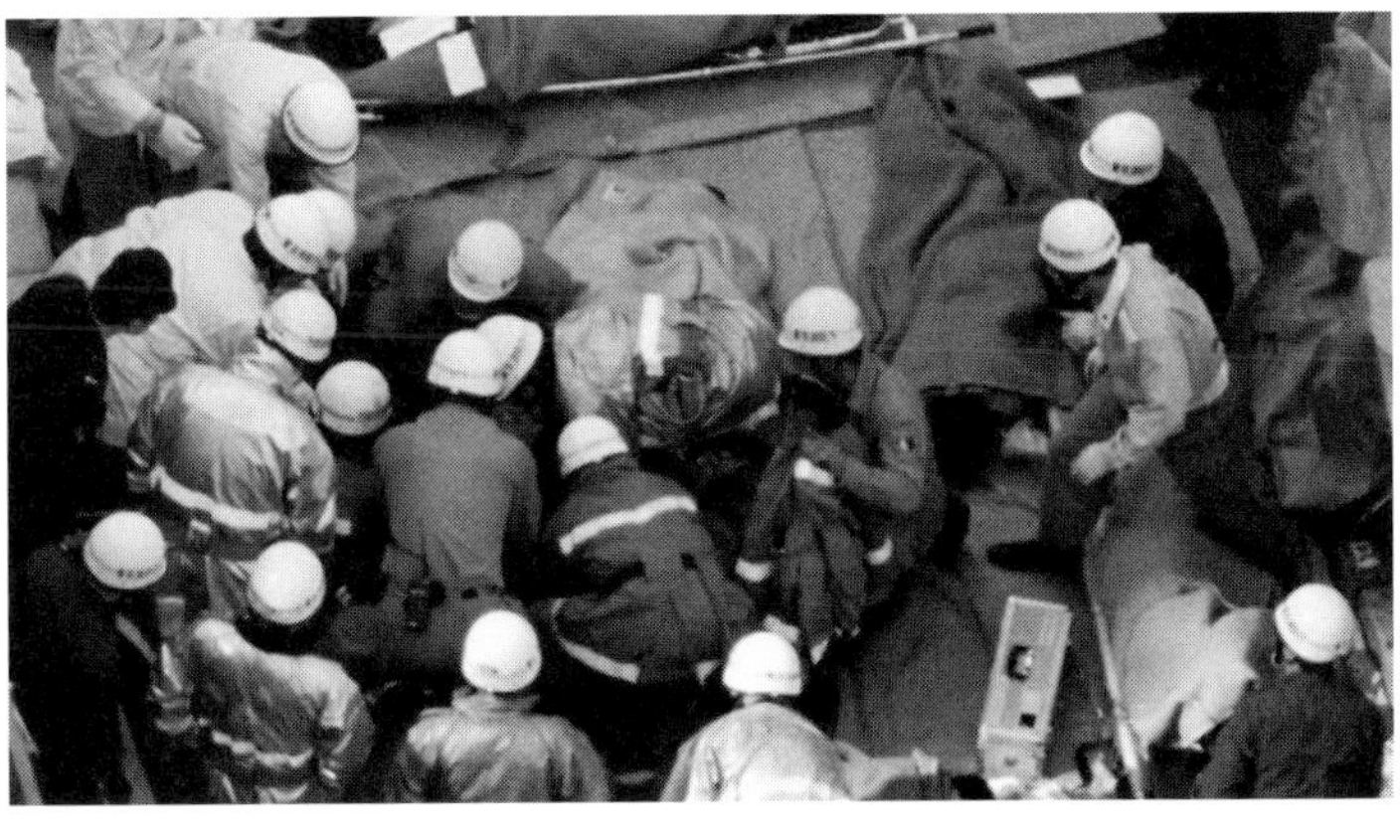

◀サリン中毒症の乗客を救助する救急隊員
…東京都中央区　1995年3月20日

「現代人は生きながらにして悪業を積む。全世界にボツリヌス菌を撒いてポア（殺害）する」

自分を否定した社会への反旗。この直後に教団施設で猛毒のボツリヌス菌を培養。これが武装化への第一歩だった。ここから教団内では信徒のリンチ殺人が繰り返され、教団に敵対する者を抹殺にかかる。麻原が裁かれた13事件で、オウム三大事件と呼ばれる坂本弁護士一家殺害事件、松本・地下鉄両サリン事件を含めて、死者は28人を数える。

ところが、武装化とはいうけれど、結果からすれば、教団で保有できたのは化学兵器のサリンと、同成分から生成されるVXだけだ。

それも死刑となる土谷正実が生成に成功したものだ。あとはボツリヌス菌、あるいは炭疽菌などの生物兵器の開発にはすべて失敗している。

自動小銃と呼ばれるものもようやく試作品が完成した程度で（それも立派な犯罪だが）、実用にまでいっていない。

首都圏にサリン70トンを撒く目的でロシアから購入したヘリコプターも、実際には飛べない代物だった。

言い換えれば、土谷正実がいなければ、いや、いたとしても大真面目に化学兵器を開発しなければ、悲惨なテロ事件は起きていなかった。

「水中都市構想」のための〝潜水艦づくり〟

実は、教団では化学兵器にこだわらず、もっとさまざまなものを開発しようとしていた。それも出家者の修行の一環として「ワーク」なる作業が与えられ、理系の高学歴者がこれに従事していた。その中心にいたのが、のちに教団への強制捜査で混乱した最中に刺殺された村井秀夫元幹部だった。

「あなたは、村井の造った潜水艦に乗ったことはありますか？」

坂本弁護士一家殺害事件と松本サリン事件の実行犯として死刑となった端本悟は、法廷でそう問われて「あります」と答えた。

▲地下鉄サリン事件の強制捜査で、カナリアを連れて教団施設の敷地内に入る機動隊員
…山梨県上九一色村（後に富士河口湖町に編入　以下同）1995年5月16日

端本「潜水艦といったって、ドラム缶を二つつなげた形状のもので、透明な洗面器が上についていました。それも中に乗り込んでから接着剤で取り付けるもので、内部は自転車をこぐように椅子に座って、ペダルで方向が変えられるようになっていました」

漁港も海水浴場もない、ちょっと手を加えられた寂れた入り江。そのドラム缶を水面ギリギリまでクレーンでつるして、機関誌用の宣伝写真を撮るはずだった。

端本「それが実際につり上げたら、クレーン車ごと海に落っこちて、海底まで沈みました。15分くらい沈んでいました。バカらしい、そう考えました。ほら、よく人が死ぬ前に走馬灯のようにいろんなことが浮かぶって言うじゃないですか。あんな感じで本当にいろいろ自分の人生が浮かんできて、もし、オウムと巡り会ってなければ、とそう思いました」

弁護人「潜水艦でなにをしたかったのですか」

端本「水中都市構想ですよ」

弁護人「麻原の言う？」

端本「そうです」

▶教団施設捜索を前に防毒マスクを着用して準備する機動隊員
…山梨県上九一色村
1995年3月22日

◀教団では「万能ホバークラフト」と称されていた

（97年10月20日／被告人質問より）

端本は地元のダイバーたちによって助け出される。信者たちは知らん顔。

実際にこの出来事は、当時の『読売新聞』の地方版が現場写真付きで伝えている。

大量消費社会の無常を入信動機に挙げた廣瀬健一は、法廷でこんなことを尋ねられている。

「『ガンダム』というモビルスーツを設計しようとしたことはありませんか？」

言うまでもなくアニメのキャラクターだ。さすがに、ガンダムは「覚えていません」と答えていたが、

弁護人「では『ガルーダ』という全長100メートルの巨大飛行船はどうですか？」

廣瀬「飛行船は全長10メートルのものは完成しました」

弁護人「万能ホバークラフトはどうですか」

廣瀬「あれは一応完成して湖に浮かべました」

弁護人「でも、すぐに沈んだのではないですか」

廣瀬「え!?　その話は聞いていません」

その〝万能ホバークラフト〟なるものの写真がここにある（上の写真）。教祖もそこに乗ってご満悦の様子だが、これはどう見てもただのゴムボートにエンジンをつけただけにしか見えない。

弁護人「あなたは早稲田大学の大学院で応用物理を学んでいますね。本当に村井さんの言うようなものができると思いましたか」

廣瀬「まあ、やろうと思えば、できないことはないと」

（96年10月28日／土谷正実公判より）

地下鉄サリン事件の実行役で死刑となった豊田亨も同様のことを尋問されている。

弁護人「東京大学を出たあなたの知識からして、できないとわかっていてもですか。無駄だと言わなかったのですか」

豊田「どのようにするのかは聞きましたが、無理だからやめようとは言いませんでした」

（96年10月16日／土谷正実公判より）

生物兵器は獣医の資格を持つ遠藤誠一の担当だった。遠藤は京都大学の大学院に進み、麻原のDNAには特殊性があると強弁。これが「オウム真理教被害者の会」を顧問として立ち上げた坂本弁護士の追及した、麻原の血や体液を飲ませて高額の対価を取る「血のイニシエーション」「DNAイニシエーション」となっていく。

まるで遊びだ。バブル期にお布施として集めた潤沢な資金で、空想科学を楽しんでいる。修行と称して、真面目にバカをやっていた。あるいは目の見えない教祖を欺くように本当に間抜けをやっていた。

平成の23年間に及ぶ一連のオウム裁判の傍聴取材を続けてみて、証言から飛び出してくるエピソードからは、そんなイメージが浮かんでくる。まともに現実を見ていない。

本音も言えず盲従を繰り返す信者

オウム特別手配犯として17年間の逃亡の末に、2011年の年末に出頭した平田信の公判。かつて土谷の実験棟でサリン生成を手伝い、実刑判決を受けて服役後、いまは一般人として暮らす女性元信者が証人として語ったことは象徴的だ。

▶解体前に公開されたオウム真理教の拠点「第7サティアン」内部
…山梨県上九一色村　1998年9月16日

弁護人「サリン生成に関わった時、サリンを作るという明確な言葉、指示はなかった」
女性「はい」
弁護人「でも、気付いてしまった。わかった時に乗り越える折り合いは、どこでつけたのですか」
女性「これは自分に与えられている仕事なんだ、これさえすればいい、あとのことは、計り知れない能力や知恵を持っている人が判断することなんだ、と思っていました」

だが、この女性信者は松本サリン事件で教団に疑念を抱き、教祖への信を失ったという。

女性「松本サリン事件が起きた時に、教祖の説く教えに従ったら、殺人も肯定しなければならない。ところが、一切沈黙したんです。教団で自分がサリンを作っていることはわかっている。なのに教祖は黙ってしまった。それから部署が移って、存在を隠されている子どもたち(＝麻原と信者の間の隠し子)の世話をして、ああ、そういうことか、自分の都合のいいようにあらゆることを教義で語っていたんだな、と」

▲オウム真理教施設の家宅捜索
…山梨県上九一色村　1995年3月22日

▼オウム真理教の「サティアン」と呼ばれる施設があった跡地にできた慰霊碑
…山梨県富士河口湖町(旧・上九一色村)　2018年4月22日

だとしたら……次に裁判官から質問が飛ぶ。

左陪席裁判官「疑念を持つ前までは、穏やかに出家生活を過ごしていたのですか」
女性「穏やかではなかったと思います。マンションを借りても、夜通し人の出入りがあって、近所迷惑になって苦情も出ている。地域と軋轢《あつれき》はありました」
左陪席裁判官「オウムはヘンだと感じていた」
女性「はい」
左陪席「そのことと、自分で責任を持たないことは」
女性「自分に葛藤があります。常識で考えるとヘンだ、迷惑だろうと、もっと葛藤する。だけど、周囲を見渡すと、どうも辛《つら》いという人がいなくて、平然とした人たちがいる。なんだろう、とまた葛藤する。これは自分の修行が足りないからなんだ、ということにしたら、葛藤が消えて、自分自身が楽になった。ああ、もうこれで行こうと思ったんです」
（14年1月17日／平田信公判より）

集団の中に取り込まれる安心。自分ばかりがおかしなことをやっているのではない。

合理性のないことを真面目にやる。指示に従ってやる。修行と称して自分の頭で考えない。教祖の言うことは正しいと自己責任を放棄する。そして行き詰まると詭弁《きべん》とごまかしでその場を凌ぐ。本音も言えずに盲従を繰り返す。ずるい人々。そうして現実感覚も失ったままに引き起こされた事件の数々。

だが、こうした体質は、例えば企業という組織の中にもないだろうか。上役に逆らえないがゆえに「企業犯罪」があることも確かだ。

私がこの集団を「宗教」と見るにはとまどいを覚える理由はここにある。むしろ、異質な別世界を演出しながら、実は極端にデフォルメされた日本社会の縮図のような世界。94年の松本サリン事件直後には、疑似国家のように省庁制を教団組織に敷く。それも日本の模倣であったはずだ。

あるいは麻原にとって選挙活動も、名前を連呼するだけの当時の政治家をまねただけだったのかもしれない。

まるで〝ごっこ〟の世界だ。夢のようなものを作って暮らせる夢の世界。理想郷。それが可能となるのも潤沢な資金を持っていたからだ。

戦後初めての「13人」一斉死刑

そして、バブル経済崩壊と同時にたどり着く95年の地下鉄サリン事件と、教団施設への一斉家宅捜索。同年には、阪神・淡路大震災が発生し、やがて住専問題が浮かび上がり、日本は長期のデフレに陥っていく。くしくもこの年は戦後50年の節目にあたっていた。敗戦に伴う価値観の大転換と、そこから始まる経済復興を上り詰めた果てに、日本人が見失ったものを突きつけられたような一連の事件。平成という一つの峠を象徴する集団。平成最初の年に事件が起こり、190人が有罪となって、その最後の7月のわずかひと月の短期間に、教祖を含めた共犯者13人が一斉に死刑になったことも、戦後初めてのことだった。

死刑となった13人には、廣瀬や豊田のような日本の最高学府の高学歴者も多い。

麻原は高学歴者を重用する傾向にあった。高い宗教的ステージ（階級）を与えてもいる。そんな彼らが近くにいたことから、思い付くまま犯罪に利用した。

これが暴力団であれば、事件の現場には〝鉄砲玉〟を送り込む。麻原はそこまで考えていなかった。結果的に高学歴者が目立つだけだ。それがこの事件のもう一つの特徴でもある。

ただ、真面目な理科系エリートであるからこそ、この事件は実行できたのかもしれない。教祖の指示に従順に従う。頭がいいから、与えられた仕事はそつなくこなす。理屈は教祖が付けてくれる。

迷いや苦しみから逃れるための修行。自由からの逃走の先にあった出家。そこは〝ごっこ〟遊びが許される場所だった。そんな彼らを教祖は利用し、また彼らもそこに言い訳を求めて、未曽有のテロ事件は引き起こされていった。

（一部敬称略）

◀記者会見するオウム真理教代表の麻原彰晃・元死刑囚
…静岡県富士宮市　1990年10月22日

▼オウム死刑囚
❖オウム三大事件への関与
坂本…坂本弁護士一家殺害事件
松本…松本サリン事件
地下鉄…地下鉄サリン事件
❖移送されたのは7人　あとは東京拘置所に収容
❖2018年7月6日に教祖をはじめ7人、同月26日に6人、これでオウム死刑囚13人全員に死刑が執行された

死刑囚氏名	オウム三大事件への関与			拘置先	執行日
	坂本	松本	地下鉄		
麻原彰晃	●	●	●	東京拘置所	7月6日
早川紀代秀	●			福岡拘置所	7月6日
新實智光	●	●	●	大阪拘置所	7月6日
中川智正	●	●	●	広島拘置所	7月6日
土谷正実		●	●	東京拘置所	7月6日
遠藤誠一		●	●	東京拘置所	7月6日
井上嘉浩			●	大阪拘置所	7月6日
岡崎一明（宮前に改姓）	●			名古屋拘置所	7月26日
端本悟	●	●		東京拘置所	7月26日
林泰男（小池に改姓）		●	●	仙台拘置所	7月26日
横山真人			●	名古屋拘置所	7月26日
豊田亨			●	東京拘置所	7月26日
廣瀬健一			●	東京拘置所	7月26日

あおぬま　よういちろう……1968年、長野県生まれ。早稲田大学卒業。
オウム真理教をはじめとする犯罪、事件、原発、食の安全などをテーマに精力的に取材するルポ作品を発表している。
『フクシマ　カタストロフ　原発汚染と除染の真実』『オウム裁判傍笑記』『侵略する豚』など著書多数。

平成の証言

広報部次長が見た「第一勧業銀行事件」の教訓

不祥事防止はトップの資質による

江上剛　作家

1997(平成9)年5月20日、東京地検特捜部の係官が第一勧業銀行(現・みずほ銀行)本店に入り、家宅捜索に着手した。広報部次長だった僕は、本店管理部から家宅捜索の理由について報告を受けた。「捜索令状に『野村證券の関連』と書いてあった」ということだった。すぐに「あの件か」と察しがついた。その前年、「小池隆一という大物総会屋が野村證券株を30万株も持っている。その資金を提供したのは第一勧銀だ」とする情報を得ていたからだ。

当時は「コンプライアンス(法令順守)」や「ガバナンス(企業統治)」という言葉を聞くことはまずなかった時代だ。銀行に限らず、まともな会社はさすがに自ら暴力団と名乗る人とは取引をしなかったが、暴力団と関係があるグレーな人であっても正業さえ営んでいれば付き合っていた。総会屋は暴力団と関係があることが多かった。

総会屋とは上場企業を脅して利益を得る犯罪者のことだ。ある会社のスキャンダルを握ると、その会社の株を買って株主になり、「この件を株主総会で質問するぞ」と通告する。総会が荒れることを恐れる会社は、総会屋に利益供与する代わりに質問しないように依頼する。当時はよくあったことだ。

戦後の高度成長が続く中で、大企業は相互に株を持ち合うなどなれ合いを強めた。「株主総会は会社と株主が対話する場」「株主は経営をコントロールする立場」などという正論はなかば忘れられていた。会社は総会に社員株主を大勢出席させ、平穏に短時間で済ませることばかりに気を使っていた。野村證券や第一勧銀が総会屋に利益供与した事件が発覚するまで、長年にわたり常識だったといっていい。僕も総会の手伝いをした際、「去年は30分かかったけれど、今年は25分で終わった。よくやった」とほめられた覚えがある。ただ、総会会場まで来たのに、お金だけもらって帰る妙な株主がいることにも気づいていた。

第一勧銀が木島力也という大物総会屋と関係を深めたきっかけは、1969年に遡《さかのぼ》る。同年の元日付『読売新聞』に「三菱、(第一勧銀前身行の)第一銀行が合併」と大スクープが載った。第一の井上薫会長は三菱との合併を阻止すると決め、木島らを使ったといわれる。結局、第一、三菱の組み合わせは実現せず、第一は1971年に日本勧業銀行と合併し、第一勧業銀行となった。

第一勧銀の初代会長となった井上は、取締役会の最中に木島から電話があると、いそいそと席を立ったという。木島は井上を「お父さん」と呼び、勧銀出身で初代頭取になった横田郁には「パパ」と声をかけていたそうだ。影響力を見せつけられた幹部たちは、役員や頭取に就任する前に木島にあいさつに行くようになった。93年に木島が死亡した後、後を継いだのは冒頭で触れた「野村證券株を30万株取得した総会屋」の小池だった。

総会屋との付き合いを深めていった理由

東京地検が第一勧銀本店を捜索した後、別の役員は総会屋との付き合いを振り返って、「恐怖だった」と僕に語った。暴力団がバブル期以降、金融に食い込んできた過程で、住友銀行(現・三井住友銀行)名古屋支店長や阪和銀行(96年経営破綻)副頭取が射殺される事件が起きた。何者かが第一勧銀の経営トップの自宅前に猫や犬の死体を置き、街宣車を差し向けることも頻繁にあった。先の役員は個人としての恐怖もあっただろうが、「部下の行員が危害を受けるのではないか。そういった恐怖だった」と言っていた。

当時は銀行の「無謬《むびゅう》性」が重要と考えられていた。不祥事が表ざたになると信用が失墜してしまう。大蔵省（現・財務省）に監督されている立場で不祥事を報告するのは難しいという考えもあった。そうしたもろもろが絡み合って、総会屋との付き合いを深めていった。

地検が捜索に入る前の年のことだ。広報部次長の僕に『北海道新聞』の記者が訪ねて来た。記者は「小甚ビルディング」という会社が所有する不動産の登記簿謄本を取り出し、「どう思いますか」と尋ねた。その物件には大蔵省が抵当権を設定していたが、解除されていた。その代わり第一勧銀が抵当権を設定し、それも後に解除になっていた。つまり、第一勧銀は小甚ビルディングに融資し、同社はその資金を使って当局による差し押さえを免れ、第一勧銀に融資を返済し終えている。そう読み取れる内容だった。

実は小甚ビルディングの社長は小池の弟だった。明らかに不審な取引だと考えざるを得ず、「おかしいな、まずいな」と胸騒ぎがした。とりあえず記者には「返済になっているからよろしいんじゃないでしょうか」と言い逃れ、審査部に調べてもらった。すると、小甚ビルディングへの融資は実に40億円に上ることが分かった。

そのすぐ後、総務部が「記事掲載を差し止めるよう『産経新聞』を説得せよ」という話を持ってきた。同紙の記者が第一勧銀とある総会屋の関係について書く予定だという。その総会屋は暴力的な態度を取ることで有名な人物で、しばらく前に死亡していた。記者は、「第一勧銀は総会屋が所有する株を担保に5000万円を融資したが、未亡人が返済しないので近く民事訴訟を提起する」という記事を書くつもりだという。総務部の説明を聞いた僕は、適正な融資だったのかどうか繰り返しただしたが、「まともな融資だ。絶対、間違いない」の一点張りだった。結局、『産経』への説得はうまくいかず、大きな記事が載った。

僕は本店の会議室を借り、記者会見を開くことに決めた。第一勧銀の総会屋融資は実は5000万円では済まず、40億円も隠れていると知っていたからだ。万一、露見したら大変なことになる。会見には200人に近い記者が会議室を埋めるぐらい来た。銀行側は「担保を取り、借用書もある正当な融資だ」と説明した。

この件はなんとか収めることができたが、小甚ビルディングの件は発覚すれば銀行が潰れてもおかしくない。奥田正司会長に「広報部次長として一時的に報道を抑えられても、もっと大きな事件が発覚すれば押し流されます。漢方薬による長期治療でなく外科手術的な徹底調査が必要です。リーダーシップを取って調査委員会を立ち上げてほしい」と直訴した。奥田は賛同し、毎朝、会議室に幹部らを集め、聞き取ることになった。だが、行内調査には限界がある。「問題ありません」「バブルの頃はこんな融資はいくらでもありました」といった回答が多かった。

経営トップの暴走をどう止められるか

結局、抜本的な措置を取る前に地検の捜索に至り、その後、第一勧銀による日本銀行や大蔵省への接待疑惑や癒着の構図が焦点となり、大蔵省は解体された。その反省から法令改正が実現し、企業のコンプライアンスやガバナンスの強化につながったといえる。地検捜索後の第一勧銀は、幹部や役員、トップまでもが次々と逮捕される中、異常な高揚感が充満する戦争状態のような雰囲気だった。僕は経営体制の刷新を立案する役割を担うことになった。

一番に考えたのは、「経営トップの暴走をどう止められるか」。第一勧銀が総会屋と関係を深めたのは、三菱との合併を阻止したかったトップだった。トップが不正や過ちをし続けた

◀第一勧業銀行本店へ
家宅捜索に向かう
東京地検の係官ら
…東京都千代田区　1997年5月20日

時、これを煽ったり、追従してお世辞を言う人はいても、止めたり、諭す人は誰もいなかった。やはり非常に大きな権限を持つトップが、恣《し》意的に何かをしようと思ったらできてしまう。止めるのは難しい。トップの暴走が最大の問題だと考えた。

だから僕らが第一に考えたのは、当時はまだ法令上の規定がなかった委員会制度の導入だ。経営監査委員会を設け、社外の人からなる経営監査委員（現在の社外取締役に相当）に大きな権限を持たせ、経営を監視する仕組みだ。米国の金融当局に体制を改めたことを納得させるためにも必要だった。また、株主総会もトップの暴走をコントロールする機能と位置づけ、じっくり時間をかけ、公開することにした。

二つ目は、総務部の解体だ。日本企業の総務部は不祥事を包み隠す機能を持つことがある。「総務部に任せれば人知れず処理してくれる」と思われているのだ。そのような不透明な組織があること自体が問題だと考え、分掌規定を変えて総務部を解体した。

三つ目は、総会屋や暴力団など反社会的勢力への融資や物品購入、付き合いを根絶したことだ。総会屋は表向き、情報誌の出版元を名乗ることがあったから雑誌の購読をすべてやめた。経営トップ自身が警視総監に反社会的勢力との癒着の根絶状況を定期的に報告する制度も作った。

戦争状態のような混乱を経て、銀行は平穏を取り戻していった。地検の捜索から1年もたたないある日、経営監査委員を担ってくれたある有識者に嘆かれたことがある。その人が言うには、経営監査委員になったばかりの頃はトップから経営に関する情報が絶えず入っていた。ところが、だんだん正しい情報がタイムリーに入ってこなくなった。「緊張感がだんだん解け、平時になったからなのか。どうにかならないものだろうか」と、その人に言われた。その後、トップ自身が警察に報告する制度もなくなった。トップの危機感が薄れた瞬間、自分自身をコントロールする制度をないがしろにするのだ。

第一勧銀は2002年、他行と合併してみずほ銀行になった。経営刷新に奔走した私は支店長の辞令を受けて本店を去り、合併の翌年に退職した。

経営トップは社会の利益を追求すべき

コンプライアンスやガバナンスを強化する仕組みができた昨今も、企業の不祥事は止まらない。東芝の西田厚聰元会長は「チャレンジ」と称して不正経理に走った。日産自動車のカルロス・ゴーン前会長に関する疑惑はまだ解明されていないが、私利私欲のために暴走したとまで報じられている。トップの暴走が明るみに出ると、「ガバナンスを強化しなければならない」と世間の人は言う。

だが、屋上屋を架すように経営監視機能を設けても、トップに適正な資質がないと不祥事は収まらないというのが、第一勧銀事件の教訓だと思う。トップの資質というのは、突き詰めていえば、自社の利益追求より社会の利益を追求する姿勢だろう。甘いと言われるかもしれないが、自社が世の中のためにどんな役に立っているかを示せる経営者。そんな資質を持つトップを選任することしかないと思うのだ。

（敬称略　構成／谷道健太）

えがみ　ごう――1954年、兵庫県生まれ。早稲田大学政経学部卒業後の77年、第一勧業銀行に入行。支店長時代に最初の小説『非情銀行』を書き始め、2002年に出版。翌年、退社した。著書多数。

90年代から劇的に変わった日本

「貯蓄から投資へ」で国民の損失は膨らんだ

経済ジャーナリスト
荻原博子

個人の資産運用を考えると、バブル崩壊後の1990年代半ばからの5年ほどで、別の国になったかのように劇的に変わった。

忘れもしない1994(平成6)年2月8日。朝刊を開いたら、三和銀行(現・三菱UFJ銀行)が今までにない住宅ローンを発売したと載っていた。当日付の『毎日新聞』記事には、こうある。

〈民間金融機関で初めて市場金利をベースにした長期・固定金利の新型住宅ローン〉

〈これまで民間の住宅ローンは、長期信用銀行の決定する長期プライムレート(優良企業向け最優遇貸出金利)に連動し横並びとなっていたが、三和銀行では長プラ連動をやめることで自由な金利設定ができるとしている〉

その後、このローンを開発した担当者から話を聞く機会があった。

◀「投資信託」「住宅ローン」のパンフレット

「ダメ元で大蔵省に打診してみたら、金融自由化時代にマッチしていていいだろうと、あっさり認められちゃったんですよ」と笑っていた。大蔵省(現・財務省)が金融自由化に政策転換し、それが金利の自由化、金融商品の自由化に及んできたのだ。

98年には、米銀大手シティバンクの在日支店に人々が口座開設の行列をつくるほどの人気になった。当時、邦銀は金利に少しずつ差をつけ始めたばかり。一方、シティバンクは「2%金利上乗せキャンペーン」といった驚くべき高金利をうたっていた。

ところが、私が同年7月に調べたところ、米ドル建て1カ月定期預金の金利は都市銀行の3・6〜4・7%に対して、シティバンクは2・6%。実は人気を博していたシティバンクのほうが邦銀よりはるかに金利が低かったのだ。2%分のキャンペーン金利を上乗せしても、邦銀で最も高金利だった大和銀行(現・りそな銀行)に及ばなかった。

なぜ消費者はわざわざ金利が低いシティバンクに行列をしたのか。「銀行の金利なんてどこも横並び」と思い込み、キャンペーン金利だけを見て、「シティバンクは2%も得なのか」と誤解して殺到したのだ。

日本では戦後一貫して、政府は銀行を国家経済に不可欠な金融を支える重要な使命を負う存在と位置づけてきた。経営破綻は許さず、無駄な競争をしないよう指導していた。

今では住宅ローンを検討する時、あちこちの金融機関を比較検討する人が多いだろう。しかし、当時の住宅ローンは変動金利と固定金利の2種類しかなかった。全国どの銀行でも同じ金利だ。預金金利も同様だった。いわば〝大蔵省出張所〟だったのだ。

競争が少ない環境で営業していた銀行は、今の感覚では信じられない〝どんぶり勘定〟をしていた。90年代、ある大手都市銀行を取材したところ、住宅ローンの返済が滞る人の割合や属性を全く把握していないことを知って当惑した記憶がある。銀行の支店は駅前に買い物に行くついでに、トイレを使わせてもらえる身近でのんびりしたところだった。わずか20年ほど前までそんな印象を持つ人が多かった。

銀行が消費者を騙《だま》すような営業をする、なんて思う消費者はいなかった。日本の消費者も銀行も金融自由化に全く慣れていなかった。

シティバンクはここで挙げた以外にも、今なら法令違反に問われかねない紛らわしい広告を出していた。私はこれから邦銀も同じことをすると確信し、警告する必要があると考え、ダイヤモンド社から『シティバンクに気をつけろ！』(98年)という題名の単行本を出版した。細かく批判したものだけに、先方が訴えてくる可能性は高い。そう考えてダイヤモンド社の顧問弁護士と想定問答集を練り、覚悟して発売日を迎えた。

ところがシティバンクから私に連絡があったのは、民事訴訟の予告ではなく、講演依頼だった。さすが世界中で強力な営業網を広げてきた銀行はやることが違うな、と本当に感心したものだ。もちろん断ったが。

類似事例は山のようにある。あまりに多くの人が簡単に騙された。例えば、三菱銀行(現・三菱UFJ銀行)だ。同行は1990年前後、相続税対策になるなどと称し、高齢者に多額の融資をして「変額保険」という金融商品を数多く販売した。融資の返済期限が迫った10年後、その間の株価暴落により返済額が大幅に膨らむ事例が多発。契約した高齢者が返済できなくなるケースが続出して社会問題になった。自宅を売却せざるを得なくなった人などが同行を相手に訴訟を起こしたのだ。

当時、「変額保険」に関する訴訟を担当した弁護士に聞くと、同様の訴訟が10件あれば1件ぐらいしか勝訴できないと嘆いていた。その弁護士によれば、裁判官が「銀行がそんなひどいことをするはずがない」と思い込んでいることが大きな原因だという。それほど〝銀行無謬《むびゅう》説〟は日本社会に広く蔓延《まんえん》していた。

「投資信託を買った人の46％が損をしている」

橋本龍太郎政権(96〜98年)は金利や金融商品の自由化、グローバル化を推し進めたが、消費増税や大手金融機関の相次ぐ経営破綻、アジア通貨危機のあおりを受けて景気は失速、97年度は23年ぶりのマイナス成長に落ち込んだ。

そこで、後任の小渕恵三政権(98〜2000年)は国民に自宅を買わせる景気対策として、1999年には住宅ローン減税をはじめ、さらに貸付金利の引き下げや収入要件の緩和などからなる住宅金融公庫(現・住宅金融支援機構)融資の拡充に踏み込んだ。

しかし、景気が悪化する中、住宅購入の促進策には限度がある。2001年に発足した小泉純一郎政権(〜06年)は新たなスローガン「貯蓄から投資へ」を打ち出した。国民に投資商品を買わせ、金融機関を活気づけ、ひいては株価を浮揚させようとするものだ。

当時の中高年は貯蓄額から負債額を差し引いた純貯蓄額が最も多かった世代だ。「家計調査」を調べると世帯主年代別の世帯平均額が分かる。小泉政権が発足した直後の02年、40代253万円、50代1203万円、60代2010万円だった(17年はそれぞれ19万円、1082万円、2177万円)。

バブル崩壊までに社会に出た世代は貯蓄を習慣づけられ、年々増える給与を貯蓄し、多額の退職金を手にできた人が多い。彼らの多くは幼少期に貯蓄教育を受けてきた。終戦からわずか3年後には金融機関が定期的に小学校を訪れ、児童に預貯金させる「子供銀行」が始まっている。猛烈な貯蓄運動を主導したのは、日本銀行が事務局を担った「貯蓄増強中央委員会」という組織である。同委員会は1988年に貯蓄広報中央委員会、さらに2001年に金融広報中央委員会と改称して現在に至っている。後者は「貯蓄から投資へ」が始動した年だ。

1990年代後半に相次いだ大手銀行の経営破綻を目の当たりに

▶「金融自由化」などを推し進めた橋本政権

◀第2次安倍政権になって企業の「内部留保」は増大した

し、「今までの常識は通用しない」「新しいことをしなければならない」というムードが広がった。小泉政権の後押しを受け、国民は投資に追い込まれていった。それまで投資に積極的でなかった人たちも、銀行や証券会社を訪れ、投資信託などを買うことになった。

その結果、何が起きたか。金融庁は2018年、「29の銀行で投資信託を買った人の46%が損をしている」という内容の資料を公表した。株価指数は大きく上昇したにもかかわらず、半数近い人は投資をしてかえって損をしてしまった。

投資と聞いて悪い印象を持つ人が少なくないのも無理はないのだ。そのせいなのか、同庁は16年、「貯蓄から投資へ」のスローガンを「貯蓄から資産形成へ」とひっそりと修正している。

この20年ほどの間、国民は投資損を膨らませ、純貯蓄額を減らしてきた。

他方、企業は「不良債権の処理」に邁進《まいしん》し、社宅や独身寮、保養所などの不要資産を売却した。

日本では「会社は社長と従業員のもの」という意識を持つ人が多く、著名な学者にもそのような学説を唱える人がいた。しかし、小泉政権下の05年に成立した会社法では、株主の権利を拡大する内容が盛り込まれ、「会社は株主のもの」であることを明確にしたといえる。

その結果、企業にとって費用に占める割合が大きい人件費が調整弁になった。1999年の改正労働者派遣法により派遣労働者を使える職種が大幅に増え、2004年になると製造業も対象に加わった。企業は非正規雇用を増やすなどして人件費を削り続けた。

そうして企業は純利益から税金や配当を差し引いた上で積み立てた「内部留保」を増やした。法人企業統計調査によれば、17年度末には446兆円に達する。第2次安倍晋三政権が発足した直後、12年度末の304兆円から5年間で140兆円以上も増えている。

企業ばかりが富み、国民は損失を膨らませる。そんな国になってしまった時代が平成だったように思えてならない。

（構成／谷道健太）

▲働き方改革関連法案に反対する人たち
…東京都千代田区　2018年6月

おぎわら　ひろこ――1954年、長野県生まれ。難しい経済と複雑なお金の仕組みを、テレビ、雑誌、新聞で分かりやすく解説することに定評がある。著書多数。

「プロ野球グローバル化」の先駆者となった「野茂英雄」

ノンフィクション作家
黒井克行

「将来の夢はメジャーリーガーです」

最近の野球少年は当たり前のように口にする。大谷翔平も子どもの頃からメジャーリーガーを夢見て、その通り、二刀流で日米をまたにかける大スターとなった。これまでに57人もの日本人プレーヤーが海を渡り、身近にメジャーリーグを感じられるまでになったが、高いと思われていたメジャーのハードルは果たして下がったのだろうか?

1994(平成6)年に野茂英雄がその扉をこじ開けるまでは、日本から見るとアメリカのベースボールは遠い憧れの世界でしかなかった。ただ、その30年前に野球留学しそのままマイナー契約からメジャーに昇格した村上雅則がいたが、失礼ながら「日本人第1号」というだけで記録らしい記録はなく、野茂がメジャー挑戦のパイオニアと言って異論はあるまい。

野茂は89年のドラフト会議で8球団の指名を受けて近鉄(現・オリックス)に入団し、プロ1年目から4年連続で最多勝と最多奪三振のタイトルも取り、球界を代表するピッチャーとして大活躍をした。

しかし、94年のオフの契約更改で代理人交渉制度と複数年契約を希望し、それをめぐる球団との確執から「任意引退」にまで及び、それを受け入れてそのままメジャー行きの道を模索した。まだ当時の日本ではメジャーへ行くという発想すらなく、「行けるはずがない」「行ったところで通用するはずもない」「何をバカなことを」が常識で、だいたい日本の野球がまだアメリカに認められてもいなかったわけで当然かもしれない。それでも野茂は以前から「レベルの高いところでやりたい」と思い続け、いたって本気だった。

「挑戦すれば、成功もあれば失敗もある。でも挑戦せずして成功はない。何度も言うが、挑戦しないことには始まらない」

マスコミも世間もこの挑戦には冷ややかで、野茂は「裏切り者」扱いもされたが、それでも「希望はあるが不安はない」と超前向きな姿勢を貫き、ロサンゼルス・ドジャースとのマイナー契約にまでこぎ着けた。年棒は近鉄時代の1億4000万円から980万円と桁数も違い、「そこまでして」とあきれる声に対しては、「自分が抱いたメジャーリーグ挑戦という夢に対して、それがただの絵空事だなんて否定的に思ったことは一度もない」。

覚悟は微動だにしなかった。メジャー1年目のシーズンを13勝6敗、リーグ最多奪三振と新人王のタイトル、それに防御率もリー

◀大フィーバーが特集された『タイム』誌の1995年7月24日号の表紙

グ2位の文句なしの成績を残し、チームの地区優勝に貢献したばかりか、オールスターにも選ばれ先発して1安打無失点に抑えた。アメリカでは「ノモマニア」と呼ばれる旋風も起き、後進の背中を押したことは間違いない。

結局、メジャー在籍12年間で123勝109敗、奪三振1918個、ノーヒットノーランを2度も記録し、日本人初の開幕投手に初ホームランと、米国に道筋をつけた最高のパイオニアだ。

「スポーツ選手は世界に出なきゃいけない。行かなきゃ何もわからないんだ」

この活躍に刺激を受けて、2017年を除くすべての年で日本人メジャーリーガーが誕生した。移籍方法もポスティングシステム（入札制度）やフリーエージェント（FA）権の行使と日米間に新たなルールも作られ、野茂が近鉄との確執の原因となった代理人交渉制度ももはや当たり前となり、すべては野茂がつけた道筋の成果である。

2000年に日本人初のポスティングシステムで、野手としては初のメジャーリーガーとなったイチローの活躍は今さらいうまでもないが、それまでパワーに劣る日本人には無理といわれてきた「ベースボール」が、このイチローが風穴を開けるや松井秀喜がワールドシリーズでMVPに輝き野手でも通用することが証明された。そして二刀流の大谷翔平へと続く。

「メジャーリーガーになるんだ、という強い意志さえ持っていれば、いつかはきっとかなう夢だと信じてやってきた」

パイオニア野茂の言葉が身に染みる。日本は野球世界一を決める「ワールド・ベースボール・クラシック」でこれまで4回のうち2度優勝している。

もはや日米に壁はないのだ。

▼大リーグ挑戦1年目を終え凱旋帰国。日本記者クラブで会見
…1995年10月27日

▼日米野球に大リーグ代表で出場。試合前に西武の清原和博選手と
…東京ドーム　1996年10月31日

◀オープン戦で力投する野茂英雄
…2004年3月7日　©太田康男

くろい　かつゆき――1958年、北海道生まれ。早稲田大学第一文学部卒業後、出版社勤務を経てノンフィクション作家。人物ドキュメントやスポーツなどの執筆活動を展開。『指導者の条件』『男の引き際』『高橋尚子 夢はきっとかなう』など著書多数。

「選挙制度改革」とは何だったのか!

石破 茂（元自民党幹事長）

「平成の30年」は次の大動乱への移行期だ

倉重篤郎 構成

◀自民党の総裁に選ばれ、両院議員総会で石破氏と両手を上げる安倍晋三首相
…東京都千代田区の自民党本部で 2018年9月

平成政治の最大のエポックメーキングはやはり選挙制度改革であった。本書の田中秀征氏に言わせると、これに政治のエネルギーを浪費したことが平成政治の最大の痛恨事だった、ということにもなるが、これはあくまでも後講釈であろう。

平成初期の永田町には2つの強烈な問題意識が併存した。1つは、米ソ冷戦崩壊という歴史の転換期にはこのままの日本の政治では通用しない、新しくどういう政治を構築するか、という政治の全般的刷新論であった。もう1つは、リクルート事件、東京佐川急便事件という究極的な政治スキャンダルの連鎖に対し、「政治とカネ」の問題を根源から見直さざるを得ない、という制度改革論だった。

この2つの大波が寄せては返し、戦後半世紀近く続いた自民党1党支配体制を揺るがしていた。日本にとって冷戦とは何だったのか。日本はこのまま一国平和主義でいいのか。冷戦後にどういう新秩序ができて、日本はどういう貢献をすべきなのか。

一方で、「政治とカネ」問題もバブル経済を背景に行き着くところまで行っていた。中曽根康弘政権の規制緩和政策に民間業者が群がって莫大《ばくだい》なカネが動き始めていた。ポスト中曽根をめぐる竹下登、安倍晋太郎、宮澤喜一3氏による後継争いも政治資金の超インフレ化を後押しした。未公開株をファイナンス付きで贈与し億単位の政治資金を提供したリクルート事件と、総裁選に暴力団が関与していることが明るみに出た東京佐川急便事件がその腐食の構図を鮮明に映し出した。

このままでは日本の政治は機能しない。こんなカネまみれの自民党では国民から見放される。かつてない本質的な議論が政権政党である自民党内で始まっていた。リ事件で失脚する竹下登氏が「万死に値する」との反省を込めて設置したのが、自民党政治改革推進本部だった。その本部長に伊東正義、本部長代理に後藤田正晴というリベラル改革派の重鎮を置き、本気で取り組んだ結果出てきた答えが、選挙制度を現行中選挙区制から小選挙区制を軸にした制度に変更するという選挙制度改革案だった。

政策本位の政治、カネのかからない政治、本格的政権交代のある政治という、時代の要請をすべて満足してくれる制度という触れ込みであった。

ただ、その「理想」の制度もすぐには実現しなかった。その党大綱ができてから2つの内閣を潰し、ようやく法制度として成立したのが、自民党政権が瓦解した後にできた細川護熙政権の1994(平成6)年1月だった(96年10月選挙から新制度で実施)。

その苦難に満ちた、かつてない大改革の時代を若手議員としてその第一線で生き抜き、いまなお自民党のリーダーとして存在感を持つ政治家に石破茂氏(元自民党幹事長)がいる。あの政治改革論議の時に目立った若手論客の1人であった。その後、改革のできない自民党を見限って離党したこともあった。当時の改革論議の熱気を最も知り、またその効能と限界を最も実感している人であろう。彼とともに、平成政治の決定的な場面でもあった時代を振り返ってみたい。

「冷戦崩壊」に国家として対応できなかった

若手改革派の1人であった船田元氏が当時を振り返って「政治改革という名の熱病にかかっていたかのようだった」と回顧したことがある。あなたもその1人だった。

「鉄砲玉のように走り回った記憶がある。冷戦の終焉《しゅうえん》とバブル崩壊が重なって、どう見ても日本の政治がこのままでいいとは思えなかった」

90年から91年の第1次湾岸危機が危機感を持つきっかけになった、と。

「イラクがクウェートに侵攻し、米国中心に多国籍軍が組織され、冷戦崩壊後の新しいパターンの制裁型の戦闘が始まろうとしていた時、日本は右往左往するばかりで何の決断も、実行もできなかった。いまでも思い出す。自民党政調の全部会合同会議を党本部大ホールでやったことがある。議員総会のようなものだった。海部俊樹首相、小沢一郎幹事長の時だ。入りきれないほど人が集まったが、皆どうすればいいかわからなかった。PKO（国連平和維持活動）という言葉もほとんど誰も知らなかった。株価のPKO（価格維持操作）は知っていたけど……」

「その中に、新井将敬氏（若手改革派論客の1人、証取法違反の逮捕許諾請求可決に抗議して98年2月に自死）がいた。同期の中でも希望の星だった。彼がその時に発言したのは『JALパックをやめよう』ということだった。多分この戦争で米軍兵士が死ぬ。兵士の遺体が米本国やハワイにも送られてくるだろう。その時に日本の観光客がはしゃぎまわる姿だけは絶対に見せてはならない。それが新井の見識だった。私は『ほお！』と思ったが、後から考えれば、あの新井にしてこの時に出せた意見はこれだった」

「私は1期生の時から自民党国防部会に出席していた。そこにはかつての陸軍士官学校出身者、海軍兵学校出身者という重鎮たちもいた。常日頃から日本の行く末を悲憤慷慨していた憂国の士たちだったが、彼らにしてもまた湾岸戦争という新しい危機に対しては、何の対応策もなかった。政治家だけではない。役人からも意見は出てこなかった。私は愕然《がくぜん》とした。日本国家としてこの事態に対応できないんだと」

「私はまだ当選2回の30代の国会議員だった。89年にベルリンの壁が崩壊、天安門事件が起きた。冷戦が終わるということはどういうことかと思っていたが、こういうことなのかと。我々が政治改革を志したのは、戦後の平和と繁栄の前提であった冷戦構造が終わった、これからは日本がどうなるか、どうするかを自分たちの頭で考えなければならない、ということだった。それは、地元の利益誘導だけに汲々《きゅうきゅう》とするのではなく、まさに国家国益の全体を考える国会議員として仕事をする、ということだった」

「中選挙区制はそれにふさわしい制度ではなかった。86年の初当選で中曽根首相（当時）から『ところで君たち1回生にとって、一番大事なことは何かわかるか』と言われた。その答えは『2回生になること』だった。後で江藤隆美さん（中曽根派の元総務庁長官）が解説してくれた。『天下国家を語るな。地元の利益を語れ。東京に来るな、地元に張り付け』。そういった政治の限界が一気に露呈した時だった」

「中選挙区制の限界は、89年消費税導入の時も実感した。その是非が問われた90年の衆議院選挙で、私自身は消費税の必要性を前面に出し、かつてない高得票数で当選することができた。選挙民に向かって本当のことを言えば、ちゃんと理解が得られるんだという、ある意味衝撃的な経験だった。だが一方で、自民党要職経験者の中にも選挙に勝つためだけに消費税反対を唱えた人もいた。選挙の時は反対し、当選したらすぐに賛成する。当選するまでは党公約に反対しても大丈夫。こういう融通無碍《ゆうずうむげ》なことが許されるのが中選挙区制だった。これではダメだ、詐欺ではないかと思った」

「バブル崩壊で右肩上がりの経済が右肩下がりに変わった。政治家が利益の分配者から負担の分配者にならざるを得ないのに、それができない。中選挙区制では国会議員としての仕事はできない。そう強烈に思った」

「2世」しか政治家になれない現状を改革

湾岸戦争と消費税の体験が政治改革の原点だった。

「もう1つあった。2世しか政治家になれない現状を改革したかっ

▶湾岸戦争に対する
多国籍軍支援や
自衛隊派遣について答える
海部俊樹首相
…首相官邸で　1991年1月

た。私が、父・石破二朗（元建設官僚、鳥取県知事）の死去を受けて選挙に出る時、後見役の田中角栄先生に言われたことがある。『お前なんか単なる政治好きのあんちゃんだ。お父さんのお陰で名前の売り賃タダ、お父さんのお陰で大丈夫だろうという安心代タダ、それが1億8000万円だ』と」

角さん流の表現だ。「地盤・看板・鞄」と3点セットが備わっている2世議員への皮肉でもある。

「私は大学卒業後三井銀行（現・三井住友銀行）に4年いたが、私より頭が良く、判断力があって、義侠心のある人はいっぱいいた。その人たちは三井の幹部にはなるが、政治家にはならない。それよりも劣る我々が政治家になるのはなぜか。それは親が政治家だからだ。それを考えた。2世でなくても、高級官僚でなくても、資産家でなくても、タレントでなくても、政治家になれる道を作りたい。中選挙区制では3点セットが必要だが、小選挙区制になれば選挙は党がやる。党がいい人材を候補として発掘し、物心両面で全面的に支援する」

そういえば、選挙制度改革推進派の若手の中には2世が多かった。

「鳩山由紀夫さん、園田博之さん、渡海紀三朗さん、三原朝彦さんなどだ。政治家になりたくてなった人はあまりいないと思う。鳩山さんは大学の先生。渡海さんは設計会社で図面を描いており、三原さんは青年海外協力隊だ。それが我々2世の最後の仕事だと……」

それは2世間で共有されていた？

「していました。ある意味でピュアな世代でした」

そういう若手が選挙制度改革の推進役に？

「何よりも当時の政治改革推進本部の伊東本部長、後藤田本部長代理という組み合わせが素晴らしかった。2人とも人格者で、仰ぎ見る存在だった。我々若手がひよると、怒られた。『お前ら最も選挙民に近い連中が、何を言うんだ。いますぐ海部（俊樹首相＝当時）のところに行ってこい』などとハッパをかけられたものだ」

最後まで反対した人もいた。

「党内を二分する侃々諤々《かんかんがくがく》の議論が続く中で、小泉純一郎先生の発言が今でも印象に残っている。『そんな制度を入れてみろ、総理官邸の言うことしか聞かない人間ばかりになるぞ。俺は絶対に反対だ』とおっしゃっていた。これに対し我々若手は、『党の方針が間違っていたらどんな弾圧を食らっても正論を述べるのが自民党だ』と押し返したものだった」

ただ、「安倍1強」現象を見ると小泉発言に先見性があった？

「同じ小選挙区制でも、カナダ、イギリスには党内民主主義がある。制度の問題ではない。運用の問題だ」

「1強」政治の行き過ぎをどう見る？

「国会での野党対策がシンボリックだ。我々は先輩から予算案でも法案でも与党としてこっちがお願いするのだからいかに野党を立てるのか、納得してもらうか、国会運営はいかに丁寧にやるかだ、と徹底的に教わった。そんな文化が最近はあまり感じられなくなった感がある。野党を罵倒したり、ご飯論法などと、かみ合わない議論を続けたりしている。かつての政権与党としての一種のたしなみ、矜持《きょうじ》を、きちんと国民に分かるように運用しなければならないのではないか」

平成を代表する政治家「竹下登と小泉純一郎」

ところで、平成を代表する政治家を2人挙げるとすれば？

「やはり竹下登先生と小泉純一郎先生ではなかろうか。竹下元総理は消費税を導入した。自分の内閣を潰してもやるんだと。くしくも昭和から平成にかけてそういう決断をされ、平成時代の経済・財政政策の基盤作りをした。大平正芳政権以来の死屍累々《ししるいるい》の歴史に自らの政権を犠牲にして、ある意味ピリオドを打った政治家だ」

「小泉元総理の場合、その5年の政権下で、有事法制を成立させ、イラクでの復興人道支援を成し遂げた。有事法制は、小泉政権以前は手がつけられなかったものだが、小泉元総理が断固として取り組んだ。イラク派遣では危険であることを承知のうえで自衛隊を海外に送った。いずれも小泉元総理でなければできなかった」

　平成という時代の本質論的な意味は？

「平成までの日本を支えてきたのは冷戦構造と人口増加と経済成長だったが、平成に入りこの3要件がいずれも変質した。冷戦構造の終焉は、領土、宗教、民族、政治体制、経済格差といった紛争のタネを逆に顕在化させ、テロ集団が従来は国家しか持てなかった規模の破壊力を持つようになった。総人口は2004年から減少に転じ、最初は1年に2万人程度の減だったが、今では45万人、いずれ100万人単位になる。経済も人口と連動し右肩上がりの高度成長時代が終焉した。この構造変化をどうとらえるか。つまり、冷戦構造を前提として人口が増え経済が成長した時の日本国運営の設計図はもう使えなくなった、ということだ。となると、これを書き換えないとこの国はもたない、ということになる。その努力を続けてきた平成時代だと思うが、まだ残念ながら転換しきれたとは言えない」

　アベノミクスの異次元金融緩和が日本財政、経済が抱える矛盾・危機を覆い隠し、根本的な設計図変更まで必要だという問題意識がマヒしているのではないか？

「それと安倍政権における日米安保強化策はある意味で似ているかもしれない。異次元の金融緩和も、平和安全法制も、冷戦時代・人口増加時代の設計図の手直しではあるが、根本から書き直すことにはなっていないのではないか」

▶竹下登元首相
…東京都千代田区で　1997年4月

▶イラク自衛隊派遣
延長決定後の
小泉純一郎首相の記者会見
…首相官邸で　2005年12月

「政治家の生きがいは未来にあり」

　まさに日本の「先送り文化」か？

「確かに、人口増加、経済成長時代は先送りすることによって予定調和的に物事を解決することができた。しかし、これからの人口減少時代には、先送りという選択は間違いなく次の時代の負担になる。自分が生きている間だけは大丈夫だ、それでいいではないか、という空気が強すぎるように思われる。尾崎咢《がく》堂《どう》（憲政の神様といわれた尾崎行雄）が『政治家の生きがいは未来にあり』と語ったことがある。深いなと思う」

「平成の時代がいちばん素晴らしかったのは、戦争がなかったということだ。明治も大正も昭和も戦争があったが、戦争のない元号は、明治維新以来初めてだった。私流に言えば、陛下のお祈りのお陰だと思う」

　政治も国民もその平和の配当を享受した。

「ただ注意すべきは、それは必ずしも平成後の時代を保障するものではない。むしろ、次なる大動乱に至る移行期という感じもある。平成とはつまるところ、昭和の遺産を引き継ぎ、または消耗しつつ、次の時代の予兆を感じながらそれに対し方針転換しきれなかった30年だったと思う」

「ポスト安倍」を目指す男の最後の締めは、決して明るいものではなかったが、その言わんとするところは十分伝わった。「令和政治」に向けた設計図への熱い論争を今また望みたい。

いしば　しげる……1957年、鳥取県生まれ。自民党の石破派（水月会）会長。慶應大学法学部卒業後、三井銀行入行。86年に衆議院議員に。防衛相、農相、地方創生担当相なども歴任。2018年の自民党総裁選で安倍晋三首相に敗れた。

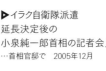

1996
平成8年

住専処理案めぐり国会は空転、不動産会社社長らも逮捕。薬害エイズ訴訟で加害者の製薬会社が初めて謝罪。O―157による集団食中毒は全国に広がった。厳寒の北海道・豊浜トンネルの岩盤崩落で閉じ込められた20人死亡。小選挙区での初の総選挙があった。ルーズソックス、プリクラ、ギャル言葉と女子高生が元気

◀将棋界で史上初の7冠制覇を達成した羽生善治新王将
…山口・マリンピアくろい 1996年2月14日

出来事

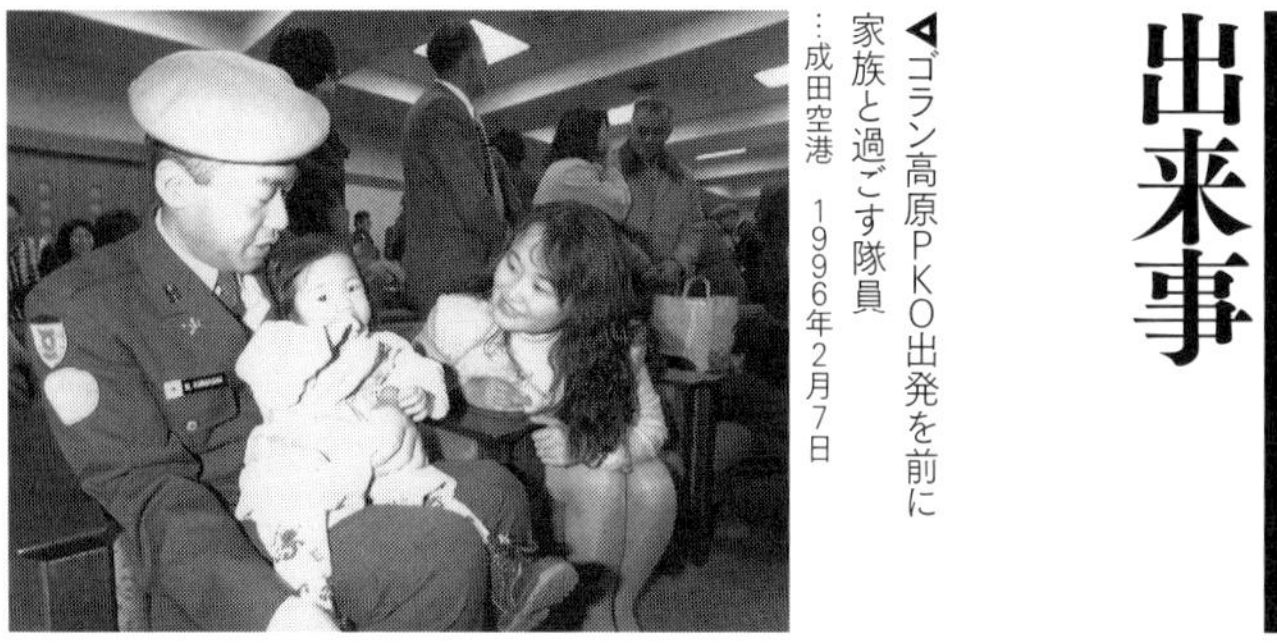

◀ゴラン高原PKO出発を前に家族と過ごす隊員
…成田空港 1996年2月7日

1・10◉北海道監査委員は、カラ出張問題で職員1700人余に9407万円の返還を勧告、引き続き23日には6億円。情報公開請求が全国に広がる

1・11◉村山首相が辞任し、橋本龍太郎内閣が成立。官房長官に梶山静六、大蔵大臣・副総理に社会党の久保亘

1・11◉若田光一ら6人乗せたスペースシャトル「エンデバー」打ち上げ

1・13◉前日の、昨年のもんじゅ事故のビデオ隠しに動燃本社関与の記者会見後、動燃総務部次長が飛び降り自殺

1・18◉オウム真理教への破防法適用問題で、麻原彰晃欠席のもと第1回弁明

1・18◉菅直人厚相は「全国ハンセン病患者協議会」代表と会談し、強制隔離等を定めた「らい予防法」の放置を厚相として初めて直接謝罪

1・19◉日本社会党は社会民主党（社民党）と党名変更。村山委員長が党首に

1・31◉インターネットのわいせつホームページを初摘発

2・2◉大和銀行、巨額損失事件で米国から撤退

2・8◉島根県隠岐の島町の竹島に韓国政府が埠頭の建設を開始。10日には、韓国の金泳三大統領が竹島問題で政府与党訪問団との会談を拒否

2・10◉北海道余市町と古平町をつなぐ国道229号線豊浜トンネルで崩落事故。路線バスと車2台を直撃、20人死亡

2・16◉菅直人厚相はHIV訴訟の原告団と面談、国の法的責任認め、謝罪

2・19◉天野建山梨県知事が日本住血吸虫病の終息宣言

3・11◉全酪連が生乳に地下水や脱脂粉乳などを加えて加工しながら「成分無調整」の表示で出荷していたことが判明し、新潟県は初の無期限営業禁止処分

3・13◉千葉県で「オヤジ狩り」と称して帰宅途中の会社員から金を奪ったとして高校生を含む17歳7人を逮捕

3・15◉社員と同じ勤務のパート従業員が賃金8割以下は違法と、長野地裁が判決。パート労働者の賃金差別をめぐる初の判決

3・23◉台湾初の直接選挙による総統選挙で李登輝総統が圧勝

3・25◉TBSはオウム真理教幹部に坂本堤弁護士へのインタビュービデオを見せた事実認め、責任者を懲戒解雇、社長引責辞任表明

3・25◉EU14カ国は狂牛病発生のイギリス産牛肉を全面輸入禁止

3・27◉らい予防法廃止法が成立

4・1◉東京三菱銀行がスタート

4・1◉日本初のインターネット株取引を大和証券が開始

4・3◉17年間、全米各地の大学や航空業界、金融関係者に爆発物を送りつけ、3人死亡、29人以上が重軽傷を負った「ユナボマー」事件で元UCバークリー校助教授を拘束

4・11◉池袋駅山の手線ホームで大学生が男に絡まれ暴行受け死亡

4・12◉橋本首相とモンデール駐日大使が沖縄・普天間基地を5〜7年以内に全面返還で合意

4・18◉住専の大口融資先の末野興産社長を逮捕。5月27日には同じく桃源社社長逮捕

4・23◉道路交通情報通信システム、ドライバーに供給開始。カーナビゲーション市場急拡大

4・26◉都内で幼稚園児を仮死状態にした容疑で清掃作業員を逮捕。1月の首のない焼死体の遺留品に付着の体液のDNAとも一致。作業員は1974年に松戸市の19歳女性殺人事件の容疑者として逮捕されたが、1991年無罪になっていた

4・29◉モンゴルで大規模な草原火事。約8万平方キロ、人口の約16%の36万人余が被災

4月◉東京・新木場の埋め立て地で、車の中で死亡していた60代の夫婦が発見される。4年前から団

◀豊浜トンネル岩盤崩落事故。
照明車に照らされた現場
…北海道・古平町　1996年2月12日

地を追われ車中で生活していたことが判明

5・21◉パチンコ用プリペイドカードが変造され、カード会社2社で総額630億円の被害が発覚

5・23◉北朝鮮大尉がミグ19戦闘機で韓国に亡命。6日後には、北朝鮮の科学者が北京の日本大使館を通して亡命申請、韓国に引き渡される

6・1◉岡山県邑久町の小学校と幼稚園で病原性大腸菌O-157による集団食中毒、小1女児が死亡。6月中に15都道府県に広がる

6・6◉京都府京北町の町立病院長が末期がん患者に筋弛緩剤を投与、安楽死の疑いで京都府警は家宅捜査。のち不起訴に

6・8◉高島屋幹部が株主総会対策で暴力団組長に8000万円渡していたことが判明、元総務部長ら逮捕。30日には財務部長を逮捕

6・18◉住専処理法など金融6法が成立

6月◉親がパチンコ中に放置され死亡した子どもが前年4月以降、全国で30件に

6月◉回収された変造テレホンカードが半年で100万枚突破

7・7◉東京都狛江市で全国唯一の共産党員市長が誕生、党員市長は戦後でも4人目

7・13◉堺市で学校給食が原因でO-157による集団食中毒発生。3人死亡。カイワレ大根が原因との説が流れる

7・19◉アトランタ・オリンピック開幕

7・22◉大相撲二子山部屋の3億8000万円申告漏れ発覚、11月24日に先代二子山が3億円の修正申告

8・4◉新潟巻町、原発是非を問う全国初の住民投票実施、6割が反対

8・14◉総務庁は官官接待禁止の徹底を各省庁官房長に通達

8・26◉ソウル地裁は全斗煥元大統領に死刑、盧泰愚前大統領に懲役22年6月判決。その後、減刑、赦免に

◀住専問題。
住専予算採決を阻止するため
座り込みを続ける新進党議員ら
…1996年3月5日

▼床に手をついて
HIV訴訟原告らに謝罪する
ミドリ十字の川野武彦社長
(左から2人め)ら
…大阪市中央区　1996年3月14日

◀輸入非加熱製剤でHIVに感染、
死亡した男性の母親から
殺人容疑で告訴された
安部英・帝京大学副学長
…東京都世田谷区　1996年2月23日

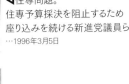

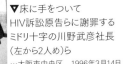

▶日米安保共同宣言に署名した後、握手するクリントン米大統領と橋本龍太郎首相
…東京・迎賓館 1996年4月17日

8・28◉英チャールズ皇太子・ダイアナ妃夫妻の離婚が成立

8・29◉薬害エイズ事件で前帝京大副学長を業務上過失致死容疑で逮捕、その後、ミドリ十字の歴代社長3人逮捕、厚生省元課長も逮捕

9・8◉沖縄で全国初の県民投票。投票率59％で、米軍基地の整理・縮小と日米地位協定見直しに賛成が89％

9・10◉国連総会がCTBT（包括的核実験禁止条約）決議を採択。ただし発効要件国（核保有国を含む44か国）の批准が完了していないため未発効

9・11◉気象庁オゾン層情報センターの調査で南極上空のオゾンホールが過去最大になっていることが判明

9・18◉韓国で北朝鮮潜水艦が座礁、乗船の戦闘員と韓国軍が戦闘、スパイ11人が自殺、1人逮捕、13人を射殺

9・27◉アフガニスタンの反政府勢力「タリバン」がカブール攻略、ラバニ政権が崩壊、ナジブラ元大統領を処刑

9・28◉民主党が結党大会。党代表に菅直人と鳩山由紀夫の2人を選出

9・30◉鹿児島で、自殺した中学3年男子の遺書でいじめを名指しされた生徒の父親が自殺

▲参院厚生委員会、衝立を用意して行われた薬害エイズ問題参考人質疑
…1996年4月17日撮影

▶衆院厚生委員会に参考人招致された元厚生省生物製剤課長の郡司篤晃・東大教授…1996年4月19日

10・1◉新王子製紙と本州製紙が合併し、国内最大の王子製紙が誕生

10・7◉台湾・香港の対日抗議団が尖閣諸島に一時上陸

10・10◉横浜市の私立女子校で「体育祭を中止しなければ自殺する」との手紙が2度届き、体育祭を中止に。このほかにも自殺予告が連鎖

10・20◉小選挙区比例代表並立制で初の総選挙。投票率は戦後最低の59・65％、自民党復調239、新進党後退156、民主党変わらず52、社民党惨敗15、共産党伸ばし26

10・22◉中堅ノンバンクの日栄ファイナンスが倒産。負債総額9900億円は戦後最大

10・30◉岐阜県御嵩町長が襲撃され重体、産業廃棄物処理施設建設をめぐるトラブルが背景に。翌年、初の産廃処理施設建設の是非問う住民投票で有権者の69・70％が反対

11・6◉不登校で家庭内暴力を起こしていた中学3年の長男を父親がバットで殴殺

11・7◉石油卸商「泉井」代表を脱税容疑で逮捕。政官接待や政治資金の資金捻出のため三菱石油と

▼長野・小谷村の土石流災害で14人死亡。遺体を運び出す消防隊員
…1996年12月7日撮影

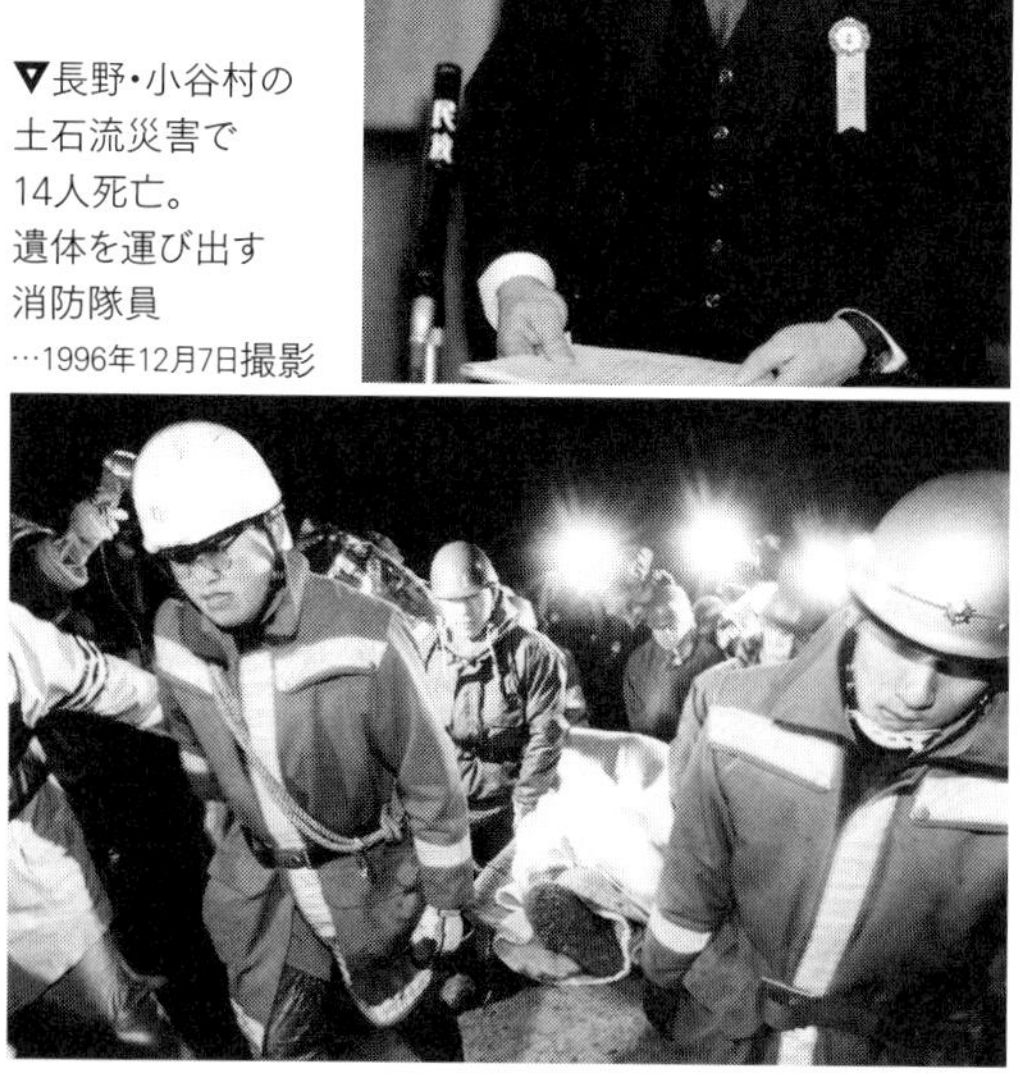

石油の転売というからくりが明らかに
11・21◉阪和銀行は経営破綻で大蔵省より業務停止命令。銀行では戦後初
11・25◉公費乱用問題めぐり、佐々木喜久治秋田県知事が辞意表明、自治体の公費不正支出問題で知事が引責辞任は初めて
12・2◉ミャンマーのヤンゴンで大学生1000人以上が警官の学生暴行事件真相究明でデモ。軍事政権発足以来最大規模の街頭抗議行動
12・4◉埼玉県の特養老人ホーム建設・運営の「彩福祉グループ」からゴルフ場会員権などの利益供与を受け、元厚生省事務次官・岡光序治を逮捕
12・5◉原爆ドームと厳島神社がユネスコの世界遺産に登録される
12・6◉長野県小谷村で土砂崩れ、作業員14人が死亡
12・17◉ペルーの日本大使公邸をゲリラMRTAが襲撃、青木大使はじめ各国外交官、日本企業関係者ら350〜400人を人質に立てこもる
12・25◉川崎公害訴訟の原告401人と被告企業が14年ぶりに和解。解決金は31億円
12・26◉倉敷公害訴訟の原告183人と被告企業8社が13年ぶりに和解。4大大気汚染訴訟の対企業訴訟はこれですべて和解での終結

話題

ブラジルの若者の死亡理由第1位は殺人（25・3％）
東京・千代田区に無人のコンビニ店舗が初オープン
ローマ教皇が137年を経て、カトリック教会として初めて進化論を認める

【暴言、放言、失言、妄言】

奥野誠亮元法相は「明るい日本」国会議員連盟結成総会で「従軍慰安婦は商行為に参加した人たちで強制はなかった」（6・4）、同議連板垣事務局長も来日中の慰安婦との面会で「金はもらっていないのか」と尋ねる

【流行語】

チョベリグ・チョベリバ・チョベリブ／援助交際／ストーカー／自分で自分をほめたい

【流行】

ルーズソックス／ナイキのエアマックス／プリクラ（プリント倶楽部の略）

【新商品・ヒット商品】

NINTENDO64／ポケットモンスター／たまごっち／ビオレ毛穴すっきりパック

【誕生】

DVDプレーヤー（松下電器…東芝）／スカイマークエアラインズ／東京ビッグサイト

【さよなら】

「思想の科学」（3月）／女性週刊誌「微笑」（4月）／松竹歌劇団（SKD）（6月）／「少女フレンド」（10月号）／文芸誌「海燕」（11月号）

【スポーツ】

2・10◉チェスの世界選手権チャンピオンとIBMスーパーコンピュータが対戦、3勝1敗2引き分けでチャンピオンの勝利
2・14◉羽生善治9段が谷川浩司を破り初の王将になり、将棋界初の7冠制覇
5・8◉金沢競馬場で、中央、地方競馬通じ史上最高の配当となる57万7350円の超大穴馬券出る
5・9◉夏の高校野球選手権で、今年から女子マネージャーのベンチ入り認められる
5・31◉国際サッカー連盟、2002年ワールドカップを日本と韓国の共同開催と決定
6・14◉米・大リーグのカル・リプケン選手が2216試合の連続出場の世界

◀アトランタ五輪。女子マラソンで3位でゴールした有森裕子…1996年7月28日

▶アトランタ五輪。男子サッカー予選リーグでブラジルに1―0で歴史的な勝利。アマラウ(左)と激しくボールを競り合う中田英寿
…アメリカ・フロリダ州マイアミ 1996年7月21日

新記録
7・1◉清水市代女流名人が女流将棋4冠を独占
7・2◉伊達公子がテニスのウィンブルドン選手権で初のベスト4。9月に引退表明
7・19◉アトランタ・オリンピックで、サッカーはブラジルに勝つが予選落ち、有森裕子がマラソンで3位、柔道は男子野村忠宏ら3人が金、女子は恵本裕子が金、田村亮子ら4人が銀、銅1人、野球とヨット競技が銀。水泳、体操は0で全体に日本は不振

▼日本シリーズ、オリックスが球団創立8年目で初の日本一、胴上げされる仰木彬監督
…神戸・グリーンスタジアム神戸 1996年10月24日

8・1◉アトランタ・オリンピックでマイケル・ジョンソンが陸上400m、200mの2種を五輪史上初の制覇
9・17◉大リーグ・ドジャースの野茂英雄がノーヒットノーランを達成
10・6◉ゴルフのタイガー・ウッズは「ラスベガス・インビテーショナル」でPGAツアー初優勝。8月27日にプロ転向してから、わずか5週間後の快挙。当時20歳。
10・24◉プロ野球日本シリーズでオリックスが19年ぶりに日本一。オリックス4―1巨人
11・17◉ジャンボ尾崎が日本のプロゴルファーで初の100勝達成

▶第45期王将戦で谷川浩司王将を破った羽生善治新王将。史上初の7冠達成
…山口・マリンピアくろい 1996年2月14日

【科学・学術】

1・4◉ヨーロッパ原子核研究所、反物質の水素原子をつくることに成功と発表
2・14◉大阪大医学部、国内で初めて電気駆動の携帯型補助人工心臓を患者に装着
4・1◉岐阜県の神岡鉱山地下1000mの東大宇宙線研究所宇宙素粒子観測装置「スーパーカミオカンデ」完成、本格観測開始
8・13◉NASA、木星探査機「ガリレオ」が撮影した木星の衛星エウロパの画像分析によりエウロパに水が存在する可能性があると発表
9・5◉三重県鳥羽市で1億3000万年前の地層から巨大な草食恐竜の化石を発見と発表
10・14◉島根県加茂岩倉遺跡で銅鐸31個が出土と発表される
11・4◉アレクサンドリアで約2000年前の王宮跡発見と発表
12・2◉米国防総省、月探査機のレーダー観測により月の南極付近に大量の氷が存在することを発見

【文化・芸術・芸能】

7・14◉服飾デザイナーの君島一郎が急死、遺産問題、後継者問題が話題となる

❖「進め!電波少年」で、ユーラシア大陸ヒッチハイク旅行を成し遂げたお笑いコンビ猿岩石が話題

【音楽】

Mr.Children「名もなき詩」「花―Memento-Mori」／スピッツ「チェリー」「空も飛べるはず」／安室奈美恵『SWEET 19 BLUES』「Don't Wanna Cry」／久保田利伸「LA・LA・LA LOVE SONG」／globe「DEPARTURES」／Puffy「アジアの純真」「これが私の生き道」／ウルフルズ「バンザイ」

【映画】

外国映画『イル・ポスティーノ』伊 監マイケル・ラドフォード 演フィリップ・ノワレ、マッシモ・トロイージ／『アンダーグラウンド』仏・独・ハンガリー 監エミール・クストリッツァ 演ミキ・マノイロヴィッチ／『セブン』米 監デビッド・フィンチャー 演ブラッド・ピット／『ミッション・インポッシブル』米 監ブライアン・デ・パルマ 演トム・クルーズ／『ファーゴ』米 監ジョエル・コーエン

日本映画『Shall We ダンス?』(大映) 監周防正行 演役所広司／『スワロウテイル』(ポニーキャニオンほか) 監岩井俊二 演三上博史／『キッズ・リターン』(バンダイビジュアル・オフィス北野) 監北野武 演安藤政信／『眠る男』(群馬県) 監小栗康平 演安聖基、役所広司

▲ルーズソックスをはいた女子高生
…東京・原宿　1996年10月25日

【出版・文芸】

浅田次郎『蒼穹の昴』／近藤誠『患者よ、がんと闘うな』／あさのあつこ『バッテリー』／島田荘司『龍臥亭事件』／乃南アサ『凍える牙』／大塚英志『「彼女たち」の連合赤軍―サブカルチャーと戦後民主主義』／宮崎学『突破者』／又吉栄喜『豚の報い』(芥川賞)／川上弘美『蛇を踏む』(芥川賞)／グラハム・ハンコック『神々の指紋』／野口悠紀雄『「超」勉強法』

【テレビ】

「ロングバケーション」フジテレビ／「SMAP×SMAP」フジテレビ／「イグアナの娘」テレビ朝日／「名探偵コナン」日本テレビ／「ナースのお仕事」フジテレビ／「ER―緊急救命室」NHK(米ドラマ)／「映像の20世紀」NHK／NHKスペシャル「故宮」

◈初のデジタル衛星放送「パーフェクTV!」本放送開始(10月)

【CM】

♪芸能人は歯が命(サンギ)

冥友録

1・7◉**岡本太郎**(84歳)画家／**1・8**◉**フランソワ・ミッテラン**(79歳)仏・前大統領／**1・8**◉**三橋美智也**(65歳)歌手／**1・21**◉**横山やすし**(51歳)漫才師／**2・2**◉**ジーン・ケリー**(83歳)米・ダンサー／**2・12**◉**司馬遼太郎**(72歳)作家／**2・20**◉**武満徹**(65歳)作曲家／**3・3**◉**マルグリット・デュラス**(81歳)仏・作家／**3・17**◉**ルネ・クレマン**(82歳)仏・映画監督／**3・28**◉**金丸信**(81歳)政治家／**6・10**◉**フランキー堺**(67歳)俳優／**6・10**◉**宇野千代**(98歳)作家／**8・4**◉**渥美清**(68歳)俳優／**8・15**◉**丸山真男**(82歳)政治思想学者／**8・16**◉**沢村貞子**(87歳)女優／**9・23**◉**藤子・F・不二雄**(62歳)漫画家／**9・29**◉**遠藤周作**(73歳)作家／**10・31**◉**マルセル・カルネ**(90歳)仏・映画監督／**12・8**◉**鏡山剛**(58歳)大相撲横綱／**12・19**◉**マルチェロ・マストロヤンニ**(72歳)伊・俳優

▲司馬遼太郎

◀フランキー堺

◀渥美清

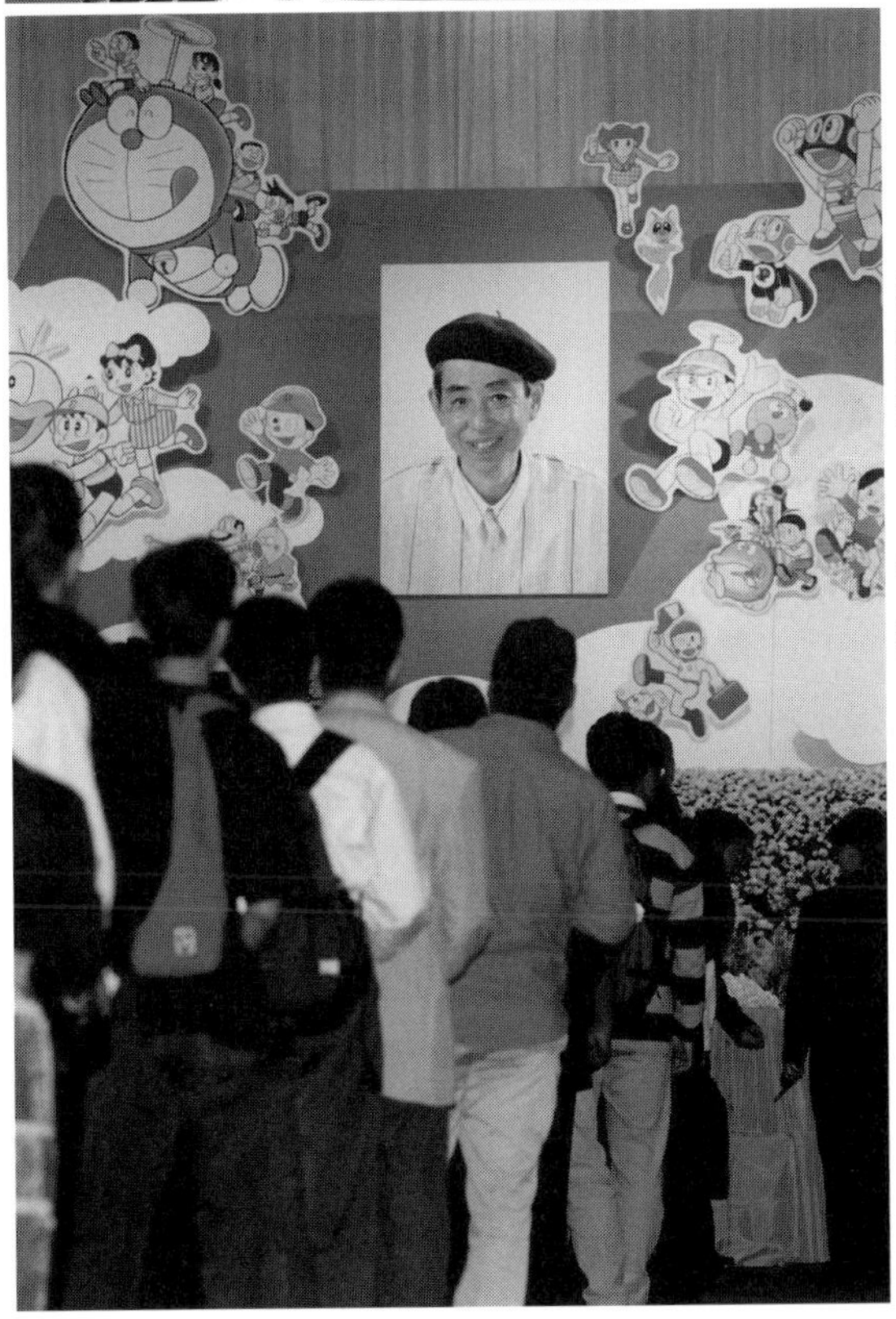

◀寛永寺輪王殿で行われた漫画家の藤子・F・不二雄さん(本名・藤本弘)の葬儀・告別式
…東京都台東区　1996年9月29日

1997
平成9年

日本版金融ビッグバンが始まったこの年、山一証券が廃業。北海道拓殖銀行も都市銀行として戦後初の廃業。日本経済が揺らいだ。社会をさらに揺るがせたのは神戸の14歳の少年「酒鬼薔薇聖斗」による連続児童殺傷事件。海外ではダイアナ妃がパパラッチに追われ自動車事故で突然の死。映画『タイタニック』と『もののけ姫』が多くの観客を集めた。

▽山一証券自主廃業。涙を流しながら会見する野沢正平社長
…東京証券取引所
1997年11月24日

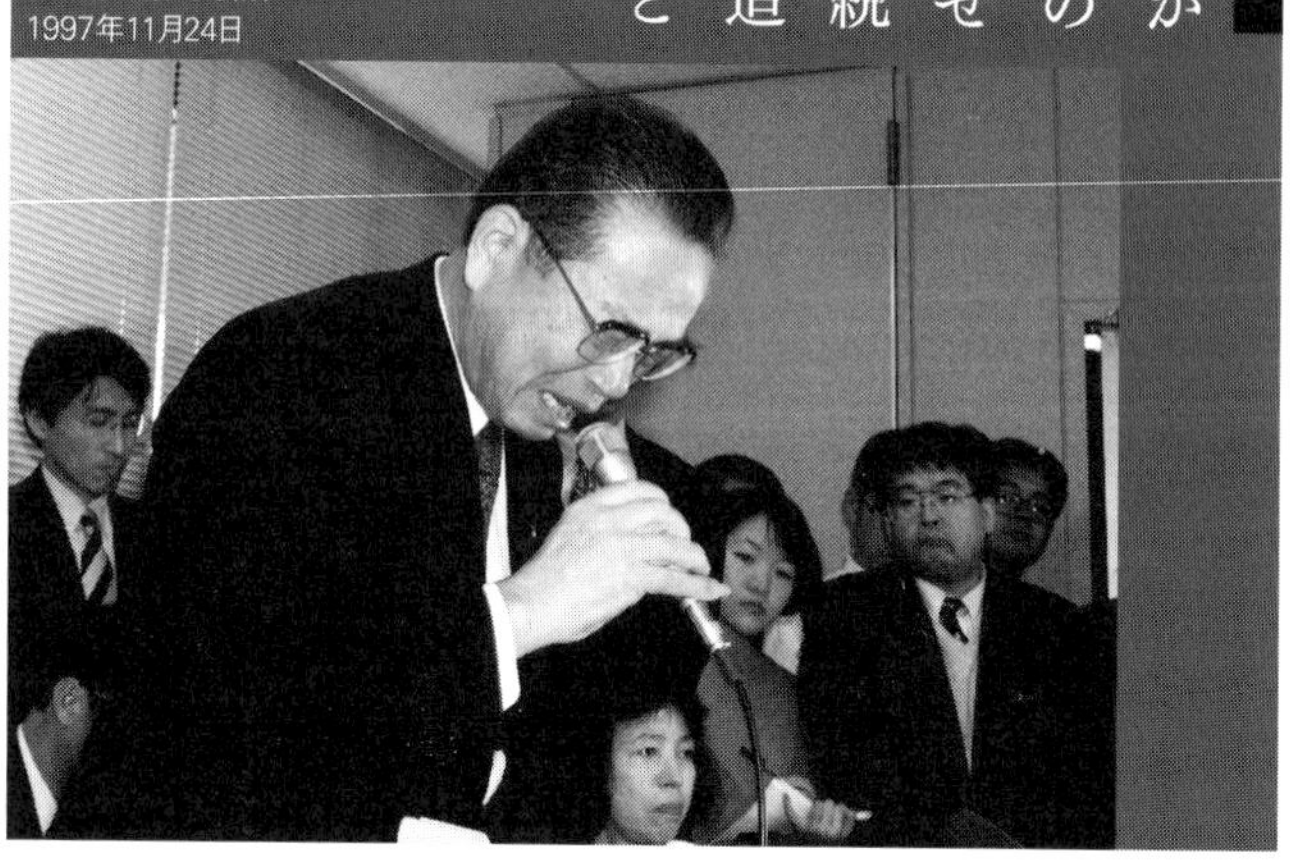

出来事

◁大学入試センター試験始まる
…東京都文京区の東京大学
1997年1月18日

1・3◉日本海で前日遭難したロシア船籍タンカー「ナホトカ」から重油約3700トン流出。沿岸被害9府県に及ぶ

1・21◉大阪で少年4人が高校生を殴打しナイキの靴と現金を奪取したとして逮捕。石川、福岡、鹿児島でも、少年によるナイキのシューズ強奪・窃盗事件

1・23◉前年の泉井事件で、元運輸事務次官で関西国際空港株式会社前社長の服部経治を収賄容疑で逮捕

1・27◉チェチェン共和国大統領選で対露穏健派のマスハドフ前独立派政権参謀長が当選

1・29◉オレンジ共済組合事件で、参院議員の友部達夫を詐欺容疑で逮捕

2・3◉韓国当局から77年の新潟・女子中学生失踪事件は、北朝鮮による拉致との情報がもたらされたことが判明。国会で横田めぐみさんの名前が初めて出る

2・3◉「買えば買うほど儲かる」なる論理で巨額の金を集めていた「経済革命倶楽部（KKC）」会長らが詐欺容疑で逮捕

2・5◉スイス三大銀行がナチス・ドイツ虐殺犠牲者のための基金に約85億ドル拠出を発表

2・12◉北朝鮮の黄長燁朝鮮労働党書記が北京の韓国大使館に亡命申請。韓国へ亡命

2・19◉鄧小平が死去。25日に江沢民主席は、開放・改革路線継続を表明

2・23◉英国でクローン羊の「ドリー」誕生と報道

3・6◉野村證券が総会屋親族企業に違法利益供与を繰り返したと認め、14日社長引責辞任

3・6◉新宿西口でホームレスの段ボール小屋撤去を妨害したと威力業務妨害罪に問われた支援者に対し、東京地裁は無罪判決。段ボール小屋は所有権のある住居で撤去には手続き必要とした

3・11◉動燃の東海事業所核燃料再処理工場のアスファルト固化処理施設で爆発、作業員37人被爆。「16分後に消火を確認」との虚偽報告も判明

3・11◉総会屋に約600万円の現金を渡していた味の素総務部長、総務課長、総会屋6人を商法違反容疑で逮捕

3・19◉渋谷区円山町のアパートで東京電力女性社員の他殺体見つかる。5月にネパール国籍で隣のビルに住む飲食店員が強盗殺人容疑で逮捕される

3・26◉米・サンディエゴ近郊で宗教団体ヘブンズ・ゲート（天国の門）の男女39人の遺体発見

3・27◉北海道二風谷ダム訴訟で札幌地裁はアイヌ民族の先住性を認めダム建設を違法とした

4・1◉1905（明治38）年から続いた「塩の専売制度」廃止

4・1◉この日から消費税5％に引き上げ

4・1◉規制緩和で初乗り340円タクシーが東京や千葉県の一部に登場

4・13◉静岡で高校2年男子が自宅で首つり自殺。中学の元同級生2人を恐喝で逮捕

4・14◉農水省は諫早湾干拓事業で建設中の潮受け堤防を閉め切った。干潟は淡水化され、ムツゴロウなどの生物とともに消滅

4・15◉敦賀市の動燃・新型転換原子炉「ふげん」で放射能漏れ、動燃が科技庁や地元に連絡したのは約30時間後で、作業員11人の被爆も後に判明

4・17◉米軍基地を継続使用するための改正駐留軍用地特別措置法成立。沖縄では激しい反対運動

4・22◉前年からの日本大使公邸立てこもりのリマ事件で、ペルー政府特殊部隊が急襲、ゲリラ全員を射殺。人質2人死亡、71人は救出

4・25◉大蔵省が日産生命に対し、保険業界初の業務停止命令発動

5・2◉前日の英総選挙で労働党が勝利し18年ぶり政権奪回。トニー・ブレア党首が今世紀英最年少の首相就任

5・4◉奈良県月ヶ瀬村で中2女子が行方不明に。7月に故意に車ではね連れ去った男を逮捕

▲三井石炭鉱業三池鉱業所(三井三池炭鉱)閉山。
大牟田駅前に掲げられた閉山撤回を求める看板…福岡県大牟田市　1997年3月9日

▲「ナホトカ号」から流出した重油をひしゃくですくう漁業関係者
…福井県三国町　1997年1月8日

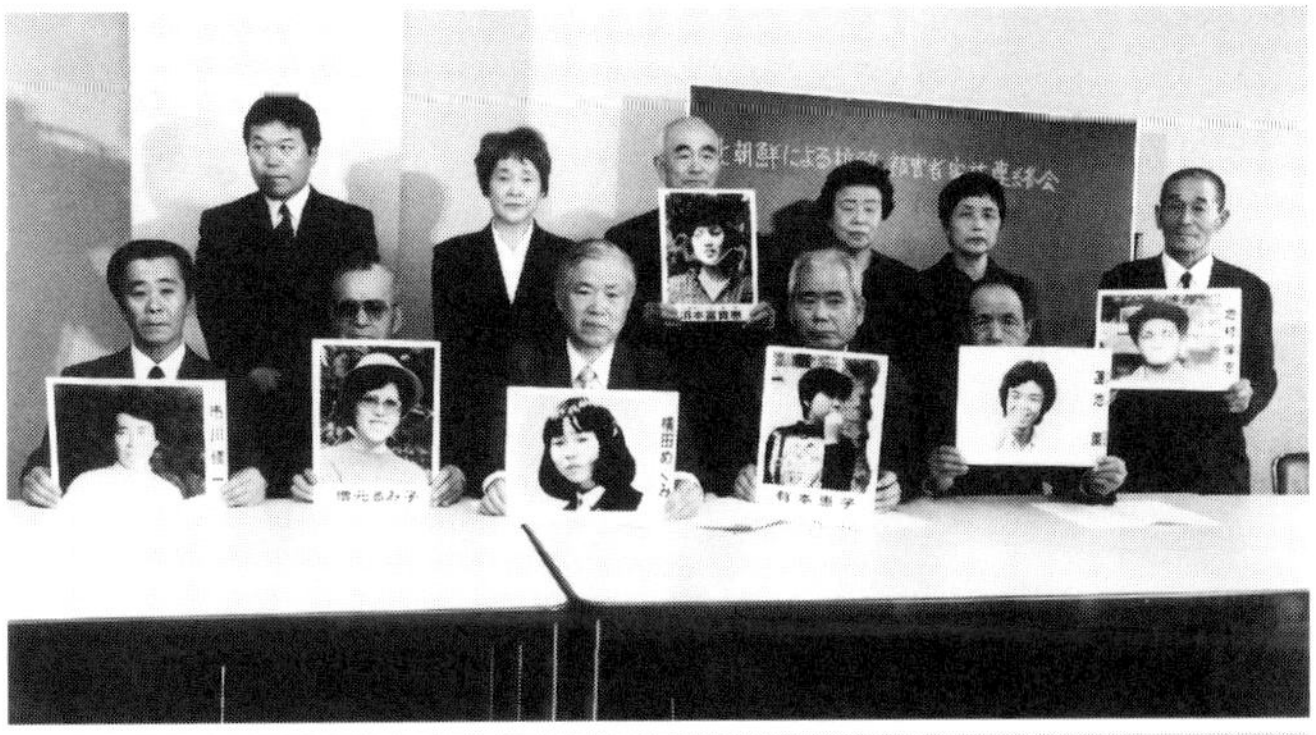

◀北朝鮮・拉致問題で家族連絡会結成。
写真を掲げて真議解明を訴える家族たち
…参院議員会館
1997年3月26日

▲水しぶきとともに閉め切られる諫早湾潮受け堤防…1997年4月14日

◀ペルー日本大使公邸占拠事件。ペルー軍特殊部隊が公邸に突入、人質71人を解放して終結
…リマ　1997年4月22日

5・8◉サラリーマンなどの本人負担を1割から2割に引き上げる医療保険法改正案成立

5・8◉「北海道旧土人保護法」を廃止し、「アイヌ新法」成立

5・15◉総会屋の小池隆一容疑者を商法違反容疑で逮捕。さらに野村証券元社長酒巻英雄、山一証券前社長・三木淳夫らも逮捕され、一人の総会屋への利益供与で4大証券トップ全て交代

5・10◉イラン東部でM7・1の大地震、1560人死亡

5・16◉日本版ビッグバンの第1弾となる改正外為法成立

5・27◉神戸市須磨区市立友が丘中学校校門に切断された人間の頭部。口に、赤い字で「酒鬼薔薇聖斗」の署名と「挑戦状」の2枚の紙片。6月28日に同中3年生を逮捕

6・9◉大規模開発事業による環境への影響を評価する手続を定めた環境アセスメント法可決成立

6・16◉被保険者本人負担が2割など医療費引き上げの医療保険改革関連法案が成立

6・17◉臓器を提供する場合に限り脳死を人の死とする臓器移植法が成立

6・20◉全米40州が米大手タバコ会社に起こしていた喫煙訴訟で、タバコ会社側は今後25年間に計3685億ドル(約42兆円)の巨額和解金を支払うことで和解成立

6・22◉岐阜県御嵩町で全国初の産業廃棄物処分場建設の賛否問う住民投票。反対票が有権者の約7割

6・26◉総務庁集計(6月1日)で65歳以上が15歳未満を初めて上回り5万人多いと発表

7・1◉香港が155年の英植民地から中国に返還

7・2◉米・ネバダ核実験場で第1回臨界前核実験実施

7・10◉鹿児島県出水市で集中豪雨により土石流発生、死者21人

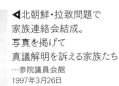

◀参院本会議の特措法改正案採決、傍聴席で「沖縄を差別するな」などと抗議する人たち
…1997年4月17日

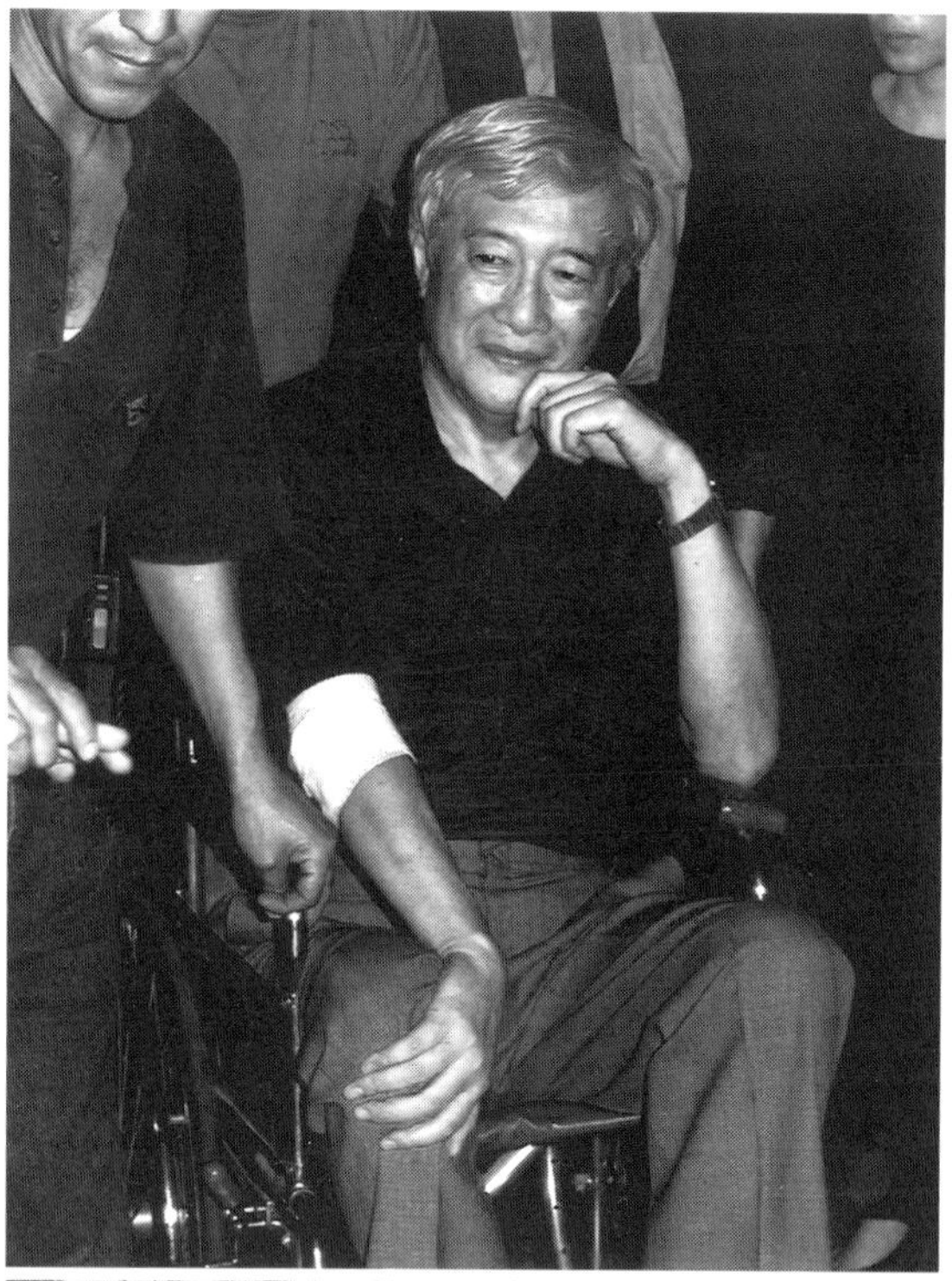

▶ペルー日本大使公邸占拠事件。解放され車イスで会見に臨む青木盛久大使
…リマ市内のホテル　1997年4月22日

7・29◉松山市で1982年にホステスが殺された事件で、全国指名手配の元ホステス福田和子容疑者を逮捕。整形手術を繰り返し、時効まであと20日だった

8・1◉連続ピストル射殺事件（1968年）の永山則夫に死刑執行

8・26◉東海村動燃事業所で放射性物質漏れが判明。低レベル放射性廃棄物がずさんな状態で放置

8・26◉スウェーデンで過去40数年間に、知的障がい者、性的異常者、シンティ・ロマなど6万人が強制不妊手術を受けていたことが判明

8・28◉神戸オリエンタルホテルで山口組若頭の宅見勝組長射殺される。巻添えの歯科医師は6日後死亡

8・31◉英国のダイアナ元皇太子妃が、「パパラッチ」と呼ばれる報道カメラマンの追跡を振り切ろうとして、パリのトンネル内で交通事故死

9・14◉70歳以上が1302万人、10・3％と人口の1割突破

9・18◉ヤオハン・ジャパン会社更正法申請

10・1◉酒税法改正でウイスキー値下げ、焼酎値上げ

▲沖縄基地問題。嘉手納飛行場第1ゲート前で怒りの声をあげるデモ参加者…沖縄・北谷町　1997年5月15日

10・2◉経済統合から政治統合の深化を目指すアムステルダム条約にEU加盟国調印

10・8◉金正日、朝鮮労働党総書記に選出される

10・17◉外国人女性との間に生まれた非嫡出子の子どもが生後認知された場合、日本国籍が取得できるかで争われた裁判で、最高裁は日本国籍を認める判決

10・20◉総会屋に金品を渡していた松坂屋総務担当取締役と総会屋を逮捕。以降、三菱自工、日立製作所、あさひ銀行、大日本印刷も判明。三菱自工会長、社長が引責辞任

10・20◉米司法省がウインドウズとエクスプローラの抱き合わせ販売に対して、反トラスト法違反でマイクロソフト社を提訴

10・26◉宮城県知事選挙で政党の推薦を辞退した現職の浅野史郎が大差で再選。「保・保連合」に「脱政党」が圧勝

10・27◉JRグループ初の女性機関運転士

10・27◉香港市場の株急落を機に「世界同時株安」、NYダウは過去最大の暴落で前週末比554ドル安の7161・15ドル。翌日、東京市場でも725円67銭安の16312円69銭に

10・28◉93年に学生が暴行受けた「調布駅南口事件」で東京地裁八王子支部は事件当時19歳の4被告の起訴を取消し審理打ち切り。勝手に起訴し、勝手に打ち切りと弁護団は反発

11・3◉証券準大手の三洋証券が会社更生法適用を東京地裁に申請。負債総額3736億円

▶神戸・小学生連続殺傷事件。土師淳君の通っていた小学校に入る機動隊員
…神戸市須磨区　1997年5月28日

▼神戸・小学生連続殺傷事件。友が丘中学の校門を捜索する捜査員
…神戸市須磨区　1997年5月27日

▶参院予算委で参考人として答弁に立つ宮崎邦次・第一勧銀元頭取。右は近藤克彦頭取
…1997年5月28日撮影

11・8◉北朝鮮から日本人妻15人が第1陣として里帰り、6日間滞在

11・17◉北海道拓殖銀行が自主再建による業務継続を断念、道内の営業権を第二地銀の北洋銀行に譲渡と発表。都市銀行の経営破綻は戦後初

11・17◉エジプト南部ルクソールでイスラム原理主義武装グループが観光客に無差別発砲し、日本人ツアー客10人を含む約60人死亡

11・18◉政府は「緊急経済対策」を決定。規制緩和を中心とした経済構造改革断行へ

11・19◉日本人初の船外活動に挑む土井隆雄を乗せたスペースシャトル「コロンビア」打ち上げ

11・24◉山一証券は2000億円を越す簿外債務が表面化し自主再建を断念、自主廃業決定

11・26◉東京高裁は自治体の管理職昇任試験で外国籍除外は違憲の初の司法判断

11・26◉徳陽シティ銀行は自主再建断念、営業権を仙台銀行に譲渡と発表

12・9◉介護保険法が成立。2000年から保険料徴収

12・11◉地球温暖化防止京都会議は法的拘束力のある削減目標を盛り込んだ京都議定書を採択

12・16◉人気アニメ番組「ポケットモンスター」を見ていた子供が画面からのせん光で異常を訴え、30都道府県で685人が病院に搬送され、208人が入院、テレビ東京は放映中止へ

12・18◉韓国大統領選挙で、金大中氏が4度目の挑戦で当選

12・21◉米軍普天間飛行場返還に伴う海上へリポート建設の是非を問う沖縄県名護市の市民投票は投票率82・45%で、反対派52・86%、賛成派45・33%

12・21◉映画監督で俳優の伊丹十三がビルから飛び降り自殺

12・23◉丸荘証券が自己破産申請。証券破綻5社目

12・27◉ペルーのアマゾン川上流で川下りをしていた早大探検部員2人が行方不明となった事件でペルー軍は軍関係者4人を検察当局に告発。下士官の供述から探検部員の遺体2体を発見

12・27◉新進党は両院議員総会で解党。6党に分裂

12・29◉成田からホノルルに向かうユナイテッド航空ジャンボ機が乱気流にあい、シートベルトしていなかった乗客が1人死亡

12月◉夏以来貸し渋り倒産急増。貸し渋り倒産は8月以降97件で負債総額は10月で739億円に急増。

12月◉97年の離婚数は過去最高の22万5000組で前年より1万8000組増

◀参考人招致を終えた野村証券の田淵節也元会長(左)と酒巻英雄元社長
…1997年5月28日

▲山陰に停滞した台風9号の豪雨で道路が冠水し立ち往生した自動車
…福岡市博多区 1997年7月28日

▼木山川がはんらん、冠水した熊本県益城町(中央は九州自動車道)
…1997年7月12日

▼愛媛松山市・同僚ホステス殺人事件。時効寸前に逮捕され福井署から移送される福田和子容疑者…1997年07月30日

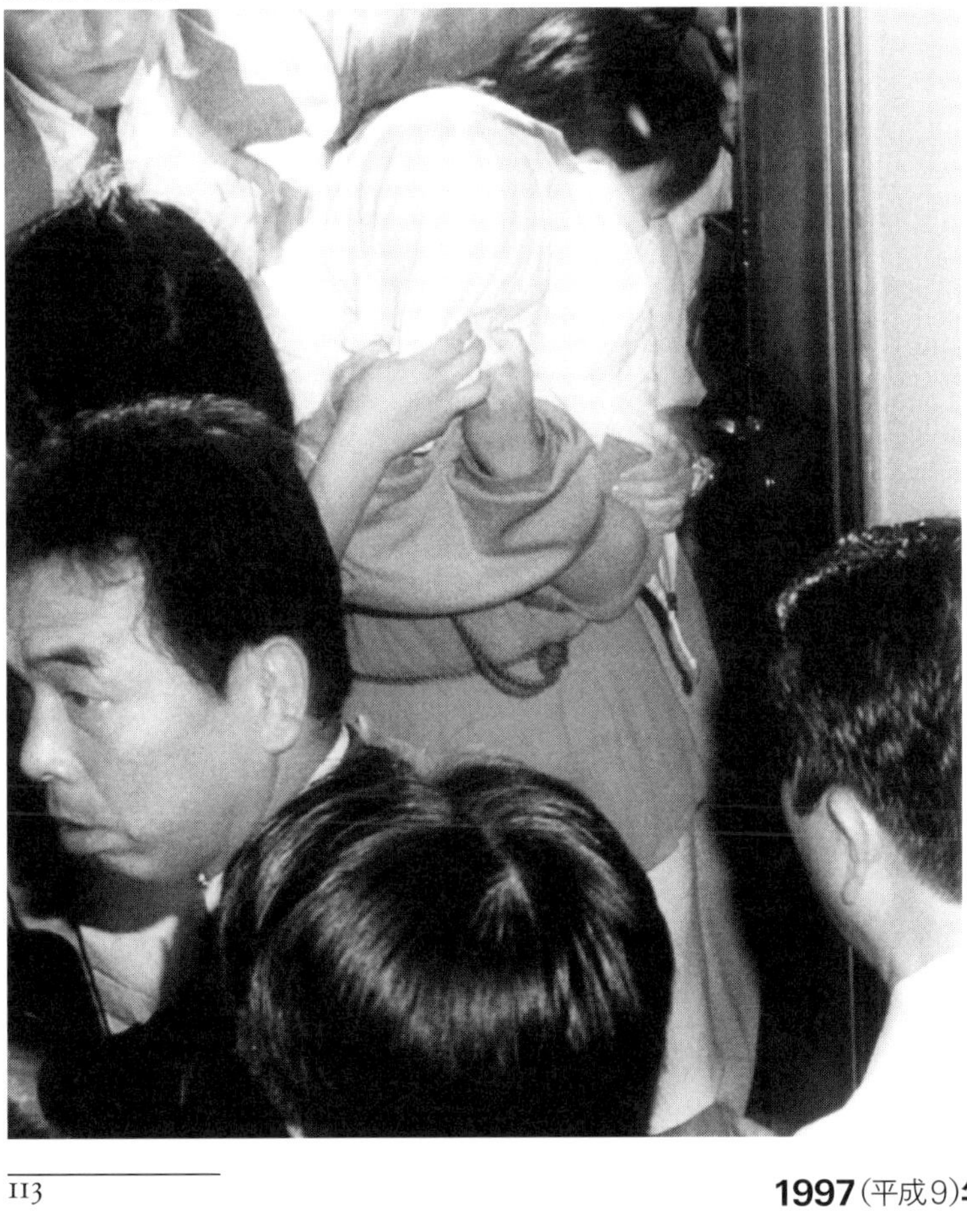

話題

離婚を禁じるカトリック教国アイルランドで、最高法院が初めて離婚承認。第1号は、死ぬ直前の60代の男性

企業倒産は16365件、負債総額14兆209億円で過去最悪

エルニーニョ現象が史上最大規模となり、インドネシアでは類例のない乾期に。野焼きから森林火災が発生し煙害が5カ月間続く

【暴言、放言、失言、妄言】

ロッキード事件で有罪確定の佐藤孝行が総務庁長官に。記者会見で「過去のことは忘れて……」と発言(9/11)。世論の非難を浴び、11日後に辞任

【流行語】

金融ビッグバン/ポケモン/失楽園/パパラッチ

【誕生】

トヨタ・プリウス/宝塚歌劇団「宙」組/東京湾横断道路「アクアライン」/都庁跡地に「東京国際フォーラム」/東京オペラシティ/秋田新幹線「こまち」/長野(北陸)新幹線開業/京都駅ビル(9/11)

【さよなら】

三井三池炭鉱(3/30)/池袋・文芸座(3月)

【スポーツ】

1・19◉ダカールラリーがゴール、篠塚建次郎選手が4輪部門で日本人初の総合優勝

1・25◉全豪オープンテニス女子シングルス、マルチナ・ヒンギス(スイス)が初優勝。16歳3カ月の優勝は4大大会の女子シングルスでは史上最年少

4・13◉マスターズ・ゴルフで21歳のタイガー・ウッズが通算18アンダーの新記録で最年少優勝。非白人のマスターズ優勝も初

▶宅見勝組長が銃撃されたホテルの現場
…新神戸　1997年8月28日

▼福岡県春日市の小2女児殺人死体遺棄事件。遺体発見現場に花束を供える人たち
…福岡県那珂川町の山中　1997年8月10日

6・11◉将棋の第55期名人戦で、谷川浩司竜王が羽生善治名人を4勝2敗で破り8期ぶり復位。永世名人に

6・24◉冒険家の大場満郎が単独徒歩による北極海横断に世界初成功

6・28◉WBAヘビー級タイトルマッチでマイク・タイソンが王者のホリフィールドの耳にかみつき反則負け

8・5◉アテネの世界陸上1万メートルで千葉真子が銅メダル。トラック競技での日本女子のメダルは69年ぶり

8・16◉女子プロレスラー・プラム麻里子が、前日広島市内での試合で意識を失い、この日死亡。試合中の事故でのプロレスラーの死亡は国内初

▼直木賞を受賞した篠田節子さんと浅田次郎さん
…東京・東京会館　1997年7月17日撮影

▶NY株大暴落で東証も全面安
…1997年10月28日

10・23◉プロ野球日本シリーズ、ヤクルトが2年ぶり優勝。ヤクルト4−1西武

11・16◉マレーシア・ジョホールバルで行われたサッカーW杯フランス大会アジア第3代表決定戦で日本は延長戦の末イランを3対2で降し、初出場を決めた

11・22◉前日負け越しが決まった元大関小錦が引退、年寄佐ノ山襲名

12・23◉ボクシングWBA世界ジュニア・バンタム級タイトルマッチで飯田覚士がチャンピオンのシスオー(タイ)を判定で破り、王者に

【科学・学術】

1・30◉脳の中枢神経がマウス実験でがん遺伝子によって再生したと、MITの利根川進教授ら発表

7・4◉米航空宇宙局(NASA)の火星探査機「マーズ・パスファインダー」が火星に軟着陸成功

7・10◉理化学研究所とドイツの研究所の共同研究グループが、90億光年はなれた宇宙に普通の光では見えない暗黒銀河団を発見したと発表

10・2◉東大医科学研究所ヒトゲノム解析センターと神戸大医学部のグループ、ヒトとマウスで体内時計遺伝子を発見したと発表

10・4◉東京農大などのグループ、精子不要の卵子生殖に初めて成功

11・6◉国立精神神経センターなどの研究グループ、老化現象抑制遺伝子を発見したと発表

12・14◉NASAが地球から約120億光年彼方で「ガンマ線バースト」と呼ばれる宇宙史上2番目の大規模爆発を観測

【文化・芸術・芸能】

5・18◉カンヌ映画祭グランプリに今村昌平監督「うなぎ」。新人監督賞に河瀬直美監督「萌の朱雀」

9・6◉ベネチア国際映画祭金獅子賞に北野武監督『HANA―BI』

▲カンヌ国際映画祭で「うなぎ」がパルムドール賞を獲得、主演の役所広司さん(右)と今村昌平監督…東京・新宿松竹　1997年5月　代表撮影

▼安室奈美恵さんとTRFのSAMさんが結婚記者会見…東京都港区　1997年10月23日

10月　◉安室奈美恵がTRFのダンサーSAMと突然結婚入籍発表

12・31◉紅白歌合戦出場を最後に、X―JAPAN解散

【音楽】

安室奈美恵「CAN YOU CELEBRATE?」／Le Couple「ひだまりの詩」／SPEED「White Love」／KinKi Kids「硝子の少年」／globe「FACE」／GLAY「HOWEVER」／SMAP〝セロリ〟／今井美樹「PRIDE」／Mr.Children「Everything(It's you)」

【映画】

外国映画『秘密と嘘』英 監マイク・リー 演ブレンダ・ブレシン／『浮き雲』フィンランド 監アキ・カウリスマキ 演カティ・オウティネン／『タイタニック』米 監ジェームズ・キャメロン 演レオナルド・ディカプリオ、ケイト・ウィンスレット／『フェイク』米 監マイク・ニューウェル 演ジョニー・デップ、アル・パチーノ

日本映画『もののけ姫』(徳間書店・スタジオジブリほか)監宮崎駿／『うなぎ』(衛星劇場・ケイエスエス)監今村昌平 演役所広司、清水美沙／『HANA―BI』(バンダイビジュアル・オフィス北野)監北野武 演ビートたけし、岸本加世子／『CURE・キュア』(大映)監黒沢清 演役所広司、萩原聖人、うじきつよし／『ラヂオの時間』(フジテレビ・東宝)監三谷幸喜 演唐沢寿明、鈴木京香

◀第10回東京国際映画祭のオープニングにゲスト出演したレオナルド・ディカプリオさん…東京都渋谷区　1997年11月1日

◀6月21日、下咽頭ガンで死去した勝新太郎。65歳

【出版・文芸】

高村薫『レディ・ジョーカー』／村上春樹『アンダーグラウンド』／浅田次郎『鉄道員(ぽっぽや)』(直木賞)／桐野夏生『OUT』／帚木蓬生『逃亡』／加藤典洋『敗戦後論』／斎藤美奈子『紅一点論』／柳美里『家族シネマ』(芥川賞)／篠田節子『女たちのジハード』(直木賞)／渡辺淳一『失楽園』／妹尾河童『少年H』

【漫画】

『ONE PIECE』(週刊少年ジャンプで連載開始)／桂正和「I"s」(少年ジャンプ)／峰倉かずや「最遊記」(月刊Gファンタジー)

【テレビ】

「踊る大捜査線」フジテレビ／「ラブジェネレーション」フジテレビ／「伊東家の食卓」日本テレビ／「ポケットモンスター」テレビ東京

◈多チャンネルデジタル放送「ディレクTV」放送開始

◈フジテレビが東京・台場に引っ越し

冥友録

1・26◉藤沢周平(69歳)作家／**2・19◉鄧小平**(92歳)中国最高指導者／**2・19◉埴谷雄高**(87歳)作家／**3・10◉萬屋錦之介**(64歳)俳優／**4・4◉杉村春子**(91歳)女優／**6・21◉勝新太郎**(65歳)俳優／**6・16◉住井すゑ**(95歳)作家／**7・15◉ジャンニ・ベルサーチ**(50歳)伊・デザイナー／**7・23◉南部忠平**(93歳)三段跳び金メダリスト／**8・31◉ダイアナ**(36歳)元英国皇太子妃／**9・2◉ヴィクトル・E・フランクル**(92歳)精神学者／**9・5◉マザー・テレサ**(87歳)修道女／**9・22◉横井庄一**(82歳)元日本兵／**12・19◉井深大**(89歳)ソニー創業者／**12・24◉三船敏郎**(77歳)俳優

1998
平成10年

金融業界と大蔵省の癒着が次々に暴かれ、防衛庁では天下り受け入れを見返りとした背任事件が明らかになる。国内では毒物事件、少年による殺人事件が続き、各国でアメリカを標的とした爆破テロ事件が頻発。12月には米英が大量破壊兵器に関する国連の査察を拒否したイラクを空爆した。

▼長野冬季五輪。ジャンプ団体表彰式で金メダルを胸に歓声に応える(右から)船木和喜、原田雅彦、斎藤浩哉、岡部孝信
…長野市のセントラルスクゥエア 1998年2月17日

出来事

◀長野冬季五輪。スピードスケート男子500メートル日の丸を手にウイニングランする清水宏保
…長野市 1998年2月10日

1・5◉バングラデシュで大寒波。死者184人

1・6◉アルジェリアでイスラム原理主義の武装グループによる、地方の村の襲撃が頻発。1週間で犠牲者は600人超

1・8◉大阪・堺市でシンナー中毒の少年が女子高生ら3人を刺し、幼稚園児死亡。2月発売の『新潮45』が少年の中学校卒業時の顔写真と実名を掲載、弁護団の抗議声明でキヨスクや一部書店が少年法に違反すると販売を中止

1・12◉大蔵省、146銀行の不良債権総額76兆7080億円と発表

1・18◉外債主幹事選定に絡む収賄で日本道路公団理事逮捕

1・19◉千葉大で全国初の飛び入学制度による合格発表。高校2年生3人合格

1・20◉帝京大ラグビー部員5人をカラオケ店での婦女暴行容疑で逮捕。大学は逮捕者を退学などの処分に

1・26◉大蔵省職員ら、銀行の接待を受け便宜を図った疑惑で逮捕

1・28◉三塚博蔵相、大蔵省汚職事件で引責辞任

1・28◉栃木・黒磯市の中学で1年生男子が女性教諭を刺殺

2・2◉郵便番号が従来の3ないし5桁から7桁に変わる

2・3◉イタリア北部でボスニア平和安定化部隊所属の米軍機がロープウェーのケーブル切断。落ちたゴンドラの乗客20人死亡

2・3◉米テキサス州で1863年以来となる女性に対する死刑執行

2・4◉アフガニスタン北部でM6・1の地震。死者約4000人

2・7◉東京・新宿でホームレスのダンボール住宅火災。4人焼死

2・16◉台湾・台北中正国際空港で中華航空機が着陸失敗、近くの民家に激突炎上。乗客乗員196人と地上の7人が死亡

2・17◉浦和市営住宅で無職男性の遺体発見。中学女子2人逮捕

2・19◉衆議院議員・新井将敬が、都内のホテルで自殺

2・23◉ダイエーが創業以来初の経常赤字転落。不振50店閉鎖

2・25◉金大中新政治国民会議総裁が、第15代韓国大統領に就任

2・25◉大阪・四条畷市の大阪銀行忍ヶ丘支店前で男が現金輸送車襲撃、散弾銃を発砲し警備員ら2人重傷。1億400万円強奪

2・26◉東京・国立市のホテルで3人の会社社長が自殺。3人はカー用品関連会社の経営者で資金繰り悪化を保険金で充当目当てか

3・4◉山一証券の前会長、前社長、元副社長を証券取引法違反容疑で逮捕

3・5◉金融商品開発等に絡み、大蔵省キャリア職員ら2人逮捕

3・6◉豪ビクトリア州で、エイズ感染を隠して複数の相手の生命に危険を与えたとして、52歳の男に禁固8年の実刑判決

3・9◉埼玉・東松山市の中学で1年男子が同学年生徒を刺殺

3・9◉埼玉県立所沢高で生徒らが校長主催の卒業式ボイコット

3・11◉日銀営業局証券課長の収賄容疑で日銀に初の強制捜査

3・17◉政府、銀行21行に総計1兆8156億円の公的資金投入決定

3・19◉特定非営利活動促進法(NPO法)成立

3・24◉米アーカンソー州の中学で男子生徒が銃乱射。5人死亡

3・26◉マレーシアの難民収容所でアチェ人難民が暴動

4・1◉新高齢者雇用安定法施行で60歳定年制義務化

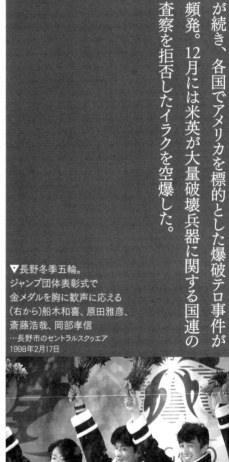

◀開通し、光の帯がつながる明石海峡大橋…兵庫県淡路町(現淡路市) 1998年4月5日

4・3◉改正公職選挙法成立。海外在住日本人は00年5月以降の国政選挙比例代表区に限り投票できる

4・13◉警察OBの天下り先の日本交通管制技術(日交管)グループで脱税、社長ら13人逮捕

4・15◉カンボジアのポル・ポト元首相死亡

4・27◉民主、民主改革連合、民政、新党友愛の旧4野党が統一大会を開き「民主党」結党。自民に次ぐ勢力に

5・1◉仙台地裁が同地裁判事補の「政治運動」で懲戒申し立て

5・3◉ルーブル美術館でコロー「セーブル街道」が開館中に盗まれる

5・5◉総務庁発表、15歳未満の子供、戦後初めて65歳以上の老年人口を下回り、1918万人に

5・9◉米テネシー州で5歳の幼稚園児が先生を射殺しようと実弾入り短銃を幼稚園に持ち込み、銃不法所持容疑で逮捕

5・11◉インドが1974年以来の地下核実験

5・15◉自然災害で住宅喪失の救済、被災者生活再建支援法成立

5・20◉東大寺戒壇院の千手堂から出火、全焼

5・21◉インドネシアのスハルト大統領辞任、ハビビ副大統領に権限移譲

5・28◉パキスタンが地下核実験。米・日など経済制裁へ

5・30◉アフガニスタン北東部でM6・9の地震、約5000人が死亡

6・3◉ドイツ北部で新幹線「インターシティー・エクスプレス」が車輪破断から脱線。死者101人

6・5◉日本版金融ビッグバンへ、金融システム改革法案等成立

6・6◉『南京1937』上映中の横浜市の映画館で妨害が相次ぐ

6・9◉中央省庁等改革基本法成立。行政スリム化へ

6・17◉親ナチス政権下クロアチアの強制収容所で数千人を虐殺した容疑でD・サキッチ(76)を、アルゼンチンからザグレブに身柄送還

6・22◉金融監督庁発足。民間金融機関の検査・監督を担う

6・22◉韓国領海で北朝鮮潜水艇発見。船内に9遺体

6・23◉沖縄「慰霊の日」全戦没者追悼式に韓国人遺族が初出席

6・30◉無党派から自民党へ鞍替えした末広まきこを、元支持者70人が総額530万円の慰謝料を求め、名古屋地裁に提訴

▲英国を訪問し、両陛下主催の答礼晩さん会でエリザベス女王と話す天皇陛下…1998年5月

▼辞任を表明する橋本首相と自民党の役員…自民党本部 1998年7月13日

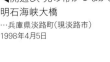

▶和歌山毒物カレー事件。事件発生後の夏祭り会場
…和歌山市園部　1998年7月25日

7・3◉前橋市で38・7度を記録、猛暑のため全国で3人が死亡

7・12◉第18回参議院選挙投開票。自民党惨敗、橋本首相引責辞任へ

7・17◉東京都教育委員会は職員会議を「校長の補助機関」とする改正施行

7・21◉タジキスタンで国連平和維持活動の日本人ら4人が死亡

7・25◉和歌山市で自治会夏祭りのヒ素入りカレーライスを食べた66人が腹痛を訴え、4人死亡

7・28◉国内定期航空路線に35年ぶりの新規参入

7・30◉小渕恵三、第40代首相に指名され、小渕内閣成立

7・31◉らい予防法による強制隔離で人権侵害を受けたとして、九州の国立ハンセン病療養所の入所者13人、国家賠償求め提訴

8・7◉ケニアとタンザニアで米大使館同時爆弾テロ。死者約300人

8・10◉新潟市内の会社で社員が吐き気などで入院。

▲和歌山毒物カレー事件。祭り会場に残された鍋やカレーライスなど
…和歌山市園部　1998年7月25日

▼解体を前に公開されたオウム真理教の拠点「第7サティアン」の内部
…山梨県上九一色村(現・富士河口湖町)　1998年9月16日

毒物検出

8・15◉北アイルランドで爆弾テロ、28人死亡220人以上負傷

8・17◉品川・大井埠頭に接岸のコンテナ船に中国人密航者16人

8・17◉クリントン米大統領が宣誓証言、元ホワイトハウス実習生と「不適切な関係あった」と不倫を認める

8・20◉米国製の性的不能治療薬「バイアグラ」密売容疑で、大阪・茨木市の清掃会社役員を薬事法違反容疑で逮捕。国内では未承認

8・26◉東京・港区の中3、郵送されたやせ薬の試供品で入院

8・30◉台風4号の影響で26日から東日本各地で集中豪雨、全国で死者・行方不明者25人に

8・31◉北朝鮮が日本海に向けて弾道ミサイルを発射

8・31◉長野・小布施町で缶入りウーロン茶を飲み男性死亡

9・2◉最高裁は最大格差4・97倍の95年参議院選挙を合憲と判断

9・3◉航空機用電子機器等の納入に関し、防衛庁調達実施本部副本部長、NEC元防衛事業推進室長ら4人を背任容疑で逮捕

9・6◉ガンジス川流域に洪水被害拡大、1625人死亡

9・9◉日航と全日空は99年春から国際線全席禁煙を発表

9・13◉アフガニスタンでタリバーンが中央部の文化的景観と古代遺跡群で知られるバーミヤンを制圧

9・18◉毎日新聞入手のEU調査報告書で、米国家安全保障局が欧州中心に民間企業への業務通信盗聴が判明

9・22◉コロンビアで革命軍が日本人を誘拐、身代金要求

9・25◉改正労働基準法成立

9・28◉ドイツ社会民主党が総選挙で第一党に。16年間のキリスト教民主同盟・コール政権に幕

10・7◉来日中の韓国・金大中大統領に、宮中晩餐会で天皇が「一時期、朝鮮半島の人々に大きな苦しみをもたらした」と言及

10・8◉金大中韓国大統領は、タブー視してきた日本の大衆文化の開放方針を表明

10・12◉金融再生関連8法案参院可決・成立

10・12◉サハリン残留邦人4人とその家族が国費で永住帰国

10・16◉埼玉医大で日本初の女性の性転換手術実施

10・22◉米・イスラエル・パレスチナの中東和平会談で、アラファト議長はイスラエル敵視条項破棄を表明

10・23◉日本長期信用銀行の破綻、一時国有化へ

10・27◉98年中間決算で日立製作所、東芝が赤字

10・29◉自民党衆議院議員の中島洋次郎、政党交付金流用疑惑で逮捕

10・29◉預金保険機構、北海道拓殖銀行の業務を引き継ぐ北洋銀行と中央信託銀行に過去最大1兆7947億円の贈与決定

11・13◉ハリケーン「ミッチ」で被害のホンジュラスに災害援助で初の自衛隊派遣

12・1◉石油米最大手エクソンと同2位モービルが合併発表。売上高25兆円、世界最大企業に

12・1◉規制緩和の一環として銀行で投資信託の販売がスタート

12・11◉タイ南部でタイ航空機が着陸に失敗し墜落炎上。乗客乗員146人のうち、日本人1人を含む103人が死亡

12・13◉日本債券信用銀行の一時国有化決定

12・17◉米英両軍が砂漠のキツネ作戦としてイラク空爆

12・18◉北朝鮮の小型潜水艇が韓国領海に侵入、撃沈される

12・22◉大阪・寝屋川市の中3男子が80歳女性を刺殺

12・24◉コソボ自治州で分離独立をめざすアルバニア系住民とセルビア人の戦闘激化、停戦合意は事実上崩壊

12・31◉大場満郎が南極大陸単独徒歩横断で極点到達。世界初

話題

自殺者が初めて3万人台の32863人に。97年の24391人から急増

【流行語】

キレる／マヨラー／ノーパンしゃぶしゃぶ／MOF担／環境ホルモン／凡人・軍人・変人／貸し渋り／冷めたピザ

【新商品・ヒット商品】

発泡酒／100円ショップ／キャミソール／電車でGO!

【誕生】

2・1◉NTTは相手の番号がわかるナンバー・ディスプレイのサービス開始

京浜急行・羽田空港駅(11／18)／明石海峡大橋(4／5・世界最長3911m)

【さよなら】

原宿・表参道のホコ天(6／28)／銀座並木座(9／22)

【スポーツ】

2・7◉長野冬季五輪開幕。里谷多英が日本女子初の金メダルなど

3・28◉スピードスケート世界種目別選手権男子五百メートルで清水宏保が史上初めて35秒の壁破り34・82秒の世界新

▲長野冬季五輪。
ジャンプのラージヒルで優勝した
船木和喜選手(左)と
3位の原田雅彦選手
…長野県白馬村　1998年2月15日

▶平成の怪物、松坂大輔。
センバツ2回戦の
対報徳学園戦で甲子園初登板、
完投勝利し笑顔を見せた
…甲子園球場　1998年3月28日

5・1◉ゴルフ・中日クラウンズで中島常幸がパー4のミドルホールで国内ツアー初のホールインワン達成

5・12◉サッカーくじ法案成立

5・27◉若乃花が第66代横綱昇進、初の兄弟横綱誕生

6・10◉サッカーW杯フランス大会開幕。日本は1次リーグでアルゼンチン、クロアチア、ジャマイカに3戦全敗。優勝は開催国フランス

6・18◉谷川名人を4勝3敗でくだし、佐藤康光8段が新名人に

7・9◉ロッテがオリックスを9−6で破り、プロ野球連敗記録は18に

7・14◉趙治勲本因坊が前人未到の10連覇達成

8・15◉巨人・川相昌弘内野手が452犠打の日本新記録

8・22◉夏の高校野球大会決勝で横浜は史上5校目の春夏連破。松坂大輔投手はノーヒット・ノーラン試合達成

9・5◉WBAスーパーフェザー級タイトルマッチで畠山隆則が王者・崔龍洙(チェ・ヨンス)を判定で破り世界王者に

9・19◉横浜ベイスターズの佐々木主浩投手が39Sの日本新

9・20◉ベルリン・マラソンでブラジルのロナウド・ダコスタが2時間6分5秒の世界最高記録。10年ぶり45秒短縮

9月◉横綱貴乃花が兄の横綱若乃花に対し絶縁宣言

10・14◉日本ハムの落合博満内野手が正式に引退表明

10・26◉プロ野球日本シリーズ、横浜が38年ぶりに優勝。横浜4−2西武

10・28◉Jリーグ・横浜マリノスとフリューゲルスが初の合併へ

12・25◉日本のプロ野球選手が米大リーグ入りするための新制度=ポスティングシステム

【科学・学術】

3・5◉NASAが探査機により月の南極・北極に氷が存在と発表

3・6◉奈良県明日香村のキトラ古墳で超小型カメラによる石室内調査、「白虎」「青竜」の壁画、宇宙を表わす円形の「星宿=星座」の天井画発見

4・8◉国際自然保護連合「1997年版レッドリスト」、野生植物33798種が絶滅の危機に直面し、その数は全体の1/8

4・23◉世界初のクローン羊ドリーが出産

6・23◉米中加3国の古生物学チームが1億2000万年以上前の地層から羽根を持つ2種類の恐竜の化石を発見したと発表

7・4◉宇宙科学研究所、日本初の火星探査機「のぞみ」の打ち上げに成功

7・5◉石川県畜産総合センターで、世界初の成体細胞によるクローン牛2頭が誕生。英国のクローン羊「ドリー」の技術を応用

7・31◉地球の生命の起源はRNA(リボ核酸)という仮説を裏付ける実験に東大教授ら世界初の成功、米科学誌「サイエンス」に掲載

10・7◉米のエイズ死者数、新治療薬奏功で前年比半減

10・29◉向井千秋さんらを乗せたスペースシャトル打ち上げ成功

11・20◉日米欧16カ国の共同プロジェクト国際宇宙ステーション建設開始

【文化・芸術・芸能】

5・2◉97年末に解散したX JAPANのギタリストhideが自宅マンションで急逝。築地本願寺での通夜、献花式に約5万人のファン

5・18◉映画『タイタニック』の国内興行収入183億円、史上1位に

5・24◉B'zのアルバム「B'z The Best"Pleasure"」が発売1週間で271万枚の売り上げ、歴代最高記録

7・1◉チャイコフスキー国際コンクール声楽部門でソプラノ歌手、佐藤美枝子さんが優勝。声楽では日本人初

7・6◉独週刊誌調査。14〜18歳の若者約500人対象。アウシュビッツ知らない31%、ヒトラー戦後も生存12%、ホロコーストによりユダヤ人600万人が殺されたこと知らない29%、第2次世界大戦がいつ始まったか知らない65%、いつ終わったか知らない35%

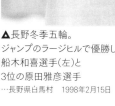

12・5◉韓国で『HANA-BI』公開。日本映画の一般公開第一号。
12・10◉岩波映画が自己破産

【音楽】

SMAP「夜空ノムコウ」／Every Little Thing「Time goes by」／MISIA「つつみ込むように…」／L'Arc～en～Ciel「HONEY」／モーニング娘。「モーニングコーヒー」(デビュー曲)／天童よしみ「珍島物語」／kiroro「長い間」

【映画】

外国映画『桜桃の味』イラン 監アッバス・キアロスタミ 演ホマユン・エルシャディ／『L.A.コンフィデンシャル』米 監カーティス・ハンソン 演ラッセル・クロウ／『グッド・ウィル・ハンティング――旅立ち』米 監ガス・ヴァン・サント 演ロビン・ウィリアムス、マット・デイモン／『プライベート・ライアン』米 監S・スピルバーグ 演トム・ハンクス

◀淀川長治

◀石ノ森章太郎

◀須賀敦子

◀堀田善衛

◀黒沢明

日本映画『カンゾー先生』(東映・東北新社ほか)監今村昌平 演柄本明、麻生久美子／『愛を乞うひと』(東宝)監平山秀幸 演原田美枝子／『あ、春』(トラム)監相米慎二 演佐藤浩市、斉藤由貴／『踊る大捜査線 THE MOVIE』(フジテレビ)監本広克行 脚君塚良一 演織田裕二、深津絵里

【出版・文芸】

3・4◉福島次郎が、故三島由紀夫との同性愛関係を綴った実名小説『三島由紀夫――剣と寒紅』(一部を『文学界』4月号に掲載)、文藝春秋から刊行されることが明らかに。三島の著作権継承者が福島と出版社を相手取り出版差し止め求める仮処分を申請し、東京地裁は出版差し止め、小説の1週間以内の回収命じる

郷ひろみ『ダディ』／梁石日『血と骨』／五木寛之『大河の一滴』／『他力』／鈴木光司『ループ』／赤瀬川原平『老人力』／石田衣良『池袋ウエストゲートパーク』／佐藤正午『Y』／柳美里『ゴールドラッシュ』／矢作俊彦『あ・じゃ・ぱん』／山本文緒『恋愛中毒』／藤沢周『ブエノスアイレス午前零時』(芥川賞)／花村萬月『ゲルマニウムの夜』(芥川賞)／車谷長吉『赤目四十八瀧心中未遂』(直木賞)／平野啓一郎『日蝕』(芥川賞)

【漫画】

吉川英治原作・井上雄彦「バガボンド」(モーニング)／冨樫義博「HUNTER×HUNTER」(少年ジャンプ)／ほったゆみ原作・小畑健漫画「ヒカルの碁」(少年ジャンプ)／一色まこと「ピアノの森」(ヤングマガジンアッパーズ)

【テレビ】

「GTO」関西テレビ／「眠れる森」フジテレビ／「ショムニ」フジテレビ／「電波少年」日本テレビ

【CM】

「立つんだ湯川専務!」(セガ・エンタープライゼス)／「ヒューヒュー」(日本たばこ産業 出華原朋美)／「なっちゃん」(サントリー 出田中麗奈)／「マツモトキヨシでお買い物」(マツモトキヨシ 出アーノルド・シュワルツェネッガー)／「考える人」(NOVA外語学院)

冥友録

1・9◉**福井謙一**(79歳)ノーベル化学賞／1・28◉**石ノ森章太郎**(60歳)漫画家／3・20◉**須賀敦子**(69歳)文学者／6・10◉**吉田正**(77歳)作曲家／6・22◉**高田好胤**(74歳)薬師寺管主／7・14◉**リチャード・ディック・マクドナルド**(89歳)米・「マクドナルド」創設者／9・5◉**堀田善衛**(80歳)作家／9・6◉**黒沢明**(88歳)映画監督／11・11◉**淀川長治**(89歳)映画評論家／12・2◉**織田幹雄**(93歳)五輪三段跳び金メダリスト／12・30◉**木下恵介**(86歳)映画監督

1999
平成11年

世界人口が60億を突破した。わずか12年で10億人増加し、地球人口は20世紀初頭の4倍となった。「勝ち組負け組」や「学級崩壊」が流行語となり社会問題化、「誰でもよかった」と各地で無差別の通り魔殺人が発生した。文芸評論家の江藤淳が「もはや『形骸』」と自死し、東海村の核施設で杜撰な安全管理体制から国内初の臨界事故も起きた。「買ってはいけない」が約200万部のベストセラーに

出来事

1・1◉欧州連合加盟国のうち11カ国が、決済通貨としてユーロを導入

1・7◉米国でクリントン大統領の弾劾裁判開廷。モニカ・ルインスキーとの「不適切な関係」もみ消し疑惑も2月に無罪確定

1・14◉自自連立内閣発足。野田毅自由党幹事長が自治相で入閣

1・21◉新潟で高校生17歳が71歳女性を撲殺。「誰でもよかった」と供述

1・25◉コロンビア中西部で大地震。1000人以上が死亡

1・30◉ルワンダ政府は94年の大虐殺関与で収容の未決囚2272人が、98年1月から11月の間にエイズで死亡と発表

1・30◉中国西安から佐渡トキ保護センターに「友友(ヨゥヨウ)」「洋洋(ヤンヤン)」が到着

◀社長退任を表明した中内功ダイエー会長…1999年1月20日

1〜3月◉インフルエンザが猛威。死者1287人に上り、65歳以上が86%

2・1◉テレビ朝日の「ニュースステーション」は、「所沢市の野菜はダイオキシン濃度が高い」と誤報を大袈裟に報道。所沢産はじめ埼玉県産野菜が暴落

2・11◉都立広尾病院で、術後の女性患者が誤って消毒液を点滴され死亡。病院は事故隠蔽を工作

2・22◉NTTドコモはインターネットに接続できるiモードのサービスを開始

2・28◉広島の県立高校校長が首つり自殺。卒業式での日の丸・君が代の扱いに苦慮

2・28◉臓器移植法施行後、初の脳死臓器移植手術。心臓と肝臓、2つの腎臓がそれぞれ4人に、両角膜が2人に移植

3・20◉スイス人医師と英国人熱気球技師が、世界初の熱気球無着陸世界一周に成功

3・23◉ブリヂストン本社で、社長と面談中の元部長が割腹死。リストラに不満

▼自民党総裁選で大差で再選した小渕恵三首相(中央)と山崎前政調会長(左)、加藤前幹事長…東京・自民党本部 1999年9月21日

3・24◉コソボ紛争で、NATO軍はユーゴスラビア軍への空爆を開始。27日、サッカーJリーグ、ストイコビッチ選手らユーゴスラビア出身選手が、公式戦でNATO軍の空爆反対をアピール

3・24◉海上自衛隊機が能登半島沖で領海侵犯の不審船に爆弾を投下。防衛庁長官が初の「海上警備行動」を発令

3・24◉減反政策を巡り、国と争い、最高裁で農地明け渡し確定の秋田・大潟村の農家に対し、秋田地裁は強制執行

3・27◉日産と仏ルノーは資本提携。カルロス・ゴーンが日産最高執行責任者(COO)に就任

3・30◉政府は大手15行に公的資金7兆4592億円を資本注入

3・31◉改正食糧法が成立。翌日からコメの輸入が関税化

4・1◉改正労働基準法施行。企業にセクハラ防止義務。女性の深夜勤や休日労働が適法に

4・11◉インドは核弾頭搭載可能な新型中距離ミサイルの発射実験成功。14日には敵対するパキスタンがミサイル発射実験を強行

4・11◉国民銀行が経営破綻。5月に幸福銀行、6月東京相和銀行、8月なみはや銀行、10月新潟中央銀行も破綻

4・11◉第14回統一地方選挙。東京都知事に石原慎太郎当選。道府県議選で自民が過去最低、共産党が過去最高の議席。女性の議席は過去最高

4・12◉選挙運動員だった女子大学生に強制わいせつ容疑で、横山ノック大阪府知事を大阪地検に告訴

4・13◉安楽死推進の米国人医師ジャック・キボキアンに、第2級殺人罪で禁固10〜25年の判決

4・14◉リニアモーターカーの山梨実験線で有人リニアカーが世界最速552キロを達成

4・14◉山口・光市で、18歳の会社員が23歳の主婦と11カ月の女児を絞殺

4・20◉米・コロラド州の高校で男子生徒2人が自動

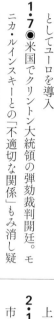

◀初登庁する
石原慎太郎・新東京都知事
…東京都庁　1999年4月23日

◀地域振興券交付
…名古屋市中村区
1999年3月21日

小銃を乱射し13人を射殺。23人にけが。乱射の2人は自殺

4・22◉旧伊王島炭鉱塵肺訴訟で、最高裁は総額4億6000万円の賠償命じた福岡高裁判決を支持。労災未認定者も救済する初判断

5・1◉「そこに山があるから」の名言で知られる英登山家ジョージ・マロリーの遺体が、75年ぶりにエベレスト山中で発見される

5・6◉新宿区のマンションで、慶応大学医学部の学生5人が、知人の18歳女子学生を酩酊させ集団で強姦

5・7◉情報公開法成立

5・24◉周辺事態措置法など日米防衛指針関連法成立。日米安保大幅強化

▼瀬戸内しまなみ海道開通。
来島海峡大橋の夜景
…1999年5月1日

5・25◉ポケベルの東京テレメッセージは会社更生法適用を申請。携帯普及で利用者激減

5・26◉インド軍は印パ国境カシミールのパキスタン武装勢力を爆撃（カシミール紛争）

6・4◉東邦生命に金融監督庁は業務停止命令。営業継続を断念し経営破綻

6・8◉長期信用銀行の粉飾決算疑惑で、東京地検特捜部は元頭取と元副頭取2人を逮捕。一、二審有罪も最高裁は無罪。同疑惑では元副頭取、大阪支店長ら3人が自殺

6・11◉政府は従来の説明を変更し、「君が代」の「君」は天皇とする初の統一見解

◀池袋通り魔事件の現場
…東京　1999年9月8日

6・15◉黄海の韓国側「緩衝海域」で、朝鮮民主主義人民共和国（北朝鮮）の魚雷艇と韓国警備艇が交戦

6・16◉厚生省は低用量経口避妊薬（ピル）を医療用医薬品に認可。9月から一般利用

6・20◉改定労働者派遣法成立。人材派遣の対象業務を原則自由化し、格差社会を誘発

6・30◉西日本で豪雨。28人が死亡、9人が行方不明

6・30◉富士見産婦人科病院事件（80年、埼玉県）の民事訴訟で、東京地裁は病院と医師らに5億円余の賠償命令。61人が正常な子宮や卵巣を摘出されたと訴え

7・5◉ブラジル・サンパウロの州立銀行本店で、武装強盗団が推定約20億5000万円を奪い逃走

7・8◉改正市町村合併特例法成立（2000年4月1日施行）。平成の大合併加速

7・9◉京都大学病院で世界初の生体ドミノ分割肝移植を実施

7・11◉割り箸を喉に突き刺し病院で治療を受けていた東京・杉並区の4歳男児が治療翌日に死亡。司法解剖で脳内に7・6センチの割り箸片

▶JCO臨界事故で被ばくした職員を、防護服を着て迎える放射線医学総合研究所の職員
…千葉市稲毛区　1999年9月30日

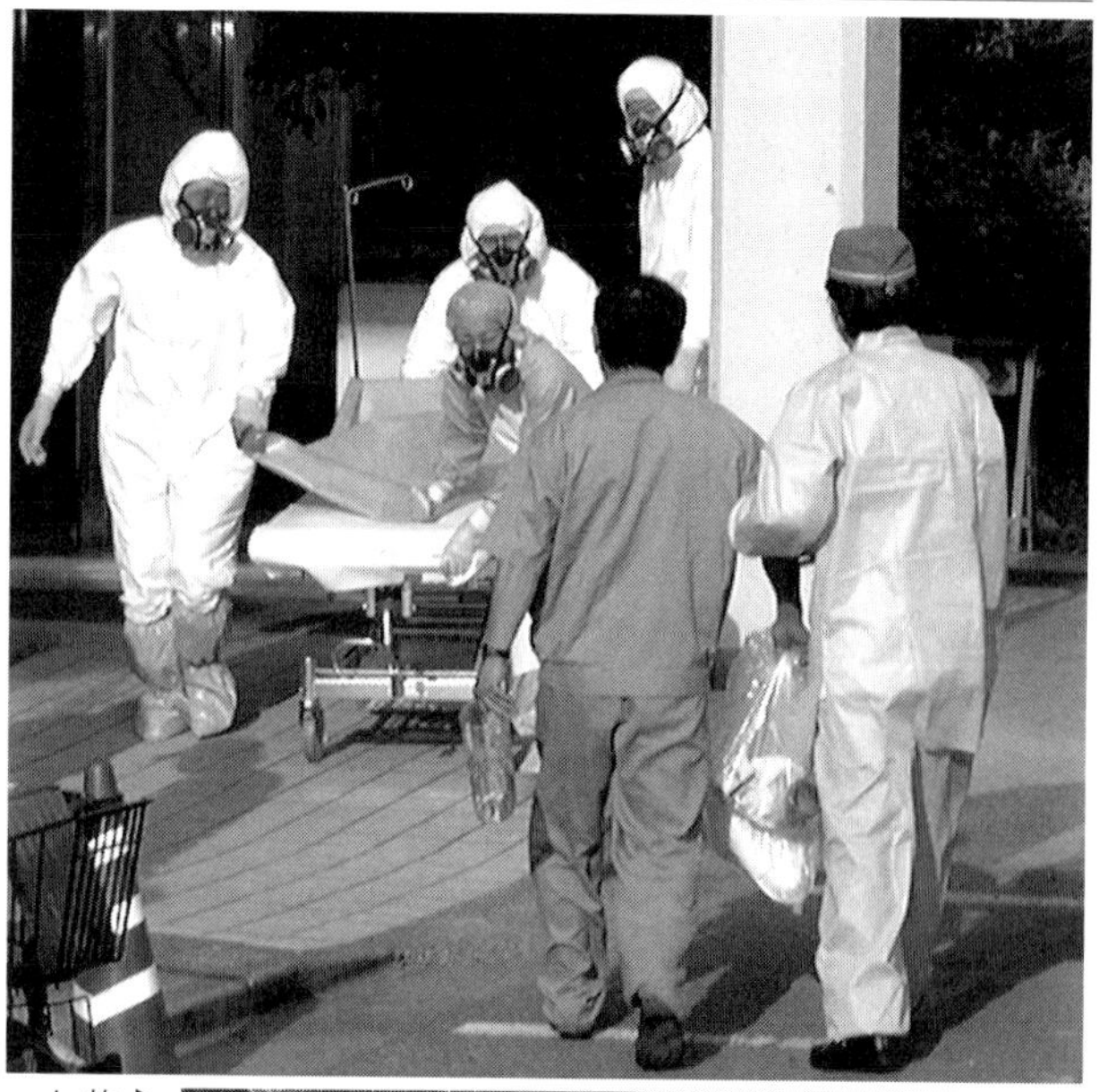

7・21◉東京・練馬で1時間に91ミリの記録的豪雨。地下室で男性が溺死

7・21◉評論家の江藤淳が自殺。「もはや『形骸』」と遺書

7・23◉28歳男が全日空機をハイジャックし、機長を刺殺

7・23◉第2次厚木基地騒音訴訟で、東京高裁は国に総額1億7000万円余の賠償命令

7・23◉日本債券信用銀行の前会長、前頭取らを粉飾決算の容疑で逮捕。一、二審有罪も最高裁は高裁に差し戻し

7・26◉厚生省は結核緊急事態を宣言

7・26◉国会審議活性化法が成立。政府委員制度を廃止し、党首討論、副大臣制度を導入

7・28◉大阪地裁は塩野義製薬の給与に性差による賃金差別があったことを認定し、元女性社員へ2980万円の差額支払いを命令

7・29◉衆参両院に憲法調査会設置を規定する改正国会法が成立

▶JCO臨界事故。放射能の検査を受ける避難住民
…茨城県東海村の舟石川コミュニティセンター　1999年9月30日

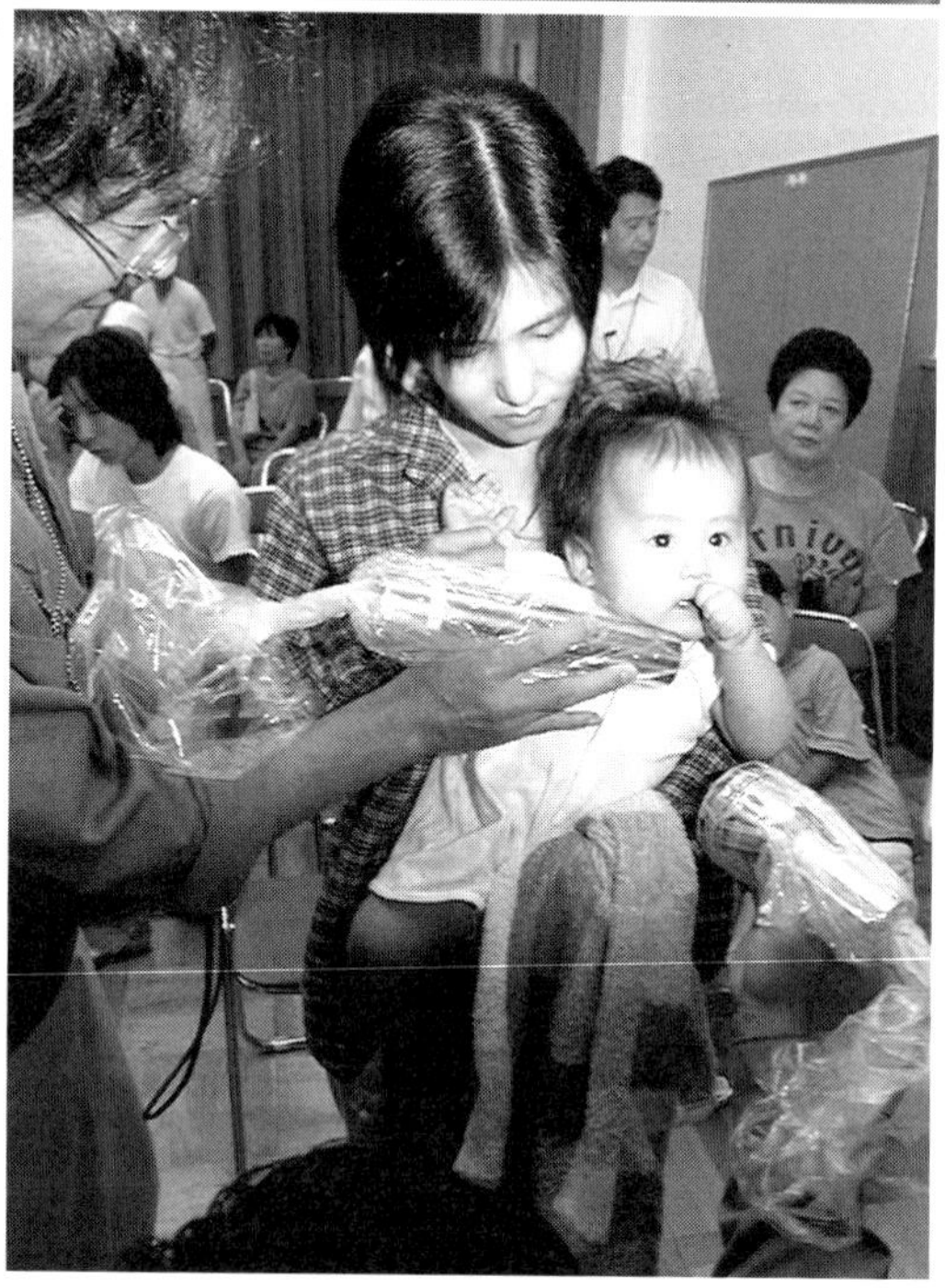

7・29◉米・アトランタの株取引仲介会社で乱射事件。株で巨額損失の男が9人を射殺し、自殺。事件前に妻子3人も殺害

8・2◉1963年の米国大使との会談で、大平正芳外相は核兵器搭載米艦船の寄港・通過を了解していたことが判明

8・9◉国旗・国歌法成立。同月13日施行

8・12◉通信傍受(盗聴)法成立

8・12◉改正住民基本台帳法成立。住民票にコード番号を付し一元管理

8・13◉改正外国人登録法成立。登録時の指紋押捺全廃も常時携帯制度は存続

8・14◉関東地方に大雨。神奈川・山北町の玄倉川が増水し、キャンプ中の家族ら13人が死亡

8・17◉トルコ北西部で大地震。政府発表で約1万7000人、民間推計で3万人以上が死亡

8・23◉キルギス共和国南部で、武装勢力が日本人技師、通訳ら7人を拉致

▼日産自動車リストラ計画発表。
カルロス・ゴーンCOOと塙義一社長…東京都内　1999年10月18日

9・8◉東京・池袋の路上で無差別殺傷事件。2人死亡6人が重軽傷。犯人の23歳の男は「だれでもよかった」と供述

9・21◉台湾中部で大地震。2400人超が死亡

9・22◉南京大虐殺、日本政府に損害賠償を求めた訴訟で、東京地裁は請求を退けるも、南京虐殺と731部隊の人体実験を歴史的事実と認定

9・29◉甲山事件第2次控訴審で、大阪高裁は被告人に無罪の判決。翌月確定。事件発生から25年が経過

9・29◉山口・下関駅構内で無差別殺傷事件。5人が死亡し10人が負傷。犯人の35歳男は「池袋の事件を意識した」と供述

▷小渕首相と鳩山由紀夫・民主党代表の党首討論…1999年11月17日

9・30◉茨城・東海村のウラン加工施設で国内初の臨界事故。周辺住民31万人に屋内待避要請。従業員と住民666人が被曝し、2人の社員が死亡

9月 ◉台風16、18号が相次いで列島に上陸し全国で33人が死亡、7人が不明に。24日には厳島神社の国宝社殿が倒壊

10・5◉自自公連立の第2次小渕改造内閣発足

10・12◉パキスタンで無血クーデター。ペルベズ・ムシャラフ陸軍参謀長が全権掌握

10・15◉国境なき医師団にノーベル平和賞

10・20◉インドネシア国民協議会本会議は、東ティモール独立を承認

10・26◉警察にストーカー被害を訴えていた大学生の女性が埼玉・JR桶川駅前で刺殺。元交際相手の男ら5人が共謀(桶川ストーカー殺人事件)。事件前、捜査員が告訴調書を改竄し、捜査せず

10・30◉韓国仁川でビル火災。高校生ら54人が死亡

10月 ◉商工ローン最大手、日栄の脅迫まがいの取り立てが社会問題に。「肝臓も目玉も売れ」と脅迫

11・9◉神戸製鋼所から現金3000万円の利益供与を得た疑いで総会屋を逮捕。同社専務ら3人も後に送検・起訴

11・10◉国会で初の党首討論。小渕恵三自民党総裁と鳩山由紀夫民主党代表

11・11◉東証はベンチャー企業向け新市場「マザーズ」を創設

11・11◉平成11年11月11日11時11分頃、JR6社のコンピューター端末約8000台が20分間停止。ぞろ目日時に発券注文殺到と推測も、システムは西暦処理されており原因は不明

11・11◉千葉・成田市内のホテルに66歳男性のミイラ化した遺体。家族が所属のセミナー主宰らは、「(男性は)回復過程」「生きている」と主張

11・14◉神奈川県警は元本部長ら9人の警察幹部、元幹部を犯人隠匿、証拠隠滅容疑で書類送検。警察官の覚せい剤犯罪を隠匿

11・22◉埼玉・狭山市の河川敷ゴルフコースに航空自衛隊のジェット練習機が墜落し、乗員2人が死亡。高圧送電線が切断され計80万世帯が停電し、首都圏の私鉄地下鉄がストップ

◁千葉・成田市内のホテルで66歳男性のミイラ化した遺体。逮捕された高橋弘二「ライフスペース」元代表…2000年2月22日

11・22◉政府は東ティモール避難民救済活動のため、自衛隊をインドネシアに派遣。援助物資を空輸

11・28◉ニュージーランドで世界初の「性転換女性」国会議員が誕生

12・2◉英国・北アイルランド自治政府が発足。対立する新旧両教会系の政党が参加

12・15◉改正政治資金規正法成立。政治家個人への企業・団体献金を禁止

12・20◉マカオは中国に返還。アジア最後の植民地は消滅

12・24◉イスラム武装グループがインド航空機をハイジャックし、乗客1人を殺害。31日、150人余の人質とインドで服役中のメンバー3人を交換

12・31◉パナマ運河が米からパナマに返還

12月 ◉日光の寺社がユネスコの世界遺産(文化遺産)に登録

2000年問題。大山鳴動鼠一匹の結末

話題

世界人口が60億人を突破。12年で10億人増加

かかと高が15〜20センチの厚底靴をはいて、髪は金や銀に染め、顔黒(ガングロ)に白いアイシャドーと白い口紅メークした少女たちが「ヤマンバ(山姥)」と呼ばれ、街に出現した

5月発売の『買ってはいけない』が200万部のベストセラーに。類似本、批判本多数

新書創刊ブーム　集英社・文芸春秋・平凡社、宝島社らが相次いで新書創刊

2・24◉米国ジャーナリスト、学者らが選んだ20世紀トップニュース100で、原爆投下が1位に。2位月面歩行、3位真珠湾攻撃

【暴言、放言、失言、妄言】

中村正三郎法相「(日本は)軍隊も持てないような憲法を作られて、それが改正できないともがいている」(1月4日賀詞交換会挨拶で)

石原慎太郎・東京都知事「ああいう人たち(重度障がい者)に人格あるのかね。ああいう問題って安楽死につながるんじゃないかという気がする」(9・17 病院視察の後)

西村真悟防衛政務次官「日本も核武装したほうがええかもわからんということも国会で検討せなアカンな」「集団的自衛権は『強姦されてる女を男が助ける』という原理ですわ」(10・19日発売の『週刊プレイボーイ』誌上の対談で)

【流行語】

勝ち組負け組/学級崩壊/シロガネーゼ/カリスマ(美容師、店員)/ヤマンバ/ブッチホン/リベンジ

【流行】

厚底靴

【新商品・ヒット商品】

アイボ/ファービー人形/リアップ(発毛剤)/iBook(ノートPC)/チョ

コエッグ(フルタ製菓)

【誕生】

ミニロト(4・1発売開始。数字選択式宝くじ)／しまなみ海道(5・1開通)／寝台特急カシオペア(7・16運行開始)／上野動物園両生・爬虫類館(7・20開館)／『るるぶじゃぱん』(JTB)

【さよなら】

東急日本橋店(1・31閉店。白木屋時代から336年の歴史に幕)／東京証券取引所株式立会場(4・30 121年の歴史に幕)／和文タイプライター(5月生産中止)／上野駅18番ホーム(9・11閉鎖 集団就職列車の到着ホーム)

▶映画「マトリックス」のPRのため来日したキアヌ・リーブスさん(右)とキャリー・アン・モスさん …1999年8月

【スポーツ】

2・12◉横浜フリューゲルスのサポーターらが作った新チーム横浜FCが準会員として条件付きでJFLに加盟

2・26◉ノルディックスキー世界選手権のジャンプノーマルヒルで、船木和喜、宮平秀治、原田雅彦がメダル独占

3・7◉古河電工アイスホッケー部が創部73年余で廃部

4・4◉選抜高校野球大会で沖縄尚学は春夏通じ沖縄県勢初の全国制覇

4・23◉米大リーグ・カージナルスのフェルナンド・タティス内野手は、大リーグ史上初の1イニング2満塁本塁打を記録

5・13◉野口健がエベレスト登頂に成功。7大陸最高峰全てに25歳の最年少で登頂

5・17◉日本高校野球連盟は、京都韓国学園硬式野球部の加盟申請を承認

5・26◉大相撲の武蔵丸が第67代横綱に昇進

6・6◉テニスの全仏選手権でアンドレ・アガシ(米)が優勝し、30年ぶり5人目の生涯4大大会制覇

6・6◉ゴルフの全米女子オープンで、ジュリ・インクスター(米)が優勝し、女子ゴルフ史上4人目の4大大会制覇を達成

6・11◉JOCは選手の商業活動の自由を条件付きで承認。マラソンの有森裕子のプロ活動が可能に

6・16◉陸上男子100メートルでモーリス・グリーン(米)が9秒79の世界新記録

7・5◉囲碁の新本因坊に初挑戦の趙善津9段。本因坊治勲の11連覇を阻む

7・31◉ボクシングWBAスーパーフライ級王座に戸高秀樹

9・9◉テニスの全米オープン混合ダブルスで、杉山愛・マヘシュ・ブパシ(インド)組が初優勝

10・24◉シカゴ・マラソンでハリド・ハヌーシ(モロッコ)が、史上初めて2時間6分を切る2時間5分42秒の世界最高記録で優勝

10・28◉プロ野球日本シリーズ、福岡ダイエーは球団創設初優勝。福岡ダイエー4−1中日

11・19◉「20世紀の世界スポーツ賞」にアリ、ペレ、ジョーダン、コマネチら11人を選出

11・4◉東京六大学野球史上初の日本人女性選手、竹本恵投手(東大)は、秋季新人戦にデビュー登板

12・21◉卓球の全日本選手権に小学5年生の福原愛が出場し、史上最年少で初戦を突破

【科学・学術】

1・19◉奈良国立文化財研究所は、奈良・明日香村で出土の「富本銭」はわが国最古の流通貨幣と発表

1・31◉米・アラバマ大研究チームは、エイズウイルスが西アフリカに生息するチンパンジーの持つウイルスに由来すると解明し発表

4・23◉日・米・エチオピアの研究チームが約250万年前の地層で発見した人骨化石は新種の猿人と判明。人類進化解明の手掛かりに

6・11◉インド洋海底に2000万年前に海面下に沈んだ「失われた小大陸」を発見

6・28◉高エネルギー加速器研究機構は、素粒子のニュートリノに質量があることを検証

7・30◉石川県白山山系にある白亜紀初期の地層から国内初の肉食恐竜オビラプトロサウルスの左手指先の化石を発見

11・22◉前期難波宮から実年の分かる国内最古の木簡が出土。「戊申年」と記載

▶『買ってはいけない』が200万部のベストセラーに。類似本、批判本も多数

【文化・芸術・芸能】

3・3◉「だんご3兄弟」のCD発売。350万枚の大ヒット

3・21◉米アカデミー賞で伊比恵子監督「ザ・パーソナルズ」がドキュメンタリー短編賞を受賞

5・4◉3月10日発売の宇多田ヒカルの初アルバム「ファースト・ラブ」が売上げ523万を超え、日本音楽史上最高を記録。年末には700万枚超える

5・28◉イタリア・ミラノで、レオナルド・ダビンチの「最後の晩餐」の修復が終わり一般公開。77年から修復作業

8・1◉GLAYの野外コンサート(幕張メッセ)に、過去最高の20万人

が熱狂

8・11◉10月発売予定の忌野清志郎のCDアルバムが発売停止に。パンクロック版「君が代」を収録

10・10◉パガニーニ国際バイオリンコンクール(イタリア)で、庄司紗矢香(16)が優勝

10・18◉実名小説『三島由紀夫——剣と寒紅』をめぐる訴訟で、東京地裁は手紙の引用は著作権侵害と認定し、出版禁止と賠償金500万円の判決

10月◉コミック『バガボンド』(井上雄彦)の累積発行部数が8カ月で350万部に

▲ヤマンバ、ガングロギャル

【音楽】

宇多田ヒカル「Automatic」／モーニング娘。「LOVEマシーン」／Kinki Kids「フラワー」／Dragon ash「Grateful Days」／天童よしみ「珍島物語」／速水けんたろう、茂森あゆみ「だんご3兄弟」／GLAY「Winter, again」＝レコード大賞

【映画】

外国映画『ライフ・イズ・ビューティフル』伊 監・演ロベルト・ベニーニ／『恋におちたシェイクスピア』米 監ジョン・マッデン 演グウィネス・パルトロー、ジョセフ・ファインズ／『マトリックス』米 監L＆A・ウォシャウスキー 演K・リーブス、C-A・モス／『運動靴と赤い金魚』イラン 監マジッド・マジディ 演ミル＝ファロク・ハシェミアン／『セントラルステーション』ブラジル 監ヴァルテル・サレス 演フェルナンダ・モンテネグロ

日本映画『鉄道員(ぽっぽや)』(「鉄道員(ぽっぽや)」製作委員会) 監降旗康男 演高倉健／『MOTHER』監諏訪敦彦 演三浦友和、渡辺真紀子／『ナビィの恋』(イエス・ビジョンズ) 監中江裕司 演西田尚美、平良とみ

▼江藤淳

▲盛田昭夫

◀糸川英夫

【出版・文芸】

乙武洋匡『五体不満足』／桐生操『本当は恐ろしいグリム童話』／坪内祐三『靖国』／J・K・ローリング『ハリー・ポッターと賢者の石』／天童荒太『永遠の仔』／東野圭吾『白夜行』／井上ひさし『東京セブンローズ』／川上弘美『溺レる』／河野多恵子『後日の話』／高樹のぶ子『透光の樹』／赤坂真理『ヴァイブレータ』／岩井志麻子『ぼっけえ、きょうてえ』／佐藤賢一『王妃の離婚』(直木賞)／桐野夏生『柔らかな頬』(直木賞)

▲10月に閉館が決まった道頓堀中座…大阪市中央区

【漫画】

岸本斉史「NARUTO」(少年ジャンプ)／井上雄彦「リアル」(ヤングジャンプ)／許斐剛「テニスの王子様」(少年ジャンプ)／浦沢直樹「20世紀少年」(ビッグコミックスピリッツ)／黒乃奈々絵「新撰組異聞 PEACE MAKER」(月刊少年ガンガン)

【テレビ】

11・14◉フジテレビはバラエティー番組「愛する二人別れる二人」にやらせがあったことを公表し、番組を打ち切り

「元禄繚乱」NHK 大河ドラマ／「サラリーマン金太郎」TBS／「日本 映像の20世紀」NHK教育／「あすか」NHK

【CM】

「サカイ〜、安い〜、仕事きっちり」(引っ越しのサカイ 出徳井優)／「デキタテ飲ムカ、フジワラノリカ」(タカラCANチュウハイ 出藤原紀香)

冥友録

1・25◉三木のり平(74歳)喜劇俳優／**1・31◉ジャイアント馬場**(61歳)プロレスラー／**2・9◉久野収**(88歳)思想家／**2・21◉糸川英夫**(86歳)日本のロケット研究草分け／**3・7◉S・キューブリック**(70歳)米・映画監督／**5・6◉東山魁夷**(90歳)日本画家／**6・24◉別所毅彦**(76歳)プロ野球選手／**6・28◉田中千代**(92歳)服飾デザイナー／**7・21◉江藤淳**(66歳)文芸評論家／**9・22◉淡谷のり子**(92歳)歌手／**10・3◉盛田昭夫**(78歳)ソニー名誉会長／**10・10◉中村元**(86歳)インド哲学研究者／**11・3◉佐治敬三**(80歳)サントリー会長

「Jリーグ開幕」とW杯「ドーハの悲劇」

ノンフィクション作家
黒井克行

◀Jリーグ開幕戦
ヴェルディ川崎・横浜マリノス。
写真中央は川崎のラモス選手
…東京・国立競技場　1993年5月

「サッカーW杯」は、今や誰もが知るオリンピックと並ぶ国際的なスポーツの祭典だ。だが、昭和世代にはよほどのサッカーファンでなければ別世界での出来事でしかなかった。

そもそも2018(平成30)年ロシア大会で21回の開催を数えたが、1994年のアメリカ大会まで日本は1度も出場できず、昭和世代にとって、いわば〝対岸の火事〟みたいなものだった。参加したくても日本の実力では遠く及ばない世界の舞台だったのだ。

東京オリンピック(64年)の翌年に「日本サッカーリーグ(JSL)」が創設され、一歩、いや半歩前進した。日本のサッカーは黎明《れいめい》期にあったが、68年のメキシコオリンピックで開催国メキシコを降し、銅メダルに輝くや人気は急上昇した。とはいえ、まだ世界との実力差は歴然で、W杯やオリンピックのアジア予選で韓国に1度も勝ったことがなかったのだ。

86年、アジア地区最終予選でW杯出場へあと一歩のところまでいったが、韓国の前に涙をのんだ。当時の日本代表の森孝慈監督は、「韓国に追いつくには、日本にもプロリーグをつくるしかない」と訴えたが、結局、実現にはそれから5年を要するのである。

93年5月15日。その2年前に発足した「日本プロサッカーリーグ(Jリーグ)」の待望の開幕戦が、国立競技場(東京都新宿区)で行われた。今はJ1からJ3まで58のクラブがリーグに参加するが、当時はJ1だけの10クラブからのスタートだった。開幕戦は開始の8時間前からすでに開場を待ちわびるサッカーファンで長蛇の列ができ、川淵三郎リーグチェアマンが「Jリーグ開会」を宣言するや国立競技場は興奮に包まれ、テレビも地上波では32・4%(関東地区)の高視聴率を稼いだ。

「Jリーグ元年」のこの年の観客動員数は、目標の1試合平均1万人を大きく上回る1万7976人を記録し、〝Jリーグバブル〟といわれた。「Jリーグ」はこの年の流行語大賞にも輝いたのである。

「Jリーグ」の思惑は日本サッカーの水準向上とその結果としてのW杯出場にあった。そこへ通じる着実な一歩が踏み出されたわけで、実際にW杯が意識され始めた。

94年に開催されるアメリカ大会のアジア地区最終予選の6カ国に残った日本代表は、最終節を残し首位に立っていた。上位2カ国が本大会出場の切符を手にすることができるが、すでに日本は韓国にも勝ち、「今度こそ」と期待はいやが上にも高まっていた。

93年10月28日、カタールの首都ドーハ、「アルアリ・スタジアム」。対イラク戦。

日本は勝てば他の試合結果に関わらず無条件でW杯出場が決まる。イラクはこの時点ですでにその可能性が絶たれていたが、失点は多いものの、得点力のある油断のならぬ相手だ。

試合は2対1の日本の1点リードで後半もロスタイムに入ろうとしていた。あと1分か2分、このリードを守り抜けば、念願のいや

▶川淵三郎氏
…2018年9月

悲願のW杯出場を手にできる。この時、川淵は「（Jリーグ開幕に続いて）こんなにすべてがうまくいっていいのかな」と、九分九厘、手にしかかっている権利に対してまだ確信を持てずにいた。

これが最後のプレーと思われたイラクのコーナーキックは、一瞬の隙をつくショートコーナーだった。ふわりと放物線を描いて浮かんだボールは、ゴールキーパー松永成立の頭上を越え、ゴールに吸い込まれていった。

「ああ、やっぱりな。神様はそうさせるはずはないって。思っていた通りだ」

川淵の当たってほしくない不安が的中した。イラクのまさかの同点ゴールが決まったその瞬間、控えを含むほとんどの日本人選手は愕然《がくぜん》とその場に倒れ込んだ。すぐに日本のキックオフで試合が再開されるも、無情のホイッスルが鳴らされた。日本は得失点差で、お人よしにも韓国にW杯の切符を譲ることになった。

▼アジア地区W杯最終予選
対イラク戦引き分けで
代表権を逃した日本
…カタールのドーハ　1993年10月

これが「ドーハの悲劇」である。

失意のうちに帰国する選手を乗せたチャーター機が到着した成田空港には数百人ものサポーターが温かく出迎えた。悔しさを滲ませた松永の言葉が日本の今後を暗示させた。

「日本はサッカー先進国の途上だからこうなんだ。これがドイツやブラジルやスペインだったらこうはならない。ここでブーイングされる時こそが日本サッカー界のスタートだ」

日本は4年後のフランス大会でW杯初出場を果たしたが、予選リーグ3連敗での帰国時に城彰二が水をかけられるアクシデントがあった。

そんな日本が今、世界の強豪国に一泡ふかせるまでになった。（敬称略）

▲ヴェルディ川崎の三浦知良選手
…東京・国立競技場　1993年12月

くろい　かつゆき――1958年、北海道生まれ。早稲田大学第一文学部卒業後、出版社勤務を経てノンフィクション作家。人物ドキュメントやスポーツなどの執筆活動を展開。『指導者の条件』『男の引き際』『高橋尚子 夢はきっとかなう』など著書多数。

新たに出現した反社会集団「半グレ」の成立と実態

ノンフィクション作家・ジャーナリスト
溝口 敦

◀「半グレ」は平成になって誕生した

半グレが平成期に誕生したことは間違いない。半グレが最初に注目されたのはオレオレ詐欺の実行グループとしてだが、オレオレ詐欺が創始されたのは２００３(平成15)年ごろとされるからだ。

同じ年、大阪・八尾市の主婦(当時69歳)がヤミ金から3万円を借り、厳しく無法な取り立てで夫と長兄に相談、3人で線路にうずくまって鉄道自殺をする悲惨な事件が起きた。この事件はヤミ金の悪辣《あくらつ》さを強く社会に印象づけ、社会的なヤミ金批判と法規制をもたらした。

結果、借り手の中には、ヤミ金で借りたカネは返さなくていいという風潮さえ生まれた。ヤミ金社員はふてくされ、「カネを貸しても利息どころか元金さえ返してもらえない。それなら貸してもいない客を騙《だま》してカネを引っ張ってやる」というノリで、オレオレ詐欺を始めたと、当時の詐欺グループ創始者は言う。

つまりオレオレ詐欺はたまたまヤミ金から発生した。であるなら、ヤミ金の歴史から半グレの誕生を説いてもよさそうだが、これができそうにない。

というのは、ヤミ金は山口組の直系団体「五菱会」(静岡県、その後清水一家に改称)が創始したからだ。あくまでも暴力団の創始ということは動かせない。

当時のヤミ金の平均的な金利はトイチ(10日に1割の利子)やトサン(10日に3割)ではなく、トゴ(10日に5割)が主流だった。しかもトゴとはいっても、たとえば客に4万円を貸し付けたとすれば、金利の前払いとして2万円をその場で差し引き、実際には2万円しか客に振り込まなかった。

おまけに客に元利完済を許さず、元金を据え置いたまま利息だけ支払わせる「ジャンプ」を強いて、最初の2万円の貸し付けだけで何回も高利をむさぼった。基本はやらずぶったくりで、ここから無から有を生じるオレオレ詐欺が発生した。

とすれば、少なくとも暴力団が半グレを生んだとはいえそうだが、両者の間には微妙な緊張と違いがある。

五菱会のヤミ金社員には組員もいたが、多くは無料の求人誌などでの募集に応えたふつうの若者だった。高校や大学を出て職がなく、ヤミ金を「金融機関」と錯覚して就職する者も少なくなかった。

彼らはヤミ金の仕事に従事するうち、強圧的な督促で貧者や弱者を追い込み、むりやり取り立てを行うなど、自らの悪行に慣れていった。世の中はカネがすべて、カネを持っている人間が勝ち、といった世界観も身につけていった。後にオレオレ詐欺に流れる若者たちはヤミ金により半グレに仕立てられたといっていい。

半グレというと「関東連合」など元暴走族を連想する人が多いだろうが、出身はさまざまである。広義の定義づけとしては「暴力団に所属しない組織犯罪グループ員」と見るべきだろう。

彼らは暴力団員ではないから、暴力団対策法も暴力団排除条例も適用されない。したがって暴力団と違って新しく銀行口座を作るのも、月払いのローンで車を買うのも、住宅を賃借するのも、ゴルフコースに出るのも、保険に入るのもすべて自由、法的身分としては一般人と変わらない。暴力団に籍を置かないことのメリットは十分すぎるほどある。

警察は半グレの中の有名銘柄である「関東連合」OBや「怒羅権」(注1❖)OBなどを「準暴力団」としているが、だからといって、警察のアーカイブに彼らについてのデータがあるかといえば、ほぼ皆無である。彼らは暴力団と違って同業者団体との交際などしないから、

注1❖中国残留孤児2世、3世を中心にして
1980年代後半に結成された暴走族グループ
注2❖ほとんどルールがなく、ケンカに近い格闘技。
倉庫や広い飲食店などが会場になる

外部にデータが漏れない。しかもジョブごとにメンバーを組み替える。警察は詳細を把握しようがない。

半グレの特徴としては20～40代ぐらいまでで、暴力団に比べ若年層が多い。また暴力団と違って自分に前科がつくことを嫌い、総じて経済犯罪は行っても、直接的な暴力は振るいたがらない。

暴力団に加われば、当初は組事務所詰めなど、昔の三下修業的な業務を強いられる。電話番、客人へのおしぼりや茶菓のお運び、靴揃《そろ》え、灰皿掃除、親分の犬の散歩、食料品の買い出しなど、雑多な業務を押し付けられる。

しかも無給であり、たまに親分や兄貴分に小遣いをもらう程度だ。独り立ちを許されても、親分や兄貴分にシノギの仕方を教わりながら稼ぐ毎日で、上から給料をもらうどころか、月々組事務所に会費を運ばなければならない。組に代紋の使用を許されたから親も手を焼いても、シノギができるという考えからである。

こんな生活はバカバカしい、できないと、ほとんどの半グレは考える。親分や兄貴分にへいこらするぐらいなら、暴走族時代や会社時代の先輩や元同僚と組んで、ひっそり金儲《もう》けしたほうが気楽だ。半グレの多くは内心、暴力団をバカにしている。ヤクザは組に尽くしながら貧乏暮らし。夜の街で札びらを切り、後輩や女性に格好いいところも見せられない。「あーはなりたくないね」という感想を持つ。

半グレの中には地下格闘技（**注2❖**）の出身者もいる。暴力大歓迎の要員もいるのだが、およそ彼らは暴力団に近づきたがらない。縁を持てば、たかられ、毟《むし》られるだけと考えているからだ。

しかし、中には暴力団好きもいるし、「関東連合」OBなどでは住吉会や弘道会など、暴力団に籍を置く者もいる。揉《も》め事の際、おたくの名を出していいかと、暴力団にケツモチ（後見役）を頼む半グレもいる。逆に10代、20代の若者が珍しく組に入りたいと願い出ると、「あんたはまだ若い。なにも暴力団で苦労することはない」といって、最初からヤクザ登録せず、傘下の半グレグループに入れる組長もいる。

しかし、半グレは暴力団と一線を引くのが基本である。両者を混同されて得になることは一つもないからだ。

新しいシノギの創出力という点では圧倒的に半グレが優れている。若手が多いからパソコンもゲーム機もiPhoneも使いこなせる。ネットの深部から情報を収集することもできる。今の時代、多少のIT技術が新しい金儲け法の探索、創出には絶対必要である。ヤクザはどの組でも幹部層が軒並み70代、場合によっては80代と高齢化しているから、とうてい新シノギの創出力は持ち得ない。

オレオレ詐欺、危険ドラッグ、金塊密輸、仮想通貨など、新しいシノギはすべて半グレが始めた。暴力団は半グレに倣って新シノギを始めたり、半グレを傘下に加えて新シノギに参入したり、概して半グレの後塵を拝している。

今行われているシノギの中で暴力団が専売するのは覚醒剤だけ、独占的にシェアを占めているのは闇カジノだけと言って過言ではない。覚醒剤は密造、密輸、密売、使用、すべて実刑を科される危険がある。扱うにはそれなりの覚悟が要る。シャブ屋は懲役覚悟のプロなのだ。

半グレは前記の通り逮捕や前科がつくことを恐れるから、覚醒剤の代わりに危険ドラッグの製造、輸入、販売を手掛けた。危険ドラッグは一時「合法ドラッグ」「脱法ドラッグ」として平気で盛り場で売られていたことに明らかなように、この手のクスリやハーブを手掛けても、縄付きになる心配がなかった。

だが、厚労省は05（平成17）年から「脱法ドラッグ対策のあり方に関する検討会」を開き、次々に登場する新規薬物に対し、迅速に対応できる規制法を研究し始めた。結果、翌06年に薬事法を改正し、「指定薬物」制度を導入、有害性が十分に証明されていない段階でも、びしびし取り締まれる対応を可能にした。

これにより07年に31物質、08年6物質、09年6物質、10年5物質、11年18物質、12年9物質と、次々と指定薬物の範囲を拡大、モグラ叩きのように各種危険ドラッグを軒並み潰した。

この「指定薬物」制度で半グレは危険ドラッグから撤退した。間違ってもヤクザが専売する覚醒剤に手を広げようとしなかったのは、暴力団とシノギでぶつかりたくない、極

◀警察との「攻防戦」が続く

刑覚悟のシノギなど真っ平ご免という気持ちからだったろう。

　この間も半グレたちは一貫してオレオレ詐欺に従事していた。オレオレ詐欺は警察の分類によると、「特殊詐欺」の中の「振り込め詐欺」に分類される。他の「振り込め詐欺」としては架空請求詐欺、融資保証金詐欺、還付金詐欺があり、大きなグループはたいてい全部を手掛けている。私が取材した大グループの元主宰者は04年に新札に切り替えられたばかりのイラクのディナール紙幣を日本に持ち込んだ。紙幣の最高額面は2万5000ディナールで、日本円で2000円ほどの価値しかない。日本でディナールはどの銀行でも両替できないが、ただイギリスの印刷で見栄えだけはいい紙幣である。

　元主宰者はイラク経済が復興すれば、2万5000ディナールが850万円にも急騰すると部下にセールストークを仕込み、全国で売りまくった。実際には紙くず同然の外国紙幣で、彼らがやっていることは詐欺だったが、それでも売れ筋の商材になった。ある日、首都圏の暴力団が訪ねて来て、「うちでも扱わせて下さいよ」と頭を下げたというから、半グレのシノギ創造力に納得していただけよう。

　日本では消費税が14年から8%に上がった。以来、日本で金塊を買うと、8%の消費税がかかる。売るときは逆に金の地金屋が黙って8%の消費税を上乗せして買ってくれる。金塊は世界どこで買おうと同じ値段である。しかし、香港やシンガポールで買うと、消費税や付加価値税はいっさいかからない。無税で買える。

　半グレたちはこの事実に着目した。香港やシンガポールで金塊を買い付ける。LCC(格安航空会社)利用で帰国する。金塊を身につけ、通関の際、申告せずに日本に持ち込む。成功すれば、貴金属店で黙って8%分上乗せで買い取ってくれる。

　金は現在1キロ450万円ぐらいだから、10キロ持ち込めば360万円の粗利が上がる。LCCの料金は安く、香港なら日帰りも可能、宿代もかからない。8%は必要経費をカバーできる儲《もう》けではないか。多数の運び屋を雇い、各自に金塊を持たせて日本に持ち込めば儲かると考えたのが半グレの最初の発想だった。

　儲けは消費税のタダ取りだから、一見被害者が見えない。露見したところで消費税や罰金を取られるぐらいで実刑にはならない。半グレ好みの経済犯罪といえよう。

　これで金塊密輸は急増した。暴力団さえ噂《うわさ》を聞きつけて参入した。税関もさすがに気づき、金を無税で買える空港からの帰国便をとりわけマーク、警戒した。

　そこで半グレたちも新手を案出した。香港からの帰国便がマークされるなら、韓国・ソウル経由の香港便を利用しよう。韓国は日本と同様、金塊の購入に課税されるから、韓国で金を買うメリットはなく、税関はノーマークのはずだ。

　現在、国は無申告に対してペナルティーを科し、外国の刻印のある金インゴットの買い付けを貴金属商などに控えさせている。また刻印のない純金(24金)の買い上げを安くして、とうてい8%の消費税部分ではカバーできないよう仕組みを改めた。

　これで猖獗《しょうけつ》を極めた金塊密輸はペイしない、もう終わりだと考える半グレが多くなった。今どき金塊密輸にたずさわるのはよほどの情報音痴なのだ。半グレたちは危険ドラッグでもそうだったが、国の規制が強まれば無理押しせず、簡単に撤退する。

　ビットコインなどの仮想通貨に対しても、今は限定的に構えている。金脈を持つ半グレは電力料金の安い海外に工場を建て、マイニング(採掘)に専念している。

　別の半グレは買い手が多い香港などに出かけ、ビットコインの相対取引をやっている。ビットコインは取引の都度、ブロックチェーン技術で電子的な台帳に記録していくが、この半グレは取引所を通さず、単に買い手のアプリ上のウォレット(財布)に入金するだけだ。

　すなわちハッキングなどで取引所から不正に流出した仮想通貨を、

▲梅沢富美男さんを起用した特殊詐欺被害防止を訴えるポスター …青森県警　2018年4月

▼銀行のATMでオレオレ詐欺への注意を呼びかける …神戸市　2004年8月13日

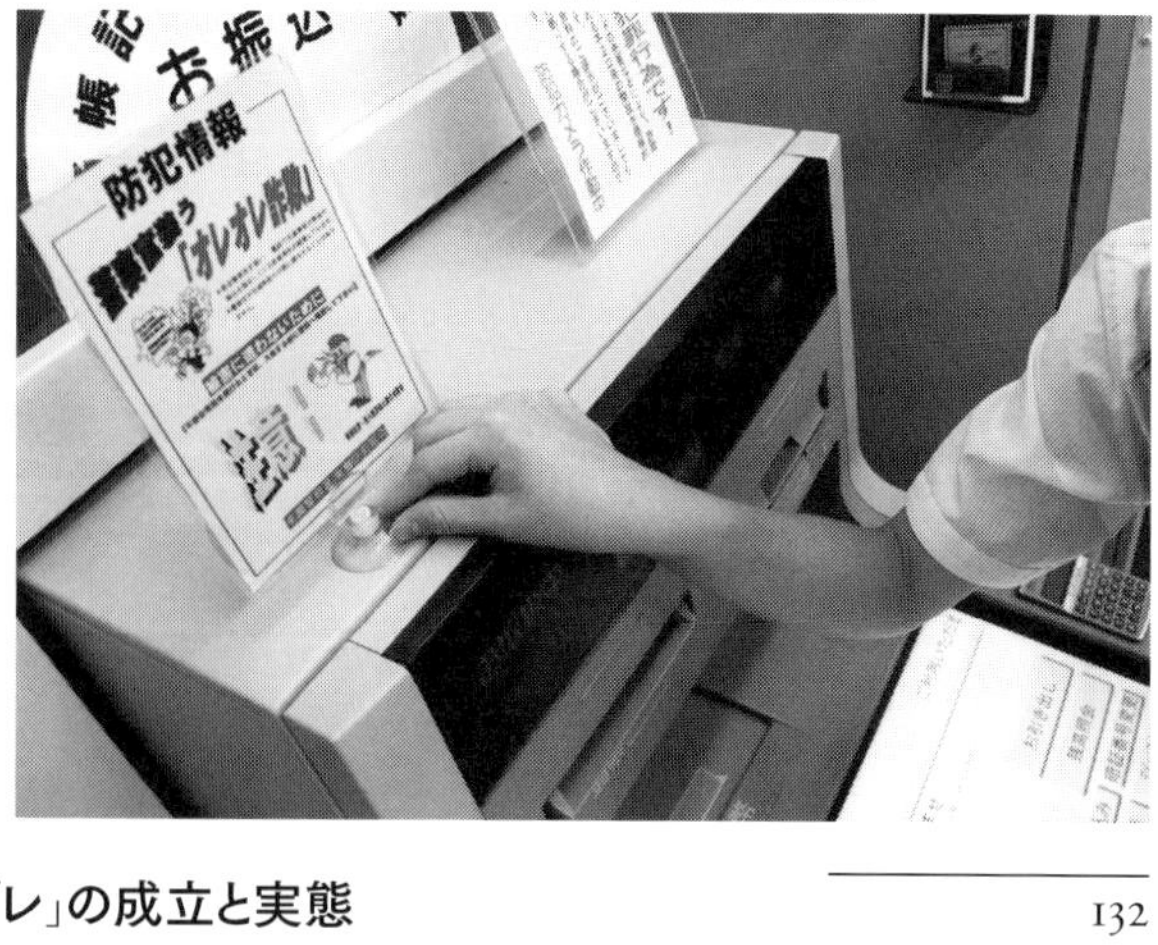

内密に第三者に売却する場合、ブロックチェーン技術での台帳記録なしに処理する方式をとらざるを得ないが、それと同じ方式による相対取引である。

彼ら自身は仲介的な手数料で稼ぐが、限りなくいかがわしい商売にちがいない。おそらく取引の本質は買い手のためのマネーロンダリングであり、仮想通貨は天井知らずで上がると信じる買い手だけに通用する商法だろう。

ところで平成最後の年末となった18年12月中旬までに、大阪府警南署は府下最大勢力の半グレグループ「アビス」のメンバー55人（うち少年23人、女10人）を傷害容疑などで逮捕、送検した。

大阪の半グレ集団として一時勢威を極めていたのは「強者」（注3❖）だが、メンバーが数々の暴力事件を起こして13年に解散、「強者」の後身団体として「アウトセブン」、他に年少者が主体の「アビス」がある。「アビス」は総勢120人、リーダー格の男は20歳だった。

同グループはミナミの飲食店や風俗店からみかじめ料を徴収したばかりか、直接17店ものガールズバーを経営していた。ガールズバーは原則若い女性がカウンター越しに接客して、客の隣に座らない方式である。気軽さが売りで、店の内装に凝る必要はなく、料金を低額に設定できる。

だが、「アビス」はときに1人の客に65万円も請求し、客が支払いを拒否すると、店員が監禁、暴行するなど、暴力的なぼったくりを重ねていた。17年9月から18年10月までのぼったくり被害者数は264人、被害の最高額は125万円で、被害額の総額は2191万円に上ったという。

半グレとしては異例なほど暴力的なやり口であり、大急ぎでカネ集めをしなければならない事情でもあったのかと思われる。

大阪でもともと半グレに影響力を持つ暴力団は、元山健組に属し、今は六代目山口組直系、極心連合会（橋本弘文会長）の副会長に座った二代目兼一会（植野雄仁会長）、神戸山口組の直参である太田興業（太田守正会長）、そして任侠山口組（織田絆誠代表）の三つである。

これら暴力団は組員をしてミナミの飲食店や風俗店に対し、みかじめの徴収に動かせば、警察に摘発されかねない。そのため半グレを下請け的に徴収代行に使ったと見られる。

半グレの幹部クラスは暴力団と何らかの形でつながっているが、大部分はヤクザ登録していない。前記したように組員としての登録は暴力団にとっても、半グレにとっても、損だからだ。登録するよりミナミのガールズバーに見るように、がむしゃらに稼がせ、その中から組に上納させたほうが効率的と判断したものだろう。

南署によれば、「アビス」全店での月の売り上げは5000万円以上、うち30万～50万円が任侠山口組に渡っていたという。月5000万円の売り上げに比べ、上納金50万円程度は少なすぎる感じだが、任侠以外の暴力団にも上前をはねられていたと見られる。

任侠山口組は分裂した山口組3派の中では少数勢力のせいか、前から半グレ集団に対しては親和的である。

半グレ集団は大阪では、暴力団とぴっちり画したはずの境界線が揺らぎ始めている。実態はむしろ青少年犯罪集団というべきで、暴力を振るうことや逮捕されることもためらわない。

とはいえ、ガールズバーの経営やぼったくり商法は新シノギとはいえない。実際、半グレの多くは金塊密輸の後、これといった新シノギを創出できずにいる。都心の一部地域の地上げで、夜の新宿や六本木でブイブイいわせている半グレも登場しているが、地上げといえばバブル期の古典的シノギであって手法として新しさはない。

半グレの多くは、たとえばITやAI利用の、誰もがアッと驚くような目覚ましいシノギを希求しているが、今はシノギの端境期といえよう。先祖返りなのか、はがき利用の特殊詐欺や押し込み強盗風の受け子の登場など、半グレたちは食いつなぎに必死である。

注3❖地下格闘技を開催することなどによって勢力を拡大したグループ

みぞぐち　あつし……1942年生まれ。早稲田大学政経学部卒業。骨太かつ精緻な取材と論評は国内外で評価が高く、とりわけ暴力団や闇社会については第一人者。2003年に上梓した『食肉の帝王』は第25回講談社ノンフィクション賞や日本ジャーナリスト会議賞などを受賞。11年には『暴力団』がベストセラーになった。

高橋尚子はなぜ初の金メダルを取れたのか

ノンフィクション作家
黒井克行

「すごく楽しい42キロでした」

2000（平成12）年9月24日。金メダルのゴールテープを切った後、高橋は笑顔でインタビューにこう答えた。

取るべくして取ったメダルだが、その道程は決して楽しいはずのないいばらの道だった。

そもそも若い時から注目されるランナーではなかった。

「高校2年の時に都道府県対抗女子駅伝の岐阜県代表のメンバーに選ばれはしましたが、区間47人中45位でした。大学でインカレにも出ましたが完全燃焼したわけでなく、〝もっと陸上を〟と厳しい練習で鳴る小出義雄監督の門をたたき覚悟を決めました。チームではオリンピック2大会連続でメダル獲得の有森裕子さんや世界選手権で金メダルに輝く鈴木博美さんら錚々《そうそう》たる方々に囲まれ、いやが上にもモチベーションは高まりました」

陸上に集中できる最高の環境が出来上がった。小出から出される練習メニューも想像に違わぬ半端ないものだった。指導者として金メダリストを育てたいという執念だった。

「私は〝人形〟になることを決めました。監督の厳しい練習についていこうとすれば、あれこれ考えていたらとてもこなせるものではありません。強くなるためには『私は人形なんだ』と言われるがままに、またその先にご褒美が待っていることを信じて走りました」

高橋は小出の指導を信じ、小出も高橋の可能性を信じ、強力な二人三脚が誕生した。

シドニーオリンピックの金メダルに向けた質量ともに世界一の練習は激烈をきわめた。

シドニーのマラソンコースは高低差が70メートルもある。スタートして1・5キロの間にいきなり50メートルの高低差があり、一気に駆け下りすぐに上りに変わる。起伏に富んだオリンピック史上、最も過酷な難コースだ。コース攻略のため合宿地に選んだ米コロラド州ボルダーは標高1600メートルの高地で酸素が希薄で心肺機能を高め、起伏にも恵まれている。二人はさらに標高3500メートルにまで場所を移して、24キロの上りっぱなしのデコボコ道で鍛え上げた。

「懸命にハアハアと息をしているのに、まったく酸素が入ってこないんです。体の中から悲鳴が聞こえてくるんじゃないかと、体の底から酸素を要求しているのがわかりました。もの凄い強い力で前と後ろから胸を締めつけているような感じで痛くなったこともあります」

「ここを走るというのか？」と、男子でも逃げ出しかねない常軌を逸したコースだった。

「苦しいというより拷問に近い。それでも高橋は『強くなりたい』って駆け上がるんだ。あの苦しそうに喘ぐ形相は親には見せられないよ」

さすがの小出も高橋の決死の覚悟に舌を巻くが、「世界のどこを探してもこれだけの練習をしているのはオレたちだけだ」という自信は金メダルへの確信に変わっていった。

シドニーのコースの試走にもぬかりはなかった。選手村には入らずに勝負どころと見なす32キロ地点付近に宿舎を借り、そこを前線基地として直前まで最終調整を行った。

「あそこは目をつむってでも走れます。『じゃあ、行って来ま～す』と、朝のジョギングコースで、勝手知ったる〝庭〟みたいなものでしたから」

まさに、そこが勝負の分かれ目となった25キロを過ぎてからは並走するルーマニアのリディア・シモンと一騎打ちになり、高橋は〝自分の庭〟でサングラスを外して沿道で応援する父親に投げつけるのを合図にスパートし、一気にシモンを置き去りにしたのだ。

「レースの展開も予想通りで、準備に寸分の狂いもなかった。そもそも世界一の練習をしてきたわけで、高橋がここで負けるはずがない。金メダルを確信した」

しかし、「オリンピックには魔物がすむ」といわれるが、勝負は最後の最後までわからない。

シモンを置き去りに一人旅でスタジアムに入るや、シモンもほとんど間を置かずに追いすがっていたのだ。「シモンが来てるぞ！」。その声は、大歓声にかき消されて高橋の耳には届かない。高橋はトラック周回中に目に飛び込んだオーロラビジョンで初めて状況を把握した。

あらん限りの力を振り絞るが、「前に進んでいる感じがしない。ここまで来ていながら……」。

最後はあの地獄の高地トレーニングが頭の中をかすめる。登り切った瞬間の、そう、ゴールテープを切った瞬間、あの達成感がよみがえった。

そこにご褒美である金メダルが待っていた。

◀シドニー五輪女子マラソンで高橋尚子が金メダルを獲得。両腕を上げてゴール…2000年9月

▲母校で「金メダル報告会」。
右が小出義雄氏…大阪府の大阪学院大　2000年12月

くろい　かつゆき……1958年、北海道生まれ。早稲田大学第一文学部卒業後、出版社勤務を経てノンフィクション作家。人物ドキュメントやスポーツなどの執筆活動を展開。『指導者の条件』『男の引き際』『高橋尚子 夢はきっとかなう』など著書多数。

現実となった「年収300万円」時代

「平成経済の大転落」は小泉構造改革から始まった！

経済アナリスト
森永卓郎

◀「構造改革」路線を推し進めた小泉首相…2005年4月

私は2003(平成15)年に『年収300万円時代を生き抜く経済学』(光文社)と題した本を書いた。続編を含めて37万部も売れるベストセラーになり、「年収300万円」という言葉は同年の「新語・流行語大賞トップテン」に選ばれた。当時、大きな社会問題だった所得格差が今後も拡大することを警告した本だった。当時は、年収300万円なんて時代が来るはずがないと批判されたが、いまやサラリーマンの最大のボリュームゾーンは年収300万円になった。

その「平成の大転落」は経済全体でも起きている。日本の国内総生産(GDP)が世界に占める比率はこの四半世紀で、ほぼ3分の1に転落したのだ。

私は日本経済が沈没した最大の要因は、01年に発足した小泉純一郎政権が進めた「構造改革」、とくに不良債権処理だと考えている。日本の世界に対するGDPシェアが本格的に転落し始めたのも、小泉政権の時代だった。

小泉首相が就任して半年足らずの同年9月11日、米国同時多発テロが発生した。直後に米ホワイトハウスを訪問した小泉首相は、米国の報復戦争に協力する申し出をしたが、ブッシュ大統領の要求は、日本の不良債権処理の加速化だった。1年後に再び訪米した小泉首相は、外交問題評議会で「(不良債権処理を進めれば)企業倒産が起こり、デフレが進み、失業者が出るという批判がある一方、倒産、失業者の存在を恐れずどんどん進めろという意見がある」としつつ、「覚悟して不良債権処理を加速させなければならない」と決意を口にしている。

不良債権処理を断行する戦略は日本が戦後、営々と築き上げてきた企業資産を二束三文で外資に売り渡す最大の要因になった。02年の金融再生プログラムでは、主要行の抜本的不良債権処理が掲げられ、経営が黒字でも、担保割れになっている企業が次々に処理の対象となった。とくに狙い撃ちにされたのがUFJホールディングスで、同社が望む三菱東京フィナンシャル・グループとの合併を認める条件として「不良債権の完全処理」が要求された。果たしてUFJをメインバンクとした大手企業は次々と外資の傘下に入り、05年に合併は実現した。UFJの大手融資先のすべてが外資に売られたわけではないが、外資系投資ファンドや小泉政権を支えた構造改革推進派の日本企業が買った例が多い。

消費者金融のアプラスは新生銀行、バス事業の国際興業は米投資ファンドのサーベラスがそれぞれ買収し、タクシー大手の国際自動車が東京・赤坂に所有したビルは米投資ファンドのローンスター、小売業大手のダイエーが大阪市や神戸市などに所有したホテルは米金融大手ゴールドマン・サックスが手に入れた。新生銀行は、米投資ファンドのリップルウッドが日本長期信用銀行を買収して社名変更した銀行だ。ちなみに、ゴールドマンとローンスターは日本のゴルフ場も盛んに買収した。1990年代までほとんど国内資本だったが、2004年にはゴールドマンは110カ所、ローンスターは64カ所を所有するほど急激に規模を拡大したのだ。

「ハゲタカ」と称されることがある投資系ファンドは、表向きは経営に行き詰まった企業に資金を融通し、経営改革を行って、企業を再生する業態だ。しかし、その実体は政府と裏で手を握って企業を窮地に追い詰めて経営権を奪う。その後は優良資産を切り売りして大規模なリストラをし、表面的な利益を高める。最終的には手に入れた企業を高値で売り抜けるというのが基本的なビジネスモデルだ。

猛烈に拡大した「庶民」と「富裕層」の格差

平成時代の後半は、別の形の所得格差が起きている。小泉政権の頃は正社員が非正社員に転落することによる両者の格差が焦点だったが、平成後半は庶民の所得が低迷する中で、とてつもないお金を持つ富裕層が急増しているのだ。つまり、庶民と富裕層の格差である。

第2次安倍晋三政権が発足し、アベノミクスの5年間で景気が良くなったこと自体は、間違いないだろう。しかし、景気拡大の成果は国民に広く還元されることはなく、大企業と富裕層に集中して分配されている。庶民や中小企業、特に地方の中小企業は、景気回復の実感をほとんど持っていない。

企業にとってアベノミクスが始動してから最初の決算となった13年1～3月期と18年1～3月期を比べると、何が起きたのかが鮮明に浮かび上がる。

◀格差是正を訴える声が高まった…2006年4月

法人企業統計によれば、金融・保険業を除く全産業の売上高は10・7%増、経常利益ははるかに大きい38・8%増だった。その間、従業員給与は2・5%しか増えていない。売上高を増やしたのに従業員給与を抑制すれば、利益が増えて当然だ。企業の内部留保(利益剰余金)は427兆円、企業の現預金は202兆円に上った(18年3月末現在)。

なぜ企業は利益を従業員給与の引き上げや設備投資に回さず、ひたすら現預金にため込むのか。私は役員報酬の決まり方が変わったことが大きな要因だと思う。平成前半の頃は一流上場企業の役員でも、年収は2000万円とか3000万円の固定給だった。その後、米国型の報酬体系を採る会社が徐々に増え、今は業績連動給とストックオプションのような株価連動給の2本立ての大企業は少なくない。そのような企業の役員は数億円もの高額報酬を手にすることが珍しくない。

米国型の報酬体系を採る会社の増加は、小泉政権の後も外資による日本企業の買収が続いていることと無縁ではない。シャープは会社ごと台湾の鴻海《ホンハイ》精密工業が買収し、東芝の白物家電、テレビ、半導体メモリーはそれぞれ中国・美的集団、同・海信集団、米投資ファンドのベインキャピタル、三洋電機の白物家電も中国の海爾《ハイアール》に売られた。

買収でなく、外資系企業そのものが日本でビジネスを拡大している面もある。人々はアップルのiPhoneで通話やデータ通信を行い、フェイスブックやツイッターでコミュニケーションを取り、アマゾンで買い物をする。いずれも米国企業だ。外資系企業による日本市場での儲《もう》けは当然ながら海外に流出する。

▶不良債権処理を加速した小泉内閣の竹中平蔵・金融経済財政担当相…2002年10月

従業員を切り捨てる「会社の利益」とは何なのか

そうして日本の大手企業が次々と外資の傘下に入り、国内資本のままの企業も外資の報酬体系に倣った。そのような企業の役員が自らの懐を潤すには、成長の成果を従業員に分配せず、会社の利益を拡大するのが得策だ。自らの業績連動給は増え、会社は利益をため込んで株価が上昇する。すると自らの株価連動給が増える。役員が「我が社は将来に向けて思い切った設備投資をすべきだ」と勝負を仕掛けたとしよう。もし、その投資がうまくいかなければ、会社の経営は傾き、自らの報酬は減ってしまう。そのようなリスクを犯すことなく、ひたすら現状維持を目指したほうが得だ。4～5年間逃げ切れば、役員退任時に大金が手元に残るからだ。

大金を得るのは大企業の役員だけではない。大量の株式を保有する富裕層も株価上昇で資産を大きく増やしている。フランスに本拠を置くコンサルティング会社「キャップジェミニ」が発表した「ワールド・ウェルス・リポート」によると、「100万ドル(約1億1000万円)以上の投資可能な資産を持つ」という定義に当てはまる富裕層は17年、世界で最も多かった米国に528・5万人、それに次ぐ日本に316・2万人いた。日本の該当者は前年より9・4%増え、保有する投資可能資産は総額847兆円、1人当たり2億6800万円にもなる。富裕層のうち日本が占める割合は17%だ。しかし、日本のGDPが世界に占める割合は6%にすぎない。経済規模に不釣り合いな数の富裕層が日本にいることが分かる。

サラリーマンの生涯賃金が2億円とされる中、それを上回る投資可能資産を働きながら築けるのはなぜか。そのヒントは所得分配にある。安倍政権の発足後の5年間、実質GDPは累積7%増えた一方、実質賃金は同4%下がった。成長の成果を富裕層が独占しているどころか、成長の成果以上に富裕層が庶民の所得を奪う形で一段と金持ちになっている。

庶民は今、かつてなく職を奪われやすい時代になっている。かつての日本の大企業は安易に人員削減をしなかったが、今や自動車産業や銀行といった安定雇用の代表業種も含め、従業員を切り捨てる時代になった。

トヨタやホンダなど自動車大手は17年、期間従業員の雇用ルールを変更した。労働契約法では、累積で5年間勤務した人を正社員にしなければならない。そこで自動車大手は期間従業員を5年間雇い、その後6カ月間の雇用しない期間を置いて再度雇い、期間従業員を非正社員として雇い続けることにした。

みずほフィナンシャルグループは同年、今後10年程度をかけてグループ全体の従業員を6万人から4万人に減らす方向で検討していることが明らかになった。行員3人に1人が仕事を失う大リストラだ。人工知能や情報技術の進化により、人が担ってきた業務を効率化することが可能になったためだという。しかし、同社は16年度、6035億円という巨額の最終利益を上げている。

会社がどんなに儲かっていても利益拡大のためには、従業員を切り捨てる。働く仲間を犠牲にしてまで確保しなければならない利益というのは、一体何なのだろうか。それでも利益を追求するというのが、平成時代に企業に生じた価値観の変化なのだ。

(構成/谷道健太)

もりなが たくろう——1957年生まれ、東京都出身。獨協大学経済学部教授。東京大学経済学部卒業後の1980年、日本専売公社(現・日本たばこ産業株式会社)に入社。経済企画庁出向、UFJ総合研究所などを経て現職。著書多数。

写真で見る平成時代

定点撮影・流山おおたかの森

流山おおたかの森駅北口

▲商業地となり区画整理が進む「つくばエクスプレス」の高架に隣接する駅の北西側…2010年6月7日

▲一軒だけ残っていた民家も取り壊された…2015年4月27日

▲店舗・共同住宅が建った…2018年4月2日

流山おおたかの森は、千葉県の北西部、流山市のつくばエクスプレスと東武野田線が交わる「流山おおたかの森駅」周辺の地域。江戸時代には軍馬育成のため作られた広大な放牧場「小金牧」の中央部になる「上野牧」が広がっていた。明治になって牧は廃止され農地として開墾された。準絶滅危惧種のオオタカの営巣地となっている森もあり、里山と田畑、果樹園が点在、広い空と緩やかな起伏に緑豊かな風景が見られた。

2005(平成17)年8月、東京・秋葉原と国際科学技術都市・つくばを最速45分で結ぶつくばエクスプレスが開業。沿線は東京都心と直結したことで、急速に開発が進み、地域はその姿を変えている。

撮影
高橋勝視

平成を彩った「イチロー伝説」の軌跡

ノンフィクション作家
黒井克行

「苦しいけれど、同時にドキドキワクワクしながら挑戦することが勝負の世界の醍醐味《だいごみ》」

その醍醐味を存分に味わった結果が、日米通算安打4000本を超える世界記録だったのか。

イチローのこれまでの軌跡をたどっていくと、それはもう奇跡というしかない。それでも「人が僕のことを努力もせずに打てるんだと思うなら、それは間違いです」。

こう言い返されると、イチローは〝努力の天才〟とでも言うべきなのか。今さらながら、その〝努力〟の軌跡を見ていくと、もはや〝伝説〟と語り継がれる域にまで達している。

1991（平成3）年、「鈴木一朗」としてドラフト4位でオリックスへ入団。1年目はウエスタンリーグで驚異の打率で首位打者になるも、首脳陣に「振り子打法」が敬遠され1軍へのお呼びは限られた。しかし、94年に仰木彬が監督に就任するや登録名を「イチロー」とし、日本野球機構（NPB）初のシーズン200安打を達成。メジャーへ移籍するまで7年連続で首位打者になった。

翌95年、阪神・淡路大震災で球団の本拠地神戸は壊滅的被害を被ったが、イチローは復興を目指すシンボルとして大活躍し、リーグ優勝の立役者となり、史上初の打者5冠王（打率・打点・盗塁・最多安打・最高出塁率）にも輝いた。96年にはリーグ連覇を決めるサヨナラ二塁打を放ち、そのままチームを日本一へと導いた。また3年連続でシーズンMVP（最優秀選手）も手にしている。

イチローの凄さはただヒットを量産するだけではない。216打席連続無三振のNPB記録も樹立している。ちなみに、高校3年間でも613打席で20個しか三振をしていないのだ。

しかし1999年5月、西武に松坂大輔が入団し初対決となった「平成の名勝負」では、まさかの3打席連続三振を喫した。ところが、イチローはその2カ月後の対決で松坂から通算100号本塁打を放った。対戦前に「100号は松坂から打つ」と公言し、記憶に残る名勝負を記録で片づけるところがイチローの凄さでもある。

2000（平成12）年、イチローはポスティングシステム（入札制度）で日本人初の野手としてシアトル・マリナーズへ移籍した。すでに野茂英雄や佐々木主浩ら日本人投手がメジャーで実績を積み上げていたが、野手となるといかにイチローが日本で安打を量産してきたとはいえ、パワー不足は否めず不安視された。結局、それは杞憂《きゆう》に過ぎなかった。

01年、メジャー1年目の開幕戦を1番・ライトで先発出場したイチローは、センター前にメジャー初安打でまずは軽いジャブを放った。終わってみると、メジャー新人最多安打に、新人王、首位打者、盗塁王、ゴールデングラブ賞、リーグMVP、オールスターにも最多得票数で選出され、ランディ・ジョンソンからヒットも打った。以降、3年連続で両リーグ最多得票数を獲得し、夢の舞台に立ち続けたのである。

また、記録だけ並べ立てると41連続盗塁、メジャー通算2000本安打は9シーズン目での達成で史上最速、オールスター史上初のランニング本塁打、また10年連続でシーズン200安打以上を記録しているが、これはピート・ローズと並ぶ史上1位、さらに04年には〝メジャーアンタッチャブル〟といわれる歴代シーズン最多安打を更新する262本を打っている。この記録更新は実に84年ぶりのことで全米中がこの話題で持ちきりとなった。

守備でも10年連続でゴールデングラブ賞を受賞し、強肩を生かした「レーザービーム」はイチローの代名詞でもあり、またスパイダーマンさながらフェンスをよじ登り、ホームランボールをキャッチしたことから、「スパイダーマンキャッチ」の称賛も浴びている。

　そして、16年6月15日。ヤンキースを経てマイアミ・マーリンズに移籍したイチローは右翼線二塁打を放ち、日米通算4257安打のMLB（メジャーリーグベースボール）最多安打記録を更新した。日米合算をとやかくいう向きもあるが、プロ野球における世界記録としてギネス記録に認定された。

　イチローはこんな言葉を残している。

「特別なことをするために、普段どおりの当たり前のことをしてきただけです」

▲日米野球で二塁打を打ったイチロー
…東京ドーム　2002年11月15日

◀古巣マリナーズへの入団会見で背番号51を示すイチロー選手
…米アリゾナ州ピオリアで　2018年3月

◀イチロー引退。
ファンに挨拶するマリナーズのイチロー
…東京ドーム　2019年3月

くろい　かつゆき
1958年、北海道生まれ。早稲田大学第一文学部卒業後、出版社勤務を経てノンフィクション作家。人物ドキュメントやスポーツなどの執筆活動を展開。『指導者の条件』『男の引き際』『高橋尚子 夢はきっとかなう』など著書多数。

日本人を取り巻く「食」

食料自給率ダウンで激変した「食の安全」

作家・ジャーナリスト
青沼陽一郎

平成という時代ほど、日本人を取り巻く食料事情が激動した時代はない。

1989(平成元)年。この最初の年こそ、前年まで50%あった食料自給率(カロリーベース)が49%に割り込むところから始まっている。

日米安全保障条約の改定(1960年=昭和35年)により、両国の経済協力事項が盛り込まれたことから、日本は戦後の高度経済成長を迎える。日本は工業に特化して製品を米国に売り、その代わりに米国から生産性の優れた穀類を中心とした農産品を輸入する。この構図が、中国に抜かれるまで世界第2位の経済大国にのし上げるのだが、その代償として日本は食料自給率を年々低下させていく。

それだけ米国への食料依存は強まると同時に、昭和の終わりに深刻化した日米貿易摩擦は、日本の農産品市場の開放を米国が強く求めてきた。

91年。日本は、牛肉・オレンジ(柑橘類)の輸入自由化に踏み切った。

農産品市場の開放はこれだけにとどまらず、93年には、ウルグアイラウンドによるコメの輸入自由化が始まり、しかもこの年は冷夏による国内のコメの不作から、タイからコメを緊急輸入している。「タイ米」という異国のコメをこの時に初めて食べた人も少なくないはずだ。

こうした平成初期の状況下で、日本人はもとより人類がこれまで体験したことのないことが起きる。米国で遺伝子組み換え作物の商業栽培が始まり、初めて市場に出回ったのだ。

96年のことだった。

それから20年後の2016年には、世界26カ国で遺伝子組み換え農作物が栽培され、その栽培面積は1億8510万ヘクタールと、日本の国土の約4・8倍に達している。

しかも同年の米国のトウモロコシの作付面積の92%、大豆94%が遺伝子組み換え作物である。その傾向は米国に限らず、同年のブラジルでは、トウモロコシの作付面積の84・6%、大豆の94・2%、カナダでは大豆の94%が遺伝子組み換え品種だ。

一方で、日本のトウモロコシの自給率は1%にも満たない。あとの輸入のうち、米国に74・5%、ブラジルに24・3%と、合わせて98・8%を依存している。

これが大豆でも、自給率はわずか7%に過ぎず、米国71・4%、ブラジル16・7%、カナダ10・9%と、輸入量の99%を遺伝子組み換え作付け大国から輸入していることになる。

つまり、短期間のうちに世界中に拡散した遺伝子組み換え作物を、日本人は大量に体に取り込んでいることになる。それも平成に入ってからのことだ。人類は遺伝子組み換え作物を消費するようになって、わずか二十数年しかたっていないのだ。これが次世代、次々世代に及んで、例えば環境や人体にどのような影響が出るのか、それも未知であるといえる。

平成の始まり、日本ではバブルと円高基調を背景に、商社や企業が積極的に海外に投資し、日本の高い技術を持ち出して、現地の安価な労働力と資源で生産した製品を日本に逆輸入する「開発輸入」が行われるようになる。食品業界でも同様で、積極的に進出したのが、地理的に近く、「改革開放」政策を推進していた中国だった。「世界の工場」とも呼ばれた中国だったが、冷凍技術の向上も手伝って、現地で栽培された野菜や、漁獲された海産物を使った冷凍食品を現地加工し、日本へ運ばせる。その商品が店頭に並び、あるいは市販弁当のおかずとなる。そうやって日本の消費者は安価な食品の恩恵にあやかれるのだが、それは同時に中国への食の依存を高めることにもなった。

大騒ぎになった「中国の毒食」と「輸入牛肉のBSE問題」

そこで平成年間に新たに浮上したのが、「食の安全」と「毒食」の問題だった。

２００２年。中国産冷凍ホウレンソウの残留農薬問題が発生。これを皮切りに、中国食品の安全性が繰り返し問題視されるようになる。

そもそも、当時の中国には「農薬」の毒性の概念が不足していて、例えば日本や米国で使用が禁止された農薬が持ち込まれては、「魔法の薬」として、農業生産者が素手に素足で畑にまいていたほどだった。

しかも、日本の国産野菜には残留農薬の基準があっても、輸入される冷凍野菜にはその基準がなかったことから、国内基準をはるかに超える農薬が検出されて大騒ぎになった。

その前年には、国内のＢＳＥ（牛海綿状脳症）検査で陽性の牛が見つかった。

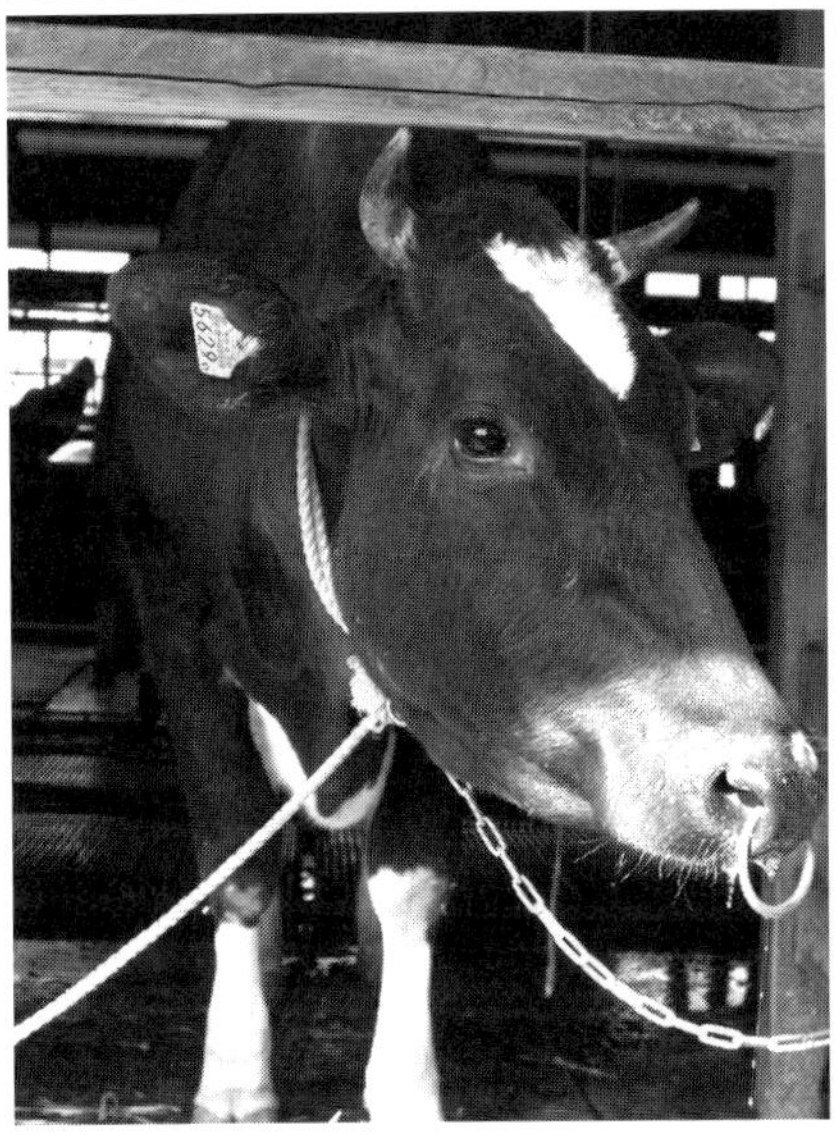
◀列島が騒然となったBSE問題

英国を中心に欧州で感染が広がりをみせていたが、それが日本にも伝播《でんぱ》したことになる。

牛タン焼きが名物の仙台では、この時、和牛ではその味が出せずに、もっぱら米国産のタンを使用していることを宣伝材料に、安全をアピールして客離れを防いだ。牛丼チェーンの吉野家でも、安価な米国産牛肉を使用していることから、影響はないものとされた。

ところが、２年後の03年に、今度は米国でＢＳＥが確認される。日本は米国産牛肉の輸入を停止。牛丼チェーン店で牛丼が食べられないという事態に陥り、豚丼などの代替メニューで対応したり、牛肉の供給先を豪州にシフトしていく。日本は米国産牛肉の輸入再開には、国内と同様の全頭検査を条件としたが、米国はこれを拒否。牛の数が日本とは比べものにならないほど膨大であること、若い牛に検査をしたところで反応がでないことなどを理由に挙げ、安全性は確認されたとして、執拗《しつよう》に日本へ輸入再開を求めた。

結局、２年後の05年には、特定危険部位を除いた生後20カ月以下の牛に限ってのみ、輸入を再開させている。

そもそもＢＳＥは、家畜から食肉を除いた部分を粉末にした「肉骨粉」を飼料として牛に与えていたことが原因とされる。牛にとってみれば、共食いである。飼育する人間の手によって、まったく不自然なことが行われていたことになるが、それも安価で栄養価の高い肉骨粉によって発育を促進させること、言い換えれば生産性と収益性を向上させることを目的に行われたことだった。

いわば工業化する畜産。１９６０年代の終わりころから、米国では畜産・肥育の集密化が始まっていく。これによって、それまで存在が確認されていなかった、独自にベロ毒素を生み出す大腸菌が牛の腸で発見された。それが病原性大腸菌Ｏ－１５７である。

日本人が直面した新しい病原菌「O－157」

１９９６年、大阪・堺市で学校給食から集団感染し、死者まで出した病原性大腸菌Ｏ－１５７の猛威。当時、厚生大臣だった菅直人は、感染源はカイワレ大根にある、とされて生産者が大打撃を受けたことから、テレビカメラの前でカイワレ大根をほおばってみせるパフォーマンスを演じて話題になった。それが15年後の東日本大震災発生時の首相であり、東京電力福島第1原子力発電所の事故で右往左往しながら、拡散した放射性物質の汚染により、食の安全を根本から揺るがすことになっていく。

記憶に新しいところでは、２０１７年の夏にも、日本各地でＯ－

▶O-157の感染源の疑いのカイワレサラダを自ら味わってみせる菅直人厚生大臣
…1996年8月15日

157による中毒が蔓延《まんえん》して、死者まで出した。まさに平成になって日本人が直面した新しい病原菌であるが、大腸菌と呼ばれるように本来は牛の腸に潜伏しているもののはずである。ところが、時代が進むにつれて以前にはなかった牛の肝臓からもO－157が検出されるようになる。これが12年に食品衛生法によって牛のレバ刺しの提供が禁止となった理由である。レバーは生で食べられない。新たな病原体の出現もしくは発見が、日本の食文化すら変えていった平成という時代。

一方で、日本の食文化がこれほど世界に浸透した時代もない。グローバル化の波に押され、経済発展が進み、個人所得が伸びるに従って、日本食の旨《うま》さを世界の人々が知っていく。

その典型が中国だった。08年の北京オリンピックに向かって、成長が著しかった中国。「爆食」という言葉がもてはやされたのもその頃で、特に日本人が好んで食べていたマグロの味を覚えた中国人が大量に買い付け、日本国内でもマグロの高値が続いた。

「世界の工場」として日本も下支えした中国の経済発展は、食料の争奪の時代を迎えたことにもなる。油脂、食肉の消費量を押し上げる。人口13億人を抱える中国では、油脂原料の大豆の需要が飛躍的に伸び、1996年から始まった大豆の輸入は、日本の供給基地である米国を席巻するほどになっている。飼料用トウモロコシの需要も同様で、中国では2009年からトウモロコシの輸入を開始。習近平体制に入ると、それまで「中国は95％の食料自給率を維持する」と世界に宣言してきた食料政策を見直し、人が直接食べるコメや小麦の主食用穀物の「絶対的自給」と、トウモロコシや大豆などの飼料用穀物、油糧種子などの「基本的自給」すなわち輸入依存を高める方針を打ち出したのだ。

大国が世界に食料を依存する。世界的な人口の増加で食料の争奪が本格化する。

北京オリンピックが開催された年には、中国に並んで経済成長の著しいベトナムやインドなどのコメの輸出国がインフレを懸念して輸出を停止し、そこに投機筋が世界の穀物市場に参入したこともあって、穀物相場が急上昇。経済的に弱い食料輸入国では、食料が買えなくなり、餓死者を出すまでに至った。食料の争奪戦が現実味を帯びたことを印象づける出来事だった。ただ、それも同年秋のリーマンショックによって、終息している。

▼販売禁止されたレバ刺し

▶食事をコンビニ商品で済ませる人が増えた

日本人の食料供給基地として機能する「コンビニエンスストア」

平成の終わりになって、米国と中国の2大国は貿易戦争に突入した。トランプ政権が2国間の貿易赤字と知的財産の保護を理由に、2000億ドル相当の中国製品に25%の関税を課したことに始まり、中国も米国からの輸入品に報復関税をかけて対抗している。大豆の輸入を米国に依存するようになっていた中国にとっては、その打撃も小さくはない。世界の穀物相場にも影響が及ぶ可能性もある。

他方、米国第1主義を掲げるトランプ大統領は、17年の就任直後にTPP（環太平洋パートナーシップ協定）を離脱した。そして、日米の2国間交渉をこれから本格化させようとしている。そこではかつての牛に象徴されるように米国の農産品も交渉材料に挙がってくるだろう。いまでは、食料が工業製品並みに大量生産され、国際取引商品となった。

日本は、残った加盟11カ国で18年12月30日にTPPを発効。翌年2月1日には日欧EPA（経済連携協定）が発効した。米国とは背反するように、自由貿易の推進を狙っている。

だが、それは同時に安価な外国産農産品の流入を後押しすることにもつながる。平成元年の1989年には49%だった食料自給率も、2017年には38%にまで下がった。平成を通じて食料の海外依存体質を強化させた日本は、食料安全保障をさらに掘り下げて検討するべき時にきている。

それともうひとつ、平成を通じて変化した日本の食料事情。国内の食料供給に目を向けると、中食《なかしょく》文化が浸透したことが挙げられる。食材を買って自宅で調理する「自炊」と、レストランなどで食事を済ませる「外食」に並んで、弁当や総菜を買って自宅などで食べる「中食」。これを牽引《けんいん》したのがコンビニエンスストアだった。コンビニ各店舗で販売される商品の約7割は、ファストフード（弁当、サンドイッチなど）、日配食品（デザート、生鮮野菜など）、加工食品の食飲料品で占められる。

11年の東日本大震災のあと、コンビニから食料品が消えたり、被災した東北地方では物品の到着をまって、店の前に長い列ができたりした。いまやコンビニは日本人の食料供給基地として機能し、その店舗が郵便局の数を超えたのも平成になってからのことである。

【毒食と食料争奪の平成史】

1989(平成元)**年**◉日本の食料自給率が50%を割る
前年の50%から49%へ
91(平成3)**年**◉牛肉・オレンジ輸入自由化
93(平成5)**年**◉ウルグアイラウンド、コメ輸入自由化
米の不作による緊急輸入
94(平成6)**年**◉米国、豚の輸出が輸入を上回る
純輸出国へ
95(平成7)**年**◉(阪神・淡路大震災/地下鉄サリン事件)
96(平成8)**年**◉米国、遺伝子組み換え作物市場へ
中国、大豆輸入開始「95%の食料自給率を維持」
大阪堺市、O-157集団中毒
❖中国開発輸入が拡大
2000(平成12)**年**◉雪印乳業中毒事件　会社解体へ
01(平成13)**年**◉国内BSE発生
02(平成14)**年**◉中国冷凍ホウレンソウ残留農薬問題
03(平成15)**年**◉米国BSE発生
05(平成17)**年**◉米国産牛肉輸入再開
❖中国〝爆食〟問題
06(平成18)**年**◉日本の食料自給率39%に
07(平成19)**年**◉中国毒食問題
中国毒餃子事件
08(平成20)**年**◉穀物市場急騰　餓死者も
北京オリンピック
リーマンショック
09(平成21)**年**◉中国トウモロコシ輸入開始
10(平成22)**年**◉TPP参加議論浮上
11(平成23)**年**◉東日本大震災
放射性物質汚染食料問題
12(平成24)**年**◉レバー生食禁止
13(平成25)**年**◉TPP参加正式表明
中国毒食問題再浮上
中国、食料政策転換
16(平成28)**年**◉TPP大筋合意
17(平成29)**年**◉米国TPP離脱
日EU・EPA大枠合意
O-157感染拡大
18(平成30)**年**◉米中貿易戦争
TPP11発効(12月30日)
19(平成31)**年**◉日欧EPA発効(2月1日)

あおぬま　よういちろう――1968年、長野県生まれ。早稲田大学卒業。オウム真理教をはじめとする犯罪、事件、原発、食の安全などをテーマに精力的に取材するルポ作品を発表している。『フクシマ　カタストロフ　原発汚染と除染の真実』『オウム裁判傍笑記』『侵略する豚』など著書多数。

「ひきこもり問題」そして「8050問題」の深刻度

ジャーナリスト
池上正樹

平成は、まさに「ひきこもり」時代の幕開けでもあった。

厚生省(現・厚生労働省)の文書に初めて「ひきこもり」という言葉が登場するのは、1980年代後半のことだ。年号が平成に変わり、バブルが崩壊した90年代に入るとこの「ひきこもり」という状態像が、少しずつ一般の国民にも知られるようになった。ただ、当時は「青少年の問題」とされ、思春期が終われば「自然に治る」などともいわれた。

2000(平成12)年6月、全国から1800を超える家族が参加して、ひきこもり家族会連合会(KHJ)が生まれた。国に相談しても、たらい回し状態だった縦割り行政の現実に、KHJは「我々の問題は一家族だけではどうにもならない」と国に早急な対応を求めたのだ。一方で、この年に起きた佐賀バスジャック事件や新潟少女監禁事件を生んだ背景の中に「ひきこもり問題」があった。ひきこもりという社会現象は誤解と先入観を伴う形で全国的に広がっていった。

「ひきこもりは怠け」という根強い社会の偏見の中、国は2000年代初めに「ひきこもりは経済的損失」という考え方から「若者就労支援」に主眼を置いた。ただ、これらの支援にあたっては「ニート」という造語が使われ、全国の地域若者サポートステーションなどで、原則39歳までを対象に短期間で就職率を上げる面接指導や訓練などが中心だった。

しかし、ひきこもり層の長期・高齢化と共に、対象年齢で線引きされたり支援目的になじめなかったりした40歳以上の中高年層や人間関係を避ける場所でしか生きられない人たちが取りこぼされた。

そんな彼らの多くは、社会の価値観が変わらなければ、いくら外に引っ張り出し、就労に導いたとしても持続できず、生きていくことができない。そもそも、KHJの調査によると、40歳代以上で10年以上ひきこもっている中高年層の7割は、就労経験者。ブラック化する雇用環境の中、「このままでは自分が壊される」などと離脱せざるを得なかったという。職場への恐怖を感じている人たちに、就労へと押し戻す目的の支援そのものがなじまなかった。

支援のつながりが遮断されれば、希望がなくなり、ひきこもらざるを得なくなる。親はそんな働かない子どもを「家の恥」だとして、地域に隠し、場合によっては〝うまくいっている家〟を演じ続ける。こうして本人だけでなく家族全体が孤立していく。それが、社会的孤立に陥る本質であり、現在の「8050問題」(80代の親が収入のない50代の子の面倒を見て生活に行き詰まる)へとつながっていくことになる。

2018(平成30)年になって、そんな「ひきこもり支援」の枠組みが、従来の「就労」目的から、それぞれの多様な「生き方」に寄り添う支援へと大きく転換しつつあることを印象付ける動きがあった。内閣府は、これまでエビデンスのなかった40歳以上のひきこもり実態調査を初めて実施。19年3月、64歳までの推計は約61万3000人だったと公表した。厚労省も、15年に施行された生活困窮者自立支援法に基づき、当事者団体の作る居場所やプラットホームなどの各自治体のサポート事業に対する財政的な支援を同年度から始めた。「ひきこもり」は若者だけの問題ではなく、また、一方的に就労をゴールに置くのでもなく、そもそもの国の理念である「誰も見捨てない」「誰も見放さない」という生き方支援を明確に打ち出した形だ。NHKなどテレビ番組で取り上げる「ひきこもり像」も、従来の目線ではなく、ひきこもってきた本人たちが自ら発信し始めた媒体紹介や当事者活動を通じて、「生きていたい」と思えなくする社会の側の問題を炙《あぶ》り出した。

象徴的だったのは、東京都で起きた変革の動きだ。これまで「ひきこもり」担当部署は、非行や凶悪犯罪対策と同列に青少年・治安対策本部が扱ってきたが、8050問題などの長期・高齢化に対応するため、19年4月から福祉や医療も担う福祉保健局に部署を移管する。都内の複数の当事者グループや家族会が、「ひきこもりが犯罪者予備軍との印象を与える」として福祉部署に移管するよう、初めてロビー活動を行い、行政の厚い壁を動かした。

「働かなければいけない」「意見を言ってはいけない」という偏見にとらわれ、自らの権利も行使できずにひきこもらされてきた当事者たちが、「働く前に自分らしく生きていくことが大事だ」という価値観に気づき、幸せへの探求を明言し始めた年でもあった。

ただ、なかなか家族が相談に行くことにつながらないのは、公的な相談窓口が明確でなく、助けを求めても支援の仕組みを展開できないことにある。親子共倒れを防ぐには、悩みを言える家族会、当事者会で仲間と出会い、つながりが継続しやすい居場所づくりなど、家族・当事者を交えた支援ネットワークの構築が急務だ。

平成、そして次の時代に向け、私たち自身が自らの幸せな生き方を求めて動き出すことで、ひきこもり当事者やその家族を苦しめてきた状況に少しでも変化が起きることを願う。

▲行政も「ひきこもり問題」に本腰を入れ始めた

▼2018年、広島で行われたKHJ全国大会…池上正樹撮影

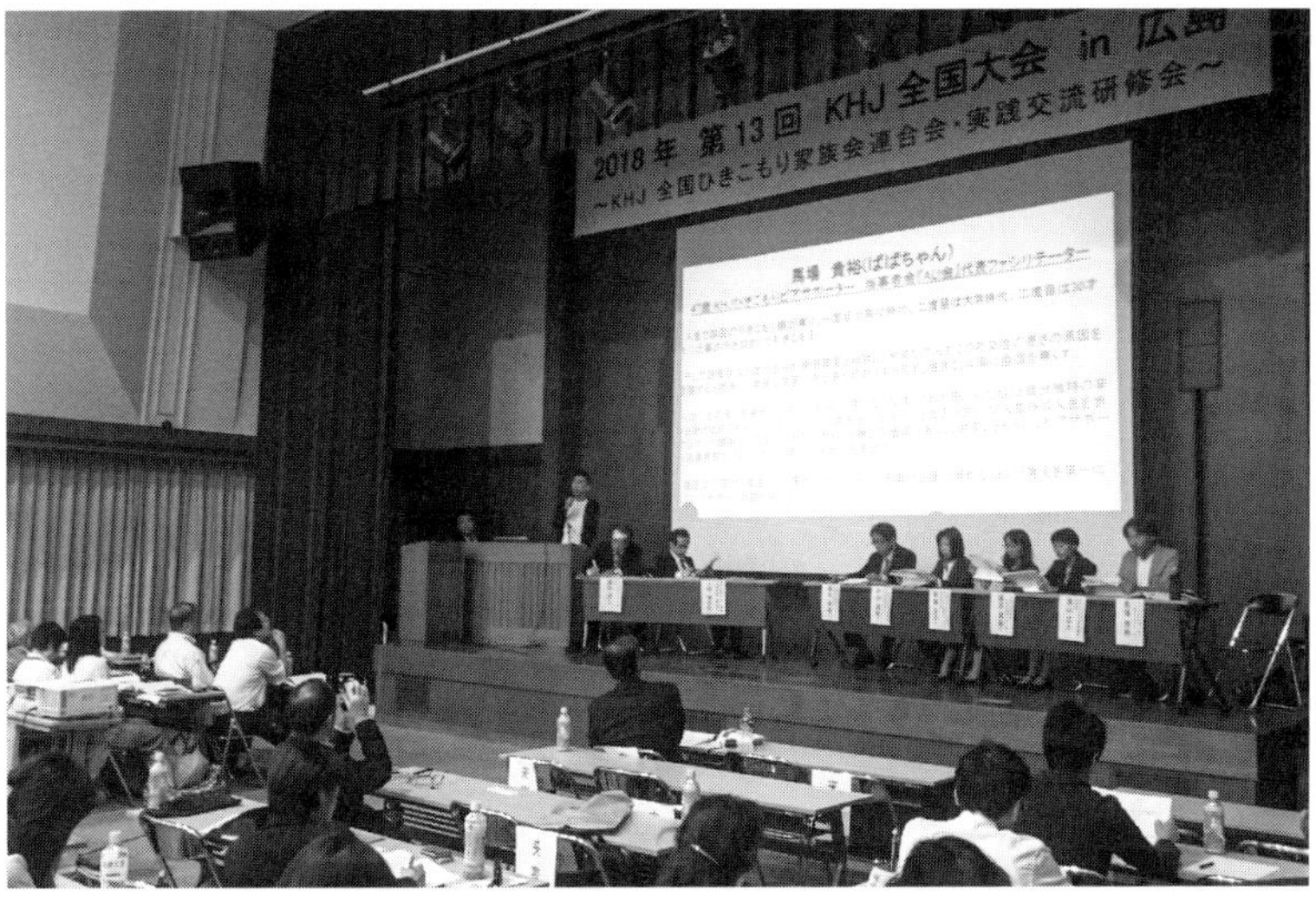

いけがみ　まさき……1962年生まれ。通信社勤務を経てフリージャーナリストに。東日本大震災や冤罪《えんざい》問題、引きこもり問題などを中心に取材・執筆活動を展開。『ルポ　ひきこもり未満』など著書多数。KHJ全国ひきこもり家族会連合会理事、東京都町田市「ひきこもり」部会委員なども務める。

写真で見る平成時代

東京湾ウォーターフロントの30年

1989

横浜みなとみらい

▲みなとみらいの街づくりが始まった横浜博覧会跡地…1989年12月

▼JR桜木町駅東口から見たみなとみらいのビル群と大観覧車…2018年3月

2018

1980年代中頃、世界の大都市で同時多発的にウォーターフロント開発が始まった。ロンドン、テムズ河畔のドックランズ開発、ニューヨーク・マンハッタンのサウス・ストリート・シーポートなどの再開発に注目が集まり、話題の観光スポットにもなった。

日本国内でも神戸、大阪、横浜、東京、千葉などで港湾部の埋立てがさかんに行われた。

東京湾では、横浜のみなとみらい21地区の街づくりが、1985(昭和60)年頃から進み、1989(平成元)年には横浜博を開催、その跡地に新しい街が生まれた。

千葉の幕張新都心は「職・住・学・遊」が融合した新しいライフスタイルが楽しめる街となった。89年に幕張メッセが開場、東京モーターショーが開催され大型見本市のメッカとなった。

そして、東京の江東区有明と青海、港区台場、品川区東八潮からなる東京臨海副都心。建設はバブル絶頂期から始まったが、バブル崩壊で開発計画の見直しを迫られ、「世界都市博覧会」も中止。しかし、93年にレインボーブリッジが開通、96年には大型展示場の東京ビッグサイトがオープン。97年にはフジテレビ本社、前後して大型シティホテルが相次いで開業、アミューズメントやショッピング施設が次々にオープンした。今では週末の気軽な観光地として賑わっている。

89年に着工した全長15・1キロの東京湾横断道路(東京湾アクアライン)が97年12月に開通。東京湾の中央部を横断し千葉県の木更津と対岸の川崎を15分で結ぶ。木更津から4・4キロが橋梁、川崎から約9・5キロが海底トンネル、橋梁とトンネルの接続部に人工島の海ほたるがあり、東京湾を見渡せる人気の観光スポットとなった。アクアラインの開通で、木更津と川崎を約1時間で結んでいた定期フェリー航路は廃止された。

海浜幕張

1989

▲街づくりが始まった千葉市美浜区の幕張新都心。
奥左から建設中のマリンスタジアム、幕張メッセ、右端が幕張テクノガーデン…1989年11月

▼幕張海浜公園大芝広場から見たホテル ザ・マンハッタン(左)、ホテル グリーンタワー幕張、
マリブウェスト、イースト、右端の2棟が幕張テクノガーデン…2018年3月

2018

お台場

1989

▲江東区青海の東京テレポートタウン用地…1989年12月

▼お台場ウエストプロムナード・セントラル広場から見た東京タワーとレインボーブリッジ。
左はホテルグランドニッコー東京台場、「自由の炎」像、ダイバーシティとフジテレビ本社(右奥) …2018年3月

2018

東京湾アクアライン

1992

▲建設が進むアクアラインと名産のアサリを採る漁師…千葉県木更津沖　1992年7月

▼木更津側のアクアライン橋梁部分…2019年5月

2019

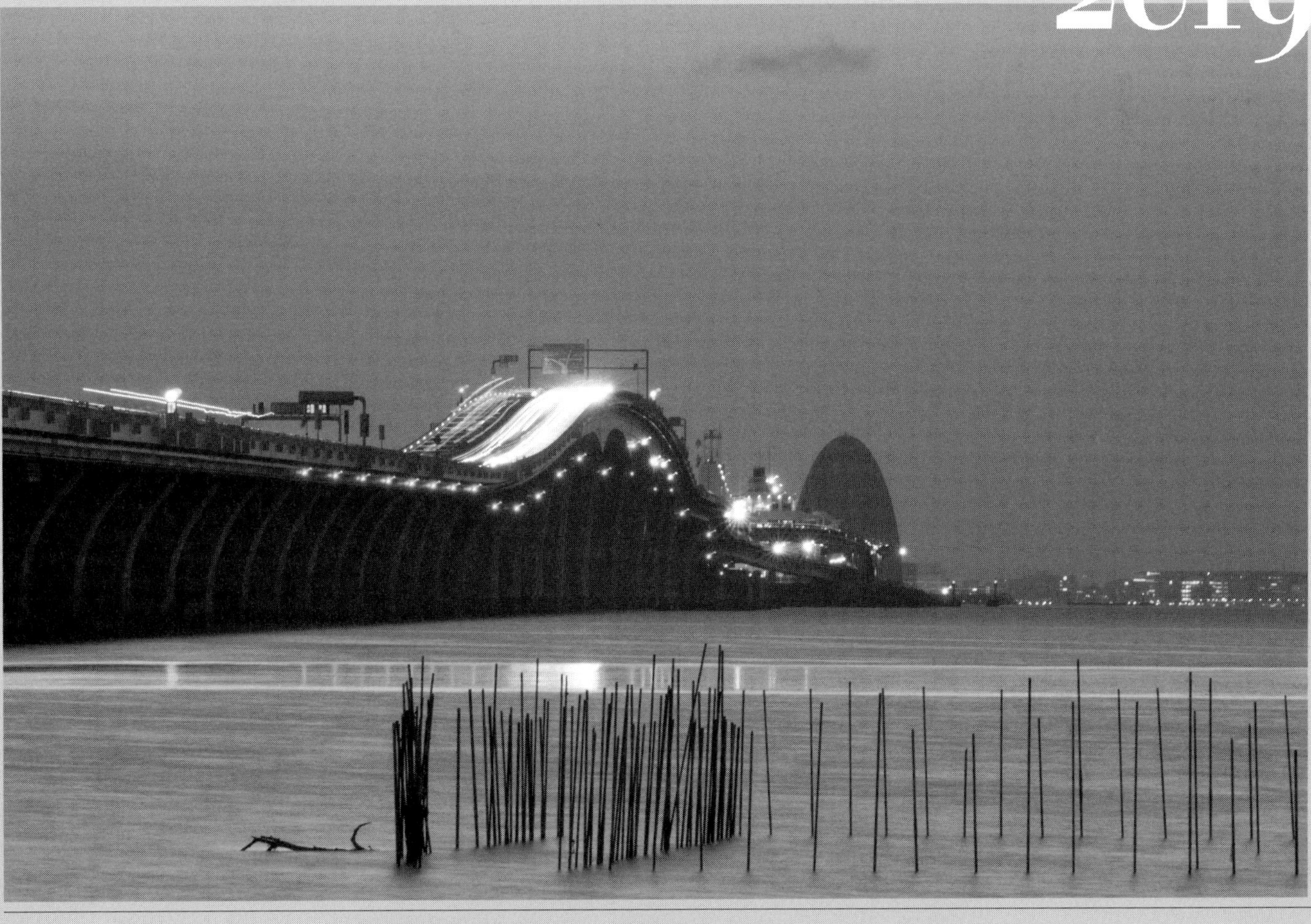

「情報公開制度」に無頓着な権力

「国家の情報」を隠す無残な出来事

ジャーナリスト
青木 理

◀陸上自衛隊イラク派遣時の日報が見つかった問題の調査報告について取材を受ける小野寺五典防衛相…東京都新宿区の防衛省で　2018年5月

情報は権力の源泉である。情報は多くの人々を引きつけ、時に操り、時には服従を強いる力を持つ。

しかも情報は、強者のもとに集まりやすい性質がある。考えてみれば当たり前の話で、さまざまな権限や強大な組織、あるいは財力などを有していれば、それらを行使することで実に多種多様な情報収集が可能となる。力やカネの恩恵にあずかりたい者たちは、まるで蜜にたかる蟻のように、自ら嬉々として尻尾を振ってすりよってくる。

その究極形が国家であろう。軍や治安機関といった暴力装置を独占する一方、さまざまな強権や人員を保持することで、国家を運営する為政者や官僚のもとには多様な情報が膨大に集約され、蓄積される。それらを縦横に悪用したなら、世論を一定の方向へとコントロールすることもできるし、まつろわぬ者や反旗を翻す者を社会的に抹殺することだってできる。

だから近代民主主義国家は権力の集中を排した分立を大原則とし、言論や報道の自由などを保障することでメディアなどによる外部チェック機能も重視しつつ、一方で国家の情報そのものを適切に記録、管理・保存、そして公開させる制度の充実を推し進める必要が求められてきた。言葉を変えるなら、言論・報道の自由や情報公開の度合いの高低は、その国の民主主義の充実度を推し量る指標ともなる。

では、この国の現状はどうだろう。

世界の先進民主主義国の中では大きく後れを取ってしまったものの、国の情報公開などのプロセスは少しずつ前進の兆候を示してはきた。あえて時代を元号で区切るとするならば、平成という時代は、この国の情報公開制度の進展と歩調を合わせるように幕を開けたともいえる。久保亮・瀬畑源著『国家と秘密　隠される公文書』（集英社新書、２０１４年）などによると、都道府県レベルでは初となる情報公開条例が神奈川県で制定されたのは１９８２（昭和57）年。以後、同様の条例制定の動きは全国へと拡大し、最後発の愛媛県で98（平成10）年に制定されて情報公開条例は全都道府県に整えられた。

これと並行して政府や関連機関の情報隠蔽《いんぺい》体質が露呈し、情報公開の必要性を痛感させる事態も次々と発生した。ごく一例を挙げれば、95年に高速増殖炉もんじゅで冷却材漏れによる火災が起きた際、動力炉・核燃料開発事業団（当時）が事故直後の映像を隠蔽して猛批判を浴びた。96年には、いわゆる薬害エイズ問題をめぐって厚生労働省の地下倉庫に重要資料が眠ったままになっていたことが大きな政治問題と化した。

こうした事象の連続を受けて国レベルでの情報公開制度の必要性を求める声は高まり、さまざまな紆余曲折を経て99年5月、情報公開法は国会でようやく成立した。施行されたのは２００１年4月。不十分な点の残る内容だったとはいえ、この国の情報公開制度の法的な嚆矢《こうし》となったのは間違いない。

とはいえ、世界の先進各国と比較したとき、その遅れと不十分さはいくら強調してもしすぎることはない。米国では１９６６年の時点で情報自由法を制定して行政情報へのアクセス権が国民に保障され、以後も法改正が積み重ねられている。国家の記録たる公文書を所蔵する国立公文書館の設立年やその充実度などを眺めれば、欧米各国では20世紀に入って間もない時期までにそれが続々と設置され、現在では職員数も文書の所蔵量も日本とは比較にならない規模に成長している。これは韓国なども同様であり、日本の国立公文書館の貧弱さは目を覆わんばかりの状態といっていい（この点についても前掲書『国家と秘密　隠される公文書』に詳しい）。

大量の公文書を廃棄した敗戦時の日本と酷似

また、情報公開法が制定されたとはいうものの、為政者や官僚たちの意識はおそろしく低く、情報公開法の施行を控えた時期には各中央省庁で公文書が大量に廃棄されたこともわかっている。ＮＰＯ法人「情報公開クリアリングハウス」のまとめなどによると、情報公開法の施行直前にあたる２０００年度、各中央省庁では例年の数倍から数十倍に及ぶ公文書類が廃棄されてしまったという。それはまるで戦犯追及を恐れて大量の公文書を各地で焼却した敗戦時の日本を想起させ、為政者や官僚の心性は当時とほとんど変わらないのではないか、と疑わせるほどの惨状だった。

当たり前の話であるが、国家の情報を公開させる法的システムをいくら整えても、おおもととなる情報を適切に記録し、管理・保存するシステムを整えなければ何の意味もなさない。そこで必須となるのが法律によって公文書の適切な作成と管理・保存などを担保するシステム――つまりは公文書管理法などの創設であり、これは福田康夫政権の尽力などにより09年にようやく日の目を見た。

この年の6月に国会で成立し、約2年後の11年に施行された公文書管理法も不十分な面を残すものではあったが、その第1条に明示された〈目的〉は、「国家と情報」のあるべき原則を端的に記していて意義深い。一部を省略しつつ引用しておく。

〈この法律は、国の諸活動や歴史的事実の記録である公文書等が、健全な民主主義の根幹を支える国民共有の知的資源として、主権者である国民が主体的に利用し得るものであることにかんがみ、国民主権の理念にのっとり、公文書等の管理に関する基本的事項を定めること等により、行政文書等の適正な管理、歴史公文書等の適切な保存及び利用等を図り、もって行政が適正かつ効率的に運営されるようにするとともに、国の諸活動を現在及び将来の国民に説明する責務が全うされるようにすることを目的とする〉

そう、公文書などに記録される国家の情報は「民主主義の根幹」を支える「国民共有の知的資源」であり、それは同時に「現在及び将来の国民」に向けた国家の説明責任をまっとうさせる梃子《てこ》でもある。繰り返しになるが、そのための制度構築は諸外国に比べて大きな後れを取ったし、いまだに極めて不十分ではあるけれども、それでも少しずつはこの国でも整備が進められてきた。しかし、そうした潮流が第2次安倍政権の発足後、まるで反転したかのような状態に陥ってしまう。

これも言うまでもないことだが、国家の情報を公開する流れの対極にあるのは、国家の情報を隠すためのシステム構築である。第2次安倍政権の発足から約1年後の13年12月、ごうごうたる批判を押し切って成立した特定秘密保護法は、まさにその典型例というべき悪法であった。

もちろん、「国民共有の知的資源」である国家の情報とはいえ、安全保障や外交面で一時的に秘密が必要になる場面はあり得るだろう。ただし、その際は拡大解釈の余地を徹底して排し、秘密指定の適正性をチェックする制度を精緻に整え、一時的に秘密とされた情報も適切に管理・保存され、いずれは公開されて歴史の検証を受けねばならない。であってこそ、時の為政者や官僚に緊張感と責任感が生じ、のちに公開された記録は歴史を紡ぐ土台となり、後世の人びとに貴重で重要な教訓を引き継ぐこともできる。

しかし、特定秘密保護法は秘密指定の基準が非常にあいまいなうえ、秘密指定の適正性を外部から監視する機能もほとんど備えられていない。また、秘密漏えい時の罰則が最高で懲役10年と定められ、公務員らによる不正の内部告発などを萎縮させてしまう恐れが強い。何よりも秘密指定の有効期間は5年とされているものの延長が可能で、内閣の承認を得れば永遠に秘密指定することだってできてしまう。まさに国家の情報を「国民共有の知的資源」と位置づける流れに真っ向から逆らうものにほかならなかった。

「自衛隊日報」「森友」……前代未聞の醜態

一方で、第2次安倍政権の下、国家による情報収集の権限と権能が高められたことも指摘しておかねばならない。代表例のひとつがいわゆる盗聴法＝通信傍受法の大幅な強化であった。

そもそも99年に成立し、翌2000年に施行された盗聴法は、組織犯罪対策などを名目として電話やファクス、電子メールなどの傍受を捜査機関に認めるものだったが、憲法が保障する通信の秘密などを侵しかねないから、当時も猛烈な批判が噴出した。そうした批判もあって通信傍受捜査の対象となる事件は組織的殺人、薬物や銃器の不正取引、集団密航に限定され、裁判所の令状が必須なのはもとより、通信事業者の立ち会いなども条件として付された。

ところが第2次安倍政権下の16年、盗聴法が初めて大幅改定されることとなった。傍受対象の事件が詐欺や窃盗といった一般犯罪へと一挙に拡大され、通信事業者の立ち会いも不要とされるなど、捜査当局に有利な方向へと大きく舵が切られたのである。続いて17年には共謀罪の趣旨を盛り込んだ組織犯罪処罰法の改定も強行されている。犯罪を「共謀した」と当局が睨んだ段階で捜査が可能となる共謀罪は、特に警備・公安警察などの活動範囲を格段に押し広げるものといえる。

煎じ詰めれば、いずれも国家による情報収集機能を高め、しかも収集した情報の秘匿を可能とする動きであり、国家の情報を「国民共有の知的資源」と位置づけて公開する流れとはまったく相反する。と同時に第2次安倍政権の下では、国家の情報を記録した公文書類などをめぐり、あまりに無残な出来事が続々と引き起こされてもきた。たとえば防衛省で発覚した南スーダンPKO（国連平和維持活動）日報の隠蔽問題である。

南スーダンに派遣された自衛隊PKO部隊の日報をめぐっては、ジャーナリストらからの情報公開請求に対し、防衛省は16年12月の時点で「すでに廃棄した」ことを理由に「不開示」を決定していた。ところが統合幕僚監部に電子データが残っていることなどが間もなく発覚し、防衛省・自衛隊による組織的な情報隠蔽ではないかとの疑いが強まる。実際、日報には現地で政府軍と反政府勢力が「戦闘」状態に入っていたことなどが記されており、これが表沙汰になれば自衛隊派遣の是非が政治問題化しかねないことから組織的隠蔽に走った――。そんな見方が有力視されている。

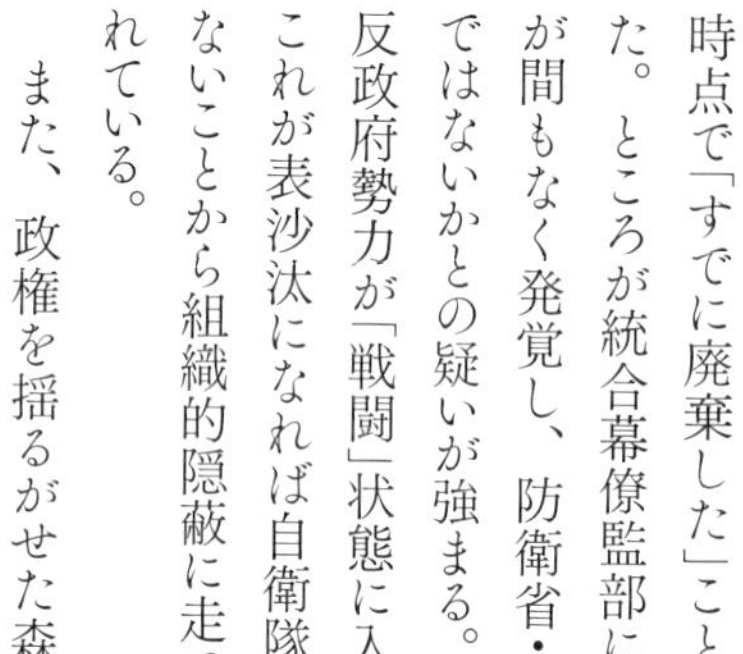

▶森友問題で証人喚問で証言する籠池泰典・森友学園元理事長…国会内で　2017年3月

また、政権を揺るがせた森友学園問題をめぐっては、財務省で公文書改ざんという前代未聞の醜態も演じられた。ここで改めて経過を詳述する紙幅はないが、政権を熱心に支持する学園の理事長に国有地が格安で払い下げられようとした背後に、首相やその妻の威光があったことはもはや疑いようのない事実であろう。政権やその周辺から直接的な指示があったかどうかはともかく、首相やその妻の威光を当時の学園理事長が盛んにちらつかせ、財務省や近畿財務省も政権やその周辺者の意向をまさに〝忖度《そんたく》〟し、国有地を格安で払い下げようと動いた。それが政治問題化すると、今度は一転して隠蔽に走った。理由は記すまでもない。「私や妻がかかわっていたら首相も議員も辞める」――国会の場でそう啖呵を切った首相を守るためには、国有地売却交渉をめぐる文書に首相の妻の名などが登場するのはマズい。だから関連の公文書を改ざんした――。

何度でも強調しておかねばならないが、公文書は「健全な民主主義の根幹を支える国民共有の知的資源」（公文書管理法）である。その公文書が堂々と改ざんされ、政権を多少は揺るがすスキャンダルには発展したものの、結局のところは首相も、所管大臣たる財務相も一切責任を取らず、改ざんに手を染めた者たちが刑事責任を問われることもない。少なくとも「国民共有の知的資源」たる公文書の保護に関し、この国の現状は後進国レベルに堕してしまったというほかはない。

「平成」絡みでもうひとつだけ安倍政権下のエピソードをつけ加えるなら、上皇の生前退位をめぐる公文書の作成・保存過程も惨憺《さんたん》たるありさまだった。

▶国会前で共謀罪反対のパネルを掲げる人たち
…東京都千代田区で　2017年5月

概略のみを記せば、上皇の退位日程などを決める皇室会議は17年12月1日、皇族や三権の長らが出席して宮内庁の特別会議室で開かれた。約1時間15分に及んだという会議は非公開だったが、皇室典範に規定された皇室会議の開催は四半世紀ぶりであり、戦後の歴史を振り返ってもわずか8回しか例がない。しかも天皇の生前退位は実に200年ぶりの出来事だという。ならば、一体どのような議論を経て退位日が2019年4月末となったのか、なぜ退位日が決まったのか、天皇制そのものや生前退位への評価などはともかく、経緯や議論の中身は精緻に記録し、公文書として管理・保存し、必要に応じて公表して後世に伝えていくのは至極当然の作業であろう。

だというのに、会議後に公表された〈議事概要〉はわずか100字ほど。具体的な中身は皆無に等しく、各メディアの報道によれば、これ以外に発言録などは作成しておらず、詳細な議事録を残すつもりもないという。私はつくづく不思議で仕方ないのだが、安倍政権やそのコアな支持層は「保守」を自称し、天皇制については常に異様なこだわりを示してきた。その主張を真に受けるなら、何よりも「伝統」と「歴史」を重んじることこそ「保守」の矜持《きょうじ》であり、情報公開に積極的か否かといった点は脇に置いたとしても、「伝統」や「歴史」の土台となる国家の記録——なかでも天皇に関する記録の作成・保存などには最もこだわりを示すべきだと思うのだが、政権はもとより、その支持層からも今回の振る舞いに大した批判の声があがる気配はない。要するに安倍政権とそのコアな支持層が自称する「保守」や「伝統」なるものは「エセ」ということなのだろう。そう考えなければ物事のつじつまが合わないではないか。

あおき　おさむ……1966年、長野県生まれ。90年に慶應義塾大学卒業後、共同通信記者。その後、フリーのジャーナリスト、ノンフィクション作家に。著書に『安倍三代』『情報隠蔽国家』など多数。

「民主主義は暗闇の中で死ぬ」

平成期の幕開けとともにわずかに前進しかけていたこの国の情報公開や公文書管理の潮流は、安倍政権の再登場とその長期化によって無残に後退してしまった。これを放置すれば、一体どのような地平に至ってしまうか。私は18年に上梓した『情報隠蔽国家』(河出書房新社)の末尾でいくつかのアフォリズムを紹介した。それをここでも再掲しておきたい。

まずは米国の第4代大統領で、合衆国憲法の父とも評されるジェームズ・マディソンの警句である。

〈人民が情報を持たず、あるいは情報獲得の手段を与えられていない人民の政府は、喜劇、もしくは悲劇への序章のどちらかである。知識は常に無知を支配する。自分たち自身が統治者であろうと欲する国民は、知識が与える力で自らを武装しなければならない〉

もうひとつ、同じく米国の有力紙『ワシントン・ポスト』は、17年2月から題字下に次のような一文を掲げはじめている。

〈Democracy Dies in Darkness〉

3つの「D」で韻を踏んだスローガンはシンプルだが、意味するところは相当に深い。

「民主主義は暗闇の中で死ぬ」

もとより、なんでもかんでも米国がいいなどというつもりはない。ただ、こうしたアフォリズムには普遍的な価値が確かに刻み込まれている。では、果たして私たちは「喜劇、あるいは悲劇への序章」の世界に暮らしてはないか。周囲が次第に「暗闇」に包まれ、「無知」に追いやられ、都合よく支配されようとはしていないか。国家の情報を「国民共有の知的資源」と位置づけ、強大な国家権力を適切にコントロールできているか。近代民主主義における「国家と情報」の大原則に恐ろしく無頓着な政権(それが意識的なのか無意識的なのかはともかくとして)を戴いているいま、改めてしみじみと自省する必要があると私は考えている。

藤井裕久（元民主党最高顧問）

「2度の政権交代」その失敗の本質とは

構成　倉重篤郎

▶鳩山内閣の閣議に臨む
藤井財務相＝左から4人目
…首相官邸で　2009年9月

平成政治を振り返るうえで是非、この人の考えをお聞きしたい、と思ったのが藤井裕久氏である。藤井氏は1932（昭和7）年生まれの元大蔵官僚。平成時代の2度の政権交代でいずれも経済・財政政策の司令塔（93年発足の細川護熙内閣では蔵相、2009年発足の鳩山由紀夫内閣では財務相）を務め、バブル経済崩壊以降の日本の政治経済をつぶさに観察してきた人物だ。また、近・現代史に対する深い洞察から平成史を俯瞰できる眼力を持っているからであった。

平成というと何を連想しますか。

「答えになっているかどうか、やはり平成の天皇、皇后両陛下です。このお二方が戦後の非戦の流れを認めてくださり、平和のために動いてきてくださった。上皇は那須の御用邸で敗戦を迎え、上皇后は館林に疎開されていた。戦時中の明日をも知れぬ命と困窮生活、そして敗戦のショック。昭和天皇も地味だし、（上皇后の実家である）正田家も地味だったから、特別の扱いをしているようなことはなかったと思う。僕らと同じ経験をされている」

「かつて、福田赳夫（元首相）さんが『僕は昭和天皇が好きだ』とおっしゃったが、私も平成の天皇と皇后が好きです。平成とは何だったかと言われると、このお二方が去るのが寂しいという思いだ」

天皇制を明治から振り返ると？

「天皇家は、明治天皇から平和主義者だと思っています。日清戦争が始まった時、これは朕の戦争ではない、皇祖に何と説明していいかわからない、とまで言われた。昭和天皇も平和主義者だ。いわゆる張作霖爆殺事件の際、時の田中義一首相をしかった。その結果として長州閥の時代が終わり、陸軍大出身の陸軍官僚時代に変わったが、さらに悪くなった」

「ただ、私自身は昭和天皇がいらっしゃったから私も生き残ったと思う。昭和天皇が一部陸軍の人間が戦争を継続しようとしたのをきちんと収めましたね。それに協力したのは、外相・東郷茂徳と海相・米内光政でした。鈴木貫太郎が首相でした。この3人だと思う」

「その思想が、平成の天皇にそのまま受け継がれていたと思う。2018（平成30）年8月15日の平成最後の終戦記念日に『戦後の長きにわたる平和な歳月に思いを致しつつ』という新しい表現を加えて、これからも平和であってほしい、との強い気持ちを国民に向けて語られた。そこが安倍（晋三・首相）さんとの違いです」

「まさに平成時代の最大の特徴は、この30年だけは1回も戦争がなかった、ということ。振り返れば、明治から含めて戦争の時代が長く続いた。日清、日露の両戦争、大正時代も第1次世界大戦があった。昭和は対中国戦争と対米戦争です」

マイナス成長の原因はみんな「金融」にあり

平成といえばバブル崩壊と失われた20年だ。

「問題は金融です。バブル経済を持ち込んだのも金融だったし、それを潰したのも金融だ。私を応援してくれた人の中でも自殺者が出ました。バブルで銀行が貸し込み、それが終わると貸しはがしにかかった。自宅で首をつった人も橋から飛び込んだ人もいた」

▼バブル崩壊後の
最安値を示す
日経平均の株価ボード
…東京都千代田区で
2008年10月

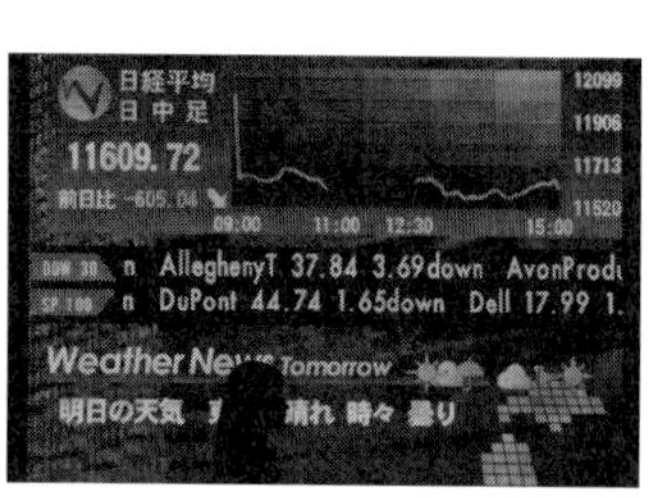

◀リーマン・ブラザーズの
経営破綻を受けて
日経平均株価が
下落したことを示すボード
…東京都千代田区で　2008年9月

アベノミクスもまた金融の異次元緩和だ。

「安倍さんがこの政策をとる時、私はダメだと言った。バブル崩壊と同じようなことが起こりかねない。日本銀行の黒田（東彦・総裁）君は財務省の後輩で、正月にOBの会合があった時に言ってやったことがある。『君ね、財政健全化と言っているのは正しいが、実際に日銀は健全化とは逆のことやっている』。別のOBは『日銀総裁を辞めろ。安倍晋三と共倒れする必要はない』と言ってた」

平成に入り、少子高齢化で経済が成熟型になったのに、無理して成長を求めている。

「蔵相時代にカウンターパートだったサマーズ氏（米財務長官＝当時）は、先進国は低成長が当たり前だと言っていたし、ラガルド氏（仏蔵相＝同、現IMF専務理事）も同じ意見だった。私も金融財政も含めて成長を促す無理はするべきではないという意見です」

「日本は過去6回、マイナス成長している。1回目は石油ショック。2回目はバブル崩壊の後、3回目はアジア金融危機、4回目がITバブル崩壊、5回目がリーマンショック、6回目が14年だ。安倍さんは消費増税（5%→8%）の結果だと言うが、そうではない。私に言わせれば、みんな金融なんですよ。金融の過剰な動きを調整する形でマイナス経済が起きている。歴史は繰り返す」

平成政治の象徴はやはり選挙制度改革か？

「当時の自民党、政治改革本部を実際に動かしたのは伊東正義さんと後藤田正晴さんだった。リクルート事件、佐川急便事件と汚職が続き、カネのかからない制度に変える必要があった。私は2人を尊敬していたので、それに乗り小選挙区論者になった」

「ただ、その制度改革もあまりうまくいっていない。首相権限の強化で言うことを聞くやつだけを偉くするというように使われた。内閣人事制度ともども運用の問題でつまずいている。安倍1強なるものを作り上げてしまった」

◀細川連立政権の発足
…首相官邸の中庭で　1993年8月

自民党は権力欲の塊。何が何でも政権を守る

平成期には政権交代が2度あった。いずれも藤井さんは当事者だから聞きたい。その失敗の本質は？

「93年の細川政権にせよ、09年の鳩山政権にせよ、理念はいいが権力欲がない。淡泊だ。それに比べて自民党は権力欲の塊だ。何が何でも政権を守る。結局のところ、そのガバナンス（統治力）の差が出た」

平成という時代を体現する政治家は？

「細川護熙さんだと思っている。日本新党を作ったのが細川さんです。権力欲はなかったものの、人品骨柄、政治理念は逸品だった」

小沢一郎氏は？

「この人は政局屋ではあるが、政策でも一家言あった。細川政権の国民福祉税の時に目的税を打ち出したのは、大変な見識だと思っている。ただね、僕が若干距離を取り始めたのは、彼が消費増税に対して否定的になってからだ。政局を政策に優先させた」

さて、平成締めくくりは安倍政権となった。

「安倍さんのような歴史観に偏りのある人間が締めくくろうとしているのは、残念極まりない。僕は安倍政治は末期だと思っている。長く続いた政権の末期は悲劇だ。吉田茂さんは最後は権力欲の塊となった。佐藤栄作さんは、私が官房長官秘書官をしていたからよくわかるが、政権と距離を置こうという人たちが出てくる。それが田中角栄さんだったし、竹下登さんだった。中曽根康弘政権は大型間接税は導入しないと言いながら、売上税を入れようとした公約違反問題でウソつきと批判された。今の政権は3つの要素を全部持っている。長期政権がいつまでも続くというのは絶対にありえない」

（一部敬称略）

ふじい　ひろひさ……1932年、東京都生まれ。55年、東京大学法学部卒業後に大蔵省（現・財務省）入省。自民党参議院議員、衆議院議員を経て、93年に自民党離党、細川内閣で蔵相、2009年に鳩山内閣で財務相。また、自由党幹事長、民主党幹事長などを歴任。著書に『政治改革の熱狂と崩壊』ほか。

2000
平成12年

負債総額が戦後最悪、失業者数も過去最多となった。しかしパソコンや携帯電話の売り上げは好調、IT革命のもとネットスーパー、ネット銀行、ネット証券、オンライン書店、ネットオークション、音楽配信などのネットビジネスが続々誕生した。百貨店・スーパーの売上は低迷を続け、低価格志向が一段と進行した。平日半額ハンバーガー、アウトレットモールが続々誕生、安価でカラフルなフリースが大ヒットしたユニクロ人気が爆発した。

▼旧石器発掘ねつ造事件。早朝、たった一人で石器を埋める「東北旧石器文化研究所」の藤村新一副理事長 …宮城・上高森遺跡 2000年10月22日

出来事

◀2000年問題。不足の事態に備えたNTT東日本ネットワークの特別対策本部 …東京・大手町 1999年12月31日

1・1◉2000年1月1日にコンピューターの動作に異常発生の可能性が取りざたされたY2K問題、世界的にコンピューター誤作動など深刻な問題発生せず

1・19◉ヤフーの株価（額面5万円）が、日本の株式市場初めて1億円を突破

1・21◉大相撲元小結の板井は日本外国特派員協会での講演で八百長を告発

1・23◉徳島市で吉野川可動堰計画の賛否を問う住民投票実施。投票率55％で反対票が90％

1・24◉ハッカーが科技庁のHPに不正侵入し改竄。総務庁、運輸省、参議院など中央省庁に被害拡大

1・28◉90年から行方不明（当時小4）の新潟・三条市の女性を柏崎市で保護。9年余に渡り監禁

1・28◉衆参両院の首相施政方針演説を憲政史上初めて野党が欠席。衆院定数削減法案採決に反発

2・2◉改正公職選挙法成立。衆院比例区20削減し総定数480に

2・3◉東京・町田市の動物プロダクションで、アルバイトの飼育係がトラに首をかまれて死亡

2・6◉大阪府知事に元通産官僚の太田房江が初当選。全国初の女性知事誕生

2・7◉米国で「ヤフー」のサイトがサイバーテロを受け3時間アクセス不能に。以後、アマゾン、eベイなど通販サイトが標的となり被害続出

2・13◉中堅スーパーの長崎屋が事実上倒産。負債総額は流通史上最大の3800億円

2・14◉マクドナルドはハンバーガーを平日半額に

2・19◉越智通雄・金融再生委員長が金融関係者への講演で「検査が厳しかったら、最大限考慮する」との趣旨の「手心」発言。25日更迭

2・22◉参議院規則に〝産休制度〟。橋本聖子議員の妊娠契機に

2・24◉薬害エイズ事件で、大阪地裁は旧ミドリ十字の歴代3社長に禁固の実刑判決

2・29◉米・ミシガン州の小学校で、1年生男児が同級生の女児を拳銃で射殺。3月にはアラバマ州で7歳男児が5歳女児を空気銃で射殺

3・1◉政府は一時国有化の日本長期信用銀行を米投資組合に譲渡

3・7◉レバノン政府は刑期満了の日本赤軍メンバー5人を国外退去処分。17日、岡本公三の同国亡命を許可

3・8◉東京・地下鉄日比谷線中目黒駅構内での脱線、衝突事故で5人が死亡、63人が負傷

3・13◉陸上自衛隊一等陸佐が、部外者に小銃を射撃させた疑いで逮捕。のち、自衛隊幹部の組織的隠蔽工作発覚し大量処分

3・18◉台湾総統に民進党の陳水扁が就任。半世紀の国民党政権に幕

3・21◉小口顧客向け電力小売り自由化。電力会社の電力供給独占に終止符

3・28◉支給水準引き下げを盛り込んだ年金改革関連法成立

3・30◉東京都議会で外形標準課税（銀行税）条例成立。10月、都銀など無効求め提訴

3・31◉北海道の有珠山が23年ぶりに噴火

4・1◉介護保険制度スタート。改正道交法の施行で、チャイルドシートの義務付け開始

4・1◉自民党は自由党との連立を解消

4・2◉小渕恵三首相が緊急入院。4日、内閣総辞職

4・5◉衆参両院は森喜朗を第85代内閣総理大臣に指名。同日夜、森内閣発足

4・5◉名古屋市で、中学校の同級生から10カ月にわたり計5千万円を恐喝していた少年グループを逮捕

4・6◉米企業がヒトゲノム（全遺伝子情報）の読み取り完了を発表

4・19◉米・バーモント州上院は同性婚カップルにも婚姻の利益を認め保護する法案を可決

5・1◉愛知・豊川市で、17歳少年が主婦を刺殺。「人を殺す経験がしたかった」と40カ所を刺す

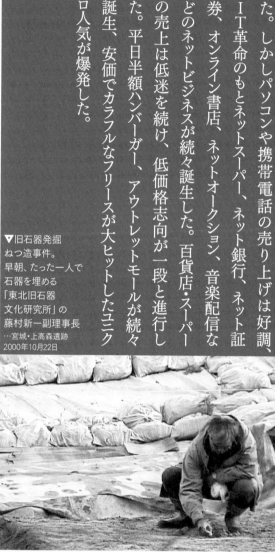

▲営団地下鉄日比谷線中目黒脱線衝突事故で死者4人。
脱線した車両の撤去作業…中目黒駅構内　2000年3月8日

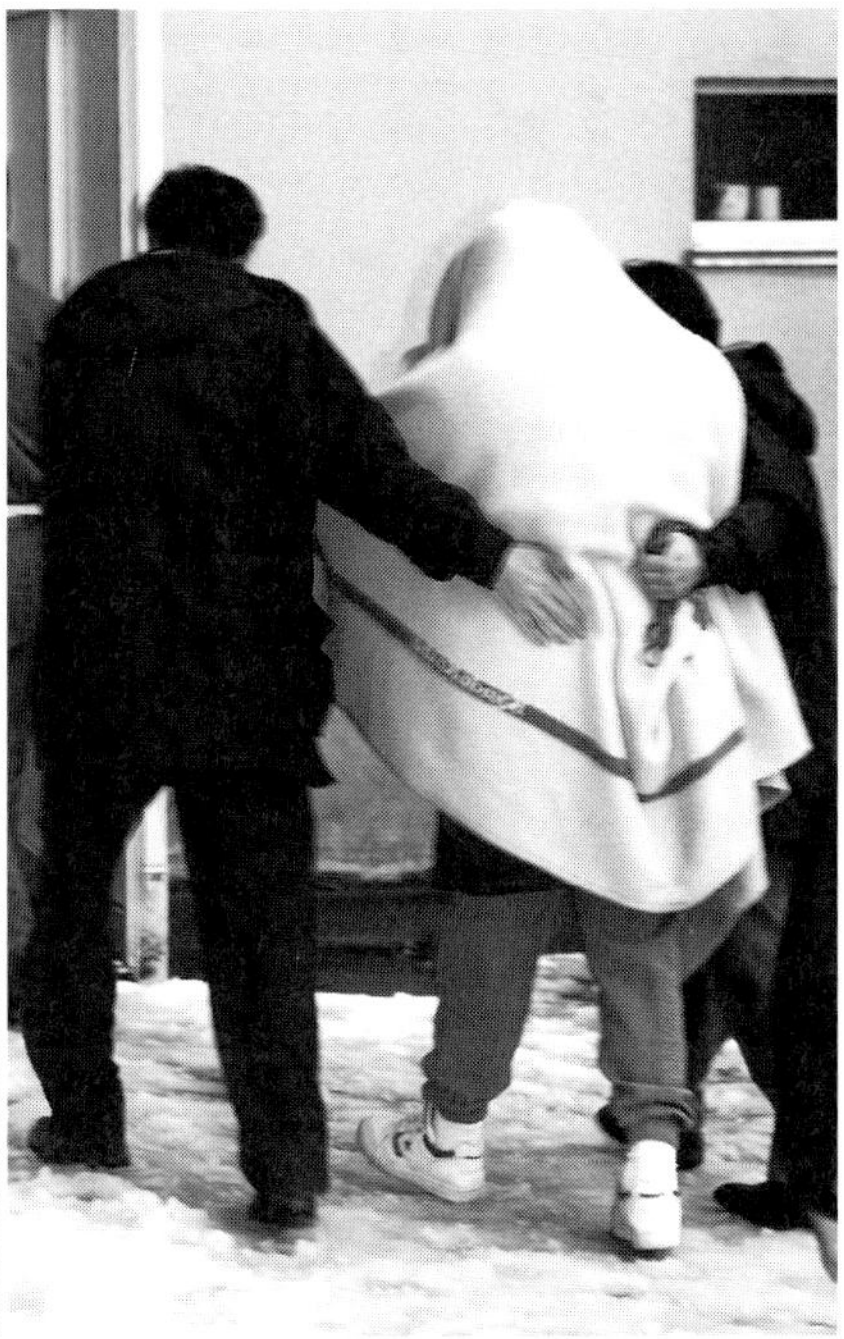

▲新潟・女性監禁事件。
未成年者略取容疑などで逮捕された
37歳無職の男
…新潟県三条市　2000年2月11日

▲自由党の連立政権離脱を決めた自民・自由・公明の3党首会談。
小渕自民党総裁(中央)はその後、病に倒れた…首相官邸　2000年4月1日

▼西鉄高速バス乗っ取り事件。刃物を持った少年が見える
…山陽自動車道小谷SA　2000年5月3日

5・1◉第一火災海上保険は経営破綻。損保破綻は戦後初

5・3◉佐賀市の17歳少年が高速バスを乗っ取り、女性乗客を刺殺。2人が負傷

5・4◉コンピューターウィルス「I LOVE YOU」の感染広がる。世界で4500万台が被害と予想

5・4◉怪物の異名で親しまれた競走馬ハイセイコーが馬齢31歳で死亡

5・7◉ロシア連邦大統領に首相で大統領代行のウラジーミル・プーチンが就任

5・8◉大阪証券取引所に、ベンチャー企業向け市場「ナスダック・ジャパン」発足。6月19日取引開始

5・9◉京都の寂光院本堂が放火され全焼。重要文化財の木造地蔵菩薩立像焼損

5・9◉警視庁は「法の華三法行」の福永法源ら幹部12人を詐欺容疑で逮捕。足裏診断などで870億円を集金

5・12◉犯罪被害者保護法が成立。被害者・家族の裁判優先傍聴など

5・15◉森首相が「神の国」発言

5・17◉児童虐待防止法成立。親権一時停止など強制措置盛り込む

5・18◉ストーカー行為規制法成立(11月24日施行)

5・19◉信販大手のライフが経営破綻。負債総額9663億円は戦後4番目の巨額倒産

5・26◉リサイクル社会(循環型社会形成推進)基本法成立

5・26◉第一ホテルが倒産。負債総額1170億円はホテル業界史上最大の倒産

6・2◉森首相は衆議院を解散(神の国解散)

6・6◉香川・豊島の産業廃棄物問題で公害調停成

▶香川県豊島の
不法投棄産廃撤去闘争で
公害調停成立。
涙ながらに会見に臨む
中坊公平弁護士
…旧総理府　2000年5月26日

立し、知事は住民に直接謝罪
6・13◉南北首脳が分断後初の歴史的握手。金大中・韓国大統領が平壌を訪問
6・15◉参天製薬は脅迫を受け目薬全250万個の回収を発表。23日容疑者逮捕
6・20◉東芝はワープロ事業からの撤退を表明。人気機種Rupoを生産。富士通、シャープ、NECも追随
6・21◉岡山で高校3年の少年が母親を殺害。いじめで復讐後、母親が不憫と
6・25◉第42回総選挙投開票。自公保の連立与党は議席減ながら絶対安定多数確保。民主党躍進
6・29◉雪印乳業の乳製品による集団食中毒が発覚。近畿を中心に認定者数1万3420人は戦後最悪
6・30◉受託収賄の容疑で、東京地検特捜部は中尾栄一・元建設相(自民党)を逮捕
6月◉「マイルドセブン」などの偽造たばこが大量に流通。中国からの密輸
7・1◉金融庁発足。金融監督庁を改組
7・12◉百貨店のそごうが経営破綻。負債総額は小売業史上最大の1兆8700億円
7・16◉20世紀最長の皆既月食を観測。皆既時間は1時間47分

▶守礼門が表柄になっている
2000円札
…那覇市の琉球銀行
2000年7月19日

7・16◉15歳長女の毒殺を試みた准看護師を逮捕
7・18◉三菱自動車の大規模なリコール隠し発覚
7・19◉2000円札発行。沖縄の守礼門(表)と源氏物語絵巻、紫式部(裏)を採用
7・21◉九州・沖縄サミット開幕。ビル・クリントン米大統領が「平和の礎」で演説
7・29◉山口で16歳少年が母親を金属バットで撲殺
7・30◉久世公尭・金融再生委員長(国務大臣)が辞任。三菱信託銀行などから多額の顧問料
7・31◉住友男女賃金差別訴訟で、大阪地裁は住友電工女性社員の請求を棄却。高裁は原告勝利の内容で和解。住友化学、住友生命も原告勝利で和解
8・1◉新500円硬貨発行。偽造、変造対策
8・12◉北極圏のバレンツ海で、ロシアの原潜が搭載魚雷の爆発事故で沈没し、乗員ら118人全員が死亡
8・14◉大分で高校1年の少年が隣家の一家6人を殺傷。3人が死亡
9・2◉火山活動続く東京都の三宅島で、全島民に島外への避難を指示
9・2◉大阪で7月29日から連続36日間、熱帯夜を記録
9・4◉政策秘書給与詐取の疑いで、東京地検特捜部は衆院議員・山本譲司(民主党)を逮捕
9・8◉防衛庁機密漏洩事件で、海自三佐を逮捕
9・11◉東海地方で豪雨。10人が死亡、19万世帯に避難指示・勧告
9・12◉脚本家の内館牧子が女性初の横綱審議委員に。「女性が土俵に上がることには反対」
9・20◉大和銀行の不正取引・巨額損失事件をめぐる株主代表訴訟で、大阪地裁は当時の取締役ら11人に計830億円の賠償命令
9・27◉松屋フーズが牛めしを290円に値下げ。これを契機に牛丼値下げ戦争勃発
9・29◉日本初の金融持ち株会社みずほホールディングス発足。第一勧業、富士、日本興業の3行が経営統合
10・1◉KDDI発足。DDI(第二電電)、KDD(国際電信電話)、IDO(日本移動通信)が合併
10・5◉ユーゴスラビアで民衆革命。13年に及ぶミロシェビッチ政権が崩壊
10・6◉鳥取西部で震度6強の地震。182人が負傷
10・9◉千代田生命が経営破綻。20日には協栄生命が過去最大の倒産
10・12◉日本初のネット専業銀行「ジャパンネット銀行」が開業
10・13◉韓国の金大中大統領にノーベル平和賞
10・14◉首都圏の地下鉄・私鉄で共通乗車システム「パスネット」スタート
10・15◉作家の田中康夫が長野県知事選に当選
10・23◉オルブライト・米国務長官が朝鮮民主主義人民共和国を訪問。米国閣僚の訪問は初めて

◀京王線に女性専用車両登場
…2000年12月8日

10・26◉改正公職選挙法成立。参院の定数を10削減し比例区を非拘束名簿式に

10・27◉中川秀直官房長官辞任。愛人への警察捜査情報漏洩、右翼団体幹部との交際疑惑で

11・4◉毎日新聞の調査報道により、民間考古学研究所副理事長の度重なる石器発掘捏造が発覚。古代史が書き換わる事態で考古学界に激震

11・7◉米大統領選。史上希有な接戦で杜撰な開票集計が発覚。訴訟合戦を展開し、ジョージ・ブッシュの当選確定まで36日間を要する失態

11・8◉KSD（財団法人ケーエスデー中小企業経営者福祉事業団）の資金不正流用事件で、東京地検特捜部は前理事長を逮捕。現職国会議員2人逮捕の贈収賄事件に発展

11・8◉日本赤軍最高幹部の重信房子が潜伏先の大阪で逮捕

11・11◉オーストリア山岳ケーブルカーのトンネル内火災で、155人が死亡。邦人10人も犠牲に

11・20◉森内閣打倒を目指して自民党の加藤紘一・山崎拓らが起こした「加藤の乱」不発。衆議院は内閣不信任案を否決

11・22◉斡旋利得処罰法成立。政治家や公設秘書の「口利き」を処罰対象も、抜け道に批判

11・24◉日本共産党は党規約から「前衛政党」「社会主義革命」の文言を削除し、自衛隊を一定期間容認する現実路線へ

11・28◉改正少年法成立。刑事罰対象年齢を「14歳以上」に引き下げ、少年犯罪を厳罰化

11・30◉クローン人間技術を禁止したヒトクローン技術規制法成立

11・30◉高齢者の窓口負担を1割とする医療保険制度改革法が成立

12・1◉BSデジタル放送開始

12・4◉東京・新宿のビデオ店で爆弾事件。栃木県の高校2年少年が手製爆弾。「人を壊したかった。誰でもよかった」と供述

12・5◉第2次森改造内閣発足。元首相2人が入閣。翌01年1月の省庁再編に対応

12・8◉売上世界2位の仏・巨大スーパー「カルフール」が日本1号店を幕張にオープン

12・8◉京王線に女性専用車両登場。73年に国鉄中央線の「婦人子供専用車」が廃止されて以来の再登場

12・8◉民間団体が昭和天皇、東条英機らを被告人とする「女性国際戦犯法廷」を東京で開催。アジア各国から64人の元慰安婦も参加

12・26◉中国河南省の商業ビルで火災。340人以上が死亡

12・27◉兵庫県で16歳少年と高校1年の少女がタクシー運転手の男性を殺害し、売上金を強奪。「遊ぶ金欲しさ」と供述

12・29◉東京・江戸川区で2人組の男が現金輸送車を襲撃、信金課長を射殺し4600万円を強奪

12・31◉東京・世田谷区で一家4人の殺害遺体発見

▼三宅島噴火で全島避難。
竹芝桟橋に到着した避難者第1陣
…2000年9月2日

▼台湾総統選、国民党一党独裁体制に終止符。
政権交代を実現した陳水扁前台北市長
…台中市　1999年8月

話題

ネットビジネスが続々誕生　ネットスーパー、ネットコンビニ、ネット銀行、ネット証券、オンライン書店、ネットオークション、音楽配信など

【暴言、放言、失言、妄言】

森喜朗首相「日本の国、まさに天皇を中心としている神の国であるぞと、国民のみなさんに承知して頂く」（5月15日神道政治連盟の会合で）「（投票態度未定の有権者が）そのまま関心がないといって寝てしまってくれればそれでいいんですけれども」（6月20日新潟市で演説）

石原慎太郎・東京都知事「不法入国した多くの三国人、外国人が非常に凶悪な犯罪を繰り返している」（4月9日陸上自衛隊の記念行事で）

【流行語】

IT革命／おっはー／ジコチュー／わたし的には／ミレニアム

【流行】

アウトレットモール／腰パン／厚底ブーツ／ミュール／ユニクロ

【新商品・ヒット商品】

平日半額バーガー（マクドナルド）／プレイステーション2／DAKARA

【誕生】

岩波現代文庫（1・14発売開始）／ジョン・レノン・ミュージアム（10・9埼玉・与野市に開館）

【さよなら】

川崎球場（3・31　老朽化のため48年の歴史に幕）／松竹大船撮影所（6・30閉鎖）／関西の老舗書店、駸々堂が倒産（1・31）／雑誌廃刊＝「アサヒグラフ」（朝日新聞）／「OLIVE」（マガジンハウス）

◀平日半額ハンバーガー

【スポーツ】

3・8◉女子バスケットボールのシャンソン化粧品はWリーグ初代女王に。日本リーグ時代から10連覇の偉業
3・16◉3代目横綱若乃花が引退
3・26◉大相撲春場所で、貴闘力が史上初の幕尻優勝
3・29◉米大リーグが東京ドームで日本初の公式戦。ニューヨーク・メッツとシカゴ・カブスが対戦
4・9◉全日本女子体重別柔道で48キロ級の田村亮子が10連覇を達成
4・23◉競泳の中村真衣が日本人28年ぶりの世界新記録。女子50メートル背泳ぎ
5・26◉競泳の千葉すずは、五輪代表選考落選を不服としてスポーツ仲裁裁判所に訴状を提出
6・11◉プロボクシングの畑山隆則はWBA世界ライト級王者となり、同スーパーフェザー級に続き2階級を制覇
6・27◉将棋の丸山忠久八段が新名人に
7・18◉囲碁の王銘琬九段が新本因坊に
7・23◉タイガー・ウッズ（米国）は全英オープンに初優勝し、史上最年少の24歳で生涯4大大会制覇を達成
7・31◉ユニチカは女子バレーボール部を廃部
8・27◉ボクシングのWBCスーパーフライ級新王者に在日朝鮮人ボクサーの徳山昌守
9・10◉テニスの全米選手権女子ダブルスで杉山・デキュジス組が初優勝
9・15◉シドニー五輪開幕。開会式で南北朝鮮が史上初めて合同行進。女子マラソンの高橋尚子ら日本勢の金メダルは5つ。田

▲シドニー五輪。
女子マラソンで日本人初の金メダルでゴールした高橋尚子
…シドニー　2000年9月24日

▶シドニー五輪。
柔道で金メダルの田村亮子と野村忠宏
…シドニー　2000年9月17日

村亮子(柔道女子)、野村忠宏(柔道男子、2連覇)、滝本誠(同)、井上康生(同)、高橋尚子(女子マラソン)が金メダル

10・1◉米大リーグ、シアトル・マリナーズの佐々木主浩投手が最終戦で37セーブの新人記録を樹立

10・21◉プロ野球日本シリーズでON対決が実現(28日まで)。王ダイエーを退け、長島巨人が6年ぶりの日本一。巨人4―2福岡ダイエー

10・30◉シドニー五輪金メダルの高橋尚子(女子マラソン)に国民栄誉賞

12・6◉ボクシングのWBAミニマム級世界王座に星野敬太郎。31歳3カ月のタイトル初奪取は日本人最高齢記録

12・24◉競馬のテイエムオペラオーが史上初の古馬中長距離GI完全制覇を達成。この日の有馬記念の他、天皇賞春・秋、宝塚記念、ジャパンカップに優勝

【科学・学術】

1・14◉米・オレゴン地域霊長類研究センターはアカゲザルのクローニングに成功

3・22◉旭硝子がプラスチック製の光ファイバーを開発、伝送速度はガラス製の10倍

3・24◉インサイト・ジェノミクス社はヒト遺伝子の解読情報を1件2万ドルでネット販売開始

4・3◉名大病院で、国内初の脳腫瘍に対する遺伝子治療を実施

4・7◉セレーラ・ジェノミクス社がヒト遺伝子の解読を完了

6・2◉東京都立大の研究グループは、アルツハイマー病発病に関与の原因酵素を特定したと発表

8・18◉イギリスは「ヒト受精・胚研究法」を改正し、ヒトクローンを医療目的に限り認可

9・18◉京都大学再生医科学研の研究グループは、サルの体外受精卵から「万能細胞」の作成に成功と発表

10・10◉導電性プラスチックを開発した白川英樹博士にノーベル化学賞

10・13◉セレーラ社がマウスのゲノム解読を完了。30億対の塩基をもちヒトとほぼ等量

【文化・芸術・芸能】

11・30◉首里城跡など琉球王国時代のグスク(城)群と関連遺産がユネスコの世界文化遺産に登録

12・5◉SMAPの木村拓哉と歌手の工藤静香さんが結婚

【音楽】

サザンオールスターズ「TSUNAMI」(レコード大賞)／福山雅治「桜坂」／浜崎あゆみ「SEASONS」／大泉逸郎「孫」／MISIA「Everything」

【映画】

外国映画『グリーンマイル』米 監フランク・ダラボン 演トム・ハンクス／『アメリカン・ビューティー』米 監サム・メンデス 演ケビン・スペイシー、／『ダンサー・イン・ザ・ダーク』デンマーク 監ラース・フォン・トリアー 演ビョーク／『ブエナ・ビスタ・ソシアル・クラブ』独・キューバなど 監ヴィム・ヴェンダース／『シュリ』韓 監カン・ジェギュ 演ハン・ソッキュ、キム・ユンジン／『マルコヴィッチの穴』米 監スパイク・ジョーンズ 演ジョン・キューザック、キャメロン・ディアス／『初恋のきた道』中 監チャン・イーモウ 演チャン・ツィイー

日本映画『顔』(松竹)監阪本順治 演藤山直美／『御法度』(松竹ほか)監大島渚 演ビートたけし、松田龍平

【出版・文芸】

A&B・ピーズ『話を聞かない男、地図が読めない女』／飯島愛『プラトニック・セックス』／宮内勝典『善悪の彼岸へ』／B・シュリンク『朗読者』／浅田次郎『壬生義士伝』／小林信彦『おかしな男 渥美清』／佐藤正午『ジャンプ』／重松清『ビタミンF』(直木賞)／津島佑子『笑いオオカミ』／三浦しをん『格闘する者に○』／村上龍『希望の国のエクソダス』／山田詠美『A2Z』／山本文緒『プラナリア』(直木賞)／船戸与一『虹の谷の五月』(直木賞)／金城一紀『GO』(直木賞)／町田康『きれぎれ』(芥川賞)

◁ミヤコ蝶々

◁青江三奈

【漫画】

高橋しん「最終兵器彼女」(ビッグコミックスピリッツ)／奥浩哉「GANTZ」(ヤングジャンプ)／かわぐちかいじ「ジパング」(モーニング)／山田貴敏「Dr.コトー診療所」(ヤングサンデー)／柴門ふみ「九龍で会いましょう」(ビッグコミックスピリッツ)

【テレビ】

「真剣10代しゃべり場」NHK教育／「とっとこハム太郎」テレビ東京／「ビューティフルライフ」TBS／「池袋ウエストゲートパーク」TBS／「プロジェクトX」NHK

【CM】

20世紀カップヌードル(日清食品 出永瀬正敏)／「♪明日があるさ」(ジョージア＝日本コカ・コーラ)／「余分なものが出ているの?」(DAKARA＝サントリー)／「♪子供だって〜うまいんだもん〜」(Qoo＝日本コカ・コーラ)

冥友録

2・12◉C・シュルツ(77歳)スヌーピーの米漫画家／**3・7◉鶴岡一人**(83歳)プロ野球南海元監督／**3・23◉C・シャウプ**(97歳)米・財政学者／**5・13◉ジャンボ鶴田**(49歳)プロレスラー／**5・14◉小渕恵三**(62歳)前首相／**6・19◉竹下登**(76歳)元首相／**6・22◉滝沢修**(93歳)俳優、演出家／**7・2◉青江三奈**(54歳)歌手／**7・23◉小倉遊亀**(105歳)画家／**7・23◉黒田清**(69歳)元読売新聞記者／**10・8◉高木仁三郎**(62歳)反核運動家／**10・12◉ミヤコ蝶々**(80歳)喜劇女優／**11・22◉E・ザトペック**(78歳)チェコ・陸上長距離選手

2001
平成13年

21世紀が始まったこの年、ブッシュが大統領となった米国で、アルカイダによる9・11同時テロが勃発、世界の様相が変わった。米英はアフガニスタンで報復攻撃を開始、世界の様相が変わった。日本では小泉内閣が成立。政治がワイドショーのネタとなり、大阪の池田小に刃物を持った男が乱入、児童たちに切りつけ8人が死亡。国内でもBSEが確認された。

▼ハワイ沖での実習中に米原潜に衝突され沈没した実習船「えひめ丸」

出来事

◀ホームから転落した人と、助けようとした二人の計3人が電車にはねられ死亡したJR新大久保駅のホーム…2001年1月26日

1・1◉台湾の金門島・馬祖列島と中国本土が半世紀ぶりの合法的交流開始

1・6◉中央省庁改革で1府12省庁体制スタート

1・6◉仙台の病院で筋弛緩剤入り点滴で複数の患者急死事件で准看護士を逮捕

1・6◉歯科医師国家試験漏えい事件で容疑の元教授ら2人逮捕

1・7◉インドネシア警察は、インドネシア味の素社長らを、製造過程でイスラム教で食用が禁じられている豚の酵素を使ったとして逮捕、政府が動き4日後に釈放

1・11◉携帯電話の人口に対する普及率50・3％で、初めて50％超えと、総務省発表

1・16◉KSD事件、受託収賄容疑で自民党の小山孝雄参院議員逮捕

1・16◉コンゴ共和国のカビラ大統領暗殺される

1・20◉第43代米大統領にジョージ・ブッシュが就任

1・20◉不正蓄財による国民の怒りで、エストラダ・フィリピン大統領辞任、後任にアロヨ副大統領

1・23◉自民党宮城県連の「私が総理やったほうがまし」CMの撤回を党本部が要求

1・25◉外務省元要人外国訪問支援室長が外交機密費で競走馬購入などの公費横領が発覚し懲戒免職。5億円余を詐取していたこと判明

1・26◉東京・JR新大久保駅で男性が線路に転落、韓国人留学生とカメラマンが助けに降りたが3人とも電車にはねられ死亡

1・26◉インド西部で地震、死者1万9000人

2・2◉福岡高裁判事の妻が脅迫容疑で逮捕された事件で、福岡地検次席検事が捜査情報を夫の判事に伝えていたことを認める

2・9◉ハワイ沖で愛媛県立宇和島水産高校の実習船えひめ丸が米原子力潜水艦に衝突され沈没。高校生ら9人死亡

2・19◉宮崎の大型リゾート「シーガイア」が会社更生法の適用申請

3・1◉KSD事件、受託収賄容疑で元労相の村上正邦前参院議員逮捕

3・2◉愛知県小牧市で虐待した2歳娘の遺体を自宅ベランダに半年放置した母親を逮捕

3・2◉タリバンがアフガニスタンでバーミヤンの大仏破壊

3・16◉政府が戦後初のデフレを公式に認定

3・19◉日銀が金融政策で初の量的緩和措置。ゼロ金利政策復活

3・23◉老朽化したロシアの宇宙ステーション・ミールが廃棄計画で南太平洋に落下

3・31◉ユニバーサル・スタジオ・ジャパンが大阪で開業

4・1◉国立公文書館、産業技術総合研究所など57の独立行政法人第一陣発足

4・1◉厚生年金支給開始年齢の段階的引き上げ開始

4・1◉処分時の料金を消費者負担とする家電リサイクル法施行

4・1◉南シナ海上空で米偵察機と中国軍機が接触、米乗組員24人を一時中国が拘束

4・1◉遺伝子組み換え食品表示開始

4・1◉三井住友銀行開業

4・6◉ドメスティック・バイオレンス（DV）防止法成立

4・8◉京都・宇治川で女子大生が、携帯電話の出会い系サイトで知り合った25歳男に殺害される

4・10◉オランダで安楽死法が上院で可決。国家としては世界初

4・14◉尼崎市で小6男児が母親を刺し死亡させる

4・23◉中国の農産物3品に初の緊急輸入制限措置（セーフガード）暫定発動。これに対して6月21日、中国が自動車などに特別関税発動

4・26◉衆参両院は第87代内閣総理大臣に小泉純一郎を指名、小泉内閣成立

4・27◉水俣病関西訴訟で、大阪高裁が国と熊本県

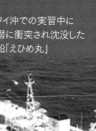

◀会社更生法適用を申請した
フェニックスリゾート社のシーガイア
…宮崎市　2001年2月

の責任を認める逆転判決
4・30◉東京台東区浅草の路上で、レッサーパンダの帽子を被った29歳男に女子短大生が刺殺される
5・1◉埼玉県の浦和、大宮、与野の3市が合併し、さいたま市が誕生
5・3◉金正日総書記の長男、金正男一家4人がドミニカの偽造旅券で成田から入国しようとして拘束。翌日国外退去処分
5・5◉千葉県四街道市の土木建築会社で火災、社長一家と従業員11人死亡
5・6◉和歌山市の75歳女性行方不明事件で、ケアマネジャーの男が預貯金を狙い殺害したと供述。女性の遺体発見
5・6◉ローマ法王、ヨハネ・パウロ二世がシリアのダマスカスでモスクを訪問。法王のイスラム教礼拝所訪問は史上初
5・7◉アイワイ(IY)バンク銀行開業。6月11日には東京スター銀行、ソニー銀行開業
5・8◉中学校歴史教科書に韓国が修正要求。ひきつづき中国も。6月4日に扶桑社『新しい歴史教科書』市販本発売
5・8◉青森県弘前市の消費者金融「武富士」をタクシー運転手が放火、従業員9人が死傷
5・9◉米国の研究機関からDNA試料を盗み日本に持ち込んだとして日本人研究者2人を米オハイオ州連邦地検が起訴
5・10◉不明朗融資で高知県に10億円の被害を与えたとして元副知事ら7人を背任容疑で逮捕
5・11◉ハンセン病国家賠償訴訟で熊本地裁が国に原告127人へ総額18億2380万円の支払い命令
5・18◉山形大工学部が今年度大学入試センター試験の合否判定にミスあったと発表、以降、同じようなミスが他の国立大学でも
5・19◉三重県桑名市で小型機とヘリコプターが接触し墜落、双方の乗員6人死亡。民家2棟全焼
5・19◉東京高裁の判事、村木保裕を児童買春容疑で逮捕
5・26◉東京の西武線の駅で、乗車時に「詰めて」と頼んだ会社員が専門学校生に殴られ死亡
5・27◉新潟県刈羽村で原発プルサーマル計画導入の是非を問う住民投票行われ、反対が過半数
5・31◉エイズ死が1981年6月から20年間で2200万人に達すると国連合同エイズ計画(UNAIDS)が発表
6・1◉ネパール皇太子が国王夫妻ら王族9人を射殺し自殺
6・8◉大阪教育大付属池田小に包丁男が乱入、児童8人が死亡、児童13人と教員2人が負傷
6・15◉改正電波法が成立。2011年にアナログ地上放送の全廃が決定
6・15◉改正JR会社法成立。JR東日本・東海・

◀KSD疑惑で証人喚問された
村上正邦自民党前参院議員…国会　2001年2月28日

◀USJ開園。水面から迫るジョーズ
…大阪市此花区　2001年3月31日

▶5人焼死、4人けがの強盗殺人・放火事件があった武富士弘前支店
…青森県弘前市　2001年5月8日

西日本が純粋民間会社に

6・15◉フロン回収・破壊法成立

6・15◉改正祝日法（ハッピーマンデー法）成立。海の日、敬老の日が7月、9月の第3月曜日に

6・20◉ヤフーBBが低料金でDSL（デジタル加入者線）サービス受付開始。初日の登録が約20万件で業界トップに

6・22◉改正商法成立。企業が発行した自社株を買い戻して、そのまま保有しておく金庫株解禁

6・22◉確定拠出年金法（日本版401k法）成立

6・26◉経済財政諮問会議の「骨太の方針」（経済財政運営の基本方針）が閣議決定

7・12◉強制連行され終戦を知らずに北海道で13年間逃亡を続けた中国人の遺族に東京地裁が2000万円の賠償を国に命じる

7・21◉兵庫県明石市の歩道橋で花火見物客らが将棋倒しになり10人が圧死（28日には重体の乳児も死亡）

7・23◉インドネシアでワヒド大統領解任、メガワティ副大統領が昇格。イスラム圏初の女性元首に

7・24◉中学教諭がテレクラで知り合い車に監禁した中1少女が、中国自動車道で転落・死亡

▲池田小無差別殺傷事件。大阪地裁に護送される宅間守容疑者
…大阪府警池田署　2001年6月10日

▼池田小無差別殺傷事件、救急車やパトカーが駆けつけた大阪教育大付属池田小
…大阪府池田市　2001年6月8日

7・29◉参院選、小泉自民党が大勝

7月◉7月の完全失業率5・0％と厚生労働省発表。調査を開始した1953年以降、初の5％台

8・1◉大手牛丼チェーン3社は牛丼を200円台に値下げ

8・8◉北海道広尾町の民家に近所の24歳男が押し入り5歳と2歳の姉弟を刺殺

8・9◉気温30度を超す時間が約20年間で東京、名古屋で倍増、仙台で3倍と環境省が発表。ヒートアイランド現象

8・13◉小泉首相が靖国神社に参拝

8・23◉1945年8月、海軍輸送船が爆沈した浮島丸沈没事件で京都地裁が生存者15人に計4500万円の賠償を国に命じる

8・23◉青色発光ダイオード（LED）を開発した中村修二さんが、正当な報酬を受け取っていないと元勤務先の日亜化学工業を提訴

9・1◉東京・歌舞伎町の雑居ビルで放火とみられる火災、44人死亡

9・10◉千葉県の乳用牛から日本初のBSE（牛海綿状脳症）感染確認

9・11◉米国でアルカイダが航空機を使った同時多発テロ。WTCビル2棟崩壊、3000人以上死亡

9・14◉大手スーパーのマイカルが事実上倒産。負債総額は1兆7428億円余、戦後5番目

10・2◉鳥取大学で精子からHIV除去の人工授精で無事出産、母子への感染無し

10・4◉演習中のウクライナ防空軍がミサイル誤射でロシアのシベリア航空旅客機を撃墜

10・7◉米英はアフガニスタンで同時多発テロの報復攻撃を開始

10・10◉野依良治・名古屋大学物質科学国際研究センター長のノーベル化学賞受賞が決まる

10・12◉米国カメラ会社大手のポラロイド社が米連邦破産法の適用を申請し、倒産

10・16◉東京・板橋の小1誘拐容疑で姉が通う学習塾の塾長逮捕

10・17◉米国で炭疽菌入り郵便物被害が広がる。連邦議会関係者31人の保菌が判明

10・19◉ドメスティック・バイオレンス防止法施行後初、大阪地裁が夫に接近禁止命令

10・29◉テロ対策特措法成立。11月25日には同法に基づき海上自衛隊3艦艇が出航

11・1◉東京証券取引所が株式会社に移行

11・7◉中部電力浜岡原発1号機で国内初の大規模破断事故

11・28◉改正刑法成立。危険運転致死傷罪新設

11・30◉外務省は71の課・室での2億円を超す裏金プールを発表。328人を処分

11月◉しし座流星群が過去200年に日本国内で最大規模。1時間に数千個

12・1◉皇太子妃が女児を出産。「敬宮愛子」と命名

12・2◉米エネルギー大手のエンロンが経営破綻

12・4◉1998年3月に運転終了の日本原子力発電・東海発電所の解体工事始める、商業原発初の解体

12・11◉中国が世界貿易機関（WTO）に加盟

◀日米首脳会談。キャンプデービッド内を散歩するジョージ・W・ブッシュ米大統領と小泉首相
…メリーランド州サーモント　2001年6月30日　©共同通信

12・17◉約14億5000万円の横領で青森県住宅供給公社の千田郁司逮捕

12・22◉東シナ海で停船命令無視の不審船に海保巡視船が銃撃、不審船は沈没

12・23◉アルゼンチンのロドリゲスサア暫定大統領が政府債務支払いの一時停止を宣言。アルゼンチンの金融危機表面化

12・27◉山形大や富山大など国立5大学の入試ミスで、文部科学省が誤って不合格とされた461人への一律20万円の慰謝料支給を決める

12月◉イスラエルに対する連続自爆テロおこる

▼航空機が突入し、炎や黒煙が上がる世界貿易センタービル
…米・ニューヨーク　2001年9月11日　©ロイター

話題

【暴言、放言、失言、妄言】

◈森首相は、えひめ丸が米原潜に衝突され沈没した事故の第一報を知らされ、ゴルフ場にいたが、「いま私はここを離れない方がいい。その方が連絡がとりいい」

◈武部勤農林水産大臣が、BSE問題で、「感染源解明は、酪農家にとって、そんなに大きな問題なのか」。さらにBSEの影響が次々報道され、「そんなに慌てることは無いです。また更にBSEは発覚しますから」。

【へぇ〜】

1・1◉1944年制定の旧ソ連国歌の曲に、旧ソ連国歌の作詞者が新しく作詞したロシア国歌が制定される

6・6◉喫煙被害訴訟でロサンゼルス地裁が一人の喫煙者に対し、30億554万ドルもの賠償額を支払うよう命じる判決

【流行語】

聖域なき改革／ワイドショー内閣／ショー・ザ・フラッグ／抵抗勢力／伏魔殿／ドメスティック・バイオレンス／ブロードバンド／米百俵

【新商品・ヒット商品】

デパ地下／有名店カップ麺／液晶テレビ／安全・防犯グッズ／つっかけ型サンダルの「ミュール」／股上が浅く腰の低い位置ではくジーンズ「ローライズ」

【誕生】

JR東日本の「Suica」／電子マネー「Edy」／FOMA（NTTドコモ）／札幌ドーム／埼玉スタジアム／湘南新宿ライン／雑誌「LEON」／サッカーくじ・toto／東京ディズニーシー

▶力投する東大・竹本恵投手
…東京・神宮球場　2000年4月28日

【さよなら】

雑誌『週刊宝石』（1／25号）／『FOCUS』（8／7）／雑誌『FM fan』（12／10号）

【スポーツ】

1・22◉外国人力士初の横綱・曙が引退

3・10◉スピードスケートの第6回世界距離別選手権、清水宏保が男子五百メートルで世界新の34秒32をマーク

3・11◉ボクシングのWBAスーパーフライ級新王者にセレス小林（国際）

4・2◉女子マラソン高橋尚子が第一号のプロ宣言

4・4◉大リーグ・レッドソックスの野茂英雄投手が2度目の無安打無得点試合

4・14◉東京六大学野球の東大―慶大で、東大の竹本恵投手が日本人女性として初登板

5・27◉大相撲夏場所で横綱貴乃花が右ひざを負傷しながら、22回目の優勝。表彰式で小泉首相も「感動したっ！」

6・23◉ボクシングWBCスーパーウエルター級タイトルマッチで挑戦者のデラホーヤ（米国）が勝ち、史上3人目の5階級制覇

7・20◉世界水泳選手権のシンクロナイズドスイミングで、立花美哉・武田美保組が日本選手として初めての金メダルを獲得

7・29◉田村亮子が世界柔道選手権48キロ級で史上初の5連覇

9・8◉テニスの全米オープン女子単決勝は大会初の姉妹対決で、姉のV・ウィリアムズが妹のセリーナをストレートで破り、2連覇

9・24◉近鉄のローズがプロ野球タイ記録のシーズン55本塁打

10・7◉シカゴ・マラソンでヌデレバ（ケニア）が2時間18分47秒の世界最高記録更新

10・25◉プロ野球日本シリーズはヤクルトが5回目の優勝。ヤクルト4―1近鉄

11・20◉イチローがア・リーグの新人賞につづき最優秀選手（MVP）に選ばれる

12・5◉阪神タイガースの野村克也監督が妻の野村沙知代が脱税容疑で逮捕されたのをうけ辞任

▶大相撲夏場所で優勝し
小泉首相から総理大臣杯を受ける
貴乃花…2001年05月27日撮影

【科学・学術】

1・12◉オレゴン大学の研究者がサルで遺伝子組み換え実験に成功

2・16◉ジェロン社がES細胞を使ったクローン羊技術で欧米で特許を取得

3・1◉秋光純青山学院大教授らが金属化合物としては最高温度のマイナス234度で超電導になる物質を発見したと発表

6・28◉日立が粉末状のICチップを開発、極小・非接触型で用途は多様

8・29◉宇宙開発事業団の大型ロケット「H2A」1号機打ち上げ成功

11・26◉アドバンスト・セル・テクノロジーがヒトのクローン胚づくりに成功、米政府が懸念

【文化・芸術・芸能】

2・21◉シンセサイザー奏者喜多郎にアメリカのグラミー賞最優秀ニューエイジ・アルバム賞

9・26◉宮崎駿監督『千と千尋の神隠し』観客動員数が日本最高記録1687万8000人達成。11月には興行収入が『タイタニック』を抜いて国内最高の262億1014万円

11・25◉劇団四季のミュージカル『キャッツ』が上演通算5000回達成

▲「キャッツ」通算公演回数5000回を達成
…大阪・大阪MBS劇場　2001年11月25日

▶グラミー賞を受賞した喜多郎さん
…名古屋市中区　2001年4月5日

◀山田風太郎

◀蔦文也

【映画】

外国映画『トラフィック』米 監 スティーブン・ソダーバーグ 演 マイケル・ダグラス／『花様年華』香港 監 ウォン・カーウァイ 演 トニー・レオン、マギー・チャン／『リトル・ダンサー』英 監 スティーヴン・ダルドリー 演 ジェイミー・ベル／『山の郵便配達』中国 監 フォ・ジェンチィ 演 トン・ルーチュン、リウ・イエ／『ショコラ』米 監 ラッセ・ハルストレム 演 ジュリエット・ビノシュ、ジョニー・デップ／『JSA』韓国 監 パク・チャヌク 演 ソン・ガンホ、イ・ビョンホン／『ブリジット・ジョーンズの日記』英・米 監 シャロン・マグアイア 演 レニー・ゼルヴィガー／『アメリ』仏 監 ジャン・ピエール・ジュネ 演 オドレイ・トトゥ

日本映画『GO』(「GO」製作委員会) 監 行定勲 演 窪塚洋介、柴崎コウ／『千と千尋の神隠し』(「千と千尋の神隠し」製作委員会) 監 宮崎駿／『ウォーターボーイズ』監 矢口史靖 演 妻夫木聡

【音楽】

宇多田ヒカル「Can You Keep A Secret？」／浜崎あゆみ「M」／モーニング娘。「恋愛レボリューション21」／ポルノグラフィティ「アゲハ蝶」／MISIA「Everything」／ウルフルズ「明日があるさ」

【出版・文芸】

宮部みゆき『模倣犯』／川上弘美『センセイの鞄』／佐々木譲『武揚伝』／堀江敏幸『熊の敷石』／藤田宜永『愛の領分』(直木賞)／山本一力『あかね空』(直木賞)／唯川恵『肩ごしの恋人』(直木賞)／米原万里『嘘つきアーニャの真っ赤な真実』／橋本治『二十世紀』／スペンサー・ジョンソン『チーズはどこへ消えた？』／ロバート・キヨサキ、シャロン・レクター『金持ち父さん貧乏父さん』／齋藤孝『声に出して読みたい日本語』

【漫画】

荒川弘「鋼の錬金術師」(月刊少年ガンガン)／二ノ宮知子「のだめカンタービレ」(Kiss)／久保帯人「BLEACH」

【テレビ】

「HERO」フジテレビ／「ちゅらさん」NHK／「中居正広の金曜日のスマたちへ」TBS／「すぽると！」フジテレビ／「カバチタレ！」フジテレビ

【CM】

「ジョージア　♪明日があるさ」＝日本コカ・コーラ／写メール＝Jフォン／国際宇宙ステーションで撮影の日本初の宇宙CM＝ポカリスエット

冥友録

2・18◉**バルテュス**(92歳)仏・画家／**4・7**◉**並木路子**(79歳)歌手／**4・14**◉**三波春夫**(77歳)歌手／**4・28**◉**蔦文也**(77歳)元徳島・池田高野球部監督／**5・17**◉**團伊玖磨**(77歳)作曲家、随筆／**6・27**◉**トーベ・ヤンソン**(86歳)フィンランド・作家ムーミンシリーズ／**7・4**◉**江川卓**(74歳)ロシア文学者／**7・28**◉**山田風太郎**(79歳)作家／**8・19**◉**伊谷純一郎**(75歳)霊長類・人類学者／**10・1**◉**古今亭志ん朝**(63歳)落語家／**10・14**◉**張学良**(100歳)中国・軍閥／**11・29**◉**ジョージ・ハリスン**(58歳)ビートルズ／**12・22**◉**加藤シヅエ**(104歳)女性初の国会議員

2002
平成14年

小泉首相が拉致問題の解決に向けて北朝鮮を訪問、金正日総書記と対談、「拉致被害者8人死亡、5人生存」と伝えられ、5人が帰国した。サッカーWカップが日韓共催で開かれ、日本中が燃えた。雪印の牛肉偽装が発覚、これ以降つづく食品偽装の最初の事件となった。ノーベル物理学賞・化学賞と2人が受賞。特にサラリーマン田中耕一さんの受賞は話題に。

▼アゴヒゲアザラシの「タマちゃん」…神奈川・鶴見川 2002年8月26日

出来事

1・1◉欧州12カ国で単一通貨ユーロの流通が始まる

1・10◉元札幌国税局長が2億5000万円の所得税脱税容疑で逮捕

1・15◉三和銀行と東海銀行が合併し、UFJ銀行発足

1・22◉雪印食品が前年10月、輸入牛肉を国産牛と偽装し国のBSE対策の買い上げ対象肉として申請した疑惑が浮上。4月30日雪印食品、解散

1・25◉東京都東村山市の路上生活者の55歳男性が中学2年の男子3人から暴行されて死亡

1・29◉ブッシュ米大統領が一般教書演説で、北朝鮮、イラン、イラクを「悪の枢軸」と非難

1・30◉小泉純一郎首相は国会混乱の収拾として田中真紀子外相と野上義二外務次官を更迭

1・30◉未入所の元ハンセン病患者の国家賠償請求訴訟が熊本地裁で和解。ハンセン病問題全面解決へ

2・4◉H2Aの2号機の打ち上げに成功。9月10日には3号機打ち上げ成功。12月14日には4号機打ち上げに成功

2・8◉ソルトレークシティー冬季五輪開幕

2・28◉ビル管理会社勤労者の「仕事中の仮眠時間も労働時間」の訴えを認める初判断

3・2◉東ティモール国連平和維持活動(PKO)で、陸上自衛隊先発隊出発、最終派遣人員680人

3・3◉永世中立国のスイスが国民投票で国連加盟を承認

3・4◉東京地検は円藤寿穂徳島県知事をが公共工事汚職に絡む収賄容疑で逮捕

3・7◉福岡県警は北九州市のマンションで17歳少女を監禁・暴行していたとして男女2人を逮捕。その後、親族3人の殺人容疑で再逮捕

3・16◉社民党の辻元清美衆院議員は政策秘書の給与流用問題で議員辞職提出。5日前に鈴木宗男衆議院議員に「あなたは疑惑の総合商社だ」と発言したばかり

3・22◉和歌山毒物カレー事件で和歌山地裁がテレビ放映ビデオテープの証拠採用決定、民間放送6社が抗議声明

3・31◉滋賀県米原町の住民投票に永住外国人初参加

4・1◉定期預金のペイオフ一部解禁

4・1◉新学習指導要領実施、完全週休5日制開始

4・1◉3行統合で誕生した「みずほ銀行」のATMオンラインが故障し混乱

4・4◉アンゴラ内戦終結

4・9◉加藤紘一自民党衆議院議員が所得税法違反事件で議員辞職

4・22◉大阪地検は大阪高検公安部長・三井環容疑者を詐欺容疑で逮捕。検察庁の裏金工作の告発阻止が目的とも

4・22◉井上裕参議院議長は政策秘書が関与した公共工事受注にからむ裏金疑惑で理由を語らないまま議長辞任

4・22◉金融取引本人確認法成立

4・22◉フランス大統領選挙の第一回投票で1位は現職のシラク、極右(国民戦線(FN)党首ルペン)が初めてひのき舞台に登場

4・28◉福岡県警は女性看護師4人を、うち1人の夫を保険金目的で殺した疑いで逮捕

5・3◉朝日新聞阪神支局襲撃事件の時効成立

5・8◉中国・瀋陽市の日本総領事館に北朝鮮の5人が亡命を求めて駆け込んだが、敷地内に入った中国の警察官に拘束される

5・13◉トヨタ自動車の3月期連結決算で経常利益が日本企業初の1兆円超え

5・14◉鈴木宗男衆院議員の側近とされる外務省の佐藤優前主任分析官が背任容疑で逮捕される

5・20◉東ティモール民主共和国誕生

5・22◉大阪府警は、ミスタードーナツが国内で禁止の酸化防止剤入り中国製肉まんを2000年5月〜12月に約1300万個販売したとして立ち入り検査

▲雪印食品牛肉偽装事件。
広がる大手スーパーの雪印商品撤去
…神戸市東灘区　2002年1月23日

◀田中真紀子外相と
野上義二外務事務次官
…2002年1月28日

▲証人喚問された鈴木宗男自民党衆院議員
…衆院予算委員会　2002年3月11日

5・27◉防衛庁が情報公開法に基づく請求者100人以上の身元を調べてリストを作成していたことが毎日新聞の調査で判明。6月20日事務次官ら処分発表

5・31◉アジアで初となる日韓共催のサッカーW杯が開幕。韓国は4位、日本はベスト16

6・4◉政府は京都議定書の批准決定。97年の議定書採択から5年、74番目に批准

6・11◉テロリストの資金源を断つためのテロ資金供与防止条約に日本が批准

6・13◉アフガニスタンで暫定政府国家元首にハーミド・カルザイ選出、移行政権成立

6・13◉韓国揚州郡で米軍装甲車が女子中学生2人をひき殺す。11月に運転兵らを米軍の軍事法廷は無罪判決。抗議運動が全土に広がる

6・19◉東京地検は、鈴木宗男衆院議員を林野庁の行政処分をめぐるあっせん収賄罪で逮捕

6・19◉ハーバード大日本人元研究員を米当局が新薬の産業スパイ法違反容疑で逮捕

6・23◉岡山県新見市長選挙・市議会議員選挙で初の電子投票（電磁的記録式投票）実施。25分で集計終了

6・28◉心臓手術ミスで小学生が死亡した事故で、東京女子医科大学病院の医師2人が業務上過失致死容疑などで逮捕

▼大差で再選された田中康夫前長野県知事
…長野県朝日村　2002年9月1日

6・29◉黄海で北朝鮮の警備艇2隻が領海侵犯し韓国側と銃撃戦、韓国兵4人死亡、1人行方不明。韓国艇1隻沈没

7・1◉アフガニスタン・ウルズガン州の村で催された結婚披露宴を米軍が爆撃。死者多数。祝砲を攻撃と勘違いしての誤爆

7・1◉迷惑メールを規制する「特定電子メール送信適正化法」が施行

7・3◉不正入札で三井物産社員らを逮捕。8月には贈賄容疑も浮上し、9月30日社長・会長が辞任

7・4◉ユニバーサル・スタジオ・ジャパン（USJ）が余剰食材を期限切れ後も使用していたと公表。後に水道の配管の間違いや火薬の不正使用も明らかに

7・5◉長野県議会は田中康夫知事に対する不信任決議案を可決。9月1日に大差で再選される

7・5◉自動車リサイクル法成立

7・5◉シックハウス症候群対策の改正建築基準法成立

7・9◉原爆症の認定を求め全国の77人が初の集団申請

7・19◉中国製ダイエット食品によって肝機能障害が多発。死者が4人に

7・21◉米通信会社ワールドコムが経営破綻。負債総額410億ドルは米史上最大

7・24◉郵政民営化に向けての郵政関連4法成立

7・26◉サラリーマンの医療費自己負担を3割とし

▶首脳会談を前に
金正日総書記と握手する小泉首相
…平壌　2002年09月17日

た医療保険制度改革関連法成立。翌年4月から施行

7・26◉宮崎県の日向サンパーク温泉の「お舟出の湯」でレジオネラ菌の集団感染、2人死亡、9月15日までに死者7人に

7・27◉ウクライナの航空ショーでロシア製戦闘機が墜落し見物客など83人が死亡

8・5◉住基ネットが個人情報保護法未整備のまま稼働開始。横浜市、東京都杉並区など6自治体が参加を見送り

8・5◉千葉県松戸市の「マブチモーター」社長宅が放火され、妻と長女が絞殺される

8・6◉日本ハムが国のBSE対策に絡む国産牛肉買い上げ事業で、輸入肉を国産と申請し無断で焼却したことが判明

8・15◉ヨーロッパ中央からロシアまで大規模な豪雨による水害、住民30万人が避難、死者は100人以上

8・26◉精神分裂病を統合失調症に名称変更

▶プライバシー侵害訴訟判決で最高裁に出廷する柳美里さん
…2002年9月24日

8・29◉東京電力福島第一原発などで点検記録の改ざんが発覚

8月◉中国産冷凍野菜から残留農薬、新聞の広告欄が「お詫びとお知らせ」で埋め尽くされた

8月◉多摩川にアゴヒゲアザラシの「タマちゃん」が現れ、多くのファンがうまれる

9・14◉南京の豆乳店で集団中毒事件がおき38人が死亡。ライバル店主が殺鼠剤を混入したもので、17日後にスピード死刑判決

9・14◉1987年9月に起きた高崎市の荻原功明君（当時5歳）の誘拐殺害が時効。戦後、日本で身代金目的の誘拐殺人事件の時効成立は初めて。翌15日は大沢朋子さん（当時8歳）の事件が時効

9・17◉小泉首相が北朝鮮を訪朝し、金正日総書記と初の首脳会談。北朝鮮が拉致した日本人について「8人死亡、5人生存」と伝え、金総書記が謝罪する

9・19◉UIゼンセン同盟発足。1989組合、78万人加盟、民間産業別労働組合で日本最大

10・1◉東京都千代田区が全国初の路上禁止区域での喫煙やポイ捨てに最高2万円の過料を科す全国初の条例施行

10・2◉日本航空と日本エアシステムが経営統合し、日本航空システム発足。世界の航空会社の輸送実績ランキング6位に

▼東京・国立のマンション訴訟。
東京地裁が景観利益を認め、
一部撤去命令が下された
高層マンション…2002年12月18日

◀ノーベル化学賞受賞決定から一夜明け、祝福を受け出勤する田中耕一さん
…京都・島津製作所　2002年10月10日

10・8◉小柴昌俊東大名誉教授にノーベル物理学賞

10・9◉島津製作所ライフサイエンス研究所主任の田中耕一にノーベル化学賞

10・12◉インドネシア・バリ島のディスコで爆弾テロ。200人以上死亡

10・15◉北朝鮮から拉致被害者5人が24年ぶりに帰国

10・16◉米国務省は、北朝鮮が核開発計画の継続を認めたとの声明を発表

◀ノーベル物理学賞の小柴昌俊東京大学名誉教授
…2002年10月08日撮影

10・24◉男性の喫煙率が初めて50%を割り、49・1%に

10・25◉石井紘基民主党衆議院議員が自宅前で刺殺される

10・26◉チェチェン武装勢力に占拠されたモスクワの劇場をロシアの特殊部隊が制圧、特殊ガスで人質110人以上が死亡

11・6◉JR東海道線で救助処理中の大阪市消防局の救急隊員2人が特急列車にはねられ死傷

11・8◉名古屋刑務所での受刑者負傷事件で、刑務官5人が特別公務員暴行陵虐致傷容疑で逮捕

11・12◉40年ぶりに全国一斉高校学力テスト実施

11・15◉中国共産党は総書記に胡錦濤国家副主席を決め、第4世代指導部が誕生。江沢民の中央軍事委員会主席は留任

11・19◉東京株式市場は、TOPIX（東証株価指数）続落し、813・25で午前の取引を終え、バブル経済崩壊後の最安値（814・70）を更新

11・27◉イラクの大量破壊兵器の査察開始、結局、何も見つからず

11・28◉ケニア・モンバサ郊外のホテルで爆弾テロ、計16人死亡。同時刻にモンバサ空港を離陸した航空機にミサイル攻撃、直撃免れる

▼北朝鮮から拉致被害者帰国。
タラップを下りる地村・浜本夫妻（前列右から2人）、蓮池・奥土夫妻（2列目）、曽我さん（後列中央）
…羽田空港で　2002年10月15日

11月◉トヨタ自動車が税務調査受け、2000年3月期までの3年間に10億円の所得隠し指摘されたことが発覚。4億円余の追徴課税支払い

12・4◉川崎協同病院で男性患者が筋弛緩剤を投与されて死亡した事件で主治医が殺人容疑で逮捕される

12・9◉世界2位の米ユナイテッド航空が破綻。負債総額228億ドル（約2兆8000億円）で、米航空史上最大の倒産

12・10◉熊本県潮谷義子知事が、老朽化した荒瀬ダムの2010年4月までの撤去を表明。既存ダムの完全撤去は全国初

12・16◉テロ対策特別措置法に基づく米英軍後方支援活動で最新鋭護衛艦「イージス艦」がインド洋に出発

12・18◉東京都国立市のマンションをめぐり住民が景観権侵害を訴えた訴訟で、地裁は条例の制限を超えた部分の撤去を明和地所に命じる

12月◉米ウォルマートが西友に出資、業務提携成立。完全子会社化は2008年

話題

映画興行収入が初の2000億円突破

【暴言、放言、失言、妄言】

安倍官房副長官（のち首相）「小型であれば原子爆弾の保有も問題ない」（早稲田大学の講演で　2月）

11月◉石原都知事はテレビ番組に出演し、拉致問題に関連して「日本は堂々と戦争したっていい」「憲法の拘束もへちまもない。超法規的に行動を起こしたことで（国民は）政府を逆に信頼する」

◈小泉首相は、外相を更迭された田中真紀子が記者の前で涙を見せたことを受け、「女はいいよね」「私がいちばん傷ついている」と発言

【流行語】

貸し剥がし／ベッカム様／びみょー／イケメン

【新商品・ヒット商品】

カメラ付き携帯電話／ADSL

【誕生】

東京・丸の内ビルディング（丸ビル）／女性誌「STORY」

【さよなら】

北海道・太平洋炭礦（1／30）／雑誌「鳩よ！」（5月号）

【スポーツ】

1・26◉プロ野球セ・リーグの横浜のオーナー企業が東京放送（TBS）に

2・12◉ソルトレークシティー冬季五輪で、男子スピードスケート500mで清水宏保が銀、女子モーグルで里谷多英が銅

2・15◉冬季五輪のフィギュアスケートで不適切な判定があったとして、2位のカナダペアに金メダル

2・16◉冬季五輪・ショートトラックで、豪州のスティーブン・ブラッドバリーが、他選手の失格や転倒の結果、南半球勢として初の冬季五輪金メダル

5・17◉将棋の森内俊之8段が名人位に。同時に9段昇進

5・18◉ボクシング佐藤修がWBA世界スーパーバンタム級王者

6・26◉NBAドラフトにて、中国の姚明がアジア人初のドラフト全体1位でヒューストン・ロケッツに指名

9・14◉陸上男子100メートルで米のティム・モンゴメリが9秒78の世界新記録。2005年にドーピング違反が発覚し、2001年3月以降の記録・成績が抹消

10・7◉アメリカ・メジャーリーグでサンフランシスコ・ジャイアンツのバリー・ボンズ選手が73号の本塁打を放ち、シーズン最多本塁打記録を更新

10・30◉プロ野球日本シリーズは巨人が4戦全勝で優勝。巨人4−0西武

【科学・学術】

2・27◉アルツハイマー症遺伝子の非所持受精卵を選別した出産に成功（シカゴ）

3・6◉富士通が世界最高性能のスカラ型スーパーコンピュータを開発

3・15◉宇宙開発事業団、日本原子力研究所、海洋科学技術センターが開発して

▼ビルの壁面に掲げられた浜崎あゆみの巨大ウォールサイン
…大阪・南船場　2002年3月18日

いたスーパーコンピュータ「地球シミュレータ」が完成
3・19◉狂牛病やヤコブ病の原因の異常プリオンが筋肉組織にもたまることが発覚
9・10◉宇宙開発事業団がH2Aの3号機の打ち上げに成功、打ち上げビジネスに光明
12・6◉東京大学情報基盤センターと日立製作所の共同チームが円周率計算の世界記録（1兆2411億桁）

【文化・芸術・芸能】

2・17◉「千と千尋の神隠し」がベルリン映画祭で金熊賞（最高賞）
6・9◉サッカーワールドカップ日本対ロシア戦の視聴率がスポーツ中継歴代2位の66・1％を記録
6・21◉チャイコフスキー国際音楽コンクールのピアノ部門で上原彩子が女性で史上初、日本人でも初めての1位
9・24◉柳美里さんの小説「石に泳ぐ魚」の出版差し止め、最高裁判決で確定

▲「大きな古時計」が大ヒットした平井堅

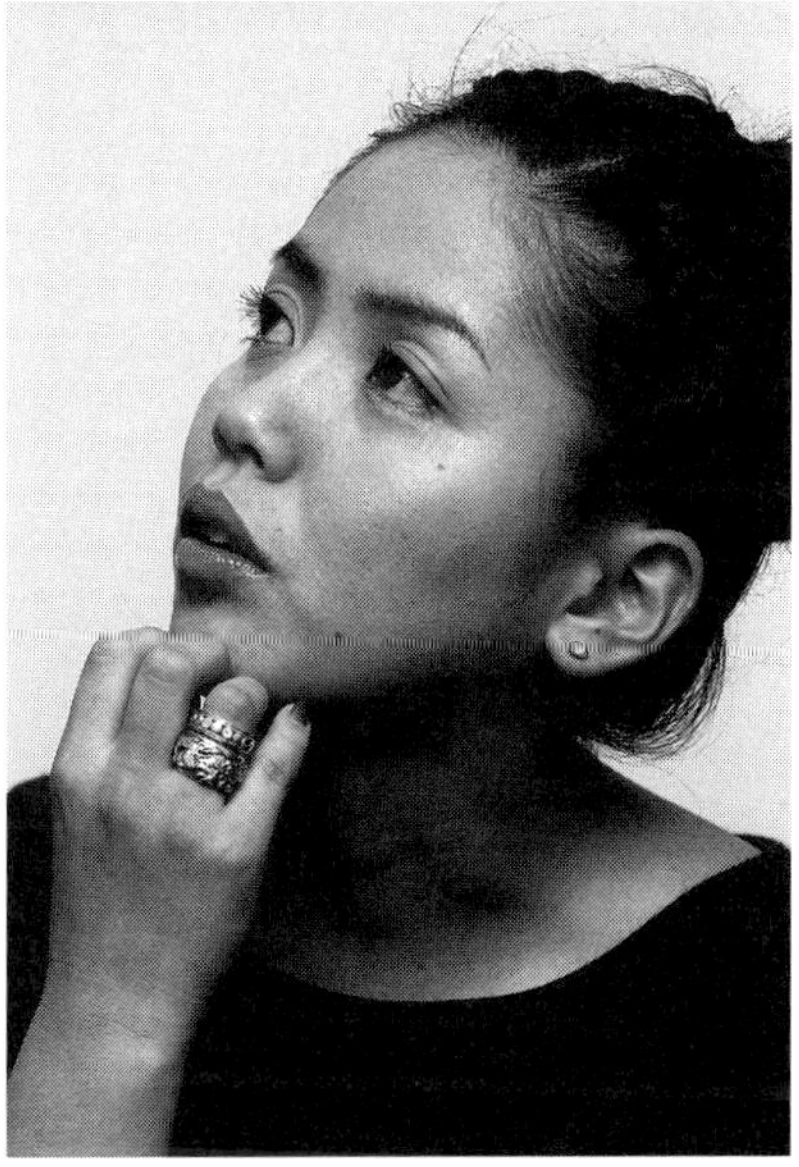

▶「ワダツミの木」がヒットした元ちとせ

◀柳家小さん

◀家永三郎

【音楽】

浜崎あゆみ「H」／宇多田ヒカル「traveling」／元ちとせ「ワダツミの木」／平井堅「大きな古時計」／島谷ひとみ「亜麻色の髪の乙女」／RIP SLYME「楽園ベイベー」／柴矢裕美「おさかな天国」／Dragon ash「Life goes on」／中島美嘉「STARS」／小田和正「キラキラ」

【映画】

外国映画『ロード・トゥ・パーディション』米 監サム・メンデス 演トム・ハンクス、ポール・ニューマン／『ノー・マンズ・ランド』仏伊ほか 監ダニス・タノヴィッチ 演ブランコ・ジュリッチ、レネ・ビトラヤツ／『チョコレート』米 監マーク・フォスター 演ハル・ベリー／『シカゴ』米 監ロブ・マーシャル 演レニー・ゼルウィガー、リチャード・ギア／『戦場のピアニスト』仏・独・ポーランド・英 監ロマン・ポランスキー 演エイドリアン・ブロディ

日本映画『たそがれ清兵衛』（松竹ほか）監山田洋次 演真田広之、宮沢りえ／『ピンポン』（アスミック・エースほか）監曽根文彦 演窪塚洋介

【出版・文芸】

村上春樹『海辺のカフカ』／横山秀夫『半落ち』／辺見庸『永遠の不服従のために』／橋本治『「三島由紀夫」とはなにものだったのか』／奥田英朗『イン・ザ・プール』／水村美苗『本格小説』／斎藤美奈子『文章読本さん江』／吉田修一『パーク・ライフ』（芥川賞）／大道珠貴『しょっぱいドライブ』（芥川賞）／池田香代子『世界がもし100人の村だったら』／日野原重明『生き方上手』／ディヴィット・ベッカム『ベッカム　すべては美しく勝つために』

【漫画】

かわぐちかいじ「太陽の黙示録」（ビッグコミックで連載開始）

【テレビ】

「利家とまつ～加賀百万石物語～」NHK大河ドラマ／「ごくせん」第1シリーズ　日本テレビ／「相棒」第1シリーズ　テレビ朝日／「真珠夫人」「ロング・ラブレター～漂流教室～」フジテレビ／◈フジテレビ「北の国から」が「2002遺言」をもって放送終了

【CM】

「何でここにいるんだ」FMV富士通（演：木村拓哉・岸辺一徳）／アイフル　ペット編

冥友録

1・10◉**田中一光**（71歳）グラフィックデザイナー／**3・4**◉**半村良**（68歳）作家「妖星伝」「雨やどり」／**3・27**◉**ビリー・ワイルダー**（95歳）米・映画監督「アパートの鍵貸します」／**4・18**◉**トール・ヘイエルダール**（87歳）ノルウェー・人類学者「コン・ティキ号」／**5・10**◉**デービッド・リースマン**（92歳）◉米・社会学者／**5・16**◉**柳家小さん**（87歳）落語家　人間国宝／**5・24**◉**清川虹子**（89歳）女優／**5・25**◉**川上源一**（90歳）ヤマハ創業者／**6・13**◉**村田英雄**（73歳）歌手「無法松の一生」／**11・29**◉**家永三郎**（89歳）歴史学者「教科書検定は違憲」と主張し32年間、国と裁判で争った

2003
平成15年

世界約60カ国４００都市でイラク攻撃反対の同時デモにもかかわらず、米英軍がバグダッドを空爆しイラク戦争勃発。国民の人気を背に、小泉首相は言いたい放題。自衛隊のイラク派兵に関し、「今イラクのどこが非戦闘地域で、どこが戦闘地域か、そんなの私に聞かれたって分かるわけがないじゃないですか」と言い放った。「おれおれ詐欺」が横行し、六本木ヒルズが開業、新三種の神器（デジタルカメラ、薄型テレビ、ＤＶＤ録画再生機）が爆発的に売れ、景気回復の救世主と期待された。格差社会の元凶といわれる改正労働者派遣法成立。

▼イラク戦争の開戦を緊急演説するブッシュ米大統領
…2003年3月19日
©ロイター

出来事

▼米国のイラク攻撃開始を受けて会見する小泉首相と川口外相…２００３年３月20日

1・1◉ローソン約７７００店に郵便ポスト設置

1・5◉イスラエルのテルアビブで同時自爆テロ。市民23人が死亡

1・10◉朝鮮民主主義人民共和国は核拡散防止条約から脱退

1・18◉天皇が前立腺摘出手術

1・25◉ワーム型ウイルスによるサイバーテロで世界的にインターネットが混乱

1・25◉前橋市のスナックで暴力団組員２人が拳銃を乱射。抗争相手の組員１人と、巻き添えの市民３人が死亡

1・26◉北川正恭三重県知事がマニフェスト選挙を提唱。政権公約選挙を誘発

1・27◉中村喜四郎元建設相が衆議院議員を失職。ゼネコン汚職で実刑確定

2・1◉スペースシャトル「コロンビア」が帰還直前の大気圏再突入後に空中分解。宇宙飛行士７人全員が死亡

2・3◉初の個人向け国債の購入受付開始。安全・確実と人気

2・4◉ユーゴスラビア連邦が消滅し、連合国家セルビア・モンテネグロへ移行

2・11◉埼玉・入間市で、自殺サイトで知り合った男女３人が集団自殺。以後、自殺サイト利用の集団自殺が頻発し、社会に衝撃

2・12◉名古屋刑務所副看守長が特別公務員暴行陵虐致死容疑で逮捕

2・15◉世界約60カ国４００都市でイラク攻撃反対の同時デモ。１千万人以上が参加する史上最大のデモ

2・18◉韓国・大邱市の地下鉄で、電車が放火され乗客ら１９６人が死亡

2・18◉北京の日本人学校に、朝鮮民主主義人民共和国からの脱北者４人が駆け込み、亡命を希望

2・25◉大韓民国第16代大統領に盧武鉉が就任

2・26◉長崎県佐世保市のハウステンボスが倒産。負債総額２２８９億円

3・1◉りそな銀行、埼玉りそな銀行発足

3・5◉「ロス疑惑」の上告審で、三浦和義被告の無罪確定

3・6◉ネットバンキングを悪用し他人の口座から１６００万円を引き出した２人組が、不正アクセス禁止法違反容疑で逮捕

3・7◉自民党衆議院議員の坂井隆憲が政治資金規正法違反（虚偽記載）容疑で逮捕

3・9◉広島・尾道市で、民間登用の小学校校長が自殺

3・9◉小学校校舎保存問題を発端に、滋賀・豊郷町で町長のリコール成立

3・15◉ＷＨＯは新型肺炎ＳＡＲＳについて、「世界的な脅威」と緊急警報。前年末から７月上旬の制圧宣言までに32カ国・地域で７７４人以上が死亡

3・20◉徳島県議会は大田正知事の不信任決議案を可決。出直し選へ

3・20◉米英軍がバグダッドを空爆。イラク戦争勃発

3・24◉外形標準課税導入を盛り込んだ改正地方税法が成立

3・30◉名古屋市の路上で無職の女が看護師を刺殺。翌月１日にも若い女性を刺してバッグ奪う

3・31◉大島理森農水相は、元秘書の金銭授受疑惑で辞任

4・1◉合併促進法に基づく公的資金注入第一号で、関東つくば銀行発足

4・1◉社会保険加入者の医療費自己負担が３割に引き上げ

4・1◉郵便、郵貯、簡保の３事業を引き継いだ日本郵政公社発足

4・9◉イラク戦争で米英軍はバグダッドを制圧し、フセイン体制崩壊

4・13◉第15回統一地方選挙。無党派知事４人誕生、女性道府県議は過去最多の１６４人

4・16◉産業再生機構発足。金融と産業の一体再生

◀イラク戦争。
炎上するバグダッド市内の建物
…2003年3月21日　ⓒロイター

を目指す

4・17◉東京・杉並区で公園公衆便所に反戦の落書きをしたとして、書店員が器物損壊容疑で現行犯逮捕。44日間にわたり勾留

4・21◉政府は構造改革特区第1次9分野57件を認定

4・27◉統一地方選後半。合併争点の19首長選で反対・慎重派13候補が当選

4・30◉米、露、欧州連合、国連の4者は、新たなパレスチナ和平案「ロードマップ」を提示

4月◉白装束に身を包んだ宗教団体のグループが、各地を移動し不審な行動で話題に

5・1◉ヨルダンの国際空港で、毎日新聞写真記者所持の不発弾が爆発。係官1人が死亡し5人が負傷

5・1◉健康増進法施行で、公共施設の禁煙・分煙が加速。関東大手私鉄は終日全面禁煙に

5・1◉酒税引き上げ

5・12◉サウジアラビアのリヤドで連続自爆テロ。26人が死亡

5・15◉旧日本軍遺棄の兵器で被害と中国人5人が日本政府に損害賠償を求めた訴訟で、東京地裁は請求を棄却

5・16◉セクハラ疑惑の木村守男青森県知事が辞職

5・16◉モロッコ・カサブランカで連続爆弾テロ。24人が死亡

5・16◉食品安全基本法成立

5・19◉パーティー参加の女子大生への集団レイプを繰り返していたイベントサークルの早大生らが強姦容疑で逮捕。後、計14人が起訴

5・23◉個人情報保護法成立

5・25◉イスラエルは米露など提示の新パレスチナ和平案「ロードマップ」を受諾し、パレスチナ国家樹立を初めて容認

6・1◉エビアン・サミット（フランス）開催。中国首脳として初めて胡錦涛主席が出席

6・6◉改正労働者派遣法成立。格差社会の元凶に

6・6◉子供のネット売買春を処罰する出会い系サイト規制法成立

6・6◉有事法3法が成立

6・14◉ヤミ金融の取り立て苦に、大阪・八尾市の夫婦ら3人が心中

6・20◉福岡市で留学生ら中国人の男3人が金銭目当てに一家4人を殺害

6・25◉ザ・グレート・サスケ議員の覆面着用問題で、岩手県議会は覆面禁止案を否決

6・27◉改正食糧法成立。08年までに減反廃止し農業者の自主調整に

6・27◉政府は、地方税・財政の「三位一体の改革」を含む、「骨太の方針第3弾」を閣議決定

7・1◉たばこ税増税で、メーカー各社は1箱20～30円の値上げ

7・1◉長崎市で中学1年の少年が4歳男児を性的いたずら目的で誘拐し、ビル屋上から突き落とし

▲イラク戦争反対デモ。プラカードを掲げ、デモ行進する高校生
…熊本市下通アーケード　2003年03月25日　ⓒ中村敏夫

▼イラク戦争反対デモ。米大使館前でローソクをかざす高校生ら
…東京都港区　2003年3月20日

◀イラク戦争反対デモ。
世界水フォーラムの会場前
…国立京都国際会館前
2003年3月18日

▼イラク戦争反対デモ。
プラカードを手に
平和を訴える学生たち
…名古屋市中区　2003年3月20日

◀イラク戦争反対デモ
…神戸市中央区　2003年3月20日

▶イラク戦争反対デモ。
「とめよう戦争への道!
百万人署名運動・関西連絡会」
のデモ行進
…大阪・中之島公園　2003年3月22日

殺害

7・10◉心神喪失者医療観察法成立

7・10◉性同一性障害者性別特例法成立

7・18◉辻元清美衆議院議員(社民党)が秘書給与を流用した詐欺容疑で逮捕

7・18◉土屋義彦埼玉県知事が資金管理団体の不正経理事件で引責辞職

7・20◉九州地方を襲った集中豪雨で23人が死亡

7・23◉少子化社会対策基本法成立

7・26◉イラク復興特別措置法成立

8・5◉インドネシア・ジャカルタのホテル前で爆弾テロ。12人が死亡し、148人が負傷

8・14◉米北東部とカナダ南部の広範囲で停電。5000万人に影響

8・18◉猪口邦子軍縮大使は国連軍縮会議議長に就任

8・19◉バグダッドの国連事務所で爆弾テロ。国連事務総長特別代表ら22人が死亡、100人以上が負傷

8・25◉住基ネットが本格稼働

8・27◉朝鮮民主主義人民共和国の核兵器開発をめぐる6カ国協議が北京で開催

8・31◉コンビニのセブンイレブンが国内1万店舗到達。小売業で初の大台

9・1◉ピッキング対策の特殊開錠用具所持禁止法施行

9・1◉酒類の販売が原則自由化

9・11◉イスラエルはアラファト・PLO議長の追放を決定

9・16◉名古屋市で、ビルに立てこもった男がガソリンをまいて放火。男と人質、警察官の3人が死亡

9・26◉十勝沖地震。避難勧告で2万人超が避難

9・26◉民主党が自由党を吸収合併

9・29◉旧日本軍遺棄の兵器で被害と中国人13人が日本政府に損害賠償を求めた訴訟で、東京地裁は1億9千万円の支払いを命令

10・7◉米カリフォルニア州知事に俳優アーノルド・シュワルツェネッガー氏が当選

10・10◉小泉首相が衆議院を解散

10・10◉日本産最後のトキ「キン」(雌、推定年齢36歳)が死亡

10・21◉浜尾文郎が日本人5人目のカトリック教会枢機卿に就任

10・22◉北海道・奈井江町で合併の是非を問う住民投票開始。全国で初めて小学校5年生以上に投票権

11・1◉JR西日本はICカード「イコカ」を導入

11・1◉大阪・河内長野市で、大学生が母親を殺害。交際中の高校生少女も殺人予備罪で逮捕

11・2◉茨城県は霞ヶ浦で「コイヘルペスウイルス病」感染の食用ゴイが大量死と公表。日本初上陸で、23都府県に感染拡大

▲イラク戦争反対デモ。
米国大使館前で戦争反対を叫ぶ
…東京都港区　2003年3月23日撮影

▲イラク戦争反対デモ。
「子どもたちを殺さないで!」と訴える女性たち
…大阪市・中之島公園　2003年3月22日

▼イラク戦争反対デモ…大阪・扇町公園　2003年3月23日

◀イラク戦争反対デモ。大阪の米総領事館前
…大阪市北区　2003年3月28日

11・7◉ユネスコは人形浄瑠璃文楽を世界無形文化遺産に指定
11・7◉法務省は米国で代理出産の双子男児の出生届を不受理
11・9◉第43回衆議院議員総選挙。与党3党は絶対安定多数を確保、民主躍進
11・15◉トルコ・イスタンブールのユダヤ教礼拝所2カ所で同時自爆テロ、24人が死亡。20日にも英総領事館など2カ所で30人が死亡。犯人はいずれもトルコ人
11・15◉社民党土井たか子党首が衆院選敗北で引責辞任。後任に福島瑞穂
11・20◉マイケル・ジャクソンが少年に性的いたずらの容疑で逮捕。05年無罪判決
11・25◉北海道警旭川中央署の捜査用報償費不正経理が発覚。3千人の大量処分、9億円返還の道警本部ぐるみの大事件に発展
11・29◉イラク北部で日本人外交官2人が殺害される
11・29◉足利銀行が経営破綻。一時国有化し公的資金投入へ

12・1◉地上デジタル放送が関東、関西、中京地域でスタート
12・6◉自民党の近藤浩衆議院議員が公職選挙法違反で逮捕。29日には新井正則(同)も。いずれも議員辞職し、猶予付有罪判決
12・14◉埼玉・入間市で、暴力団組長が別の組長ら5人を射殺。内部抗争で恨み
12・19◉自衛隊が初めて戦地へ。イラク特措法に基づき、石破茂防衛庁長官は陸海空自衛隊に派遣命令
12・23◉中国重慶の天然ガス田でガス噴出事故。作業員ら230人以上が死亡
12・24◉住友電工男女賃金差別訴訟が原告逆転勝利で和解
12・25◉米国でBSE感染牛を初確認。政府はただちに米産牛肉輸入全面停止
12・26◉イランで大地震。死者4万人超

▲イラク戦争。激しい炎を上げて燃えるルメイラ油田…2003年3月29日

◀パナウェーブ研究所を名乗る白装束集団
…福井県和泉村
2003年5月9日

話題

おれおれ詐欺横行
コメやさくらんぼなど農作物盗難が続発
合計特殊出生率が1・3を割る
車で各地を移動生活する白装束に身を包んだ宗教団体の不審な行動が話題に

【暴言、放言、失言、妄言】

小泉純一郎首相「今イラクのどこが非戦闘地域で、どこが戦闘地域か、そんなの私に聞かれたって分かるわけがないじゃないですか」(7・20　党首討論)「集団自衛権を認めるなら憲法は改正した方がいい」(7・25　参議院外交防衛委員会で)

竹中平蔵金融・経済財政政策担当大臣「ETF(株価指数連動型投資信託)は絶対もうかります」(2・7　閣僚懇談会で)

麻生太郎自民党政調会長(創氏改名について)「(朝鮮の人たちが)仕事がしにくかった。だから名字をくれといったのがそもそもの始まりだ」(5・31　東大で講演)

石原慎太郎東京都知事(憲法)「99条違反で結構であります。私はあの憲法を認めません」(3・4　都議会予算特別委員会で追及され)

森喜朗前首相「子供を一人もつくらない女性が自由を謳歌し、楽しんで、年とって、税金で面倒みなさいというのはおかしい」(6・26)

江藤隆美衆議院議員「両国が調印して国連が無条件で承認したものが、90年たったらどうして植民地支配になるのか」(7・12)

【流行語】

毒まんじゅう／なんでだろう〜／スローライフ／新三種の神器

【新商品・ヒット商品】

にがり／豆乳飲料／健康酢／虫歯予防機能性ガム／ブロードバンド／DVDレコーダー／薄型テレビ／ハイブリッドカー／着うた／サイクロン掃除機／ヌーブラ／IP電話

【誕生】

六本木ヒルズ(4・25)／ゆいレール(8・10開業。沖縄都市モノレール)

【さよなら】

宝塚ファミリーランド(4・7閉園)／『漫画アクション』(9・30休刊。

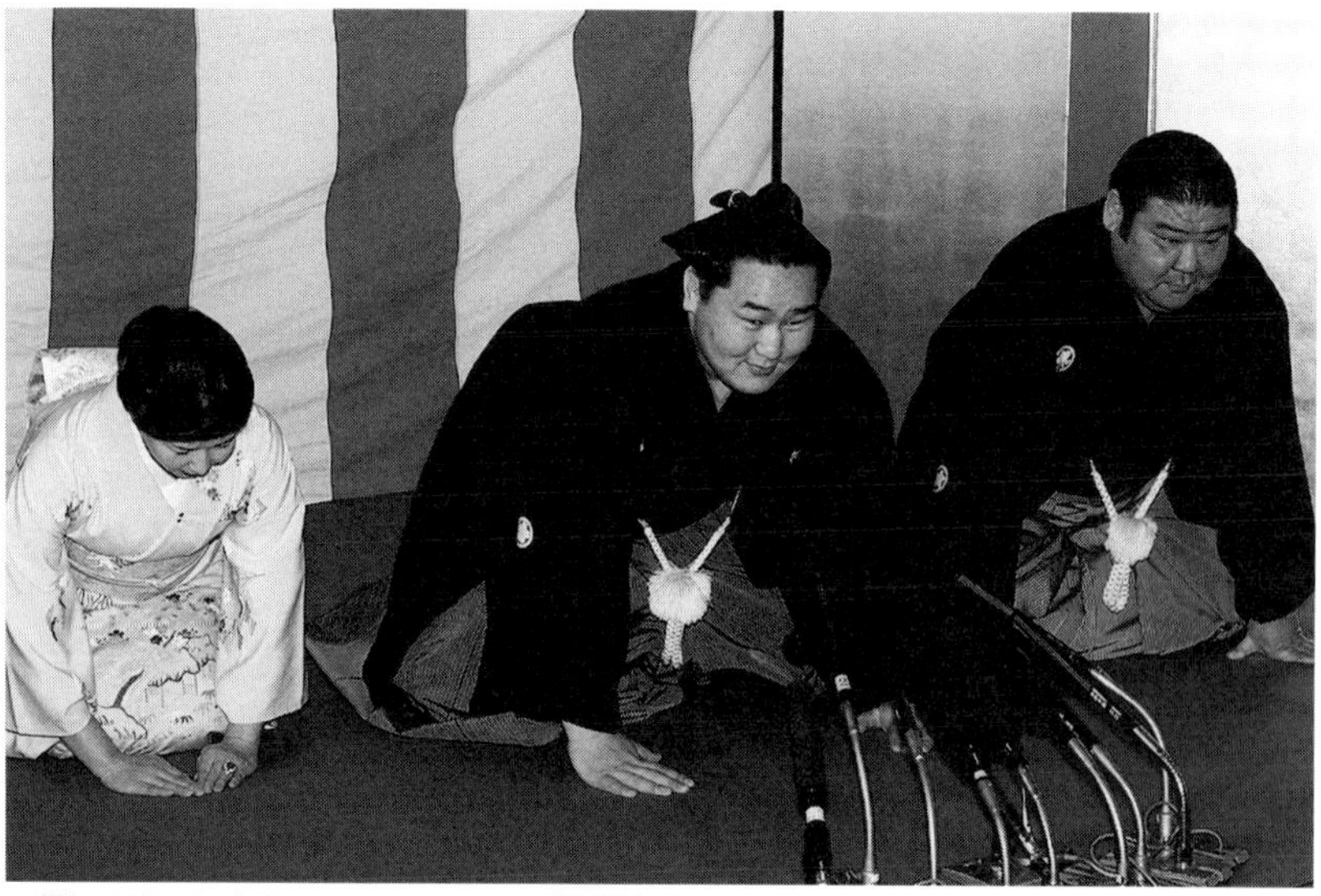

▲横綱昇進の伝達式で口上を述べる朝青龍。右は高砂親方、左は親方夫人の恵さん
…東京都墨田区の高砂部屋　2003年1月29日

1967年創刊で「じゃりん子チエ」「クレヨンしんちゃん」「ルパン三世」「子連れ狼」などを送りだす）／超音速旅客機コンコルド（11・26全機退役）

【スポーツ】

1・19◉自動車ラリーのパリ・ダカール2003で、増岡浩（三菱パジェロ・エボリューション）が四輪部門で2年連続2度目の総合優勝

1・20◉大相撲の横綱貴乃花が引退

1・29◉大相撲の朝青龍が第68代横綱に昇進

4・13◉ロンドンマラソンで女子のポーラ・ラドクリフ（英）が自身の世界最高記録を上回る2時間15分25秒で2連覇

4・16◉米プロバスケットボールのスーパースター、マイケル・ジョーダンが引退

4・23◉プロ野球ヤクルトの高津臣吾投手がプロ野球新記録の通算230セーブを達成。6月には270セーブポイントでSP記録も更新

▲記者会見でプロ転向を表明する宮里藍
…仙台・東北高校　2003年10月7日

6・8◉テニス全仏女子複で、杉山愛、キム・クライシュテルス（ベルギー）組が初優勝。7月には、全英（ウィンブルドン）も制覇

7・10◉大相撲名古屋場所5日目に、朝青龍は横綱として史上初の反則負け

7・11◉囲碁の張栩八段が新本因坊に

7・21◉世界水泳選手権男子100メートル平泳ぎで、北島康介は世界新記録で優勝。24日の200メートルも世界新で制し、日本人選手初の世界選手権2冠を達成

8・20◉プロ野球巨人の川相昌弘内野手が犠打世界新記録（通算512）を達成

8・25◉テニスのピート・サンプラス（米国）が引退。4大大会男子シングルスを史上最多の14度制覇

8・29◉世界陸上選手権男子200メートルで末続慎吾は3位入賞し、五輪、世界選手権を通じ短距離種目で日本初のメダルを獲得

9・13◉ラグビーのトップリーグが開幕

9・28◉ベルリンマラソンの男子で、ポール・テルガト（ケニア）が2時間4分55秒の世界最高記録で優勝

9・28◉女子ゴルフのダンロップオープンでアマチュアの宮里藍（東北高3年）が優勝し、史上初の高校生プロゴルファー誕生へ。アマ選手のプロツアー優勝は30年ぶり2人目

10・12◉F1のミハエル・シューマッハ（ドイツ）は4年連続6度目の年間総合優勝を果たし、歴代最多総合優勝記録を達成

▼100連敗目となったハルウララ
…高知競馬場　2003年12月14日

10・27◉プロ野球日本シリーズ、福岡ダイエーが優勝。福岡ダイエー4－3阪神

11・15◉大相撲の横綱武蔵丸が引退

12・13◉フィギュアスケートのグランプリファイナル女子シングルで、村主章枝が日本選手初の優勝

12・14◉高知競馬のハルウララが初出走から100連敗。連敗記録に比例して人気が上昇の椿事

【科学・学術】

3・18◉香港で流行中の新型肺炎（SARS）のウイルス発見

3・28◉H2A5号機の打ち上げ成功。日本初の情報収集衛星

4・14◉日米欧6カ国の「国際ヒトゲノム計画」はヒトの全遺伝情報解読完了を宣言

5・19◉国立歴史民俗博物館は放射性炭素（C14）年代測定法の分析で、弥生時代の開始を定説より約500年早い紀元前1000年ごろと特定

5・27◉京大再生医科学研究所は国内で初めてヒトES細胞の作製・培養に成功

7・1◉日米韓などのチームがクオーク5つで構成される新粒子を発見

10・15◉中国は世界3カ国目の有人宇宙船「神舟5号」の打ち上げに成功

11・19◉バーミヤン西方で8世紀以前の未知の仏教遺跡が発見

【文化・芸術・芸能】

3・23◉宮崎駿監督の『千と千尋の神隠し』が長編アニメーション部門でアカデミー賞を受賞

6・29◉モスクワ国際映画祭で、『ふくろう』（新藤兼人監督）の大竹しのぶが最優秀女優賞を受賞。宮沢りえ、市川実日子に続

◀超高層オフィスビルなど11棟が並ぶ再開発地域「六本木ヒルズ」…2003年4月21日撮影

き、日本人女優が3年連続で受賞

9・6◉ベネチア国際映画祭で、『座頭市』の北野武監督が監督賞

12・9◉養老孟司著の『バカの壁』(新潮新書)が232万部に到達。教養系新書としては永六輔の『大往生』(1994年)を抜き過去最高に

【音楽】

SMAP「世界に一つだけの花」／福山雅治「虹／ひまわり／それがすべてさ」／森山直太朗「さくら(独唱)」／RUI「月のしずく」／中島みゆき「地上の星」／一青窈「もらい泣き」／夏川りみ「涙そうそう」／浜崎あゆみ「No way to say」(レコード大賞)

【映画】

外国映画『ボウリング・フォー・コロンバイン』米 監マイケル・ムーア／『猟奇的な彼女』韓 監クァク・ジェヨン 演チョン・ジヒョン、チャ・テヒョン／『アバウト・シュミット』米 監アレクサンダー・ペイン 演ジャック・ニコルソン／『パイレーツ・オブ・カリビアン』米 監ゴア・ヴァービンスキー 演ジョニー・デップ／『インファナル・アフェア』香港 監アンドリュー・ラウ 演トニー・レオン／『キル・ビル』米 監クエンティン・タランティーノ 演ユマ・サーマン

日本映画『壬生義士伝』(松竹)監滝田洋二郎 演中井貴一／『赤目四十八瀧心中未遂』監荒戸源次郎 演大西滝次郎、寺島しのぶ／『ヴァイブレーター』監廣木隆一 演寺島しのぶ

◈映画『踊る大捜査線2』は興行収入175億円で、『南極物語』(1983年)を抜き実写邦画史上最高額を記録

【出版・文芸】

養老孟司『バカの壁』／横山秀夫『クライマーズ・ハイ』／伊坂幸太郎『重力ピエロ』／山田宗樹『嫌われ松子の一生』／小川洋子『博士の愛した数式』／桐野夏生『グロテスク』／阿部和重『シンセミア』／矢作俊彦『らら科學の子』／

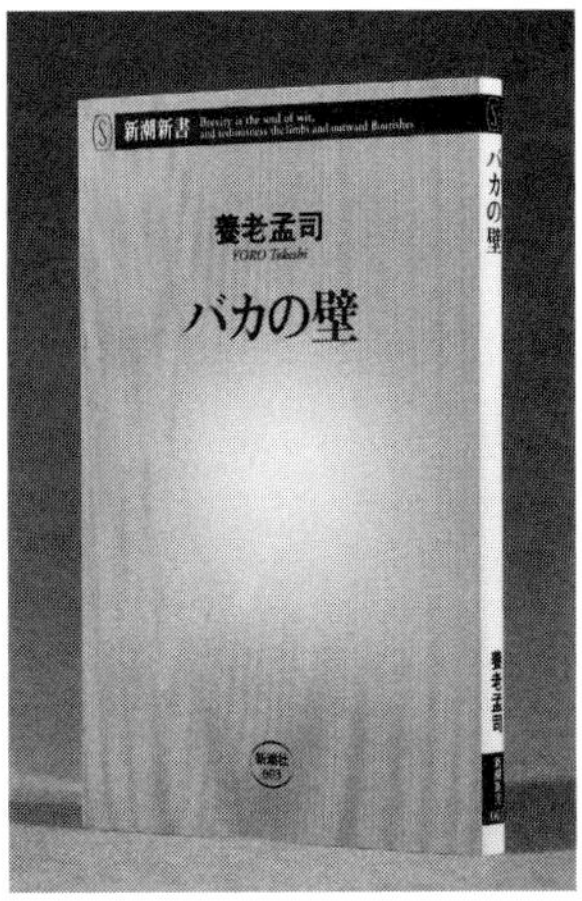

▷養老孟司著『バカの壁』(新潮新書)

保坂和志『カンバセイション・ピース』／大庭みな子『浦安うた日記』／堀江敏幸『雪沼とその周辺』／金原ひとみ『蛇にピアス』(芥川賞)／綿矢りさ『蹴りたい背中』(芥川賞)／石田衣良『4TEEN フォーティーン』(直木賞)／村山由佳『星々の舟』(直木賞)／江國香織『号泣する準備はできていた』(直木賞)／京極夏彦『後巷説百物語』(直木賞)／J・D・サリンジャー著、村上春樹訳『キャッチャー・イン・ザ・ライ』／谷川流『涼宮ハルヒの憂鬱』

【漫画】

赤松健『魔法先生ネギま!』(少年マガジン)／井浦秀夫『弁護士のくず』(ビッグコミックオリジナル)

【テレビ】

『千と千尋の神隠し』(テレビ放映映画歴代1位、年間最高の視聴率46.9%)／『GOOD LUCK!!』TBS／『白い巨塔』フジテレビ／『冬のソナタ』NHK衛星／『武蔵 MUSASHI』NHK大河ドラマ／『エンタの神様』日本テレビ／『トリビアの泉 〜素晴らしきムダ知識〜』フジテレビ

【CM】

アミノ式回転運動(サントリーフーズ・燃焼系アミノ式)／「駅前留学」「お茶の間留学」、NOVAうさぎDJ編(NOVA)

冥友録

1・12◉**深作欣二**(72歳)映画監督／**4・1**◉**レスリー・チャン**(46歳)香港・映画俳優／**6・29**◉**キャサリン・ヘプバーン**(96歳)米・女優／**7・24**◉**黒田了一**(92歳)憲法学者、大阪府知事／**9・8**◉**レニ・リーフェンシュタール**(101歳)独・写真家／**9・25**◉**夢路いとし**(78歳)上方漫才師／**9・28**◉**エリア・カザン**(94歳)米・映画監督／**11・27**◉**都筑道夫**(74歳)推理小説作家／**12・26**◉**白井義男**(80歳)ボクシング世界王者

2004
平成16年

79年ぶりの鳥インフルエンザが西日本で猛威、鶏の大量死が続いた。アテネ五輪で日本選手大活躍、競泳・北島康介の「気持ちいーい。チョー気持ちいい」が流行語に。スポーツ界に10代旋風——ゴルフの宮里藍(18)、横峯さくら(18)やサッカーの平山相太(19)、森本貴幸(16)、卓球の福原愛(15)などが活躍。新潟県中越地方でM6・8の地震発生、新幹線が営業中初の脱線。スマトラ沖でM9・0の大規模地震・津波発生で過去最悪の犠牲者

▼新潟中越地震。脱線した上越新幹線「とき325号」の最後尾車両
…2004年10月24日

出来事

◀鳥インフルエンザ、地中処分始まる
…山口県阿東町のウインーウイン・ファーム山口農場
2004年1月17日撮影
山口県提供

1・1◉明治安田生命が発足

1・12◉山口県阿東町の養鶏場で国内79年ぶりに鳥インフルエンザ発生を確認。05年にかけ世界、国内で大流行

1・16◉イラク駐留米軍はイラク人捕虜に米憲兵部隊員が虐待と記者発表。以後、実態が明らかに

1・17◉共産党は43年ぶりに新綱領を採択。天皇制と自衛隊を当面容認する現実路線へ

1・23◉ソフトバンクはヤフーBB顧客情報流出を公表。翌月、流出は代理店社長らの犯行と判明。流出は全顧客660万件

1・25◉中3の長男虐待で、大阪・岸和田市の男と内縁の妻を殺人未遂の疑いで逮捕

1・29◉東京高裁は日立製作所に、光ディスク読み取り技術発明の対価として発明者へ1億6300万円の支払いを命令

1・30◉東京地裁は青色発光ダイオード(LED)の発明対価を604億円と認定し、発明者一時請求の200億円の支払いを日亜化学工業に命令。05年8億5千万円で和解

2・9◉朝鮮民主主義人民共和国(北朝鮮)への日本独自の経済制裁想定の改正外為法成立

2・11◉米国産牛肉の輸入禁止で、吉野家は牛丼の販売を休止

2・27◉「イラク派兵反対」を訴えるビラを防衛庁宿舎の新聞受けに入れたとして、警視庁は市民団体のメンバー3人を逮捕

2・27◉東京地裁はオウム真理教教祖の麻原彰晃(松本智津夫)に死刑判決

2・29◉反政府勢力蜂起で無政府状態のハイチで、アリスティド大統領が米国の圧力で亡命

3・2◉韓国で、日本統治時代の対日協力者を究明する「親日反民族行為真相究明特別法」が成立

3・3◉警視庁は共産党機関紙配布の社会保険庁職員男性を、国家公務員法(政治行為の禁止)違反容疑で逮捕。二審で無罪判決

3・7◉元自治相の佐藤観樹衆議院議員(民主党)が公設秘書給与詐取の容疑で逮捕

3・10◉産業再生機構はカネボウ支援を決定

3・11◉スペイン・マドリード中心部の3駅で同時列車爆破テロ。ラッシュ時で191人が死亡、1800人余が負傷

3・13◉ 九州新幹線の新八代駅―鹿児島中央駅間が開業

3・16◉最高裁は高校進学のための生活保護費貯蓄容認の初判断

3・16◉東京地裁(鬼澤友直裁判官)は「田中真紀子長女1年で離婚」の記事掲載の週刊文春に出版差し止の仮処分命令。31日、高裁は処分取り消し

3・22◉JR東日本は、Suicaのショッピングサービス(電子マネーサービス)を開始

3・24◉三菱ふそうはトラック約11万2千台のリコールを届け出

3・24◉中国人活動家7人が尖閣諸島に上陸。沖縄県警は逮捕後、送検せず入管に引き渡し強制送還

3・25◉最高裁は自殺でも保険金支払い義務の初判断

3・26◉東京の六本木ヒルズで、6歳男児が自動回転ドアに頭をはさまれ死亡

3・29◉欧州の旧社会主義圏7カ国がNATOに加盟

3・30◉東京都教育委員会は、君が代斉唱時不起立の教職員を一斉処分。異常な締め付け続く

3・31◉厚生年金特別会計の2003年度決算が初の赤字

3・31◉鳥インフルエンザ感染の鶏の大量死を隠匿した疑いで、京都府の養鶏業者社長らが逮捕

4・1◉国立大学が国立大学法人に

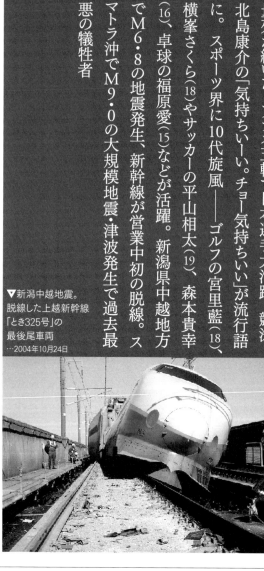

▲六本木ヒルズで児童が回転ドアに頭を挟まれ死亡
…東京都港区　2004年3月27日

◀鳥インフルエンザ、大分で感染確認。採卵業者への立ち入り調査
…大分県玖珠町　2004年2月18日

▼沖縄県尖閣諸島・魚釣島へ上陸、逮捕された中国人活動家
…那覇港岸壁　2004年3月25日撮影

▲台風18号で被害、復旧作業が進む厳島神社の祓殿
…広島県宮島町　2004年9月8日

▼台風21号、鹿児島に上陸。
防波堤を越えて打ち寄せる波…鹿児島市　2004年9月29日

4・1◉消費税の内税表示が義務化

4・1◉新司法試験制度移行に伴い国公私立68の法科大学院発足

4・1◉新東京国際空港公団が民営化。空港名は成田国際空港に

4・1◉東京メトロ誕生。営団地下鉄が民営化

4・1◉日本航空と日本エアシステムが経営統合

4・7◉イラクの武装集団が邦人ボランティアら3人を誘拐し人質に

4・7◉改正児童虐待防止法成立。児童相談所に警察への援助要請義務づけ

4・7◉福岡地裁は、小泉首相の靖国公式参拝は宗教活動で違憲と判断

4・12◉イラクの邦人人質事件で、竹内行夫外務次官は「自己責任の原則を自覚していただきたい」と発言。マスメディアは「自己責任論」を展開し、被害者バッシング

4・14◉東京地検は元社会保険庁長官ら2人を収賄、日本歯科医師会会長ら5人を贈賄容疑で逮捕

4・19◉税金、公共料金の電子納付開始

4・22◉朝鮮民主主義人民共和国の中国国境近くで列車が爆発し150人以上が死亡

4・23◉3閣僚の国民年金保険料未納が発覚。以後、130人超の国会議員・知事ら政治家の未納が次々と判明

4・27◉「筑豊じん肺訴訟」の上告審で、最高裁は国の上告を棄却。総額約5億6600万円の賠償を命じた福岡高裁判決が確定

5・1◉EUに旧社会主義圏8カ国など10カ国が加盟

5・6◉トレーラータイヤ脱落死傷事故で、三菱自工元副社長ら7人が逮捕

5・7◉福田康夫官房長官が辞任。年金未納問題にけじめの形

5・10◉皇太子は「宮内庁内に雅子のキャリアや人格を否定するような動きがあった」と発言

5・10◉菅直人・民主党代表は厚相在任中の年金未加入で引責辞任。のちに行政の手続きミスと判明

5・11◉トヨタの年間純利益(3月期決算)が、日本企業で初めて1兆円を突破

5・14◉小泉首相は過去に6年11カ月の年金未加入期間があったことを公表

5・17◉IOCは一定条件を満たす性転換選手の五輪参加を容認

5・21◉重大刑事裁判の審理に市民が参加する裁判員法が成立

5・22◉小泉首相は北朝鮮を再訪し金正日総書記と会談。拉致被害者の家族5人の帰国で合意。同日、帰国

5・27◉イラク・バグダッド近郊で日本人記者2人が銃撃され死亡

6・1◉イラク暫定政府発足

6・1◉長崎・佐世保市の小学校で、6年生女児が同級生をカッターナイフで殺害

6・2◉三菱自工は17車種の欠陥隠しを公表。約17万台をリコールへ

6・5◉保険料引き上げと給付水準抑制を柱とする年金制度改革関連法が成立

6・10◉欠陥隠しが原因の死亡事故で、三菱自工元

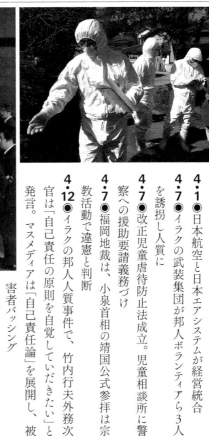

▶新潟中越地震。
信濃川沿いの山が崩れ、
巨大な岩石が道路を飲み込んだ
…新潟県小千谷市　2004年10月24日

社長の河添克彦ら6人が業務上過失致死容疑で逮捕

6・10◉元北海道・沖縄開発庁長官の稲垣実男が出資法違反容疑で逮捕

6・14◉金融機関に破たん予防的に公的資金投入を可能にする金融機能強化法が成立

6・14◉公益通報者保護法成立。企業・官公庁の法令違反内部告発者を保護

6・14◉国民保護法など有事関連7法が成立

6・18◉政府はイラク派兵自衛隊の多国籍軍参加を閣議決定

7・1◉「紀伊山地の霊場と参詣道」が世界遺産（文化遺産）に登録

7・1◉映画館の夫婦50割引開始。いずれかが50歳以上なら夫婦で2000円

7・11◉第20回参議院選挙。民主大躍進し2大政党化進む

7・13◉新潟・福島に集中豪雨。15人が死亡し、5500棟が全半壊

7・15◉日歯連不正経理事件で、東京地検特捜部は自民党前衆議院議員・吉田幸弘と日歯連前会長・臼田貞夫らを業務上横領の疑いで逮捕

7・18◉韓国で、老人や女性ら26人を殺害した男が逮捕。「100人殺すつもりだった」に韓国民は震撼

7・20◉NHKはチーフプロデューサーの制作費流用を公表。12月逮捕きっかけに視聴料不払い者続出

7・20◉中国で開催のサッカーアジア杯の日本戦で、試合前の君が代演奏に観客がブーイング。大会期間中、反日感情が爆発

7・23◉日本産婦人科学会は、慶応大の着床前診断実施を初めて承認

▶新潟中越地震。
土砂崩れに巻き込まれた車から
救出された皆川優太ちゃん
…新潟県長岡市妙見町
2004年10月27日

7・23◉法制審議会は6月公表の人名用の追加漢字案578文字のうち、糞、屍、呪、癌、淫など不評の数十文字を削除

7・24◉加藤周一、鶴見俊輔ら9人は「九条の会」を発足させ、憲法9条堅持を訴え

7・30◉参議院は自民党の扇千景議員を議長に選出。参院史上初の女性議長

7・31◉宮内庁は皇太子妃が適応障がいと診断と発表。不安と抑うつで公務困難

8・13◉アマ選手への裏金発覚で、プロ野球読売の渡辺恒雄オーナーが辞任

8・13◉沖縄・宜野湾市の沖縄国際大学に米海兵隊大型ヘリが墜落

8・24◉モスクワ発の旅客機2機が同時刻に爆発・墜落し、90人が死亡。チェチェン独立派武装勢力が犯行声明

8・2◉兵庫・加古川で、無職の男が親類と隣人の2家族7人を刺殺

8・9◉福井の美浜原発で冷却水の配管が破損し、5人が死亡、6人が怪我。原発営業運転中の死亡事故は国内初

9・1◉ロシア・北オセチア共和国でチェチェン独立派武装勢力が学校を占拠。3日、治安部隊突入で、人質の生徒ら186人を含む340人以上が死亡

9・1◉浅間山が21年ぶりに噴火

9・7◉台風18号が九州に上陸。8日にかけ全国で30人が死亡、14人が不明

9・7◉台風18号の上陸で、世界遺産厳島神社の国宝・左楽房が倒壊

9・9◉愛知県豊明市で、母子4人が就寝中に殺害され放火

9・12◉栃木県小山市で、会社員の男が同居中の知人の子供2人を川に投げ落として殺害

9・18◉球団削減の撤回を求め、日本プロ野球選手会は史上初のストを決行

9・19◉江沢民中国共産党中央軍事委主席辞任で、胡錦濤国家主席が名実ともに中国の最高指導者に

◀スマトラ沖大地震。津波で息子夫婦と孫を失ったサトゥクナムさん
…スリランカ・アムパラ県カルムナイ　2004年12月29日

9・26◉日歯連の裏献金事件で東京地検特捜部は、自民党橋本派の村岡兼造元官房長官を在宅起訴
9・28◉東京地裁はカルーセル麻紀の性別変更を認める決定

◀スマトラ沖大地震。がれきやゴミを片付ける被災者
…スリランカ・ゴール　2005年1月2日

9・29◉大型の台風21号が列島を縦断。全国で死者25人
10・12◉埼玉県皆野町で男女7人、神奈川県横須賀市で女性2人が集団自殺。ネットのサイトを利用
10・6◉イラクでフセイン政権の大量破壊兵器を探索していた米調査団は、存在、計画とも否定する報告書を提出。対イラク開戦を正当化の根拠が消滅
10・8◉ケニアのワンガリ・マータイ副環境相にノーベル平和賞
10・20◉台風23号が列島を縦断。全国で95人が死亡し3人が不明
10・23◉新潟・中越地方で震度7の大地震（新潟県中越地震）。68人が死亡し、約4800人が負傷、家屋の全半壊1万6千棟超の大惨事
11・1◉20年ぶりに新紙幣発行。5千円札肖像に女性初の樋口一葉
11・1◉改正道路交通法施行で、走行中の携帯電話使用に5万円以下の罰金
11・4◉エルトン・ジョンは、長年のボーイフレンドと結婚すると公表
11・11◉ヤーセル・アラファト・パレスチナ自治政府議長が死去
11・17◉奈良市で新聞販売所勤務の男が7歳の女児を殺害。暴行目的で誘拐し遺体の画像を被害者母親に送信
12・1◉国士舘大サッカー部員15人が集団で女子高校生に淫行で逮捕。8日には亜細亜大野球部員5人が集団痴漢行為で現行犯逮捕
12・1◉罰則強化と時効延長を盛り込んだ改正刑法が成立。1908年の施行以来初の抜本見直し
12・1◉犯罪被害者基本法成立
12・9◉警察庁は、おれおれ詐欺、架空請求詐欺、融資保証金詐欺、誘拐偽装の恐喝を総称し「振り込め詐欺」と命名
12・13◉さいたま市で47歳の女がドン・キホーテに連続で放火。浦和花月店は全焼し、従業員3人が焼死。15日までに計4店7カ所で放火
12・17◉西武鉄道は東証一部から上場廃止処分
12・23◉東京・葛飾区のマンションで共産党のビラを配布した僧侶が住居侵入容疑で逮捕
12・26◉インドネシア・スマトラ沖で巨大地震が発生し、大津波のためインド洋沿岸各国で22万人が死亡。同国アチェ州では16万人が犠牲に
12・28◉産業再生機構はダイエーとミサワホームの支援を決定

話題

疑惑温泉が次々と発覚
ＮＨＫ受信料の不払いが急増
振り込め詐欺が横行？？？

【暴言、放言、失言、妄言】

小泉純一郎首相「人生いろいろ、会社もいろいろ、社員もいろいろ。何のため謝らないといけないのか」（6・2　衆院委員会。厚生年金加入時の勤務実態がなかったことを指摘され）「自衛隊が行っているところが非戦闘地域である」（11・10　党首討論で、戦闘地域と非戦闘地域との線引きを問われ答弁）

井上喜一防災担当相「どこの社会も元気な女性が多くなってきたということですかな。（加害児童は）女ですからな」（6・4　記者会見。小6女児殺害事件について発言）

谷垣禎一財務相「放火はどちらかというと女の犯罪、カッターナイフで首を切るというような犯罪は、昔は男の犯罪だった」（6・5　講演）

【流行語】

「チョー気持ちいい」／「気合だー！」／サプライズ／負け犬／韓流／萌え

【流行】

旭山動物園

【新商品・ヒット商品】

大画面薄型テレビ／オキシライド乾電池／ニンテンドーＤＳ（任天

▶アテネ五輪競泳男子平泳ぎ100メートル表彰式、金メダルを掲げる北島康介と2位のハンセン(右)と3位のデュポン…2004年8月15日

堂)／プレイステーション・ポータブル(ソニー)

【誕生】

サッポロ「ドラフトワン」(2月新発売。第3のビール第1号)／おサイフケータイ(電子マネー付き携帯電話＝6・1 NTTドコモがサービス開始)／金沢21世紀美術館(10月開館)

雑誌創刊＝『R25』

【さよなら】

「ニュースステーション」(3・26終了。18年6ヶ月の放送に終止符)／『噂の真相』(3・10休刊。1979年名物編集長岡留安則が創刊)／「セサミストリート」(4・3終了。1971年放送開始の教育番組)

【スポーツ】

1・1◉プロ野球日本ハムは本拠地を札幌に移転。北海道初のプロ野球チームの名前は「北海道日本ハムファイターズ」に

1・3◉ボクシングのWBCスーパーフライ級で、徳山昌守が8連続防衛(歴代4位)

1・12◉全国高校サッカーで、平山相太(長崎・国見)が史上初の2年連続得点王、通算得点歴代1位に

2・28◉ノルディックスキーW杯ジャンプLHで、葛西紀明がW杯史上最年長の31歳8カ月で優勝

▲アテネ五輪女子マラソンで1位でゴールする野口みずき…アテネ・パナシナイコ競技場　2004年8月22日

▼アテネ五輪柔道男子60キロ級で野村忠宏が3連覇…2004年8月14日撮影

3・27◉フィギュアスケートの世界選手権女子シングルで、荒川静香が初優勝

5・15◉サッカーのイングランド・プレミアリーグでアーセナルが115年ぶりに無敗優勝

7・25◉自転車のツール・ド・フランスで、ランス・アームストロング(米国)が史上初の6年連続総合優勝

8・13◉アテネ五輪開催(29日まで)。水泳・北島康介(2冠)、柔道・野村忠宏(3連覇)、ハンマー投げ室伏広治、女子マラソン野口みずき、体操男子団体など日本勢は東京五輪に並ぶ16種目で金メダル。男子バスケットで米ドリームチームが初めて敗退。男子陸上110メートル障害で中国の劉翔がアジア勢初の短距離種目制覇

8・22◉全国高校野球選手権大会で駒大苫小牧が初優勝し、春夏通じ北海道に初の大旗

9・8◉プロ野球のオーナー会議は近鉄とオリックスの合併を承認

10・1◉米大リーグのイチローは、年間最多安打記録を84年ぶりに更新

10・25◉プロ野球日本シリーズ、西武が12年ぶりに優勝。西武4－3中日

11・2◉日本プロ野球組織は東北楽天のパ・リーグ加盟を承認

11・3◉日本人初のNBAプレーヤー田臥勇太(サンズ)が開幕戦デビュー

11・24◉男子バスケットボールのプロリーグ「bjリーグ」設立。地域密着型運営を目指し、6チームが参加

11・28◉女子ゴルフの不動裕理は5年連続で賞金女王。5月に史上最速185試合目で獲得賞金6億円を突破、7月には史上

最年少で通算30勝達成し、永久シード権を獲得

【科学・学術】

1・3◉米火星探査車「スピリット」が火星着陸。探査で水の痕跡を発見

6・23◉総合科学技術会議生命倫理専門調査会は、ヒトクローン胚作りを基礎研究限定で認める最終報告書

9・28◉理化学研究所は原子番号113の新元素生成に成功と発表。2016年にニホニウムと命名

10・20◉NECは新型高速スーパーコンピュータが、世界最速、1秒間に約65兆回の計算達成と発表

11・16◉NASAはスクラムジェット実験機でマッハ9・6の最速記録を更新

【文化・芸術・芸能】

2・29◉米国映画『ロード・オブ・ザ・リング／王の帰還』は、米アカデミー賞で史上最多タイの11冠を獲得

5・7◉片山恭一の小説『世界の中心で、愛をさけぶ』の発行部数が251万部に達し、国内作家単行本で最多を更新

5・22◉カンヌ国際映画祭で、『誰も知らない』主演の14歳、柳楽優弥が史上最年少、日本人初の主演男優賞

11・25◉エフエム東京の深夜番組「ジェットストリーム」が1万回を達成

【音楽】

平井堅「瞳をとじて」／Mr.Children「Sign」(レコード大賞)／平原綾香「Jupiter」／ORANGE RANGE「花」／大塚愛「さくらんぼ」／一青窈「ハナミズキ」／松平健「マツケンサンバ」

【映画】

外国映画『華氏911』米 監マイケル・ムーア／『ロスト・イン・トランスレーション』米 監ソフィア・コッポラ 演ビル・マーレイ、スカーレット・ヨハンソン／『父、帰る』露 監アンドレイ・ズビャギンツェフ 演イワン・ドブロヌラヴォフ、ウラジーミル・ガーリン／『殺人の追憶』韓 監ポン・ジュノ 演ソン・ガンホ／『ミスティック・リバー』米 監クリント・イーストウッド 演ショーン・ペン／『ロード・オブ・ザ・リング／王の帰還』米 監ピーター・ジャクソン 演イライジャ・ウッド

日本映画『誰も知らない』(シネカノン) 監是枝裕和 演柳楽優弥／『ハウルの動く城』(スタジオジブリ) 監宮崎駿／『スウィングガールズ』(フジテレビほか) 監矢口史靖 演上野樹里／『血と骨』(「血と骨」製作委員会) 監崔洋一 演ビートたけし／『下妻物語』(「下妻物語」製作委員会) 監中島哲也 演深田恭子

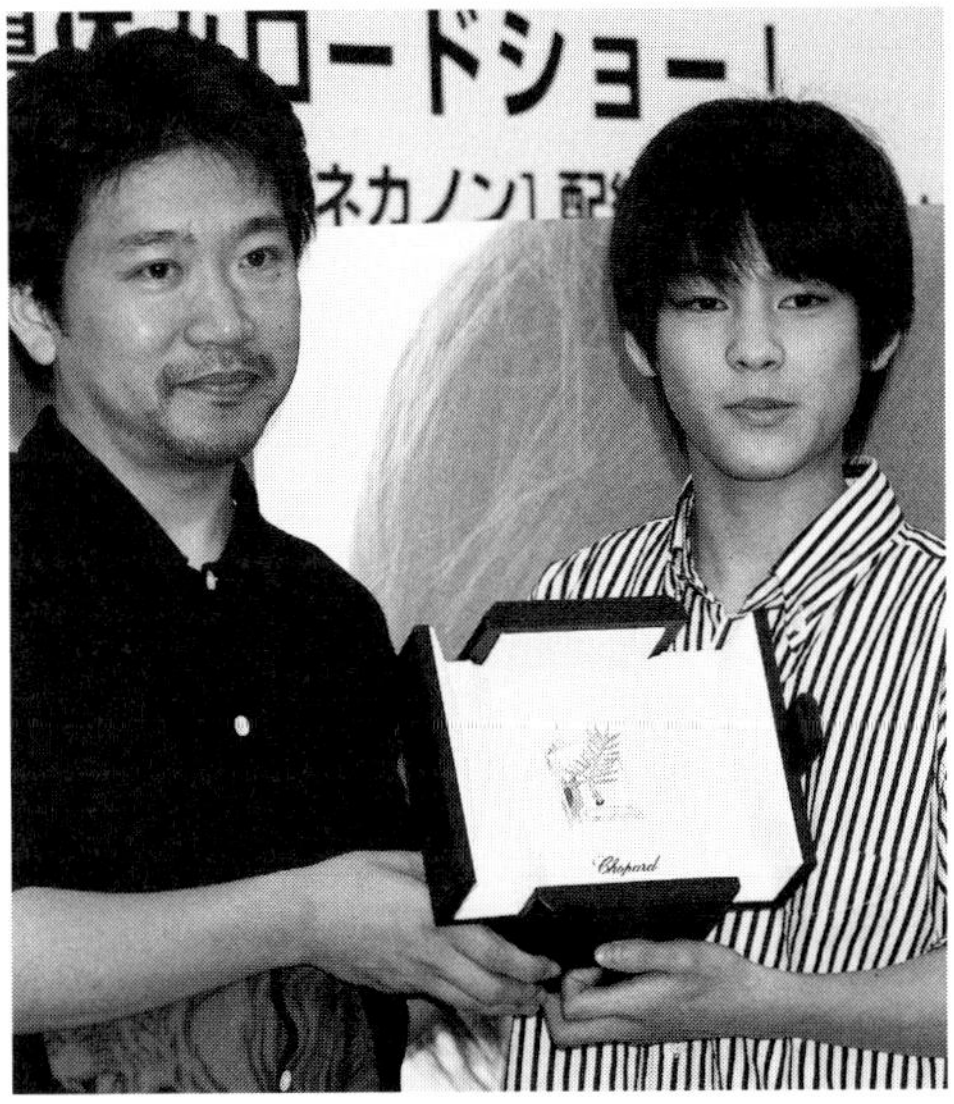

▶カンヌ映画祭で男優賞の柳楽優弥、是枝裕和監督(左)からトロフィーを受け取る …東京都内のホテル 2004年5月26日

【出版・文芸】

村上龍『13歳のハローワーク』／松本健一『評伝北一輝』／中野独人『電車男』／絲山秋子『袋小路の男』／江國香織『間宮兄弟』／荻原浩『明日の記憶』／奥田英朗『空中ブランコ』(直木賞)／熊谷達也『邂逅の森』(直木賞)／恩田陸『夜のピクニック』／角田光代『対岸の彼女』(直木賞)／藤田宜永『愛の領分』／山崎ナオコーラ『人のセックスを笑うな』／吉田修一『春、バーニーズで』／ダン・ブラウン『ダ・ヴィンチ・コード』

【漫画】

大場つぐみ・小畑健「DEATH NOTE」(少年ジャンプ)／空知英秋「銀魂」(少年ジャンプ)／星野桂「D.Gray-man」(少年ジャンプ)／日向武史「あひるの空」(少年マガジン)／天野明「家庭教師ヒットマンREBORN!」(少年ジャンプ)／亜樹直・オキモト・シュウ「神の雫」(モーニング)／安野モヨコ「働きマン」(モーニング)

【テレビ】

「新選組!」NHK大河ドラマ／「プライド」フジテレビ／「宮廷女官チャングムの誓い」NHK衛星

【CM】

セゾンカード、ザ・大車輪編(クレディセゾン)／アジエンス「世界が嫉妬する髪へ」(花王)

▲金田一春彦

▲水上勉

◀芦屋雁之助

冥友録

1・31◉**桂文治**(80歳)落語家／**2・27**◉**網野善彦**(76歳)歴史学者／**3・20**◉**いかりや長介**(72歳)コメディアン／**4・7**◉**芦屋雁之助**(72歳)喜劇俳優／**4・15**◉**横山光輝**(69歳)漫画家／**5・19**◉**金田一春彦**(91歳)国語学者／**6・5**◉**R・レーガン**(93歳)第40代米大統領／**6・10**◉**R・チャールズ**(73歳)米・R&B歌手／**7・1**◉**M・ブランド**(80歳)米・俳優／**7・28**◉**F・クリック**(88歳)英・生物学者／**9・8**◉**水上勉**(85歳)作家／**9・24**◉**F・サガン**(69歳)仏・作家／**10・1**◉**R・アベドン**(81歳)米・写真家／**10・10**◉**埴原和郎**(77歳)自然人類学者／**11・11**◉**Y・アラファト**(75歳)パレスチナ自治政府・パレスチナ解放機構(PLO)議長／**12・28**◉**S・ソンタグ**(71歳)米・批評家

2005
平成17年

小泉純一郎首相主導の郵政民営化により衆議院解散、衆院選で「小泉チルドレン」と呼ばれる初当選議員を大量に生んだ。首相の靖国参拝、教科書問題などから日韓、日中関係が悪化。地球環境問題を掲げた愛知万博が人気を呼ぶ一方で、大型ハリケーンの発生などで気候変動への懸念が増した。

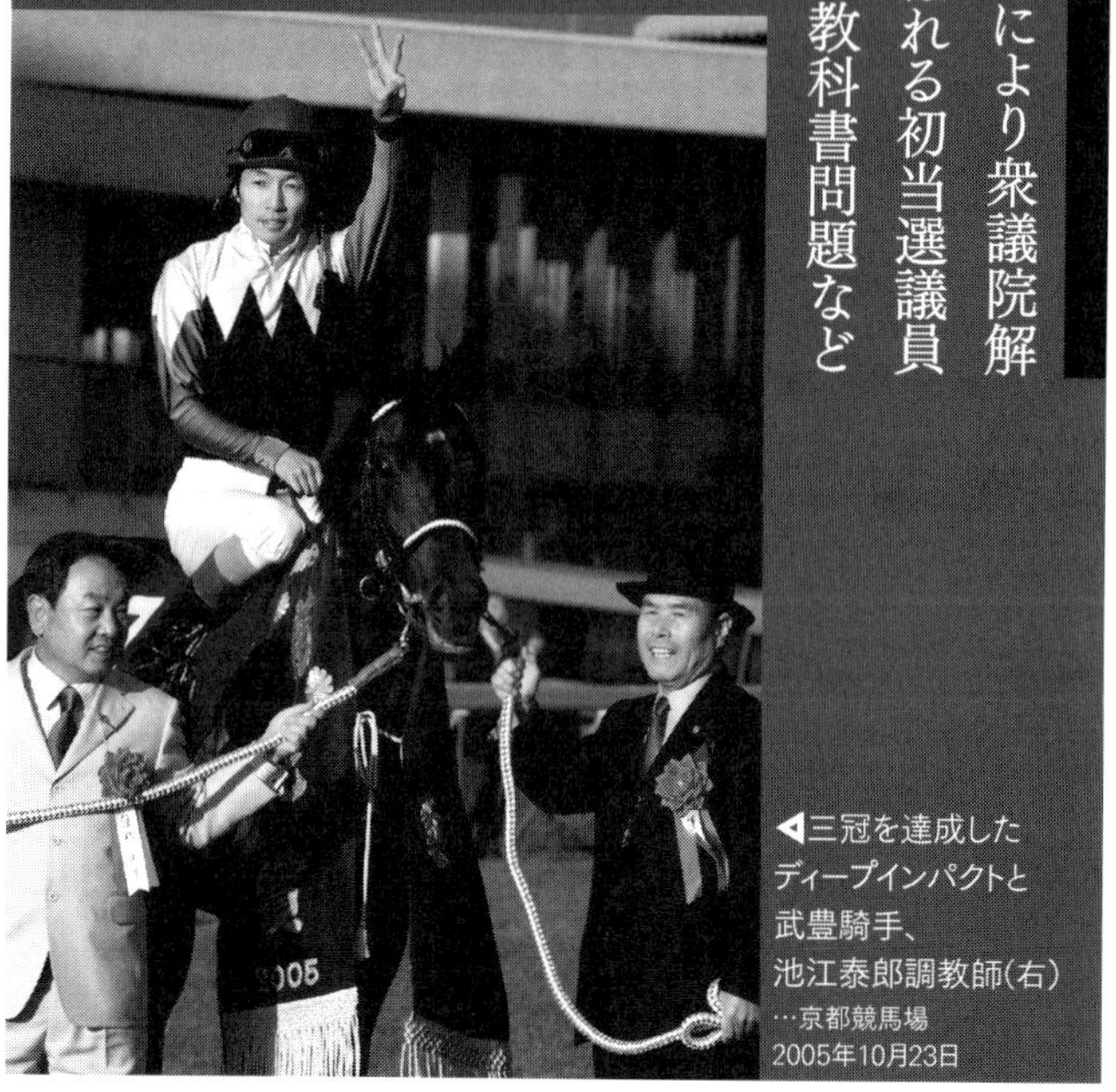

◀三冠を達成したディープインパクトと武豊騎手、池江泰郎調教師(右)
…京都競馬場 2005年10月23日

出来事

1・9◉広島県の特別養護老人ホームでノロウイルスの集団感染

1・13◉慰安婦問題民衆法廷を扱ったNHK特番の制作責任者、政治家の圧力で「番組改編を余儀なくされた」と証言

1・17◉韓国政府、日韓基本条約関連の外交文書の一部を公開

1・19◉ゴルフ場で磁気カードの情報を盗み取るスキミングを繰り返したグループ摘発

1・19◉広島高裁が在外被爆者に対する損害賠償を初めて認める

1・20◉愛媛県警の巡査部長が記者会見で、県警の裏金作りの実態を告発

2・1◉東京・三宅村(三宅島)全村民避難指示を4年5ヶ月ぶりに解除。村民帰島開始

2・8◉ライブドアがニッポン放送株の35％取得を発表

2・10◉北朝鮮外務省、6カ国協議の参加を無期限に中断する声明で、核兵器保有を初めて公式に認めた

2・10◉富士火災海上保険が保険料の取り過ぎ、保険金の支払い不足があったと発表

2・14◉大阪・寝屋川市の小学校で教職員3人を少年が殺傷

2・18◉明治安田生命の保険金不払いなどが発覚

2・27◉岐阜・中津川市の介護施設事務長が家族5人を殺害

3・3◉西武鉄道株虚偽記載問題で堤義明前コクド会長逮捕

3・7◉ソニー初の外国人トップにハワード・ストリンガー前副会長

3・8◉兵庫県の107歳最高齢男性、自宅でミイラ化遺体で発見

3・9◉岐阜県可児市議選(03年7月)の電子投票トラブル、名古屋高裁は市議選の無効を命じる

3・10◉治安維持法による言論弾圧、横浜事件の再審開始決定

3・10◉自民党衆院議員の中西一善、路上で女性に抱きつくなどの強制猥褻容疑で現行犯逮捕、議員辞職へ。自民党は除名処分

3・14◉マラッカ海峡でタグボートが襲われ日本人船長ら誘拐

3・15◉東京・足立区の手動踏切で女性2人死亡事故

3・16◉島根県議会で「竹島の日」制定条例成立。韓国政府が抗議

3・25◉21世紀初の国際博覧会、愛知万博(愛・地球博)が開幕。120カ国・4国際機関が参加。185日間の入場者2205万人

3・28◉スマトラ島付近でM8・5の大地震、死者1300人以上

3・30◉所得税法等改正法成立

4・1◉ペイオフ凍結全面解除。普通預金も対象に

4・1◉東京都が出資した新銀行東京開業

4・2◉ローマ法王ヨハネ・パウロ2世死去。新法王ベネディクト16世

4・5◉名張毒ぶどう酒事件、再審開始決定

4・8◉携帯電話不正利用防止法成立。振り込め詐欺などへの悪用防止のため、契約および譲渡時の本人確認を義務づけ

4・9◉北京の反日抗議デモに約1万人が参加。1972年の日中国交正常化以来、最大規模。歴史教科書問題などへの反発

4・11◉大音量の音楽を鳴らし続けた主婦が傷害容疑で逮捕される

4・11◉新首相公邸完成。旧首相官邸改修、新官邸隣に移築

4・21◉松下電器産業が死亡事故で石油温風機のリコール開始

4・23◉「ウイルスバスター」更新プログラム不具合でシステム障害

4・25◉尼崎市のJR福知山線で脱線事故。乗客ら107人死亡、500人超が負傷

▲「愛・地球博」　日が暮れた会場…愛知県長久手町　2005年3月25日

▼「愛・地球博」開幕…愛知県長久手町　2005年3月25日

5・3◉静岡市で県警ヘリコプターが住宅街に墜落、乗務の警察官5人死亡

5・11◉「米軍のコーラン冒涜」報道からアフガニスタンで反米デモ

5・16◉2004年高額納税者公示。初めて投資顧問会社のサラリーマンがトップ

5・18◉監獄法の受刑者処遇部分抜本改正

5・20◉日銀は金融の量的緩和政策の目安、当座預金残高目標下限(30兆円)割れ容認を決定。6月2日に初の下限割れ

5・23◉中国・呉儀副首相が小泉首相との会談を中止し帰国。小泉首相の靖国参拝を巡る発言などへの抗議

5・26◉鋼鉄製橋梁工事談合で11社14人を逮捕

5・30◉金沢地裁は住基ネットは違憲とし、初の個人情報削除命令

6・1◉警察庁に子どもに対する性犯罪者の出所情報提供開始

6・1◉政府が省エネルギーで軽装運動「クールビズ」開始

6・10◉山口の県立高校で生徒による爆発事件。1人重傷

6・10◉改正地球温暖化対策推進法成立。一定量以上を排出する事業者に「温室効果ガスの算定・報告・公表制度」導入

6・20◉東京・板橋区で高1長男が両親を殺害、放火して逃亡

6・22◉改正介護保険法成立。利用者の負担増に

6・29◉商法の一部、有限会社法を抜本的に改め統合した会社法成立。株式会社の「1円起業」恒久化、敵対的買収対抗策など

6・30◉リフォーム詐欺事件でサムニンイースト元社員4人逮捕

7・7◉ロンドンで地下鉄、バス同時爆破テロ。死者52名

7・21◉中国は固定相場制廃止。米ドル、ユーロなど11通貨の通貨バスケット制導入による管理変動相場制へ。人民元の切り上げ

7・29◉カネボウの粉飾決算で元社長ら3人逮捕

◀東京地裁に入る堤義明前コクド会長…2005年10月27日

▶中国で頻発した反日デモ
…広東省広州市内
2005年4月10日

8・2◉東京・羽田空港で配電盤工事のトラブルから管制関連の電源が切れ管制システムが機能せず、約1時間にわたり発着不能に

8・3◉預金者保護法成立。不正引き出し被害補償

▶ニッポン放送株争奪で和解した
ライブドア堀江貴文社長と
フジテレビの日枝久会長、村上光一社長(右端)、
ニッポン放送の亀渕昭信社長(左端)
…2005年4月18日

8・5◉自殺サイトに参加の男女3人を殺害していた男を逮捕

8・8◉参院が郵政民営化関連6法案否決、小泉首相は衆院解散

8・15◉インドネシア・スマトラ島北西端のアチェ州の独立紛争をめぐりアチェ和平合意文書調印。自由アチェ運動武装解除

8・17◉郵政民営化法案に反対した綿貫民輔元衆院議長、亀井静香元自民党政調会長ら「国民新党」結成

8・21◉郵政民営化法案に反対した小林興起前衆院議員ら新党「日本」結成発表。代表に田中康夫長野県知事

▼亀井静香(国民新党)への刺客として
広島6区で立候補した堀江候補の応援演説に駆けつけた
竹中平蔵・郵政民営化担当相(左) …広島県三原市　2005年8月30日

8・23◉宮城県・登米市の駐在所で中3少年が警部補を刺す

8・31◉米南部を大型ハリケーン「カトリーナ」襲撃。死者約1700人

8・31◉イラク・バグダッドでパニック状態から事故で約1000人死亡

9・5◉ガソリン小売価格高騰、13年8ヵ月ぶりに全国平均1リットル＝130円台に

9・6◉台風14号が長崎県上陸。約29万人に避難指示・勧告。全国で死者23人

9・11◉衆院選。自民党が単独で絶対安定多数を上

▲脱線した車両から救出される乗客
…兵庫県尼崎市　2005年4月25日

◀JR福知山線の電車が脱線してマンションに激突
…兵庫県尼崎市　2005年4月25日

回る296議席

9・14◉在外邦人選挙権訴訟で最高裁が違憲判断

9・21◉布川事件の再審開始決定

9・28◉北海道・根室沖でサンマ漁船転覆、乗組員7人死亡

10・1◉日本道路公団など道路関係4公団民営化

10・1◉三菱東京フィナンシャル・グループとUFJホールディングスが経営統合

10・1◉インドネシア・バリ島で同時爆弾テロ。20人死亡

10・8◉印パ国境でM7・6の大地震。死者7万人以上

10・13◉楽天がTBSの筆頭株主になり、経営統合を提案

10・14◉郵政民営化関連6法成立

10・26◉日米がキャンプ・シュワブ沿岸部(沖縄県名護市辺野古)への普天間飛行場移設案合意

10・26◉改正銀行法成立。06年4月施行で流通・通信業界などが銀行代理店業務参入。コンビニATM、ネットバンキングの普及へ

10・27◉フランスで失業問題や人種差別への不満から暴動

10・31◉障害者自立支援法成立。自己負担導入

11・1◉高齢者虐待防止・介護者支援法成立

11・1◉裁判員制度実施に向け公判前整理手続き制度開始

11・1◉東証でシステム障害。午前の取引開始から全銘柄売買停止。午後1時半から取引開始

11・5◉NHK大津放送局記者を放火未遂容疑で逮捕

11・11◉東京・町田市で高1女子生徒が同学年の少年に殺される

11・15◉天皇の第一皇女・紀宮が結婚、皇籍離脱

11・16◉全国小売酒販組合中央会の年金資金不正流用事件で元事務局長逮捕

11・24◉皇室典範有識者会議が女性・女系天皇容認の報告書

11・28◉東京・港区でガス湯沸かし器によるCO中毒死亡事故

▲リフォーム詐欺。
過剰販売で多数の換気扇と調湿剤もびっしり敷き詰められた床下
…兵庫県明石市　2005年6月1日

◀結婚式の後、会見される
紀宮さま(黒田清子さん)と黒田慶樹さん
…東京・帝国ホテル　2005年11月15日　代表撮影

11・28◉弁護士法違反容疑で衆院議員の西村真悟逮捕
12・1◉栃木・今市市で小1女児が下校途中に行方不明に
12・8◉みずほ証券が新規上場株の大量売り注文を誤発注
12・10◉京都・宇治市の学習塾で小6女児を講師の大学生が刺殺
12・12◉BSE対策のアメリカ、カナダ産牛肉輸入禁止措置を2年ぶりに解除
12・14◉ブッシュ米大統領はイラクの大量破壊兵器所有の情報は間違い、開戦決定の責任は自分にあると認める
12・22◉日本海側各県で記録的な豪雪。新潟県内の4割、約65万戸が停電、近畿地方でも一時的に大規模な停電があった
12・25◉山形・庄内町のJR羽越線で特急が脱線・転覆し5人死亡
12・27◉05年国勢調査の速報値を閣議報告。総人口は1億2775万6815人で戦後初めて減少に転じる

話題

【暴言、放言、失言、妄言】

8・30◉武部自民党幹事長が堀江貴文候補のいる広島6区に応援にいき「私の弟です、私の息子です」と発言。同日、竹中平蔵郵政民営化担当相も「小泉、ホリエモン、竹中で改革をやり遂げる」と演説

【へえ〜】

4月◉英国南東部海岸でずぶぬれの金髪男性、「謎のピアノマン」

4・9◉福島競馬で約1015万円の史上最高配当が出る。その後も3連単で高配当相次ぐ

【流行語】

小泉劇場／想定内／刺客／格差社会／萌え〜／ブログ／LOHAS

【流行】

デトックス(体内浄化・解毒)／お取り寄せ／スープカレー／リストバンド基金

【新商品・ヒット商品】

音楽配信サービス／大画面薄型テレビ／寒天

【誕生】

中部国際空港セントレア(2・17)／新中津川市(2・13岐阜)／九州国立博物館(10・16)／つくばエクスプレス(8・24)／雑誌『小悪魔ageha』／iTunes Music Store(8・4)

【スポーツ】

2・13◉女子ゴルフ国別対抗戦・第1回ワールドカップで日本(宮里藍、北田瑠衣)優勝
2・26◉武豊が史上初の中央競馬重賞レース200勝達成
4・16◉ボクシング長谷川穂積、WBCバンタム級世界王者
4・29◉野球独立リーグ四国アイランドリーグが開幕
5・6◉初のプロ野球両リーグ交流試合実施
6・6◉斉藤実(71)がヨット単独無寄港世界一周の最高齢記録達成
7・17◉タイガー・ウッズが全英オープンに優勝、ジャック・ニクラウス以来2人目のダブル・グランドスラム達成
7・19◉横浜ベイスターズのマーク・クルーンが日本プロ野球最速の時速161キロを記録
10・1◉中日ドラゴンズの岩瀬仁紀が46セーブで最多セーブ新記録

▶無敗で菊花賞を制し、三冠を達成したディープインパクト
…京都競馬場
2005年10月23日

10・17◉千葉ロッテのリーグ優勝でボビー・バレンタイン監督は史上初の日米優勝監督に
10・23◉中央競馬菊花賞でディープインパクト優勝。3冠制覇
10・26◉プロ野球日本シリーズ、千葉ロッテは31年ぶりに優勝
千葉ロッテ4−0阪神
11・5◉日本初のプロバスケットボールリーグ「bjリーグ」開幕
11・14◉プロゴルファー岡本綾子が世界ゴルフ殿堂入り
11・26◉大相撲九州場所で横綱・朝青龍が15回目の優勝、史上初の7連覇と年間6場所完全制覇達成
12・17◉フィギュアスケート・グランプリファイナル、女子は15歳の浅田真央が優勝

【科学・学術】

1・14◉米欧の土星探査機ホイヘンスが土星最大の衛星タイタンに着陸
5・25◉東京女子医大が国産の体内埋め込み型補助人工心臓を装着する手術の1例目を実施
7・28◉日米中などの共同研究チームが地球内部のウランなどが

崩壊して発生する素粒子、地球ニュートリノを検出したと発表
11・20◉探査機はやぶさが、地球から20億km飛行した後、小惑星イトカワに着陸。月以外の天体で世界初の快挙（2010年参照）
12・28◉EUが民生用測位サービスのガリレオ計画（GPS）で第1号機をロシア宇宙局のソユーズで打ち上げ

【文化・芸術・芸能】

9・9◉ベネチア国際映画祭で宮崎駿監督に「栄誉金獅子賞」
11・30◉上方歌舞伎で坂田藤十郎の名跡が231年ぶり復活。

【音楽】

修二と彰「青春アミーゴ」／ケツメイシ「さくら」／AI「Story」／ORANGE RANGE「＊～アスタリスク～」「キズナ」／倖田来未「Butterfly」（レコード大賞）

◀岡本喜八

◀高田渡

◀石津謙介

◀後藤田正晴

◀中内功

【映画】

外国映画『ミリオンダラー・ベイビー』米 監・演クリント・イーストウッド 演ヒラリー・スワンク／『大統領の理髪師』韓 監イム・チャンサン 演ソン・ガンホ／『ある子供』ベルギー・仏 監ジャン・ピエール・ダルデンヌ 演デボラ・フランソワ、ジェレミー・レニエ／『ヒトラー～最期の12日間～』独・伊・オーストリア 監オリヴァー・ヒルシュビーゲル 演ブルーノ・ガンツ／『ボブ・ディラン　ノー・ディレクション・ホーム』米・英 監マーチン・スコセッシ／『海を飛ぶ夢』スペイン 監アレハンドロ・アメナーバル 演ハビエル・バルデム
日本映画『パッチギ！』（シネカノン）監井筒和幸 演塩谷瞬、沢尻エリカ／『いつか読書する日』監緒方明 演田中裕子、岸辺一徳／『ALWAYS三丁目の夕日』（『ALWAYS 三丁目の夕日』製作委員会）監山崎貴 演吉岡 秀隆／『メゾン・ド・ヒミコ』（「メゾン・ド・ヒミコ」製作委員会）監犬童一心 演オダギリジョー

【出版・文芸】

山田真哉『さおだけ屋はなぜ潰れないのか？』／白石昌則『生協の白石さん』／リリー・フランキー『東京タワー　～オカンとボクと、時々、オトン～』／三浦展『下流社会』／佐藤優『国家の罠』／町田康『告白』／奥田英朗『サウス・バウンド』／川上弘美『古道具　中野商店』／中村文則『土の中の子供』（芥川賞）／絲山秋子『逃亡くそたわけ』／村上龍『半島を出よ』／井上荒野『しかたのない水』／阿部和重『グランド・フィナーレ』（芥川賞）／東野圭吾『容疑者Xの献身』（直木賞）

【漫画】

作中島かずき 絵赤名修「闇鍵師」（アクション）／若杉公徳「デトロイト・メタル・シティ」（ヤングアニマル）／山田芳裕「へうげもの」（モーニング）／椎名軽穂「君に届け」（別冊マーガレット）／幸村誠「ヴィンランド・サガ」（週刊少年マガジン／月刊アフタヌーン）

【テレビ】

「女王の教室」「野ブタ。をプロデュース」日本テレビ／「タイガー＆ドラゴン」「花より男子」TBS／「義経」NHK大河ドラマ／「電車男」フジテレビ／「ドラゴン桜」TBS／「はねるのトびら」フジテレビ

【CM】

「くぅ～ちゃんシリーズ」（アイフル 出清水章吾、チワワ）／「フレッツ光宣言篇」（NTT東日本 出SMAP）／「もしも私が校長先生なら」（オロナミンC 出上戸彩）／「ドコモダケ」（NTTドコモ）／「好きです。紅茶が」（キリンビバレッジ 出松浦亜弥）／「アジエンス」（花王）

冥友録

2・10◉**アーサー・ミラー**（89歳）米劇作家、『セールスマンの死』／**2・19**◉**岡本喜八**（81歳）映画監督、『独立愚連隊』『大誘拐』／**3・22**◉**丹下健三**（91歳）建築家、国立代々木競技場、東京都新庁舎／**4・2**◉**ヨハネ・パウロ2世**（84歳）ローマ法王／**4・16**◉**高田渡**（56歳）フォーク歌手、「コーヒーブルース」／**5・24**◉**石津謙介**（93歳）服飾ブランド「VAN」創業者／**5・30**◉**二子山親方**（55歳）名大関貴乃花／**6・16**◉**奥崎謙三**（85歳）ドキュメンタリー映画『ゆきゆきて、神軍』の元日本兵／**6・30**◉**小倉昌男**（80歳）宅配便の生みの親、ヤマト運輸元社長／**9・14**◉**ロバート・ワイズ**（91歳）米映画監督、『ウエスト・サイド物語』／**9・19**◉**後藤田正晴**（91歳）政治家、中曽根内閣の官房長官、宮沢内閣の副総理・法相／**9・19**◉**中内功**（83歳）ダイエー創業者／**11・26**◉**宮城音弥**（97歳）心理学者、東京工業大学名誉教授

2006
平成18年

「格差社会」が流行語となったこの年、時代の寵児だった堀江貴文ライブドア社長が逮捕され、村上ファンド代表の村上世彰も逮捕された。和歌山、福島、宮崎県と3つの県の知事が談合に絡んで逮捕され、岐阜県庁では長年の裏金問題が明るみになった。秋田で33歳の女性が娘と2軒隣の小学1年男児を殺した事件はセンセーショナルに報道された。

◀神戸空港開港
…神戸市中央区 2006年2月

出来事

1・1◉東京三菱銀行とUFJ銀行が合併。三菱東京UFJ銀行発足

1・3◉神奈川県横須賀市で56歳の女性が殺害され現金を奪われる。7日に、米空母キティホークの乗組員21歳を逮捕。殺人容疑では初の起訴前引き渡し

1・18◉ライブドア不正取引問題きっかけに売り注文殺到し、東京証券取引所で全銘柄の売買停止。東証開設以来初の緊急措置

1・20◉昨年12月に解禁された米国からの輸入牛肉から特定危険部位である脊柱が混入していたことが検疫で発覚し、再び全面輸入禁止

1・21◉大学入試センター試験で初の英語リスニングテスト導入

1・23◉日本郵政株式会社発足

1・23◉ライブドアの堀江貴文社長ら4人が証券取引法違反容疑で逮捕される

1・28◉ポーランド南部カトヴィツェ近郊の町ホジュフの大規模な展示施設で屋根が崩落し、60人以上が死亡

2・6◉「東横イン」系列ホテル77軒が完了検査後に悪質な改造と国土交通省が発表

2・10◉冬季五輪トリノ大会開幕。メダルは女子フィギュアスケート、荒川静香の金メダルのみ

2・16◉民主党の永田寿康議員が衆院予算委で、ライブドア堀江前社長が武部自民党幹事長の次男へ3000万円の振り込みを指示したメールが存在すると発言。後日、偽メールと判明。3月31日、前原誠司代表及び執行部が総退陣

2・16◉神戸空港がポートアイランド沖に開港

2・17◉滋賀県長浜市で園児2人が車で送る役だった別の園児の母親に刺殺される

2・17◉フィリピンレイテ島で、大規模な地滑りが発生、死者2000人以上

◀トリノ冬季五輪
フィギュアスケート
女子シングルで
金メダルの荒川静香
…2006年2月23日

2・23◉米ネバダ州で、米英合同臨海前核実験

3・7◉政府はテロ対策に日本入国の16歳以上の外国人からの指紋採取を決定

3・9◉日銀が5年ぶりに量的緩和政策の解除を決定

3・13◉東京証券取引所は東証マザーズのライブドア株の上場廃止決定。16日にUSENがライブドアと業務提携

3・20◉無職の男が川崎市のマンション15階から男児を突き落として殺害

3・25◉富山県射水市民病院で外科部長が末期患者7人の人工呼吸器を外し死亡させたことが判明

3・27◉防衛庁にテロや災害などに備えた統合幕僚監部新設。陸海空3自衛隊の指揮・命令系統を一元化する

3・31◉改正児童手当法成立。支給対象6年生までに拡大

4・10◉シラク仏大統領が学生、労組らの反対デモが繰り返された新雇用促進策(CPE)を事実上の撤回

4・14◉強引な取り立てをしていた消費者金融アイフル全店舗、3日間業務停止処分

4・17◉クボタがアスベスト関連がんの中皮腫を発症した工場近隣の患者88人に対し最高4600万円の救済金を支払うと発表

4・21◉岐阜県中津川市の空き店舗で中2女子生徒が高1の少年に殺害される

4・24◉ソフトバンクが国内携帯電話3位のボーダフォン日本法人を買収完了。10月1日にボーダフォン日本法人、ソフトバンクモバイルに社名変更

5・1◉在日米軍再編最終合意。普天間飛行場移設先の建設や海兵隊グアム移転「ロードマップ」を発表

5・1◉改正酒税法施行で、第3のビール増税

5・3◉神奈川県平塚市のアパートで5遺体が見つかった事件で母親が逮捕される

5・17◉秋田県藤里町で2軒隣に住む33歳女性が小1男児を絞殺。4月には女性の長女が水死体で

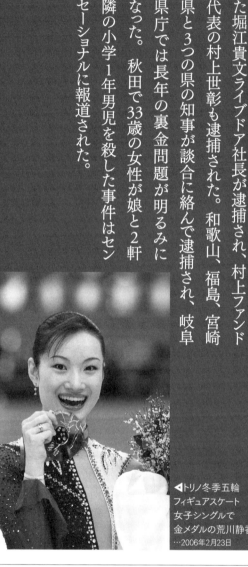

▲全店で業務停止命令を受けたアイフル
…東京都内　2006年4月14日

◀トリノ冬季五輪女子シングルフリーで
得意技「イナバウアー」を決める荒川静香
…2006年2月23日

▲小1男児殺害事件。男児の自宅(右端)と
先月亡くなった女児の自宅(左端)…秋田県藤里町　2006年5月19日

▼小1男児殺害事件。男児の遺体があった
米代川沿いの草むら…秋田県藤里町　2006年5月23日

発見されていた

5・19◉法科大学院修了者対象の新司法試験実施

5・20◉イラクで旧フセイン政権崩壊以降初の正式政府が発足

5・27◉インドネシアのジャワ島中部で地震。死者6234人

5・29◉国民年金保険料の不正免除・猶予が全国26都府県で11万3975件と社保庁発表

6・1◉改正道路交通法が施行され、民間の駐車監視員による取り締まりスタート

6・3◉モンテネグロがセルビアとの国家連合を解消し、独立宣言。旧ユーゴスラビア連邦完全解体

6・3◉東京都港区のマンションで、高校生がエレベーター事故で死亡。翌日、エレベーター製造のシンドラー社を家宅捜索

6・5◉村上ファンド代表、村上世彰容疑者が証券取引法違反容疑で逮捕

6・5◉盗作疑惑で、洋画家・和田義彦氏の芸術選奨文部科学大臣賞取り消し

6・14◉読売新聞記者が民事裁判の証人尋問で取材源の証言を拒絶した問題で、東京高裁は拒絶を認めなかった東京地裁決定を取り消し、拒絶を認める決定

6・21◉血液製剤フィブリノゲンによるC型肝炎訴訟で大阪地裁は原告13人中5人について国と製薬会社の法的責任を認める初判決

7・2◉滋賀県知事選で新幹線新駅建設など大型事業を批判した嘉田由紀子が初当選

7・5◉北朝鮮が長距離弾道ミサイル「テポドン2号」を発射し失敗、ほか5発のミサイルは日本海に落下

7・11◉インドのムンバイで列車や駅連続爆発、190人死亡

7・14◉日本銀行が5年4カ月ぶりにゼロ金利政策の解除を決定

7・18◉パロマ工業製湯沸かし器の一酸化炭素中毒事故で1985〜05年に事故27件、死者20人と同社発表。発表以外の事故例も

7・20◉昭和天皇が1988年にA級戦犯の靖国神社への合祀に不快感を示し、「だから私はあれ以来参拝していない。それが私の心だ」と語っていたことを書き記した、元宮内庁長のメモがあること

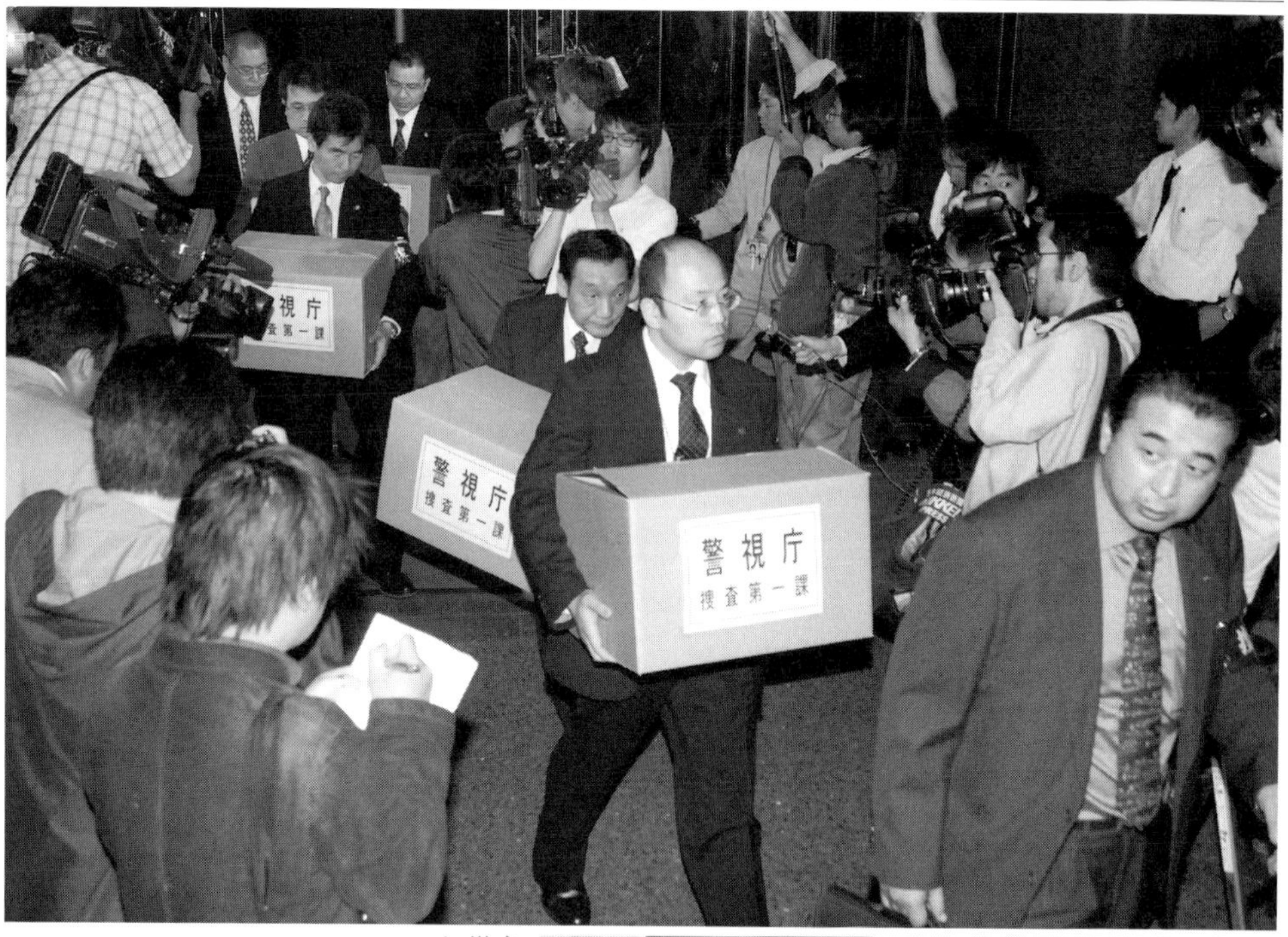

▶シンドラーエレベータ社製エレベーターで死亡事故。シンドラーエレベータ社から押収物を運び出す捜査員
…東京都江東区　2006年6月7日

を日本経済新聞が報道

7・21◉最高裁が78年ぶりに判例を変更し、外国政府も民事で提訴可能との初判断

7・21◉国交省がトヨタに業務改善命令。前日、国交省に不具合件数が82件との報告書を提出していた

7・22◉長野、南九州などで約1週間豪雨がつづき、あわせて死者・不明26人

7・28◉丸紅がダイエーの株式4割強を取得し子会社化

7・31◉埼玉県ふじみ野市営プールで小学2年女児が吸水口に吸い込まれ死亡

8・1◉気象庁が緊急地震速報の運用開始

8・14◉旧江戸川でクレーン船が東京電力の高圧送電線に接触。都内など約139万戸停電

8・15◉小泉首相が初の終戦記念日靖国神社参拝

8・15◉加藤紘一衆院議員の靖国参拝反対発言などに反発した右翼団体構成員が山形県鶴岡市の加藤議員の実家に放火

8・16◉カニかご漁船が北方領土・貝殻島付近でロシア警備艇に銃撃され甲板員死亡、3人連行される

8・25◉福岡市で飲酒運転の車が5人乗車の車に追突し幼児3人死亡

9・1◉酒類小売の地域規制撤廃

▶シンドラー社製エレベーターの撤去作業を始める作業員
…東京都港区　2006年9月9日

▼会見する村上世彰・村上ファンド代表
…東京証券取引所　2006年6月5日

9・6◉秋篠宮妃が男児をご出産、「悠仁親王」と命名

9・8◉米上院情報委員会がイラク開戦の根拠となった「フセイン政権とアルカイダの協力の証拠なし」として開戦したブッシュ政権批判

9・15◉松本智津夫被告について最高裁が東京高裁の控訴棄却決定支持。1審の死刑確定

9・16◉サッカーくじ(toto)に新商品BIG登場

9・17◉台風13号により九州で被害、死者8人

9・19◉タイで軍事クーデター、タクシン政権崩壊

9・21◉入学式や卒業式で日の丸に起立や君が代斉唱強要は違憲と東京地裁が判決

9・26◉自民党総裁任期を満了した小泉内閣総辞職、安倍晋三新総裁が首相に選出。初の戦後生まれ、52歳は戦後最年少。自民・公明連立の安倍内閣発足

9・28◉岐阜県庁、12年間で17億円つくった裏金問題で職員4421人を処分

9・30◉SNS(ソーシャルネットワークサービス)のミクシィの会員数が約600万人に

10・1◉阪急ホールディングスの阪神電気鉄道株公開買い付け成立し、阪急阪神ホールディングス発足

10・3◉日本スケート連盟元会長ら、不正経理による裏金ねん出で逮捕

10・9◉北朝鮮が地下核実験実施

10・10◉独自の地名を定められるようにした自動車の「ご当地ナンバー」交付開始

10・13◉ノーベル平和賞がバングラデシュのグラミン銀

◀参拝を終え、本殿を後にする
小泉純一郎首相
…東京・靖国神社　2006年8月15日

行と総裁に決まる

10・15◉子宮を摘出した娘に替わり、娘夫婦の体外受精卵から、祖母が孫を代理出産したと、諏訪マタニティークリニックが公表

10・23◉福島県発注工事の談合事件で前知事佐藤栄佐久を9億7000万円の収賄容疑で逮捕

10・23◉秋田県大仙市の農業用水路で園児の遺体が発見される。11月13日に園児の母と交際相手を殺人容疑で逮捕

10・24◉富山県立高校で3年生の必修科目の履修不足発覚、以降、文科省調査(11・22)で全国663校に

10・24◉事業者やサービスを変更しても電話番号は継続できる携帯電話番号ポータビリティー制度開始

11・4◉宇和島徳洲会病院は、病気で摘出した腎臓を別の患者に移植する手術を11件行ったと公表

11・7◉北海道佐呂間町で瞬間風速80mの竜巻発生。9人死亡

11・7◉内閣府のタウンミーティングにやらせがあったこと判明。調査委の最終報告書で、やらせ質問は15回、発言依頼115回など

11・10◉菅総務相がNHKに短波ラジオ国際放送で拉致問題を重点的に放送するよう命令

11・15◉和歌山県発注工事をめぐる談合事件で、和歌山県知事の木村良樹を競売入札妨害容疑で逮捕

11・22◉2002年2月から始まった景気拡大期がバブル景気、いざなぎ景気を超え戦後最高に

11・23◉プーチン政権を批判して英国に亡命したロシア連邦保安庁元中佐が殺害される

11・23◉イラク・バグダッドのシーア派居住地区狙った連続爆弾テロが発生し、死者200人超

12・8◉宮崎県前知事の安藤忠恕を競売入札妨害容疑で逮捕

12・13◉グレーゾーン金利廃止を柱とする改正貸金業規制法成立

12・15◉「愛国心」を目標に盛り込んだ改正教育基本法成立

12・22◉11月からの1ヶ月半でノロウイルスによる食中毒患者9650人、過去最高と厚労省発表

12・25◉日興コーディアルグループの有価証券報告書虚偽記載で社長、会長が辞任

12・27◉佐田玄一郎行革担当相が政治団体の不正経理で辞任表明。後任に渡辺喜美議員

12・30◉イラク・フセイン元大統領、死刑確定の4日後に執行される

12・30◉名古屋国税局は、トヨタ自動車が04年から3年間で60億円以上の申告漏れ指摘、広告宣伝費水増しの所得隠しもあり、約20億円を追徴課税

▲愛育病院を退院される紀子さまと悠仁さま
…東京都港区　2006年9月15日　代表撮影

話題

社会保険庁の国民年金保険料不正免除発覚

この年、日本の経常収支が19・8兆円の黒字となり、過去最高を記録。

【暴言、放言、失言、妄言】

7・6◉北朝鮮が弾道ミサイルを発射したことに関連し、小泉首相が「ついている。プレスリーの所に行っている時にテポドンが撃たれたら格好が悪かった」。

【流行語】

イナバウアー／格差社会／メタボ

【流行】

脳トレ

【新商品・ヒット商品】

老化防止・健康関連商品(脳トレ関連、メタボ対策商品、デトックス、植物性乳酸菌、高カカオチョコレート)／おサイフケータイ

【誕生】

国立新美術館(東京・六本木)／非接触型ICチップ内蔵の新型パスポート／表参道ヒルズ／京都国際マンガミュージアム／新北九州空港／ワンセグ／任天堂Wii

【さよなら】

「imidas」／「朝日現代用語知恵蔵」／「AB・ROAD」(リクルートの旅行誌)(9月号)／NNNきょうの出来事(52年続いた日本テレビのニュース番組)(9・29)／唯一の国産旅客機YS11(9・30)

【スポーツ】

1・29◉WBC世界フェザー級新王者に越本隆志日本人最年長の35歳

3・20◉第1回ワールド・ベースボール・クラシックで日本がキューバを降し初代王者に

4・9◉阪神対横浜戦で、金本知憲外野手がフルイニング出場果たし、904試合連続フルイニング出場の世界記録樹立

4・30◉bjリーグ2005―2006ファイナル、大阪エヴェッサが新潟アルビレックスBBを降し初代王者に

6・9◉サッカーW杯ドイツ大会が開幕。日本は1分2敗で予選リーグで敗退、優勝はイタリアがフランスを降し6大会ぶり4回目

6・24◉愛知大学野球連盟は、中京女子大学の秋季リーグからの正式加盟を決定

7・3◉サッカーの中田英寿選手が引退発表

7・21◉サッカー日本代表監督にイビチャ・オシム前ジェフ市原監督が就任

8・1◉東海大学K2登山隊が登頂に成功。日本人女性初と世界最年少登頂を達成

▼決勝再試合、駒大苫小牧の田中将大を三振に打ち取りゲームセット。喜ぶ早稲田実業の斎藤佑樹投手 …甲子園球場 2006年8月21日

8・2◉WBAライトフライ級の亀田興毅、判定で世界王座獲得

8・5◉水泳日本選手権の女子高飛び込みで14歳の浅田梨紗が優勝、26年ぶりの中学生女王誕生

8・21◉夏の甲子園決勝、前日延長15回1―1で引き分けた早稲田実と駒大苫小牧が再試合、早稲田実業が初優勝。早実・斎藤佑樹投手がハンカチ王子と人気

10・1◉世界女子レスリング選手権で、日本勢は初の全階級メダル獲得

10・19◉フランス凱旋門賞3着のディープインパクトから禁止薬物が検出されたと発表。後日、凱旋門賞失格と発表

10・26◉プロ野球日本シリーズ、日本ハムが中日をやぶり44年ぶり2度目の日本一。日本ハム4―1中日

11・15◉ボストン・レッドソックスが西武の松坂大輔投手を約60億円で落札。12月14日、6年61億円で大リーグ・レッドソックスと入団契約

◈この年、巨人戦の平均視聴率が初めて10%を割り9・6%に

【科学・学術】

2・18◉宇宙航空研究開発機構がH2Aロケットで運輸多目的衛星「ひまわり7号」の打ち上げに成功

4・1◉薬剤師資格取得のための学校教育が6年制に

4・20◉ペルーであらたなナスカ地上絵100種が発見、山形大の坂井正人助教授ら

8・11◉京都大再生医研の山中伸弥らが、生殖細胞使わずに皮膚から万能細胞の作成に成功と発表

8・14◉理研などが冷凍精子を用いてマウスの子を誕生させることに成功

8・24◉国際天文学連合が冥王星を惑星から降格する最終案可

決。太陽系惑星は8個に

9・25◉鹿島と石川島建材工業が寿命が従来の100倍のコンクリートを開発

10・31◉イギリスでへその緒から採取した幹細胞で肝臓の生成に成功

【音楽】

KAT-TUN「Real Face」／レミオロメン「粉雪」／Mr.Children「しるし」／EXILE「ただ…逢いたくて」／湘南乃風「純恋歌」／TOKIO「宙船」／コブクロ「桜」／絢香「I believe」「三日月」／氷川きよし「一剣」

▶『粉雪』が大ヒットしたレミオロメン

【映画】

外国映画『父親たちの星条旗』米 監クリント・イーストウッド／『硫黄島からの手紙』米 監クリント・イーストウッド 演渡辺謙、二宮和也／『グエムル―漢江の怪物』韓 監ポン・ジュノ 演ソン・ガンホ、ペ・ドゥナ／『クィーン』英・仏・伊 監スティーブン・フリアーズ 演ヘレン・ミレン／『ブロークバック・マウンテン』米 監アン・リー 演ヒース・レジャー／『バベル』米 監アレハンドロ・ゴンサレス・イニャリトゥ 演ブラッド・ピット、ケイト・ブランシェット／『プラダを着た悪魔』米 監デヴィッド・フランケル 演メリル・ストリープ

日本映画『フラガール』(シネカノン) 監李相日 演松雪泰子／『ゆれる』(エンジンフィルムほか) 監西川美和 演オダギリジョー、香川照之／『武士の一分』(「武士の一分」製作委員会) 監山田洋次 演木村拓哉

▶『フラガール』(シネカノン)

◀加藤芳郎

◀久世光彦

◀今村昌平

◀阿部謹也

◀岸田今日子

【出版・文芸】

佐藤多佳子『一瞬の風になれ』／万城目学『鴨川ホルモー』／三浦しをん『風が強く吹いている』／海堂尊『チーム・バチスタの栄光』／森見登美彦『夜は短し歩けよ乙女』／佐藤賢一『女信長』／長嶋有『夕子ちゃんの近道』／木村元彦『オシムの言葉』／古川日出男『ベルカ、吠えないのか?』『LOVE』(三島賞)／竹内一郎『人は見た目が9割』／劇団ひとり『陰日向に咲く』／藤原正彦『国家の品格』

【漫画】

安倍夜郎「深夜食堂」(ビッグコミックオリジナル)

【テレビ】

「純情きらり」NHK／「14才の母」日本テレビ／「のだめカンタービレ」フジテレビ／「時効警察」テレビ朝日／「結婚できない男」関西テレビ／「クロサギ」TBS

【CM】

東京ガス〈ガス・パッ・チョ!〉演妻夫木聡／資生堂〈TSUBAKI〉(SMAPの歌「Dear WOMAN」に女優陣)／サントリー〈BOSS〉(宇宙人ジョーンズ)／キユーピー〈あえるパスタソース〉(♪たらこ、たらこ～)

冥友録

1・6◉**加藤芳郎**(80歳)漫画家／**2・5**◉**都留重人**(93歳)経済学者／**2・19**◉**茨木のり子**(79歳)詩人／**3・2**◉**久世光彦**(70歳)演出家／**4・29**◉**ジョン・ケネス・ガルブレイス**(97歳)経済学者／**5・30**◉**今村昌平**(79歳)映画監督／**7・1**◉**橋本龍太郎**(68歳)政治家／**9・4**◉**阿部謹也**(71歳)西洋社会史研究／**10・30**◉**白川静**(96歳)漢字研究の第一人者／**10・30**◉**木下順二**(92歳)劇作家／**12・17**◉**岸田今日子**(76歳)女優／**12・20**◉**青島幸男**(74歳)前東京都知事、放送作家、タレント

2007
平成19年

「消えた年金」が発覚した。そのうえ閣僚の問題発言や政治資金問題が絶えることなく7月の参院選で自民党は歴史的大敗。自身の体調不良もあって、9月、安倍首相は突然辞任。食品加工卸会社の食品偽装、不二家、赤福、船場吉兆などで食品原料の消費期限偽装や改竄が発覚した。8月に米国の低所得者向け住宅ローン焦げ付きを発端とした世界同時株安に襲われた。

▼参院選で圧倒的勝利、菅直人民主党代表代行
…東京・民主党本部
2007年7月30日

出来事

1・1◉国連事務総長に韓国の潘基文が就任。アジア出身は歴代2人目

1・3◉奈良・桜井市の美術館で、円山応挙、横山大観の掛け軸など23点、総額1億5千万円相当の作品が盗難

1・9◉防衛省発足。内閣府外局の防衛庁から昇格

1・10◉宮崎・清武町の養鶏場で、鳥インフルエンザ感染の鶏が大量死。同日向市、岡山・高梁市にも感染拡大

1・10◉不二家がシュークリーム原料に賞味期限切れ牛乳を使用していたことが内部告発で発覚。製造・販売中止へ

1・20◉関西テレビは『発掘!あるある大辞典II』での実験捏造を公表。番組打ち切りへ

1・21◉タレントの東国原英夫(そのまんま東)が宮崎県知事選に初当選

1・31◉携帯電話・PHSの契約が1億件を突破

2・6◉東京・板橋区の踏切で、自殺願望女性救助の警察官が列車にはねられ重体。12日殉職

2・16◉衆院・厚生労働委員会で納付者を特定できない年金保険料納付記録が5000万件あることが判明。「消えた年金」発覚

2・23◉03年に公選法違反で逮捕・起訴された元県議ら12人に、鹿児島地裁は無罪の判決。自白の強要、異例の長期拘留、絵踏みもどきの取り調べなど違法捜査に批判

3・1◉安倍晋三首相が旧日本軍が関与した従軍慰安婦について「強制を裏付ける証言はなかった」と発言。南北朝鮮、中国、米国などは一斉に反発

3・6◉北海道夕張市は財政再建団体に移行し、国の管理下に

3・9◉プロ野球・西武球団はアマ選手2人へ計1300万円の裏金供与を公表

3・12◉大日本印刷は、顧客法人43社の顧客情報864万人分を流出と公表。下請け会社社員が、詐欺グループに販売

3・18◉岐阜・高山市で4人組が白昼、観光施設から2億円相当の金塊を強奪

3・20◉厚労省は10代患者へのインフルエンザ治療薬タミフルの使用中止を指示

3・23◉タレント夫妻が米国で代理出産の双子男児の出生届受理を求めた家事審判で、最高裁は母子関係を認めず出生届不受理の判決

3・28◉靖国神社A級戦犯合祀への国の関与が判明。国立国会図書館が資料公表

3・30◉航空自衛隊入間基地に迎撃ミサイルを配備。ミサイル防衛システムが始動

3・30◉文科省は教科書検定で、沖縄戦での集団自決について「日本軍の強制」とする記述を削除・修正させていたことを発表

3・31◉セブンイレブンが世界で32000店舗を超え、マクドナルドを抜き世界最大のチェーン店に

3月◉06年度貿易で、中国が米国を抜いて日本最大の貿易相手国に

4・1◉改正学校教育法施行。大学助教授は教授から独立した准教授に

4・1◉離婚時の厚生年金分割制度がスタート

4・3◉米国の低所得者向け住宅ローン大手の「ニュー・センチュリー・フィナンシャル」が経営破綻

4・8◉統一地方選で現職知事全員当選。地方議会にも2大政党制の流れ

4・16◉米・バージニア工科大学で韓国人学生が銃を乱射し自殺。学生・教員32人が犠牲となり、米史上最悪の銃撃事件に

4・17◉伊藤一長・長崎市長が選挙戦の最中、暴力団幹部の男に撃たれ死亡

4・27◉米・シティグループによる日興コーディアルグループのTOBが成立。3大証券の一角が外資傘下へ

4・29◉「みどりの日」を「昭和の日」とし、「みどりの日」は5月4日に

5・1◉外国企業が日本に100%出資の子会社を

◀不二家数寄屋橋店の閉じられたシャッター…東京・銀座 2007年1月11日

作り、その子会社を媒介して日本企業を買収する三角合併解禁に。海外企業の日本企業買収が容易に

5・5◉大阪のエキスポランドでジェットコースターが脱線し1人が死亡19人が負傷

5・10◉熊本市の慈恵病院が、養育できない乳児を親が匿名で託すことができる受け入れ窓口「赤ちゃんポスト」を開設

5・10◉警察庁が公費懸賞金制度を開始

5・13◉全国初の民活刑務所が、山口・美祢市に開所。国との事業契約で警備、訓練、給食などを担当

5・14◉憲法改正手続きを定めた国民投票法が成立

5・15◉福島・会津若松で高校3年の少年が母親を殺害。切断した頭部を持って警察に自首

5・17◉愛知・長久手で元暴力団組員の男が元妻を人質に籠城。県警特殊部隊（SAT）の隊員が銃撃され殉職

5・17◉改正刑法が成立。自動車運転過失致死傷罪を新設

5・25◉改正少年法成立。警察に14歳未満の触法少年事件の強制捜査権、12歳以上で少年院送致可能に

5・28◉松岡利勝農相が議員宿舎で首吊自殺。事務所費不正支出疑惑の渦中

5〜6月◉高校、大学ではしかが大流行。15歳以上のはしか感染者が週間記録で過去最高に

6・1◉改正雇用対策法成立。募集・採用の年齢制限を原則禁止

6・6◉厚労省は、介護報酬不正請求の介護大手コムスン（グッドウィル・グループ）に、事業更新と新規事業不許可の処分。事業継続不能に

6・6◉社会保険庁は、1430万件の手書き原簿に基づく厚生年金保険料納付記録が新たにみつかり、大半が基礎年金番号と統合されず宙に浮いていることを公表

6・6◉防衛相の直轄部隊「情報保全隊」が、市民団体や野党議員、取材記者らの情報を組織的に収集していたことが、共産党入手の内部文書で発覚

6・14◉改正道交法成立。飲酒運転の罰則強化。同乗者や酒類提供者も処罰

6・18◉トンネル塵肺訴訟の全国原告団は新たな塵肺対策で国と合意。訴訟は賠償請求放棄で和解へ

6・19◉東京・渋谷の温泉施設で爆発事故。女性従業員3人が死亡。従業員・通行人3人が負傷

6・20◉教育目標に愛国心、国の権限強化、教員免許更新制度など導入の教育関連3法が成立

6・20◉被害者参加制度導入の改正刑事訴訟法成立

▲「ペコちゃん焼」を売る不二家に張られたお詫び
…東京・神楽坂 2007年1月18日

▲宮崎県知事選で当選確実になり、笑顔を見せるそのまんま東さん
…宮崎市内 2007年1月21日

▼熊本・慈恵病院に赤ちゃんポスト。
設備の説明をする蓮田太二理事長…2007年5月1日

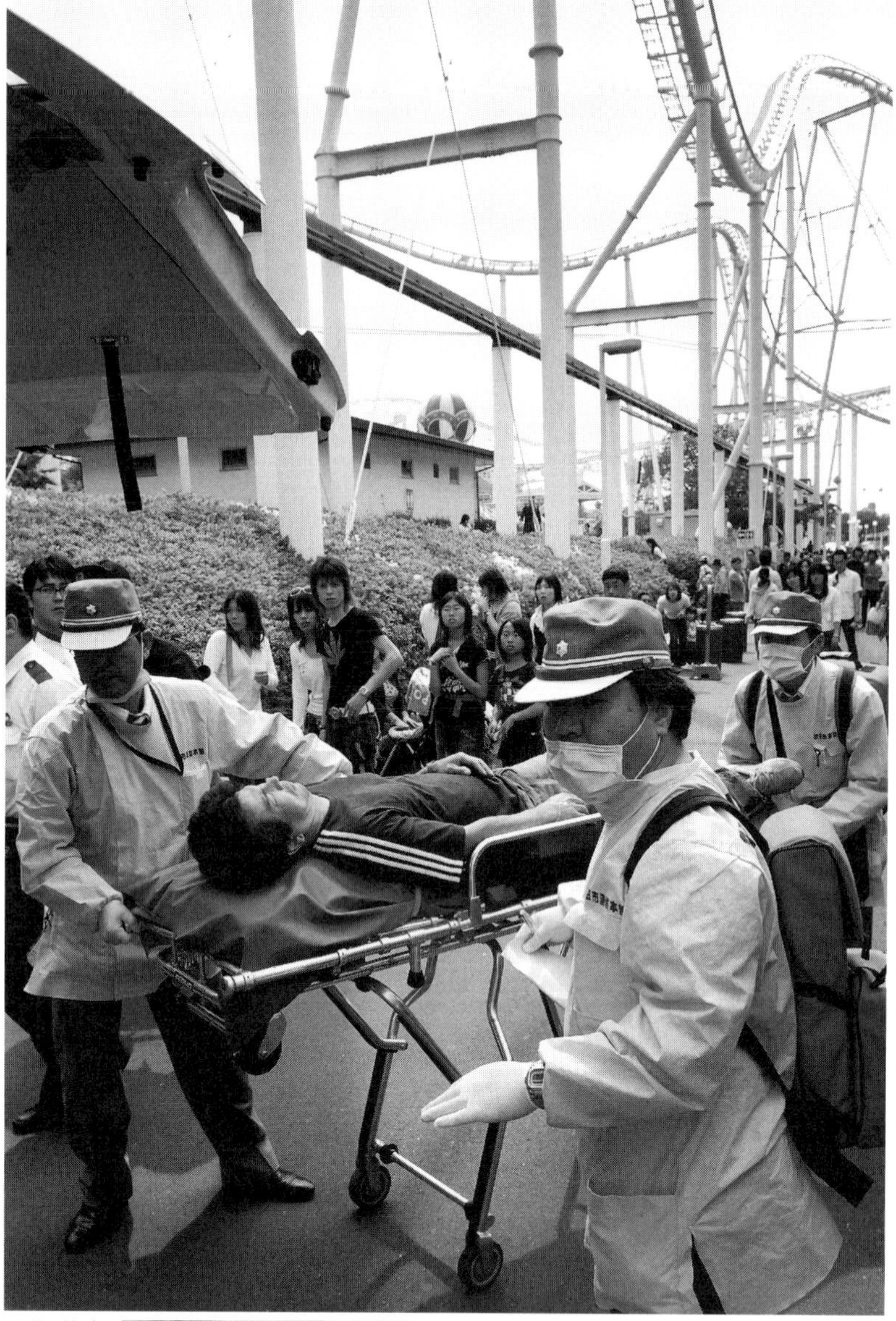

▶エキスポランドでジェットコースター脱線、救急車へ運ばれる乗客
…大阪府吹田市　2007年5月5日

6・20◉北海道の食品加工卸会社が、長期にわたり牛肉100%のミンチに豚肉を混ぜていた食品偽装が発覚

6・26◉大相撲の17歳の序の口力士が、親方の指示を受けた兄弟子に暴行を受け死亡

6・27◉大阪市は中・高卒限定枠で受験・採用の大卒職員965人に停職1カ月の懲戒処分

6・30◉公務員制度改革関連法成立。省庁の天下り斡旋を禁止し、国家公務員再就職斡旋を一元化

7・3◉パキスタンで神学生と治安部隊が銃撃戦。10日、寺院に籠城の学生を治安部隊は制圧し、50人超が死亡

7・4◉小池百合子首相補佐官が防衛相に就任。女性初

7・16◉新潟県中越沖地震。M6・8、最大震度6強で15人が死亡し、柏崎刈羽原発で火災発生

7・18◉アフガニスタンでタリバン兵士がドイツ人技術者2人を拉致。翌日には韓国人キリスト教宣教団の23人を拉致し、タリバン兵士の釈放を要求

7・18◉中国の北京テレビは「段ボール紙を豚肉に混ぜた肉まん販売」の報道を捏造と認め、視聴者に謝罪

7・27◉フィギュアスケートの織田信成選手がミニバイクを飲酒運転し検挙。国際大会出場停止5カ月

7・29◉第21回参院選挙。自民の歴史的大敗で、民主は第一党に躍進し参院は与野党逆転。過去最多の女性候補26人が当選

8・1◉安倍首相が政治団体の事務所費不正疑惑で赤城徳彦農相を更迭

8・3◉厚労省は日雇い派遣大手のフルキャストに違法な派遣が繰り返されたとして業務停止命令

▶民主・長妻昭議員の年金問題の質問に答える安倍晋三首相。後方は柳沢伯夫厚労相(左)と尾身幸次財務相
…衆院予算委の集中審議　2007年5月23日

8・9◉米国の低所得者向け住宅ローン焦げ付きを発端とした世界同時株安で、日米欧の金融当局は相次いで市場に資金を大量供給

8・16◉埼玉・熊谷市と岐阜・多治見市で気温40・9度を記録し、74年ぶりに最高気温記録を更新

8・16◉石屋製菓は主力人気商品「白い恋人」の賞味期限改竄を公表

▶会見を終えたグッドウィル・グループの折口雅博会長
…東京都港区　2007年6月8日

8・17◉馬インフルエンザの感染拡大防止のためJRAは36年ぶりに中央競馬の中止を決定

8・28◉厚労省は初の実態調査で「ネットカフェ難民」を全国で5400人と推計

9・3◉遠藤武彦農相が、組合長を務める農業共済組合の補助金不正受給で辞任

9・11◉松山地裁は愛媛県警に対し、裏金告発直後に配置転換の巡査部長への慰謝料支払いを命令

9・12◉安倍晋三首相は所信表明演説を行って僅か2日後に突然辞任を表明

9・25◉福田康夫自民党総裁が第91代内閣総理大臣に指名。憲政史上初の父子首相。翌日福田内閣発足

9・27◉ミャンマーで反政府デモを取材中の日本人カ

◀爆風で骨組みだけになった温泉施設
…東京都渋谷区松涛
2007年6月19日

メラマンを、軍兵士が射殺

9・29◉沖縄戦集団自決の記述から「軍による強制」の削除を求めた教科書検定意見の撤回を求める沖縄県民大会に約11万人が参加

10・1◉阪急百貨店と阪神百貨店が経営統合

10・1◉日本郵政公社を分割・民営化。日本郵政グループ誕生で官営郵政に終止符

10・12◉警視庁はパロマ前社長らを業務上過失致死傷容疑で書類送検。湯沸かし器事故で20人以上が死亡

10・12◉三重県伊勢市の和菓子屋赤福が消費期限の改竄を長年続けていたことが判明。営業停止に

◀参院選、「年金問題は民主党に任せてください」と訴える民主党の長妻昭衆院議員
…JR徳島駅前 2007年7月21日

10・14◉奈良地検は、放火殺人事件加害少年の供述調書漏示の精神科医を逮捕

10・20◉米・カリフォルニア州で山火事が発生し、100万人が避難

10・26◉英会話教室大手のNOVAが倒産。負債総額500億円

10・29◉大阪の料亭・船場吉兆は消費期限偽装を公表し謝罪。以後、産地偽装、食べ残し食品再利用などが次々に発覚し、廃業へ

11・2◉テロ対策特措法が失効。インド洋上の海上自衛隊の多国籍軍艦艇への給油活動停止

11・8◉関東学院大ラグビー部員2人が大麻取締法違反(栽培)容疑で逮捕。後、大麻吸引で計12人が書類送検

11・16◉香川・坂出市で61歳の男が義姉と孫娘の5歳と3歳の姉妹を殺害

11・28◉東京地検特捜部は前防衛事務次官の守屋武昌と妻を収賄容疑で逮捕

▼参院選で歴史的大敗した安倍自民党総裁
…東京・自民党本部 2007年7月29日

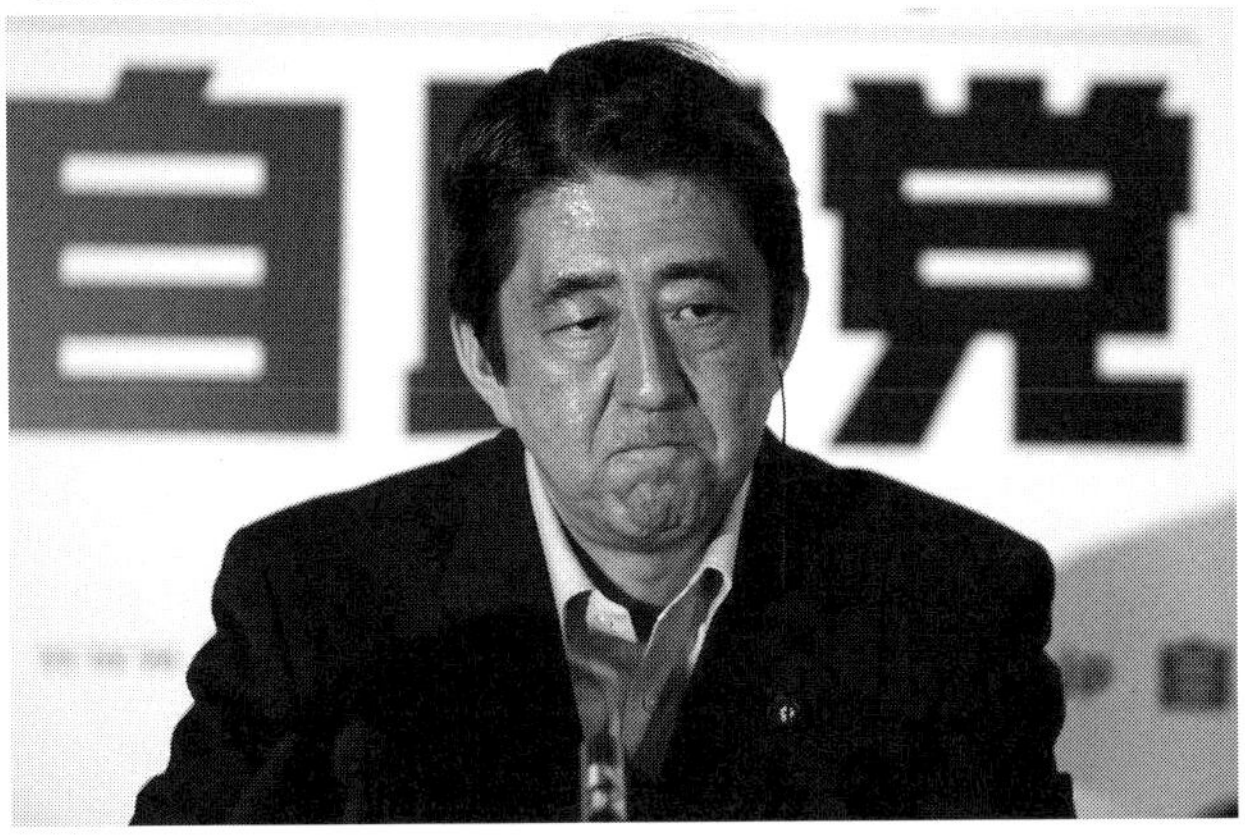

▼不正表示で休業中の赤福本店
…三重県伊勢市 2007年10月13日

12・13◉自衛隊3等海佐が日米秘密保護法違反容疑で逮捕。イージス艦情報漏洩の疑い

12・14◉長崎・佐世保市のスポーツクラブで会員の男が散弾銃を乱射し、2人が死亡

12・21◉改正政治資金規正法成立。人件費除くすべての支出の領収証公開を義務付け

12・27◉パキスタンのブット元首相が暗殺される

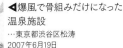

話題

サブプライムローン焦げ付き契機のリーマンショック契機の金融不安で、10月以降、内定取り消し、派遣切り横行

全国各地の都道府県庁、市役所のトイレに1万円札入りの謎の封筒

小麦、植物油などの値上げで、食品物価が上昇

07年の広告費媒体別順位で、インターネットが雑誌を抜き3位に。総額6003億円（電通調べ）

オンライン小説を書籍化した携帯小説本に人気

【暴言、放言、失言、妄言】

1・27◉柳沢伯夫厚労相は松江市の講演で「女性という（子供を）産む機械、装置の数は決まっているから、あとは一人頭で頑張ってもらうしかない」

2・25◉伊吹文明文科相が長崎・長与町での党支部大会で「（人権は大切だが）食べすぎたら日本社会は人権メタボリック症候群になる」

10・29◉鳩山邦夫法相が日本外国特派員協会主催の講演で「友人の友人はアルカイダ」

【流行語】

鈍感力／どげんかせんといかん／ハニカミ王子／そんなの関係ねぇ／どんだけぇ～／KY

【新商品・ヒット商品】

Wii／「ビリーズブートキャンプ」／高級炊飯器／ザ・プレミアムカルピス／クロックス（樹脂サンダル）

6・29◉米国で新型携帯電話「iPhone」（アップル社）発売

◀次世代ゲーム機。任天堂の「Wii」

【誕生】

国立新美術館（1・21）／PASMO（3・18）／ナムコ（小売業界初の電子マネー。4・23）／ワオン（イオンの電子マネー。4・27）／新丸の内ビルディング（4・27）／鉄道博物館（10・14 さいたま市）

8・30◉尾瀬が国立公園に指定。日光国立公園から分割し、20年ぶり29番目の国立公園誕生

【さよなら】

NTTドコモ・ポケットベル「クイックキャスト」（3・31サービス終了）

『ダカーポ』（12・5休刊。81年創刊の情報誌）

【スポーツ】

1・20◉スノーボード世界選手権のハーフパイプで男子の国母和宏と女子の山岡聡子が銀メダル。五輪、世界選手権で日本勢初メダル

3・19◉ボクシングのWBAフライ級で坂田健史が新王者に

3・24◉フィギュアスケート世界選手権（東京）で安藤美姫が初優勝。初出場の浅田真央は銀メダル

4・3◉タイの刑務所で女子ボクシングの世界タイトルマッチ。服役中のシリポーン・タウィスクが日本の宮尾綾香に判定勝ちし、刑期短縮

4・22◉サッカーのスコティッシュ・プレミアリーグは、セルティックの中村俊輔を年間MVPに選出

4・28◉プロ野球の独立リーグ、北信越BCリーグの初シーズンが開幕

5・20◉男子プロゴルフツアーで15歳の高校1年生石川遼が初優勝。国内男子ツアー最年少優勝記録を更新

5・27◉日本ダービーでウオッカが牝馬として64年ぶりに優勝

5・30◉大相撲の白鵬が第69代横綱に昇進

5・30◉日本将棋連盟所属の女流棋士が日本女子プロ将棋協会を設立

7・18◉ボクシングのWBCフライ級で内藤大助が王座獲得。32歳10カ月は歴代2位の年長記録

7・21◉競馬の武豊騎手はJRA史上最多の通算2944勝を達成。11月には3千勝に到達

8・7◉米大リーグのバリー・ボンズ（ジャイアンツ）が756号本塁打で、ハンク・アーロンの大リーグ通算記録を更新

9・9◉陸上男子100メートルでアサファ・パウエル（ジャマイカ）が9秒74の世界新記録

9・30◉サッカーの女子W杯中国大会でドイツが史上初の2連覇

9・30◉ベルリン・マラソンで男子のゲブレシラシエ（エチオピア）が2時間4分26秒の世界新記録

10・5◉陸上女子・シドニー五輪3冠のマリオン・ジョーンズは、米連邦裁判所で薬物使用を告白。翌年メダル剥奪・記録抹消

10・15◉JBCは世界戦で反則を繰り返した亀田大毅（協栄）にボクサーライセンスの1年間停止、父の史郎トレーナーにセコンド

▶判定でポンサクレック・ウォンジョンカムを破り、新チャンピオンの内藤大助…2007年7月18日

ライセンスの無期限停止処分を決定

11・1◉プロ野球日本シリーズ、中日が日本ハムを破り53年ぶり2回目の優勝。中日4－1北海道日本ハム

11・14◉サッカーのアジア・チャンピオンズリーグで浦和がJリーグ勢初優勝

11・16◉サッカー日本代表のイビチャ・オシム監督が脳梗塞で緊急入院。後任に、岡田武史・元代表監督が就任

11・17◉将棋の中原誠・永世十段が現役のまま十六世名人を襲位

12・17◉国際ハンドボール連盟は、北京五輪アジア最終予選を男女とも無効、再試合と決定。「中東の笛」を国際連盟が認定

【科学・学術】

2・1◉日本魚類学会は「メクラ、オシ、バカ」など差別的な言葉を含む和名の改名を発表。「メクラウナギ」は「ホソヌタウナギ」、「オシザメ」は「チヒロザメ」など

3・26◉大阪バイオサイエンス研究所などの研究グループは、アルツハイマー病を発症段階で抑える酵素を発見

4・19◉奈良先端科学技術大学院大学の研究チームは開花促進ホルモンの発見を発表

8・20◉東京農大などの研究チームは、マウスの単性安定生殖技術を開発

9・22◉広島大両生類研究所は、体色の透明なカエルの発生に成功

10・29◉米アリゾナ大のマイケル・ウォロビー准教授らは、HIVウィルスの感染ルートを特定。アフリカからハイチ経由で1969年にアメリカに上陸後、爆発的に世界に蔓延

11・20◉京都大学の山中伸弥教授らはヒトの皮膚細胞から万能細胞(ヒトiPS細胞)の樹立に成功と発表。米国でも別の研究チームが成功

12・25◉イスラエルのハイファ工科大学の研究者が0・5平方ミリのシリコンチップに聖書全文30万語書き込みに成功

【文化・芸術・芸能】

2・16◉映画『フラガール』が、日本アカデミー賞の主要4部門を受賞

3・7◉日本音楽著作権協会は、歌手の森進一に『おふくろさん』の改作バージョンは著作権侵害と通知

5・27◉カンヌ国際映画祭で河瀬直美監督の『殯《もがり》の森』がグランプリを受賞

6・28◉石見銀山遺跡とその文化的景観がユネスコの世界文化遺産に登録

6・29◉チャイコフスキー国際コンクールバイオリン部門で神尾真由子さんが優勝

11・22◉ミシュランガイド東京版刊行

【音楽】

秋川雅史「千の風になって」／コブクロ「蕾《つぼみ》」(レコード大賞)

【映画】

外国映画『善き人のためのソナタ』**独** **監**フロリアン・ドナースマルク **演**ウルリッヒ・ミューエ／『長江哀歌』**中** **監**ジャ・ジャンクー **演**チャオ・タオ、ハン・サンミン／『僕がいない場所』**ポーランド** **監**ドロタ・ケンジェルザヴスカ **演**ピョトル・ヤギェルスキ／『ONCE ダブリンの街角で』**アイルランド** **監**ジョン・カーニー **演**グレン・ハンサード、マルケタ・イルグロヴァ／『今宵、フィッツジェラルド劇場で』**米** **監**ロバート・アルトマン **演**メリル・ストリープ

日本映画『それでもボクはやってない』(フジテレビほか) **監**周防正行 **演**加瀬亮／『しゃべれどもしゃべれども』(アスミック・エース) **監**平山秀幸 **演**国分太一、香里奈／『アヒルと鴨のコインロッカー』(「アヒルと鴨のコインロッカー」製作委員会) **監**中村義洋 **演**濱田岳、瑛太／『殯の森』(組画ほか) **監**河瀬直美 **演**尾野真千子

【出版・文芸】

吉田修一『悪人』／和田竜『のぼうの城』／角田光代『八日目の蝉』／青山七恵『ひとり日和』(芥川賞)／井坂幸太郎『ゴールデンスランバー』／万城目学『鹿男あをによし』／松井今朝子『吉原手引草』(直木賞)／金城一紀『映画篇』／桜庭一樹『私の男』(直木賞)／田村裕『ホームレス中学生』／渡辺淳一『鈍感力』

【テレビ】

『ちりとてちん』NHK／『風林火山』NHK大河ドラマ／『ハゲタカ』テレビ朝日／『ハケンの品格』日本テレビ

【CM】

ホワイト家族24「家族で通話」(softbank)／誰でも割「ツルの恩返し」(au)／DANCE DANCE(江崎グリコ・ポッキー)

◀安藤百福

◀植木等

◀小田実

冥友録

1・5◉**安藤百福**(96歳)日清食品創業者／**3・22**◉**城山三郎**(79歳)作家／**3・27**◉**植木等**(80歳)コメディアン／**4・11**◉**カート・ボネガット**(84歳)米・作家／**4・23**◉**B・エリツィン**(76歳)ロシア連邦初代大統領／**6・28**◉**宮沢喜一**(87歳)政治家／**7・18**◉**宮本顕治**(98歳)政治家／**7・19**◉**河合隼雄**(79歳)心理学者／**7・30**◉**小田実**(75歳)作家／**8・1**◉**阿久悠**(70歳)作詞家／**9・6**◉**L・パバロッティ**(71歳)伊・歌手／**9・22**◉**M・マルソー**(84歳)仏・俳優／**10・12**◉**黒川紀章**(73歳)建築家／**11・10**◉**N・メイラー**(84歳)米・作家／**11・13**◉**稲尾和久**(70歳)元プロ野球西鉄投手／**11・22**◉**M・ベジャール**(80歳)仏・バレエ振付家／**12・23**◉**O・ピーターソン**(82歳)米・ジャズピアニスト

2008
平成20年

9月15日、米証券大手リーマン・ブラザーズが破綻。世界景気が急減速、株安、資源安が進行、為替はドル・ユーロ安、円独歩高となり、日本経済は未曾有の経済危機に陥った。6月東京・秋葉原の歩行者天国で7人殺害、10人が負傷する無差別殺傷事件。この年、小林多喜二の『蟹工船』が異例の売れ行き、新潮文庫は上半期に40万部を増刷

▼秋葉原無差別殺傷事件。負傷者を手当てする通行人ら
…東京都千代田区 2008年6月8日
馬上雄一撮影

出来事

◀大阪府知事選で当選が確実となりバンザイして喜ぶ橋下徹さん
…大阪市中央区 2008年1月27日

1・9◉日本製紙の再生紙古紙配合率偽装が発覚。後、大手全5社の偽装も明るみに

1・11◉薬害C型肝炎被害者の一律救済を目指す感染被害者救済給付金支給法が成立。薬害C型肝炎訴訟は和解へ

1・15◉南極海で操業中の調査捕鯨船に、環境保護団体「シー・シェパード」のメンバー2人が乱入

1・15◉米食品医薬局は、体細胞クローン家畜の食用に事実上の安全宣言

1・17◉NHK記者が放送前原稿情報で株取引の疑いで、証券取引等監視委員会は調査に着手。会長辞任へ発展

1・24◉コンピュータの「原田ウイルス」作成・配信の大学院生らを逮捕

1・26◉東京・杉並区立中学が、進学塾講師が有料授業を行う「夜スペシャル」を開始

1・27◉大阪府知事選で、タレント弁護士の橋下徹が初当選

1・28◉東京地裁は、店長は管理監督者に該当せずと認定し、マクドナルド社に残業代支払いを命令

1・30◉中国製冷凍餃子で中毒事件発覚。全国で1200人以上が被害

2・1◉グランドプリンスホテル新高輪は、高裁決定を無視して日教組集会のホテル施設使用を拒否

2・2◉アフリカのチャドで反政府連合軍が首都ヌジャメナに進攻し市街戦に

2・7◉東京地裁は、「君が代」不起立を理由とする教員再雇用拒否は合理性を欠くとして、東京都に倍賞を命令

2・10◉沖縄・北谷町で米海兵隊兵士が14歳の少女を暴行。翌日、沖縄県警が強姦容疑で緊急逮捕

2・10◉韓国・ソウルの国宝、南大門(崇礼門)楼閣が放火により全焼

2・12◉平城遷都1300年記念事業の公式マスコットキャラクター発表。「気持ち悪い」「仏様に失礼」など苦情殺到も、人気キャラクターに

2・13◉オーストラリア首相は、70年代以前の先住民親子隔離政策を初めて謝罪

2・14◉米・北イリノイ大学で元大学院生の男が銃を乱射し5人を射殺

2・17◉コソボ自治州議会はセルビアからの独立宣言を採択

2・17◉アフガニスタンのカンダハルで自爆テロ。約80人が死亡し、01年タリバン政権崩壊後最悪の被害

2・19◉キューバのフィデル・カストロ国家評議会議長が国家元首引退を表明

2・19◉千葉県沖で海自イージス艦が漁船に衝突し、漁船の2人が不明に

2・19◉東芝は「HD—DVD」方式製品の開発・生産を中止。新世代DVDは「ブルーレイ・ディスク」に一本化

2・23◉米・ロス市警は、ロス疑惑の三浦和義を殺人容疑で逮捕。10月、ロスの留置場で自殺

3・1◉シンガポールに、高さ165メートル、世界最大の観覧車「シンガポール・フライヤー」が誕生

3・3◉薬害エイズ事件で、最高裁は被告の上告を棄却。元厚生省生物製剤課長の有罪が確定

3・14◉中国チベット自治区で、独立求め市民が大抗議行動。警官隊と衝突し多数が死亡

3・19◉参院不同意で日銀総裁が戦後初の空席に

3・23◉茨城のJR荒川沖駅付近で、殺人容疑で指名手配中の男が、男女8人を刺し1人が死亡

3・26◉JR岡山駅で18歳の少年が県職員の男性を線路に突き落とし殺害。「誰でもよかったと供述」

3・31◉在日中国人監督のドキュメンタリー映画『靖国 YASUKUNI』を上映予定の映画館5館が混乱を恐れ上演中止を決定

4・1◉75歳以上を対象とする後期高齢者医療制度開始

4・1◉租税特別措置法の期限切れで、一時的にガソリン小売価格が値下げに

4・1◉特定健診・特定保健指導制度(メタボ健診)がス

タート

4・17◉名古屋高裁は、多国籍軍での航空自衛隊の空輸活動は憲法9条違反と判断

4・18◉善光寺は「チベット人権問題」を理由に長野市での北京五輪聖火リレー出発地を返上。世界各地で聖火リレーへの抗議、妨害あい次ぐ

4・24◉任天堂は08年3月期決算で売上高が過去最高の1・6兆円と公表。ゲーム機メーカーの1兆円超は国内初

4・30◉ふるさと納税制度導入の改正地方税法成立

5・2◉巨大サイクロンがミャンマーを直撃し8万人余が死亡、5万人余が行方不明

5・7◉ロシア大統領にドミートリー・メドベージェフが就任。プーチン前大統領は首相に

5・12◉中国・四川省で大規模地震。死者・行方不明者は9万人近くに達し、4550万人が被災

5・21◉宇宙基本法成立。防衛目的の宇宙利用に道

5・21◉宇都宮地裁判事がストーカー規制法違反の容疑で逮捕。裁判所女性職員に匿名メール繰り返す

5・23◉政治・経済的な地域統合を目指す南米諸国連合が12カ国参加で発足

5・24◉大阪・羽曳野市が職員のセクハラ訴訟敗訴の損害賠償金を、勝訴した女性の生活保護費から差し引いていたことが判明

5・28◉ネパールは建国以来240年存続の王制を廃止し共和制に移行

6・1◉改正道交法施行。75歳以上の運転者に紅葉マーク表示義務

6・4◉婚外子国籍確認訴訟で最高裁は、両親の婚姻を国籍取得の要件とする国籍法の規定を違憲と判断。12月法改定

6・6◉衆参両院は、アイヌ民族の先住民族認定を政府に求める決議を採択

6・6◉府省の幹部人事を内閣に一元化する国家公務員制度改革基本法が成立

6・8◉東京・秋葉原の歩行者天国で無差別殺傷事件。7人を殺害、10人が負傷。逮捕の男は、ネットで犯行を予告

6・11◉参議院は福田首相の問責決議を可決。首相問責決議は史上初

6・11◉米国下院は、ブッシュ大統領弾劾決議を可決。イラク戦争に関する不正、犯罪など35項目が弾劾の理由

6・12◉NHKの番組改変問題で、戦時性暴力に関する取材に協力した市民団体がNHKなどに賠償を求めた訴訟で、最高裁は賠償を命じた高裁判決を破棄。「取材対象者の番組内容への期待や信頼は原則として法的保護の対象にならない」との判断

6・14◉岩手・宮城内陸地震。死者12人、行方不明10人

6・14◉大分県の教員採用試験を巡り、県教委幹部が収賄、小学校長ら3人が贈賄容疑で逮捕。翌月は前参事、9月には教育審議監が逮捕。教員の不正採用が常態化

6・17◉法務省は連続幼女誘拐殺人事件の宮崎勤ら3人の死刑を執行

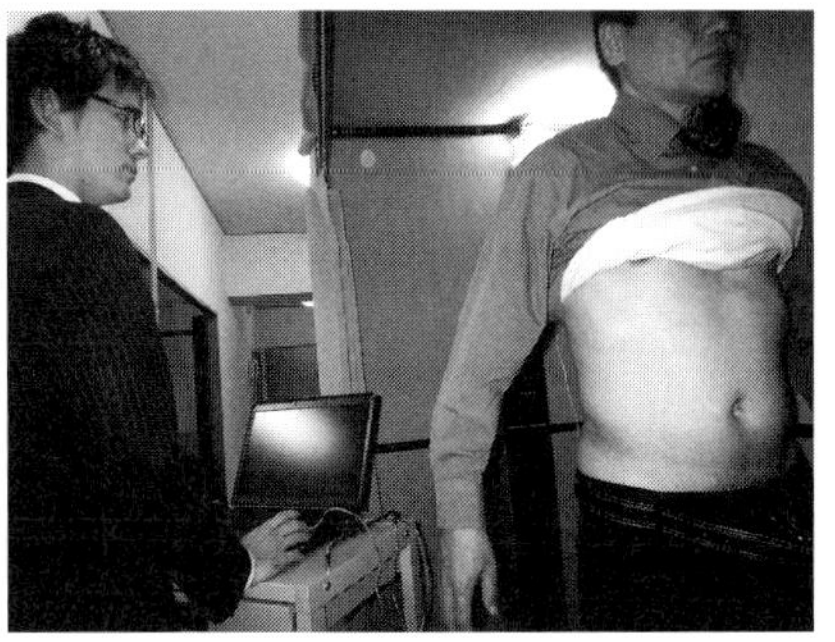

▷メタボ計測器

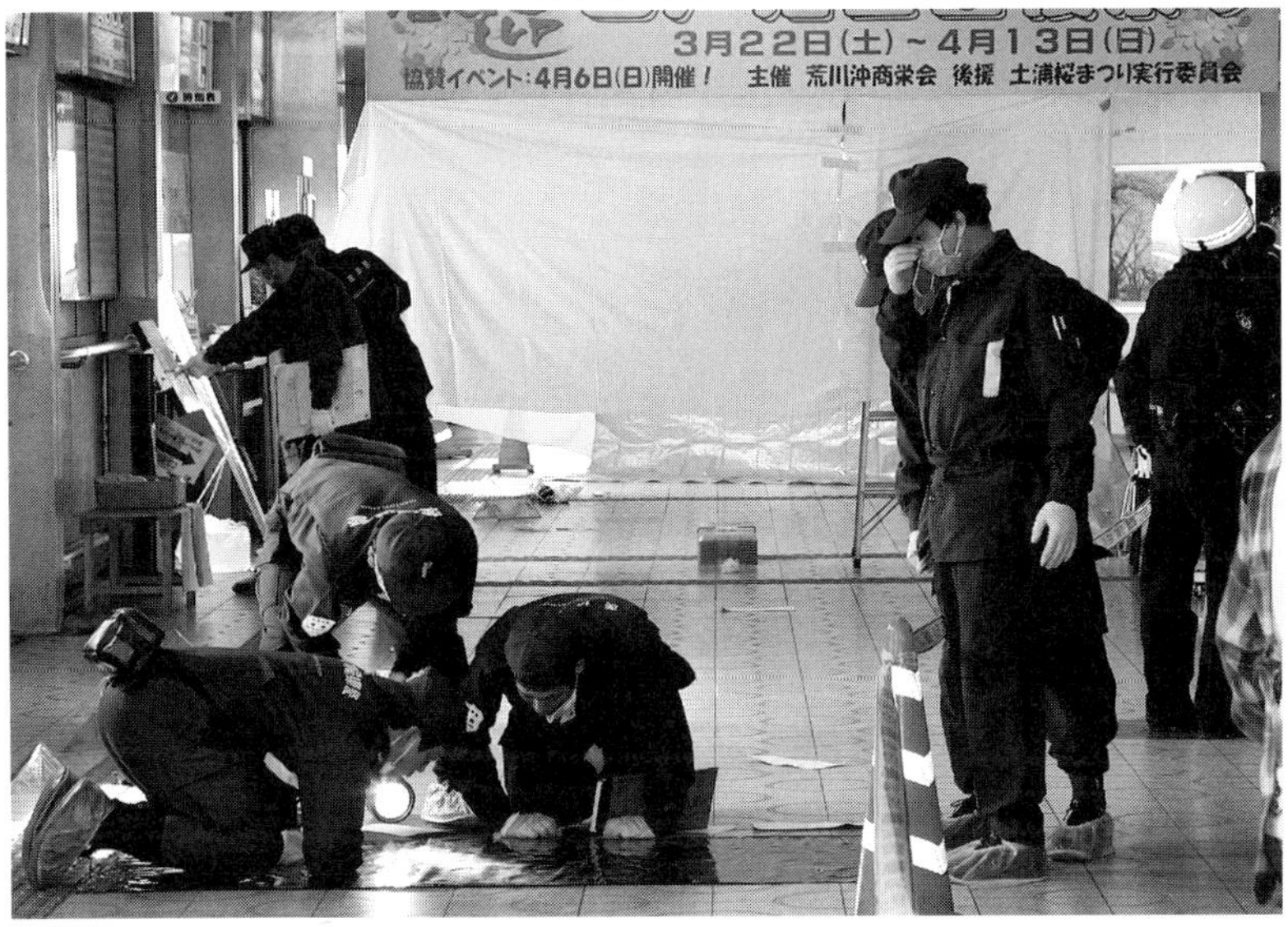

◁JR荒川沖駅無差別殺傷事件。手配中の男が8人殺傷
…茨城県土浦市 2008年3月23日

◁中国・四川大地震
地震でがれきと化した建物の上で立ち尽くす住民
…四川省都江堰市 2008年5月14日

▽中国・四川大地震
聚源中学校で子どもを捜し続ける家族ら
…四川省都江堰市
2008年5月14日

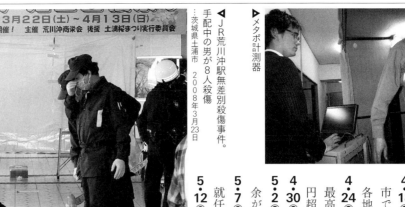

▶秋葉原無差別殺傷事件。
騒然とした路上
…東京都千代田区 2008年6月8日

6・25◉政府は17府省庁・機関の職員1402人が深夜帰宅のタクシーから金品を受領と発表

6月 ◉イタリア・フィレンツェの大聖堂での日本人観光客の落書きが次々と発覚

7・1◉たばこ自動販売機成人識別ICカード「タスポ」の運用が全国に拡大

7・4◉デジタル放送のコピー制限を緩和する「ダビング10」が解禁

7・5◉東海北陸自動車道全線開通

7・7◉洞爺湖サミット。主要8カ国に加え、アフリカ諸国首脳が参加

7・11◉原油先物価格が史上最高値を記録

7・11◉米アップル社の携帯電話「iPhone 3G」が日本でも発売

7・15◉燃料高騰に抗議し、全国で漁船20万隻が一斉休漁

7・28◉神戸市の都賀川が局地豪雨で増水し5人が死亡

7・31◉日雇い人材派遣最大手のグッドウィルが廃業

8・4◉中国新疆ウイグル自治区で2人組が警察隊を襲撃し、警官16人が死亡

8・5◉グーグルは日本の主要12都市でストリートビューの提供を開始

8・7◉グルジア軍が分離独立を求める南オセチアへ進攻。ロシアが介入し交戦状態に

8・18◉大相撲の若ノ鵬が大麻取締法違反(所持)容疑で逮捕。史上初の解雇へ

8・26◉アフガニスタンでタリバン兵士が日本人NGOスタッフを殺害

8・26◉タイ・バンコクで数万人の市民が首相退陣を求めデモ。首相府他主要施設周辺の路上を占拠

▶秋葉原無差別殺傷事件。
取り押さえられた容疑者
…東京都千代田区 2008年6月8日

▼北海道洞爺湖サミット。
サミットテラスで記念撮影する福田首相(中央)らG8首脳
…2008年7月8日

8月 ◉7月下旬から8月にかけ、全国各地で局地的集中豪雨の被害相次ぐ。「ゲリラ豪雨」の放送、新聞用語が定着

9・1◉内閣改造から1カ月、午後9時半からの緊急記者会見で福田首相は退陣を表明

9・2◉日本相撲協会は69力士に抜き打ち簡易尿検査を実施。大麻使用疑惑の露鵬と白露山の解

◀辞任を表明した
福田首相の緊急会見
…首相官邸　2008年9月1日

雇、北の湖理事長の辞任に進展

9・5◉農水省は、米卸売加工会社三笠フーズの汚染米落札・食用転売を公表

9・13◉スウェーデンのアパレルメーカー「H&M」は、日本1号店を銀座にオープン。

9・13◉中国衛生省は、有害物質メラミンが混入の大手粉ミルクメーカーに生産停止命令。中国全土で乳幼児30万人に健康被害、6人が死亡

9・15◉総務省の高齢者人口推計で70歳以上が2千万人を、75歳以上が人口の1割を突破

9・15◉米証券4位のリーマン・ブラザーズが経営破綻。負債総額は米史上最大の6130億米ドル(当時のレートで64兆円)で、世界金融不安に

9・18◉リーマン破綻受け、日銀など日米欧の6中央銀行がスワップ協定を締結

9・18◉厚生年金保険料の算定基準となる標準報酬月額記録の改竄が疑われる事例が6万9000件に上ることが判明

9・19◉太田誠一農水相は汚染米不正転売問題で引責辞任

9・24◉国会は麻生太郎自民党総裁を第92代総理大臣に指名。同日、麻生内閣発足

▲リーマン・ブラザーズの経営破たんで
日経平均株価が大幅下落…東京都千代田区　2008年9月16日

9・28◉中山成彬国土交通相が就任5日目に辞任。成田空港拡張が進まなかった原因を「(地元住民の)ごね得」と発言

10・1◉大阪市の個室ビデオ店で、客の男が放火。16人が死亡

10・7◉ノーベル物理学賞に、小林誠・高エネルギー加速器研究機構名誉教授、益川敏英・京都産業大教授、日系米国人のヨウイチロウ・ナンブ(南部陽一郎)シカゴ大名誉教授

10・7◉都立墨東病院で脳死状態で出産の女性が死亡。受け入れ病院見つからず、緊急搬送に1時間20分を要し脳死状態に

10・8◉下村脩・米ウッズホール海洋生物学研究所元上席研究員がノーベル化学賞を受賞

10・10◉中堅生保の大和生命が経営破綻。負債総額2695億円

10・11◉米国は朝鮮民主主義人民共和国(北朝鮮)のテロ支援国家指定を解除

10・31◉政府は自衛隊の田母神俊雄航空幕僚長を更迭。「我が国が侵略国家というのは濡れ衣」との論文を発表

11・4◉音楽プロデューサーの小室哲哉を大阪地検が詐欺容疑で逮捕

11・4◉米国大統領選に民主党のバラク・オバマ上院議員が当選。史上初のアフリカ系大統領誕生へ

11・18◉厚生省の元次官夫妻と、元次官の妻を相次いで殺害。犯人は「保健所に殺された犬の仇」と供述

11・24◉大西洋マグロ類保存国際委員会は、09〜11年の東部大西洋と地中海でのクロマグロ漁獲枠を約2割削減と決定

11・24◉長崎市でカトリック教会の列福式。江戸初期殉教の信徒188人が福者に

11・26◉インド・ムンバイで同時多発テロ。170人余が死亡

12・3◉クラスター爆弾禁止条約署名式がオスロで開会。94カ国が署名も米露中は不参加

12・5◉改正労基法成立。時間外労働の割増賃金を50%以上引上げ

12・8◉「ロサンゼルス・タイムズ」発行の米新聞大手のトリビューン社は経営破綻。負債総額130億米ドル

12・14◉イラク緊急訪問で記者会見中のブッシュ米大統領に、イラク人記者が靴を投げつける

12・27◉イスラエル軍はハマス制圧下のガザ地区空爆を開始。翌月にかけ千人超が死亡

◀総裁の椅子に座る
麻生太郎自民党新総裁
…東京・自民党本部で2008年9月22日

話題

世界経済不安、7年ぶりのGDPマイナス成長、原油高騰、戦後最大数の上場企業倒産

【暴言、放言、失言、妄言】

11・19◉麻生太郎首相が都道府県知事会議で「(医師には)社会的常識がかなり欠落している人が多い」

11・20◉麻生太郎首相が経済財政諮問会議で「たらたら飲んで食べて、何もしない人の分の金(医療費)を何で私が払うんだ」

【流行語】

グ〜！／アラフォー／「あなたとは違うんです」

【新商品・ヒット商品】

iPhone3G(ソフトバンクモバイル)／ニンテンドーDSi(任天堂)／低価格小型パソコン／Wii Fit

【誕生】

徳山ダム(10・13完成。岐阜県の揖斐川最上流部に建設の日本最大規模のダム)

【さよなら】

Netscape Navigator(3・1サービス終了。インターネットブラウザ)／リンリン(上野動物園のジャイアントパンダ。4・30、22歳で死亡)／プリントゴッコ(6月末販売終了。77年発売)／くいだおれ(7・8閉店。大阪道頓堀に49年創業の飲食店。店頭の大型人形「くいだおれ太郎」が人気)

雑誌休刊＝『主婦の友』『月刊現代』『PLAYBOY日本版』『ロードショー』

◀大阪名物くいだおれ閉店
…大阪・道頓堀　2008年4月9日

【スポーツ】

1・19◉レスリング女子W杯で吉田沙保里が敗れ、01年12月からの連勝が119でストップ

2・17◉男子テニスツアーで錦織圭が優勝。日本男子選手16年ぶり2人目のツアー制覇

3・8◉フリースタイルスキーモーグルW杯で、上村愛子が日本選手初の総合女王に

3・20◉フィギュアスケート世界選手権女子シングルで浅田真央が優勝

4・7◉女子テニスのクルム伊達公子は11年半ぶりの現役復帰を表明

5・17◉女子バスケットの大神雄子はWNBA開幕戦に出場。日本人2人目

5・18◉米プロゴルフツアーで今田竜二が優勝。日本人3人目のPGAツアー勝利

5・19◉ボクシングWBAライト級で小堀佑介が新王座に

5・27◉スポーツ仲裁裁判所は、Jリーグが我那覇和樹選手に科したドーピング禁止規定違反の処分を取り消す裁定

5・31◉男子陸上100メートルでウサイン・ボルト(ジャマイカ)が、9秒72の世界新記録

6・1◉プロ野球読売のマーク・クルーン投手が日本プロ野球史上最速の162キロを記録

6・8◉競泳男子200メートル平泳ぎで、北島康介が2分7秒51の世界新記録

6・17◉将棋の羽生善治・名人は史上初の永世6冠を達成

7・6◉テニスの全英選手権でラファエル・ナダル(スペイン)が初優勝し、28年ぶりに全仏(4連覇)、全英の同一年優勝を達成

7・17◉米大リーグ日本選手の草分け、野茂英雄投手が現役引退を表明

8・8◉北京五輪(24日まで)。陸上男子100メートルで金メダルのボルト(ジャマイカ)が驚異的な世界記録。水泳のフェルプス(米)は史上初の8冠。競泳の北島が連続2冠。柔道の内柴正人、谷本歩実、上野雅恵が連覇、石井慧が男子100キロ超級で優勝。レスリング女子でも吉田沙保里と伊調馨が連覇。ソフトボールは日本が悲願の初優勝を果たし、金メダル9個の活躍

▶AIGオープン・男子シングルスでガルシアロペスを破った錦織圭
…東京・有明コロシアム　2008年10月1日

8・18◉プロ野球オリックスの清原和博が現役引退を表明

9・8◉テニス全米オープンで、ロジャー・フェデラー(スイス)は84年ぶり4人目の5連覇

9・17◉米大リーグのイチローが107年ぶりに大リーグ記録に並ぶ8年連続200安打を達成

9・28◉ベルリンマラソン男子でハイレ・ゲブレシラシエ(エチオピア)が、史上初めて2時間4分を切る2時間3分59の世界新記録で優勝

11・2◉自動車の世界ラリー選手権で、セバスチャン・ローブ(仏)が史上初の総合優勝5連覇

11・9◉プロ野球日本シリーズ、西武は4年ぶり10回目の優勝。埼玉西武4－3巨人

12・2◉プロ野球関西独立リーグの神戸に、吉田えり投手が入団。プロ野球史上初の女子選手誕生

12・5◉本田技研工業は09年以降のF1撤退を発表。15日には、スズキが世界ラリー選手権参戦休止、16日には富士重工も完全撤退を発表

12・13◉フィギュアGPファイナルで、浅田真央は国際大会で史上初めて2度のトリプルアクセルに成功し優勝

12・19◉アイスホッケーの西武が今季限りの廃部を発表

▲iPS細胞の山中伸弥京都大教授…2008年4月15日

【科学・学術】

1・25◉米国のJ・クレイグ・ベンター研究所は細菌の全遺伝情報を含んだDNAの人工合成に成功と発表。人工生命作成への一歩

2・5◉理化学研究所はマウスのES細胞から赤血球を継続的に作り出す技術を開発

2・18◉東工大の細野秀雄教授らが絶対温度32度で超伝導となる鉄系物質を発見と発表

3・8◉京大の山中伸弥教授グループはiPS細胞から血管や心筋、血球などをつくることに成功

7・31◉NASAとアリゾナ大は火星探査機による土壌の分析で、火星の水を確認と発表

【文化・芸術・芸能】

7・15◉中国人作家、楊逸の「時が滲《にじ》む朝」が芥川賞。日本語を母語としない作家の受賞は初めて

◈小林多喜二の『蟹工船』が例年の100倍の売れ行きで、新潮文庫は上半期に40万部を増刷

【音楽】

嵐「truth／風の向こうへ」「One Love」／サザンオールスターズ「I AM YOUR SINGER」／GReeeN「キセキ」／羞恥心「羞恥心」／青山テルマ feat.SoulJa「そばにいるね」／ジェロ「海雪」／秋元順子「愛のままで…」／アンジェラ・アキ「手紙～拝啓 十五の君へ～」／EXILE「Ti Amo」（レコード大賞）

▼市川崑

▲赤塚不二夫

【映画】

外国映画『ノーカントリー』米 監J&E・コーエン 演トミー・リー・ジョーンズ、ハビエル・バルデム／『つぐない』英 監ジョー・ライト 演キーラ・ナイトレイ、ジェームズ・マカヴォイ／『ブーリン家の姉妹』米・英 監ジャスティン・チャドウィック 演ナタリー・ポートマン、スカーレット・ヨハンソン／『ダークナイト』米・英 監クリストファー・ノーラン 演クリスチャン・ベール／『レッドクリフ』中 監ジョン・ウー 演トニー・レオン、金城武、ヴィッキー・チャオ

日本映画『実録・連合赤軍 あさま山荘への道程』（若松プロ）監若松孝二／『ぐるりのこと。』（「ぐるりのこと。」プロデューサーズ）監橋口亮輔 演木村多江、リリー・フランキー／『百万円と苦虫女』（『百万円と苦虫女』製作委員会）監タナダユキ 演蒼井優／『崖の上のポニョ』（日本テレビほか）監宮崎駿／『おくりびと』（おくりびと製作委員会）監滝田洋二郎 演本木雅弘、広末涼子／『トウキョウソナタ』（日蘭香港）監黒沢清 演香川照之、小泉今日子

【出版・文芸】

姜尚中『悩む力』／上野千鶴子『おひとりさまの老後』／天童荒太『悼む人』（直木賞）／池上永一『テンペスト』／湊かなえ『告白』／井上荒野『切羽へ』（直木賞）／川上未映子『乳と卵』（芥川賞）／佐野洋子『シズコさん』／篠田節子『仮想儀礼』／楊逸『時が滲む朝』（芥川賞）／有川浩『阪急電車』

▶平積みされた『蟹工船・党生活者』

▶「手紙～拝啓十五の君へ～」がヒットしたアンジェラ・アキさん

【テレビ】

「篤姫」NHK大河ドラマ／「斉藤さん」日本テレビ／「CHANGE」フジテレビ／「コード・ブルー――ドクターヘリ緊急救命――」フジテレビ／「風のガーデン」フジテレビ／「爆笑レッドカーペット」フジテレビ

【CM】

SoftBank 白戸家シリーズ他（ソフトバンクモバイル）／SOYJOY ダイエット編他（大塚製薬）／ユニクロ ブラトップ（ファーストリテイリング）／ボス 宇宙人ジョーンズ・地上の星編他（サントリー）／TANTO 子供服編他（ダイハツ）／カップヌードル DREAM！アフリカ大陸編他（日清食品）

冥友録

2・13◉**市川崑**（92歳）映画監督／**3・19**◉**A・C・クラーク**（90歳）英・SF作家／**6・1**◉**Y・サンローラン**（71歳）仏・ファッションデザイナー／**8・2**◉**赤塚不二夫**（72歳）漫画家／**9・26**◉**P・ニューマン**（83歳）米・俳優／**10・5**◉**緒形拳**（71歳）俳優／**11・7**◉**筑紫哲也**（73歳）ジャーナリスト／**12・5**◉**加藤周一**（89歳）評論家／**12・24**◉**S・ハンチントン**（81歳）米・政治学者

2009
平成21年

北朝鮮はミサイル発射、核実験を相次いで実施、その動向が注視された。国内では製造業の低迷から派遣切りが横行、完全失業率が過去最悪となった。9月、衆院選で大勝した民主党が自民党から政権を奪取した。

▼民主党の新代表に選出された鳩山由紀夫幹事長
…東京都内 2009年5月16日

出来事

◀火災のあった老人ホーム「たまゆら」
…群馬県渋川市 2009年3月20日

1・2◉東京・世田谷区でホームレスの男性(71)が頭を殴られ死亡

1・3◉イスラエル軍、ガザに地上侵攻

1・7◉ロシアが欧州向け天然ガスの供給を完全停止

1・14◉中央大学理工学部で同学部教授が刺殺される

1・15◉米ニューヨーク市のハドソン川に旅客機が不時着水

1・25◉山形知事選、吉村美栄子が東北地方初の女性知事

1・30◉大相撲・十両の若麒麟が大麻所持容疑で逮捕。2月2日付で解雇。4月に執行猶予付き有罪判決

2・6◉国連の国際司法裁判所所長に小和田恒元外務次官。日本人初

2・7◉豪南東部で大規模森林火災。死者170人超

2・9◉文科省が漢字検定試験を通じて多額の利益を上げている漢検協会に立ち入り検査

2・16◉クリントン米国務長官来日。海兵隊グアム移転協定に署名

2・17◉カンボジアのポル・ポト政権の責任者を裁く特別法廷開廷

2・18◉日ロ首脳会談。北方領土「4島」返還にこだわらず

2・19◉香川・高松の県立病院で受精卵取り違えの可能性を発表

2・23◉商工ローン大手SFCG(旧・商工ファンド)が破綻

3・4◉核兵器開発に転用可能な工作機械を無許可輸出したとして、「ホーコス」社員ら4人を逮捕。7月に執行猶予付き有罪判決

3・4◉補正予算関連法案成立、定額給付金の支給開始

3・11◉ドイツ南部の中等学校で卒業生の17歳少年が銃乱射、15人殺害。警察に追いつめられ自殺。動機は不明

3・14◉ソマリア沖の海賊対策に海自護衛艦2隻が出港

3・17◉米ケーブルテレビの女性記者2人、北朝鮮に拘束される

3・19◉群馬・渋川市の有料老人ホーム「静養ホームたまゆら」で火災。10人死亡

3・23◉公示地価、97%の地点で下落

3・24◉ILO報告。日本の失業手当不受給者は先進国中最悪77%

3・27◉09年度予算成立。新規国債は4年ぶり30兆円台に

3・27◉北朝鮮のミサイルに対し初の破壊措置命令

3・28◉千葉県知事選、森田健作が大差で当選

4・1◉介護報酬3%引き上げ。初のプラス改定

4・1◉ハンセン病問題基本法施行

4・5◉北朝鮮が長距離弾道ミサイルを発射

4・5◉オバマ米大統領、プラハで「核なき世界を」と演説

4・6◉イタリア中部でM6・3の大地震。死者200人超

4・11◉タイのASEAN会議場にデモ隊が乱入。首脳らヘリで避難

4・14◉長崎県平戸市沖で高波のために漁船が転覆、沈没。乗員22人のうち11人死亡、1人行方不明

4・24◉WHOが米、メキシコで新型インフルエンザ発生発表

4・26◉名古屋市長選、河村たかし前衆院議員が初当選

5・16◉民主代表選、鳩山由紀夫124票、岡田克也95票

5・20◉1〜3月期GDP(速報)が年率換算15・2%減、戦後最悪

5・21◉裁判員制度スタート

5・23◉盧武鉉韓国前大統領が自殺

5・25◉北朝鮮が06年に続く2度目の核実験を実施

5・25◉東京・板橋区の民家全焼、焼け跡からこの家の資産家夫妻の他殺体が見つかり、放火殺人事件

▲会見する大久保昇漢検協会理事長
…2009年4月15日

◀初登庁する森田健作新知事
…千葉県庁　2009年4月6日

と断定

5・28◉原爆症認定訴訟、東京高裁で原告勝訴。国は上告せず

6・1◉改正薬事法施行。コンビニなどで一般用医薬品が販売可能

6・4◉足利事件の菅家利和受刑者釈放。6月23日、東京高裁は足利事件の再審決定

6・10◉参院でクラスター爆弾禁止条約批准法案可決、世界で10カ国目の批准となった

6・10◉政府、温室効果ガス削減中期目標「05年比15％減」

6・13◉イラン大統領選でアフマディネジャド大統領再選

6・14◉千葉市長選で元市議の熊谷俊人(31)初当選。現役市長として全国最年少

6・14◉DM発送の障がい者団体向け郵便割引制度悪用に関与した疑いで厚労省キャリア官僚逮捕

6・26◉米下院、初の温暖化法案可決。05年比20％減

7・2◉IAEA次期事務局長に天野之弥が当選。アジア出身初

7・5◉静岡県知事選で静岡文化芸術大前学長、川勝平太初当選

7・5◉大阪・此花区のパチンコ店でガソリン放火、5人死亡

7・8◉伊ラクイラ・サミット開幕。G8拡大会合には28カ国・12機関が参加

7・12◉東京都議選で民主党が初の第1党に

7・13◉臓器移植法改正案成立

7・16◉日本人の平均寿命、男性79・29歳、女性86・05歳。女性は24年連続世界一

7・16◉北海道・大雪山系で遭難相次ぐ。死者10人

7・21◉山口で豪雨。土石流が特別養護老人ホームを直撃

7・23◉米保険大手AIG傘下にあるアリコの日本支社アリコジャパンで、最大で11万件の個人情報流出の可能性

▲大麻所持で有罪判決、頭を下げる元若麒麟・鈴川真一被告
…横浜地裁川崎支部　2009年4月22日

▼公然わいせつ容疑で現行犯逮捕。お詫び会見する草彅剛さん
…東京都港区で2009年4月24日

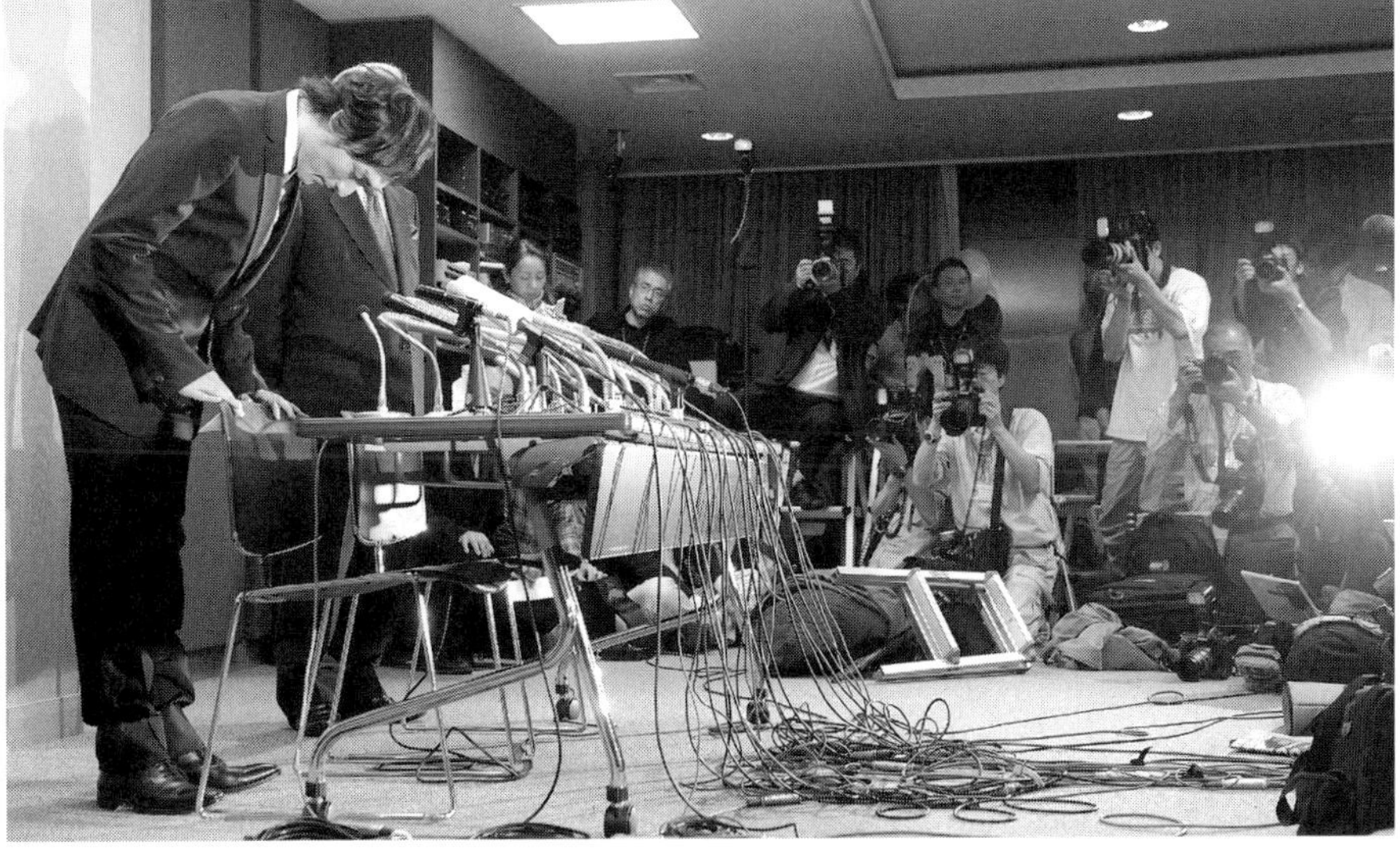

▶政権交代。民主党の鳩山由紀夫代表
…2009年8月31日

8・2◉合成麻薬による女性死亡に俳優・押尾学が関与

8・3◉初の裁判員裁判が東京地裁で始まる

8・5◉原爆症認定集団訴訟、国が原告側と基本合意

8・7◉日本航空09年4〜6月期連結決算が過去最大の赤字

8・8◉覚せい剤所持容疑のアイドル酒井法子が出頭

8・10◉台風9号で豪雨。兵庫・佐用町で河川が氾濫、避難中の18人死亡、行方不明2人。全国で死者25人、全壊家屋183棟など

8・11◉駿河湾でM6・5の地震。静岡県・伊豆市などで死者1人、重軽傷者319人。浜岡原発で24件の異常

8・13◉東京・武蔵村山市で原付きバイクの女性が転倒し重傷。道路に張られたロープが原因。後日、米兵の子どもを逮捕

▲オバマ米大統領を迎えられる天皇、皇后両陛下
…皇居・御所で2009年11月14日　代表撮影

8・24◉福岡県警の巡査部長をひき逃げ事故で逮捕。被害者は軽傷。飲酒運転だった。懲戒免職の後、執行猶予付き有罪判決

8・30◉衆院選投開票、民主党大勝。初の政権交代

9・1◉消費者庁発足。担当相に野田聖子

9・3◉北朝鮮が「ウラン濃縮実験に成功」と米に書簡

9・9◉民主、社民、国民新党が連立政権合意書に署名

9・16◉鳩山由紀夫が第93代首相、鳩山内閣発足

9・17◉前原誠司国交相が八ッ場ダム建設中止方針を表明

9・22◉国連気候変動サミットで鳩山首相「温室効果ガスを1990年比25%削減」

9・24◉国連安保理は米提案の「核兵器のない世界」を目指す決議を全会一致で採択

9・27◉独総選挙、投票率は戦後最低の70・8%。11年ぶりの保守・中道右派連合政権誕生でキリスト教民主同盟のアンゲラ・メルケル党首が同国初の女性首相に

9・29◉政府、省庁の天下りあっせんを禁止

9・29◉不正操作で荒稼ぎした早大投資サークルOBら3人逮捕

9・29◉南太平洋サモア沖でM8・0の地震、最大9mの津波発生。死者・行方不明者約200人

9・30◉スマトラ島沖でM7・6の地震。死者・行方不明者約1200人

10・2◉男女の区別が難しい疾患の総称「性分化疾患」に

10・8◉台風18号、愛知・知多半島に上陸。全国で被害拡大

10・9◉ノーベル平和賞はオバマ米大統領に

10・10◉北京で日中韓首脳会談。日中韓協力の長期的目標として「東アジア共同体」構想を打ち出す

10・11◉岡田克也外相がアフガニスタン電撃訪問

10・22◉千葉県松戸市の火災現場で女子大生の刺

殺遺体

10・26◉島根の女子大生が行方不明に。11月に遺体で発見

10・27◉青梅市の会社員男性(53)が2月に自宅で不審死したことが判明。交際相手の周辺で連続不審死が発覚

10・27◉関門海峡で海自護衛艦「くらま」と韓国船が衝突

10・29◉国連委採択、核全廃決議案を過去最多170カ国が賛成。反対はインド、北朝鮮

11・3◉普天間移設で沖縄県民世論調査。県外、国外希望70%、辺野古「反対」67%

11・5◉九州電力玄海原子力発電所で国内初のプルサーマル発電

11・5◉鳥取市の元ホステスの周辺で男性の不審死発覚

11・11◉行政刷新会議の「事業仕分け」スタート

11・13◉オバマ米大統領来日

11・14◉韓国・釜山市の射撃場で火災。日本人10人死亡

11・19◉初代EU大統領にベルギーのファン・ロンパウ首相

11・19◉鳩山政権、返済猶予法案を衆院財務金融委で初の強行採決。自公は欠席

11・27◉IAEAがイランの第2ウラン濃縮施設の建設中止を決議、採択。イランは反発

11・30◉中小企業者等金融円滑化臨時措置法など成立

12・1◉オバマ米大統領のアフガン新戦略。3万人増派、11年7月撤退開始を明言

12・1◉生活保護の母子加算が復活

12・1◉日銀、追加金融緩和策決定。10兆円規模供給

12・1◉原爆症救済法、衆院本会議で可決、成立。自民党欠席

12・11◉羽毛田信吾宮内庁長官が、天皇と習近平・中国国家副主席の会見を押し込んだことに「政治利用だ」と政府に不快感表明

12・11◉北海道苫小牧市で7人乗りボート転覆。6人死亡

12・14◉布川事件、再審開始が確定

12・19◉自治体管理の54空港調査。49空港は赤字

12・22◉名古屋市議会、市長の選挙公約10%減税条例が成立

12・28◉8月の衆院選小選挙区で大阪高裁が「違憲」判断

話題

中国の新車販売台数、米市場を抜いて世界一に。百貨店の売り上げが24年ぶりの7兆円割れ、前年比10・1%減は過去最大。自殺者3万2753人、08年比504人増で12年連続3万人超え。過去5番目の多さ。

【暴言、放言、失言、妄言】

2・12◉小泉元首相が麻生首相の郵政民営化見直しの動きに反論。「怒るというよりも、笑っちゃうくらい」

【へぇ～】

4・23◉「SMAP」メンバーの草彅剛(34)が酒に酔って港区の公園で服を脱ぎ、公然わいせつ容疑で現行犯逮捕

9・20◉65歳以上の女性が全女性の25・4%に

▶デトロイトモーターショーで公開された新型「プリウス」…2009年1月12日

12・5◉内閣府調査。「子ども持つ必要ない」男性38・7、女性46・5%。20、30代は6割

【流行語】

政権交代／こども店長／事業仕分け／草食男子〈コラム〉／派遣切り／歴女〈コラム〉／小沢ガールズ〈コラム〉

【流行】

ファストファッション／国宝　阿修羅展／韓国旅行／1000円高速

【新商品・ヒット商品】

ハイブリッドカー／キリンフリー〈ノンアルコール・ビールテイスト飲料〉／ドラゴンクエストIX／新型インフルエンザ対策グッズ

【誕生】

6・4◉静岡空港(牧之原市、島田市)開港

▼大勢のファンが詰め掛けたにブルートレイン「富士・はやぶさ」のラストラン…名古屋駅　2009年3月13日

【さよなら】

2・4◉三菱自動車がダカール・ラリーから撤退を表明

3・13◉ブルートレイン「はやぶさ」「富士」最後の運行。別れを惜しんで約3000人が東京駅に押し掛ける

11・4◉トヨタが今年限りでF1撤退を発表。昨年のホンダに続きF1から日本勢消える

雑誌＝「広告批評」「諸君!」「小学五年生」「小学六年生」

【スポーツ】

2・9◉日産自動車、すべての企業スポーツ活動休止を発表

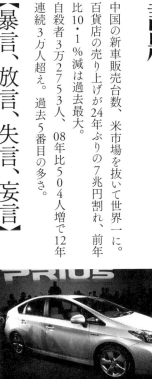

2・26◉ノルディックスキー世界選手権(チェコ)の複合団体、日本(加藤、湊、渡部、小林)が14年ぶりに優勝
3・7◉フリースタイルスキー世界選手権(福島)、女子モーグルの上村愛子が日本勢として初優勝。デュアルモーグルでも優勝
3・12◉WBCフェザー級王座戦で粟生隆寛が新王者に
3・23◉野球WBCで日本、連覇達成。松坂大輔が2大会連続MVP
5・24◉大相撲夏場所、幕内最軽量の日馬富士が決定戦で白鵬を破り初優勝
5・26◉WBCフライ級王座戦で内藤大助が5度目の防衛
7・23◉ホワイトソックスのマーク・バーリー投手が、レイズ戦で史上18人目の完全試合を達成
7・26◉宮里藍がエビアン・マスターズで米ツアー初優勝。日本選手最年少、女子6人目
8・16◉世界陸上(独)でウサイン・ボルトが男子100メートル9秒58の世界新、200メートル19秒19の世界新で2種目優勝
8・23◉世界陸上で村上幸史、やり投げ銅メダル
9・13◉イチローが大リーグ新の9年連続200安打達成
9・27◉大相撲秋場所、朝青龍が24回目V。歴代3位タイ
10・3◉テニスの杉山愛、東レOP複合準優勝で引退
10・15◉世界体操選手権(英)で内村航平(20)が総合優勝。日本人最年少、4年ぶり4人目
11・4◉ヤンキースがワールドシリーズ制覇。松井秀喜が日本人初のMVPを獲得
11・7◉プロ野球日本シリーズ、巨人が7年ぶりに優勝。巨人4－2北海道日本ハム
11・29◉WBCフライ級王座戦で亀田興毅が新王者。2階級制覇
12・6◉石川遼(18)、初の賞金王決定。史上最年少
12・11◉タイガー・ウッズが公式サイトで不倫を事実上認め、米ツアー出場の無期限自粛を表明
12・18◉WBCバンタム級王座戦、長谷川穂積が国内世界王者で単独2位の10連続防衛達成

【科学・学術】

1・17◉日本初の心肺同時移植成功
3・15◉若田光一、スペースシャトルで宇宙へ。「きぼう」完成へ
7・22◉国内の陸地では46年ぶりの皆既日食
11・10◉奈良・纒向遺跡で国内最大級の建物跡見つかる
11・13◉NASAが探査機で月の水の存在を初確認
12・21◉野口聡一、ロシア・ソユーズで2度目の宇宙、長期滞在へ。「きぼう」のメンテナンスなどを行い、10年6月にソユーズで帰着

【文化・芸術・芸能】

2・22◉米アカデミー賞で外国語映画賞「おくりびと」(滝田洋二郎監督)、短編アニメーション賞「つみきのいえ」(加藤久仁生監督)

▲世界選手権女子モーグルで日本勢として初優勝した上村愛子
…福島県猪苗代町　2009年3月7日

▼エビアン・マスターズで米ツアー初優勝した宮里藍
…フランス・エビアンリゾート　2009年7月26日　©ロイター

5・9◉森光子(89)が「放浪記」上演2000回達成。48年かけた偉業

6・7◉「バン・クライバーン国際ピアノコンクール」で全盲の辻井伸行が優勝

6・25◉ポップ王、マイケル・ジャクソン(50)死去

9・20◉「クレヨンしんちゃん」の作者、臼井儀人が不慮の事故死

12・11◉恒例の「今年の漢字」は「新」

【音楽】

EXILE「Someday」／BIGBANG「Rain Is Fallin'」／嵐「マイガール」／KAT-TUN「RESCUE」／遊助「ひまわり」

【映画】

外国映画『グラン・トリノ』米 監・演 クリント・イーストウッド／『母なる証明』韓 監 ポン・ジュノ 演 ウォンビン／『ハリー・ポッターと謎のプリンス』米 監 デヴィッド・イェーツ 演 ダニエル・ラドクリフ、エマ・ワトソン、ルパート・グリント／『THIS IS IT』米 演 マイケル・ジャクソン

日本映画『ディア・ドクター』(「ディア・ドクター」製作委員会) 監 西川美和 演 笑福亭鶴瓶／『ヴィヨンの妻～桜桃とタンポポ～』(フジテレビジョンほか) 監 根岸吉太郎 演 松たか子／『劔岳 点の記』(「劔岳 点の記」製作委員会) 監 木村大作 演 浅野忠信／『愛のむきだし』(「愛のむきだし」フィルムパートナーズ) 監 園子温 演 満島ひかり／『20世紀少年〈最終章〉ぼくらの旗』(映画「20世紀少年」製作委員会) 監 堤幸彦 演 唐沢寿明

【出版・文芸】

村上春樹『1Q84』／川上未映子『ヘヴン』／津村記久子『ポトスライムの舟』(芥川賞)／宮本輝『骸骨ビルの庭』／小川洋子『猫を抱いて象と泳ぐ』／辻原登『許されざる者』／津島佑子『あまりに野蛮な』

【漫画】

ヤマシタトモコ「HER」(FEEL YOUNG)／諫山創「進撃の巨人」(別冊少年マガジン)／ヤマザキマリ「テルマエ・ロマエ」(コミックビーム)／花沢健吾「アイアムヒーロー」(ビッグコミックスピリッツ)／小村あゆみ「うそつきリリィ」(マーガレット)／吉本浩二、原作・宮崎克「ブラックジャック創作秘話」(少年チャンピオン)

【テレビ】

3・16◉「真相報道バンキシャ!」で虚偽の証言を放映した問題で、日本テレビの久保伸太郎社長が辞任。

「天地人」NHK大河ドラマ／「JIN―仁―」TBS／「相棒」テレビ朝日／「BOSS」フジテレビ／「アイシテル～海容～」日本テレビ

【CM】

「白戸家シリーズ」(ソフトバンク)／「au 朝のはじまり編ほか」(KDDI)／「家族だから」(NTT DOCOMO)／「Fit's 噛むとフニャン」(ロッテ)／「ファン太郎が行く」(日本コカ・コーラ)

◀「放浪記」上演2000回を達成した森光子さん…東京・帝国劇場 2009年5月9日

▼日高敏隆

▼森繁久弥

◀忌野清志郎

▼米アカデミー賞で外国語映画賞の「おくりびと」。主演の本木雅弘さんと滝田洋二郎監督…東京都内 2009年2月28日

冥友録

2・2◉**山内一弘**(76歳)元プロ野球選手／**4・14**◉**上坂冬子**(78歳)作家／**5・2**◉**忌野清志郎**(58歳)ロックスター／**5・8**◉**藤沢秀行**(83歳)名誉棋聖／**5・11**◉**三木たかし**(64歳)作曲家／**5・16**◉**滝平二郎**(88歳)切り絵作家・版画家／**5・16**◉**速見優**(85歳)元日銀総裁／**5・26**◉**栗本薫**(中島梓)(56歳)作家・評論家／**8・2**◉**古橋広之進**(80歳)水泳選手／**8・3**◉**大原麗子**(62歳)女優／**8・18**◉**金大中**(85歳)元韓国大統領／**10・4**◉**中川昭一**(56歳)元財務相／**10・20**◉**原田康子**(81歳)作家「挽歌」／**10・21**◉**南田洋子**(76歳)女優／**10・29**◉(5代)**三遊亭円楽**(76歳)落語家／**10・30**◉**レヴィ・ストロース**(100歳)仏・思想家・社会人類学者／**11・10**◉**森繁久弥**(96歳)俳優／**11・13**◉**田英夫**(86歳)ジャーナリスト・政治家／**11・14**◉**日高敏隆**(79歳)動物行動学者／**11・16**◉**水の江滝子**(94歳)女優・映画プロデューサー／**12・2**◉**平山郁夫**(79歳)日本画家

平成の証言

鳩山由紀夫元首相が語る
「従米外交の虚妄」と「虚偽文書事件」

倉重篤郎　構成

平成政治についての重要な証言者に登場していただく。

鳩山由紀夫元首相である。平成の時代と政治生活を共にした。その育ちの良さ、如才なさ、そして鳩山ファミリー4代目の血統から、一時は政治記者投票でナンバーワンの人気を誇った人である。しかし、首相になってからは七転八倒した。野党しかやったことのなかった民主党の政権党としてのガバナンス（統治）能力の低さが主要な原因であった。

ただ、背景には戦後保守政権の命綱ともいえる日米関係のマネジメントの失敗があった。「常時駐留なき安保」や「日米対等」、そして「東アジア共同体」と、従来の対米従属型の日米同盟路線の枠を踏み越えた政策、理念を唱え、同盟枢軸派から必要以上に警戒された。最後は普天間基地移設問題で、県外移設の公約を果たすことができず、その責任を取る形で首相の座を追われることになった。だが、その際には外務、防衛官僚から移設の是非を判断する上で重要な軍事情報について、「虚偽文書」を示されたという経験を持つ。

◀鳩山首相の辞任会見
…首相官邸　2010年6月

その政治目標のハードルの高さからすると、あまりに純真、ナイーブな問題意識と、ひ弱な政治手腕であった。だが政権中枢で、戦後日本の「国体」とまでいわれるようになった日米同盟のあり方を愚直に変えようとしたその試みと失敗は、戦後政治史にきちんと記録されておくべきことであろう。

かつて、評論家の田原総一朗氏は「アメリカの虎の尾を踏んだ田中角栄」を月刊誌に書き、元首相のロッキード事件での失脚の裏には、米国の世界戦略に逆らった角栄氏への制裁があったのではないか、との謀略論を匂わせた。鳩山氏の件も、スケールや形態こそ異なるが、同種の因果を感じさせる。

そこで鳩山氏の平成史観を問うとともに、先の「虚偽文書」事件の真相、そして、その外交問題に関連して、平成の天皇（上皇陛下）から鳩山氏が聞いた驚くべき逸話について証言していただく。

平成はアイデンティティーを失った時代だった

平成とは何だったのか？

「日本が経済的に絶頂から転落した時代。ポスト冷戦で世界が大きく変化していく中で、バブル崩壊後の後始末を含めて失敗した結果、経済だけで生きてきた国が経済で厳しい状況に追い込まれた。ある意味、アイデンティティーを失った時代だ。何をしていいのかわからないうちに平成が終わってしまった」

「政治的には、国民が政権交代に政治の刷新を期待、大きな未来が切り開かれるのではないかと思ったが、私の失敗も含めそういうことにはならず、結果的に自民党と似たような政治に戻ってしまった。そこからは野党自体の存在感が薄まった。もったいない時代だった」

「選挙制度改革をしただけで、政治改革したつもりになってしまった。そのことにほとんどの政治的エネルギーをついやした。結果的に小選挙区比例代表並立制になったが、私は今でも単純小選挙区制のほうが良かったと思う。民意のわずかな差を議席で拡大強化、それが政策遂行パワーにつながった。もっと激しくドラスティックに政権交代が行われたであろう。安定性を欠く、との批判もあるが、政治を揺り動かし、浮き沈みさせていくことで政治をより良い方向に導くことになった、と私は思う。小選挙区制の経験が欧米に比べてまだまだ薄かった」

　平成の外交安全保障政策はどうか。

「ちょうど東西の冷戦構造がなくなった。冷戦下では米国陣営に与《くみ》していれば安全だったが、東の脅威がなくなり自らの立ち位置をどこに求めていくかという時に、日本は米国一国への依存に偏ってしまった。冷戦崩壊を西側の勝ちと判断し、そこにしがみついた。そこの戦略を間違えてしまった」

「その結果、何が起きたか。経済では日本のパワーが米国から警戒された。貿易、金融でたたかれた。特に半導体だ。その後の日本のＩＴ産業の致命的な遅れにつながった。社会、文化もアメリカナイズされることが近代的な正義ということにされた感がある。日本的な良いものが、米国の価値観によって異端視されるようになった」

　あらゆる面での従米主義が病膏肓《やまいこうこう》に入った時代だ。鳩山政権（２００９年9月～10年6月）で実体験したことを詳らかにしてほしい。

「対米従属の強さというものを必ずしも十分に認識しないまま首相になった。外務官僚がどっちに向いて仕事をしているのか。どちらかというと私のほうより米国のほうを向いていたことに十分配慮していなかった。最初から分かっていれば、もうちょっと別の動きができたかもしれない」

◀鳩山内閣スタート
…首相官邸　2009年9月

普天間米軍基地「県外移設」断念の真相

　そこで「虚偽文書」事件だ。普天間移設先について「最低でも県外」と約束して、２０１０（平成22）年の年明けから政権をあげて移設先探しが始まる。一時徳之島（鹿児島県）が候補になったが、事前に情報が洩れて反対運動が起き、つぶされていく。同年5月末をタイムリミットに、オバマ米大統領との間で日米間の作業部会を設置して協議を続けていたが、こちらも行き詰まった。

「その作業部会の最終場面、10年4月19日のことだった。首相公邸に外務、防衛両省の担当官僚がやってきた。首相動静や官邸記録に乗らない裏ルートからだった。『いま米大使館で議論してきた結果、こういうことになりました』と、『普天間移設問題に関する米側からの説明』と題する紙を示された。5年間の『極秘』指定印が押されていた。中身は『米軍のマニュアルには、海兵隊の基地と恒常的訓練拠点との距離は65カイリ（約１２０キロ）以内が基準として明記されている。念のため調べたところ、世界的にもこの基準を超える事例はなかった』というものだった」

　沖縄駐留海兵隊にこの基準を当てはめると？

「恒常的訓練拠点である北部訓練所から１２０キロの円弧を引くと、ほぼ沖縄県内に収まってしまう。つまり我々が候補として考えていた徳之島を含め県外という選択肢はありえないことになってしまう。彼らの結論は、『従って、辺野古という過去の決断もあり、辺野古への移設を前提にし周辺環境にいかに配慮するかということでやるしかない』というものだった。まさか嘘を言うなどとは思わないから、本当かどうかその場で確かめることはしなかった」

それが県外移設断念の決定的なターニングポイントになった。

「移設先を徳之島で検討してきた。地元から要望があったものだ。確かに、その時点で反対運動が起き厳しい状況にはなっていたのも事実だが、私にとっては何よりもこのマニュアル問題で、県外移設は完全にあきらめざるを得ないという状況が生まれた」

そこから県外移設断念となり、その責任から6月4日の退陣（内閣総辞職）に追い込まれて行く。ただし、退陣後「65カイリ」マニュアル問題について、再確認しようという気持ちになった。

「辺野古の問題はその後もガタガタしていたし、私の責任も重かった。沖縄の皆さんにも迷惑かけた。首相を辞めたとしてもこの問題には向き合い続けなければならないと思い、『65カイリ』問題がどれほどのネックになるものか、再調査した。すると、不思議なことが起きた。私に示された5年間機密指定とされた文書が外務省内では確認できない、というのだ。川内博史衆院議員が、外務省北米局日米安保課を通じ在京米大使館にこのマニュアルなるものが本当に存在するのか、正式な外交ルートで聞いたが、米国大使館の打ち返しは『そのようなマニュアルは確認できない』というのが、回答だった。さらに調べると、必ずしも65カイリ以内ではないケースも確認できた」

「役人が私のために努力してくれると思っていたが、そうではなくて、偽りの文書まで作って自分を辺野古移設に戻させようとしたのがショックだった」

それが彼らにとっての国益だった。だが、ありもしないマニュアルを公文書に書き込んだことになる。虚偽文書作成、行使に当たるのでは？

◀住宅街のすぐ間近に広がる
米軍普天間基地
…沖縄県宜野湾市　2010年3月

「安倍晋三政権の森友事件の決裁文書改ざん事件にもつながる役人の暴走だ。ただ、森友改ざんは、安倍さんを守るための忖度だったが、私の場合は私を降ろすための、私の考え方を変える為に工作したものだ。そこが180度違う」

「言えるのは、それだけ外務省は米国のほうしか見てないということだ。平成の外交はそれで始まりそれで終わった。そこを変えない限り、この国の本当の独立はあり得ないと思う」

どうすればいいのか。

「北朝鮮にしても中国にしても、脅威のレベルをどんどん下げていくことが大事だ。そのために東アジア共同体を作れ、と提言している。あらゆる問題の答えを対話と協調で出すことによって、少しでも米国への軍事的依存、くびきから抜け出て行こうよ、と言っている。だが、指導者というのはしばしば脅威というものを作り出して、オレはそれと戦うぞというファイティングポーズを示すことで、政権維持を図る向きがある。その1つが北朝鮮の拉致問題かもしれない」

平成の天皇が語られた「北方領土」への思い

鳩山氏にはもう1つ、大切な証言をしていただく。平成の天皇が鳩山首相の内奏に対して話されたことである。従来、内奏の内容は外に漏らさないことがルール、慣習になっている。それは天皇の政治的権能を禁じる憲法4条との関係があるからだ。ただ、この原稿にはあえてそれを載せようと思う。それはまず第一に記者として知りえた重要なことについては、できるだけすみやかに読者、国民に還元すべきだ、という思いからである。第二に、この挿話こそ『平成史全記録』と題する保存版としてのこの本にふさわしいものだと思うからだ。すでに『サンデー毎日』（19年4月21日号）に掲載済み、という事情もある。第三に、平成の天皇も退位、鳩山氏も政治家を引退されているからだ。

　鳩山氏の語りに耳を傾けてもらいたい。

「私も3、4度(首相時代に)平成の天皇陛下とお会いさせていただき、内奏申し上げたが、かなりの話は政治の具体的な中身に入ります」

「具体的なことを自分の意見としてお話しされることがある。天皇という身分で、政治に口出ししてはならないことをわかっておられると思うが、やむにやまれぬ気持ちになっておられることもあるのではないか」

「……私はもう政治家ではないから許されるのでしょうか。北方領土問題で話をされました。麻生(太郎)政権の時に、面積二等分論が出たが、自分はそれに反対した、とおっしゃった。なぜならば、日本は戦後、国境というものはすべて海の上にあったと。だから、海の上に国境があるということが日本にとって意味があったのではないか、とおっしゃるんですよ。面積二等分にすると択捉島の上に国境線が引かれることになり、日本は戦後初めて陸上に国境線が作られるであろう、そうなると、何か起きると非常に私は心配ですと。やはり、海の上に国境があるということは、今日までの日本の平和を作ってきたんだと私は思っているんですよ、とおっしゃった」

「率直に言って深いご認識だと思いました。それ以降、私は少なくとも、それ以前もそうなんですが、面積二等分がいいということは一切申し上げるべきではないと思った」

「さらに、こうもおっしゃった。元の島民は毎年、年を取っていかれるし、交渉も年を経れば経るほど日本にとって不利になるんではないでしょうか。だからある程度のところでまとめないといけないと思います、と。陛下が日々、そういった問題で頭を巡らせておられるということがよくわかりました」

「面積二等分方式」とは、ロシアが08年に中国との領土紛争をこの方式で解決後、鳩山政権の前の麻生政権時に北方領土問題への適用が一時取り沙汰されたのだ。歯舞、色丹、国後、択捉の4島の面積を半分に割れば、前3島と最大の島である択捉島の一部までが日本領土となる計算だ。

　その戦略的発想は、お父さまの昭和天皇譲りでしょうか。

「やはりそうなんでしょうね。昭和天皇はさらにもっと政治的に発言されていたわけでしょうから」

　陛下から他のメッセージはなかったのですか。

「内奏ですからいろいろと。例えば、ISのようなイスラムの過激派のような人たち。自分が自爆テロで命を失うことによって天国に行けると信じている人たちを説得するのはどうすればいいんでしょうか。難しいですね、と言われました」

　それも素朴で鋭い質問ですね。

「そうですよね」

　どう答えたか?

「テロを起こすのも原因があって、1つは貧困ではないでしょうか。だから、貧困の問題を根本的に解決するということをすれば、そういう発想にならないのではないでしょうか、といったお答えしかできませんでした」

　ここまでが内奏のくだりである。

　鳩山氏に平成の天皇をどう評価するか。改めて最後に聞いた。

「平成の天皇は、韓国に対しても中国に対しても、日本が過去の一時期に大変な迷惑をかけたとしっかり謝罪されている。ある意味、時の首相以上にされている。平成の世が終わって上皇になられて韓国へ行けば、韓国民はすごく喜ぶと思うし、日韓間に横たわっているいくつもの問題が一気に解決する可能性があると思う。行っていただきたいと思う」

　上皇の外遊があり得るのかどうか、いろいろ問題はあるだろう。ただ、日韓関係改善という問題が令和に引き継がれた1つの重要な外交課題であることだけは確かであろう。

はとやま　ゆきお――1947年、東京都出身。東京大学工学部卒業。祖父・鳩山一郎は自民党初代総裁。1986年、衆議院議員に初当選(北海道選出＝自民党)。元首相。民主党幹事長、民主党代表などを歴任。2012年に政界引退。

平成の証言

政局仕掛け人のキーパーソン

小沢一郎（衆議院議員）

「政権交代で本物の議会制民主主義が定着する！」

倉重篤郎 構成

◀細川護熙・日本新党代表を首相候補に決定する非自民7党1会派の党首会談
…東京都内のホテルで　1993年7月

平成の30年を通じて常に政局仕掛け人として活躍し続けたのはこの人しかいない。

弱冠47歳にして自民党幹事長ポストに上り詰めたのが1989年、平成元年だった。最大派閥・経世会の権力闘争の末に、自民党を飛び出したのが93年、平成5年だった。そして、その年の8月に8党会派に横串を入れ、細川護熙・非自民連立政権を立ち上げ、長年権力をほしいままにしていた自民党1党支配体制に終止符を打った。

それからも一貫して政局のど真ん中にいた。

94年にはその野党各党を束ね最大野党・新進党を創設、97年にはそれを解党し、自らは自由党を結成、98年には小渕恵三政権と自自連立政権で合意、2000年には別れ、世紀をまたぎ02年には民主党との合併交渉をまとめ、06年にはついに民主党代表になる。

そして、09年には2度目の政権交代を成し遂げ鳩山由紀夫・民主党政権を樹立する。3年間続いた民主党政権だったが、最後は反小沢vs.親小沢の抗争となり、12年には野党転落の憂き目に遭う。その後も野党政局の節目節目にこの人物の姿が見え隠れする。そしていままた3度目の政権交代に向けて情熱を傾ける。いわく、「野党の結集、政権交代をあきらめたら僕は政界引退するしかない。やっている以上は最後の1分1秒まで努力する」。平成という時代の政治を牛耳った、この希代の政局男に平成を問う。

まずは平成という元号から聞きたい。竹下登政権の時だ。記者会見して「平成」と書かれた色紙を掲げたのが小渕恵三官房長官、あなたは官房副長官だった。

「『平成』と『正化』というのが残った。どっちにしようとなった。学者はどちらでもいいという意見だった。だけど、化けるという言葉がつくより平成のほうがいいとなった」

誰が最終的に決めた？

「僕と竹下、小渕両氏だ。3人の考えが一致した」

悪くない御代だった？

「そう。そんな平らかな時代ではなかったが、考案者の思いはできるだけ平らかになってほしいということだった」

確かに実際はそれほど平らかではなかった。

「僕は、平成は次の時代への転換の過渡期だと位置づけている」

明治、大正、昭和とは？

「明治とはもちろん違う。大正は明治の延長のようなものだし、昭和も戦前はまったく違う様相だった。平成は国際的には東西冷戦の崩壊の時期と一致、日本が世界から自立を求められ始めた時代だ。今でも自立はできていないが、そういった大変化を求められた転換の時代で、30年経過してなおそれに取り組んでいる。次の御代には、3度目の政権交代で本物の議会制民主主義が定着するようにと思っている」

「平成の政治」で思い起こされることは何か。

「それはやはり93年の細川護熙政権であり、09年の鳩山由紀夫政権だ。ただ、後者は僕にとって嫌な思い出でもある。ようやく本格的な政権交代を成し遂げられそうだ、と思った時に検察にやられた(小沢氏の選挙資金管理団体『陸山会』の政治資金規正法違反事件。小沢氏は無罪が確定)。政治活動が事実上できなくなった。それがちょっと残念だ。だけどどっちみちもう1回やらなければダメだ」

やられた背景には何があったのか。

「わからない。ただ、僕は小さくても強力な中央政府を作ろう。そのためには統治機構を全面改革する。とくに、法案審査権を通じて内閣をコントロールしようという内閣法制局なんていらない。法制局は国会にあれば十分だ、と主張していた。僕を知らない官僚や旧体制から見たら脅威だったかもしれない。あいつだけは首相にさせるな、という思いがあったのではないか。内閣法制局というのは法務省、検察人脈ともつながりが深い」

93年の細川政権擁立時に時計の針を戻したい。あの時の思いは？

「僕は政治の世界に出る時から小選挙区制の導入と、政権交代可能な議会制民主主義の実現を主張してきた。自民党内でそれができれば一番いいと思っていたが、経世会の分裂でできなくなった。細川政権で実現できたが、短期政権で終わった。09年こそは絶対だと思ったのだが、やはりアンシャンレジーム(検察官僚)の攻撃を受けた」

初の政権交代を成し遂げた「細川政権」

宮澤喜一政権による解散・総選挙があったのが93年7月18日。自民党が過半数割れした。

「僕はもっと野党が勝つと思っていたが、社会党がベタ負けした。ただ、それでも勘定すれば、野党8会派の当選者合計数が自民党を上回った」

「その足し算の不安定要素が日本新党とさきがけグループだった。自民党と連立する動きがあった。さきがけの武村(正義・当時の代表)君なんかとくにそうだった。だが、彼も細川氏とは手を切れない。だから、細川氏に『野党連立政権を作り政治改革を実現しよう。首相はあなただ』と言って事実上了解を取ってしまった」

その秘密会談が7月22日だ。後に自民党の山﨑拓氏が自著『YKK秘録』(講談社、16年7月)で明らかにしたところによると、加藤紘一、小泉純一郎、山﨑3氏のYKKグループもまた細川首班で自民党との連立政権を組もうと画策したが、小沢氏にタッチの差で先を越されたと。

「ハハ、選挙が終わってすぐだった。野党陣営の首相候補は常識的には羽田(孜・新生党党首)さんだったが、これでは細川、武村両氏がついてこない。彼らには新自由クラブのイメージがあった。83年に中曽根康弘政権が衆院選で過半数割れした時に連立し、小党といえどもそれなりの影響力を発揮した。僕にはそれがわかっていた」

細川氏が乗ってくると？

「思っていた。政治家である以上、首相になってくれと言われて嫌だという人はいない」

あなたは嫌だと言った、というが。

「僕はちょっと変わっているから(笑)」

さて、その平成政治の最も本質的改革は細川政権の選挙制度改革ではないか？

「本質につながるが、必ずしも本質的なものではない。議会制民主主義の政権交代を可能にするための手段だ。もちろん手段としては大いに機能した。これからも機能するし、また機能するだろう」

カネのかからない政治を目指す制度でもあった。

「当時、海部(俊樹・元首相)さんがそう言ったが、僕はそんなものは目的にしていなかった。あくまでも政権交代だ。だって、お金がかからない政治なんてありえない。政治が近代化し、メディアを使うようになってますますかかるようになった。米大統領選では両陣営だけで莫大《ばくだい》なカネを集め使うようになった。実はドブ板が一番お金がかからない」

派閥が事実上解体し、首相権限が強化された。「安倍1強」もそこからきている。

「よくそう言われるが、僕に言わせれば、首相権限は何も変わっていない。制度上もともと強く設定されている。ただ、

◀政権交代を果たした
衆議院選挙の民主党開票センター
左から鳩山由紀夫代表、小沢氏
…東京都港区で　2009年8月

▶自自連立政権実現に向けて会談に臨む小渕恵三首相と小沢自由党党首
…首相官邸で　1998年12月

かつての首相らは権力をほしいままに使ってはいけないという常識を持っていた。今のお方はそういうことも関係なく好き勝手にやっていいとの考えだ。だからそういう意味で、かつての自民党ではなくなった、と僕は言っている」

確かにかつての自民党のように非主流派からの正論も出てこなくなった。人材も不作だ。すべて小選挙区制のせいになっている。

「そんなことを言えば、英国はどうか。EU脱退問題では保守党内でもメイ首相に公然と刃向かう勢力がいる。小選挙区制でもチャーチルやサッチャーといった(首相の)逸材を生み出してきた。単純に日本の政界に人材がいなくなったというだけのことではないか。与党にも野党にも」

選挙制度改革を成し遂げた細川政権が1年足らずで終わるとは。

「細川氏が辞めるとは思わなかった。まったく相談もなかった。NTT株問題、佐川急便からの借金問題とか、いろいろ自民党が攻めてきた。何か説明のできないカネでももらったのかと思ったが、聞いてみたら何でもない。何でこんなことで辞めるんだという話ばかりだった。多分、自民党から相当脅されたのだろう。細川政権がもっと続いていれば、自民党はめちゃくちゃになっていた。すでにあの時でもボロボロ離党する人が出てきたのだから」

ミッチーこと、渡辺美智雄氏らが離党するという動きもあった。

「最後にミッチーが決断しなかった」

細川氏が退陣後、連立から社会党が離脱、少数与党化した羽田政権も倒れた。そして、ポスト羽田を、自社が担いだ村山富市社会党党首(当時)と、小沢氏が擁立した海部俊樹元首相が首班指名選挙で争う、という劇的な事態に至る。94年6月29日のことだ。

「海部さんを口説いたのは西岡武夫(元参議院議長)さんだ。誰にしようかと言った時、西岡さんが海部さんでどうかと。僕には自信がない、と言ったら西岡さんがやってくれた。ただ、海部さんは最後まで躊《ちゅう》躇《ちょ》し迫力に欠けた。よしやろう、ということになっていたらもう少しついてきたんだろう」

投票は決選投票で、村山氏261票、海部氏214票と、村山首相が誕生する結果になった。

「もっと時間があれば海部さんが勝った。中曽根さんら自民党内にも社会党の首相を担ぐなどとんでもない、という意見が多かった。会期延長をしてあと1週間はほしかった」

「小沢首相」が誕生したら何をしたか

そこから野党に転落、09年に再び政権に返り咲くまで15年かかった。

「苦節15年。よく頑張ったと思う」

その間、自自連立という時代もあった。参院の過半数割れで、小渕恵三政権側からの要請があり、小沢氏の自由党との連立が成立。その後、公明党も入り自自公連立政権となった。

「あれは本当にもう、僕の失敗だった。連立した際の政策合意書には僕の主張が全部入っていた。国連中心主義の安全保障政策とか統治機構改革とか。それに小渕首相や森喜朗幹事長ら自民5役が全員署名した。半分でも実行できたら連立の価値があるだろう、とやったわけだが、すぐに彼らには最初からその気がないことがわかった。そうであるなら連立を続けてもしょうがない、ということで最終的に僕が小渕首相に談判、連立を離脱した。『いっちゃん、すまん、俺、そんな力はない』と言うんだ。僕としては、連立はただ単に数合わせではない、政権に入りたいわけでもない、ということを立証するため、自由党を真っ二つに割ってでも離れる決断をした」

確かに自由党が真っ二つに割れた。二階俊博氏ら半分は離党し保守党を立ち上げ、政権与党に残った。00年4月1日のことだ。ところで、合意書の中で成立したものは?

「クエスチョンタイム(党首討論)だけだ」

小沢・小渕会談の直後、小渕氏が倒れた(順天堂病院に入院後の5月14日、脳梗塞《こうそく》で死去)。

「彼はもともと心臓が悪かった。若い時、自民党本部で倒れ、僕が控室で寝かしたこともあった。首相は激職だ。まじめに取り組もうと思えば思うほどそうなる」

自自公連立が自公連立に変わり、それが今に至るまで継続している。「結果として自民党と公明党に利用された。だから失敗だ。彼らの話を聞くべきではなかった」

あなたからみて公明党の存在は?

「ともかく権力に入りたがった。創価学会側の事情もあった。連立してからはもうべったりだ。国会議員たちは権力のうまみを知ってしまったからもう離れられない」

自自連立の清算後、しばらく自由党単独時代があった。だが、02年には民主党と野党同士で合併した。

「自由党の時代が一番気分のいい時だった。自分の主張を貫けた。だが、それだといつまでたっても過半数は取れない。この際、民主党と一緒になるしかない、と。それがやはり狙い通りになった。野党の一本化で結果として浮動票の受け皿になることができた」

そこで政権交代選挙となる09年を迎える。麻生太郎首相に対し、民主党は小沢代表、鳩山由紀夫幹事長という布陣だ。その矢先、先述の検察の捜査が入ってくる。

「僕はそんなことで政権が取れなくなってはいかんと、鳩山氏とポストを入れ替え、鳩山氏を代表に、僕が幹事長になった。だが、いま振り返ると、そんなことをしなくても選挙には勝った、と思う。政権交代すべきだという国民の熱がものすごく高かった」

ということは小沢首相が誕生していた?

「党首で勝てば首相をやらざるをえない」

イフの世界ではあるが、小沢首相ならどんな政治を?

「外交でいえば米国とよく相談し、僕の持論の国連中心主義を進めようと思った。そのためには日本が積極的に国連に貢献する姿勢を示さなければならない。例えば、ガリ事務総長の時に国連緊急部隊を作ろうという提案があり、英国は賛成、米国も賛成だったが途中で引っ込んでしまった。あの時に日本も出すから米国も賛成しろという選択肢もあった」

おざわ　いちろう――1942年生まれ。岩手県出身。慶應義塾大経済学部卒業。69年に衆議院議員初当選、以来、17回連続当選。自治相、自民党幹事長などを歴任。93年に自民党離党後、新生党代表幹事。新進、旧自由、民主、生活各党などで代表を務めた。

「経済政策でいえば、子ども手当、最低保障年金、農業者の戸別所得補償制度の確立だ。最終目標は、中央官庁の補助金制度を廃止し、地方の自主財源を増やし、地方の自立を図ることだ。中央官庁も国会議員も、外交や財政など国家的なことに専念し、その他のことは地方の自主性に委ねる政治だ」

なぜ日本で議会制民主主義が定着しないのか

最後は平成の民主主義論だ。日本にはいまだに本物の議会制民主主義が定着していない、というのがあなたの立論だ。戦後70有余年もたつのになぜか。米国から与えられた民主主義だからか。

「違う。民族と国家の形成の歴史が欧米とは違う」

そこまでさかのぼる?

「さかのぼる。聖徳太子からだ。和をもって貴しとなす、丸く丸くおさめる。競争の原理ではない。みんなで渡れば怖くない、ということだ。強力なリーダーはいらない。もともと民主主義には向かない風土だ。島国だから敵もいない」

「ただ、もう1回政権交代すると、かなり日本人の意識が違ってくる。09年の選挙で自分たちの投票で政権を変えることができることは覚えた。いまは自民党に代わるものがいないのでそれを行使できないでいる。安倍政権に対する不満も相当出ている。野党を1つにまとめれば圧勝する。絶対に勝てる」

平成回顧の枠をいささか超えてしまったかもしれない。だが、平成時代を政局のキーパーソンとして駆け抜けた男が、その見果てぬ夢に、今一度政治人生をかけようとしていることだけは伝わってきた。平成とは彼にとってはまさに過渡期であらねばならなかったのだろう。

◀自民党幹事長時代の小沢氏
…首相官邸で　1990年2月

◀共産党の志位和夫委員長(右)と会談する小沢氏
…国会内で　2019年4月

猛威を振るったグローバリゼーション

田中 均（元外務審議官）

「米・中デジタル冷戦」への日本の課題

倉重篤郎 構成

◀田中氏が外務省外務審議官時代、日朝「拉致問題」協議に奔走した
…2004年2月

田中均氏には「平成とは何だったのか」というテーマで、日本外交の30年を総括していただいたことがある（日本記者クラブでの2018〈平成30〉年7月3日の会見。同クラブサイトからユーチューブで視聴可能）。

田中氏はその冒頭にフランシス・フクヤマ氏の著作『歴史の終わり』を引き合いに、「自由民主主義体制の勝利というフクヤマの見立ては半分正しくて、半分正しくなかった。歴史の終わりであると同時に歴史の始まりだった」としたうえで、平成でくくられる30年間の世界の大きな流れについて、①先進国と新興国の勢力の均等②ポピュリズムの台頭③米国のリーダーシップの低下という3点に集約できると分析してくれた。

田中氏らしい包括的、かつメリハリのある議論だった。今回はさらに論を深化してもらった。以下がそのやりとりである。

冷戦後の世界の動きを素描してほしい。

「すべてはグローバリゼーションからきている。これが先進国内部で格差をもたらすとともに、国家間の格差を是正した。つまり、G7が世界の国力の大部分を占めていた時代にはリベラルで民主主義的な価値観が世界秩序の基本になったが、新興国の経済的台頭がそのバランスを変えた」

「その結果、何が起きたか。先進国ではポピュリズムとナショナリズムが強くなった。欧州では移民の大量流入からその排斥運動が起き、英国ではEU離脱騒動となった。米国ではこれまで日の目を見なかったラストベルト（衰退した工業地帯）の労働者の声が政治に結びつき、米国ファースト、トランプ現象となっている」

「一方で、途上国では中央集権的な政治体制になった。経済のスケールは全体的に上がったが、経済的な自由や技術革新を国としてガバナンス（統治）していくうえで、より強い専制性が出てきた。中国、ロシア、エジプト、トルコ、ブラジルがそうだ」

「これが平成という時代の基調をなした。平成が終わる頃にふっと目を開けて見たら、先進国のリーダーたる米国と、専制的新興国の代表たる中国との経済対立、デジタル冷戦が起きていた。世界を大きく見るとそういう流れになっている」

日本もまた同じ流れに？

「必ずしもそうではない。冷戦後の日本には独自の事情があった。外交・安全保障政策をどうするか、という問題だ。米ソ冷戦下では米国にずっと依存していればよかったが、冷戦後はそういうわけにはいかなくなった。自分の足で立つことを怠ったツケが出てきた」

「まずは、1991年の第1次湾岸戦争だ。石油の安定供給という国益が毀損《きそん》される可能性がありながら人的支援が何もできず、米国からは同盟国としての適格性を問われ、世界からもたたかれた。94年の朝鮮半島の第1次核危機はより深刻だった。日本の安全を直接脅かすものだったのに、当時我々がやったシミュレーションでは、北朝鮮が38度線を越えて南進した場合でも日本ができることが極めて限られていることが判明した。95年の沖縄での少女暴行事件も大きな問題提起だった。日米安保体制の中での沖縄への基地過重負担を見直さなければならない、ということになった。つまり、冷戦後の日本は自分の足で立つことを迫られ、かつ望み、日米安保体制の枠内で日本の役割を強化していく、という方向で日本の外交・安全保障政策を見直す作業に追われた」

あなたは外務官僚としてことごとくその作業にかかわっている。

「2001年の『9・11』対米国テロ事件では、小泉純一郎政権が米国に言われる前に自衛隊派遣の決断をした。非戦闘地域という線引きを使って物理的貢献をしようとした。90年代の反省から自分の足で立とうとしたわけだ。その流れがその後も続き、安倍晋三政権では集団的自衛権の行使を一部容認した」

平成とはバブル崩壊後の30年でもあった。

「停滞した30年だった。過去の成功体験に安住し、イノベーションが起きなかった。個々の政権が自らを延命させようと国民に不評な政策をすべて先送りした。少子高齢化対策、財政健全化然りだ。現役世代にいい顔をしようというポピュリズムの影響が日本にもあったということだ」

まさに安倍政権がそれだ。西側で最初にできたポピュリズム政権だった。

「安倍政権の特徴は保守ナショナリズムをベースにしていることだ。例えば、近隣諸国との関係では、歴史認識問題で従来抑制的であったトーンを変え、モノ申す外交へと様変わりさせた。典型的な例が徴用工問題などに見られる韓国との関係だ。本来外交というのは最終的なつじつま合わせをすることだ。国というのはそれぞれ国内の利益があり、その国内益同士のぶつかり合いを調整し、さばくのが外交の仕事だが、そうなっていない。いたずらに互いの主張をエスカレートさせ、つじつま合わせを難しくさせている」

◀ニューヨークのトランプタワーで談笑する安倍晋三首相とトランプ米大統領
…米ニューヨークで 2018年9月 内閣広報室提供

トランプ大統領を生んだ米国の土壌とは

国際協調主義路線の逸脱も随所に見え始めた。

「あの戦争の反省を踏まえ、資源のない島国であるということを考えると、国際協調主義路線は日本の国是のはずだ。それが簡単に破られている。日韓関係もそうだが、IWC(国際捕鯨委員会)からの脱退(18年12月28日日本政府が表明)もそうだ」

IWC脱退の背景は?

「IWCの中で調査捕鯨を続けるか、脱退して商業捕鯨に転じるか、という議論はずっとあった。外務省はその都度、国際協調主義路線の順守を捕鯨という一業界の利益より優先すべきだとして、IWC脱退というような愚かなことはやめようと抑えてきた。政治家もそこは一線を踏み越えなかった」

捕鯨拠点を地元に持つ二階俊博自民党幹事長の影響力が取りざたされている。

「二階氏の地元・和歌山の利益もなくはないが、安倍首相の地元・下関は捕鯨基地でもあり、以前からIWCがけしからんという意見を持っていた。政治的利益と感情が合致したということではないか。トランプ米大統領の存在もある。米国が率先してパリ協定やＴＰＰ(環太平洋パートナーシップ協定)といった多国間枠組みから抜け、国際協調主義路線を崩していく。なぜ日本だけがダメなのか。脱協調主義路線の敷居が低くなってしまった」

　やはりお師匠さん役の米国の影響が大ではないか。自国ファーストで、自由と民主主義という価値の伝道者としての役割を放棄している。

「米国の基本スタンスは、同盟国とともに平時に抑止力を作っていくことだった。抑止力を構成するのは米国の軍事力であり、かつ同盟国との関係だった。共和党も民主党もそのためにはある程度コストがかかるのは仕方ないという立場だった。だが、いまの米国ファーストは、コストを払うのは嫌だというコストカット議論。価値に対する思いがない」

　それは一時的な傾向か、非可逆的なトレンドか？

「トランプ氏は特異な人ではあるが、トランプ氏を生んだ土壌はそう変わらない。米国民の４割はこれまでのエリートによる政治にはくみしない、という。トランプ氏がいなくなっても彼らは残る。彼らがどういう投票行動を取るか、やはりトランプ的なもの、過去の政治臭がしない人たちを選ぶ。だからポピュリズムは残るかもしれない」

　いろんな意味で米国の余裕がなくなった？

「憤りではないか。極端に富が偏在している。米国全体では豊かだが、１％の人が８割の富を有している。中間層が没落している。ＳＮＳでの短絡的なメッセージが選挙で大きな影響力を持つ。高邁《こうまい》な議論は意味をなさない。その意味ではトランプ的要素は残るのではないか」

「欧州も同様だ。英国のＥＵ(欧州連合)からのブレグジット(離脱)がそうだ。感情を取るか、理屈を取るか。本当の利益を取るか、見かけの利益を取るか。それが半々だ。その時の状況によって感情を取り、英国の伝統的利益とか、経済の合理的利益をどうでもいいと思う人たちが勝っている」

▲香港国際空港で演説する中国の習近平国家主席…2017年6月

「中国を変える」試みに日本は挑戦すべきだ

　平成における中国の変化をどうとらえる？　時代の後半、瞬く間に経済大国にのし上がった。

「中国共産党が権力の座に就き続けるには、経済成長を担保する必要がある、というのが鄧小平氏が始めた改革開放路線だ。ＷＴＯ(世界貿易機構)にも01年に加入、中国は西側のシステムの中で投資、技術移転の恩恵にあずかってきた。ただ一方で、西側システムを導入すると社会的規律が弱まり、規律維持のため共産党が介入を強める側面もある。反腐敗闘争を続け、顔認証の監視社会にする。キャッシュレス社会というのは、財務状況を全部握るということでもある。つまり経済的には開放するが、共産党の介入も強める。その矛盾が米中の貿易戦争となって表れている。中でも解決が困難なのはハイテクの覇権争いだ」

「デジタル冷戦」という言葉もある。どちらが勝つと見る？

「中国は共産党が資源配分を決める。企業、産業をターゲットに国家がロボットだ、宇宙だ、とカネをつけていく。一方、米国の資本主義は軍事費だけは国家がからむが、基本的には個人の自由な発想によるイノベーションだ。ファーウェイ問題に見られるように、いま米国はいっせいに中国への投資や技術移転を制限し始めた。同盟国にも共同歩調を求めている。中国はそのまま成長し続けられるかどうか、岐路に来ている」

規制はすでに遅かった。技術的には中国が上に行ったとの見方もある。

「米国が自国ファーストで、多国間主義、自由貿易体制から抜けていくことがどういう意味を持つか、という問題もある。中国が自由貿易体制のチャンピオンだと名乗り始める可能性がある。一帯一路路線によりアジア、中南米、アフリカ諸国に経済資源をばらまき、味方をたくさん作った。EUもまた中国との関係を強化する可能性がある。そうなると、中国は米国との対立で規制を受ける一方、米国以外の国々に対する政治的影響力を広げる余地を残す」

どちらが勝つかは微妙というところか。日本はこの米中対立の中でどうする？

「日本の最大の課題は、中国を国際社会のルールの世界に引き戻すことができるかということだ。中国に関与して、中国を変える試みに挑戦すべきだ。日本の国益に最も符合する戦略だ。究極的にはTPP11（環太平洋パートナーシップに関する包括的及び先進的協定）に中国の参加も求め、RCEP（東アジア地域包括的経済連携）を早く立ち上げることだ。残念なことに、安倍政権には中国と中長期的にどういう関係を作り上げるか、というビジョンが見られない」

日本は「普通の国」になるほど成熟していない

日本の安全保障に戻る。平成は、日米安保体制の枠内で日本の役割を強化させてきた時代だった。安倍政権時代に集団的自衛権まで一部を解禁した。

「安倍首相がその後にどこまで行くのかが見えない。改憲して普通の国になろうとしているのか。つまり、集団的自衛権を全面解除し、日米安保条約も改正して相互防衛条約にする。日本に米国の基地を置かない代わり日本は米国を守る義務を持つ。そこまで旗幟鮮明《きしせんめい》にすれば極めてわかりやすいのだが……」

腹の底にはある？

「あると思う」

ただあなたから見て、いまの日本に「普通の国」路線は可能か？

「無理ですね。日本はそれほどマチュア（成熟）してない。そうなるには、いまの保守の流れは危険だ」

戦前回帰してしまう？

「気がついてみたら周りは中国、韓国、北朝鮮と敵ばかりということになりかねない。そういう意味では日米安保体制は引き続き役割を果たさなければならない。一種の安心感だ。日本のウルトラナショナリズムを抑える役割を果たしてくれるだろう」

そこにまたナショナリズムが登場する。平成という時代のキーワードだ。

「そのナショナリズム、近隣諸国との関係において日本は基本的にローキー、低姿勢でやってきたが、それがある時から、日本は我慢しすぎた、言うべきことを言ってないではないかと、ボーンと跳ね上がった」

また、ローキーに戻ろうという良識の声が出てこないか。

「もう1回、衣替えする時期が来ると思う。極端に跳ね上がった意識がどこかでぶつかり合ってしまう。果たして、その時にやはり行き過ぎた、との反省が出るかどうか。メディア、学者、政治家、官僚に元に戻るパワーが残っているかどうかだ」

平成という時代に猛威を振るったグローバライゼーション、そして、それが作り上げたポピュリズムとナショナリズム。それに人類が、日本がうまく対応しきれるのか。難しい時代への御世替わり、という印象を深くした。

たなか　ひとし……１９４７年、京都府生まれ。69年、京都大学法学部卒業後、外務省入省。２００１年からアジア大洋州局長として北朝鮮の要人と交渉を続けて02年、小泉純一郎首相（当時）の訪朝を実現。外務審議官を務めて05年に退官し、現在、日本総合研究所国際戦略研究所理事長。

2010
平成22年

全国で戸籍上生存する「超高齢者」が発覚。尖閣諸島近海で中国漁船が海上保安庁の巡視船に衝突した事件で日中関係が悪化。その3ヵ月後には朝鮮民主主義人民共和国(北朝鮮)が韓国の延坪島を砲撃し、東アジアに不穏な空気が流れた。

▼事業仕分けで都市再生機構の説明者に質問する蓮舫参院議員
…東京都中央区　2010年4月26日

出来事

1・6◉日本の調査捕鯨船にシー・シェパードの抗議船が妨害行為

1・12◉ハイチでM7・0の地震、死者約23万人

1・15◉陸山会事件で石川知裕衆議院議員ら3人逮捕

1・19◉日本航空が会社更生法の適用申請

1・24◉沖縄県名護市長選で米軍普天間飛行場の県外移設を主張する元名護市教育長の稲嶺進が当選

1・27◉明石歩道橋事故、初の検察審査会議決による強制起訴決定

1・28◉鳥取市で発覚した複数の男性不審死で元ホステス逮捕

2・1◉首都圏で相次いで起きた男性不審死で交際相手の女逮捕

2・4◉陸山会事件で小沢一郎民主党幹事長は容疑不十分で不起訴

2・4◉横浜事件で元被告5人を無罪と認定する刑事補償決定

2・10◉宮城県石巻市で18歳少年が元交際相手ら3人を殺傷

2・23◉スーダン・ダルフール紛争で和平枠組み合意

2・25◉不特定多数が利用する施設の原則全面禁煙を求める厚生労働省通知。受動喫煙防止のため

2・27◉チリ中部でM8・8の地震、日本沿岸に1～2mの津波

3・1◉小林千代美衆議院議員(民主党)の違法献金事件、北海道教組合幹部ら逮捕

3・9◉外務省有識者委が1960年1月の安保条約改定時、1972年の沖縄返還時の日米密約の存在を認める報告書

3・10◉佐渡トキ保護センターでトキ9羽がテンに襲われ死ぬ

3・13◉札幌市のグループホームが全焼、入居者7人が死亡

3・24◉障害者自立支援法訴訟、国と原告側が初の和解

3・26◉足利事件再審で菅家利和服役囚に無罪判決

3・26◉韓国海軍哨戒艦が爆発物により沈没、死者46人。韓国の調査団は北朝鮮の魚雷攻撃が原因と発表。北朝鮮は関与否定

3・30◉95年の警察庁長官狙撃の時効成立。警視庁公安部長が「オウム真理教の計画的なテロ」と異例の発表

3・30◉島根原発で123カ所の点検漏れ、1号機の運転停止

4・1◉東京都は大規模事業所を対象にCO_2の排出総量削減を義務づけ、全国初の排出量取引制度を開始

4・1◉第一生命が株式会社に転換し東証1部上場。株主は国内最多の約140万人

4・2◉北海道厚沢部町で駐車していた自動車火災、姉弟4人死亡

4・5◉名張毒ぶどう酒事件、最高裁が審理差し戻し決定

4・9◉東京地裁が沖縄返還を巡る日米間の密約の存在を認める判決

4・10◉バンコクで軍、警察とデモ隊衝突。日本人カメラマン死亡

4・10◉平沼赳夫、与謝野馨らが新党「たちあがれ日本」を結成

4・10◉ポーランド政府専用機が墜落。大統領ら97人死亡

4・14◉中国青海省玉樹チベット族自治州でM7・1の地震、死者約2700人

4・14◉アイスランドの火山噴火、欧州で空港閉鎖相次ぐ

4・17◉愛知県豊川市で30歳の長男が家族5人を殺傷

4・18◉普天間移設候補地の鹿児島・徳之島で大規模反対集会

4・20◉米メキシコ湾沖の海底油田事故で大量の原

油流出

4・23◉財政危機のギリシャが欧州連合（EU）などに450億ユーロの緊急融資要請

4・27◉改正刑事訴訟法成立、施行。殺人罪などの公訴時効を廃止

5・1◉上海万博開幕。史上最多の189ヵ国57国際機関が参加。10月末まで184日間の入場者は史上最多の7300万人

5・6◉高速増殖炉「もんじゅ」が14年5カ月ぶりに運転再開

5・11◉英国で戦後初の連立政権誕生、キャメロン首相就任

5・18◉家畜伝染病の口蹄疫《こうていえき》で宮崎県知事が非常事態宣言

5・19◉大阪地裁、石綿被害で国の責任を認める初めての判決

5・28◉米軍普天間飛行場の移設先を辺野古とする政府決定、閣議の署名を拒否した福島瑞穂消費者・少子化担当相を罷免

5・30◉社民党、連立政権離脱

6・1◉子ども手当支給スタート。給付費総額は年2兆2554億円

6・4◉普天間問題の迷走と自身の政治とカネの問題で鳩山内閣総辞職。首相在任日数は262日で歴代5位の短命内閣。民主党代表選で菅直人副総理が勝利、第94代首相に

6・11◉菅新内閣の亀井静香金融・郵政担当相が、郵政改革法案の成立見送りに反発し辞任

6・14◉相撲協会、過去5年以内に29人の野球賭博関与を発表

6・16◉第二次大戦後に旧ソ連によって抑留され、労働を強いられた元日本兵らに特別給付金を支給するシベリア特措法成立

6・18◉浜名湖で野外体験学習のボートが転覆。中1女子死亡

6・22◉広島市のマツダ本社工場に侵入した乗用車暴走、1人死亡

6・24◉豪州労働党の党首に選出されたジュリア・ギラード、同国初の女性首相となる

6・28◉国鉄民営化に伴うJR不採用問題、最高裁で和解が成立

6・28◉高速道路無料化の社会実験を全国37路線50区間で開始

7・1◉観光収入の増加を狙い、中国人個人観光ビザの発給要件を大幅緩和。対象者は従来の約10倍に

7・11◉第22回参議院選挙で民主党は44議席と惨敗。衆参ねじれ状況に陥る

7・14◉日本振興銀行の検査妨害事件で同行の前会長ら5人逮捕

7・16◉10日からの梅雨前線による豪雨で佐賀、福岡、山口、岐阜など各県で記録的大雨。全国で死者・行方不明者14人

7・24◉スイスで観光列車脱線・転覆。日本人1人死

◀倒壊した鶴岡八幡宮本殿前の大銀杏…2010年3月10日

▼墜落、大破した埼玉県防災ヘリ「あらかわ1」…埼玉・秩父　2010年7月26日

▼ユーチューブに流出した海保の巡視船に体当たりした中国漁船の映像…2010年9月7日

▶iPadの契約者と握手するソフトバンクの孫正義社長（右）
…東京都渋谷区　2010年5月28日

▶11歳、史上最年少でプロ棋士試験に合格した藤沢里菜さん
…東京・日本棋院　2010年2月6日

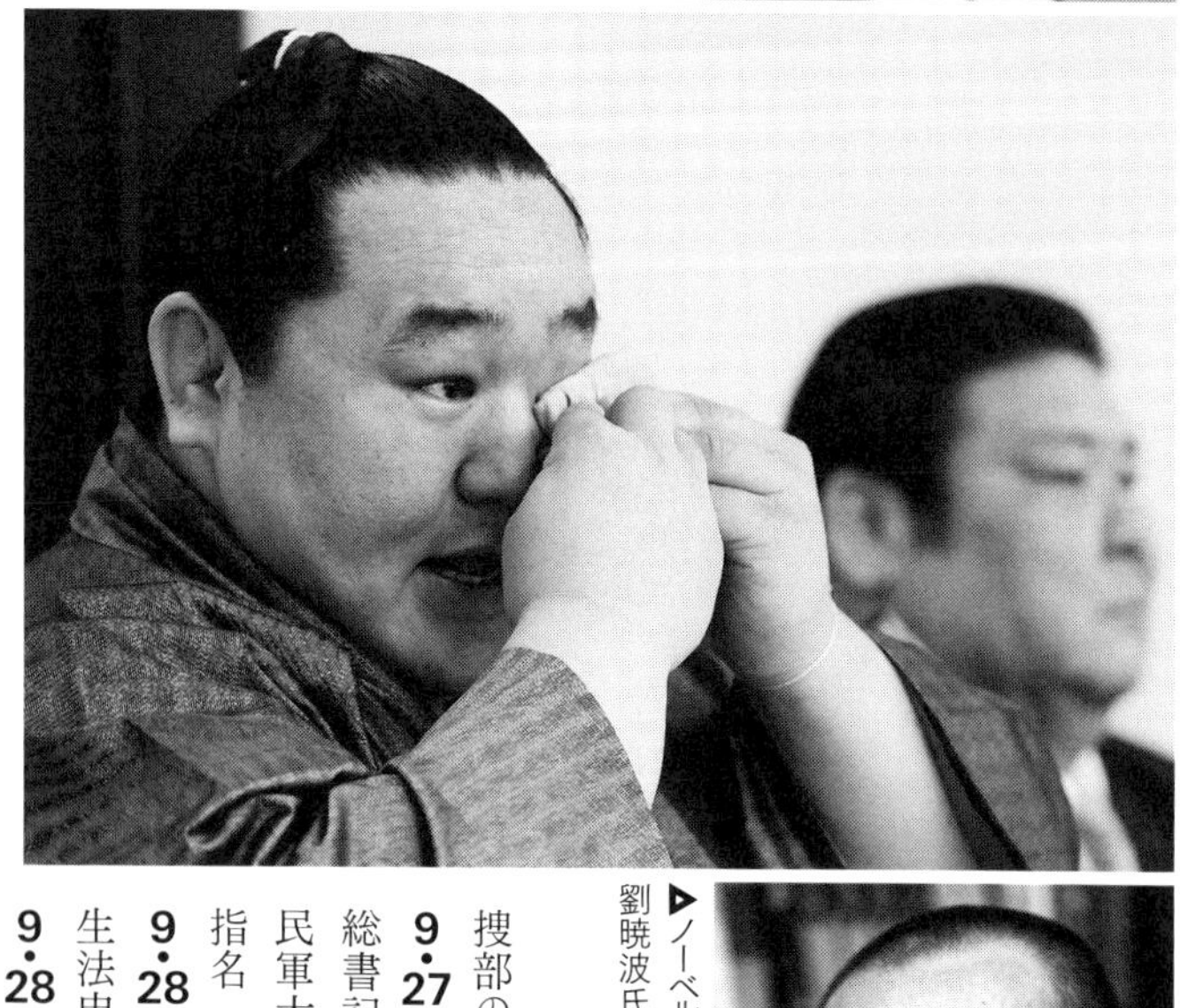

▼引退会見で涙をぬぐう朝青龍
…東京・両国国技館　2010年2月4日

▶ノーベル平和賞を受賞した劉暁波氏…©ロイター

亡、負傷者40人のうち28人が日本人。原因は運転士のミス

7·25◉埼玉県の防災ヘリが奥秩父山系で遭難救助中に墜落、乗員7人のうちレスキュー隊員ら5人死亡

7·28◉民主党政権下で初の死刑執行。千葉景子法相が執行に立ち会う

7·28◉都内男性最高齢男性の白骨遺体発見。戸籍上の「超高齢者」

7·30◉大阪市で幼い姉弟の遺体発見。置き去りにした母逮捕

8·1◉クラスター爆弾禁止条約（オスロ条約）発効

8·1◉秩父のヘリ墜落現場取材で記者ら2人死亡

8·5◉チリの鉱山で大規模落盤事故。33人が閉じ込められた

8·6◉広島の平和記念式典に国連事務総長や駐日米大使が初参列

8·9◉改正臓器移植法により、本人の意思表示のない脳死判定者の臓器が家族の承諾で提供されることに

8·10◉日韓併合100年の首相談話を閣議決定

8·17◉北海道日高山系の沢沿いで、急激な増水によりテントごと流された東京理科大ワンダーフォーゲル部の学生3人死亡

8·18◉瀬戸内海で第6管区海上保安本部のヘリ墜落、5人死亡

8·19◉イラクから米戦闘部隊撤退完了

9·3◉東京・帝京大学病院が多剤耐性アシネトバクターの院内感染発表

9·7◉尖閣諸島近くで中国漁船が海上保安庁巡視船に衝突

9·7◉5月31日以降、熱中症で搬送された人が5万人を超す

9·10◉日本振興銀行が破綻、初めてのペイオフ発動

9·20◉「軍事目標」を撮影したとして日本人4人を中国当局が拘束

9·21◉郵便不正事件の証拠品改竄で大阪地検特捜部の検事逮捕

9·27◉北朝鮮で金正日（キム・ジョンイル）総書記の三男正恩（ジョンウン）が朝鮮人民軍大将に。実質的な総書記後継者指名

9·28◉消費者金融の武富士、会社更生法申請

9·28◉「第三国定住難民」の第1弾、ミャンマー難民18人が到着

10·1◉たばこ1本当たり3・5円増税。WHOのたばこ規制に関する条約により厚労省主導で過去最大の値上げ

10·5◉日銀、4年3カ月ぶりの実質ゼロ金利政策を決定

10·8◉中国の民主活動家で作家の劉暁波氏にノーベル平和賞

10·8◉名古屋市で国連生物多様性条約第10回締約国会議開幕

10·20◉鹿児島県奄美地方で秋雨前線による豪雨。死者3人

10·23◉群馬・桐生市の小6女児自殺。いじめが原因か

10·25◉日印首脳会談、EPA締結で正式合意。発効後10年間で約94%関税撤廃

10·29◉公安部などのテロ捜査資料のネット流出を警視庁が把握

11·1◉メドベージェフ露大統領が国後島を訪問。ソ連

時代を含めてロシア首脳の北方領土訪問は初めて

11・2◉米中間選挙で民主党大敗、草の根保守の台頭

11・4◉中国漁船の巡視船衝突事件映像のネット上流出が判明

11・12◉主要20カ国・地域（G20）首脳会議で通貨安競争回避を盛り込んだ首脳宣言

11・16◉横浜地裁で裁判員裁判初の死刑判決

11・17◉東京高裁が7月の参議院選で1票の格差を違憲とする判決

11・22◉柳田稔法相が国会答弁を軽視する発言から辞任

11・23◉北朝鮮が韓国の延坪島を砲撃、4人が死亡

11・28◉ウィキリークスが米外交公電25万件の公開開始

11・29◉島根の養鶏農家で鳥インフルエンザ発生

11・30◉常用漢字表29年ぶりに改定。196字を追加

12・4◉東北新幹線が新青森まで全線開通

12・5◉鹿児島県阿久根市で市長のリコールが成立

12・6◉諫早湾干拓事業で2審も潮受け堤防排水門開門命じる判決。国は上告を断念

12・10◉鹿児島地裁で死刑求刑に裁判員裁判で初の無罪判決

12・12◉茨城県議選の選挙事務所に保冷車が突っ込み1人死亡

12・15◉名古屋市議会、リコールで解散問う住民投票実施決定

12・15◉東京都議会が漫画の販売規制を強化する条例改正案可決

12・16◉税制改正大綱決定、法人税の実効税率5％引き下げなど

12・17◉茨城県取手市でバス乗客を男が包丁で襲い14人負傷

12・17◉南西諸島への対処強化などを打ち出した新防衛大綱決定

12・20◉2011年度の年金支給額、5年ぶり引き下げ決定

話題

中国の国内総生産（GDP）が5兆8786億ドルで、日本を抜いてアメリカに次ぐ世界第2位になる

6～8月の全国平均気温が1898年の統計開始以来最高

【へぇ～】

3・10◉神奈川県鎌倉市の鶴岡八幡宮で「大銀杏《おおいちょう》」が強風で倒れる

4・17◉東京都心で降雪。観測開始以来最も遅い記録と41年ぶりに並ぶ

10・31◉ポプラ社小説大賞を『KAGEROU』で受賞した齋藤智裕は、イケメン人気俳優の水嶋ヒロ

【流行語】

ゲゲゲの／いい質問ですねぇ／イクメン／AKB48／女子会／脱小沢／ととのいました／～なう

【流行】

山ガール（若い女子の登山ブーム）／パワースポット

【新商品・ヒット商品】

食べるラー油／3D映画・テレビ／電子書籍端末／「ツイッター」／「Facebook」／米でパンをつくる「ゴパン」／ミラーレス一眼カメラ／羽根のない扇風機

【誕生】

3・11◉国内98カ所目となる茨城空港が開港

5・28◉「iPad」発売、直営店前に長い行列

【さよなら】

「スイングジャーナル」スイングジャーナル社、「大相撲」読売新聞東京本社、「銀花」文化出版局

【スポーツ】

1・11◉世界ボクシング協会（WBA）スーパーフェザー級王座戦で内山高志がサルガドにTKO勝ちし世界初挑戦で新王者に

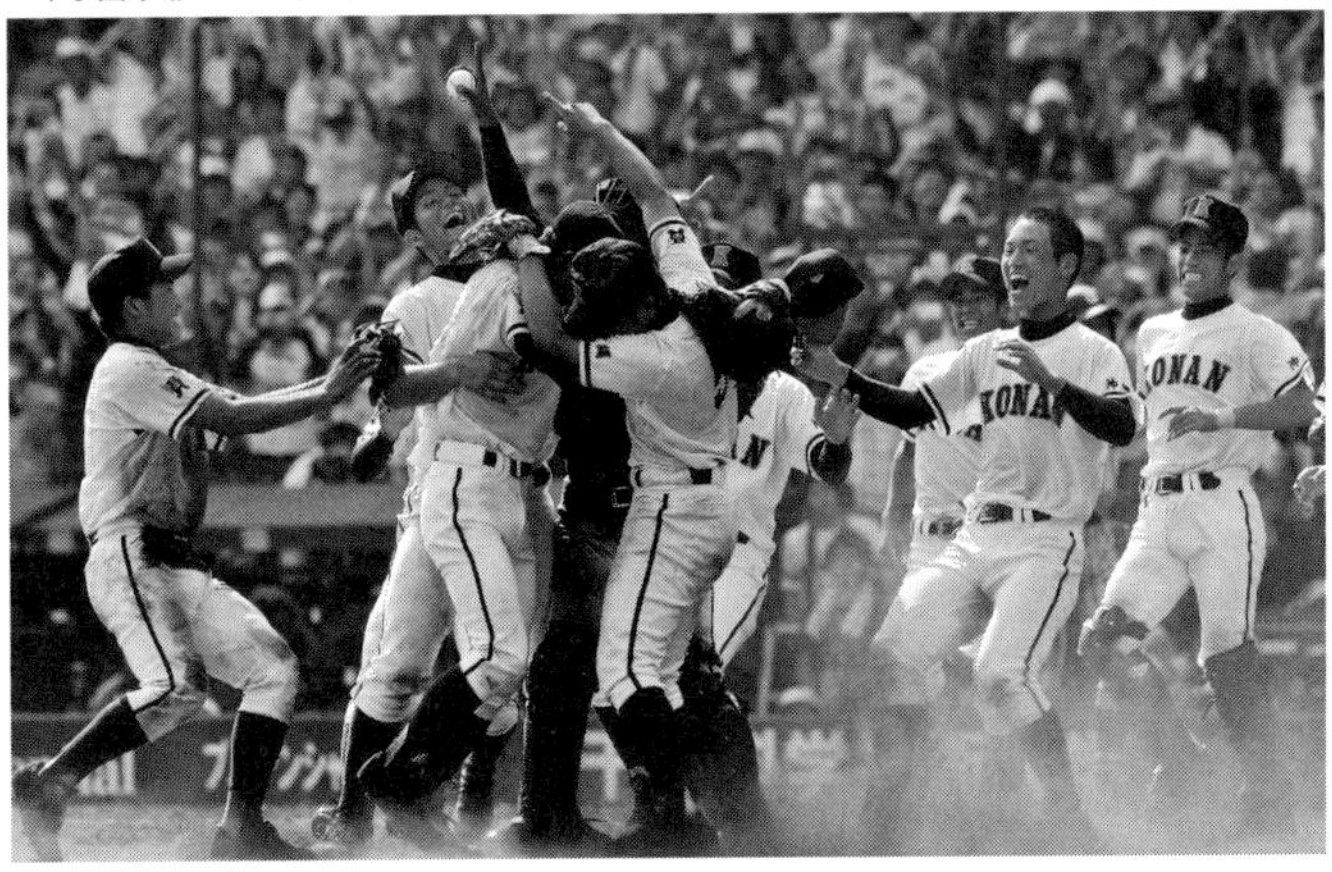

▼沖縄県勢で初の春夏制覇決めた興南の選手たち
…甲子園球場　2010年8月21日

1・12◉初場所3日目、大関魁皇が幕内通算808勝を挙げ、元横綱千代の富士（九重親方）を抜き幕内勝利数の歴代最多に

2・1◉日本相撲協会理事選挙で、慣例を破り二所ノ関一門を離脱して立候補した貴乃花親方が初当選

2・4◉知人男性への傷害問題で横綱・朝青龍が現役引退

2・7◉WBAフライ級王座戦で亀田大毅がカオウィチット（タイ）を破り新王者に。兄興毅とともに日本人初の兄弟世界王者

2・12◉バンクーバー冬季オリンピック開幕

2・26◉囲碁の張栩十段が棋聖位奪取。史上2人目の「7冠グランドスラム」

3・25◉フィギュアスケート世界選手権で高橋大輔が日本男子初の優勝。浅田真央は2年ぶり2度目の優勝（27日）

4・1◉改正日本学生野球憲章施行。プロとの交流制限を緩和

4・1◉11歳6ヵ月の藤沢里菜が史上最年少の囲碁棋士に

4・23◉約60年ぶりとなる女子プロ野球が開幕

6・11◉南アフリカでサッカーW杯開幕。日

▶宇宙滞在を語る山崎直子さん
…東京都千代田区で　2010年5月17日

本は決勝トーナメント初戦でパラグアイにPK戦の末に敗れた。優勝はスペイン

7・25◉名古屋場所で白鵬が15回目の優勝。3場所連続15戦全勝優勝は1909年の優勝制度設定以来、初めて

8・21◉夏の甲子園、興南が沖縄勢として初の春夏制覇

8・30◉サッカー日本代表の新監督にイタリア人のアルベルト・ザッケローニの就任が決定

9・13◉男子テニスでナダル(スペイン)が全米オープンを制し、史上7人目となる生涯グランドスラム(4大大会制覇)を達成

9・23◉イチローが自身の持つ大リーグ記録を更新する10年連続200安打を達成

10・22◉体操の世界選手権男子個人総合で内村航平が日本人初の2連覇を達成

11・7◉プロ野球日本シリーズ、千葉ロッテが優勝。千葉ロッテ4－2中日

11・12◉広州アジア大会開幕。日本は48の金メダルを獲得。陸上女子100m、200mで福島千里が日本人初の2冠達成

【科学・学術】

4・5◉山崎直子らを乗せたスペースシャトル「ディスカバリー」打ち上げ。国際宇宙ステーション(ISS)とドッキングした後、20日に帰還

6・2◉09年12月にソユーズで出発した野口聡一が、山崎直子とISSで対面などを経て、163日ぶりにソユーズでカザフスタンに帰還

6・13◉打ち上げから7年を経て小惑星探査機「はやぶさ」が帰還

9・9◉奈良県明日香村の牽牛子塚《けんごしづか》古墳を斉明天皇陵と特定

10・6◉鈴木章・北大名誉教授と根岸英一・米パデュー大特別教授にノーベル化学賞

▲小惑星探査機「はやぶさ」が持ち帰ったカプセルとプロジェクトマネジャーの川口淳一郎教授
…相模原市立博物館　2010年7月29日

【文化・芸術・芸能】

2・20◉ベルリン国際映画祭で「キャタピラー」(若松孝二監督)に主演した寺島しのぶに最優秀女優賞(銀熊賞)

3・24◉日本電子書籍出版社協会が正式にスタート。大手など31社が参加。タブレット端末、スマートフォンの発売により電子書籍元年といわれる

7・6◉NHK、大相撲名古屋場所のテレビ中継中止を発表

9・6◉モントリオール世界映画祭で「悪人」(李相日監督)の深津絵里が最優秀女優賞を受賞。

【音楽】

AKB48「Beginner」「ヘビーローテーション」「ポニーテールとシュシュ」／嵐「Troublemaker」「Monster」「果てない空」／KARA「ミスター」／少女時代「GENIE」／EXILE「I Wish For You」／坂本冬美「また君に恋してる」／スマイレージ「夢見る15歳」

【映画】

外国映画『アバター』米 監ジェームズ・キャメロン 演シガニー・ウィーバー／『アリス・イン・ワンダーランド』米 監ティム・バートン 演ジョニー・デップ／『息もできない』韓 監・演ヤン・イクチュン／『インビクタス／負けざる者たち』米 監クリント・イーストウッド 演モーガン・フリーマン／『白いリボン』独・仏・伊・オーストリア 監ミヒャエル・ハネケ 演

▲『キャタピラー』でベルリン国際映画祭銀熊賞。トロフィーを手に会見する寺島しのぶさんと若松孝二監督(右)と大西信満さん…2010年2月27日

▼『KAGEROU』で第5回ポプラ社小説大賞を受賞した水嶋ヒロ…2010年11月1日

ウルリッヒ・トゥクル／『ハート・ロッカー』米 監キャスリン・ビグロー 演ジェレミー・レナー

日本映画『悪人』(映画『悪人』製作委員会)監李相日 演妻夫木聡／『告白』(「告白」製作委員会)監中島哲也 演松たか子／『ヘヴンズ ストーリー』(ヘヴンズ プロジェクト)監瀬々敬久 演寉岡萌希／『キャタピラー』(若松プロ、スコーレ)監若松孝二 演寺島しのぶ

【出版・文芸】

岩崎夏海『もし高校野球の女子マネージャーがドラッカーの『マネジメント』を読んだら』／池上彰『伝える力』／マイケル・サンデル『これからの「正義」の話をしよう』／沖方丁『天地明察』／東野圭吾『新参者』／姜尚中『母―オモニ―』／夏川草介『神様のカルテ』／五木寛之『親鸞』／中島京子『小さいおうち』(直木賞)／阿部和重『ピストルズ』／星野智幸『俺俺』

▲東大で講義する
マイケル・サンデルハーバード大学教授
…東大・本郷キャンパス 2010年8月25日

◀岩崎夏海著
「もし高校野球の女子マネージャーが
ドラッカーの『マネジメント』を読んだら」
(ダイヤモンド社)

【漫画】

江口夏実「鬼灯の冷徹」(モーニング／読み切り「地獄の沙汰とあれやこれや」として掲載、11年より改題して連載)／森繁拓真「となりの関くん」(コミックフラッパー)／杉山美和子「花にけだもの」(Sho-Comi)／西炯子「姉の結婚」(月刊flowers)／羅川真里茂「ましろのおと」(月刊少年マガジン)／CLAMP「GATE7」(ジャンプスクエア／読み切りとして掲載、11年より連載)／絹田村子「さんすくみ」(月刊flowers)／春原ロビンソン「戦勇。」(ニコニコ漫画)／市川春子「25時のバカンス」(月刊アフタヌーン)

【テレビ】

「龍馬伝」NHK大河ドラマ／「ゲゲゲの女房」NHK／「フリーター、家を買う」フジテレビ／「Mother」日本テレビ／「新参者」TBS／「そうだったのか！池上彰の学べるニュース」テレビ朝日

【CM】

「SoftBank スーパーサブ」(ソフトバンクモバイル)／「au ガンガン学割」(KDDI)、「NTT docomo 堀北とカエラ」(NTT DoCoMo)／「Fit's 電車」(ロッテ)／「ボス 2つのタワー」(サントリー)、「ダイワハウス NEW HERO」(大和ハウス)／「トリスウィスキー いろいろな所で」(サントリー)／「120年間、おつかれさまでした。そして、ありがとうございました。」(東芝)

▶井上ひさし

▼榊莫山

▼つかこうへい

冥友録

1・27◉**J・D・サリンジャー**(91歳)米・作家／2・8◉**立松和平**(62歳)作家／2・14◉**ディック・フランシス**(89歳)英・ミステリー作家／3・16◉**菊乃家〆丸**(92歳)チンドン屋／3・21◉**木村威夫**(91歳)映画美術監督／4・9◉**井上ひさし**(75歳)小説家、劇作家／4・21◉**多田富雄**(76歳)免疫学者／4・25◉**アラン・シリトー**(82歳)英・作家／4・27◉**北林谷栄**(98歳)女優／5・2◉**佐藤慶**(81歳)俳優／5・19◉**荒川修作**(73歳)美術家、建築家／5・29◉**デニス・ホッパー**(74歳)米・俳優／6・1◉**大野一雄**(103歳)舞踏家／7・3◉**梅棹忠夫**(90歳)民族学・文化人類学者／7・10◉**つかこうへい**(62歳)演出家／7・24◉**森毅**(82歳)数学者、エッセイスト／8・27◉**アントン・ヘーシンク**(76歳)オランダ・柔道金メダリスト／9・1◉**花田勝治**(82歳)大相撲・初代若乃花／9・11◉**谷啓**(78歳)コメディアン／9・16◉**小林桂樹**(86歳)俳優／9・26◉**池内淳子**(76歳)女優／9・28◉**アーサー・ペン**(88歳)米・映画監督／10・3◉**榊莫山**(84歳)書家／10・7◉**大沢啓二**(78歳)元プロ野球監督／10・22◉**坂田栄男**(90歳)囲碁棋士／11・15◉**星野哲郎**(85歳)作詞家／12・4◉**茂山千之丞**(87歳)狂言方大蔵流／12・4◉**槙枝元文**(89歳)元総評議長／12・9判明◉**朝倉喬司**(67歳)ノンフィクション作家

「バブル経済」興亡史

なぜ「平成の金融再編」が起きたのか

作家・経済評論家
大塚将司

◀名門銀行「日本長期信用銀行」もなくなった

平成が始まった時点で、全国展開する大手銀行は都市銀行13行、信託銀行7行、長期信用銀行3行で合計23行あった。そのうち北海道拓殖銀行、日本長期信用銀行、日本債券信用銀行は経営破綻、残りは信託銀行なども巻き込んだ再編を繰り広げた。長銀と日債銀の事業を引き継いだ2銀行(新生、あおぞら両行)を除くと、平成が終わった段階では三菱UFJ、みずほ、三井住友のメガバンク、三井住友信託(住友、中央三井両信託が経営統合)とりそな(大和、あさひ両行が合併)を加えて、5グループ。30年間で4分の1以下に減ったことになる。

平成の金融再編は、5年余りの交渉を経て三菱銀行と東京銀行が合併した1996(平成8)年の前と後ではその目的がまったく違う。昭和期からずっと続いてきた都銀同士の合併は、あくまで最強かつ最大のトップバンクの実現が目標だった。これに対し、それ以後の合併・経営統合はすべて生き残りのため。得意業務や取引先の補完関係などを念頭に置いた戦略は二の次で、いち早く"Too Big to Fail(大きすぎて潰せない)"規模になるのが目的だった。

まず、三菱、東京までの合併を振り返ろう。

平成が始まったころの都銀序列は、資金量の多い順に第一勧業、富士、住友、三菱、三和が上位5行だった。これに続く規模の三井銀行は中位行から抜け出そうとずっと画策、ようやく90年、太陽神戸銀行と合併し、太陽神戸三井銀行となった(2年後にさくら銀行に改名)。翌91年には下位行の協和、埼玉両行が合併、協和埼玉銀行がスタートした(同じくあさひ銀行に改名)。

東京三菱銀行が誕生した翌年の97年、拓銀や山一證券などが経営破綻する金融危機が起き、様相は一変。金融業界には「合併しないと生き残れない」と危機感が高まったのだが、最終的に金融危機が到来することは、大蔵省・日銀の担当部署にいた者、それに『日本経済新聞』の金融財政記者だった僕のような者には、92年か93年ごろには想像がついていた。バブル経済の発生とその後の流れを丹念に追っていたからだ。

金融危機の背景を探ると、昭和の最後の2、3年の間、当時の大手銀行である長信銀、都銀、信託銀が、住宅金融専門会社(住専)などノンバンク向けの貸し出しを一気に増やしたことに行き着く。そのノンバンクから全国的にバブル経済に踊った連中にカネが流れた。不動産業務を認められていた信託銀はもともと不動産向け融資が多く、不動産価格が下がると資産内容の悪化に直結する業態だった。事実そうなって、最終的には半分以上の信託銀行が系列都銀の設立した持ち株会社の傘下に入る再編に追い込まれた。

一方、金融債の発行で資金調達する長信銀は本来、大企業向けに事業資金を長期貸し付けするという位置づけだったが、80年代に入ると、大企業が資本市場から資金を調達する動きが加速した。存在意義を失った長信銀はバブル経済の最中、ノンバンク向け融資に

▶山一證券の自主廃業を発表する野沢正平社長
…東京都中央区で　1997年11月

大々的にシフトし、資産内容が極度に悪化した。結局、98年からの3年間に長銀と日債銀は破綻、大蔵官僚と遜色ない俊秀を集め〝天下国家銀行〟と評価され、戦後の産業政策にも深くかかわった日本興業銀行も都銀と経営統合して生き残る以外に道はなく、長信銀3行は消滅した。

当然の成り行きだった「バブル経済」の出現

バブル経済が生まれたのは仕方がなかった面があると思う。少し時代を遡《さかのぼ》ると、米国の圧力があった。米国の製造業は競争力が凋落《ちょうらく》し続ける一方、日本の対米貿易黒字は拡大の一途をたどり、貿易摩擦が両国の重要な政治課題となった。80年代に入ると、米国は新たな対日要求を突きつけた。一つは、規制金利に置かれていた日本の金融市場を開放する金融自由化。もう一つは、ドル安是正だ。日本の経済界は円高を恐れたが、予想に反して円高になっても日本の対米黒字が全然減らず、困った米国は日本の内需が不足していることを問題視するようになる。国内でも新聞各紙は「中小企業が悲鳴を上げている」と騒ぎ、やはり内需拡大が必要という。政府のほうも消費税導入へ向けた環境づくりが必要だった。内外の要求を丸のみして金融緩和と財政出動で大盤振る舞いをする道を選んだ。その状況が2、3年続いたところに不動産価格と株価が急騰するバブル経済が出現した。当然の成り行きだった。

当局がバブル退治に動き出すのは、平成に入った89年だ。日銀が利上げを始め、翌年1月、旧知の間柄だった住友銀行業務渉外部付部長の國重惇史から僕は商社の伊藤萬（翌年、イトマンと改名）に関する異変を聞かされた。山口組幹部などと関係が深い人物が入社、不動産事業を急拡大させており、住友銀行が巨額損失を背負い込むのが確実だった。それから二人でタッグを組んで伊藤萬の経営実態を暴くべく画策し、戦後最大の経済事件の突破口を開くところまで漕《こ》ぎつけた。

◀平成期に行われた
メガバンクの再編

当時、僕は伊藤萬をたたけば、社会に警鐘を鳴らすことができるうえ、バブルは確実に破裂するので、日本経済は正常化するだろうと思っていた。しかし、その判断があまりにも甘いものだったと、1年もたたないうちに思い知らされた。91年半ばになると、全国各地でバブルを生む膨大な不動産投資が行われていたことが分かってきた。

にもかかわらず、翌年、地価下落をさらに加速させる地価税が施行された。地価税はバブル期から導入が検討されたが、税制は一筋縄ではいかない。タイミングがミスマッチになることがよくあるのだ。僕はもともと土地への課税は必要だと考えていたが、地価税は株価と地価が下がり始めて2年たったタイミング。「日本経済は相当なダメージを受け、奈落の底に落ちることになるだろう」と危機感を持つようになった。

持論を押し通そうとしなかった宮澤喜一首相

宮澤喜一首相は92年8月、金融界が設立する担保不動産の買い上げ会社構想について、「必要なら公的援助をすることにやぶさかでない」と発言した。公的資金を注入して金融システムを守るという意味だ。宮澤は状況の深刻さと対処の必要性を理解していたと思うが、責任追及を恐れた金融業界自体が否定的だったこともあり、持論を押し通そうとしなかった。残念ながら、誰が反対しても正しいと思えば強引に進める胆力のある〝大政治家〟ではなかった。僕自身、同じ認識を持っていたのに、孤立無援になるのを恐れて、沈黙する道を選んだわけだから、宮澤を批判する資格はない。

政府が公的資金注入に踏み切ったのは96

年、住専の経営悪化が深刻化し、破綻処理に追い込まれてからだった。98年になると、東京三菱以外の大手銀行の大半が放置すれば破綻しかねない状況に陥り、やっと大手銀行に公的資金を大量注入するに至った。

もう一つ指摘すべき点は、何としても日本の金融機関の力をそぎたいというのが米国の本音だったことだ。邦銀は80年代半ば、米国の金融機関を続々と買収した。ならば、米銀が邦銀を買収して日本市場を席巻できるように「日本の金融市場も欧米市場と同じように完全自由化せよ」と求めるのは当然で、拒めば米国は許さない。自由化しか道はなかった。

公的資金による「銀行救済」に反発した世論

大手銀行に公的資金が入った後、生き残りを懸けた再編が一気に進んだ。2000(平成12)年には第一勧銀、富士に興銀が加わるみずほホールディングスが誕生。残された銀行はこのままでは惨めな状態に陥ることは自明だった。先に動いていたところが合併し、残った者には選択肢が狭まった。三和は東海銀行らと組んで01年、UFJホールディングスとなる。同年、さくらと住友という常識的に考えられなかった財閥系銀行同士の合併も実現した。その後、経営が悪化したUFJは東京三菱と合併、上位行中心の再編は全部終わった。

バブル経済が生まれたのも壊したのもやむを得なかった。しかし、その後の処理はいろいろな選択肢があった。〝失われた20年〟という結果を前に振り返れば、破綻させる金融機関は95年の第二地銀大手の兵庫銀行などでやめ、拓銀以降は資本注入して残せば、ここまでの日本経済の凋落は避けられたのではないか。

しかし、ハードランディング路線を求め続けた米国の思惑に加え、公的資金による銀行救済に強く反発する世論が立ちはだかっていた。仮に宮澤喜一が強引に進めても、世論が受け入れた可能性はきわめて少なかっただろう。政治家のほとんどは選挙しか考えていないから、政策決定は世論に引きずられる。日本ではバブル崩壊後も「株と地価は下がればいい」と皆が喜ぶような状態だった。だから、金融政策もバブル潰しの引き締めから転換するのが遅れたばかりか、緩和のテンポも恐る恐るだったし、地価税も97年度まで課税を続けた。この点が米国との大きな差である。米国では普通の人が株式投資をするが、日本では保険で守られる預金がメインなのだ。株券が紙切れになっても、日本人の多くは痛痒《つうよう》を感じない一方、高給を食《は》む大手銀行の行員へのやっかみも底流にあった。

だから地価と株価が下がっても、日本の政治家は有権者が嫌う銀行救済など言うこともしない。やらなければ文句も言われないし、選挙でマイナスにならずに済む。マスコミも同じで、一様に流れに掉さす道を選ぶ。世論の7、8割を敵に回して闘う人は一人もいなかった。それが現実だった。

（一部敬称略、構成／谷道健太）

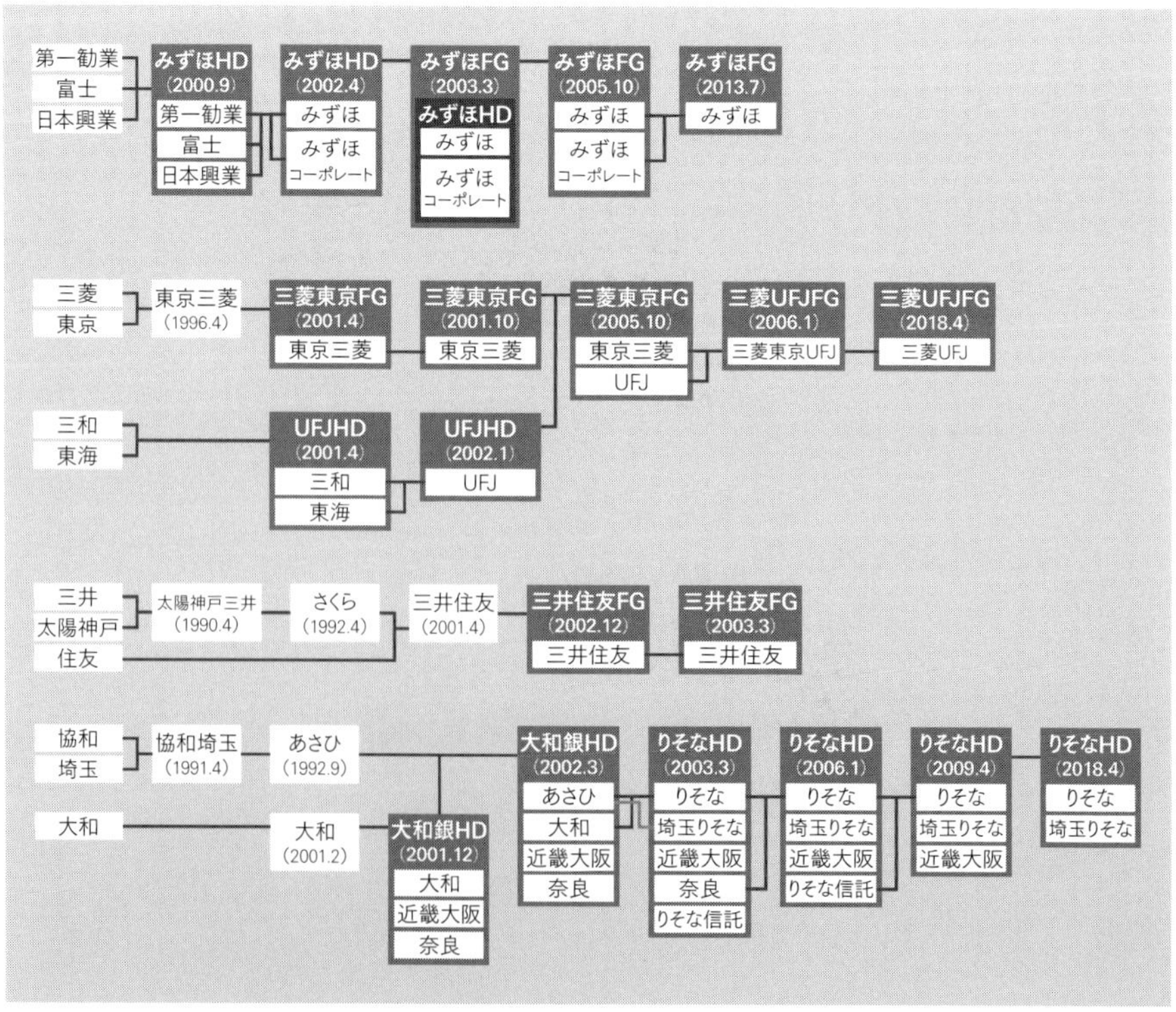

▶都市銀行再編の図
（全国銀行協会より）
…2019年2月4日現在

おおつか　しょうじ——1950年、神奈川県生まれ。1975年、早稲田大学大学院政治学研究科修了後、日本経済新聞社に入社、証券部、経済部。日本経済研究センター主任研究員などを歴任。「三菱銀行・東京銀行の合併」のスクープで1995年度日本新聞協会賞を受賞。

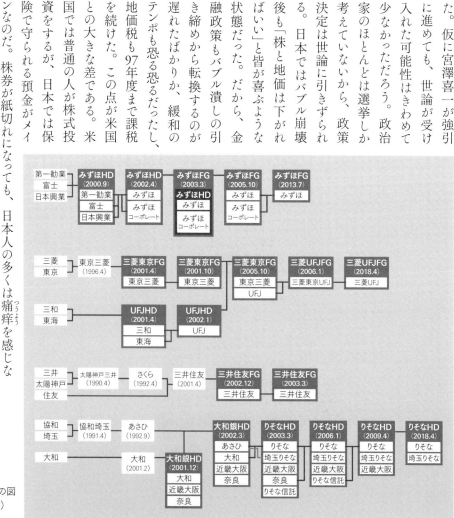

平成30年の経済を総括

世界が「暗黒時代」に突入するのを阻止せよ！

同志社大学大学院教授
浜 矩子

◀「ディスコ」の殿堂と有名になった
東京・芝浦のジュリアナ東京
…1993年4月

日本経済にとって平成はバブル崩壊とともに始まったと言っても過言ではない。人々がディスコで踊って好景気に酔いしれたバブル経済期を象徴する場面は、日経平均株価が1989(平成元)年12月29日、史上最高値となる3万8915円に達した時だろう。その直後から株価は急落し、「バブル崩壊」が誰の目にも明らかになった。一方、89年はベルリンの壁が崩壊した年でもある。これが引き金になって冷戦時代が終焉《しゅうえん》した。

国内ではバブル崩壊、世界では冷戦終焉という二つの激震を受けながら平成は幕が開き、その激震はやがてさまざまな形で日本人の思考パターンや行動原理を振り回し、小突き回し、踏みつぶし、粘土のごとくぐちゃぐちゃにしていった。

バブル崩壊後の日本がまず直面したのは、金融機関がバブル経済期に貸し込んだ先が返済不能に陥り、不良債権処理がいつまでも続く苦難だった。人々はお金を使わなくなり、モノを買わなくなり、経済的萎縮状態に陥った。物価が下がるから賃金が押し下げられ、賃金が下がって人々の購買力が低下するから物価が下がる。こうして物価と賃金が追いかけっこでらせんを描きながら低下していく。この「デフレスパイラル」現象に歯止めがかからなくなった。のちに「失われた10年」と呼ばれるようになった時代である。あの時の日本経済は、さながら集中治療室に入れられた重病人だった。

こうして日本が集中治療室の閉ざされた空間で苦しい治療を受けている間に、外の世界の枠組みは劇的な変容を遂げた。グローバル時代が到来したのである。東西冷戦体制が崩れる中で、インターネット技術の民間転用が進んだ。IT(情報技術)化がもたらした「ニューエコノミー」の出現で、米国経済は永遠不滅の成長路線に乗ったともてはやされ、「景気循環は消滅した」などという言い方が飛び交ったものである。

ようよう集中治療室を出て何とか退院にこぎつけた時、以上の風景が日本経済を待ち受けていた。「失われた10年」入りの時点とは、まったく様変わりの経済風景である。病み上がりでなお足腰の定まらない日本企業にとって、このショックは大きかった。グローバル競争に勝てる力を手に入れないと、生存が危うい。この危機意識に見舞われた日本企業は、さしあたり「成果主義」というキーワードにしがみついた。収益向上という名の成果に少しでも貢献してくれる人々を囲い込み、成果を出すことに少しでも邪魔になりそうな人々は振るい落とす。日本的経営は突如として、この構えに徹する姿に衣替えした。

そんな企業の声に呼応して、点数

◀バブル崩壊で
不安心理が広がった
東京証券取引所の立ち会い
…1990年2月

◀リーマン・ブラザーズの経営破綻を受けて
日経平均株価が下落…2008年9月

稼ぎしようとする政治家が動いた。

99年に施行された改正労働者派遣法によって、派遣労働者が働ける業種が原則として自由化された。つまり、内なる格差と貧困を作り出すことによって、グローバル競争の中で「勝ち組」に入ることを企業が求め、それに反応することで政治家たちは政治基盤を強化していく。そして選挙に勝っていく。この構図の形成過程で人々が小突き回され、もみくちゃになった。

小林多喜二の『蟹工船』復刻版がベストセラーに

次のステップが、新たな格差と階層構造の誕生だ。バブル経済期にディスコで踊っていた人たちも、「失われた10年」の間に人員削減の悲哀をなめた人たちも、基本的にサラリーマンだった。つまりは「正規雇用者」だったわけである。「失われた10年」の集中治療室体験は悲惨なものだった。だが少なくとも、あの時の悲惨さはみんなで共有したものだったという側面が強い。あの頃、まだ「非正規雇用」という言葉は世の中の前面に出てはいなかった。かつて、日本は自他ともに任ずる世界で最も平等な経済社会だった。だから、落ちぶれる時も、みんな一緒だったのである。

ところが、いざ集中治療室から出る段階を迎えた時、このいわば自動的・所与的平等性が崩れた。「格差元年」が、「ポスト失われた10年」の日本を待ち受けていたのである。

採用を抑制し余剰人員に退職を迫り、事業所を閉め、利益を増やす。グローバルビジネスマンはそうでないといけない。そんな「新しい通念」の毒々しい絵の具が日本経済のキャンバスに塗りつけられた。思えば、その象徴が99年、日産自動車に最高執行責任者として颯爽《さっそう》と登場したカルロス・ゴーン氏だった。彼が人員削減や工場閉鎖などからなる「日産リバイバルプラン」を片言ながら気合のこもった日本語で話す場面がテレビの画面を席巻した。

あの映像を目のあたりにした日本の経営幹部たちは「やっぱりあれか。あれじゃないとダメなんだね」と思い込んだ。「これしかありません。温情主義を捨ててもいいです」というお墨付きを得て、ある種の解放感を味わった場面だったかとも思う。ゴーン氏を神のごとくあがめる風潮は、日本的経営のパニック度の集約的表現だったかもしれない。

ところが、そのゴーン氏が平成が終わろうとする2018(平成30)年11月、東京地検に逮捕された。巨額の報酬を少なく見せかけるよう開示資料を偽ったとするなどの容疑だ。本人にかかわる問題の真偽のほどはともかく、この人が救世主から被告となる経緯の中には、平成という時代を通じて、日本経済がいかに方向感を失い、いかに我を見失って来たかが圧倒的な濃縮度をもって滲み出ていると思うところだ。

リハビリとは、すなわちリストラと見つけたり。

そんな具合でリハビリに励んでいると、奇妙な展開になった。まず、02年から「いざなぎ超えの景気拡大」が始まった。そしてしばらくすると、「格差」が書店の新刊本の平置き棚を覆うキーワードになった。03年には『日本の所得格差と社会階層』(樋口美雄ら)、05年には『下流社会 新たな階層集団の出現』(三浦展)といった本が話題になり、06年には「格差社会」「勝ち組」「負け組」「セレブ」という言葉が流行する。そしてついには、プロレタリア文学の急先鋒だった小林多喜二が戦前に書いた小説『蟹工船』の復刻版が大ベストセラーとなるにいたった。それが08年のことである。

何とも奇異な時代風景である。失われた10年を集中治療室の中で過ごした日本も、その間を通じて国民経済的には貧乏になったわけではなかった。まさに平成という時代に足を踏み入れるその時から、日本の経済社会は世界に冠たる豊かさを謳歌《おうか》するようになった。1990年代の「失われた10年」の間に失ったものは、「経済成長」だけである。あの間に特段、日本経済全体として貧困化したわけではない。大きくならなくなっただけのことだ。

問題は、この間に豊かさの中での貧困問題が浮上したということである。とても豊かな日本の中に、『蟹工船』の世界に我が身の投影を見る人々がいる。そんな時代状況が現出してしまったのである。

格差問題はすなわち分配問題だ。人間の能力に違いがあるのは当然。問題は、この能力の差異が理不尽な扱いや人権侵害につながることである。日本の経済社会がこの重大な課題を抱え込んだのが平成という時代だったといえるだろう。

格差拡大による「豊かさの中の貧困」

01年に発足した小泉純一郎政権は、徹底した成長戦略を前面に出した。効率化による高度成長を再び——。このイメージの徹底追求の中で、公共サービスの丸投げ型の民営化が始まった。「民にできることは民に」というのが、あの当時の小泉スローガンだった。だが、実際に行われたことは「官がやるべきことも民に」だったのである。その結果、公益性が忘れられ、もっぱら効率性だけが独り歩きする世界が市民権を得ることになった。そのような公共サービスの世界こそ、豊かさの中の貧困の温床だった。

あの当時、筆者は盛んに「日本経済は壊れたホットプレート」だという言い方をした。

熱が均一に伝わらないホットプレート。それがあの当時の日本経済だった。全体がほどよく温まるのではなくて、熱々パートと冷え冷えパートに二極分化してしまっている。熱々パートに食材を置けば、たちまち焼け焦げになる。冷え冷えパートでは、いつまでたっても食材は冷たいままで生のまま。日本経済という名の壊れたホットプレート上で、冷え冷えパートに追い込まれているのが、豊かさの中の貧困にあえぐ人々だ。

その一方で、熱々パートでは不動産市場など、小泉流成長戦略がもたらす局部的バブルゾーンで浮かれる人々がいた。壊れたホットプレート化した日本経済の中で格差が拡大し、豊かさの中の貧困が深刻化していった。

壊れたホットプレートへの人々の怒りと危機感。それが09年の政権交代と民主党政権の発足をもたらしたといえるだろう。あの時の経済社会的感性がうまく定着して政治の方向性を規定し続けていたら、12年の「アホノミクス政権」（第2次安倍晋三政権）の誕生はなかったはずだ。

民主党政権の誕生という民意が実現した時、日本の市民たちは豊かさの中の貧困問題と壊れたホットプレート

▲国会議事堂に向け
デモ行進をする「年越し派遣村」の
ボランティアや失業者ら
…東京・霞ヶ関　2009年1月

▼政権交代を果たした鳩山由紀夫首相
…2009年10月

の異様さをかなり正確に見抜いていたといえるだろう。この民意が、あの時示された。それを受けて、民主党政権として初の首相所信表明演説で、鳩山由紀夫首相が「コンクリートから人へ」と宣言し、「新しい公共」という概念を打ち出し、いたずらに量的拡大を追求しない経済運営への移行を宣言したのである。人々の認識の変化が、政治を大きく方向転換させた瞬間だったといっていいだろう。

思えば、さまざまな展開が人々の認識の変化を反映していたと思う。例えば、「スローライフ」を肯定的にとらえる感覚。「ハルウララ」という脚が遅くて全然勝てない競走馬が人気を博すという社会現象。こうしたある種の遊び心の顕在化の中に、日本人の感性の成熟化が表れていたと思う。ギラギラとトップの座に挑む時代は終わった。大人のペースでゆっくり行こう。本質的な流れの変化がいろいろな形で表れてきていた。

あまりに大きな代償「民主党政権の大失敗」

民主党政権があんな体たらくにならなければ、今ごろは成熟経済がグローバル時代をどう生きるか、そのことでより良きグローバル社会の形成にどう貢献できるかということについて、まさにグローバルなお手本になっていられたと思う。それなのに、アホノミクス政権の出現を許してしまった。実に惜しいことをした。

民主党政権の数々の失敗のうち最悪だったのは、官僚とうまく連携できなかったことだ。官僚が諸悪の根源だという構えをあまりにも露骨に押し出して、敵対心丸出しの態度で臨んだ。典型例が、あの「事業仕分け」だっただろう。まるで官僚の公開処刑だった。

◀アベノミクスの限界が見えてきた？…2019年3月

◀アベノミクスを牽引した黒田東彦・日銀総裁…2018年4月

自意識を前面に出さないことを商売とする官僚組織とどう巧みに付き合うかということは、政治に問われる見識だ。姑息《こそく》な言い方になるが、あの時であれば、役人さんたちも悪いことはすべて前政権のせいにできる状況だった。そんな力学に乗じる戦術性も、せっかく誕生した非自民政権には期待したいところだった。官僚による国会答弁を禁じたのもまずかった。官僚も歴代の自民党政権の小間使い役をやらされることに辟易《へきえき》し、新しい政権に参画できることを楽しみにした面もあったと思う。それを完全に排除してしまったことは大失敗だった。

思えば思うほど、民主党政権の責任はやはり大きかった。せっかくの機会をなぜあそこまで台無しにしたか。この大人度の不十分性のおかげで、日本は何と大きな代償を払うことになったことか。平成から次の時代に移ろうとする今、我々は「21世紀版・大日本帝国」の建設を目指す政治の脅威にさらされている。

民主党政権は実に時代適合的なメッセージを掲げて登場した。豊かな成熟社会が目を向けるべき分配問題に照準を定める。そのことにつながる認識の土台が前出の鳩山演説の中にほのかに見えていた。ところが、結局は腰がいたって定まらなかった。鳩山首相が読み上げたあの所信表明演説の内容を、それを読み上げたご本人をはじめとして、民主党政権を担う人々が一体どこまで理解していたか。

だから「成長戦略がないじゃないか」と言われると、たちまちひるんだ。菅直人政権になると成長戦略を発表してしまった。「コンクリートから人へ」だったはずが、「コンクリートも人も」になった。実に覚悟が軟弱で、認識が浅かったかと思う。この覚悟と認識の欠如がアホノミクスを産み落とした。そう言いたくなる。

「21世紀版・大日本帝国」の不気味な足音

平成期を通じて、日本経済は位置づけの大きな変移の時を体験した。10年には、日本の国内総生産が中国に追い抜かれた。東日本大震災を経た11年12月には、貿易収支が31年ぶりに赤字、すなわち輸入超過を記録した。この二つのことを、メディアと世論は総じて騒然たる否定的感覚で受け止めた。

これらはいずれも違う。日本と中国では、物理的な図体《ずうたい》の大きさが違う。経済規模を総体として比較しても意味がない。中国経済がある程度のところまで発展してくれば、その規模が日本を上回るのは当然だ。パニックや落胆の対象となる事象ではない。

貿易収支が赤字になったのは震災の影響もあったが、それだけではない。豊かな国が輸入大国になるのは当然だ。国内の需要が大きくなり多様化する。それに応えるために輸入が増える。それは豊かな経済社会が引き起こす展開だ。

ところが、日本は以上の二つの変化にショックを受けて、パニックとなった。そこにつけ込んだのがチーム・アホノミクスだった。この難局を乗り切るためには「円安にすべきだ」「輸出を増やせ」という時代錯誤で古色蒼然《そうぜん》たる政策路線を打ち出した。縮小均衡の分配政策は捨てよう、成長と富の創出の「好循環」を生み出そう。まるで、これから戦後の高度成長期に向かうかのようなレトロなスローガンを振りかざして登場したのであった。

そして今、このレトロ色が奇妙な未来志向と結びついている。目指すは「ソサエティ5・0」。これからの目標は「超スマート社会」。「未来投資会議」が全てをリードする。人生100年時代は全世代型社会保障で行こう！　かくしてお国のための1億総活躍社会に向かって人々を総動員して行く。「21世紀版・大日本帝国」の不気味な足音がBGM的に聞こえて来る世の中だ。

平成という時代の締め括《くく》りの場面でそんな足音が聞こえてくるとは何とも怖い。平成は、ベルリンの壁の崩壊とともににわかに出現したグローバル化とともに幕開けした。ところが、平成から令和にかけて、やたらと壁づくりに固執する米国大統領が出現し、日本では明治の昔と「強い日本を取り戻す」ことに固執する首相が国難を叫ぶ。時代逆流の高速巻き戻し感でめまいと吐き気がしてくる。

時あたかも、18年後半になって、deglobalisationという言葉がはやり始めた。さて、この言葉をどう日本語化するか。denuclearisationが「非核化」なら、deglobalisationは「非グローバル化」でもいいということになる。だが、どうも違う感じがする。「不グローバル化」も違う。deglobalisationという言葉が持っている崩壊していくような、瓦《が》解《かい》していくような感じを表現するにはどうすればいいか。「ひ」がダメで、「ふ」もダメなら「は」しかないだろう。「は」は「破」の「は」である。「破グローバル化」。変な語感だが、それも含めてこの破壊的な感じがよさそうな気がする。

平成という時代は、グローバル化の幕開けとともに始まり、グローバル時代の終幕とともに終わるのか。その方向に突き進むと次の時代は暗黒時代だ。そうなることは、何としても阻止しなければならない。民主党政権が失敗に終わらなかったら始まっていたかもしれない成熟日本の時代を再起動させなければいけない。「破グローバル」に対しては「真グローバル」をもって対抗したいところだ。巻き戻してやり直す。次の時代を正しき軌道を目指すリセットの時代にできるか否か。それに失敗すれば、いわば破壊的宇宙を無限にさまようことになる。それはごめんこうむりたい。「偽グローバル時代」だったかもしれない平成に代わって令和の「真グローバル時代」に向けて、ここが我らの頑張りどころだ。

はま　のりこ――1952年、東京都生まれ。一橋大学経済学部卒業。三菱総合研究所入社、経済調査部、ロンドン駐在員事務所長兼駐在エコノミスト、経済調査部長などを経て、同志社大大学院ビジネス研究科教授。著書多数。

平成IT史

「GAFA+M」の時代はそう簡単に崩れない

元アスキー社長・
東京大学大学院
IoTメディアラボラトリーディレクター
西 和彦

日本のベンチャー起業家の草分けとして活躍し、アスキー社長や米マイクロソフト副社長などを歴任した西和彦氏に、日本と世界の「平成IT史」を聞いた。

——平成が始まった頃、西氏はソフトウエア開発や出版事業を手掛けるアスキーの社長として、当時最年少の33歳で株式上場し、ベンチャー起業家の草分けとして注目を集めていた。実は、その頃、雑誌のインタビューにおいて、1990年代のうちにパソコン(PC)が、「生活の一こま」として定着すると予見していた。実際、その通りになったわけだが、予測の根拠は何だったのか。

◀スマートフォンの登場が社会を決定的に変えた！…2008年7月

「あの頃、PCの用途といえば、表計算とそれに付随したグラフィックエディター(画像編集)、ワープロといった程度でした。それでもこれが近い将来、電話やテレビと同じように、一家に1台というふうになると見ていました。

というのも、その数年前から、パソコンが非常に使いやすいものになっていたからです。利便性が高くなり、導入が進むだろうと考えていました。

具体的には、ウィンドウズとマッキントッシュOSという二つのOS(オペレーティングシステム=基本ソフトウエア)の登場により、画面上の図やアイコンのメニューをクリックして操作するGUI(グラフィカルユーザーインターフェイス)方式が確立していたのです。

その後、1995(平成7)年にウィンドウズ95が発売されました。画期的なことでしたが、本当の意味でのブレイクスルーはもう少し先だったかもしれません。当時は、インターネットのブラウザー(ウェブサイトを閲覧するためのソフト)が強力ではなく、閲覧できるのは文字や写真くらいでした。まだまだ表計算やワープロが中心のPCの時代だったのです。

それが、CPU(コンピューターの中央処理装置)の機能向上に伴い、2000年前後からネットで音声や動画を再生できるようになりました。文字と写真だけの世界と比べると、大きな進歩でした。今振り返ると、このあたりが、PCから『PC+ネット』の時代への転換点だったと思います」

——2001年に経営から退いた西氏は、アカデミズムの世界へ入った。平成も半ばに近づき、ネットがすべてをのみ込む時代が迫る中で、メディアがこれからどうなっていくかということに注目が集まっていた。大学の授業で、こんな解説をしたという。

「2001年のことでした。郵便、本、新聞、電話、テレビ、ラジオといった伝統的なメディアと並んで、『PC+ネット』がメディアの一角を占めるだろうという『メディアマップ』を授業で解説したのです。

僕は、早稲田大学の学生だった1977(昭和52)年に、仲間たちとパソコン雑誌『ASCII(アスキー)』を立ち上げました。創刊号に『コンピューターはメディアになる』と書きました。コンピューターはまず数字、次に文字、写真やグラフィックスを扱い、さらには、動画や音声の編集にまで広がるだろうと見ていました。まさにそういう流れになっていったのです。

2000年代前半に注目していたのは、『ブロードバンド』と『ワイヤレス』でした。無線で高速・大容量の通信サービスが可能になり、コンテンツやサービスの幅が広がりました。ちょうど、テレビのデジタル化や、車への半導体の導入が進んでいました。携帯電話などのモバイル端末、車、テレビなどがすべてネットにつながるだろうという確信がありました」

――モバイル端末でのネットが一般的になる」という西氏の読みが正しかったことは、その後すぐに証明された。08年に、米アップル社のスマートフォン(高機能携帯電話)「iPhone3G(アイフォン3G)」が発売されたのだ。

「アイフォンの革新性は、モバイル端末で、パソコンと同様のフルブラウザが使えるようになったことでした。まさに小さなパソコンです。同じ頃に、米グーグルもスマホ用OS『Android(アンドロイド)』を発表しました。マイクロソフトも遅ればせながら、2010年に『Windows Phone(ウィンドウズフォン)』をリリースしました。しかし、ユーザー数は思うように伸びません。

敗因は、PCのウィンドウズOSの全機能をスマホに搭載しなかったこと。マイクロソフトは、スマホにはスマホのOSが必要だと考えたのでしょうが、間違いでした。スマホを軽く考えていたという誹《そし》りは免れず、競争に負けてしまいました。

といっても、スマホ用のまともなOSを作ることができたのはアップル、グーグル、そしてマイクロソフトだけでした。この3社には、ソフトを作る力があったということです」

「ガラパゴス携帯」(ガラケー)にこだわり過ぎた日本企業

――一方の日本企業だが、なぜスマホ用OSを作れなかったのか。

「残念ながら国内で一般的だった、通話機能と各通信会社が提供するネットサービスに特化した『ガラパゴス携帯(ガラケー)』の開発に躍起になるあまり、スマホ用OSを開発できるだけの技術の蓄積がなかったことが原因だと思います」

――スマホが実現した背景には、半導体技術の進歩があったからだった。しかし、それらを担ったのは、日本企業ではなかったのもまた事実である。

「クアルコムやブロードコムといった米国の半導体企業は、スマホの誕生に大きく貢献しました。一つのチップの中に、通信とコンピューターをまとめた半導体を開発したからです。

こうした中で、パソコン時代に強かった日本のメーカーが、存在感を発揮できなくなっていました。半導体の開発を粘り強く続けた東芝などの例外はありましたが、ほとんどの企業はパソコンや液晶、半導体などを自社で生産せず、海外から調達するようになっていたのです。

結果、自社の生産技術の向上がなくなり、競争力を失ってしまったのです。パソコンは台湾、スマホは中国、テレビは韓国、CPUやソフトはアメリカ、と諸外国に大きな差をつけられました。生産が命取りになったのです。とはいえ、スマホについては、製品は中国と台湾、サービスはアップルと中国がそれぞれ握っています。ただ、素材や部品など中身の部分は、日本メーカーが担っています。これは、大いに評価すべきことだと思います」

――世界経済において2015年ごろから注目を集めているのが、「GAFA+M(ガファ・プラス・エム)」の存在である。「GAFA」とは、「グーグル」「アップル」「フェイスブック」「アマゾン」という米国の巨大デジタル企業の頭文字をつなげた造語である。これに、「Microsoft(マイクロソフト)」が加わり、「+M」となる。

◀IT界の革命児の一人、米マイクロソフトのビル・ゲイツ会長
…2008年5月7日

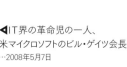

2018年現在、4社の株式時価総額を合計すると、約3・7兆ドル(約419兆円)にのぼるという。さまざまな領域をのみ込んで巨大化する米ネット企業を西氏はどう見るか。

「まず、『GAFA+M』のそれぞれの立ち位置を見てみましょう。マイクロソフトはPC、アップルは電話を介して、それぞれヒトとつながっています。

双方とも、端末を通してインターネットにも接続しています。グーグルとフェイスブックですが、実は、両社は本質的にビジネスモデルがよく似ています。前者はネット、後者はヒトという違いはありますが、『インデックス(索引)』という点で共通しています。アマゾンは、ネットで注文をとり、ヒトにモノを売り、届けています。ネットだけではなく、倉庫を含めた物流の面や、クラウドをはじめとするインフラを押さえているのが特徴です。

この構図はそう簡単には崩れないと思います。パソコンが便利な表計算ソフトの出現によって爆発的に広がったように、多くの人にとって魅力的な『キラーアプリケーション』を手にした企業が勝つという構図です。

ネットの領域は今後も拡大を続けるでしょう。家電や車など、さまざまなモノにネットがつながる『IoT(Internet of Things)』に注目が集まっています。今後20年ほどかけて、すべてのモノがネットにつながる『IoE(Internet of Everything)』の時代になっていくと思います。一方で、あらゆるものがネットに接続するだけに、セキュリティーの重要性もさらに増すことは強調しておきたいです」

(構成/河野嘉誠)

にし　かずひこ――1956年、兵庫県生まれ。1977年、早稲田大学在学中にアスキー出版(現・アスキー)設立。1979年から1986年まで米国マイクロソフト副社長兼ボードメンバー。1987年にアスキー社長。2001年に経営から退任後は、尚美大学教授などを経て、東京大学大学院 IoTメディアラボラトリーディレクターを務める。

医者任せにしないで「自ら守る」

「医療」「健康法」はこんなに変貌した

ジャーナリスト
笹井恵里子

平成の医療界は、これまでベールに包まれていた「闇」が明るみに出た時代であった。

「昭和」は、例えば「八王子市歯科医師フッ化水素酸誤塗布事故」(欄外❖)のように、一人の医者のミス、個別の事例が問題になった。対して「平成」は、大学病院をはじめとした大病院で起きた事故がクローズアップされた。

東京女子医科大学病院医療事故&隠蔽《いんぺい》事件(２００１年＝平成13年)、佐賀大学医学部附属病院の体内ガーゼ置き忘れ(05年)、香川県立中央病院の肺がん見落とし(08年)、熊本大学医学部附属病院の患者検体取り違え(13年)、群馬大学医学部附属病院腹腔鏡手術後８人死亡事故(14年)、東京大学医学部附属病院の薬の誤投与(15年)などのように、〝防げたはずの事故〟が多かったのも特徴だ。

がん研有明病院名誉院長の山口俊晴医師は、「１９９９年の横浜市立大学医学部附属病院の医療事故が契機の一つになった」と言う。外科手術において、心臓疾患と肺疾患の対象患者を取り違え、本来行うべき手術を相互に誤って行ってしまった。つまり、心臓疾患の患者に対して肺の手術を行い、肺疾患の患者に心臓の手術を施したのだった。

「昔から赤ちゃんの取り違えや、左右を間違えた治療、手術でガーゼを体内に置き忘れるなどの事故は、知られていないだけで数多くあったと思います。平成は、そこにようやく光が当たったのです。特に２０００年前後はいくつかの病院で立て続けに医療事故が起きて大々的に報道され、どこの病院も『他人事ではない』という意識が芽生えたのではないでしょうか。残念なことにその頃、当院でも事故がありました。当時は院内の連携がとれていませんでしたね」(山口医師)

いくつかの医療事故をきっかけに、医療の「安心・安全」が叫ばれるようになる。

「手術や検査前には患者さんに自ら名前を言わせる、レントゲンでガーゼが写るようにする、何よりどの病院も各科の連携をスムーズにするような体制が作られました。当院でも事故につながりそうなヒヤリハットの危ない事例を申告する仕組みを作りました。その際、匿名がポイントです。大事なことは犯人探しではありません。人は間違えるという前提のもと、幾重ものチェック機能や事故が起きた時にはその原因を解明するような仕組みづくりこそが必要なんです」(山口医師)

◀「人生100年時代」をどう生きるか!

❖「八王子市歯科医師フッ化水素酸誤塗布事故」
歯科医が3歳女児の治療の際、
歯にフッ化ナトリウムを塗るところを
誤って劇薬を塗ってしまい、女児を死亡させた事故

▶ウオーキングもブームになった

平成の初めには厚生労働省と各科のいわゆる権威者の〝主観的な意見〟のもとに、「手術の技術料」などの診療報酬が決められていた部分も否めないが、２０００年代から「手術時間」「何人で行う手術か」「医師経験何年目の人ができるものか」などの客観的評価で診療報酬が決められるようになった。診療ガイドライン(指針)も同様で、科学的根拠(エビデンス)をもとに治療が決められるようになった。医療の「規律作り」が進んだといえよう。

しかし一方で、「その規律作りが法律のようになった面もある」と、東京女子医科大学がんセンター長の林和彦医師が指摘する。

「診療ガイドラインは、たとえると全国津々浦々にコンビニ(病院)を作り、同じような商品(治療)を提供することです。かつては病院によって手術方式が違うということは多々ありましたが、平成は医療が〝均一化〟されていった。危ない手術が減ったという良い面もあります。けれどもそれは逆にいうと、助かるかどうかのギリギリの手術に手を出す医者はいなくなったという負の側面がある」

たとえば、診療ガイドラインで「がんが20ミリ以下の大きさは手術適応」だとした時、患者のがんが「21ミリ」ならどうするのか。すべての患者がガイドラインに当てはまる状態ではない。本来はガイドラインを基本としつつも、本人の意思、経済状況や家族の有無なども鑑みながら、医者と患者の話し合いのもとに治療は決められていくべきだが、平成の終わりには医療従事者の間で「標準的な治療」をマスターすることに重きが置かれていった。

「特に若い医師はガイドラインからはみ出た治療にものすごく恐怖感を持っている。リスクのあることに挑戦して、何かあって訴えられたらどうするのか、と。昭和、そして平成の初めと比べると、医者の裁量は少なくなったと感じます」(林医師)

平成に確立した「セカンドオピニオン」「生活習慣病」「電子カルテ」……

平成の医療では医師を「先生」とあがめなくなった。目の前の医者の言うことがすべてではないと、国民は思うようになったのだ。診察を受ける担当医とは別に、違う医療機関に〝第二の意見〟を求める「セカンドオピニオン」も浸透した。

電子カルテの導入が始まり、患者情報の扱いや診断面ではすでに人工知能(AI)が大きく食い込んでいる。今後医療の多くが医師ではなくAIに変わっていくとみられる。

また治療や薬の進歩で感染症は激減、平成の始まりとともに「生活習慣病」という言葉が確立し、病は発症してから治療するのではなく、生活習慣や健診で未然に防げるという認識も少しずつ広まっていった。平成横浜病院総合健診センター長の東丸貴信医師がこう話す。

「生活習慣病とは食事や運動、喫煙などの生活習慣がその発症・進行に関わる病気のことです。高血圧、糖尿病、脂質異常症などとこれらが原因の脳卒中、心臓血管病、がんなどを表します。血液検査や診察のみでなく、進歩した画像診断法により病気の危険性を知り、治療方針を立てることが容易になりました」

１９８９年の平成元年には日本全体で約３０００人しかいなかった１００歳以上の高齢者の数がいまや7万人近くに。平均寿命も、89年には男性75・91歳、女性85・99歳だったのが、２０１７年には男性81・09歳、女性87・26歳と男女ともに伸び続けている。高齢化に伴い国家の医療費は増大し、国民は「長すぎる人生」にどう向き合うかが課題だ。

健康法が大ブーム 主流は「ダイエット」や「老化予防」

できる限り「健康寿命」を延ばすため、平成になって「アンチエイジング(抗老化、抗加齢)」の言葉が登場し、平成の終わりにはありとあらゆる健康法が大ブームになる。健康法の主流は「長生き」ではなく、「ダイエット」や「老化予防」だ。

食が豊かになったことも影響して、平成は肥満者が激増した。1997年には約690万人だった糖尿病患者が、2016年には初の1000万人を突破。元厚生労働省健康局栄養・食育指導官で、現在は和洋女子大学教授の古畑公氏が語る。

「昭和時代は学生ならインスタントラーメンが普通でしたが、平成は飽食になり、豊かな食を楽しむようになりました。そのため太りやすく、さまざまなダイエット法が次から次へとはやりました。健康食品にお金を使う余裕が出てきたことも大きいでしょう。特定保健用食品やサプリメントが登場したのも1991年頃です」

根拠ある食情報を発信する管理栄養士の望月理恵子氏もこう話す。

「これまで栄養士の役割は『低栄養を防ぐための食事指導』が主でした。それが2005年から『国民の健康維持&増進、メタボや過剰摂取という健康障害の予防』という役割に変わりました。〝何でも食べなさい〟の姿勢から、〝肥満を防ぐ食べ方にしましょう〟という姿勢になったんです。また、もう少し早く寿命を終えていた時代には気にならなかったシワやシミ、発症しなかった認知症への関心が高まった平成でした。平成の初めから中盤は××ダイエットという単独の食材に飛びつく傾向がありましたが、近年は脳にいい、肌がきれいになるなどの目的のために、健康法を賢く組み合わせる人が増えた印象です」

行きすぎた健康ブームから、06年にテレビ番組で紹介された調理法(白いんげん豆ダイエット法)を試して被害者が続出し、08年のテレビ番組では納豆のダイエット効果を捏造《ねつぞう》したケースもあった。

平成は健康を医者任せにせず「自ら守る」にシフトした。医療従事者でない一般人でさえ「治療のエビデンス」を医師に求めるようになった。情報は簡単に手に入るが、それに踊らされない大切さを今、誰もが感じている。医療も生活の質も豊かになった平成では、私たちの〝選ぶ目〟が試され、磨かれた時代であったともいえるだろう。

ささい　えりこ――1978年生まれ。『サンデー毎日』記者を経て、フリー。医療、健康問題を中心に取材。著書に『週刊文春 老けない最強食』『不可能とは、可能性だ　パラリンピック金メダリスト新田佳浩の挑戦』。

【医療界の主な出来事】(記事を基に作成)

1990年◉「生活習慣病」の名称が登場
1996年◉「成人病」が「生活習慣病」に名称変更
1999年◉横浜市立大学医学部附属病院での医療事故
2001年◉東京女子医科大学病院の医療事故&隠蔽事件
2004年◉「痴呆」が「認知症」へ変更される
2012年◉65歳以上の高齢者の7人に1人が認知症に
2012年◉百寿者人口5万人突破
2014年◉群馬大学医学部附属病院腹腔鏡手術後8人死亡事故
2015年◉国民医療費42兆円突破
2016年◉糖尿病患者初の1000万人突破(97年では約690万人)

【流行になった健康法】

カスピ海ヨーグルト
ダイエットスリッパ
ノーパン健康法
マイナスイオン
黒酢　赤ワイン
ゴムバンド健康法

【2000年以降　ダイエットが大ブームに】

朝バナナダイエット
骨盤ダイエット
酵素ダイエット
ロングブレスダイエット
白いんげん豆ダイエット
納豆ダイエット
糖質制限ダイエット

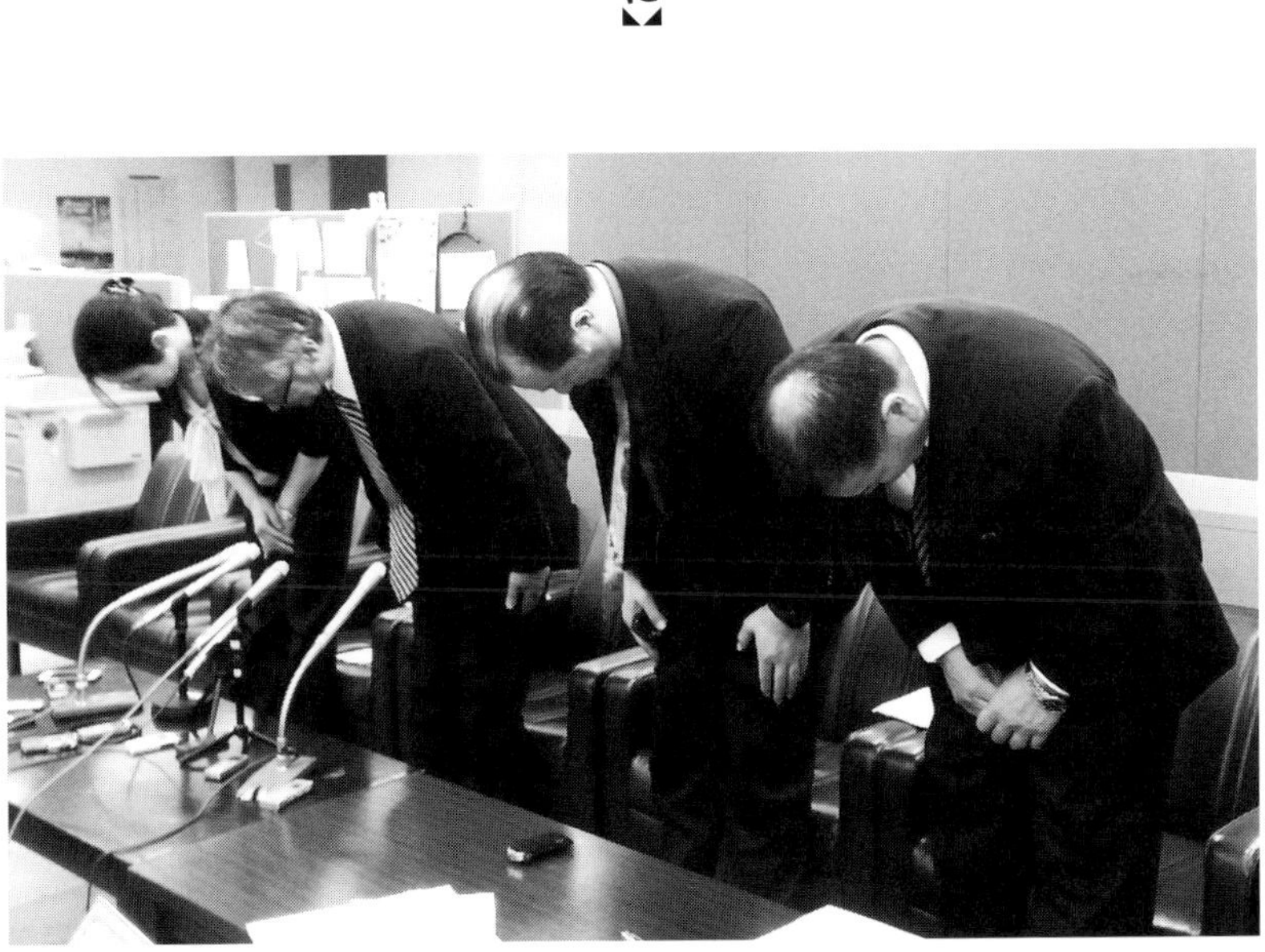

◀医療事故が多発した腹腔鏡手術で患者死亡、記者会見で頭を下げる群馬大医学部附属病院幹部ら…2014年11月18日

「裏切られた平成の30年」沖縄とともに

ルポライター **鎌田 慧**

◀沖縄県知事に当選した
玉城デニー氏
…那覇市 2018年9月

沖縄の人びととの熱い希《ねが》いであった1972(昭和47)年の日本復帰は、期待したような米軍基地の「核抜き・本土並み」返還にはならなかった。それからさらに半世紀余、昭和はとっくに終わり、平成も終わったいまに至ってなお、その悲願は達成されそうにない。

安倍晋三政権はむしろ沖縄の声を踏みにじり、容赦もなく強権的に辺野古への米軍新基地建設を強行している。沖縄の苦難は解消されず、宮古島、石垣島、与那国島、さらに西へと自衛隊基地が延伸され、沖縄弧状列島は日米一体化した軍事要塞《ようさい》として増強されつつある。

つまり沖縄にとっての「平成」とは、米軍という存在が、経済と発展の阻害物として、はっきり認識されるようになった30年であり、米国への軍事的従属を深める日本政府にたいして、沖縄の抵抗が烈《はげ》しさを強めた30年だった。

沖縄の「裏切られた平成」を考えるとき、復帰から3年後、1975年7月からの6カ月間、「本土との経済一体化」「沖縄振興開発の起爆剤」として開催された「沖縄海洋博」に立ち返って問い直すことが必要だとわたしは思う。

「すべて剣を取るものは剣にて亡ぶるなり」

那覇から北へ80キロ、本部《もとぶ》町でおこなわれた日本復帰記念のこの一大イベントは、日本企業の沖縄進出の号砲だった。と同時に、米軍の軍事基地の重圧と、観光と農業の沖縄経済がやがて対立する布石となった。

「沖縄海洋博」といっても40年以上も前のことだ。いまはほとんど忘れられている。「アクアポリス」と銘打って、会場の海岸に曳航《えいこう》されてきたのが、巨大な井桁《いげた》型の石油掘削船だった。

「海洋博を盛り上げようという機運がすさまじい。しかし私は、追い出されてしまって、生きてもいけない。家も、土地も、家内まで奪われてしまいました。海洋博はオニ、オニです」

当時わたしは、海洋博会場設営のために自宅と畑から追い出された最後の一人、当山清盛さん(当時74)に、那覇市の与儀公園ちかく、路地裏の借家でようやくお会いすることができた。疲労と心労から妻のウシさん(享年69)は心筋梗塞《こうそく》で亡くなった。

海洋博が終わったあと再訪すると、観光客をあてにして建てられた出店のほとんどが潰れ、民宿やちいさなホテルが倒産していた。当山さんは不遇をかこちながら、那覇市で亡くなった。

海洋博の会場のむかい側に、カウボーイハットのような形の美しい島が浮かんでいる。伊江島《いえじま》である。わたしは吸い寄せられるように、フェリーで島に渡った。波止場のそばにある雑貨屋の主人、阿波根昌鴻《あはごんしょうこう》さんにお会いして話を聞いた。

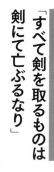

阿波根さんはこのとき72歳。小柄でにこやかな、静かな老人だった。若いときに10年間、キューバやペルーで移民労働者として働き、帰国してから伊江島の土地を開墾して農民になった。

伊江島は先の戦争のとき、日本軍が農地を接収して農民を使役し、滑走路を建設した。が、まもなく米軍の猛攻を受けて軍人、民間人合わせて3500人以上の犠牲者をだして、占領された。悲劇の島である。

　1955年になって、ライフル銃を小脇に抱えた米軍が再上陸、「銃剣とブルドーザー」で農民を脅し、民家を押し潰して、農地を強制接収、米軍基地を建設した。家や畑を奪われた阿波根さんたちは「乞食行進」を組織し、裸足で那覇にむかって抗議しながら歩いた。

　阿波根さんは『爆弾日記』をつけて、米軍の凶暴な行動を記録し、投下された模擬原子爆弾などの残骸を集めて自宅の庭に展示していた。小柄な身体からは想像できない、非暴力抵抗の精神と行動の烈しさを持っていた。

「平和とは助け合って、ゆずり合って、教え合って、共に生きる人間のこと」(阿波根昌鴻『命こそ宝　沖縄反戦の心』岩波新書)。阿波根さんは「すべて剣を取るものは剣にて亡ぶるなり」(聖書のマタイ伝)と書いた幟《のぼり》を掲げて、米軍に立ちむかっていた。

　このとき、わたしはもう一人、印象的な人物に会っている。安里《あさと》清信《せいしん》さん(当時63)。沖縄本島の西側、海洋博会場の反対側、金武《きん》湾に浮かぶふたつの島の間を埋め立て、巨大なCTS(石油備蓄基地)を建設しようとする計画が進められていた。これに反対して、地元住民によってつくられた「金武湾を守る会」の代表世話人である。白髪痩身、よく澄んだ大きな目の、沖縄人らしい人物だった。

　海は「金蔵《じんぐら》」と呼ばれてきた、と教えてくれたのが、安里さんだった。海には無数の糧がある。豊かな利子を増殖する。地元のひとたちは、干潮時になると、白砂の干潟を裸足で踏んで、すぐそばの藪地島《やぶちじま》にわたって畑を耕し、帰りにはエビやカニや貝をひろって帰った。

◀工事車両の進入を止めようと米軍キャンプ・シュワブのゲート前に座り込む市民を移動させる沖縄県警機動隊員
…沖縄県名護市　2018年4月

銭金《じんかに》に迷ゆて
(カネに目がくらんで)
誰がしちゃがCTS
(CTSなんかをひっぱりこんで)
世間万人《しきんうまんちゃ》に
(たくさんのひとたちを)
くちさしみて
(こんなにも苦しめて)

　安里さんに紹介していただいた、大城フミさん(53)がつくった歌である。CTS反対闘争では、歌が抵抗の力になった。いま、開発のためにつくられた海中道路を走りながら、埋め立て地に忘れられたように建っているいくつかの石油タンクを眺めると、豊かな海を潰した「大企業の犯罪」に思いがおよぶ。結局、開発は中断され、青森県六ヶ所村とおなじように、中途半端に放置されて終わった。

沖縄の海は「海洋国家・日本」の大切な宝

　いま大浦湾・辺野古のサンゴ礁とジュゴンの海を守るため、安倍政権

▶護岸工事が進む
辺野古の沿岸部
…沖縄県名護市　2018年4月

と真っ向から対立し、米軍基地の建設を阻止している、玉城デニー知事を先頭にした「オール沖縄」の非暴力運動には、かつて住民が心を合わせて、歌い踊っていた「金武湾を守る会」の精神が大きく影響しているとわたしは考えている。

『海はひとの母である　沖縄金武湾から』とは、安里さんの著書のタイトルである。「海」の文字はサンズイに、「人」と「母」とを組み合わせてつくられている。沖縄の海は、海洋国家・日本の大切な宝なのだ。

沖縄の「平成抵抗史」は、大田昌秀氏が保守派の現職知事を破って当選してから高まりを見せていく。初登庁の1990(平成2)年12月10日、わたしは知事室で独占会見した。

米国留学の経験から、大田新知事は米軍基地の縮小、整理、撤去をもとめて米国に県の出張所をつくること、アジアの先端にある地理的、歴史的特性を活《い》かして、「万国津梁《ばんこくしんりょう》」(世界への懸け橋)を目指すことなどの抱負を語った。

21世紀の若者たちが未来に希望を持てる沖縄を、政府が描く未来とはまったくちがう未来を学者らしく明確に指し示した。わたしは共感して「ドン・キホーテ」と書き、ご本人はそれを気に入っておられた。

1995年9月、米兵3人による少女暴行事件が発生、沖縄の世論は憤激した。隠しようもない、あまりにも酷《ひど》い沖縄の現実があからさまに示されたのだ。抗議集会には、沖縄の大人の10人に1人、8万5000人を超える人びとが集まった。

これが「オール沖縄」、平成の大運動を牽引《けんいん》する先駆けとなる。沖縄復帰後の大衆運動は、このあと、集団自決の記述を削除した教科書検定への抗議、オスプレイ配備反対、辺野古米軍基地建設反対など、なんどかの県民大集会がひらかれ、その経験がいまの辺野古での、粘り強い市民の抵抗運動を持続させている。

大田知事は、「沖縄に対する米国の軍事占領は、日本に主権を残したままでの長期租借——25年ないし50年、あるいはそれ以上——の擬制にもとづくべきであると考える」という「昭和天皇メッセージ」と、復帰時の佐藤栄作首相とキッシンジャー大統領特別補佐官との間で交わされた「緊急事態が発生したときは、米国が沖縄に核兵器を持ち込むこと、通過させることを認める」という「日米核密約」について、『醜い日本人』(岩波現代文庫)で書いている。

「はかり知れないほどの影響を受ける肝心の当事者の意向を聞くこともせず、このような重大な問題が、日米両政府首脳だけで、一方的にかつ極秘裏に決められるとなれば、沖縄の人びとの運命はまさしくえたいの知れない『闇の手』に握られていることになろう。果たしてこれで民主主義国家といえるのか」(同)

少女暴行事件にたいする県民の怒りの声を受けて、大田知事は日米安保体制下での不平等条約というべき「日米地位協定」の撤回を訴えた。さらに農民の土地の強制収用手続きとして、地主の「土地調書」「物件調書」に、知事が「代理署名」することを拒否すると、政府へ通告した。

しかし、最高裁判決で県側が敗訴、大田知事は最終的に「代行」を応諾した。

沖縄は日本政府に支配され、さらにその日本政府は米国の世界戦略に支配されている存在、という二重権力下の現実が露呈した。

2013年暮れ、政府からの補助金増額を得ると、仲井眞弘多《なかいまひろかず》知事は「これでいい正月を迎えられる」と奴隷根性をまるだしの発言、沖縄の憤激を買った。おなじ保守派でありながら、仲井眞氏を批判して立候補した翁長《おなが》雄志《たけし》那覇市長(当時)は、「誇りある豊かさ」をスローガンに掲げ、基地経済からの脱却の道を示して勝利した。沖縄のアイデンティティーをはっきりと示した、その決然としたプライドが受け入れられての当選だった。

「戦う民意」(翁長)を背景に、敢然と安倍政権と対峙《たいじ》し、辺野古建設を拒否しつづけた。が、任期半ばで病を得て、2018年に他界。その日まで全身全霊の闘いだった、と言える。

新たな道を掲げて闘いに挑んだ「沖縄抵抗史」

翁長知事の死の床から衣鉢を受け、「辺野古基地反対」を高らかに掲げて立候補した玉城デニー氏が、自公推薦、官邸懸命の選挙干渉に抗して、史上初、相手候補に8万票もの大差をつけて当選した。

初登庁の日、玉城知事は知事室でわたしにこう語った。

「わたしが知事になったことについて、アメリカでは『米海兵隊の息子が、基地に反対する沖縄県知事に当選した』と大々的に報じています。しかも『ニューヨーク・タイムズ』紙は、『もうアメリカ、米軍は日本政府と沖縄の米軍基地についてこれ以上受け入れられないという沖縄の主張を認め、基地建設を見直すところまで来ているのだ』とはっきり書いています」

▲米軍普天間基地の名護市辺野古への県内移設の断念を求める沖縄県民大会…那覇市　2019年3月

日米関係の新たな時代に、現れるべくして現れた沖縄県知事である。「これから、国際政治にたいして、わたしたちは堂々と主張し、協議する」と抱負を語った(『サンデー毎日』2018年10月28日号)。

沖縄の「平成史」とは、アイデンティティーと新たな道を掲げて闘った、誇り高き挑戦の日々でもあった。

「明治時代は日本に占領され(琉球処分、廃藩置県)、大正・昭和とつづく66年間の占領の果て、沖縄戦で日本の捨て石にされた。平成の30年は、この時代はもう捨て石にするなという気持ちでいっぱいだった。いま、『辺野古』県民投票の会の代表・元山仁士郎さんのような20代の若ものたちが現れた。彼らがわたしたち老人の闘いの後ろ姿を、ちゃんと見ていてくれた」

「沖縄環境ネットワーク」の世話人で、建築家の真喜志好一さんは、若者たちへの信頼感をそう語っている。彼は辺野古新基地建設を止めるために、アメリカで「ジュゴン保護」の訴訟を起こしているのだが、やはり友人の彫刻家・金城実さんも、元山さんたち若ものへの信頼を語った。

海を潰し、自然の命を殺戮《さつりく》し、人間を殺すための軍事基地をつくる。これは人間の道を踏み外す、罰当たりの所業である。沖縄はいつまでも「日米安保」と「地位協定」の奴隷ではない。

「命《ぬち》どぅ宝」。本土のわたしも、余命のかぎり、沖縄の闘う人びとともに日本を変えたいと思う。人間と自然の命が本当に尊重される、沖縄と日本をつくるために。

かまた　さとし――1938年、青森県生まれ。早稲田大学第一文学部卒業。業界紙記者などをへてフリーライター。著書に『自動車絶望工場』『死刑台からの生還 無実！財田川事件の三十三年』『椎の若葉に光あれ 葛西善蔵の生涯』など多数。90年に『反骨　鈴木東民の生涯』で第9回新田次郎文学賞、91年に『六ヶ所村の記録』で第45回毎日出版文化賞。

自衛隊の「闇」を抉る

石井 暁（共同通信記者）

平成の30年で「文官統制」は葬り去られた！

構成 ジャーナリスト 青木 理

◀防衛省正門
…東京都新宿区

2018（平成30）年4月16日の夜、人影もまばらな国会近くの路上で、野党議員が見知らぬ男に罵声を浴びせられた。のちに判明したところによれば、男は自衛隊の統合幕僚監部に所属する30代の3等空佐。自ら自衛官だと名乗り、こんな台詞を吐きかけた。

「気持ち悪い」「バカ」「国益を損なう」

議員は「国民の敵」とも罵《ののし》られたと語り、これは3佐が否定したが、そんなことは枝葉末節の話に過ぎない。自衛官が国会議員に公然と罵声を浴びせたこと自体に問題の本質はあり、戦前・戦中の軍部ファッショ体制を想起させると批判が渦巻いた。

確かに類似の史実はある。1933（昭和8）年、赤信号を無視した旧陸軍1等兵が「警察には従わない」と強弁し、軍と警察の争いに発展した「ゴーストップ事件」。38年、陸軍中佐が帝国議会で議員に「黙れ」と言い放った件。いずれも当時の軍部が傲慢化したことを示す逸話として語られる。

では、今回はどうか。旧軍部と単純に比べられないにせよ、自衛隊は戦後日本のまごうかたなき実力組織に成長した。また、平成の30年を通じて——とくに第2次安倍政権下では安保関連法などで権限が大幅拡大し、防衛費も膨張の一途をたどっている。その防衛省・自衛隊に異変が起きているのか。かつてのようなきな臭さは漂っているのか。共同通信の編集委員、石井暁氏に話を聞いた。

石井氏は防衛問題を専門とし、ほぼ一貫して防衛省・自衛隊の取材を続け、四半世紀近い取材歴は平成という時代と重なり合う。「防衛省・自衛隊は変わりましたか」。そう尋ねると、迷いなく即答した。

「制服組と背広組の力関係は逆転しました」

あらためて記すまでもなく、防衛省・自衛隊では、防衛事務次官をトップとする防衛官僚を「背広組」、統合幕僚長をトップとする陸海空の自衛官を「制服組」と称する。石井氏の話。

「民主主義国家では、実力組織を政治が統制する『文民統制』が大原則です。自衛隊の場合、これに『文官統制』制度もありました。天皇の統帥権を盾にかつての軍部が暴走した反省に立ち、背広組が制服組を統制する仕組みです。ところが主に制服組の要求を受け、完全になくなってしまいました」

「背広組」優位がいまや「制服組」が主導権

石井氏によれば、文官統制を担保する仕組みは大きく3つあったが、平成の30年で次々取り払われた。まずは1997年。国会や官邸との連絡交渉は背広組が担う訓令が廃止された。続いて2009年。いわゆる「防衛参事官制度」も撤廃される。背広組幹部が「防衛参事官」として防衛庁長官（当時）を補佐する制度は、背広組優位の象徴でもあったが、防衛事務次官の汚職事件などを受け、制度そのものが姿を消してしまった。そして安倍政権下の15年。防衛省設置法が改められて背広組と制服組が「対等な立場」で防衛相を補佐することとなり、戦後日本の実力組織を制御してきた「文官統制」は葬り去られたのである。

「対等と言ってますが、現在は制服組が主導権を握った印象です。とくに部隊を動かす作戦や運用面では完全に主導権を握りました」

――しかも防衛相と直接やり取りしながら？

「ええ。官邸もそう。基本的に統合幕僚長が週1回、情報本部長が月1回、総理の執務室に入って直にやり合います。ただ、情報本部長が会う際は内閣情報官が、統合幕僚長が会う際は背広組の防衛政策局長が同席する。旧内務官僚の考えた仕掛けで、総理と制服組を1対1で会わせない防衛線を作ったんです」

――旧内務官僚というと、警察庁ですか。

「そう。内閣情報官らが作った仕掛けです」

――それは警察の〝縄張り意識〟の面も強い。

「それも間違いなくあるでしょう」

ここは若干の解説が必要だろう。戦前・戦中の反省から再出発した戦後日本は、強大な情報機関などを持たず、専守防衛の自衛隊も「軍」ではないという建前を一応は貫いてきた。そうした中、治安対策や情報機関的な役割を旧内務省の一角だった警察が――もっと正確に記せば、警備公安部門の警察官僚が担って存在感を誇ってきた。内閣直属の情報機関とされる内閣情報調査室（内調）のトップは、かつて内調室長、現在は内閣情報官と呼ばれるが、警備公安部門の警察官僚がその地位を独占してきた。現在は官僚トップの座にあたる事務担当の内閣官房副長官まで警察官僚OBが握っている。

その警察は、制服組の政治への接近を、従来の〝縄張り意識〟もあって快くは考えていない。だが、それでも制服組は従来より大幅に政治に接近した。石井氏はどう捉えるか。

「僕はやはり反対です。かつて防衛事務次官を務めた夏目晴雄という防衛官僚が力説していました。軍事組織は常に暴走する傾向があるから、歯止めをきちんとかけねばならず、制服組をむやみに政治に近づけちゃいけないと。その通りだと思います」

社会の右傾化風潮に自衛隊も引きずられている

だが、戦後日本の矜持《きょうじ》は切り崩された。それは制服組の要請もあったが、政治の後押しも大きい。しかも、昨今の防衛相の顔ぶれと振る舞いを眺めれば、政治が実力組織を適切にグリップし、文民統制を利かせているように思えない。石井氏も嘆く。

「例えば稲田朋美氏は制服組からも軽んじられ、文民統制が利いていたか疑わしい。その前任の中谷元氏は防衛大出身の元レンジャー隊員で、制服組の代弁者みたいな人。石破茂氏は軍事オタクで、制服組の主張に従ってきた。記憶する限り、文民統制にこだわりがあったのは民主党政権の防衛相だった北澤俊美氏ぐらいです」

制服組と政治の距離が狭まり、しかも政治の側に文民統制へのこだわりすら薄れる中、集団的自衛権の行使容認に道を開く安保関連法などが成立した。同時に防衛費の増大は続き、そうした現状が現場自衛官に影響を与え、制服組は増長を始めているのか。

「3佐の一件は僕も衝撃を受けました。これが将来、自衛隊増長の兆候だったと思い返す日がきてほしくはありませんが、当該の3佐が右翼活動にかかわっていたとか、思想的に右だったという情報はないようです」

――ならば、まさに昨今のネトウヨ的風潮を想起させます。大した思想信条もないのに、政権や自衛隊を批判する者に罵声を浴びせる。そういう自衛官は増えていますか。

「増えている印象はないんですが、一定程度はいるでしょう」

――しかし、かつては田母神俊雄氏（元航空幕僚長）のような人物が空自トップに上り詰めている。

「ああいう人を自然淘汰できなかったのは重大問題です。田母神氏は、歴史修正主義的な論文が問題になった際、事務次官らが辞職を求めても拒否する振る舞いに出た。トップの命に従わないのは一種のクーデターだと省内で大問題になりました。日本社会自体が徐々に右へ右へとずれ、特に安倍政権下では顕著なので、自衛隊も無縁ではない。社会や政権のありように引きずられている面があるのは間違いないでしょう」

◀自衛隊観閲式に出席した
安倍晋三首相と
岩屋毅防衛相（右端）
…陸上自衛隊朝霞訓練場で　2018年10月

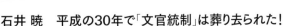

首相も把握してない秘密部隊「別班」の諜報活動

私も深く同意する。しかも、戦後日本の実力組織である自衛隊自身、実を言えば文民統制などからの逸脱活動を組織の最深部で繰り広げてきた。13年11月、それを暴く特ダネを放ったのも石井氏だ。記事の一部を引用する。

〈陸上自衛隊の秘密情報部隊「陸上幕僚監部運用支援・情報部別班」（別班）が、冷戦時代から首相や防衛相に知らせず、独断でロシア、中国、韓国、東欧などに拠点を設け、身分を偽装した自衛官に情報活動をさせてきたことが分かった。陸上幕僚長経験者、防衛省情報本部長経験者らが共同通信の取材に証言した。首相や防衛相の指揮、監督を受けず、国会のチェックもなく武力組織である自衛隊が海外で活動するのは、文民統制を逸脱する。情報本部長経験者は「首相、防衛相は別班の存在さえ知らない」と述べた〉

首相や防衛相にも知らせず、陸自の極秘部隊が海外で諜報活動をしているなら、これは文民統制に真っ向から違背する。いや、陸自の独断専行的な暴走と評すべきだろう。

――海外での情報収集とは具体的に何を。

「主にロシアや中国、北朝鮮に関する情報収集を目的とし、国や都市を変えながら常時3カ所程度の拠点を維持しているようです。最近はロシア、韓国、ポーランドなどで」

――それを首相も防衛相も把握していない？

「僕はかなりの数の防衛相、防衛庁長官の経験者に取材しましたが、はっきり把握している人はいませんでした」

――そもそも別班にはどういう自衛官が？

「陸自の小平駐屯地（東京都小平市）にある小平学校で特殊な教育を受けた隊員です」

長期にわたる石井氏の取材によれば、別班の本部は防衛省庁舎に置かれているが、民間ビルを借りた〝アジト〟も都内に複数あり、班員は新宿、渋谷、池袋などを転々とするという。また、潜入や追跡といった特殊教育を受けた隊員は、国内でも自衛官の身分を離れて偽装し、数人ずつのグループに分かれて活動するらしい。他のグループとは本部でまれに接触するだけで、互いに本名すら知らない。領収書の不要なカネを相当自由に使うことも可能で、在日コリアンを買収して北朝鮮に送り込むといった工作に手を染めたことさえあったという。これほど隠匿され、非合法ともいえる活動に従事させられるのだから当然だが、精神に異変をきたす班員も珍しくなく、「非合法なことはできない」と言って辞める班員もいたと石井氏は明かす。

「仮にヒューミント（人による諜報）部隊が必要だとしても、首相にも防衛相にも知らせないのは文民統制に反するし、海外で活動をするのはあまりに危険です。発覚して捕まっても闇から闇に葬るしかない」

しかも別班の機能を拡充する計画も水面下で進められている。石井氏はそれを明るみに出す特ダネも放った。13年の大みそかに共同通信が配信した記事も一部引用する。

〈陸上自衛隊の秘密情報部隊「別班」を、特殊部隊「特殊作戦群（特戦群）」と一体運用する構想が2008年ごろから陸自内部で検討されていることが分かった。複数の陸幕長経験者らが共同通信の取材に認めた。想定する任務には、海外での人質救出、敵地への潜入と攻撃目標の偵察なども含まれている。武器使用基準の緩和、憲法解釈で禁じられている「海外での武力行使」に踏み込むもので、改憲を見越した構想とみられる〉

――特戦群という特殊部隊も秘匿性が高い？

「群長以外は氏名なども非公表で、部隊の編成や装備、訓練内容、運用実態などは一切明かされていません」

――それと別班を一体運用する構想ですか。

「ええ。文民統制を逸脱する別班を使い、憲法が禁じる海外での武力行使に踏み込む任務を想定していますから、二重の意味で制服組の暴走でしょう」

▶日米共同訓練に臨む米海兵隊員ら
…群馬県の相馬原演習場で 2017年3月

個人情報が丸裸にされる「エックスキースコア」

政権や社会に蔓延《まんえん》するネトウヨ的な風潮の下、変質が懸念される防衛省・自衛隊の最深部でひそかに展開される逸脱活動。最後にもう一つ、別班とはまた別の極秘組織――防衛省・自衛隊が擁する電波傍受組織の片鱗《へんりん》にも石井氏は触れた。

「防衛省の情報機関である情報本部には衛星情報なども集まりますが、最大の武器は電波情報です。特にロシア、中国、北朝鮮をターゲットにした電波傍受の基地を最も持っているのは自衛隊ですから、米国も情報を欲しがるほどの力を持っています」

防衛省情報本部の「電波部」。それが石井氏の言う自衛隊諜報活動における「最大の武器」である。この秘匿性高き電波傍受組織の近年の活動について、聞き捨てならないことを石井氏が明かした。

「NSA（米国家安全保障局）の大規模な通信傍受活動が暴露された際、『エックスキースコア（X-Keyscore）』というシステムが問題になりましたね」

――ええ。CIA（米中央情報局）の職員だったエドワード・スノーデン氏が告発したNSAの通信傍受プログラムですか。

「そう。それを電波部が持っている」

――電波部が？ 防衛省・自衛隊は認めているんですか。

「表向きは認めない。ただ、防衛省幹部も裏では認めています」

――しかも使っていると？

「当然使っている」

事実とすれば驚くべき話だが、これも若干の補足説明が必要だろう。

CIA職員だったスノーデン氏がNSAの活動実態を告発したのは13年。大量の内部文書をもとにした告発は、米国ばかりか各国に衝撃を与えた。世界中の首脳を含むあらゆる通信を対象とし、NSAが貪欲かつ大規模な傍受を繰り広げていた事実が浮き彫りになったからである。ここで全貌は記しきれないが、NSAがネット上でかき集めて蓄積した膨大なデータにアクセスするシステムがエックスキースコアとみられ、狙い定めた人物のメールやウェブサイトの閲覧履歴といった個人情報を根こそぎ把握することが可能だという。スノーデン氏は共同通信の取材にこう明かしている。

いしい　ぎょう――1961年生まれ。85年に慶應義塾大学卒業後、共同通信記者。現在、編集局編集委員。防衛省（旧・防衛庁）を長く担当するなど安全保障問題のエキスパート。著書に『自衛隊の闇組織――秘密情報部隊「別班」の正体』など。

「エックスキースコアをNSAと日本は共有した。（供与を示す）機密文書は本物だ。米政府も認めている。日本政府だけが認めないのはバカげている」

だが、日本政府は官房長官が会見で「出所不明の文書にコメントすべきでない」などと述べただけ。問題視する声も盛り上がらない。

「電波部がエックスキースコアをどう運用しているか、詳細はもちろんわかりませんが、その気になれば、誰もが個人情報を根こそぎ丸裸にされてしまうでしょう」

――しかし、日本では明白な違法行為、憲法にも違反します。

「この件を防衛省の幹部に尋ねたら、多くを語りませんでしたが、こうは教えてくれました。『さすがに違法なことはできないから、国内法スレスレで運用している』と……」

その言葉の真意は不明であり、勝手に推し量るしかないが、例えばこんな理屈は成り立つかもしれないと石井氏は言う。つまり、通信傍受を行っているのはあくまでもNSAであり、そのデータにアクセスするだけの作業は憲法が禁ずる行為に当たらない――と。

ただし、エックスキースコアを縦横に駆使すれば、その威力は電話盗聴レベルにとどまらない。本来なら、一大政治問題として侃々《かんかん》諤々《がくがく》たる議論の対象とすべき事案である。

あらためて論じるまでもなく、治安組織や実力組織といったものは、政治や社会が適切にコントロールしなければ、機密のベールの陰で往々にして肥大化し、時に暴走しかねない。だからこそ実力組織の文民統制が近代民主主義の大原則として確立されてきた。では、この国は現在はどうか。文民統制を逸脱した活動を水面下で繰り広げた防衛省・自衛隊は、平成時代を通じて権限や予算をひたすら拡大させてきた。自衛官が議員に罵声を浴びせた一件は、ひょっとすると驕りの一片の表出かもしれない。なのに実力組織を適切に制御する原則へのこだわりすら皆無に見える現下の政治。その無邪気さこそが最大の脅威ではないかという恐れを私は強く抱く。

あおき　おさむ――1966年、長野県生まれ。90年に慶應義塾大学卒業後、共同通信記者。その後、フリーのジャーナリスト、ノンフィクション作家に。著書に『安倍三代』『情報隠蔽国家』など多数。

平成の「宗教史」を展望

人間が神を求める気持ちは衰えない

ジャーナリスト
山田直樹

◀さまざまな宗教者が東日本大震災のために祈りを捧げた「犠牲者追悼と復興を祈る諸宗教者の集い」…名古屋市東区のカトリック布池教会大聖堂で 2019年3月

一体、神はどこから来たのか。日本語訳が2018(平成30)年に出版された『神は、脳がつくった』(ダイヤモンド社)の序章で、著者の精神医学者、E・フラー・トリーは、こう言い切る。

〈神々がどこから来たのかについて、本書では、人間の脳からだと主張する。神々がいつやってきたのかについては、脳が五つの特定の認知発達を遂げたあとだと主張する。そのような発達は人間が神々を思い描けるようになるために必要だった〉

平成の時代、脳科学は長足の進歩を遂げた。では、一神教であれ多神教であっても、神の存在を信じ、尊ぶ宗教は終わってしまったのだろうか。日本に存在する現実の宗教、信仰者から振り返ってみよう。

1992(平成4)年に刊行された『新宗教の解読』(ちくまライブラリー)の中で、井上順孝氏(宗教学者・國學院大学客員・名誉教授)は、こんな予測をした。

〈既成宗教、国家、マスコミの攻勢にもかかわらず、新宗教は次々と新しい運動を生み出し、その一部は十万、百万単位の信者を集めるまでに成長した。一世紀半以上にわたってこのような状態が続き、今後も急速な変化が予想しえないということは、この宗教システムが、かなり確固たる基盤を持っていると推論すべきなのである〉

宗教学者は未来予想を専らとする職業ではないが、この見立てが当たったのか。実際に、何が起きたかを検証する。宗教組織の消長を把握するうえで、文化庁の公開する教団(宗教法人)データ(宗教年鑑)は、日本で唯一の系統的数値になる。これを見ると、新宗教団体のPL教団や生長の家の信者数は平成の幕開けとなる89年段階でピーク時の半減に近い落ち込みを示している。教祖のスキャンダルが噴出した霊友会は、事件を境目にした94〜96年にかけて、約100万人の信者が教団を去った。立正佼成会は90年代半ばに600万人台で頂点に達した信者数が、平成末期には200万人台にまで減少している。

つまり平成期の新宗教は、昭和末期から始まった信者減に歯止めがかからず、教勢縮小傾向にあったといえる。井上氏のみならず、一般国民にしてもこのような新宗教の凋落《ちょうらく》は想定外の出来事に映っただろう。

では、神道や仏教、キリスト教などの伝統教団といわれるグループはどうか。ここにも、くっきりとした傾向が見てとれる。

『寺院消滅』(日経BP社)という本が、宗教界の話題をさらったのが、2015年である。その前年、耳目が集中したのは、いわゆる「増田リポート」だ。正確には日本創成会議が公表した消滅可能性都市予測である。座長の増田寛也から名付けられた未来予測で、増田は長く岩手県知事(3期)を務めた後、第1次安倍内閣で総務相となった。リポートでは、40年までの間に20〜39歳の女性の人口が5割以下に減少すると推計される自治体を全国の市区町村の約半数と推定。これは衝撃的なリポートだった。『寺院消滅』は「限界集落」において、果たして教勢維持は可能なのか否かの問題を提起したのだ。『寺院消滅』では主に伝統教団農村部寺院の衰亡をテーマにしていたが、実はそれ以上の深刻度に見舞われていたのはキリスト教団だ。第二次世界大戦後、占領軍、とりわけ米国が神道に対抗すべく、日本人へのキリスト教教化に務めたのは歴史的事実。だが戦後長らく、日本のキリスト教徒数は合算しても人口の1%といわれてきた。平成の間に起きたのはそのラインさえ割り込む信者減だ。直近の数字では、カトリック中央協議会系教団では40万人台前半、プロテスタント系の日本基督教団は10万人ラインギリギリ。教会の統廃合、管区の見直し、出版部門の廃止などもある。

神道も例外ではない。人口比1%のキリスト教に対し、こちらは「信者数が日本の人口の半数以上」といわれてきた。いわゆる「氏子」＝地域住民までを信者と仮定しての数字であるが、それでも公式数値は漸減傾向にある。神道の包括組織・神社本庁から離脱して、単立法人の道を選択する神社は徐々に増加しつつある。日光東照宮、明治神宮、気多神社など有力社が平成の時代に包括関係を解消した。

新宗教、伝統教団それぞれが縮小、減衰、退潮していったのが平成30年間の「組織力から見た」宗教史である。

政争の具になった「宗教法人法」の改正論議

一方で、宗教団体の起こした事件には、記憶にとどめるべきものが多数ある。オウム真理教が引き起こした事件は、その代表格だろう。契機となったのは、オウム真理党なる政党を立ち上げ、衆議院選挙（90年2月）に臨んだ結果による。テロ教団の萌芽《ほうが》は、そのとき既にあった。前々年の88年には、教団内で〝修行中信者〟を「処分」している。89年、つまり平成の世が幕を開けたその時点で、信者殺害と坂本堤弁護士一家拉致・殺害事件を起こしている。

◀住吉大社へ初詣に訪れた大勢の人たち
…大阪市住吉区で　2019年1月

このような教団に対して、『サンデー毎日』などメディアが警鐘記事を書き、出家信者を取り戻す団体も活動を開始していた。宗教法人の認証を求められた東京都も〝抵抗〟する。理由は「教団への苦情が、多数寄せられている」だった。これに対抗して教団側は、信者が集団で都庁へ押しかけたり、認証期限オーバーを根拠にして行政訴訟を提起。結局、オウム真理教へ宗教法人格が付与された。

そして、松本サリン事件、地下鉄サリン事件が相次いで引き起こされる。仮に坂本一家事件の犯人を神奈川県警が挙げていたら、このような惨事が起こらなかった可能性は否定できまい。ただし、オウム事件を総括するならば、捜査当局の「怠慢」をあげつらうだけでは意味がない。注目すべきはなぜ、教祖の麻原彰晃が宗教法人格獲得を切望したのか？　その解剖が必要だ。残念ながら、令和の時代を迎えた今となっても、そうした総括に基づく行政運営がなされているとは言い難い。

麻原がどうしても欲しかったのは、「信教の自由」を盾にした宗教的聖域ではないか。税制その他で一般国民から見れば〝特権〟を享受している宗教法人が、「信教の自由」を建前に財務・資産の公開すら行わない。しかも「出家」という、一種の「私有財産喜捨システム」で蓄財したカネが化学兵器に化ける。幹部信者には化学や医学などのエキスパートもおり、国民の幸福のために寄与すべき才能をテロ活動に向けた点は、たしかに問題だ。だが、それを可能にした制度にメスをいれることこそが必要なのだった。よって、オウム事件を受けた政治の世界に求められたのは、「宗教法人によるテロを二度と起こさないための法律改正」だった。

こうして、戦後初の宗教法人法改正が行われた。だがその時の政権は、55年体制がいびつに延命した「自民党・社会党・さきがけ連立政権」。対する野党は新進党で、小沢一郎率いる新生党と公明党が主軸の寄り合い所帯。しかし、直近の衆議院選挙比例区得票総数では、自民党を凌駕《りょうが》していたから、改正論議は創価学会と公明党攻撃の場と化して「政争」となった。

結局、創価学会以外のほとんどの宗教団体も「改正反対」で足並みをそろえる中、きわめて中途半端な法案が成立する。肝心の資産公開等についても、閲覧等は信者に限定され、しかも当該法人の判断で「非公開」可能な微温的改革に終わった。

地方寺院が都会に進出する「都市開教」改革

多くの宗教団体が退潮していく中、唯一、信者数を増やしてきたのは真如苑である。その組織的内情には触れないが、この教団は戦後の高度成長期から安定成長期にかけて信者数ピークを迎えた教団とは異なり、一貫して少しずつ確実に教線を拡大してきた。言い換えると、社会情勢の変化にかかわらず伸長してきた。平成の宗教団体のなかで、唯一の勝ち組と表現し得るだろう。

2011年の東日本大震災では、その勝ち組も含め多くの宗教団体(新宗教、伝統教団を問わず)が施設崩壊や信者犠牲に遭遇した。この時も、組織力の違いが出ている。常備の災害救助組織を持つ真如苑と天理教の動きがいちばんに早かった。宗教組織自身の復興の足かせとなったのは、憲法上の「政教分離」である。寺院や教会が損壊しても、公的資金は投入できない。被災した檀家から、寄付を募るのも無理な話である。現状において、これら宗教施設の復興は、最も遅れている。

皮肉にも、被災地からの都市圏への住民移住は、伝統教団のイノベーションを加速させた側面もある。統計データが雄弁に語るのは、東京をはじめ巨大都市圏の急激な人口移入と高齢化である。65歳以上の人口が加速度的に増加しつつある。当然、鬼籍に入る人々は急増する。火葬場は圧倒的に不足し、墓の需要は団塊の世代が退場するまで続くだろうと言われる。

とくに東京は、平成の30年間で65歳以上の人口が3倍以上に増加した。なのに都市型の新宗教が凋落している理由はただひとつ。この層・世代に訴求する布教方法が失敗しているからだ。冒頭で触れたように、新宗教の衰退は昭和の時代から始まっている。つまり人口が増加しているのに、信者は増やせなかったのだ。逆に消滅必至といわれた地方寺院は、新たな活路を求めて高齢者の急増する都会に進出している。これが伝統教団のイノベーションであり、「首都圏開教」や「都市開教」と呼ばれる改革だ。

パターンはいくつかある。地方農村部寺院が檀家減少で維持困難となり、息子や孫など寺を継いだ世代が「分院」のかたちで都市部に布教拠点を構える。あるいは、人口増加地域と信徒数をリサーチし、進出地域を定めて、僧侶を募る。後者で最も成功しているのが、浄

▶阪神・淡路大震災で奪われた命をしのび、祈る宗教関係者…岡山市の長泉寺で　2015年1月

土真宗本願寺派である。ここ数年、本願寺派は首都圏に20カ所以上の新寺院を建立した。これに続くように、真宗大谷派、浄土宗、日蓮宗も新たな寺院を創建し続けている。地価の高い都市部ゆえ、墓地までは手が出ない点が新寺院に共通する。いわゆる檀家システムに頼らないガバナンスが必要なのだ。お布施でなく、会費制を取り入れた寺院も少なくない。開教を宗教法人本体（本山）が、資金面で支援する。土地・建物の購入資金を低利で貸し付けたり、寺の経営が安定するまで期間を定めて僧侶へ「月給」を支給する。

▶東京・築地本願寺の外観

電子データを駆使する真如苑の「IT化」

以上が、仏教界の限界寺院に対する答えだ。元号が変わって以降、さらにこのイノベーションは進捗《しんちょく》していくだろう。かつて都市部は、創価学会はじめ新宗教の「金城湯池《きんじょうとうち》」と見られてきた。集団就職などで都会に出てきた若者には檀家意識が希薄で、しかも友人を積極的に作る機会にも恵まれていなかった。しかしそれは昭和の話であり、この時代で新宗教信者となった人々には子や孫がいる。彼らにしてみれば、新宗教は「家の信仰」なので、布教のモチベーションは低い。

逆に、「たまたま葬式で出会った僧侶」から伝統教団の布教機会が生まれる。日本人はこうしたものを「葬式仏教」とさげすむが、人間の死をきっかけに宗教との縁が生まれるのは決して不自然ではない。そうした点から、「臨床宗教」に伝統教団は積極的だ。教団を超えた資格制度も発足している。このように「古い」と見られがちな伝統教団が積極的な教線拡大を試み、新宗教は信者・信徒の高齢化に見合った布教方法を編み出せない。平成30年間の宗教史を見ていくと、これが最も大きな変化といえる。

▲日蓮宗の都市開教寺院「第一号」の「一妙寺」外観は白亜のカフェ風 …東京都国立市

現状においても布教は「紙の媒体」が主役である。新宗教は機関紙の電子化にいち早く手をつけた創価学会をはじめ、デジタル化の努力はそれなりに行っている。しかしこの点でも、地域特性や「そこにしかない唯一性」を前面に出した伝統教団個々の寺院ホームページに軍配が上がる。電子マネーによるお布施やさい銭を可能にしたり、真如苑のような電子カードで信者のデータを管理するなど、平成も末になって宗教界のIT化は目立つようになった。だが、宗教そのものの電子的な置き換えには限界もあろう。首都圏開教で成功している寺院には、「住職の話を聞きたい」人が必ず存在している。冒頭に引用したフラー・トリーは、同書の最後にこう書いている。

〈神々を求める気持ちは、私たちをヒトたらしめる脳のネットワークと一体になっており、儀礼的な宗教は私たちの文化に社会面で深く組み込まれているので、たとえ神々や宗教がもはや必要でないとしても、どちらも近いうちにあっさり消えることはありそうにない〉

宗教は信じないと公言しても、初詣やお宮参り、御朱印集めに祭礼参加など、わたしたちは少なからぬ宗教的行為を行い、受け入れている。人間が神を求める気持ちは、令和の時代になっても決して衰えないだろう。

やまだ　なおき――1957年、埼玉県生まれ。和光大学除籍。『週刊文春』記者などを経て、宗教問題などを扱うフリージャーナリスト。『創価学会とは何か』『「新宗教」興亡史』『ルポ　企業墓　高度経済成長の「戦死者」たち』など著書多数。

「大学」は劇的に変化！
少子化時代の「生き残る大学」「沈む大学」

「大学通信」常務取締役
安田賢治

◀大学入試センター試験の開始を待つ受験生たち
…東京大学　2019年1月19日

平成は「大学」にとって劇的な変化のあった時代だった。平成の初めに大激戦だった入試が、平成の終わりには〝大学全入時代〟といわれるほどになった。

その大きな理由が少子化だ。第2次ベビーブームで子どもの数が増え、１９８９（平成元）年の18歳人口は１９３万人。受験生数も１１０万人を数えた。86年から92年までの7年間は受験生の数が右肩上がりで、〝ゴールデン・セブン〟といわれた。どの大学も入学志願者が押し寄せ、まさに受験バブルだった。ピークの92年には受験生数は１２１万人に達した。しかし、合格も厳しく10校ぐらい併願するのは当たり前だった。

ところが、翌年の93年から受験生の数は減り始める。それとともに入試平易化が進んだ。

その理由の一つが、前述の少子化だ。ちなみに、２０１９年の18歳人口は１１７万人で平成の最少。１９９２年の受験生数より少ない。２０１８年の受験生数は73万人で、１９８９年と比べて34％減だ。その一方で入学者は89年の47・7万人から２０１８年には61・8万人、3割も増加した。受験生が34％減り、入学者が3割増なのだから、大学に入りやすかったのは当然だ。

しかも１９８９年に４９９校だった大学は、２０１８年には７８２校と1・57倍に増えた。学生の入学志願者が減少している短大が大学に改組したり、同時に看護や福祉などの新しい分野の大学も増加した。有名大学でも短大や夜間部を廃止し、学部に改組した。入学者の枠が広がったのだ。

その結果、大学には入りやすくなり、経営が厳しい大学が続出した。２００１年頃には外国人を受け入れ、定員を埋める大学が出てきた。その結果、日本の大学で学ぶためではなく、働くことを目的に来日した学生も多かった。しかし、これも出入国管理及び難民認定法の在留資格の創設で受験できなくなり、大学経営は一段と厳しくなった。学生募集停止に追い込まれる大学も出てきた。日本私立学校振興・共済事業団によると、18年に私立大の36％が定員割れし、１９８９年にはわずか4％だったことを思えば、〝大学全入時代〟到来といわれるのも無理はない。

平成とともに歩んだ「センター試験」

この間、入試方法も大きく変わった。

90年から大学入試センター試験（以下、センター試験）が始まった。79年に始まった共通一次試験の後継としてスタート。センター試験の大きな特徴は、私立大に広く門戸を開いたことだ。しかし当初、多くの私立大は「国の偏差値輪切りに巻き込まれる」と参加を見送った。初年度のセンター試験参加私立大は、慶應義塾大をはじめ16校にとどまった。それが平成最後の２０１９年には５００校以上の私立大が参加している。受験生に私立大のセンター試験を利用した入試は定着した。このセンター試験も20年に廃止となり、その後、大学入学共通テスト（以下、共通テスト）に変わる。まさに、センター試験は平成とともに歩んだ。

入試方式でも、1990年に慶應義塾大がAO入試を導入したのをはじめ、実施大学が激増した。現在では550校以上で実施されている。面接中心の選抜のため、学生募集に厳しい大学が学力を問わずに入学させているとして、文部科学省は学力試験を課すように指導している。

また、国立大の入試方式が現行の分離分割方式に統一されたのは97年。1大学の定員を前期試験と後期試験に分けて入試を実施する方式だ。しかも原則は前期試験を落ちた受験生しか後期試験を受けることができない。そのため、後期試験が前期試験の敗者復活戦になったことから、後期試験をやめたり募集人員を減らす大学が増加した。後期試験をやめた大学は、代わりに推薦入試やAO入試を実施するようになった。東大も16年度から後期試験を廃止し、推薦入試を実施している。

学部新設ラッシュ「カタカナ学部」も増加

大学のカリキュラムも大きく変わった。91年に当時の文部省（現・文部科学省）から出された「大学設置基準等の大綱化」による。それまで高等教育の個性化・多様化を進めるため、大学教育の2年次までが一般教養科目、3年次以降が専門教育科目を修め、さらに各科目群の最低修得単位数を決めていたのを廃止した。新たな基準の下では大学1年次から専門教育を行う、あるいは4年次に一般教養教育を行ってもいいことになり、大学は独自の判断でカリキュラムを組めるようになったのだ。

このため、一般教育を担当していた教養部を廃止し、一般教養教育を全学的に実施する大学が多くなっている。

さらに、学士も29種類に定められていたが弾力化し、各大学で決められることにした。そのため、新しい学部が次々と開設されることとなった。89年には85種類しかなかった学部が今は500以上で、いわゆるカタカナ学部が登場したのも平成だ。91年に芝浦工業大がシステム工学部（現・システム理工学部）を新設したのが始まりだ。今では150大学以上にカタカナ学部は設置されている。

◀令和の時代は
大学はどう変わるのか
上から順に
慶應義塾大学
京都大学
早稲田大学
東京大学

大胆に進む「国立大・私立大」の再編統合

大学改革はこれだけにとどまらない。

2001年には、当時の遠山敦子文科相が「大学(国立大学)の構造改革の方針」、いわゆる「遠山プラン」を公表した。国立大の再編・統合を大胆に進め、国立大に民間的発想の経営手法を導入、第三者評価による競争原理の導入を挙げたのだ。遠山プランが発表された当時、行政改革論議の中で国家公務員の削減が叫ばれ、教職員はすべて国家公務員である国立大を独立法人化した。国は各国立大に運営交付金を支給し、これを年1%ずつ削減することとなった。改革に積極的な大学には助成金を多く与える政策だ。今では1%削減は止まっているが、各国立大の経営は厳しく、平成の最後には学費を値上げする国立大も出てきた。

国立大の再編・統合では、02年に筑波大と図書館情報大、山梨大と山梨医科大が統合。翌03年には東京商船大と東京水産大が統合して東京海洋大が新しく誕生している。これ以外にも数多くの統合が実現したが、多くは県内の大学と医科大の統合だった。公立大も国立大と同様に統合が進み、東京都立大、東京都立科学技術大、東京都立保健科学大、東京都立短大が統合して05年に首都大東京が開学。その後、いったん落ち着いた大学統合だが、平成の終わりにはさらに統合を進める動きが出ている。名古屋大と岐阜大、小樽商科大・帯広畜産大・北見工業大の統合などだ。まさに統合第2波である。

この統合は、私立大でも将来に向けた大学の生き残り策として進んだ。08年に慶應義塾大と共立薬科大、09年に関西学院大と聖和大、11年に上智大と聖母大だ。08年には東海大が同じ法人の北海道東海大、九州東海大と統合した。また、地方の私立大が経営難に陥り、これを公立大化して救う事例も相次いだ。大学の統合は進んでいるが、大学の新設も進んでおり、大学数は増え続けている。

特に19年には専門職大学が3校新しく開校した。専門職大学とは新しい大学の種類で、実務家教員を多く配置し、卒業時には学士(専門職学位)を取得できる。

これ以外にも02年に工場等制限法が廃止され、都内に校舎を建てられるようになり、大学の都心回帰が進んだ。04年には法科大学院が設置され法曹界へ大学院経由の道ができる。18年は薬剤師国家試験受験資格取得が4年制から6年制になり、薬学部の人気が急落する事態となった。こういった改革が進む度、入試に大きな影響を与えてきた。

「生き残る大学」の条件は「教育力」

平成になって大学の国際化も進んだ。00年に大分県別府市に留学生が半数以上の立命館アジア太平洋大が開学。04年には授業はすべて英語、留学必須の公立の国際教養大(秋田市)、早稲田大に国際教養学部が設置された。08年に国が留学生30万人受け入れ計画を発表したこともあり、かつての定員を埋めるためではなく、日本で真剣に学ぶ留学生の受け入れを各大学は積極的に進めている。一方で、世界大学ランキングの上位を目指す取り組みも進んでいる。

大学の生き残りはますます激しくなる。私立大だけでなく地方国立大も入学者確保が難しくなってきている。今後、学生募集を停止する大学が増えると見られる。特に地方の大学は少子化の影響で経営が厳しい。そのため、地方創生の観点から大都市圏の大手私立大の入学定員超過の抑制をし、東京23区内では大学の定員増を10年間認めない政策がとられている。平成の最後、首都圏の大学では少子化にもかかわらず入試が厳しくなった。

今後も少子化は進み、大学淘汰は時間の問題だが、難易度が低い大学から淘汰されていくとは思えない。低くても、いい教育を行って学生を成長させ、しっかり就職させている大学は生き残る。特色ある学びを提供している大学も同じだ。これからは、各大学の教育力が問われるのではないだろうか。

やすだ　けんじ——1956年生まれ。早稲田大学卒業後、1983年大学通信入社。
現在、常務取締役で出版編集とマスコミへの情報提供の責任者。大正大学人間学部で講師も務める。
著書に『中学受験のひみつ』『笑うに笑えない大学の惨状』『教育費破産』がある。

◀「背中も晴れ着」
平成28年土浦市成人式
…茨城県土浦市・土浦市民会館
2016年1月10日

写真で見る平成時代

土浦市成人式の晴れ着

撮影
太田 晃

▶「肌もあらわに」
平成23年土浦市成人式
…茨城県土浦市・土浦市民会館
2011年1月9日

「成人式は目立ってなんぼ！」「この日だけはド派手に」「グラマラスで大人っぽく」。豪華絢爛な振袖やきんきらきんな羽織袴が騒がしく、肌も露わな花魁風や背中を見せつけたイヴニングドレスがやる気満々。

太田晃さんは茨城県内の風物詩や祭りを撮り続けている石岡市在住のカメラマン。10年ほど前から土浦市の成人式を撮影するようになった。

デジタル出版は高度成長の真っただ中

「転形期」に直面した出版ビジネスの30年

評論家・編集者
今井照容

◀令和の時代、「出版ビジネス」はどうなるか！

平成はバブル景気の熱狂と狂乱とともに幕を開けた。バブル崩壊が始まるのは、篠山紀信が18歳の宮沢りえの生命力に溢《あふ》れるヘアヌードを撮影した『Santa Fe』が社会現象にまでなった１９９１（平成3）年3月からである。95年には巨額の不良債権をめぐって住専問題が世間の関心を集めた。『日本経済新聞』朝刊に連載された渡辺淳一の『失楽園』が、不倫に溺れる会社員の苦悩と快楽、そして破滅を描いてベストセラーになった97年、四大証券の一角を占めていた山一證券や都市銀行の北海道拓殖銀行が経営破綻するなど、経済低迷は長期化する。そうしたなか、出版は不況に強いと、何の根拠もないのに、大手出版社などでは囁かれていた。

書籍と雑誌を合わせた出版市場がピークを迎えたのは、野口悠紀雄『「超」勉強法』がベストセラーとなった96年のことだ。出版科学研究所による出版物推定販売金額（96年）は2兆６５６３億円。内訳は書籍が1兆９３１億円、雑誌が1兆５６３３億円。雑誌に限っていうと、ピークを迎えたのは金融機関の経営破綻を尻目に97年のことだ。雑誌は1兆５６４４億円という数字を記録している。

佐藤愛子の『九十歳。何がめでたい』がミリオンセラーとなった２０１７年の出版物推定販売金額は、1兆３７０１億円。ピークだった96年と比べるならば、市場規模は51・6％にまで縮小。約半分になってしまった。雑誌は20年連続、書籍は11年連続の前年割れとなった。内訳は書籍が約７１５２億円、雑誌が約６５４８億円。２０１５年以降、書籍と雑誌を合計した出版物推定販売金額は１９９７年にピークを記録した雑誌のみの1兆５６４４億円という数字すら下回ってしまう。雑誌の推定販売金額が1兆円を切ってしまうのが２０１１年。広告収入に異変が生じるのは村上春樹の『1Q84（1・2）』が刊行された09年のことである。

雑誌の場合は販売収入に加えて広告収入が大きなウエートを占めており、この雑誌広告費がグッと冷え込むのが09年なのである。電通が毎年発表している「日本の広告費」によれば、『夢をかなえるゾウ』が話題となった08年には４０７８億円あった雑誌広告が09年には３０３４億円と1年間で１０００億円以上も縮小してしまうことになる。

それでも雑誌の推定販売金額は又吉直樹が『火花』をもってデビューした２０１５年まで書籍を上回り続けていたが、石原慎太郎が田中角栄を描いた『天才』でカムバックする16年になると、41年ぶりに書籍が雑誌を上回る。17年も書高雑低の傾向がさらに強まった。17年の推定雑誌販売金額はピークだった97年と比べ、41・9％まで縮小を遂げてしまった。『出版崩壊とアマゾン』（論創社）を書いた緑風出版社長で日本出版者協議会相談役の高須次郎は、同書の中で「出版敗戦」という言葉を使っている。しかしさらに深刻なのは、「出版敗戦」は事実にしても、将来の「戦後」のイメージが見えて来ないことである。そういう意味で出版は、「永続敗戦」の泥沼を選択しようとしているのかもしれない。

いずれにしても、出版は平成という時代に、栄光と悲惨をともに経験したといえるだろう。ただし、と断らねばなるまい。「出版永続敗戦」に直面しているのは、あくまで紙の出版においてである。電子書籍というデジタルの出版に目を転じるならば、まだ高度成長の真っただ中にあることがわかる。

インプレス総合研究所の「電子書籍ビジネス調査報告書」によれば、「ハリー・ポッター」シリーズが紙の出版市場を席巻した2002年の電子出版の市場規模は10億円に過ぎなかったが、17年には256億円にまで膨れ上がっている。15年間で何と約256倍の市場規模に成長しているのだ。ちなみに日本にAmazon Kindleが上陸したのは、阿川佐和子がインタビュアーとしてのコミュニケーション術を開陳した『聞く力』がミリオンセラーとなった12年2月のこと。同年の電子出版の市場規模は768億円。17年の市場規模はその約3・3倍と順調に高度成長遂げている。

「街の風景」を変えてきた女性誌パワー

出版の平成時代を振り返るにあたって数字を羅列したのは、そのビジネスとしての凋落と変容を冷徹に押さえるためだが、ここに時代の風景を少しばかり肉付けしてみよう。

1989年の「新語・流行語大賞」の新語部門で銀賞に選ばれたのは、その前年に創刊されたマガジンハウスの女性誌『Hanako』であった。受賞者はマガジンハウスの木滑良久社長である。木滑は出版業界にあって伝説的な編集者であった。木滑が手がける雑誌は、ことごとく時代を変えてきた。その言い方がオーバーであるならば、木滑が編集長を務めた『平凡パンチ』も、『ポパイ』もそうであったが、雑誌が街の風景を一変させたのである。『平凡パンチ』は1960年代の銀座にアイビールックで身を固めた「みゆき族」を生んだし、『ポパイ』はサーフィンやスケボーなどアメリカの西海岸文化を70年代〜80年代に定着させた。『Hanako』が創刊された1988年、木滑はすでに編集現場にはいなかったが、『Hanako』という雑誌のネーミングは木滑による。実は、木滑の孫の名前が「Hanako」だったのである。首都圏に限ったリージョナル・マガジンという発想も、表紙をケン・ドーンのイラストで飾ることにしたのも木滑であった。ディナーやスイーツやブランドを求め、『Hanako』片手にバブル経済の余韻の残る銀座や六本木、自由が丘、横浜を闊歩する男女雇用機会均等法世代の女性たちは、「Hanako族」と呼ばれたものである。

彼女たちの愛読書は、たとえば吉本ばななの『キッチン』や『TUGUMI』であったであろう。

マガジンハウスは『Hanako』以後も雑誌をいくつか創刊してきたが、どの雑誌も街の風景を一変させるまでには至らなかった。雑誌の市場規模が縮小し始めたのである。

『ソフィーの世界』がブームを巻き起こした95年に光文社から創刊された女性誌『VERY』も、「シロガネーゼ」や「公園デビュー」という言葉とともに、街の風景を変えた雑誌のひとつである。『VERY』も30代、40代の既婚女性から圧倒的な支持を受けているが、それこそ「転向」とでも言うべき「変化」を『VERY』は遂げている。少なくとも「シロガネーゼ」や「公園デビュー」といった言葉を流行させた時代の『VERY』読者の夫は、家事も育児も『VERY』妻に任せっきりであったはずである。加えて『VERY』妻たちは専業主婦志向が強かったのではないか。

こうして平成の30年を振り返ると、街の風景を変えてきたのは、女性誌であったことがわかる。『Hanako』や『VERY』以外にも、『小悪魔ageha』(インフォレスト)や『CanCam』『Oggi』(小学館)といった女性誌が街の風景を変えてきた。

男性誌で街の風景を変えたといえるのは『LEON』(主婦と生活社)が「ちょい不良《ワル》オヤジ」をほんの少し街に輩出させた程度である。かつて『ポパイ』が成し遂げたように若者たちが一斉にサーフィンを始めたり、スケートボードを持ち始めるという、男性誌を起点とする文化革命は起こらなかった。このことが何を意味するかといえば、若者が雑誌から遠ざかり始めたということだ。これを決定的にするのが携帯電話による情報通信技術の飛躍的な向上である。総務省「情報通信白書」による

◀電子書籍は「高度成長」の時代か

と、i-modeが誕生して携帯電話からのインターネット接続が可能となった1999年、PHSやPDAを含めた携帯電話の所有率は67・7%であったが、『LEON』が創刊された01年には78・2%、2年後の03年に94・4%と急激に上昇している。10代後半から20代前半の若者たちにとって、ケータイ代を払ってしまえば、雑誌に回せる可処分所得は残っていないのである。そうしたなかで2000年代は「ケータイ小説」といったものが誕生し、また携帯電話の小さな画面でコミックを読む電子書籍フォーマットも開発されてきた。しかしそれでも、「ガラケー」と呼ばれるフィーチャーフォンの時代には、出版市場に大きなインパクトを与えるほどではなかった。大きく転換するのは、スマホことスマートフォンが登場してからのことだ。

最もデジタルシフトが進んでいる「マンガ」

iPhoneが日本で市場デビューを果たしたのは2008年7月11日のことである。

　街の風景を変えてきた雑誌であったが、皮肉なことに今度は街の風景から雑誌が消え始めたのである。スマートフォンの普及が進むにつれ、雑誌はスマートフォンに取って代わられてしまった。博報堂DYメディアパートナーズのメディア環境研究所による「メディア定点調査」によれば、『もし高校野球の女子マネージャーがドラッカーの「マネジメント」を読んだら』は電子書籍でも売れたといわれたが、同書がベストセラーランキングの1位を占めた地区別の2010年のスマホ所有率は9・8%に過ぎない。これが18年の東京では79・4%に跳ね上がる。同じ東京地区の性年代別でみると最も比率が高いのは女性20代の92・3%、最も低い60代男性でも半分近い47・5%がスマホを所有している。老いも若きもスマホを使いこなす時代がやって来たのだ。

　スーツ姿のサラリーマンが『週刊少年ジャンプ』や『週刊少年マガジン』、『週刊少年サンデー』を広げていると、彼らの上役は「いい年をして！」と眉をひそめていたものである。今やヒラ社員も管理職も電車に乗れば、スマホの画面を熱心に見つめている。彼らが何を見ているのか、他人にはまったく分からない。それ以前の光景を知る世代にとって、それは不気味な光景でもあるのだが、やがて不気味でも何でもなくなるはずだ。

　集英社の『週刊少年ジャンプ』が最大発行部数653万部を記録したのは、オウム真理教による「地下鉄サリン事件」が世の中を震撼させた「95年新年3・4合併号」である。日本雑誌協会が公表している18年7〜9月の印刷部数は約177万部。ピークの3割以下に縮小している。

　そうしたなか出版の世界で最もデジタルシフトが進んでいるのは、マンガにおいてである。講談社、集英社、小学館という大手出版社の経営の屋台骨を支えているのは、マンガ誌とそこから生み出される単行本（コミックス）である。極端なことを言えば、マンガ事業だけが利益を生み出し、他は雑誌も書籍も赤字ということもあり得よう。マンガ事業おける利益を確保しつづけるためにはデジタルシフトを加速させる必要があったのである。

　マンガでは、人気作品の場合、単行本（コミックス）の巻数が数十巻に及ぶこともあり、もともと電子書籍とは相性が良いといわれてきた。15年間で約256倍に拡大した電子出版市場だが、17年の2556億円という数字の内訳を見てみると、電子書籍が2241億円であり、電子雑誌が315億円であり、電子書籍2241億円のうち、マンガが1845億円、文芸・実用書・写真集などが396億円となる。電子書籍において、マンガのシェアが82・3%にも及ぶのである。これは出版科学研究所のデータであるが、17年にはコミックスの電子書籍版の売り上げは1711億円で、紙のコミックスの売り上げ1666億円を上回ったのである。時代は紙からデジタルへと大きく舵を切ろうとしている。13年に講談社とエキサイトが組んだ『Dモーニング』がリリースされると、『comico』（NHN comico）、『マンガボックス』（DeNA）、『LINEマンガ』（LINE、のちLINE Digital Frontier）といった無料マンガアプリが誕生し、リリース後わずか

▶マンガやコミック誌が出版界のデジタル化を促進？

数カ月以内に100万ダウンロードを突破して話題となった。これらに共通するのは、オリジナル作品が無料連載されていることで、スマホ向けのコミック雑誌といえるものである。『少年ジャンプ＋』(集英社)、『マンガワン』(小学館)『コミックDAYS』(講談社)などもこれに次いで自社ブランドを生かす形でデジタルシフトを進めてきた。マンガアプリは無料・有料アプリでも相当数がダウンロードされるようになり、『comico』が日本国内でのダウンロード数が1500万を超えたと発表したのは17年8月であった。また、ニールセンデジタルが17年2月段階のマンガアプリの利用状況を発表しているが、これによると1位『LINEマンガ』279万人、2位『comico』260万人、3位『マンガワン』247万人となっている。

「小説投稿サイト」からベストセラーが誕生

マンガで起きたことは、どこでも起き得るし、現実に起きている。日販が毎年発表している年間ベストセラーで、16年に総合4位となったのは、双葉社の刊行した、住野よるによる人間主義的な青春小説『君の膵臓をたべたい』であり、18年には文庫と合わせて累計発行部数が260万部を突破するに至ったが、この小説の初出も紙の文芸誌ではない。双葉社とは資本的に何の繋がりもないヒナプロジェクトが運営する小説投稿サイトの『小説家になろう』が初出なのである。

小説誌の部数は、『オール讀物』を別にして、他は1万部にも満たないが、『小説家になろう』のユーザー数は数十万といわれている。何しろ月間16億PVを超えているのだ。小説投稿サイトは『小説家になろう』ばかりではない。『アルファポリス』もあれば、DeNAとNTTドコモが手を組んだ『エブリスタ』もある。文芸もデジタルの世界では、投稿サイトという形で新しいプレイヤーが参入してきているのだ。逆に既存の出版業界の側からKADOKAWAの『カクヨム』などのように投稿サイトに参入するというケースも出てきている。

いまい てるまさ……1957年生まれ。出版業界誌『出版人・広告人』編集長。『三角寛「サンカ小説」の誕生』で第29回尾崎秀樹記念・大衆文学研究賞(早乙女貢基金)受賞。他の著書に『新大陸VS旧大陸――ソーシャルメディアが世界を動かす!』『報道と隠蔽』など。

喫茶店など兼業を模索している「書店経営」

紙の出版市場の縮小で最も影響を受けているのは書店である。アルメディアの推計によれば1999年には約2万2000店あった書店数は、2017年には約1万2000店にまで半減してしまっている。街の書店やチェーン書店の経営を支えてきたのはコミックスも含めた、取次の区分でいう雑誌に他ならなかった。雑誌で儲けていたから、店舗に書籍を置くことができたのである。象徴的にいえば雑誌の儲けがなければ、岩波書店の「良書」を買い切ることはできなかった。紙の雑誌が市場規模を急激に縮小させ、コンビニやアマゾンにも読者を奪われてしまった書店は、次々に廃業に追い込まれていった。何とか生き残った書店にしても、書店専業では今後とも生き残れる保証はまったくない。かくして書店は喫茶店などとの兼業を模索し始める。専業書店は今や絶滅寸前なのである。

むしろ今後、危機が深刻化するのは業態転換が難しい取次店なのかもしれない。2001年には人文社会科学専門取次の鈴木書店が破産した。大阪屋の危機が深刻化し、大阪屋本社の売却と楽天や出版社連合が第三者割当増資によって救済したのは14年、業界4位の栗田出版販売が倒産したのは15年のことである。民事再生によって大阪屋が栗田出版販売を統合し、大阪屋栗田として再スタートを切ったのは16年4月1日であった。その年の2月には業界5位の太洋社が自主廃業する。大阪屋栗田が楽天の子会社になるのは18年である。取次は何としても経営のダウンサイジングを成し遂げなければ生き残れまい。

出版のデジタル化が進めば進むほど、紙の出版ビジネスは深刻化せざるを得ない。出版は経済としても、文化としても、「転形期」に直面しているのである。かつて、異能の文芸評論家・花田清輝は、転形期とは「脇役が主役となり、家来が主人になるような時代」だと述べた。18年最大のベストセラーは『漫画　君たちはどう生きるか』である。

「憎悪」と「むきだしの差別」が人間を蝕む

「ヘイトの主体」は一体、誰なのか

ジャーナリスト
安田浩一

日の丸や旭日旗を手にしたデモ隊が街頭を練り歩く。罵声、怒声が飛び交う。

「死ね、殺せ」「日本から出ていけ」「ゴキブリ」——悪意と差別に満ち満ちた言葉が路上にこだまする。

デモの隊列が憎悪の矛先を向けるのは在日コリアンや在日中国人などの外国籍住民だ。

いわゆるヘイトデモの風景である。「愛国者」を自称する者たちによって、全国各地でこうした下劣なデモが繰り返されている。

政治的・思想的文脈で語るべきようなものなのか、疑問はぬぐえない。参加者の多くは口元を緩め、へらへらと笑いながら拳を振り上げていることが多い。

デモ主催者の一人と、こんなやり取りをしたことがある。

◀ヘイトスピーチに抗議の声を上げる人たち
…川崎市川崎区で　2018年6月

——ひどいデモだ。単なる鬱憤《うっぷん》晴らしではないのか。

「それのどこが悪いのか？　みんな韓国や在日に対して鬱憤がたまっている。街頭でそれを爆発させているだけだ」

——そんなの意味がない。醜いだけだ。

「意味は大いにある。実際、あなたのようなメディアが大勢、取材に来ているではないか。韓国でも報道されている。こうでもしない限り、世の中に伝わらないだろう」

彼は一気にまくし立てた。

私は気持ちがザラついた。怒りでからだが震えた。人間の、社会の、何か大事なものが汚されてしまったような気持ちになった。

彼は何かを「伝える」ためにデモに参加したとは到底思えなかった。日本国籍の日本人として、つまりは社会の多数派として、マイノリティー排除を叫んでいるだけだった。

もちろん、同じ社会の多数派である私は、それを聞き流すことだってできる。腹は立つが、どれだけ罵《ののし》られようと、怒鳴り返すか殴り合いでもすれば気が晴れよう。あるいはその場を逃げ出したっていい。

だが、攻撃の対象となった被差別の当事者ならば、そういうわけにはいかない。自身に向けられた差別も偏見も、嘲笑も中傷も、深い傷として刻印される。それは容易に消えるものではない。

日本最大の在日コリアン集住地域である大阪・鶴橋(生野区)でヘイトデモを取材したときのことだった。

デモ隊はいつものように「在日は出ていけ」と連呼し、通行人の女性にまで「売春婦」と言って絡んだ。こうした集団を追いかけるのに疲れた私は路地裏に逃げ込んだ。正直、気がめいっていた。休みたかった。

だが、路地裏にもデモ隊から発せられる悪罵は、大型のトランジスターメガホンを通して響き渡っていた。

そこは在日コリアンの商店主が多い、鶴橋の市場の一角だった。ふと目をやれば、韓国食材を扱う商店の前で、数人の老人たちが丸椅子を並べて腰かけていた。皆が皆、うなだれていた。何かに打ちひしがれたように、背を丸め、膝の上で両手を組み押し黙っていた。

「ゴキブリ」「反日」「人でなし」——。デモ隊の絶叫が響く中、老人たちは微動だにしなかった。嵐が過ぎ去るのをじっと待っているかのようにも見えた。

そうなのだ。ただじっと、こうしているしかないのだ。やり過ごすしかないのだ。「出ていけ」と言われても、ほかに行く場所などない。ここで生まれ、ここで育った人たちばかりだ。私と違って耳障りだからと逃げ出すことなどできない。それまで生きてきた時間を否定され、人格を貶《おとし》められ「死ね」と言われても、ここにとどまるしかないのだ。一体、この老人たちに何の責任があるというのか。丸まった背中を見ていたら泣きたくなった。

これがヘイトスピーチの〝効果〟だ。

汚い言葉、罵り言葉がヘイトスピーチなのではない。社会的力関係を利用し、差別と偏見でマイノリティー排除を狙い、憎悪をあおり、相手を黙らせ、深い傷を与えるのが、ヘイトスピーチなのである。まさに社会に分断を持ち込むための、醜い武器だ。

悪罵と憎悪にあおられて街頭デモに

日本社会において、在日コリアンをはじめとする外国籍住民に対する差別は、昔から存在した。関東大震災直後には朝鮮人だという理由だけで多くの人が虐殺され、戦後も就職差別、住居差別などが横行した。

だが、街頭でヘイトスピーチを連呼するようなヘイトデモが目立つようになったのは今世紀に入ってからである。

これを後押ししたのはネットの大衆化だ。

1995(平成7)年、マイクロソフト社の「Windows95」の発売を契機として、それまで一部の趣味者とアカデミズムの世界だけで使われてきたインターネットが、一気に日本社会で普及した。それに伴って登場したのが、「ネット右翼」(ネトウヨ)と呼ばれる者たちだ。匿名性の担保という特性が利用され、ネット上はたちまち自称「愛国者」による、マイノリティーに向けた憎悪と怨嗟《えんさ》、差別と偏見の書き込みであふれた。

しかも、「国家」を背景にすると声が大きくなる。先鋭化を競うように書き込みを繰り返す中で、マイノリティーの「抹殺」「一掃」などを主張する者たちが勢いを増していった。

悪罵と憎悪に人々があおられる。そこで〝目覚めた〟者たちの中から、現実社会での「連帯と団結」を目指す者たちが生まれた。それがネット右翼による街頭デモへと発展していく。この動きに先鞭《せんべん》をつけたのは、「在日特権を許さない市民の会」(在特会)なる集団だった。

在特会の結成は2006(平成18)年。同会は、在日コリアンなどの外国籍住民が日本において「生活保護の優先受給」など優越的な権利を持っていると主張し(実際にはただのデマに過ぎない)、外国籍住民の排斥を各地で訴えた。

同会の創設者はネット上の掲示板を舞台に、「反韓国」「反在日」の書き込みを続けるネット右翼に過ぎなかったが、ネット上での論戦で攻撃性と冗舌に磨きをかけ、シンパを現実社会に引きずりだして、同会を結成した。

在特会は、ネット上で、街頭で、在日コリアンなどへの差別をあおった。差別を正当化するために、デマとウソをも平気で垂れ流した。「在日は税金を払わない」「光熱費が無料」などなど。少し調べればウソだとわかるような主張も、しかし、ネットで流布されると瞬く間にそれを信じる者が増えていった。デマは、集客に必要な誘ガ灯のような役割を果たした。

特徴的なのは、攻撃のターゲットとなるのが中国や朝鮮半島など、近隣アジア諸国にルーツを持つ人々で、その矛先が欧米出身者に向かうことはほとんどなかった。いわば、旧宗主国としてのゆがんだ優越意識に基づいた、差別思想以外の何ものでもないということだ。

結局、彼らが言うところの「特権」とは、差別と偏見を正当化させるための手前勝手なマジックワードに過ぎなかった。

日韓共催のW杯で「韓国に嫌悪を感じた」

2010年、私は初めて在特会の本部事務所(東京都千代田区)を訪ねて、広報担当者を取材した。

◀街頭で繰り広げられるヘイトスピーチ
…川崎市川崎区で　2016年1月

担当者との間ではこんなやり取りがあった。

――なぜ、在日コリアンを敵視するのか?

「在日は権利ばかり主張して日本人の生活を脅かしている」

――具体的には?

「外国籍でありながら福祉の恩恵を受けている。しわ寄せは日本人に向かう」

――そうしたことを、どのような媒体で知ったのか。あるいは自分の経験なのか。

「ネットだ。ネットには本当のことが書かれている」

――あなたが朝鮮半島や、そこにルーツを持つ人々を敵視するようになったのはいつからか。

「02年ごろだ。この年にサッカーワールドカップの日韓共催があった。このときに初めて韓国への嫌悪を感じた。ラフプレー、日本人選手へのブーイングなど、腹立たしいくらいにひどかった。また、同じ年には当時の小泉純一郎首相が平壌に赴き、北朝鮮政府に拉致事件を認めさせた。朝鮮人の犯罪が明らかになってそれで好感を持つほうがおかしい」

前半部分は、まさにデマに洗脳されているとしか言いようがない。もともと抱えていた差別と偏見の眼差しが、ネットによって増幅されただけだろう。

ワールドカップに対する見方は興味深い。私が取材した在特会会員の中でも「ワールドカップで目が覚めた」と口にする者は珍しくなかった。要するに、そのときに初めて「韓国」という国を「発見」したのだ。それまで気にしたことも、気にかけたこともない隣国を意識したものだ。「在日」という存在も、そうした文脈の中で、やはり「発見」されたものだ。知らなかったというよりは、見てこなかったし、見ようとしてこなかった。

在特会の活動は驚異的な勢いで全国に広がった。北海道から九州まで主要都市に次々と支部を設け、ヘイトデモや街宣を繰り返した。

そして多くの場面で事件を起こしていく。09年12月、在特会メンバーらは京都朝鮮第一初級学校(京都市南区)に押し掛け、校内で授業が行われている最中であるにもかかわらず、「朝鮮学校を日本からたたき出せ」「キムチ臭い」「スパイの子」などと拡声器を使って騒ぎ立てた。これによって4人が威力業務妨害などで逮捕されている。翌10年には徳島県教職員組合の事務所にメンバーらが乱入。居合わせた女性職員に向けて拡声器で「腹を切れ」「売国奴」などと怒鳴り散らし業務を妨害した。この件では7人が建造物侵入などで逮捕された。韓国人女優のCM起用が「売国的」だとして、製薬会社に押し入り、強要罪で逮捕された事件(12年)などのほか、名誉毀損《きそん》などの民事裁判も起こされている。

「ヘイトスピーチ」の勢いはいまも衰えていない

情けないことに、日本社会の一部は、それに同調した。政治家や経済人のなかにまで、在特会へのシンパシーを口にする者が現れた。設立当初には500人の会員しかいなかった在特会も、13年には1万5000人を超えるまでになった。メディアの多くもまた、在特会など差別者集団の動きに当初は無関心を貫いた。

「一部のバカが騒いでいるのだ。そのうち淘汰《とうた》されていく」

そう話す記者も少なくなかった。今にして思えば、過小評価していたのではなく、そもそも関心を持っていなかったのだろう。後に活動が過激化することで、メディアは慌てて取材に走ることにもなるが、そのときはすでに手遅れだった。差別と偏見は在特会に限らず、もはや日本社会の隅々にまで暗い影を落としてしまっていたのだ。

在特会が組織としての隆盛を極めていたのは14年までである。一時期はヘイトデモに1000人近くを動員していたが、同年に入ってからデモ参加者は急減した。

最大の理由は、一連のヘイトデモに対する抗議活動が活発化してきたことにある。在特会の活動が影響力を強めていくことに危機感を持った人々が、「カウンター」と称してヘイトデモの現場に集まるよ

▶在日コリアンの「排斥」を訴えてデモする人たち …東京都千代田区で2014年9月

うになった。組織的な動員はなくとも、多い時には1000人を超える「カウンター」がヘイトデモの隊列を包囲した。「敵」が増えれば、デモする側もやりにくい。デモ終了後に参加者によって必ずといってよいほど開かれていた打ち上げの飲み会も、「カウンター」を恐れて開くことができなくなった。

また、16年には、国会で「ヘイトスピーチ解消法」が成立した。これはヘイトデモへの「カウンター」にも参加してきた参議院議員の有田芳生氏らが主導する形でつくられたものだ。当初、与党はまるで乗り気ではなかったが、ヘイトデモの現場などの視察、在日コリアンとの意見交換などを通して、自民党の中でも「何らかの法的整備が必要」との認識が広まった。それまで、政府は「我が国に深刻な差別は存在しない」との立場だったが、国連の人種差別撤廃委員会などからの勧告を受け、対策の必要性を感じたのだろう。

結局、言論の自由に配慮する形で、罰則を設けない「理念法」という形で解消法は成立した。これによって地方自治体などは「ヘイトスピーチ解消に努める義務」が生じた。

だが――。理念法は、その実効性において、いまだ目に見える効果は発揮できていない。罰則がないことを理由に、動員数は減ったとはいえ、ヘイトデモはいまだに繰り返されている。ネット上の差別書き込みはいまだ野放しの状態だ。

また、在特会の主要メンバーらは街頭活動での限界を感じたのか、政治の世界への進出も図るようになった。

同会のリーダーは14年に在特会代表を退き、16年、東京都知事選に立候補。ヘイトスピーチを用いた選挙運動を展開し、11万票を獲得した。当選には遠く及ばなかったが、それでも「泡沫《ほうまつ》」とは言い難い得票数である。さらに17年、政治団体「日本第一党」を設立、地方選挙に候補者を立てるようになった。

▲ヘイトスピーチの差別撤廃を唱えてデモ行進する人たち
…東京都新宿区で　2013年9月

法律が整備され、在特会のヘイトデモ動員数が激減しようが、ヘイトスピーチは生きている。いや、勢いは衰えていない。

ネットではいまなおヘイトが渦巻いている。地震や水害が発生するたびに「朝鮮人に気をつけろ」といった類いの文言が書き込まれる。それを影響力のある政治家や著名人が引用する。無責任に差別に加担していく。

各地の書店に出向けば、棚には近隣諸国をおとしめ、マイノリティーの存在に疑問を投げつけるような書籍が並んでいる。テレビ番組も「日本人を誇る」内容のものが増えてきた。

いま、「差別の現場」はネットや街頭だけにはとどまらない。書店で、テレビの中で、あるいは居酒屋で、喫茶店で、善良そうな顔をした会社員が、学生が、年金生活者が、主婦が、当たり前のようにヘイトスピーチを口にする。社会の一部は極右化し、ヘイトを流通させている。そう、ヘイトスピーチの主体は在特会でも日本第一党でも、街宣車を走らせる右翼団体でもない。極右な気分に乗せられた一般人こそが主体である。そして、差別の旗振り役を務めるのは政治家や著名人、一部のメディアだ。社会の底が抜けている。憎悪とむき出しの差別が人間を蝕んでいく。

時代の節目を迎えた。ヘイトスピーチをこのまま放置していてもよいのか。わたしたち一人一人が問われている。

やすだ　こういち……1964年、静岡県生まれ。
週刊誌記者などを経て2001年からフリー。事件や労働問題、人権問題などを中心に執筆。
著書『ネットと愛国――在特会の「闇」を追いかけて』で第34回講談社ノンフィクション賞受賞。
『団地と移民　課題最先端「空間」の闘い』など著書多数。

「官邸官僚」のパワーが肥大化

「政・官」攻防戦の結末は〝最強官庁〟の沈没

ノンフィクション作家
塩田潮

平成時代は1989年1月にスタートしたが、内外とも大激動の転換期であった。

前年の88(昭和63)年7月にリクルート事件が発覚した。当時の竹下登首相、安倍晋太郎幹事長、宮澤喜一蔵相(後に首相)、中曽根康弘前首相らが、未公開株取得による疑惑の中心人物として浮かび上がる。自民党長期1党支配体制は最大の危機に直面した。

大逆風の下で、竹下内閣は消費税導入を柱とする税制関連法案を国会に提出した。平成が始まる2週間前の12月24日、法案は可決される。89(平成元)年4月1日から実施された。

だが、竹下首相は24日後に辞意を表明し、宇野宗佑内閣となる。しかし、7月の参院選での大敗で退陣に追い込まれ、平成となって7カ月で3人目の海部俊樹首相の登場となった。

89年は世界も激震に見舞われた。6月、中国で天安門事件が発生した。11月にベルリンの壁の撤去が始まった。12月、アメリカのジョージ・ブッシュ大統領(父)とソビエト連邦(現・ロシア)の最高指導者のミハイル・ゴルバチョフ(最高会議幹部会議長。後に大統領)が、地中海のマルタ島で米ソ首脳会談を行う。戦後44年続いた東西冷戦が終結した。

その時期、日本経済はバブルのピークだった。89年12月29日、日経平均株価は史上最高値の3万8915円を記録した。

だがその後、下落が始まった。91年8月18日には1万4309円まで落ち込む。バブル破裂が決定的となった。

風前の灯の自民党長期1党支配、ポスト冷戦時代の幕開け、バブルの膨張と崩壊という大激動で始まった平成時代は、それまで40年余の「昭和戦後期」を主導した日本の政治と行政の構造に大きな変化をもたらした。

平成以前の昭和戦後期の日本は全体としておおむね右肩上がりの成長型の社会だった。それを演出・主導してきたのが自民党長期政権と霞が関の官僚機構で、「政・官」の二人三脚が日本型成長モデルの礎といわれた。二人三脚とはいえ、実態は「官主導」で、自民党政治には官依存の構造と体質が根を張り、政と官の関係は、気象用語の気圧配置の言葉をもじって「官高政低」と評された。

ところが、平成時代に入って、気圧配置が変わり始める。最大の要因は、バブルの崩壊と、その後の「失われた10年」と呼ばれた経済の長期低迷である。バブルの膨張を放置・助長し、それに続く崩壊の局面でも有効・適切な対策を講じることができず、「失われた10年」を招いた〝A級戦犯〟と批判を浴びたのは、経済運営の要となる財政政策や金融行政を握る大蔵省(現・財務省)であった。

自他共に「最強の官庁」と認める存在だったが、バブルの処理には手を焼いた。宮澤内閣時代の92年10月、大蔵省は都市銀行など大手21行の不良債権額が9月末で12兆3000億円と認めた。村山富市内閣時代の94年後半から95年にかけて、戦後初めて金融機関の経営破綻が相次ぐ事態となった。

破綻処理や銀行救済で、大蔵省は綱渡りを余儀なくされた。護送船団方式の丸抱え行政は機能不全となり、大蔵省神話も崩壊した。

95年9月、自民党総裁選で橋本龍太郎通産相(後に首相)と小泉純一郎元厚相(同)が戦った。小泉氏が「行政改革をやりますか」と論戦を挑む。橋本氏は「やる。中央省庁の数を半減したい」と応じた。

総裁となった橋本氏は96年1月、政権を手にする。10月の総選

◀行政の中枢「霞が関」はどこに向かうのか

挙を制すると、11月18日に「2001年までに中央省庁の統廃合を行い、新体制に移行」と宣言した。

橋本首相は省庁再編への挑戦姿勢を鮮明にしたが、97年11月に大手銀行の北海道拓殖銀行と4大証券の一つの山一證券の連続経営破綻が発生する。対応が後手に回り、求心力が急落した。

続いて金融機関からの接待汚職が噴き出し、98年3月に大蔵官僚が逮捕された。大蔵省は4月下旬、過剰接待問題で112人の処分を発表する。「最強の官庁」の腐食と転落が明らかになった。

橋本行革の「省庁半減」のねらいは、縦割りによる二重行政と重複行政の打破、内閣の各省庁に対する指導体制の強化、各省庁での局や課の削減による行政のスリム化などの実現であった。標的とされたのは長年の官僚主導体制で、「官僚主導から政治主導へ」「官から政へ」が省庁改革の柱となった。

「官」から「政」を目指す橋本行革に世論は好意的だった

世論は80年代後半以降の霞が関の失策や無策、官僚主導体制下の腐敗や独善を目のあたりにして、「官から政へ」を目指す橋本行革に好意的だった。橋本首相は98年7月の参院選大敗で辞任に追い込まれたが、官僚改革に対する国民の期待を追い風に、次の小渕恵三内閣も省庁再編路線を受け継いだ。

まず98年6月、中央省庁等改革基本法が成立する。99年7月に新省庁の設置法など省庁改革関連法(17法案)、12月に省庁改革施行関連法(61法案)が成立して、省庁再編の法整備が完了した。2001年1月6日、1府22省庁の旧体制から1府12省庁の新体制に移行した。

もう一つ、注目すべき新潮流は、行政機関が保有する情報の公開を求める動きだった。省庁再編と軌を一にして、99年5月に情報公開法が成立し、新省庁体制発足の3カ月後の2001年4月から施行になった。

対象は会計検査院、人事院、内閣法制局、安全保障会議、公正取引委員会、内閣官房などを含む国の1府12省庁の行政機関である。情報公開法で、政府の説明責任が明らかにされ、行政文書の原則公開が義務づけられた。

一方、中央省庁の再編と並行して、地方分権の拡充を唱える運動も、90年代に入って活発になった。その流れにこたえて、村山内閣時代の95年5月、5年間の時限立法で地方分権推進法が制定された。

続いて、首相直属の地方分権推進委員会が95年7月から2001年6月まで5次にわたる勧告を行った。1次から4次までの勧告を受けて、98年5月、地方分権推進計画が策定され、それに基づいて、小渕内閣時代の99年の通常国会に、改正を要する475の関係法律からなる地方分権推進一括法が提出された。

7月、省庁再編のための中央省庁改革関連法案と同日に成立し、2000年4月から施行された。最大の変化は従来、「主従」と見られた国と地方自治体の関係を「対等・協力」に改めた点である。具体的には、機関委任事務の廃止、地方自治体の事務の再編と事務権限の地方への移譲、国の関与の見直しなどが盛り込まれた。「官から政へ」の動きと共に、「国から地方へ」という流れも加速した。

霞が関の新省庁体制のスタート、情報公開法と地方分権推進一括法の施行から約1年後、小泉首相が登場した。01年4月の自民党総裁選で、小泉氏は「日本を変える」「自民党をぶっ壊す」「聖域なき構造改革を」と連呼し、圧勝して政権を握った。

「聖域なき構造改革」の具体策として、不良債権問題の抜本解決、経済の再生、財政構造改革、道路特定財源や公共事業の見直し、地方の自立と競争の促進など、七つの改革プログラムを提示した。

小泉改革のねらいは、大きく分けて二つあった。一つは日本経済が90年代までに背負った「負の遺産」の解消、もう一つは21世紀型社会に適応した「小さな政府」の実現であった。

首相就任前、インタビューに答えて、こう語った。

「郵政民営化は特殊法人の全部の見直しにつながる。一番大きな改革になりうる。民営化で30万人くらいの役人が民間人になる。政府関係機関の民営化で兆単位の株式売却益が出るのは、郵政3事業しかない。株式会社になった郵政事業は税金も納める。財政投融資の見直しで、無駄なところに金がいかなくなる。財政体質ががらりと変わる」

「負の遺産」の解消は金融行政の立て直し、「小さな政府」の実現は財政健全化と表裏一体で、財務省路線と背反しない。小泉首相が意図したかどうかは別にして、「小さな政府」を目指す小泉改革は、「政・官」の関係でいえば、財務省を味方につけて、他の府省庁に切り込むプランであった。

国土交通省が対象となる道路公団民営化法案は04年6月に成立し、05年10月に民営化が実現した。小泉首相の最大の目標は郵政3事業の民営化で、標的となったのは総務省の郵政部門である。まず02年7月に日本郵政公社法案を成立させ、続いて04年9月に郵政民営化の基本方針を閣議決定する。06年9月の総裁任期満了から逆算して、05年を「決戦の年」とねらい定め、勝負に出た。

郵政民営化法案は05年7月5日に衆議院で可決されたが、8日に参議院が否決した。小泉首相は即座に衆議院を解散した。9月に行われた総選挙は自民党の圧勝となる。小泉首相は決戦を制した。郵政民営化法案は10月、参議院で可決され、成立する。民営化した日本郵政が06年1月に発足した。

9月、小泉首相は総裁任期満了に伴い、予告どおり退陣した。小泉氏の後押しを得た安倍晋三氏(現・首相)が総裁選を勝ち抜き、第1次安倍内閣を発足させた。

小泉改革路線の継承を強く意識する安倍首相は、国民の批判が強い「官僚の天下り」の問題にメスを入れる姿勢を打ち出し、国会に国家公務員法改正など公務員制度改革関連法案を提出した。法案は07年6月に成立する。従来の各省庁による天下りのあっせんを廃止し、新たに官民人材交流センター(新人材バンク)が設置されることになったが、天下りネットワークの解体に不満を抱く官僚側の反発は大きかった。

第1次安倍内閣では、06年の暮れから閣僚の事務所費問題や失言が相次ぎ、さらに07年2月以降、年金記録問題も露見して、支持率下落に見舞われた。立ち直れないまま、7月の参院選を迎え、大敗を喫した。安倍首相は一度、政権担当継続を表明したが、9月に在任1年で辞任となった。

公務員制度改革を推進したことが霞が関の官僚機構の背離を招き、政権弱体化につながり短命政権となった原因、と指摘する声も強かった。だとすれば、「政・官」の綱引きで、総反撃に出た「官」が「政」に一矢を報いたということになる。

07年の参院選で衆参ねじれとなったため、与党の政権維持は困難を極めた。1年ごとに首相交代となる。第1次安倍内閣の後、福田康夫、麻生太郎の両氏が政権を担ったが、09年8月の総選挙で自民党は惨敗し、政権交代が起こった。大勝を遂げた民主党が初めて与党の座に就き、鳩山由紀夫内閣が誕生した。

長年の自民党政治を「官僚依存構造による政・官癒着体制」と批判してきた民主党は、総選挙のマニフェストに掲げた「鳩山政権の政権構想」の「5原則」のトップに、「官僚丸投げの政治から、政権党が責任を持つ政治家主導の政治へ」とうたい、「政治主導」を強く打ち出した。

具体策として、「政権構想」の「5策」の第1策で「政府に大臣、副大臣、政務官(以上、政務三役)、大臣補佐官などの国会議員約100人を配置し、政務三役を中心に政治主導で政策を立案、調整、決定する」、第2策で「事務次官会議は廃止し、意思決定は政治家が行う」、第5策で「天下り、渡りの斡旋《あっせん》は全面的に禁止する。国民的な観点から、行政全般を見直す『行政刷新会議』を設置し、全ての予算や制度の精査を行い、無駄や不正を排除する」という方針を掲げた。

民主党政権は発足と同時に、うたい文句どおり「政治主導」による「官」の改革と行政の刷新に乗り出した。民主党政権での初めての予算となる10年度予算の編成で、「事業仕分け」という新手法を導入した。

新たな挑戦に着目し、期待した国民も少なくなかったが、結果を示す前に、政権の迷走が始まった。鳩山首相は政権担当直前の沖縄県での米軍普天間飛行場移設をめぐる発言問題と自身の虚偽

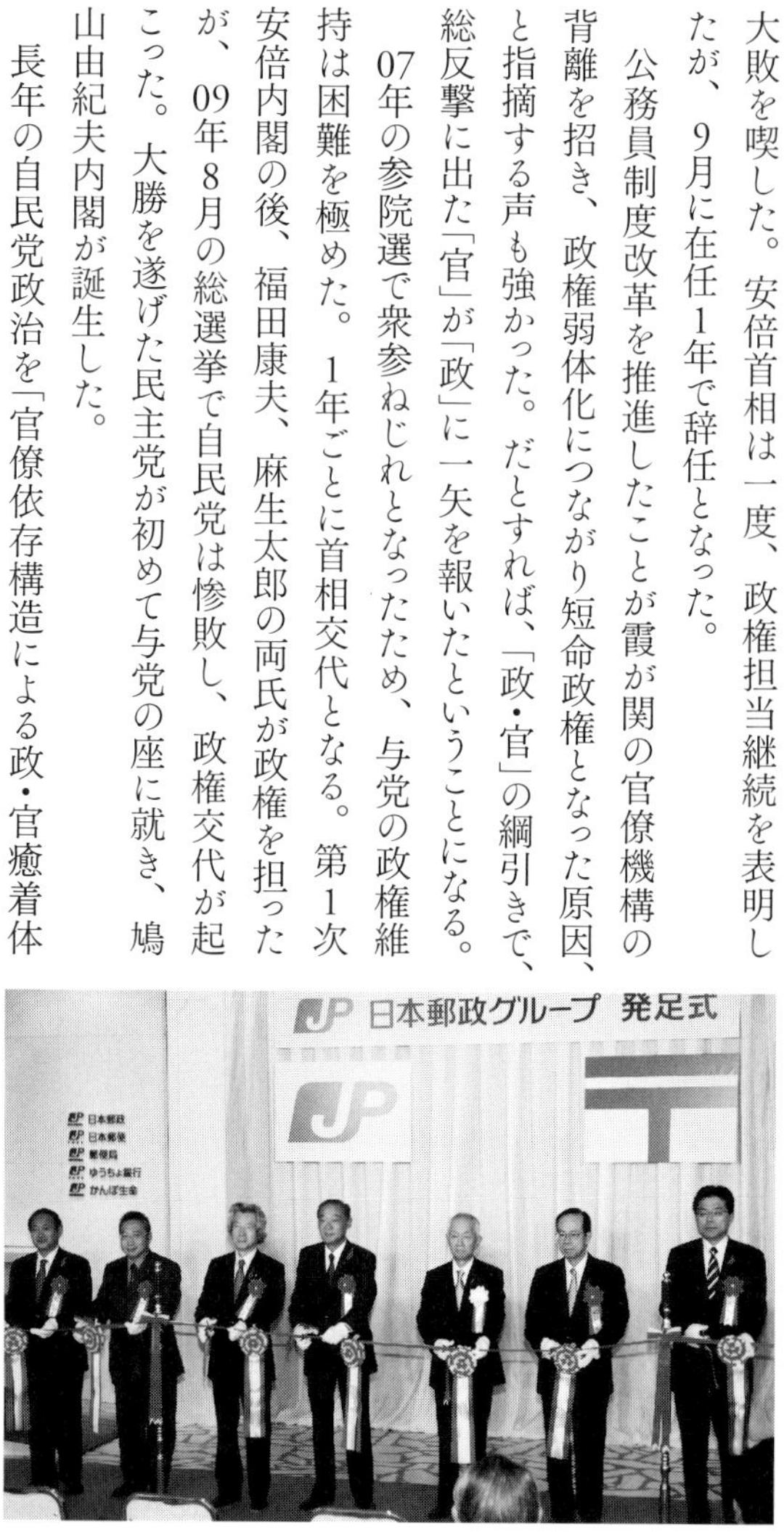

▶「日本郵政グループ」発足式
…2007年10月

▶霞が関を変えた内閣人事局が発足…2014年5月

献金問題で立ち往生し、失速する。10年7月の参院選を控えて、6月2日に退陣を表明した。

後継の菅直人首相は就任後、消費税増税を口にしたため、スタート時の高支持率が急落して、参院選で敗北を喫する。衆参ねじれの再現を許した。民主党政権は発足から10カ月で死に体となり、漂流を余儀なくされた。

以後は、マニフェストでうたった「政治主導」の実現どころではなくなった。「官」に対する「政」の優位を確立して行政刷新を大胆に進めるという方針は絵に描いた餅となる。

政権は11年9月に野田佳彦首相に移った。だが、その場しのぎの政権運営に終始し、実績らしい実績を残すことなく、12年12月、総選挙で大敗して民主党政権は3年3カ月で幕となった。

自民党と公明党の連立内閣が復活した。5年3カ月ぶりに政権に返り咲いた2度目の安倍首相は、13年7月の参院選でも勝利を収めて、衆参で過半数を確保する。「安倍1強」体制が確立した。「政・官」の関係では、安倍首相は当初、第1次内閣でのつまずきの反省から、「政治主導」には臆病だった。アベノミクスや安倍外交を展開する独自の安倍流政治の推進のために、首相官邸のパワーアップを企図して、特に内政では経済産業省、外交では外務省との連携を重視したが、霞が関との関係は、むしろ自民党政権の伝統的な「政・官一体」型を踏襲するスタイルを心がけた。

「内閣人事局」設置で霞が関官僚は「内閣のしもべ」に

ところが、「政・官」の関係で、特筆すべき新しい出来事が起こった。安倍内閣は13年秋の臨時国会に内閣人事局を新設する内閣法の改正案を提出した。14年の通常国会で可決・成立し、5月に内閣官房の部局として内閣人事局が設置された。

国家公務員の人事は、憲法を頂点とする法制度の下で、行政権を担う内閣が権限を有しているが、実際上は各府省の事務方が自己完結的に人事を行う慣行が定着し、それが官僚主導、縦割り行政の源といわれてきた。内閣人事局はその弊害を打破して政治主導の行政を確立するために、幹部職員の一元管理を実現する組織として誕生した。

安倍首相が官僚機構の統御・支配を企図して内閣人事局新設に邁進《まいしん》したというわけではない。福田内閣時代の08年に国家公務員制度改革基本法が制定された。この法律が「内閣人事局を置くものとし」と定め、「施行後一年以内を目途に」とうたった。それが延び延びになって施行の6年後に安倍内閣の下で発足したのである。

内閣人事局の威力は抜群だった。首相官邸に人事権を握られた霞が関は、文字どおり名実共に「内閣のしもべ」となった。「政・官」の関係は、新しいステージに入った。

安倍自民党は12年の総選挙以後、衆参の選挙で5連勝を記録し、「1強」体制が続く。内閣人事局発足の4年後の18年、3月に森友学園問題をめぐって財務省の公文書改ざんが発覚した。前理財局長の国税庁長官が辞任に追い込まれた。4月にはセクハラ疑惑が報じられた事務次官が事実上、更迭される事件も発生する。かつての「最強官庁」の沈没が決定的となった。

平成時代の閉幕を前に、一方では、「強力・首相官邸」の下で、各省庁から首相官邸に派遣されて政権を支える「官邸官僚」のパワーが肥大化した。官邸官僚と霞が関の「官対官」の綱引きも目立つようになる。さらに橋本行革による省庁再編から18年を経て、現在の1府12省庁体制の見直し論も噴出し始めた。

平成の終わりと令和時代の幕開けは、「政・官」の歴史でも新しい一ページの始まりとなるに違いない。

しおた うしお……1946年、高知県生まれ。
『霞が関が震えた日』で第5回講談社ノンフィクション賞受賞。
近著に『安倍晋三の憲法戦争』『内閣総理大臣の沖縄問題』。

「自然災害は有事」政治は被災民に寄り添っているか

政治ジャーナリスト
鈴木哲夫

「自然災害の時代」として、平成の時代は確実に歴史と人々の記憶に刻まれるだろう。国民の多くの生命と財産と故郷が奪われた。もちろん被災者には何の罪もない。

政治や行政やメディアに、もはや「未曽有の災害」だとか、「災害は予想できなかった」などという逃げ口上は許されない。それを戒める、こんな名言も残された。

「天災は人間の力ではどうしようもない。地震が起きたことはどうしようもない。しかし起きたあとのことはすべて人災だ」

これは、1995（平成7）年の阪神・淡路大震災発生直後に、危機管理のエキスパートであった後藤田正晴元副総理が、右往左往していた自社さ政権の村山富市首相の元へ駆けつけて告げた言葉だ。「だから生命最優先でやれることは何でもやれ。ルール違反だってかまわない」と叱咤《しった》したのだった。

この「すべて人災」との心構えをその後の政治が教訓としてきたかというと、否である。

平成の自然災害を振り返ると、最大級の阪神・淡路大震災や東日本大震災をはじめ、新潟中越、北海道南西沖・東方沖、熊本などでもマグニチュード7級の地震が起きた。火山災害では雲仙普賢岳、有珠山、三宅島、御嶽山。そして、地球温暖化など異常気象が原因とされる豪雨や猛暑は年々その激しさを増す。台風の進路や質までもが大きく変わってきた。そのたびに犠牲者を出しながら、その尊い代償は政治における「防災」や「減災」、あるいは「危機管理」や「復興」に関する政策にまだまだつながっていない。

たとえば、阪神・淡路大震災で得た最大の教訓は、徹底した現場第一主義だ。いわば「もう一つの政府」を現場に作ることだった。

現場のことは現場にしか分からない。いま何が起きているのか。被災者が何に巻き込まれているのか。その心理状態は。今一番欲しいものは……。場合によっては、法律や行政の平等性をも無視して、人命を第一にやるべきこともある。それがすべて分かるのは現場だ。遠く離れた官邸などではない。

後藤田から「すべて人災」と言われた村山首相は「こんな自分でもやれること」を考えた。そして出した結論。

「自分は危機管理の力はないかもしれないが、すべての責任をとるということならできる。現場から離れた官邸では結局何も分からない。ならば、現場に決定権を持つ政治家を派遣しよう。そこで現場にしか分からないことを現場ですべて判断してもらって、最優先ですぐに着手しよう。法律違反というならあとで法律を作ればいい。すべて現場で決め、その責任はすべてとる」

村山首相は連立のパートナーである自民党から小里貞利を現場に派遣。さらに当時官房副長官だった官僚の石原信雄は霞が関の各省庁から事務次官クラスを選び小里とともに現地に派遣した。つまり、何でも現場で判断して決める「もう一つの政府」を現場に作ったのだ。この瞬間から現場の対応や復旧が飛躍的に進んだのだった。

だが、その後の災害でこの教訓は生かされていない。首相や官邸主導が先行し、現場のニーズと行き違うことはたびたび起きている。

火山災害では、私が取材で火山と初めて向き合った1991（平成3）年の長崎県・雲仙普賢岳の噴火による火砕流発生を挙げたい。

当時、火砕流という言葉すら世間に知られていなかった。現場で取材していたメディアは火砕流が新幹線と同じスピードで襲いかかることなど知らず、溶岩流と表現し、流れ着いた先端にカメラと共に

◀家屋の残がいが残る住宅街
…広島県坂町　2018年7月26日

▼土砂崩れで住宅が倒壊し
住民が犠牲となった京都府綾部市
…2018年7月14日

入って「熱い」などとリポートしていた。この無知が引き起こしたのが、のちに最前線にいたマスコミや消防団が火砕流に襲われ43人が死亡した惨事だった。

現場で孤軍奮闘していた、火山研究者の九州大学の太田一也教授が「予知研究の予算もない」とこぼしながら、私たちの取材に対応していたのを思い出す。

火山災害に対する課題は三つある。一つ目は、そもそも火山噴火予知という学問の分野が途上であることから、「前の噴火は何百年前」などと過去の十分な研究データすらない状態。後継者も少ない。大学の学部新設や研究者育成など政府が本腰を入れなければならない。二つ目は、国の火山対策に関する予算が地震などに比べると圧倒的に少ないこと。

そして三つ目は、行政組織のあり方だ。

「イタリア、東南アジアなどの火山国は、火山庁のような組織があります。専門的に研究、予測し、予算も一元化し、避難速報も長官が責任を持って発する。日本も火山国で犠牲も出しているのにこうした体制作りに取り組んでいない」(火山研究者)

東日本大震災は、津波の恐ろしさと二次的には原発の危機管理という命題も突きつけた。

政府が作った復興庁は、10年間で見直される。2021年3月31日までだ。同時期に復興予算も「復興・創生期間」が終わる。

しかし、10年という復興のスパンに根拠はあるのか。100人が被災すれば100通りの被害があるように、人も町もそれぞれに立ち直る時間が違う。政府は「復興の基本は寄り添うこと」というが、むなしく聞こえる。

私は毎年、「3・11」の現地に通っている。被災地の一つ、宮城県石巻市の海沿いの住宅街一帯には、何とか幹線道路が整備され、マンション型の復興住宅も数棟建っている。

しかし、現地でこんなことが起きている。石巻市にある大きなショッピングモール。毎朝、開店前からお年寄りたちが入り口前に並ぶ。開店と同時に中へ。ところが、買い物をするわけではなく、モールの中のベンチに座るのだそうだ。一日中、そこにいるという。連れ添ってきた妻や夫や家族を津波で亡くした独り暮らしの高齢者たちだ。

ショッピングモールの関係者が明かした。

「マンション形式の復興住宅の場合、確かに終の棲家《すみか》は手に入ったが、隣人のことも知らず部屋に入るとたった一人。復興の特別期間も終えて家賃も上がって年金暮らしには厳しくなってくる。精神的に追い詰められたお年寄りたちが部屋にいたくなくなりショッピングモールに逃れ、一日中ベンチに座っている」

「復興住宅の孤独」については、二十数年経過した阪神・淡路大震災でもある。2017年度で復興住宅の孤独死が60件以上。当然、自死する人もいる。多くが高齢者だ。

災害発生後の政府の方針は常に「復興は急げ」。一面正しいが、その急いだ復興住宅に詰め込まれた被災者の心は複雑だ。

「寄り添う」ことを実践した被災地もある。2度の大地震に見舞われた新潟県中越地方。長岡市長の森民夫(当時)は、独自に、住民が復興住宅に移る決心をするまで何年もかけて待った。

「寄り添うというのなら、復興住宅へ移る心の準備ができるまで待てないか。復興予算も単年度の総額が減ってもいいので5年や10年などと言わず、平たくして長く続くような仕組みにできないのか。要は時間をかけるということです」（石巻市商工会若手経営者）

こうした「孤独」に対しては、政府や自治体は見回り制度などやるべきことは多い。

気象庁を首相直轄にして災害危機管理に備えよ

そして、大豪雨や猛暑――。毎年のように犠牲者を出しながら政府の取り組みは甘い。

18年夏の西日本豪雨。現場主義で現地に責任政治家を派遣するのも遅ければ、過去に起きていたバックウオーターと呼ばれる川の逆流・氾濫の兆候や調査結果も改善に生かされていなかった。14年豪雨の広島の土砂崩れのあと、行政の調査で「まさ土」と呼ばれる崩れやすい土質が数万カ所見つかったが、その改良工事も進んでいなかった。避難命令についての調整も地元自治体や河川管理の国交省が縦割りでバラバラだった。西日本豪雨は、政府が過去を教訓として手をつけてこなかった部分が多く、「人災」と指摘されても言い訳できない。

最近の異常気象に対しては、政府組織を変えるべきだという問題提起が有識者や専門家から上がっている。それは、国交省管轄の気象庁を内閣府へ移行するというものだ。

「気象庁はもともと旧文部省、現在は国交省下にある。しかし、いまや危機管理という観点から考えるべき。内閣府に移行することで首相直結となる。災害予測から避難や行政の決断までを一括した組織にして自然災害への危機管理をスムーズに行うべきだ。気象庁を内閣府に置くことで、政治は自然災害へ取り組む決意を見せてほしい」（気象庁ＯＢ）

自然災害では、平成は報道のあり方も問われた時代だ。

映像重視のテレビなどは、「建物が崩れた」「火が出ている」と切迫感を出して報道するが、では一体、誰にどこに向かって何を伝えようとしているのか。

阪神・淡路大震災のときのＮＨＫは一石を投じた。当時、離れ離れになった家族の安否を確認するために、多くの被災者が神戸市役所に「○○へ。私は○○の避難所にいます」などと書いた紙をところ狭しと貼り出した。なんとＮＨＫはこの紙を一枚一枚ひたすらカメラで映し続けて放送した。災害報道の第一は、被災者のために被災地の中に向かって報じる、ということを意味するものだった。

同時に、報道は被災を追い続け、政府や行政に厳しく提言して行く覚悟を持たなければならないことは言うまでもない。

私の記者生活は、大半が平成と重なる。つまり、「自然災害の時代」はそのまま取材テーマであった。そして得た結論。自然災害は「有事」ということだ。国民の生命や財産を容赦なく奪う、言い換えれば「戦争」である。敵は自然。敵なる国家と違って、いつ、どんな規模で攻撃してくるかすら分からない。

この「有事」という意識が政治や行政にはあるのか。多大な犠牲の上に取り組むべき政策や制度はヤマほどある。次の時代も必ず大地震や豪雨は来るのだ。

（一部敬称略）

▲猛暑の中、行方不明者の捜索を続ける警察官ら
…広島県坂町　2018年7月22日

▶避難所の体育館に設置された間仕切り
…岡山県倉敷市真備町地区
2018年7月14日

すずき　てつお――1958年生まれ。テレビ西日本、フジテレビ政治部、日本ＢＳ放送報道局長などを経てフリー。豊富な政治家人脈で永田町の舞台裏を描く。テレビ・ラジオのコメンテーターとしても活躍。近著に『戦争を知っている最後の政治家・中曽根康弘の言葉』『石破茂の「頭の中」』。

流行・ファッションの平成史
「ファッション大国」の光と影

『毎日新聞』学芸部編集委員
永田晶子

◀渋谷カジュアル「渋カジ」。女性はジージャンとスエードのミニスカート…1989年

「平成が戦争のない時代として終わろうとしていることに、心から安堵《あんど》しています」

2018（平成30）年12月、平成最後の誕生日にあたり天皇陛下が述べられた言葉に筆者は衝撃を受けた。バブル崩壊、失われた10年、少子・高齢化、災害の時代……。この30年を思い返すと、日本社会の長期的停滞や経済衰退を表す文言ばかりが浮かんでくる。だが、平成を「戦争のない時代」と見る観点は巨視的で、流動的な時代に一つの輪郭が与えられたように感じた。

さて、「平成の流行・ファッション」である。よく考えると二つは少々ニュアンスが違う。流行を支配するのは数の論理だ。一方でファッションは流行の意味もあるが、本来的には先端的な新しさがある衣服を指す。そして歴史に残るような創造的デザインが一般的な人気を獲得するとは限らない。そこで本稿では若者の流行を示すストリートファッションとこの時期に活躍したデザイナーの2点を振り返り、服による「平成という時代」の輪郭を描くように努めたい。

ところで筆者は1988年に毎日新聞社に入社したので、社会人になってからのおしゃれ歴はそのまま平成と重なる。10年近くファッション取材にかかわったが、それでも平成期の3分の1にすぎない。執筆に際し過去の新聞記事や雑誌等を参照し、さらに今まで愛用した服の記憶を動員したことをお断りしておきたい。

バブル景気のさなかに始まった平成。最初に旋風を巻き起こしたのが、昭和の終わりに若者の街・渋谷から登場した「渋カジ」だ。チノパンにポロシャツ、ブルゾンといったカジュアルな格好にバンダナやブランドバッグを合わせた装いは、当時10代後半だった団塊ジュニアに支持され、全国へ広がった。筆者が初めてエルメスのスカーフを買ったのもこの頃だ。

昭和後期に一世を風靡《ふうび》したDC（デザイナーズ・アンド・キャラクター）ブランドブームでは、「カラス族」に代表される一つのブランドで全身を固めるスタイルがおしゃれとされた。だが、渋カジはシンプルな服と小物を組み合わせて個性を出す。以後、自由なコーディネートでセンスを競うのがおしゃれの主流となり、企業やデザイナーのお仕着せでない等身大の装いを求めるうねりは、それぞれの嗜好《しこう》や関心事に根ざす多彩なスタイルを生んでいった。

裏原宿（東京都渋谷区）に店を構えたデザイナーらが発信したスポーティーな裏原系。古着を愛好するグランジ、レースで飾ったドレスで装うロリータ、茶髪にルーズソックスのコギャル。2018年に引退した「平成の歌姫」安室奈美恵さんをまねたミニスカートと厚底ブーツ姿の女性は「アムラー」と呼ばれ、社会現象になった。おしゃれは自己表現や仲間とコミュニケーションを取る手段となり、細分化して、かつてのミニスカートのように画一的な流行は生まれにくくなった。

いわゆるファストファッションも多様化に拍車をかけた。フリースを大ヒットさせたユニクロや「わけあって、安い」を掲げた無印良品に加え、欧米からZARAやH&M、フォーエバー21が上陸。08年のリーマンショック後、長引く不況の中で人気を集めた。「安くておしゃれ」なファストファッションは気軽に最新流行が楽しめる「ファッションの民主化」を牽引《けんいん》したが、物を大事にしない風潮を助長し、労働環境や資源面でも問題をはらんでいた。

20世紀末から急速に普及したインターネットは消費者の行動と衣料品業界を変容させた。自宅で注文できるネット通販が定着し、既存の百貨店や小売店の売り上げは低迷。雑誌の休刊も相次いだ。衣服・履き物への支出額は増える通信費に圧迫され、平成の終わりにはバブル期の約半額まで激減した。

ストリートに話を戻すと、東日本大震災後はスニーカーや機能的なスポーツウエアの愛用者が増え、ブランドや種類にこだわらず好きな服を組み合わせるテイストミックスが完全に定着した。だが近年は、今も海外デザイナーが創作のヒントにする裏原系のようなパワフルな動向は誕生していない。

「次に何を手がけるか」
世界から注目される三宅一生

デザイナーの創意工夫が生んだ革新的な衣服では、まず三宅一生さん（1938年生まれ）の「プリーツプリーズ」を挙げたい。93年から続くこの服は彫刻的な造形美と動きやすい機能性、洗濯がしやすい利便性を兼ね備え、現在は30カ国以上で販売され、高い人気を保っている。筆者も発売当初、購入し軽やかな着心地に驚いた。

70年代から一貫して「一枚の布」のコンセプトを掲げる三宅さんは、その後も筒状のニットを切り抜いて作る「A－POC」、折り紙のように畳める「132 5.」、男性向けプリーツの「オムプリッセ」など画期的な服を次々と発表し、創作の更新が続く。次に何を手がけるか、動向が常に世界から注目される存在だ。

80年代初めにパリコレクションにデビューし、西洋の美意識を覆す前衛的な「黒の衝撃」でファッション界を震撼《しんかん》させたコムデギャルソンの川久保玲さん（42年生まれ）、山本耀司さん（43年生まれ）も確実に世界での存在感が増した。詰め物で膨れあがった通称こぶドレス、シルエットが斬新な二次元の服など、ファッションの新しい可能性を開き続ける川久保さんは一昨年、米メトロポリタン美術館で回顧展が開かれた。同館が現役デザイナーを取り上げるのは仏のイヴ・サンローラン以来、2人目の快挙。

創意あふれる等身大の服作りで国際的に活躍するデザイナーも特筆したい。裏原ブームを牽引したアンダーカバーの高橋盾さん（69年生

▲三宅一生さんの折り紙のように畳める「132 5.」の服…2010年

▼高橋盾さん作品
全身チェックのアンダーカバー…2000年

まれ)、トーガの古田泰子さんは音楽やスポーツ、アートなど多彩なカルチャーを融合させた東京ファッションの代表選手。99年、5型のニットでサカイを始めた阿部千登勢さん(65年生まれ)は十数年でパリコレクションの人気デザイナーに上り詰めた。オリジナル生地の服が人気を集めるミナペルホネンの皆川明さん(67年生まれ)は海外で家具や陶磁器のデザインを手がけ、領域横断的に活動している。

世界の趨勢《すうせい》を振り返ると、顕著だったのがグローバル化の流れ。象徴するのが仏のルイ・ヴィトンを傘下に持つLVMHとグッチを所有するケリングの2大グループで、ブランド買収やデザイナー交代が当たり前になった。2グループとも国籍を問わない才能の発掘に力を入れており、昨年は井野将之さん(79年生まれ)がLVMH主催の若手を対象とするコンテストで日本人として初めて大賞を受賞した。

「平和」が日本を「ファッション大国」に押し上げた

欧米の服作りに学ぶことから始まった日本人の洋装は戦後70年間で世界でも類がないほど多彩に花開き、成熟した。経済成長、おしゃれに熱心な消費者、日本独自の美意識を服に結晶させたデザイナー、質が高い繊維産業……。さまざまな要因が絡み合い、日本を有数の「ファッション大国」に押し上げた。何よりも長く続いた「平和」が、それを可能にしたことを忘れたくないと思う。

かつての熱こそ薄れたが、現在も日本の服飾文化のレベルはきわめて高い。だが、華やかな外観の下で製造の空洞化、繊維産地の衰退、過剰在庫など深刻な課題が積み上がった。平成期に多くのデザイナーが「ものづくり」という言葉を口にするようになったのも、現状に対する危機感の表れだ。一人にできることは限られているが、まず1枚のシャツ、1足の靴が作られる過程に思いをはせることから始めてみたい。

▲コギャルたち…2008年

▼ロリータ・ファッションを楽しむ女性たち…2013年

▲中国・北京で開催された東京ガールズコレクション
…2011年5月7日

▼国内最大規模のファッションイベント
「東京ファッションウィーク」
…経済産業省講堂　2019年3月23日

ながた　あきこ……1963年、東京都生まれ。88年に毎日新聞社に入社。京都支局、大阪本社社会部、東京本社編集総センター、生活家庭部副部長を経て2009年より学芸部編集委員。美術、デザイン、建築の取材にたずさわる。

平成の渋谷東急本店界隈は奇跡的な空間だった

文芸評論家
坪内祐三

1989年夏、すなわち平成元年夏、私は月刊誌『東京人』の編集者だった。そして、変《かわ》り行く渋谷の特集を作った。

渋谷はもともと東急の街だった。

ところが、昭和40年代に入ってまず西武デパートができ、続いてパルコがオープンして西武の街になった。流行の中心は公園通りにあり、といわれた(もっとも、渋谷が準地元と言える私はそう思わなかったけれど)。

当時、すなわち大学生の頃(1980年前後)、渋谷でよくデートしたけれど、空いている喫茶店を見つけるのがひと苦労だった。

昭和の渋谷は西武の街だった。

最初に私は「変り行く」と書いたが、そういう渋谷を東急が変えようとしていたのだ。

若者の街から大人の街へと。

東急は渋谷の動線を公園通りから東急本店通りへと変えたいと考えていた。もともと東急本店は渋谷の中にあって大人のデパート。つまり高級感があった。当時、食品売り場は地下ではなく最上階の一つ下(ということは今、丸善・ジュンク堂書店が入っているフロア)にあって、例えば高級サンドウィッチで知られる赤トンボが入っていた。その上(いや、上と下は逆かもしれない)のレストランフロアにはやはり高級な洋食屋・小川軒が入っていた。

そういう東急本店を中心に1989年、東急は渋谷を大人の街にしたいと考えていた。

本店通りに109《イチマルキュー》の大人版、30《サーティス》というのを建てた(これはその後パチンコ屋になったが、今はドン・キホーテになっている)。

中でも一番力を入れたのが東急本店に隣接した東急Bunkamura(以下、「文化村」と表記する)だ。

「文化村」には二つの劇場(及びコンサートホール)と美術館が入っていて、劇場(シアターコクーン)の総合監督は串田和美が担当し、『東京人』編集者として私は串田氏を取材したことがある。

平成に入ってすぐ、いわゆるバブルがはじけ、それはデパートを直撃したが、東急本店及び「文化村」は無事だった。

バブルの頃は各デパートで美術展が開かれ、池袋の東武デパートや新宿三越の新館にできた美術館を取材したが、2つとも10年もたなかった(それどころか、新宿三越の新館は数年で閉館となり大塚家具となった——今はどうなっているのだろう)。

東急本店と「文化村」は見事、平成という時代を生き抜いた。

シアターコクーンやオーチャードホールで私はたくさんの芝居やコンサートを観た。コンサート、例えばジャクソン・ブラウン、アート・ガーファンクル、それからボブ・ディラン。コクーン劇場で特筆したいのは中村勘九郎(後の勘三郎)さんを中心としたコクーン歌舞伎だ。コクーン歌舞伎の成功があったからこそ、浅草の「平成中村座」が生まれるのだ。そこに含まれる「平成」という言葉に注目してもらいたい。今は亡き中村勘三郎さんは天才的な言葉のセンスを持っていた。その勘三郎さんが「文化村」(シアターコクーン)、コクーン歌舞伎に続けて、「平成中村座」を立ち上げたのだ。つまり、東急本店の界隈には平成の雰囲気が立ちこめている。

少年時代から私は街歩きが好きで、そのもっとも身近な繁華街が渋谷だった。少年の頃は東急文化会館最上階のプラネタリュームとその近くにある児童会館のハシゴで満ち足りていたが、中学生になると、映画鑑賞や新刊書店覗きが中心になった。

その頃、そして私が大学生になった頃まで渋谷は映画環境がとて

▶渋谷の
東急百貨店本店隣にある
東急文化村
…東京都渋谷区　1989年8月

も充実していた。

この場合の映画環境とは名画座のことだ。ロードショー館の数は昔も今もあまり変らない(もっとも、シネコン嫌いの私は渋谷パンテオンや渋谷東急を懐しんでいるが)。私が『東京人』の編集者だった頃、すなわち平成に入った時、渋谷の名画座はほぼ壊滅していた。

書店情況はそこまで悪くはなかったが、平成が終わろうとする頃、壊滅しつつあった。

まず東急プラザが取り壊され紀伊國屋書店が消えた(公園通りに復活したものの、まったく規模が異なる)。いや、その前に、東急文化会館にあった三省堂書店が消え、〝本のデパート〟といわれた大盛堂書店も街の小さな本屋になってしまった。

一番の打撃は東急田園都市線の改札から雨の日も濡れずに行けるブックファーストがヴィレッジバンガードに変ってしまったことだ(ヴィレッジバンガードを私は本屋として認めない——悪しき平成的なものだと思っている)。以前あのスペースは旭屋書店で、当時から愛用していた。とても居心地の良い空間で本も探しやすかった。

▶道玄坂と東急本店通りの分かれ道に立つ109
…2018年12月

30年後の渋谷で名画座、大型書店はどうなっているか

しかし私は都会の犬だ。電信柱を引き抜かれてしまったとしても、また、新しい電信柱を見つける。

そういう意味で渋谷は、特に東急本店の界隈は街としての姿をたもっている。

名画座が消えたと書いたが、2008年に近づく頃、東急本店通りをまっすぐ上って行き、東急を右手に見て、ラブホテル街に入って行く信号を左折し、少し歩いた右側のビルの4階にシネマヴェーラ渋谷という名画座がオープンした。そのラインナップが凄い。

シネマヴェーラによって、私は1960年代の松竹や大映の現代劇の素晴らしさを知った。松本清張の人だと思っていた野村芳太郎監督のモダニズムや村野鐵太郎監督のハイセンスを。

シネマヴェーラに行った後の私の動線は決まっている。

映画を見終えたのがちょうどランチタイム頃(私のランチタイムは1時過ぎ)だとする。シネマヴェーラの入っているビルを出て、坂を下って1〜2分歩くと、「文化村」の入口だ。そして「文化村」のエレベーター(イベントがないと空いている——まして1時頃は殆ど人がいない)に乗って6階まで直通。そこからエスカレーターに乗って東急本店の7階を飛ばして8階、すなわちレストラン街に。私はそのレストラン街のそば屋か中華屋で食事をとる。センター街を歩いている若者たちには、高値かもしれないが、すいていて、しかも私は60歳なのだから。

誰かと一緒に映画を見終えた夜は、そのそば屋でそば焼酎を飲みながらおでんや鴨焼きをつまみに、最後はもりそば。とても幸福な気分になれる。

昼食を取り終えたらエスカレーターで7階に降り、ジュンク堂書店を覗く。今の渋谷にあってジュンク堂は唯一、本に出合える書店だ。出合える、というのは、未知の新刊に出合えるという意味だ。シネマヴェーラ、東急本店のレストラン街、そしてジュンク堂というコースをまわるのは楽しい。そう考えると、平成時代もけっして悪くなかった。

ただし、次の時代、10年後20年後にどうなっているかわからない。シネマヴェーラの客は、私を含めて、年齢層が高い。青年時代に名画座通いの経験がある人間ばかりだろう。

しかし、そういう経験のない人間、例えば平成元年生まれが、今の私ぐらいの年齢になった時、今から30年後、街から名画座はまったく消えているかもしれない。さらに、大型書店も姿を消しているかもしれない。

そう考えると平成時代の東急本店界隈は、奇跡の空間と言えただろう。

つぼうち ゆうぞう……1958年、東京都生まれ。早稲田大学文学部卒業。文化、歴史、都市、人物などさまざまなテーマを自在に論じる。著書に『靖国』『私の体を通り過ぎていった雑誌たち』『昭和の子供だ君たちも』など多数。

「プロデュースの時代」になった平成の芸能界

「AKB48」はなぜ成功したのか！

芸能ジャーナリスト 渡邉裕二

◀アイドルグループ「AKB48」が大人気になったのはプロデュース力が決め手だった！…2016年6月

64年余の昭和と30年余の平成。期間に随分と差があるが、歴史の中身もまた随分と違う。それは芸能界においても同じだ。

まず、芸能人の世間への登場の仕方が違う。昭和中期までにデビューした大物芸能人の多くはスクリーンから生まれたが、今はそれがまずない。

映画界から生まれたスターというと、美空ひばりや石原裕次郎、高倉健、吉永小百合たちである。あくまで「スター」であって、この人たちを「タレント」と称する人は皆無だろう。

それを「芸能人が小粒になったから」と片付けてしまうのは簡単だが、プラスと捉える声もある。映画全盛期より芸能人とファンの距離が飛躍的に縮んだので、芸能人がスターとしてあがめられるような存在ではなくなったという考え方もあるのだ。

映画全盛期、スクリーンに登場するのは別世界の人たちだった。主に映画会社の撮影所がある東京や京都、大船すら地方の人には遠い存在だった。だが、今は好きなアイドルと握手会などで容易に会える時代なのである。

ここからは「平成が芸能界にとって、どんな時代だったか」を音楽というジャンルに絞って振り返る。

わが国の音楽界は1959（昭和34）年以降、約10年周期で大きく変わり続けてきたと筆者は考えている。

起点となった59年には天皇、皇后両陛下（現・上皇、上皇后陛下）のご結婚があった。そのパレードの生中継を見ようとした人は多く、テレビが爆発的に売れたのはご存じのとおりだが、この年、「輝く！日本レコード大賞」（TBS）も始まっている。歌が、聴くものであると同時に見るものになってゆく。

テレビ時代の歌い手はそれまでの歌手とは違った。

東海林《しょうじ》太郎《たろう》らラジオ時代にデビューした歌手は直立不動で歌ったが、ザ・ピーナッツ、伊東ゆかり、園まり、中尾ミエらはアクションを交えながら歌った。それどころか、コントやダンス、トークも巧みにこなした。テレビ番組がそれを求めたからだ。

70年代に入ると、音楽界のターゲットがローティーンにまで広がった。このため南沙織や小柳ルミ子、郷ひろみ、西城秀樹、野口五郎ら若手歌手が次々とデビューする。そして「アイドル（偶像）」という言葉が生まれた。

そう最初に呼ばれたのは南沙織である。担当プロデューサーだったCBS・ソニー（現ソニー・ミュージックエンタテインメント）の酒井政利氏による戦略だった。ローティーンやミドルティーンを相手にする場合、歌手に色香や成熟は不要なのであり、清廉な偶像が理想だった。

70年代中期、および後期も酒井氏と作詞家・阿久悠氏、作曲家・都倉俊一氏、筒美京平氏らが仕掛けるアイドル路線は大当たりを続ける。山口百恵や桜田淳子、ピンク・レディー、キャンディーズらがテレビ番組の主役であり続けた。

80年代もアイドルブームは続いたが、70年代のそれとは色合いがやや違った。松田聖子の作品を松任谷由実や大瀧詠一らが提供したり、中森明菜作品を井上陽水が作ったり、THE ALFEEの高見沢俊彦が小泉今日子のために曲を書いたり。70年代に市民権を得たニューミュージックやロックの旗手たちとアイドルのコラボレーションが盛んになったのだ。

▶小室哲哉氏(左)と秋元康氏。平成の芸能史に欠かせない

また、偶像であるはずのアイドルが自己主張を始める。聖子は「ぶりっこ」と呼ばれ、明菜は「ツッパリ」と評された。

そして迎えた1989(平成元)年1月からの平成。改元とほぼ同時期に、大きく変化したことがある。それはプロデュース時代の到来だ。

プロデューサーが時代の寵児《ちょうじ》となった代表格は、音楽制作プロダクション「ビーイング」の創業者・長戸大幸氏(現・同社相談役)とレコード会社「エイベックス」の創業者・松浦勝人氏(現・同社会長)だろう。

90年には長戸氏プロデュース作「おどるポンポコリン」(B.B.クィーンズ)が爆発的にヒット。アニメ「ちびまる子ちゃん」の主題歌であるこの作品は、原作者・さくらももこさんの詞にアーティストの織田哲郎が曲をつけた。織田を発掘したのも長戸氏である。

その後、ZARD(坂井泉水)、WANDS、DEEN、T-BOLAN、大黒摩季、倉木麻衣、坪倉唯子らを次々に世に送り出した。92年にはWANDSと中山美穂をジョイントさせて、「世界中の誰よりきっと」を大ヒットさせた。作曲は織田である。

90年代の一時期、ヒットチャートは長戸氏のプロデュース作品一色になった。そのプロデュース手法は独特である。まず、テレビ局やCM関係会社の要求には24時間態勢で応えた。そして、15秒、30秒のサビの部分を担当者が気に入るまで、徹底的に作り直した。

当時、音楽業界では、ヒットの法則が「KDD」と呼ばれるまでになっていた。「K」はカラオケ(カラオケに向くこと)、「D」はドラマ(ドラマの主題歌にすること)、次の「D」は大幸だ。「この三拍子がそろえば大ヒット間違いなし」と言われた。

昭和にはなかった「ファンが会えるアイドル」

長戸氏のスタイルを踏襲するような戦略で、続いて大成功を収めたのが松浦氏である。長戸氏は織田を作曲家として重用したが、松浦氏は自らプロデュース活動をしたほか、小室哲哉氏にもそれを任せた。二人はダンス・ミュージックを身近なものにした。

松浦氏と小室氏は、平成の歌姫・安室奈美恵を生んだ。松浦氏は浜崎あゆみらを育て、小室氏はtrfやglobeらも世に出した。その結果、二人は音楽プロデューサーを一躍、花形職業に押し上げた。

裏方が表舞台にも立つように。「裏方は決して表に出ない」といった昭和の美学が消えたことも背景にあるかもしれない。

2000年代に入ると、また変化が表れる。アーティストが自らプロデュースまでするようになった。いわゆるセルフプロデュースである。作品の方向性からライブの演出方針、衣装に至るまで、すべてにアーティスト本人がかかわり、意見を出すようになった。

背景として大きいのはブログやSNSの発達だろう。これをやらないとファンが離れかねないので、多くのアーティストが手掛けているが、そこまでプロデューサーやマネジャーが管理するのは難しい。セルフプロデュースするしかないのである。そして、プロデュースする領域が徐々に拡大していった。

アイドルグループ・AKB48が作詞家・秋元康氏のプロデュースで生まれたのも平成。05年のことだった。その形態は、やはり秋元氏が昭和に手掛けた女子高生アイドルグループ・おニャン子クラブと相似形との声もあるが、相違点も多々ある。

まずファンが「会える」ところ。AKB48の最大の特色は、東京・秋葉原に専用劇場を持ち、また、CD購入者を対象に握手会を行い、会えるところだろう。かつて映画スターは別世界の人だった。昭和のアイドルもあくまで偶像で、会える機会などまずなかった。だが、AKB48はというと、会えるだけでなく、歌う際の位置まで自分たちファンの投票(選抜総選挙)で決められる。ファンがプロデュースに参加していると言えなくもない。

AKB48の成功理由は、もちろん作品の良さもあるが、昭和とは違う売り方だった。

▼歌姫アムラーこと「安室奈美恵」も平成史を飾る大スター…代表撮影

◀平成を彩った浜崎あゆみ

わたなべ　ゆうじ――静岡県御殿場市出身。著書に『酒井法子　孤独なうさぎ』(双葉社)など。アーティストや音楽制作者たちから絶大な信頼を寄せられている。

生命操作はどこまで許されるか

——ヒト遺伝学と倫理

『毎日新聞』論説委員
青野由利

◀1996年7月に誕生したクローン羊「ドリー」と98年4月に生まれたメスの子羊「ボニー」
…1998年4月　©AP/アフロ

昭和が終わり、平成が幕を開けた1989(平成元)年、私は米国東海岸のボストンにいた。前年の夏から1年間、マサチューセッツ工科大学(MIT)に設けられた科学記者向けプログラムに在籍していたからだ。

思い出すのは、テレビに映し出された一連の儀式が、見も知らぬ異国のエキゾチックな風景に思えたことだが、それはさておき、当時、私のテーマは「ヒト遺伝学と生命倫理」だった。

英語もままならぬまま複雑なテーマに取り組んだのは、1980年代の終わりに登場した人間の全遺伝情報の解読計画「ヒトゲノム計画」が、私たちの生命観を大きく変える可能性がある、と感じていたからだ。

その直感は当たらずといえども遠からずで、振り返ってみると平成のこの30年は、遺伝子の解読、遺伝子診断、遺伝子治療、クローン羊の誕生、胚性幹細胞(ES細胞)の作製、iPS細胞の開発と、生命技術が予想以上の進展を見せた一方で、社会との摩擦も大きくなった時代だったと思う。

「遺伝子技術」や「生殖技術」が互いに交差しながら、「生命操作はどこまで許されるか」を私たちに突きつける。それが行き着いた先が2018年11月に中国で公表された「ゲノム編集ベビー誕生」であり、私たちは今、将来の人類のあり方を左右する岐路に立っているのではないだろうか。

生物の遺伝現象を担う遺伝子の本体が細胞に含まれるDNAであるとわかったのは、1940年代のことだ。1953年にはジェームズ・ワトソンとフランシス・クリックがDNAの二重らせん構造を解明し、分子生物学が幕を開けた。

遺伝情報がDNAの二重鎖に並ぶ4種類の核酸塩基で書かれていることもわかり、遺伝情報が複製される仕組みや、その情報を基に生命現象を担うたんぱく質が作り出される仕組みが解き明かされた。1970年代には遺伝子組み換え技術が開発され、特定の遺伝子を分離して増やす遺伝子クローニングが可能になった。そうした技術の積み重ねで遺伝子の機能解明や、病気の原因遺伝子の探索が徐々に進んだが、それは非常に手間隙《ひま》のかかる作業だった。

そこに登場したのが、「いっそ、自動解読技術を使って、人間のDNAが担うすべての遺伝情報を一気に解読してしまったらどうか」というアイデアだった。

こうして平成の幕開けと共に歩み始めた「ヒトゲノム計画」は、米英を中心に日独仏などが参加して進み、2003年に解読が完了した。

実を言えば、解読完了は当初考えられていたような人間の設計図の解明ではなく、遺伝暗号の並びを書き下したに過ぎなかった。だが、その過程でクローズアップされた「遺伝情報と倫理」は、その後の研究や医療の基盤となっていく。

遺伝情報が「命の選別」になりかねない

個人情報である遺伝情報をどう保護し、遺伝子差別をどう防ぐか。こうした課題はヒトゲノムの「倫理的・法的・社会的課題(Ethical, Legal, Social Implications)の頭文字を取って「ELSI」と呼ばれ、日本でも避けて通るわけにはいかなくなった。

たとえば、「ポストゲノム計画(ヒトゲノム計画以降)」の重要課題として、個人個人の遺伝子の特徴と特定の病気へのかかりやすさを関連付ける研究が主流となり、多くの人から遺伝情報を提供してもらう必要があった。このため、研究に参加してくれる被験者に配慮した新たな倫理指針が構築された。

ヒトゲノム計画以前から一部で可能になっていた遺伝子診断も注目度が高まった。筋ジストロフィー、遺伝性のアミロイドーシス、ハンチントン病など、1〜少数の遺伝子が発病を左右する遺伝性疾患の遺伝子診断が可能になり、目的に応じて保険適用されるものが増えていった。アンジェリーナ・ジョリーさんの診断公表で知られるようになった遺伝性乳がん卵巣がん症候群の原因遺伝子BRCA1・2の遺伝子診断もそのひとつだ。

こうした診断は、今は健康な人が将来、治療法のない難病にかかることを予測する場合もあった。遺伝カウンセリングは欠かせず、自分の遺伝情報を「知る権利」とともに「知らないでいる権利」も強調された。

遺伝子診断は本人だけの問題ではなく、胎児に病気があるかどうかを調べる「出生前診断」や、体外受精で作った受精卵を診断する「着床前診断」にもつながった。

胎児の遺伝情報に基づいて人工妊娠中絶を選択したり、受精卵を廃棄したりすることが許されるか。「健康な子どもがほしい」という願いが、一方で「命の選別」につながりかねない。重い課題が繰り返し議論となり、それは現在まで続いている。

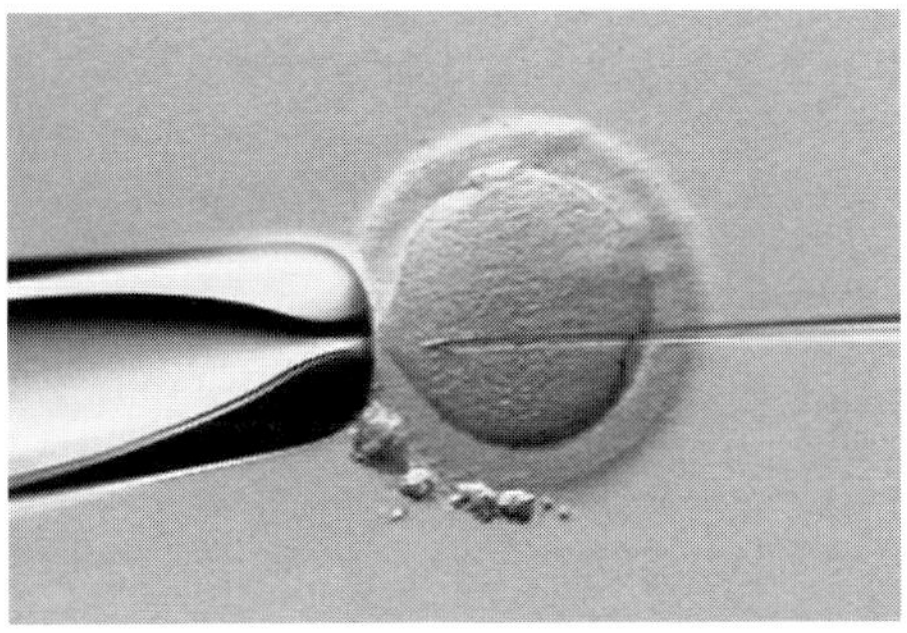

◀不妊治療での顕微授精
…ファティリティクリニック東京提供

「クローン人間作製の倫理」がクローズアップ

遺伝子技術が進む一方、生殖技術についても、世界をあっと言わせる展開があった。中でも衝撃的だったのが、1997年に明らかになったクローン羊「ドリー」の誕生だ。

人間にせよ、羊にせよ、哺乳動物はひとつの受精卵が細胞分裂を繰り返し、一人の(または1頭の)個体にまで成長する。その過程で細胞は分化し、皮膚、筋肉、神経といったそれぞれの役割を持つようになる。いったん分化したら、受精卵のように「何にでも変化できる細胞」には二度と戻れないというのが生物学の常識だった。

この常識を覆したのがドリーだ。羊でできるなら原理的には人間でもできると考えられ、「クローン人間作製の倫理」がクローズアップされた。私は、2000年にスコットランドのロスリン研究所にドリーをたずねたが、思いがけない人なつこさに、なんとも複雑な気分になったことが忘れられない。

ドリーの誕生と同時期に、「ヒト胚性幹細胞(ヒトES細胞)」も開発され、議論をいっそう複雑にした。ES細胞は受精卵が分裂を繰り返して100細胞程度になったところで、中の細胞の塊を壊して作る細胞だ。受精卵のようにどんな細胞にも分化できる「全能性」を持ち、ほぼ無限に増殖させられることから、「万能細胞」とも呼ばれ、再生医療の切り札と考えられるようになった。

しかし、この技術は「生命の萌芽であるヒトの受精卵を壊してもいいか」という倫理的課題をはらんでいた。バチカンに代表されるキリスト教保守派からの反発は大きく、宗教的背景が薄い日本でも賛否両論がぶつかり合った。

もうひとつの課題は、ヒトES細胞を再生医療に使った場合、患者にとっては「他人」の細胞である以上、拒絶反応が避けられないという点だった。そこで、患者の細胞からクローン胚を作り、そこからES細胞を作るという「迂回路」まで真剣に議論されたが、倫理的にも技術的にもハードルが高く、一筋縄ではいかなかった。

それらの課題を一気に解決できる可能性を秘めた細胞として97年に登場したのが、ヒトiPS細胞である。ヒト受精卵を壊さずにすむ倫理的「万能細胞」として世界的に歓迎されたのは当然のことだった。

▲ゲノム編集技術「クリスパー・キャス9」を開発した功績で日本国際賞を受賞したジェニファー・ダウドナ博士（右）とエマニュエル・シャルパンティエ博士…2017年2月2日

▼山中伸弥京都大学教授らが作成したヒトiPS細胞…2007年　山中伸弥教授提供

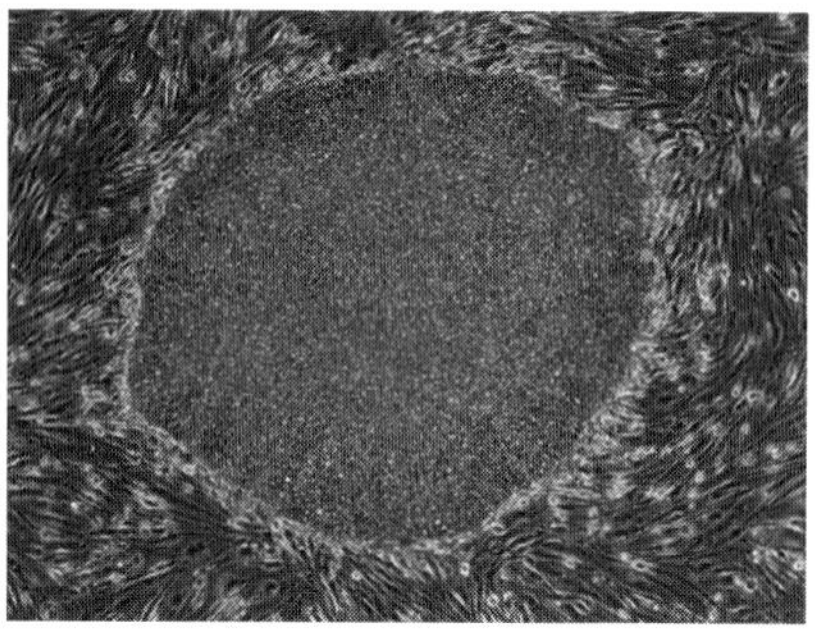

しかし、ここからも新たな課題が生まれている。どんな細胞にもなれる以上、生殖細胞に変化させることもできる。とすれば、ここから受精卵を作ることも原理的に可能だとわかったからだ。ぐるっと回って、生殖技術の倫理的課題に再び突き当たるというある意味で皮肉な状況が生まれている。

「デザイナー・ベビー」は人類の未来を左右

さまざまな課題が渦巻く生命科学研究の世界に、さらなる一石を投じたのが「ゲノム編集」技術の開発だ。中でも12年に発表された「クリスパー・キャス9（クリスパー）」は、その使い勝手のよさで、瞬く間に世界の研究室に広がっていった。

従来の遺伝子組み換えが狙った遺伝子を正確に操作するのが困難だったのに対し、クリスパーは遺伝子をワープロで編集するように自在に切り貼りできる。

そこで思い出すのが、私がボストンにいた30年前、米国で開発された「遺伝子ターゲティング（標的遺伝子操作）」の技術だ。それまで、ランダムな場所しか操作できなかった哺乳動物の遺伝子を、狙った場所で組み換えられるようにした技術で、開発者3人は07年にノーベル賞を受賞している。

ただしこの操作には、膨大な手間隙《ひま》とコストがかかった。たとえばマウスで狙った遺伝子を操作しようと思ったら、まず、受精卵からES細胞を作り、「相同組み換え」と呼ばれる仕組みを利用してES細胞の狙った遺伝子を組み換え、この組み換えES細胞を別のマウスの受精卵に導入し、代理母マウスの子宮で育て、生まれたキメラマウスを別のマウスと交配し——といった具合だ。

クリスパーは、こうした標的遺伝子の操作を一気に簡略化・低コスト化し、（それなりの基礎知識があれば）誰でもできるようにした。従来の遺伝子ターゲティングが限られた生物にしか応用できなかったのに対し、クリスパーはどんな生物への応用も可能という特徴も備えていた。人間への応用が考えられるようになったのは、当然のことだった。

そうして、中国の賀建奎のチームによるゲノム編集ベビーの誕生という「事件」が起きたわけだが、ゲノム編集人間の是非について、19年の時点で世界は二分されている。

中国のケースが倫理面でも子どもの安全面でも大きな問題をはらみ、許容されないのは当然として、では、安全性が確保され、倫理的な手続きが踏まれたなら、人間の遺伝子を受精卵の段階で改変することは許されるのか。重篤な病気を受け継がないようにするためならいいのか。親が望む外見や性質まで変える「デザイナー・ベビー」はどうなのか。その答えは、今後数十年、数百年先の人類の在り方を左右するに違いない。

▶ゲノム編集ベビーが誕生したと発表した中国・南方科技大学の賀建奎副教授
…香港　2018年11月
ⓒ共同通信

あおの　ゆり——毎日新聞社論説室専門編集委員。東京都生まれ。東京大学薬学部卒業。1988～89年フルブライト客員研究員、97年東京大学大学院総合文化研究科修士課程修了、99～2000年ロイター・フェロー（オックスフォード大学）。2010年『インフルエンザは制圧できるのか』で科学ジャーナリスト賞受賞。『宇宙はこう考えられている』『ニュートリノって何？』『生命科学の冒険』『ゲノム編集の光と闇』など著書多数。

平成事件簿——ドローンが撮影した殺人事件現場

世田谷一家殺害事件

2000年12月30日午後11時頃から翌未明にかけて、東京都世田谷区上祖師谷3丁目の会社員宅で、夫(44)、妻(41)、長女(8)、長男(6)の4人が殺害された。犯人の特定が可能な指紋のほか、数多くの遺留品、長時間現場に留まった可能性などが明らかになっているが、犯人の特定に至っていない。事件当時は民家が4軒建っていたが、事件があった会社員宅(右)と発見者となった妻の両親の家が残った…東京都世田谷区　2018年9月撮影

ベトナム人女児殺害事件

2017年3月24日、千葉県松戸市の小学3年の女子児童(ベトナム国籍)が、登校途中に行方不明になり、26日朝、我孫子市北新田の排水路脇で絞殺体で発見。女子児童のランドセルと衣服は約20キロ離れた茨城県の利根川河川敷で見つかった。4月14日、女子児童が通っていた小学校保護者会元会長の男(46)を遺留品のDNA型が一致したことなどで逮捕。保護者会元会長は容疑を否認。千葉県我孫子市北新田の遺体発見現場…2018年5月撮影

撮影
毎日新聞出版・出版写真室
中村琢磨
武市公孝

オウム真理教事件

オウム真理教は、1980年代後半から90年代半ばに殺人をも正当化する教義と、敵対者を許さない独善的な体質の下、教祖である麻原彰晃(松本智津夫)の指示で、数々の殺傷事件を起こした。猛毒のサリンも製造していたサティアンと呼ばれる教団施設が点在していた山梨県富士河口湖町(旧上九一色村)。中央は慰霊碑のある富士ケ嶺公園…2018年4月撮影

2018年9月29日以降、千葉県大網白里市の海岸で、切断された女性の胴体や頭部などが次々と発見された。遺体は千葉県八街市の75歳の女性と判明。11月23日、死体遺棄と死体損壊の容疑で、同居する息子(37)を逮捕。「財産をめぐって母親と口論になり、体を揺さぶったところ翌朝になって死んでいた」と供述。バラバラの切断遺体が各所で発見された九十九里浜…2019年1月撮影

九十九里浜バラバラ殺人事件

足利事件

1990年5月12日、栃木県足利市にあるパチンコ店の駐車場から女児が行方不明になり、翌13日朝、近くの渡良瀬川の河川敷で遺体が発見された。翌年、足利市内に住む菅家利和さん(45)が逮捕された。菅家さんは無期懲役刑で服役していたが、2009年5月の再鑑定で遺留物のDNA型が一致しないことが判明し、その後の再審で無罪が確定した。真犯人が検挙されず時効となった。栃木県足利市の渡良瀬川河川敷…2018年6月撮影

埼玉愛犬家連続殺人事件

1993年に埼玉県熊谷市で発生した殺人事件。ペットショップを経営していた元夫婦が、トラブルとなった顧客らを犬の殺処分用の硝酸ストリキニーネを用いて毒殺し、4人が犠牲となった。遺体はバラバラにされた後に、骨は焼却、群馬県内の山林や川に遺棄され、「遺体なき殺人」と呼ばれた。埼玉県熊谷市のペットショップ「アフリカケンネル」跡地(中央右)…2018年4月撮影

つくば母子殺人事件

1994年11月3日、横浜市の京浜運河でビニール袋に入れられた女性の遺体発見、その後、幼児の2遺体が発見された。11月25日、茨城県つくば市に住む夫であり父親である総合病院の医師(29)を逮捕。10月29日早朝、夫の愛人問題などで口論となり妻を窒息死させ、子供2人も殺害。その夜、横浜市鶴見区の大黒埠頭で遺体を海に投げ込んだ。1997年、無期懲役が確定。中央右の白い囲いが事件のあった医師宅…茨城県つくば市　2018年9月撮影

福島悪魔祓い殺人事件

1994年の暮れから1995年の6月にかけて、福島県須賀川市の女祈禱師の自宅で「キツネが憑いている」などと、信者7人を「悪魔祓い」や「御用」と称して太鼓のばちで殴る蹴るなどの暴行を加え、4人を殺害、2人を傷害致死、1人に重傷を負わせた。7月、重傷を負った女性信者の入院をきっかけに家宅捜索したところ、信者6人の腐乱遺体を発見、女祈禱師の娘や信者の男など4人を逮捕…福島県須賀川市　2018年11月撮影

山口県光市母子殺害事件

1999年4月14日、山口県光市の新日本製鐵光製鐵所社宅アパートで、当時18歳の少年が主婦(23)を殺害後屍姦、その娘の乳児(11カ月)も殺害し、財布を盗んだ。一・二審で無期懲役判決。最高裁で差し戻しされ、差し戻し控訴審の死刑判決が確定し、現在再審請求中。 被害主婦の夫で、女児の父である本村洋さんは、犯罪被害者の権利確立を求めた犯罪被害者等基本法の成立に尽力した。2棟を残し更地となった犯人と被害者が住んだ社宅アパート跡…山口県光市室積沖田　2018年11月撮影

上申書殺人事件

死刑判決を受けて上訴中だった元暴力団組員が、関与した複数の事件(殺人2件と死体遺棄)の上申書を提出、不動産ブローカーが3件の殺人事件の首謀者として告発された。雑誌『新潮45』が2005年に報じ、刑事事件化した。「北茨城市生き埋め事件」は、1999年11月下旬に不動産ブローカーが埼玉県の資産家男性(70代)を北茨城市で生き埋めにして殺害。男性の土地を売却し約7000万円を入手した事件。被害男性の土地登記の移動などが上申書の通り裏付けられた。生き埋め事件のあった茨城県北茨城市の不動産ブローカーの所有地…2018年10月撮影

ルーシー・ブラックマンさん事件

2000年7月1日、元英国航空乗務員で、ホステスとして六本木で働いていたブラックマンさん(21)が行方不明になった。10月12日、ブラックマンさんが勤めていたクラブの常連客で不動産管理会社社長の男(48)を別件の準強制わいせつ容疑で逮捕。2001年2月、神奈川県三浦市内の海岸にある洞窟内で、埋められた浴槽からバラバラに切断されたブラックマンさんの遺体が発見された。神奈川県三浦市三崎町諸磯…2018年6月撮影

茨城女子大生殺人事件

2004年1月31日、茨城県稲敷郡阿見町に住む茨城大学の女子学生の遺体が、美浦村の清明川河口付近で発見された。2017年9月、遺体に付着した微物のDNAから事件当時、土浦市に住んでいたフィリピン国籍の男(35)を逮捕。男は職場の同僚のフィリピン国籍の少年2人と共謀し、女子大生を車に連れ込み強姦したうえ絞殺した。女子大生の遺体が発見された茨城県美浦村の清明川河口付近…2018年3月撮影

加古川7人殺害事件

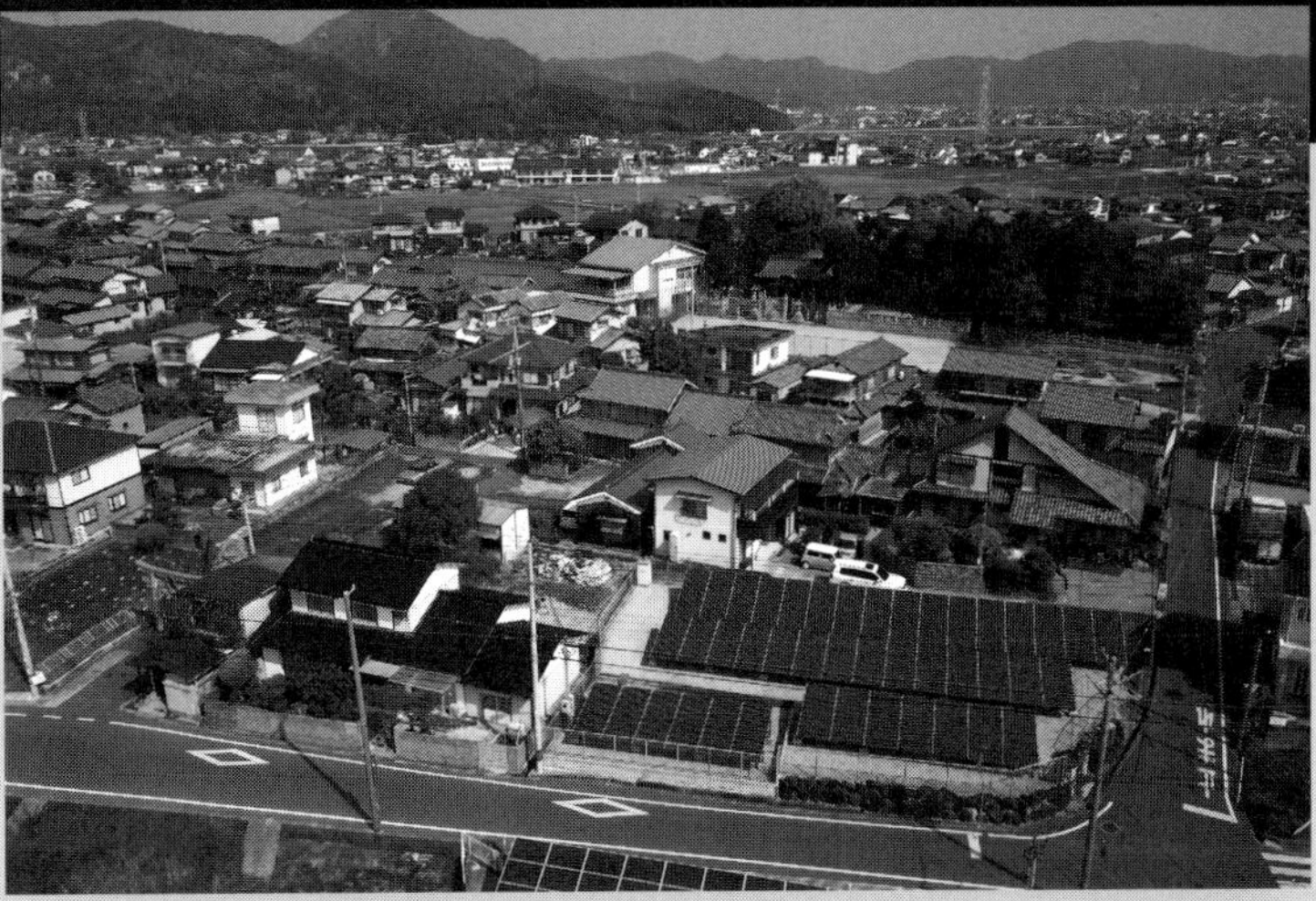

2004年8月2日、兵庫県加古川市で無職の男(47)が両隣に住む親類ら2家族の男女8人を刃物で刺して7人を殺害、1人に重傷を負わせた大量殺傷事件。2015年、最高裁は男の妄想性障害を認定した上で、責任能力を認定し上告を棄却、死刑が確定した。男が事件後放火した加古川市西神吉町の自宅跡にはソーラーパネルが設置…2018年5月撮影

愛知豊明母子4人殺人放火事件

2004年9月9日の未明、愛知県豊明市沓掛町の民家が炎上、焼け跡からこの家に住む主婦(38)、長男(15)、長女(13)、次男(9)の4人の他殺体が発見された。未解決。現場は豊明市役所から北東約2･8キロ、南北に通じる県道瀬戸大府東海線の西側に位置する閑静な住宅街。現場建物は2006年9月に解体された…2018年10月撮影

栃木兄弟誘拐殺人事件

2004年9月14、16日、栃木県小山市の思川の河原で4歳と3歳の兄弟の遺体が発見された。被害者家族が同居していた家の家主(40)を誘拐殺害容疑で逮捕。2つの地蔵(手前左)が祀られた遺体発見現場付近…栃木県小山市　2018年9月撮影

滋賀県長浜市園児殺害事件

2006年2月17日朝、滋賀県長浜市の水田を通る市道で、近くの幼稚園に通う5歳の男児と女児が血だらけで倒れていた。2人の体には十数カ所以上の刺し傷があり、女児は死亡、男児も搬送先の病院で死亡した。数時間後、血まみれで車を運転していた女を緊急逮捕。女は死亡した2人の園児の同級生の中国人の母親で、自分の子がいじめられていると思ったと供述。花が供えられた長浜市相撲町の市道…2018年8月撮影

秋田児童連続殺害事件

2006年4月10日に秋田県藤里町で、前日から行方不明の小学4年の女子児童(9)が、自宅から10キロ離れた藤琴川で水死体となって発見された。さらに5月18日に女子児童の2軒隣に住む男子児童(7)が約12キロ離れた川岸で遺体で発見された。6月、33歳の女児の母親が逮捕され、2009年5月、無期懲役刑確定。女児を突き落とした自宅から約3キロ離れた藤里町の藤琴川と大沢橋…2018年9月撮影

江田島中国人研修生8人殺傷事件

2013年3月14日、広島県江田島市のカキ養殖加工会社で、中国人の技能実習生が従業員を襲い、工場の経営者と女性従業員が死亡、6人が重軽傷を負った。実習生は日本語が理解できず周囲から孤立、経営者からの叱責や低賃金に恨みを募らせていたと供述。怠業し無断外出しようとしたところを経営者に叱責され逆上し、犯行に及んだ。江田島市江田島町の切串港と現場となった加工場(手前右)…2018年11月撮影

相模原障害者施設殺傷事件

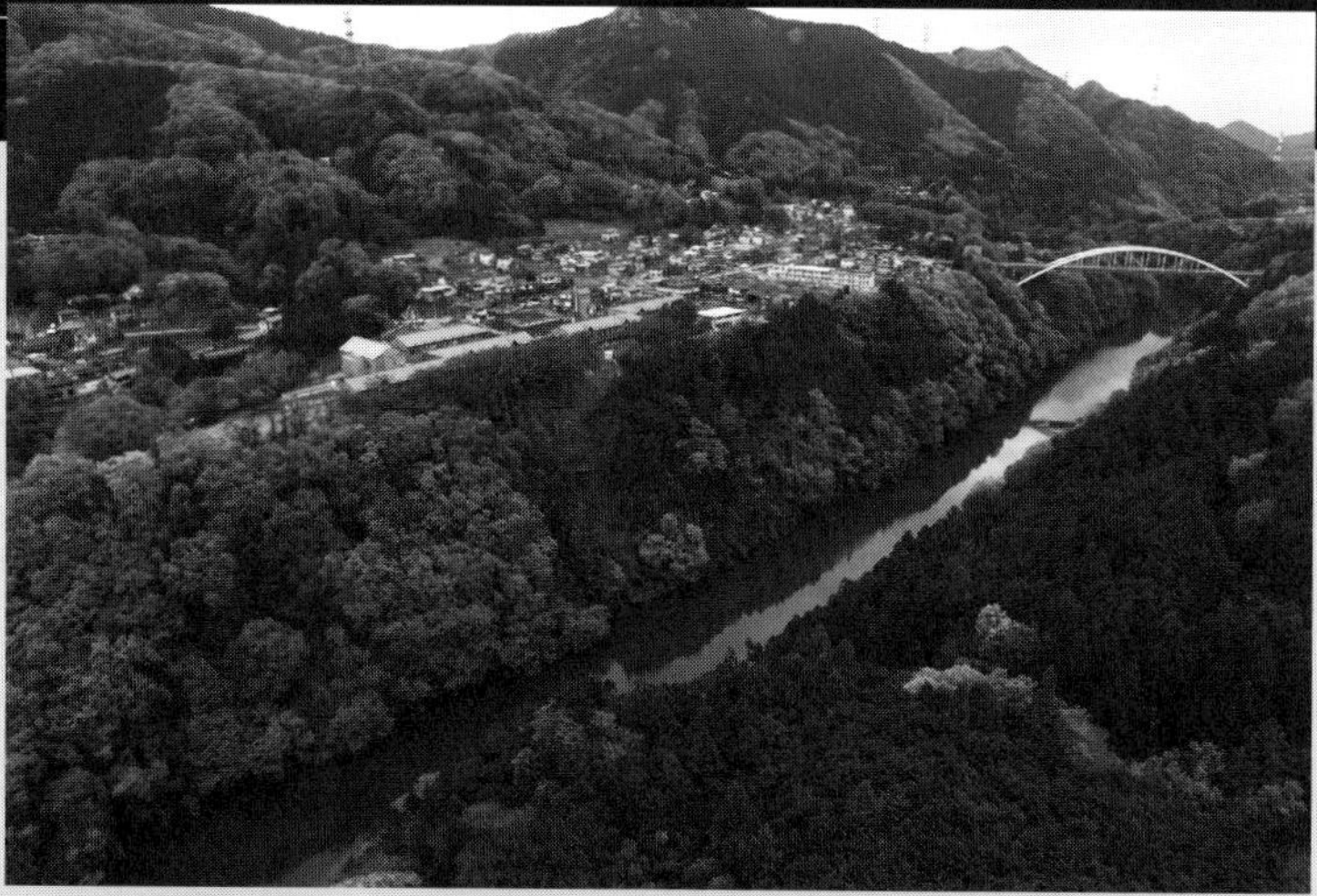

2016年7月26日未明、神奈川県相模原市緑区にある県立の知的障害者福祉施設「津久井やまゆり園」に、元施設職員の男(26)が侵入、入所者19人を刺殺し、入所者・職員計26人に重軽傷を負わせた。相模川の崖上に建つ津久井やまゆり園、右は桂橋…2018年4月撮影

淡路島連続殺人事件

2015年3月9日早朝、兵庫県洲本市中川原町で住民の男(40)が近隣2家族の男女5人を相次いで刺殺した。男は高校中退後から引きこもりを続け、政府や被害者5人やその家族を含めた近隣住民らに対して一方的な被害妄想を抱くようになっていた。右下が容疑者の自宅、左下と中央が事件があった現場民家。淡路島中部の山あいの洲本市中川原町…2018年7月撮影

日立市一家6人放火殺人事件

2017年10月6日、茨城県日立市田尻町の3階建て県営アパートの一室で火災が発生し、母子とみられる6人が死亡した。火災発生後まもなく、「自宅に火を付けた」と自首してきた夫で父親(32)を殺人容疑で逮捕。JR常磐線小木津駅の南西約2キロ、約20棟が建ち並ぶ県営上田沢アパート…2018年7月撮影

座間9人殺害事件

2017年10月31日、神奈川県座間市緑ケ丘の住宅街のアパート室内で、若い女性8人、男性1人のバラバラに切断された遺体が見つかった。住人の男(27)はツイッターで自殺願望を持つ女性たちを誘い出し、自宅アパートで性的暴行のうえ殺害、遺体を保管していた。線路沿いの右から3番目が現場となったアパート…2018年10月撮影

つくば高齢夫婦殺人事件

2018年1月1日、茨城県つくば市で夫婦二人暮らしの高齢の建築業者夫婦の遺体が、自宅2階で見つかった。77歳の夫は後頭部に数カ所、67歳の妻は頭部から顔面にかけて十数カ所、平らな鈍器のようなもので殴られた痕があった。死因は失血死だった。4月には警察の現場保存中となっていた現場民家で侵入窃盗事件も起きた。つくば市東平塚の高齢夫婦が殺害された自宅…2018年11月撮影

日置市5人殺害事件

2018年4月6日、鹿児島県日置市東市来町の民家で男女3人の遺体発見。7日に殺人容疑で逮捕された身内の無職の男(38)の供述に基づき、8日民家から約400メートル離れた山林内で男の祖母(89)と父親(68)の2遺体を発見した。男は高校中退後、職を転々としていたが続かず、金属棒を振り回すなど近所では危険人物とされていた。祖母と父の遺体が発見された山林の空き地…2018年8月撮影

「1997年」が平成経済の分岐点だった

金子 勝（経済学者）

「日本の基幹産業」をどう作り変えていくか

倉重篤郎 構成

◀1997年のNY株大暴落・東証・全面安。手持ちぶさたの証券マン
…東京証券取引所で 1997年10月

平成経済の分岐点はどこか。統計数字で振り返ってみると、明らかに1997（平成9）年とわかる結節点がある。それまで上向きだった主要経済指標がそこを境に下り坂、ないしは伸び悩んでいるのだ。97年といえば山一證券、北海道拓殖銀行の破綻があった年である。翌年からはアジア金融危機と重なり、経営破綻は日本長期信用銀行、日本債券信用銀行にもおよび、日本経済は金融恐慌的な様相を呈し、その後、失われた年月に入っていく。

金子勝氏はこの97年という転機に改めて着目、いわゆる90年初の株価暴落期と差別化し、「バブル経済崩壊が本格化した時期」と切り分ける。金子氏によれば、この時点で日本がしかるべき産業構造改革を進めることができず、過大な財政金融政策でその場しのぎの景気対策を積み重ねてきたことが、「アベノミクス」という無謀、無策の経済政策に日本を追いこむ。その結果、リーマンショック級の外的ショックがくれば、打つべき政策手段がないという、八方ふさがりの現状を招いている、と平成経済を見る。

ただ、日本経済に打つべき手が全くないわけではない。というのも金子氏の見解だ。米中貿易戦争、英国のEU離脱など今後予想される外的ショックに強い経済を作ることである。そのためには、産業戦略の明確な転換が必要だ。ことごとく失敗した原発輸出、赤字だらけの官民ファンド、国家戦略特区など後ろ向きの政策ばかりでは産業衰退が止まらない。今後は情報通信産業、バイオ・医薬など先端産業の育成・振興にシフト、再生可能エネルギーを軸とした「地域分散型ネットワーク社会」に転換すべきだ、としている。

金子氏の論に従えば、今こそ平成時代の失敗を総括、アベノミクスに代わる新たな経済政策を構築する好機ではなかろうか。

そんな問題意識から金子氏に平成経済の総括をしてもらった。

97年段階で変わった指標とは？

「生産年齢人口だけでなく、賃金は実質、名目ともに下落、家計消費もここから落ち始めている。確かに、バブル崩壊のシンボリックな起点は90年になってからの株価下落だが、97年以降になって国民生活にかかわるあらゆる経済指標が停滞、ないし下落し始めている。経済が明らかに質的に転換した。バブルの本格崩壊期と呼ぶゆえんだ」

「GDPも低迷した。OECD発表の主要国GDP（ドル建て）を比較すると一目瞭然だ。95年ベースでみると、米国が日本の1・4倍だったが、17年になると4倍だ。中国は7分の1だったのに2・6倍。まもなく3倍だ。ドル建てベースでみると、むしろ安倍晋三政権になってからGDPは下がっている。なぜか。政権のドル安政策や通商交渉能力の低下もあるが、一時代前と違うのは昔は凡庸な首相でも各国が質の高い日本製品を欲しがり、にじりよってきた。今は中国ににじりよっている。つまり、単なる為替の問題ではなく、本質は日本がよって立ってきた輸出製造産業の劣化にある」

「逆にそこから数値的に上向きラインを描いたのは、企業に対する税の優遇にかかわる数字だ。成長戦略として数次にわたり税率下げが行われた法人税の減税額であり、繰越欠損金制度を使った税金繰り延べ総額である」

「税金繰り延べ額は、不良債権処理が始まった90年代にぐっと増えて97年くらいがピークになっている。70兆円、80兆円まで上がり、今でも60兆円とずっと高止まりしている。あのトヨタがリーマンショック後、損失繰り延べ制で税を払わなかった。そういったことが恒常化した」

全体が落ち込む中、企業救済はしてきた。

「失われた20年は、敗北の歴史だ。マクロ経済学が終わった。従来の財政金融政策が効かなくなった。最大の問題は不良債権処理に失敗したことだ」

「２つの方法があった。まずは、貸倒引当金を積んで自己資本が不足すれば公的資金を投入する。それでもだめなら国有化して資産を切り分け再民営化する。時間との勝負で迅速に処理できれば、信用が回復し不良債権が減っていくが、そういう正攻法を取らずに財政、金融でごまかしてゾンビ企業を生き残らせてきた。それが産業構造の転換を致命的に遅らせ、鉄鋼や原子力といった旧態依然の産業がなお経済社会の中心に位置づけられている」

不良債権処理が果断に行われなかった。その結果、ゾンビ企業や旧態依然の産業が生き残った。そういった産業を対象にさらに大盤振る舞いしたのがアベノミクス、異次元緩和だったということだ。

「金融の異次元緩和策によって、財政と金融をこれでもかというくらいの規模に拡大した。財政は日銀が事実上のファイナンスをすることで、市場の警告を封じ込め一般会計で１００兆円を超える放漫財政に堕し、金融は日銀が市場から国債を買い占め無利子の資金をほぼ無制限に提供した。日本資本主義の最後のあがきのようなものだった」

結果としてどうなった。

「例えは悪いが、覚せい剤中毒のようなものだ。やめるにやめられない。やめた途端に国債も株価も暴落してしまう」

「そのバブルが間もなく崩壊する気配が出てきた。２０１８年も２月、10月、12月と暴落があった。市場が不安、敏感になっているから非常にボラティリティー(価格変動の度合い)が高くなっている」

「問題なのはバブルが崩壊した場合に最後の貸し手であるはずの日銀が手も足も出ないことだ。政策手段をすべて失っている。量的緩和もこれ以上できない。預金準備率を操作したとしても当座預金が４００兆円も積み上がっているから何の意味もない」

◀橋本内閣の月例経済報告閣僚会議
…首相官邸で　1997年2月

日経平均１万８０００円前後で含み益が消える

日銀の債務超過問題という新たな問題も現出しつつある。

「日銀には国債残高で２つの統計がある。『営業毎旬報告』によると、日銀は国債を約４５８兆円(短期債は除く)を持つ。これは購入時の価格で簿価だ。一方、『国債の銘柄別残高』によると、額面金額では約４４６兆円だ。差額の12兆円は日銀がマイナス金利下で10年債未満の国債を額面より高値で引き受けることで生じたものだ。満期になれば日銀の赤字になる。政府が国債の利払いから逃れ、日銀に赤字を付け替えた形だ」

「もう１つの問題は、いわゆるマイナス金利の仕組みが機能していないことだ。日銀の当座預金には基礎残高、マクロ加算残高、政策金利残高の3階層があり、このうち政策金利残高には手数料（マイナス金利0・1％）を徴収することで、当座預金残高が膨らまないよう抑制する仕組みがあるが、日銀の基準操作によって銀行に対しこれを適用していない。その結果、大手銀行は当座預金残高を積み上げている。そして日銀はこの当座預金をテコにETF（上場投資信託）を買いまくり、株価をつり上げている。その残高は23兆円を超えている。それが日銀に含み益を生じさせている」

「つまり、中央銀行が当座預金を増やし株価をつり上げる信用創造でバブル経営を行っているわけだ。しかし、株価が下落するとそうはいかなくなる。おそらく日経平均で1万8000円前後になると、含み益が消える」

日銀は国債の損失10兆円とこの含み益消失とにより、その自己資本8兆円が吹っ飛び、債務超過になる可能性が高い。それでも日銀券の信用が残れば問題はないが、バブルが崩壊して日銀に政策手段がない。なおかつ債務超過。とても最後の貸し手とはいえない。八方ふさがりだ」

民間銀行はどうなる？

「銀行や生保、損保は、国内運用先がないので米国のレバレッジドローンという借り入れ依存の高い企業への融資が増えている。格付けの低い企業への貸し付けだ。その市場の3分の1が日本企業だといわれている。バブルが崩壊したら、一気に不良債権が広がる」

平成時代の産業政策はどうだった？

「超低金利は新しい産業を生み出さない。亀井静香金融担当相（09年9月～10年6月）が成立させた金融円滑化法で、ゾンビ企業が借り換え、借り換えで生き延びた。確かに倒産件数は減るが、銀行側からいうとリスクの高い新しい産業への貸し出しができない」

「そういった政策の積み重ねが、日本の産業構造の転換を遅らせた。旧態依然の産業で構成される経団連も、産業をリニューアルしていく能力がほとんどない。企業の研究開発費にその傾向がはっきり出ている。17年版の世界企業のトップ20は、1位アマゾン、2位グーグル、3位インテル、4位サムソン、5位フォルクスワーゲン、6位マイクロソフト、7位ロッシュ、8位メルク、9位アップル、10位ノバルティス、11位トヨタ、12位ジョンソン&ジョンソン、13位GM、14位ファイザー、15位ダイムラー、16位オラクル、18位シスコ、19位ホンダ、20位フェイスブックの順だ（Pcw発表）。ファーウェイは非上場で出てこないが、実力は6位だ。分野別では情報通信、医薬品、自動車である。日本はようやく自動車でトヨタ（11位）とホンダ（19位）が入ってくるだけ。20年前なら10社は入っていたはずだが、今やほとんどが米中の企業に占められてしまった。日本産業、企業の衰退ぶりがこれでうかがえる。嫌中、嫌韓などと言っているうちに経済では負けてしまっている。事実を素直に見ないといけない」

▶アベノミクスの行方は？
参議院予算委員会で答弁する
安倍晋三首相
…国会内で　2019年3月

超低金利で古い産業の既得権益を守っている

モノ作り大国・日本の蹉跌はどこに？

「情報通信分野では、1986年に締結された日米半導体協定（日本製半導体製品のダンピング輸出防止を骨子に締結。91年改訂で日本市場への外国製半導体シェア20％以上の引き上げ目標を付加）が大きい。日本の半導体産業は米国の国防当局と通商代表部の戦略により潰された、といってもいい。ハードでいうとスパコン、半導体。ソフトでいうとコンテンツがここで決定的に負けた。中国が情報通信で急速に台頭してきた。とくにファーウェイはスマホだけでなく、企業サーバーでも進出が激しいのでこれをたたきたいというのが今の米国だ。日本は、まったく蚊帳の外になってしまった」

「バイオ、医薬でも決定的に敗北した。メルク、ファイザー、ジョンソン&ジョンソンは年間兆単位で投資している。エネルギー産業も然り。再生エネルギーへの転換が凄まじい勢いで進んでいるのに日本は乗り遅れた。原発部門では東芝が潰れ、日立も英輸出、三菱もトルコ輸出で危なくなり、日本の重電機メーカーが電気産業に次いでガタガタになりかけている」

なぜここまで乗り遅れたか。

「かつては金融円滑化法であり、ここ数年はアベノミクスの異次元緩和政策だ。超低金利がすでに終わっている古い産業の既得権益を守っている。クスリ漬けにしている間にどんどん世界に追い抜かれている」

産業政策の失敗で日本の輸出製造業が劣後した。となると、輸出主導型の日本の経済モデルもまた変わらざるを得ない。

「輸出で何とか持ちこたえているのは、中国向けの中堅中小の設備備品と、米国市場向けの自動車だ。ただ、米中貿易戦争の余波で中国の需要が減り始めているし、自動車も今後の日米貿易交渉でトランプにたたかれれば、ガクンと減る可能性がある。相変わらずエネルギーは火力発電中心で原油、ガスを大量に輸入しているからイラン制裁などで原油が高値になれば、たちまち貿易赤字に陥る。日本経済はそのくらいもろくなっている」

貿易収支構造の脆弱《ぜいじゃく》化だ。経常収支全体はどうか?

「所得収支がまだ黒字で、これでカバーしているが、これもまたバブル崩壊で一気に収縮してしまうものだ。リーマンショックの時もそうだった」

日本経済メルトダウンからの脱出策とは

平成経済は一言で言えば、第2の敗戦だ。1997年からの経済指標がそれを物語っている。バブル崩壊後の不良債権の処理に失敗した。それに加えて、産業政策もうまくいっていない。情報通信、バイオ、医薬で大きく出遅れた。令和時代の日本経済はどうなるのか。聞くのが怖い感じもする。

◀日銀の
黒田東彦総裁の胸中は?
…国会内で　2019年3月

「起きないと思っていたことが起きる可能性が強まっている。日本経済の強みとされてきた輸出競争力、潤沢な貿易黒字と民間貯蓄率といった神話が崩れつつある。となると、誰が日本国債を買うのか、という問題が出てくる。貿易黒字もなければ民間貯蓄もない。日銀が最終的に直接引き受けする、あるいは、外国人の購入額が増えることになる。すでに日本国債の格付けはバブル崩壊前のトリプルAからシングルAに落ちているが、さらに格下げされた時に何が起きるか。外国人が投げ売りして、今まで想像しなくても済んだことが起こりかねない」

国債暴落、金利暴騰、ハイパーインフレによる日本経済のメルトダウンだ。では、日本経済をここまで追い込まないためにはどうすべきか。

金子氏曰く。「もはや急に異次元緩和を止めることはできない。国債買い入れ策については、満期の近い期近なものに変えていくことで日銀資産の縮小を徐々に図っていく。借換債については特別勘定を設け超長期債を発行し、そこに事実上凍結し、長期にわたって返済していく。消費税は全額社会保障に充てる。財政破綻を防ぐために防衛費や公共事業費に偏った歳出を見直し、環境税や法人税の中立・簡素化や所得再分配を強める増税で取りあえず財政収支を改善する」

平成時代にここまで積み上げた負の遺産は、中長期を睨んだ一歩一歩の地道な努力でしか解消されない。平成からの御代替わりのこのタイミングに肝に銘ずべきことであろう。そして、何よりも日本の基幹産業をどう作り変えていくか。要は、日本は何でメシを食っていくのか。脳漿を振り絞って中長期的な青写真を的確に描くことであろう。

かねこ　まさる――1952年、東京都生まれ。
東京大学経済学部卒業。東京大学大学院経済学研究科博士課程修了。
立教大学大学院特任教授。経済学者。
著書に『粉飾国家』『資本主義の克服「共有論」で社会を変える』『平成経済 衰退の本質』など多数。

「お笑いバラエティー」の30年を回顧

「笑い」は時代の空気を吸って生まれる！

ライター 常松裕明

◀お笑いコンビ「ダウンタウン」。左から松本人志、浜田雅功
…東京都千代田区で 2017年3月

平成は「お笑い」の時代だった。

昭和の主役だった歌番組に代わって主流となったお笑いバラエティーは、メディアの王様に君臨していたテレビを舞台に平成の娯楽をリードしてきた。ちょうど1989（平成元）年は「オレたちひょうきん族」（81年〜）が終了し、漫才ブームから続いたひとつの流れが終わった年でもある。当時のお笑い界は、「ひょうきん族」から抜け出したビートたけしと明石家さんまに、「森田一義アワー 笑っていいとも！」（82年〜）のタモリを加えた「お笑いビッグ3」が君臨しており、この3人は平成の時代も第一線で活躍し続けることになる。

そんな中で登場し、新しい時代をリードしていったのがとんねるず、ダウンタウン、ウッチャンナンチャンの「お笑い第三世代」と称される若手だ。

すでにスターとなっていたとんねるずは、バブル末期の狂騒とシンクロするように大暴れする。「とんねるずのみなさんのおかげです。」（88年〜）や、視聴者参加型の恋愛リアリティーショー「ねるとん紅鯨団」（87年〜）が若者に大人気となり、歌を出せばヒット曲を連発。俳優業にも進出し、美空ひばりやチェッカーズをはじめとする他ジャンルのスターたちとの交流も若者の憧れとなった。

そのとんねるずとほぼ同世代になるが、当時のダウンタウンとウッチャンナンチャンはまだ売り出し中だった。若手芸人の登竜門だった「笑っていいとも！」の曜日レギュラーに起用されたのも、ウッチャンナンチャンが88年、ダウンタウンが89年で、2組が共演した「夢で逢えたら」（88年〜）が、ようやく関東ローカルの深夜枠から全国ネットになったのもこの年のことだった。

東京で天下を取った「ダウンタウン」

地元・大阪ではすでにアイドル的人気を集めていたダウンタウンだが、当初は東京進出に乗り気ではなかったという。そんな2人に東京行きを勧めたのが当時のマネジャーで、現在は吉本興業の社長を務める大﨑洋氏だ。

「それまでさんまや紳助といった芸人さんを近くで見て、もうこんなすごい才能は出てこないと思っていたんですが、最初に出会った時から彼らの才能は突出していたし、東京でも十分に通用すると感じました」（大﨑氏）

大﨑氏のもくろみ通りダウンタウンは一気にスターダムに駆け上がっていく。89年には「ダウンタウンのガキの使いやあらへんで！」が開始し、91年には「ダウンタウンのごっつええ感じ」も始まっている。94年にスタートした音楽番組「HEY！HEY！HEY！MUSIC CHAMP」で、ダウンタウンが大物アーティストたちに次々とツッコむ姿は、彼らの笑いが天下を取った象徴でもあった。

ダウンタウンの衝撃は凄《すさ》まじく、「ボケ」「ツッコミ」「スベる」「サムい」といった芸人用語が一般化するなど若い世代のコミュニケーションにも大きく影響した。松本人志のトガッたエッセイを書籍化した『遺書』『松本』は総計450万部を超すベストセラーに。浜田雅功も数々のドラマ出演を果たし、小室哲哉プロデュースのシングル「WOW WAR TONIGHT〜時には起こせよムーヴメント」(95年)は200万枚を超す大ヒットとなった。

「お笑いがミュージシャンや俳優さんと同じ文脈で〝格好いいもの〟になったのはこの頃かもしれません。吉本興業も東京の芸能界ではまだまだよそ者扱いでしたが、ようやく居場所を認めてもらえたところもありました」(前出・大﨑氏)

ダウンタウンの成功は、吉本芸人の東京進出とお笑い養成所の普及という変化ももたらした。ダウンタウンは吉本のお笑い芸人養成学校・NSCの第1期生だったが、90年代後半になると多くの芸能事務所が同様のスクールを創設する。これによって若い世代が大挙して芸人を目指し、後の息の長いお笑いブームにつながっていく。

松本人志の笑いに対する探究心は現在も衰えておらず、近年はネット界の巨人Amazonと組んだ実験的バラエティー「ドキュメンタル」を手掛けるなど、いまなお「お笑い」の可能性を広げる挑戦を続けている。

「ウッチャンナンチャン」の優しさとこだわり

ダウンタウンと並んで平成バラエティーを先導したコンビがウッチャンナンチャンだ。とんねるずが他局のドラマ出演のため、大人気だった「みなさんのおかげです。」を半年間休止することになり、その穴埋めに起用されたのが「ウッチャンナンチャンの誰かがやらねば!」(90年)だった。このチャンスをモノにしたウンナンは改めてレギュラーを勝ち取り、王道のコント番組を生み出していくことになる。

漫才をベースにボケとツッコミという役割が明確だったダウンタウンが「攻撃的な笑い」だとすれば、コントで世に出たウッチャンナンチャンは「優しい笑い」と評されることも多い。ただ、強烈な個性こそ感じさせないが、内村光良のコントにかけるこだわりは強く、「笑う犬の生活」(98〜2003年)などでさまざまなキャラクターを生み出した。現在も、「LIFE!〜人生に捧げるコント〜」(13年〜)でコント番組の系譜を守り続けている。

◀ウッチャンナンチャンの内村光良…東京都港区で　2006年1月

また、内村は若手の面倒見がいいことでも知られ、吉本勢が増えていく中で関東芸人を番組に起用し続けた。ウンナンの冠番組での改名をきっかけにステップアップした「さまぁ〜ず(バカルディ)」「くりぃむしちゅ〜(海砂利水魚)」の現在の活躍は周知のとおり。猿岩石のブーム後、どん底を味わっていた有吉弘行に芸人としての場を与えたのも内村の番組だった。

中でもターニングポイントとなった番組が「ウッチャンナンチャンのウリナリ!!」(96年〜)だ。ポケットビスケッツ、ブラックビスケッツ、芸能人社交ダンス部など、レギュラー出演者がさまざまな企画に本気で取り組んでいくスタイルは、作り込まれた笑いとは一線を画す「ドキュメント系バラエティー」と呼ばれ、現在も一大潮流となっている。

「ドキュメント系バラエティー」の系譜

ドキュメント系バラエティーは、もともとテリー伊藤が演出していた「天才・たけしの元気が出るテレビ!!」(1985〜96年)で生まれたといわれる。そのテリー伊藤の下でAD修業を積んでいたのが、「ウリナリ!」や「電波少年シリーズ」(92〜2003年)を作った日本テレビの〝T部長〟こと土屋敏男だ。平成を彩ったバラエティー番組は、お笑い芸人と共に、こうしたテレビマンたちが生み出したものでもある。

「電波少年」が仕掛けた「猿岩石ユーラシア大陸横断ヒッチハイク企画」(96年)は一大ブームとなり、同時期にフジテレビで始まったナインティナインの「めちゃ×2イケてるッ!」(96〜2018年)のオファー企画や、テレビ朝日「いきなり!黄金伝説」(98年〜)、現在も放送中の日本テレビ「世界の果てまでイッテQ!」(07年〜)のイモトアヤコ企画など、ドキュメント系バラエティーはさまざまな形に進化していく。お笑いではないものの、モーニング娘。を生んだオーディション番組「ASAYAN」(95年〜)や、「あいのり」(99年〜)などの恋愛リアリティーショーなども同じ系統といえるだろう。

もっとも、猿岩石ヒッチハイク企画で、途中で飛行機を使っていたことがスキャンダル視されたように、「ヤラセと演出の線引き」といった問題も発生した。ちょうどインターネットの黎明期で、個人の発信力が劇的に高まっていった時期でもある。それまで一方的に受け取るだけだった視聴者が声を上げたことでテレビと視聴者の関係が逆転していくわけだが、それは同時にテレビの中のウソを許容できない不寛容な時代の幕開けでもあった。

「ゼロ年代」群雄割拠から生まれた芸人たち

お笑い番組は90年代末に一旦、沈静化するが、「爆笑オンエアバトル」（99年〜）などをきっかけに2000年代に入ると嵐のようなネタブームが到来する。「エンタの神様」（03年〜）、「爆笑レッドカーペット」（07年〜）といったテレビサイズに適応したショートネタ番組からは多くの芸人がブレイクし、毎年のように流行語が生み出された。

ただ、一方では視聴者への分かりやすさを狙うあまり、説明過剰なテロップの多用や、インパクト優先のキャラクターが氾濫したことも事実。飽きられるサイクルも早まり〝一発屋〟と呼ばれる芸人も生まれることになる。

芸人が増えたことで、「アメトーーク！」（03年〜）のようなトークバラエティーも隆盛となっていく。いわゆる「ひな壇トーク」は、90年代の明石家さんまが「恋のから騒ぎ」（94年〜）や「踊る！さんま御殿!!」（97年〜）などで定着させたものだが、「アメトーーク！」はさまざまなテーマを設定したうえで、ネタではない芸人同士の絡みの面白さを生み出した。セットなどを必要とするコント番組などに比べ、比較的安価な製作費で作れるというテレビ局側の事情も、ネタ番組やトーク番組の増加に拍車をかけた。

ブームによって世に出た多くの芸人たちは、純粋なネタの笑いとは別に個々人のトーク力やキャラクターといった勝負で淘汰されていくことになる。これは80年代の漫才ブームからひょうきん族への流れによく似ているが、相手を潰してでも自分が笑いを取るより、場の空気を読みながら協力する芸人が増え、先輩、後輩、同期、所属事務所といった芸人同士の関係性までが笑いに影響するようになったのは、まさに時代の空気だろう。

そんなゼロ年代の群雄割拠の中から「あだ名芸」で再び脚光を浴びたのが有吉弘行だ。当時のひな壇芸人の代表格で、時流に乗って小説執筆や映画監督も手掛けていた品川庄司の品川佑を「おしゃべりクソ野郎」と斬ったことをきっかけに、世間は有吉を受け入れていく。有吉は、空気を読みすぎてしまう世の中の息苦しさに辟易《へきえき》していた視聴者目線に立つことで、テレビの最前線に返り咲いたのだ。

▲猿岩石時代の有吉弘行（右）…1998年5月

「M-1の衝撃」と「島田紳助の悲劇」

ゼロ年代のお笑いで忘れてはならないのが01年に始まった「M-1グランプリ」だろう。翌年からはピン芸人のコンテスト「R-1ぐらんぷり」（02年〜）が始まり、M-1のコント版「キングオブコント」（08年〜）も誕生するなど、お笑い芸人の認知度は飛躍的に高まった。

ゼロ年代は、このM-1を創設した島田紳助の活躍も外せない。M-1は紳助が「漫才に恩返しをしたい」と、結成10年以下の若手コンビ、グループ向けのコンクールとして企画した大会である。

昭和の漫才ブームに乗って世に出た紳助は85年に紳助・竜介のコンビを解散し、いち早くタレント業に転身。89年には「サンデープロジェクト」のMCに起用されたように、時代や状況を的確に分析し、自分を含めた番組全体をプロデュースすることに長けていた。その能力は「行列のできる法律相談所」（02年〜）や「クイズ！ヘキサゴンII」（05年〜）といった番組作りにも生かされ、「ヘキサゴン」で紳助がプロデュースしたユニット・羞恥心やPaboによる「おバカブーム」はゼロ年代後半のバラエティーを席巻した。その紳助が、11年に突如として芸能界を引退に追い込まれた事件も衝撃的だった。暴力団幹部との交際が発

▶芸能界引退について記者会見する島田紳助
…東京都新宿区で　2011年8月

覚したことが原因だが、この一件はお笑い芸人にもコンプライアンスが求められる時代になったことを社会に知らしめた。平成を経たお笑いは巨大なコンテンツビジネスとなり、芸能界における芸人のポジションも飛躍的に上がった。それに伴い求められる責任も大きくなったのだ。

多発した大災害「不安な時代のバラエティー」

08年のリーマンショックもあって社会が不安感を増していくなか、10年には「M－1グランプリ」が終了するなど(15年に復活)、お笑いブームも徐々に下火となっていく。そして2011年に東日本大震災が発生。お笑いの世界も無関係ではなかった。

「震災に直面して、私たちもお笑いという仕事に改めて向き合うことになりました。95年に起きた阪神・淡路大震災では大阪の吉本興業でも多くの芸人さんや社員が被害に遭いましたが、ほとんど何もできずただ自粛するしかなかった。自分たちの無力さを突き付けられるような悔しい経験でした。それが東日本大震災の後はチャリティーや復興イベントへの協力などで行動することができ、現在も多くの芸人さんが復興支援を続けています。笑いにも社会貢献ができると思えたのは大きかった」(前出・大﨑氏)

お笑いが不謹慎か否かという議論は長らくあったが、少なくとも社会にとって必要な娯楽として受け入れられるようになったことは間違いない。ただ、それでも震災を境に社会の空気は大きく変わり、それにつれて求められる笑いの質も変わってきた。平成前期が「刺激的なトガった笑い」だったとすれば後期に求められたのは「つながるための癒やしの笑い」といえるだろう。

テレビが「面白さ」だけでなく「正しさ」を、「新しさ」よりも「分かりやすさ」を重視するようになった一方、ネットやSNSの普及によって、若い世代のテレビ離れが進んでいるといわれるが、象徴的だったのが14年の「笑っていいとも!」の終了だろう。

最終回特番ではタモリ、たけし、さんまのビッグ3が登場。とんねるず、ダウンタウン、ウッチャンナンチャン、爆笑問題、ナインティナインに笑福亭鶴瓶と中居正広を加えた奇跡のような共演も実現した。これは昭和から平成にかけて続いたバラエティーの集大成だったと同時に、「テレビのお葬式」という声も多く聞かれた。

そんな時代に存在感を増しているのが有吉弘行、マツコ・デラックス、坂上忍、梅沢富美男といった面々だ。有吉やマツコはホンネとはまた違う批評的な芸風で視聴者の支持を得ており、坂上や梅沢は世間の怒りを分かりやすく代弁し、時に挑発する〝役柄〟を演じることに長けている。有吉を除いていずれも生粋の芸人ではないからこそ、テレビに対して客観的な距離感を持ち、世の中もそれを求めたということだろう。

もちろん世間がお笑いやテレビに愛想を尽かしたのかといえば、そうではない。YouTubeやネットテレビなど、娯楽のチャンネルが多様化したことは事実だが、それでもテレビの影響力は依然として健在だ。

お笑い芸人の活躍も、以前にも増して多彩になっている。15年にはピースの又吉直樹が小説『火花』で芥川賞を受賞し、ドラマの脚本を執筆して橋田賞を受賞したバカリズム、絵本作家やビジネス論などで異彩を放つキングコングの西野亮廣など、芸人の枠にとらわれない活躍も目立っている。また、史上最年少で平成最後のM－1チャンピオンとなった霜降り明星を筆頭に20代の芸人が台頭するなど、ようやく芸能界の新陳代謝も進んでいる。

「笑いは時代の空気を吸って生まれるもの」であるなら、新しい時代にはどんな笑いが生まれてくるのだろうか。(一部敬称略)

◀お笑い芸人で作家の又吉直樹
…東京都新宿区で　2018年11月

つねまつ　ひろあき――1968年、福島県生まれ。立教大学文学部教育学科卒業。風俗紙記者、月刊誌『噂の眞相』記者を経て2004年よりフリーランスライターに。主に芸能、スポーツ、メディアなどの記事を取材、執筆。著書に『よしもと血風録　吉本興業社長・大﨑洋物語』など。

「雇用改革」「教育改革」の正体

新自由主義の惨状「機会不平等」の30年

ジャーナリスト
斎藤貴男

２０１８（平成30）年12月、改正水道法と改正入国管理法が相次いで可決・成立した。前者は水道事業の民営化を容易にするので、国民の生命の源泉たる「水」が、企業の論理さらには外国資本に支配されかねない危険が生じたことになる。後者は外国人労働者の受け入れ拡大を予定したものだが、規模をはじめ具体的な内容をあえて定めていない。彼らの人権や受容に伴う社会コストの負担、賃金相場の値崩れ、雇用需給が逆転した際の処遇など、課題や懸念材料が山と残された。

平成最後の年末、例によって強行採決された2つの近未来は、この時代を通して推進された新自由主義――政府の規制を可能な限り緩和・撤廃し、民間企業の自由度を最優位に置く考え方。社会的な再分配も市場原理が解決すると説く――に基づく構造改革路線が、決定的な段階を迎えた現実を見せつけている。そのことは何を意味するのか。

日本が名実ともに米国の属州となる可能性だ。誰の目にも自明の外交や安全保障に限らず、国内政治、経済、社会、個々人の生活、価値観、その他も何もかも。平成の30年余とは、まさにこのゴールを目指して舵《かじ》が取られ続けた歩みだったと言って過言でない。

米国政府がいわゆる「年次改革要望書」を作成し、その遂行を日本政府に求めてくるようになったのは、１９９４年11月のことである。前年7月の宮澤喜一首相とビル・クリントン大統領の会談で決定された。当初の正確な邦訳は「日本における規制緩和および行政改革に関する日本政府に対する米国政府の要望書」だったが、途中で両国間に「成長のための日米経済パートナーシップ」が設置され、その下で「日米規制改革および競争政策イニシアティブ」が動き出した２００１年からは、その冠が載った「要望書」と位置付けられた。

有り体に言えば、宮澤以降の歴代政権が進めた規制緩和や構造改革と呼ばれる政策のことごとくは、「要望書」に従ったものだった。１９９７年の独占禁止法改正による持ち株会社の解禁、98年の大規模店舗法廃止、建築基準法改正、99年の人材派遣業自由化、さらには郵政民営化、司法制度改革、経営者の裁量権拡大や株主の権利の増進を図った新会社法の制定……。

ただし、それらと「要望書」との因果関係はとくに報じられることもなかった。やがて２００４年に評論家の関岡英之氏が『拒否できない日本』（文春新書）で実態を暴くまで、大方の人々は、何も知らされないままだったのである。

ようやく「要望書」が廃止されたのは09年。自民党が民主党に政権を奪取された年だった。

「要望書」はもちろん、突然に始められたものではない。前段に１９８０年代における米国の対日赤字があり、円高ドル安があった。米国議会は日本に「包括通商・競争力法」のスーパー３０１条（相手国との交渉と制裁に関する手続きを定めている）を適用し、１９８９年7月には米日の2国間協議の場"Structural Impediments Initiative"が設けられた。

日本語では"Initiative"（主導権）の訳が省かれた「日米構造協議」の呼称が一般的。しかし、実体は彼らにとっての非関税障壁の解体を日本政府に急がせる機関でしかありはしなかった。件《くだん》の「要望書」も、ここから導かれていた。

「雇用改革」があれば「教育改革」は必然の流れ

平成はかくして始まった。前後してソ連が崩壊する。昭和末期のバブル経済で緩和されたかにも見えた米日の主従関係は、米国の独り勝ち、資本主義の絶対的正義というポスト冷戦の枠組みの中で、より深く、抜き差しならないものにされていった。

日本側の事情もなくはなかった。いや、これもまたその時々の情勢に過剰適応し、常に長いものに巻かれて生きることを融通無碍《むげ》なる〝大人の態度〟と信じ込んだ、日本国民の性《さが》と言うべきか。

今なお重ねられつつある数々の〝改革〟の中でも、比較的わかりやすいのは「雇用改革」ないし、「労働市場改革」の領域だろう。終身雇用・年功序列があるべきモデルとされた昭和後期の労働形態は、平成年間に一変した。総務省の労働力調査によれば、ここ数年、被雇用人口における非正規の比率は37%台で高止まりしている。

国内的にインパクトがあったのは、95年に「日本経営者団体連盟(日経連、現在は経団連と統合されて日本経団連)」が公表した「新時代の日本的経営」と題する提言だ。戦後50年目の節目にして、阪神・淡路大震災が発生し、オウム真理教による地下鉄サリン事件が仕掛けられた年でもあった。

すでにバブル経済は終焉《しゅうえん》し、住専問題などが表面化して、その残り香も雲散霧消していた。日経連が取り組むべきは、バブル期に土地や株の投機にのめり込み、莫大《ばくだい》な不良債権を作った者たちの責任を明確にし、その上で、ではどうしたらよいのかを検討することだった。にもかかわらず、実際の提言は、日本経済が低迷した原因を人件費の高騰にのみ求め、したがってその削減こそ急務だと主張する、争点をすり替えた詭弁《きべん》に終始した。

◀非正規雇用の改善を求めて
デモ行進する
若年労働者や学生ら
…東京都新宿区で　2010年5月

それによれば、企業は今後、従業員を明確に3分類する。①長期蓄積能力活用型②高度専門能力活用型③雇用柔軟型。その頃の財界人は大学、団体での講演などで、順に超エリートの幹部候補生、優秀な専門家あるいは中間管理職候補生、ロボットのような労働力、などと説明していた。③が「非正規」を表しているのは言うまでもない。雇うも切るも経営者側の〝柔軟〟な決定次第で、労働者の人権など無視して構わないとする働かせ方だ。後に2009年の年末年始、リーマンショックの余波で失業した派遣労働者らを支援する「年越し派遣村」が東京・日比谷公園で展開された際、人間を安易に調整弁にした企業の非情さに対する批判が高まったが、手遅れだった。まだしも議論の余地があるはずだった時期には、一連の〝改革〟が世の中挙げて、ただ褒めそやされていた。

雇用改革があれば、「教育改革」が必然となる。従業員の〝格付け〟が組織内の上下関係を超え、いわば人としての身分差にも近くされた時代に、教育制度はどう変えられたのか。

教育改革のメニューは多様だ。近年は「グローバル人材」の養成がうたわれ、一方では「道徳」の教科化のような動きが目立つ。少し前には全国統一学力テストの実施や学区制の廃止、中高・小中一貫校の設立などが進められている。

「複線型教育」への方向性が明らかだ。戦後の教育は義務教育段階では年限や学習内容が共通化され、高校もこれに準じる「単線型」の制度が採られてきた。それゆえに6・3・3・4制がほぼ全員に適用されて、上級学校への進学機会が原則万人に開かれていたものが、今後は年限も内容も異にする複数の学校系列が初等教育の段階から併存する、「複線型」に移行されていく。現在はその過渡期にある。

　複線化は子どもたちの早期選別を伴う。教育機会均等の理念は無効化され、従来にも増して、彼らの未来が家庭環境や資産次第に左右されかねない。教育改革の眼目とも言うべき「ゆとり教育」を本格化させた02年施行の改訂学習指導要領の策定に、教育課程審議会会長として深く関与した作家・三浦朱門氏にも、私は取材した。すでに進行していた学力低下を加速させかねないのでは、とする懸念を、彼は一笑に付していた。

「できん者はできんままで結構。戦後50年、落ちこぼれの底辺を上げることにばかり注いできた労力を、できる者を限りなく伸ばすことに振り向ける。限りなくできない非才、無才には、せめて実直な精神だけを養っておいてもらえばいいんです。米国やヨーロッパの(平均)点数は低いけれど、すごいリーダーも出てくる。日本もそういう先進国型になっていかなければなりません。それが〝ゆとり教育〟の目的。エリート教育とは言いにくい時代だから、回りくどく言っただけの話だ」

新自由主義とはすなわち「社会ダーウィニズム」

　雇用や教育など、こうして人間一人一人の人生に直結する〝改革〟の実態を、私は00年、『機会不平等』(文藝春秋、現在は岩波現代文庫)と題する1冊にまとめ、幸い好評を博することができた。いろいろ書いたが、私がこの本で最も訴えたかったのは、新自由主義とはすなわち、「社会ダーウィニズム」にほかならない実体だった。

　ダーウィン進化論の「自然淘汰・適者生存」という概念を、人間社会の説明にそのまま流用した〝思想〟のことである。現実に高い社会的地位にある人間は優れた人間であるとし、人類がよりよく進化していくためには彼らを優遇して、劣った者(ここでは社会的地位の低い人間)は抑制しなければならないとする。遡《さかのぼ》れば19世紀の後半に英国の社会学者ハーバート・スペンサーらが提唱した、凄まじいまでの強者の論理。人種差別や植民地支配、貧困をめぐる不平等、不公正を正当化するのに都合がよいので、帝国主義の欧米列強、とりわけ工業化が急だった米国で熱狂的に迎えられた。

　20世紀に入り、これに医学や遺伝学の装いを凝らした具体的な方法論としての「優生学」が米国に出現。やがてヒトラーのナチス・ドイツが障害者の強制〝安楽死〟やホロコーストの暴挙にまで及んだため、第2次世界大戦後の国際社会ではいったん沈静化したものの、米英を中心とした1980年代以降の新自由主義の隆盛が、再び社会ダーウィニズムをよみがえらせた。

　『機会不平等』でそんなことを私は解説し、講演などでも「人それぞれでスタートラインが異なる人生レースを〝競争〟とはいわない」と繰り返した。権力者のドラ息子と孤児、巨大資本と零細な個人事業とでは初めから勝負になりっこない。せめて用意されていた最低限のハンディ(規制など)さえ取り払い、その結果を〝勝ち組、負け組〟などと形容する社会は異常であり、人間性の放棄だと、警鐘を乱打しまくった。

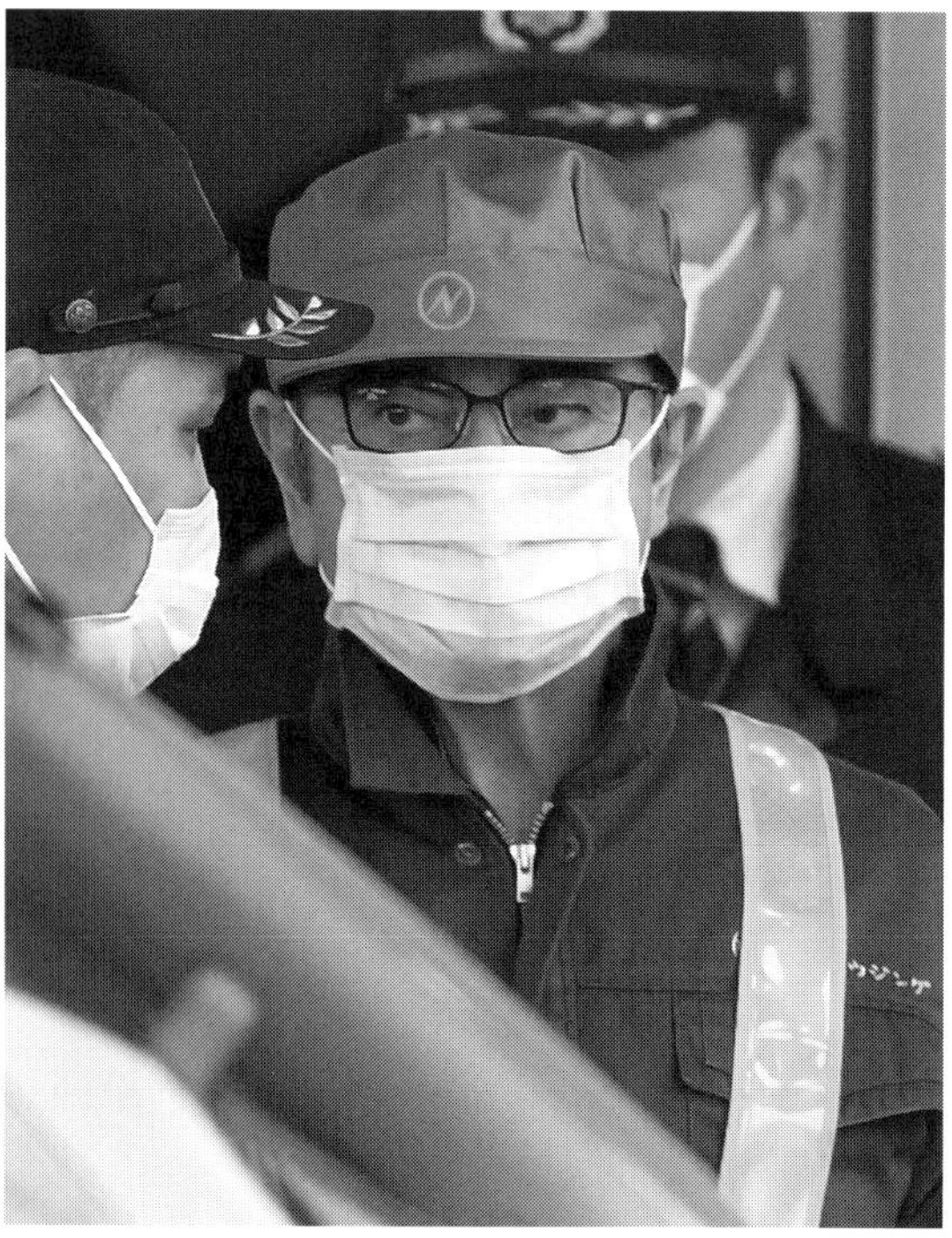

▶作業員姿でマスクを着けて
東京拘置所を出る
日産のカルロス・ゴーン前会長
…2019年3月

　だが、『機会不平等』出版の直後に登場した小泉純一郎政権は、新自由主義(および米国への同化)を国是とし、有権者にも圧倒的な支持を得た。03年頃には一部のマスコミや野党に問題視され、「格差社会」の用語も確立されたが、反省機運は芽生えず、批判も先細りしていった。新自由主義はその後も階層間の格差を押し広げ続け、06年には、政府の「規制改革・民間開放推進会議」の議長だったオリック

◀「1億総活躍推進室」の
看板を掛ける安倍首相
…内閣府で
2015年10月　代表撮影

スの宮内義彦CEOが、『朝日新聞』に格差拡大について問われて、〈私はパイが大きくなるのを止めるような平等はいけないと思う。「日本の社会にとって心地良い格差」をつくるべきだ〉とまで言い放つに至った(9月13日付朝刊)。

宮内氏の持論は、かねて「アメリカに向かって走れ！」だった。01年の著書『経営論』(東洋経済新報社)に、明記されている。そして現実に、企業経営のみならず、日本のあらゆる領域が彼が叫んだ通りになった。オリックスやソニー、都心の一等地を多く保有している三井不動産、あるいは御手洗冨士夫氏が日本経団連の会長をしていた頃(2006〜10年)のキヤノンの外国人持ち株比率は、今や優に50%を超えている。三菱地所やトヨタ自動車など、いわゆる財界の有力企業の大半もこれに準じる。

ルノーに救済された日産自動車のような特殊なケースでなくとも、もはや現代日本の主要企業はみんな外資系なのだ。各社の経営も基本的に米国の価値観と利益に応じてなされるのが常であり、それが〝グローバリゼーション〟だということにされている。ヒット商品を出せなくなり、1万6000人の人員整理を強行した時の中鉢良治・ソニー社長の言葉「株主の期待にこたえよということ」が、私にはなお記憶に生々しい(『朝日新聞』2009年12月17日付朝刊)。

税制もしかり。平成の30年間で法人税の実効税率が42%から23・2%にまで引き下げられた。応能負担の原則が崩され、これは昭和の後半からだったが、個人所得税の累進性が著しく緩和されている。07年には、地方税である個人住民税の税率が、貧富に関係なく一律化されもした。

いずれも米国式の金持ち優遇だ。異なるのは平成元年の1989年に導入された消費税が増税や課税事業者の大幅拡大、および税率を下げた法人税収の減少等によって基幹税化されたこと。米国には消費税の類《たぐい》が存在しない(「小売上税」を課す州もあるが、まったくの別物)。増税のたびに、消費税とほぼ同じ「付加価値税」が25%にもなるスウェーデンが引き合いに出されるが、かの国は本物の福祉国家であり、社会保障の分野まで米国に倣う新自由主義の日本が、税率だけ北欧並みを目指すというのは狂気に近い。

2011年3月11日の東日本大震災と福島第1原発事故は、日本国民を茫然《ぼうぜん》自失に陥らせた。大災害や戦争、大規模テロなどの大惨事後の心理的混乱につけ込み、急進的な新自由主義改革を推進するやり方を「ショック・ドクトリン」と呼ぶが(ナオミ・クラインの造語)、日本でも当然のように、それは強行された。東北の被災地では漁業権を民間企業に開放していく水産特区や、商店が壊滅した街への大型店舗の進出、復興予算を使った遺伝子研究の拠点「東北メディカル・メガバンク」計画……。放射能の〝アンダーコントロール〟と〝復興五輪〟をかたった20年東京五輪招致や、〝世界で一番ビジネスがしやすい環境〟を創出するとして13年にスタートした「国家戦略特区」も、言うまでもなくその延長線上にある。

階層間の格差が日本社会を二極に「分断」

階層間の格差はいつの間にか、日本社会を二極に分断した。教育関係の取材をすることも多い私は、「最近の職員室で〝教育機会の均等〟とか〝平等〟を口にすると、同僚や後輩にせせら笑われる」というベテラン教員の嘆きをよく聞かされる。朝日新聞社と「進研ゼミ」で知られる教育産業のベネッセコーポレーションの共同調査によると、「所得の多い家庭の子のほうがよい教育を受けられる傾向をどう思うか」という問いに、「当然」「やむを得ない」と答えた人が、04年の46・4%から、18年には62・3%にまで上昇した。経済的に「ゆとり

▶「教育再生」に意気込む安倍首相ら
…文科省で　2013年1月
代表撮影

がない」という人だけを抽出しても、それぞれ41・9%、55・7%だったそうなのが、私には悔しくてならない。

細川護熙政権で首相の諮問機関「経済改革研究会」(座長＝平岩外四・経団連会長＝当時)の委員を務め、以来、竹中平蔵・慶應義塾大学教授(元総務相)が君臨し始めるまで新自由主義構造改革の旗を振り続けた中谷巌・一橋大学名誉教授が、〝懺悔《ざんげ》の書〟を発表したのは、08年のことだった。『資本主義はなぜ自壊したのか』(集英社インターナショナル)。彼は自らの言動が格差を拡大させ、人心を荒廃させる結果を招いた現実を心から反省したと言い、こう述べていた。

〈新自由主義というのは単に学術的に、あるいは論理として「正しい」ということで支持を集めたというよりも、一部の人々、はっきり言ってしまえばアメリカやヨーロッパのエリートたちにとって都合のいい思想であったから、これだけ力を持ったのではないか〉

〝懺悔〟を受けた私のインタビューでも彼は、「(構造改革には)クール・ヘッドとウォーム・ハートの組み合わせが大切なのに、クール・ヘッドばっかりで、冷たい社会になってしまった」と唇をかんだ。宗旨替えした新自由主義の元・唱道者は彼以外にも少なくない。

それでも、新自由主義イデオロギーの猛威は塵《ちり》ほどの屈託もなく、とどまるところを知らないのである。第2次安倍政権は幼児教育や保育、高等教育の無償化など、時にリベラル風にも映る政策を打ち出すが、所詮はごまかしだ。18年に成立した「働き方改革」関連法制は、〝長時間労働の解消〟などを掲げながらも、「高度プロフェッショナル制度」を突破口に正社員の人件費削減を図る狙いを隠していない。

何よりも、平成末期に罷《まか》り通った「モリ・カケ事件」その他における偽証や〝忖度《そんたく》〟行政・司法、法案審議のための統計データのでっち上げ、社会的弱者を見下した暴言の横行、ジャーナリズムの堕落等々こそが、実は新自由主義の神髄だ。旧態依然とした縁故主義《ネポティズム》と市場原理、競争原理が強調される新自由主義は、対極にあると誤解している読者も多いだろうが、違う。加計学園の問題でも明らかなように、たとえば国家戦略特区を指定するのは政府である。参入したい事業者と権力との距離が決定的に重要になるのは、人間社会の常ではないか。森友学園の場合も、首相の〝思想〟に同調し、一時は「安倍晋三記念小学校」の校名案まで提示した理事長を大阪府が歓迎した結果の、私立小学校設置認可基準緩和が発端だった。新自由主義がいう〝競争力〟とは、絶対的なコネクションも込みでのパワーなのである。

新自由主義の本質である社会ダーウィニズムは、帝国主義を正当化する役割を帯びたと、先に述べた。日本の政財官マスコミ界は今、米国の属州でありつつ、国内やアジア諸国に対しては〝新・大日本帝国〟然と振る舞おうという、恐ろしく恥ずかしいが、〝明治150年〟の近代史や、朝鮮戦争とベトナム戦争を糧として経済成長を果たした戦後史を振り返れば、伝統的かつほとんど本能的な〝野望〟に取り憑《つ》かれてしまっている。

これ以上は論じる紙数がなくなった。詳しくは拙著『戦争のできる国へ　安倍政権の正体』(朝日新書、2013年)や『戦争経済大国』(河出書房新社、2018年)、『「明治礼賛」の正体』(岩波ブックレット、2018年)などを参照されたい。平成末期の惨状の元凶は、新自由主義にある。

さいとう　たかお――1958年、東京都生まれ。早稲田大学商学部卒業。英国バーミンガム大学修士(国際学MA)。監視、格差、強権をルポルタージュによって批判してきた。著書に『ルポ 改憲潮流』『失われたもの』など多数。

第2の敗戦となった「東日本大震災」

地震、津波、そして原発事故による複合被災

作家・ジャーナリスト
青沼陽一郎

◀壊滅的な被害を受けた岩手県陸前高田市の中心部
…2011年3月13日

灰色をした猿が、歩道に座って、こちらを向いて餌を貪っている。それも、1匹や2匹じゃない。十数匹はいただろうか。道沿いには民家が建ち並んでいるのに、まったく警戒する素振りもない。

車窓越しに、その異様な風景を眺めていたら、反対側の民家の陰から出てきた1匹の猿が、フロントガラスの前方を右から左に悠々と横切っていった。口には何かをくわえている。近づく車に、四つ足歩行を急がせる素振りすらない。こちらは高速で突進しているというのに。もはや車すら怖がらない。

東日本大震災からちょうど1週間——。東京電力福島第1原子力発電所から20キロは強制避難区域に、20キロから30キロ圏は、住民の屋内待機区域に指定されていた。

さっき、その境界地点を示す看板と、赤い回転灯を点《つ》けたパトカーが、左側の道端にこちらを向いて止まっているのを、車窓越しに見送ってきた。そのエリアに入って、最初に遭遇したのが猿たちだった。きっと、この野生の猿たちも全身を覆う灰色の体毛に放射性物質をふんだんに浴びているはずだ。

2011(平成23)年3月11日午後2時46分、春まだ浅い東北地方、牡鹿半島の東南東約130キロの三陸沖、深さ約24キロの地点で発生した日本の観測史上最大のマグニチュード9・0の巨大地震は、同時に巨大な津波を引き起こし、時を置かずして東北地方太平洋沿岸部を襲った。

最大で約15・5メートルとされる津波が襲った福島第1原発では、浸水により、全交流電源を喪失。冷却機能を失い、原子炉内部の状況すら把握できずにいた。

大きな揺れを体験した人々は、津波が家や車や人をのみ込む姿に絶句し、政府による原発周辺の避難指示が拡大するにつれ、原子炉で起きていることの異常に気付いていく。

地震発生翌日の12日には1号機、3日後の14日には3号機の原子炉建屋が爆発。その間にも、2号機から放射性物質は漏れ出し、定期点検中で稼働していなかった4号機でも3号機に誘発されたと思われる建屋の爆発が起き、核燃料貯蔵プールで異変が起きていた。

だが、為《な》す術《すべ》がない。

核燃料は冷やさなければ、そのまま高熱化し、溶け出し、やが

て大惨事を招く。

ひょっとしたら、原子炉が大爆発を起こすかもしれない。そうでなくても、漏れ出した放射性物質による汚染は拡大していく。

そして、人間の消えた街に猿がやって来て、代わりに暮らし始める。もう既に、このエリアに入って最初に見た光景は、猿の〝実効支配〟だった。

人の住めない場所に猿が出没し〝実効支配〟する風景

原発事故によって、ヒトの代わりに猿が街を闊歩《かっぽ》する。

猿の支配する世界――。猿によって人間が支配されるというストーリーの映画があった。「猿の惑星」という米国映画で、1968（昭和43）年に日本でも公開されている。有名なラストシーンが観るものに衝撃を与え、実はその場所が核戦争後の地球の姿であったことが明かされる。日本でもなじみのある映画だ。

ところが、この原作には裏話がある。原作者のフランスの小説家ピエール・ブールは、滞在中の仏領インドシナ（現・ベトナム）で、日本軍が欧米人を捕虜にしていく姿に、驚愕《きょうがく》と脅威を覚えたことをきっかけに、この作品を書き上げている。支配する者とされる側の立場が逆転する構図とテーマ。白人社会にとって支配の対象であるはずの有色人種、東洋人、それも日本人が白人を使役する。その変遷と恐怖。つまり、猿とは日本人のことを表している。

この映画が日本で公開されるとき、米国の配給会社は懸念したという。猿のモデルが自分たちであると知ったら、日本国民は反発するのではないか。普通は自分が猿扱いされたら怒る。それも、原子爆弾を落とされた国なのだから。

だが、日本人はこの映画を受け入れた。原爆を日本に落とした相手国の作品に。

そして喝采を送った。福島第1原発の原子炉が米国GE（ゼネラル・エレクトリック）社の設計であったように、原子炉を日本に提供した相手国の芸術に。


その東洋の猿が手にした原子力。それが、地震と津波という自然の猛威によって、暴走し、手に負えなくなった。爆発によって大気中に放射性物質を拡散させ、人の住めない場所を作った。そこに本物の猿が出没し、〝実効支配〟を始める。

人の慢心が招いた過ち。繰り返される歴史。

平成という時代に、日本人はもう一つの大きな震災を体験している。95年1月17日の阪神・淡路大震災だ。その直後に、私は神戸の被災地に入っている。そこで直下地震が街を破壊し、劫火《ごうか》が残骸を焼き尽くす現実を知った。

そればかりでなく、2001年9月11日の米国同時多発テロ直後のニューヨークにも入った。米国を敵視する異国人が、かつての日本の特攻に倣った「カミカゼ・アタック」で、自らの命と引き替えに都市を攻撃し、人を殺す歴史の繰り返しを見た。

そして、東日本の太平洋沿岸を巨大津波が襲うより、6年と2カ月半前のこと。

インド洋スマトラ島沖で発生したマグニチュード9・1の巨大地震は、インド洋に大津波を引き起こし、沿岸の諸国を襲った。04年12月26日のことだった。その直後にも、私は東南アジアの沿岸各地を回っている。

そこで生き残った人々が涙する姿は、のちに日本の東北地方太平洋沿岸を襲った津波のあとと、変わるものではなかった。家を失ったことを嘆き、家族や友人の命を奪った海を恨んだ。それまで、被災した地域の人々に体験や概念としてなかった津波という自然現象（災害）が、〝TSUNAMI〟として世界の共通語になったのも、このときのことになる。

そして、その現場を歩いて覚えたある衝撃。少なくとも戦後生まれの私にとって。

津波被害を受けたインドネシアやタイには、太平洋戦争で兵隊として南方に下り、終戦後も復員を拒んで現地にとどまった日本人と

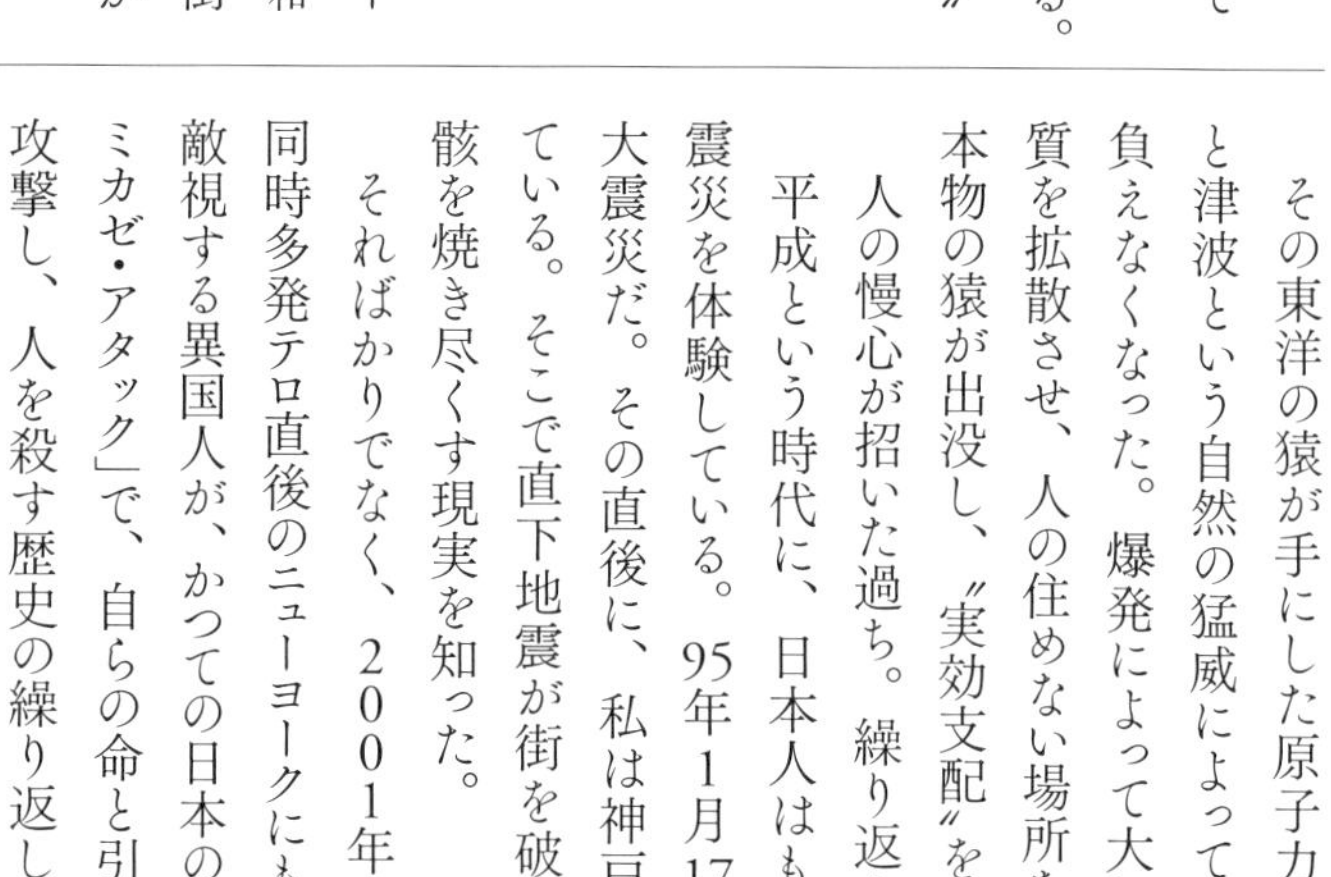

▶津波で住宅が流され、冠水した住宅地
…仙台市若林区　2011年3月12日

◀宮城県の南三陸町で捜索活動する消防隊員ら…2011年3月14日

▼爆発で原子炉建屋が破損した福島第1原発を公開…2011年11月12日＝代表撮影

その家族がいることを、その時に初めて知った。しかも、戦後60年が経とうといういまも生き続けている。

彼らは、終戦を知らなかったのではない。自らの意思で、祖国に帰ることを拒んだのだ。

その当時、東南アジアで存命だった元日本兵は、私の調べたところでは14人だった。タイに4人、インドネシアに9人、そしてベトナムに1人。

かつて仏領インドシナと呼ばれたフランス植民地のベトナムに残っていたのは、落合茂という老人だった。彼は開戦の日の1941(昭和16)年12月8日を平壌の高射砲部隊の所属で迎え、そのまま仏領インドシナに送られた。時間は前後するとしても、『猿の惑星』を書いたピエール・ブールにしてみたら、まさに〝猿〟そのものだった。

彼は終戦をハノイの飛行場で迎えていた。

その時、米軍の航空機からパラシュートで降下してくるジープという車を生まれて初めて見た。地上を走るのではなく、空を舞い降りてくるジープを見たのが初めてというのも珍しいが、その時の動揺を真っ先に語っていた。

「ジープなんていう車があることをこっちは知らないから、あれは吃驚《びっくり》した。あれを見て、これは戦争に負けるはずだと思ったですな、最初まずその時の第一印象が……」

黒縁の眼鏡に薄い口ひげをはやした老人は、「あの当時『神州不滅』を信じてやまなかった」と言った。

「負けたらどうなるのかとか、いわゆる捕虜になったらああなる、戦争に負けてこうなるとか、いまだったらわかるけど、あの当時はもう戦争に負けた、日本の国は終わったとしか思わなかったからね」

日本は戦争に負けるはずはない、そう信じていた。負けたあとの日本など想像もできなかった。

「それでまたしばらくしたら、広島、長崎に原爆が落ちて50年間草木も生えないとかね。もう日本はアメリカ軍が占領して処女は一人もいないとかね。そんな話ばかりですよ」

そして日本兵たちは、医務室から消毒用アルコールを持ち出してやけ酒を呷《あお》ったという。

国は滅びた。日本は消えたのだ。だから、帰る場所がない。そもそも「生きて帰って来るな」と言われて送り出されていた。戦争に負けて、生きては帰れないはずの場所だった。

「戦争に負けたらどんなものになるとか、捕虜はどんなものかって、何も勉強してない、教わりもしてない、分からないんだもの。しかも、日本が戦争に負けたというのは、初めての経験でしょう。今まで負けとれば前例があるけど、初めて負けたんだからね。日本の軍隊でも、将校なんかがもっと勉強しとったら、きちっとそういうことを我々兵隊に教えてくれりゃあよかったんだけど、そういうことを教えてくれる人は誰もいなかったしね」

戦陣訓にも「生きて虜囚《りょしゅう》の辱《はずかし》めを受けず」とあった。だから、帰れない。帰らない。帰る場所がない。

「そこへいくと、フランスは戦争の負け方がうまい」

見捨てられた街──「このままでは残った市民が飢え死にしてしまう」

国の歴史がそうさせたのだろう。欧州で国家間の戦争を繰り返し、アフリカ、アジアにおける植民地支配を推し進めてきたフランス。

明治以降、近代国家を自任しつつ、日清、日露と敗戦の経験を積まなかった東洋の島国。そこに負けるという概念はなかった。負けた時のことも考慮になかった。退路を断って臨んだ太平洋戦争。「神国日本」「神州不滅」のスローガンと神話に埋没し、神風の吹くことを信じた。

あの時の国民性が、そのまま原子力事業に滲《にじ》み出ている。

▶福島第1原発から
20キロ圏内の避難指示区域で
遺品に手を合わせる警察官
…福島県南相馬市 2011年4月7日

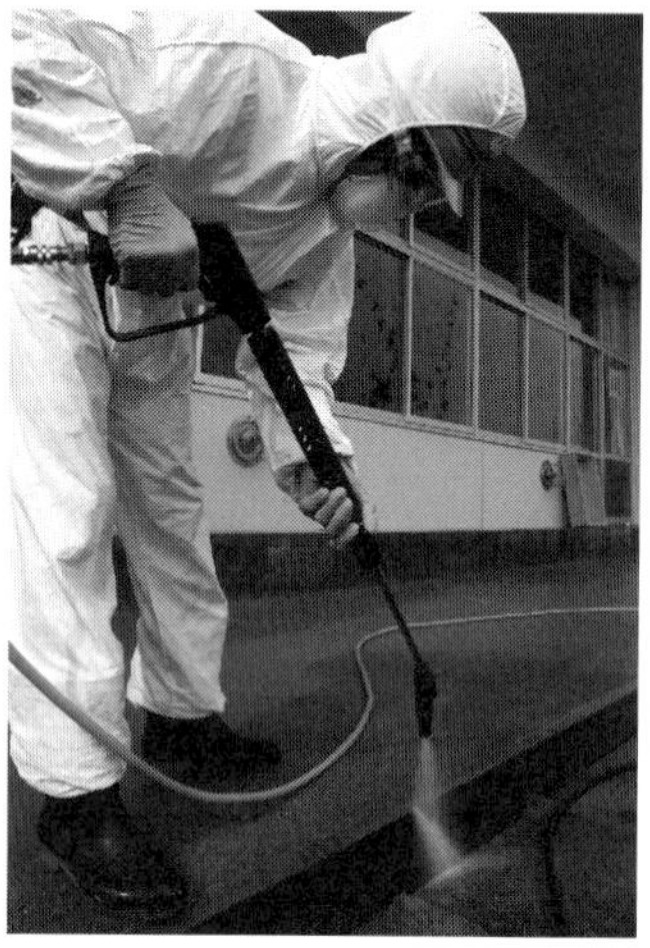

▼福島第1原発の事故で
小学校で除染する作業員
…福島県南相馬市 2011年8月12日

「原子力は安全です」「事故を起こすことは絶対にありません」。そんな言葉で表現された安全神話。

戦争に負けるはずがない。原発も事故は起こりません。安全です。予想を超えるような大津波もきませんよ。それで事故が起きたら、どうしようもなくなる。

退路を断っているから、負けた時にどうしていいかわからない。だから、兵を置き去りにしてしまった。安全と信じているから、事故が起きた時に、その場しのぎで成り行きに任せるしかない。住人も置き去り。事故後の対処を考えていないのだから。

そして、いつしか神風の吹くのを待つ。

闊歩する猿を見送りながら向かった福島県南相馬市。

原発から北に位置するこの街は、一部が避難区域に、市役所の所在地を含めた一部が屋内退避区域となった。

そこから始まる苦悩。

屋内退避で避難施設、家屋の中に閉じこもっていても、外部から支援物資が届かない。20キロ圏内とは違って、避難するほどの危険はないと、当時の菅直人首相は会見で述べていた。大気中の放射線量も県の対策本部のある福島市よりも低く、郡山市と同じレベルで推移している。だが、30キロ圏内ということだけで、疎開するように街を離れる人はいても、誰も支援の手を差し伸べようとしない。

物流を止めている。誰も食料を運んでくれない。ガソリンも灯油も入ってこない。見捨てられた街。

「このままでは残った市民が飢え死にしてしまう」

のちに、米タイム誌が選ぶこの年の「世界で最も影響力のある100人」のひとりに数えられることになる当時の桜井勝延市長は、すぐにネットとメディアを通じてその実情を喧伝《けんでん》してきた。マスコミはこぞってそれをまくし立てるが、記者すら現地に入ってこない。

確かにコンビニは看板の電気がともっていても、店はどこも閉鎖されたままだ。

行き交う車もなかった。動くものもない。

だが、信号だけは律義に赤から青、青から黄色への点灯を規則正しく続けている。

人の消えた街。

市立病院では、高齢社会を象徴するように、原発事故が起きても、約100人の高齢者が寝たきりでとどまっていた。

動けない入院患者をおいて、病院スタッフも逃げ出すわけにいかない。

「患者さんの転院先は全部決まっているんです。でも、移送の手段がない。誰も車を出してくれない。だから、患者さんを動かせない」

若い介護スタッフが言った。みんな20歳を過ぎた年ごろの女性たちが、簡単な防護服にマスクを着用して必死に働いている。

「私たちの家族も、みんな30キロ圏内から避難しています。私も家族といっしょに避難したいんだけど、患者さんを置いてはいけないし、だけど不安は募るし……」

彼女たちはホワイトボードに張り出されたスタッフ名簿の出勤表に丸印を付けていたが、そのほとんどは、地震発生の日から埋め尽くされていた。

「休みをとったところで、家には誰もいないし、屋内退避で行くところもないから、ずっと病院にいます。だから、結局、働き続けになっちゃう」

若い命が体を張って闘っていた。懸命だった。だが、そこに援助の手は差し伸べられない。みんなその姿を黙殺して、放置している。

いや、それだけではなかった。

「死体もそのまんま。1000体は下らないでしょうね。30キロの圏外だったら、いまでも捜索や回収をやって、復旧作業をやってますけど、ここでは消防や警察に捜索に行け、とは言えないんです」

▶通行止めにされた国道6号線
…福島県南相馬市
2011年4月7日

桜井市長は、沈痛な面持ちで言った。

地震で倒壊した建物、津波で流された家屋、車、船。そして、放置されたままの遺体。ひょっとしたら、家族が生きているかもしれない。

だが、原子炉建屋の相次ぐ爆発による避難指示の出された20キロ圏内では、高濃度の放射性物質に汚染される危険がある。

「だけど、家族は行くんです！　20キロ圏内でも、自分の家族を捜しに入って行く。私の知人にもいました。嫁さんと娘、それに両親が行方不明になって、ひとりで20キロ圏内に入って、遺体を見つけてきた人が……。海岸の地域には私の支持者、仲間が多かったのに、みんな行方がわからない……」

そういって目を真っ赤に、涙でいっぱいにした市長は、大きく息を吐き出しながら、両手を頭の後ろで組み、市長室の椅子の背にもたれかかった。

こみ上げるものを、そうやってどこかに追いやろうとする。その姿からは、明らかに疲労の色が見て取れた。

補給は絶たれ、捨て置かれる遺体「これは第2の敗戦ではないのか」

地震、津波、そして原発事故による複合被災。おそらくは人類が初めて体験するもの。そこに救いの手が差し伸べられない。福島第1原発の原子炉はコントロールを失い、運を天に任せるように終息するのを待つ。補給は絶たれ、遺体すら捨て置かれる。

あの時といっしょだ。

日本が焦土と化したあの時。

これは第2の敗戦ではないのか。

倒壊した建物と荒廃する街並み。再び被曝《ひばく》してしまった国土。

地図上に黒い染みを付けるように、人の住めない土地を生み出してしまった国策の誤り。

原子力は「夢のエネルギー」であったはずだった。

だが、震災から6年になろうという16年12月、政府は高速増殖原型炉「もんじゅ」の廃炉を決めた。

そもそも「夢の……」と呼ばれた高速増殖炉とは、発電をしながら消費した以上の核燃料を生成できる、すなわち半永久的にエネルギー供給が可能になる、核燃料サイクル構想を前提としたものだった。

これまで国はこの高速増殖炉に、建設費だけで1兆円を注ぎ込んできた。それでいて、稼働可能になった二十数年で実際に稼働したのは、わずかに250日だけ。しかもフル稼働には至っていない。

相次ぐ事故と杜撰《ずさん》な管理体制も露見し、実現可能性が遠のいたことと、国が事実上の政策転換を余儀なくされたことを意味する。

国内の原子炉も一時期はすべてが運転を停止した。再稼働に向けての審査基準も厳しくなり、安全対策には電力事業者のコスト負担が大きくのしかかる。廃炉も相次いでいる。

国策として進めてきた原発建設の輸出事業も、平成の終わりまでに計画中のものがすべて頓挫した。

そして、広島、長崎の原爆投下によって被爆者が後遺症で悩まされたように、原発事故による被曝と国民の健康への影響がこれから出てくる可能性は否定できないでいる。

福島県の「県民健康調査」によって見つかる子どもの甲状腺がんの多発。原発事故の影響によるものか、そうでないのか、専門家も交えて世論は大きくふたつに割れた。県は事故の影響を認めていない。だが、確実にがんによって甲状腺の手術を受ける子どもたちが多いことは、避けようのない現実なのだ。

日本は再び敗れたのである。自ら信じた神話に大きく裏切られて。

震災直後とそれからの現場を歩いてきた私には、そう思えてならない。

あおぬま　よういちろう……1968年、長野県生まれ。早稲田大学卒業。オウム真理教をはじめとする犯罪、事件、原発、食の安全などをテーマに精力的に取材したルポ作品を発表している。『フクシマ　カタストロフ　原発汚染と除染の真実』『オウム裁判傍笑記』『侵略する豚』など著書多数。

W杯女子サッカー「なでしこジャパン」奇跡の優勝

ノンフィクション作家
黒井克行

2011（平成23）年6月、決戦の地・ドイツに向けて旅立つなでしこジャパンの取材に成田空港へ駆け付けたのは、記者数人にカメラ数台だけだった。北京オリンピック（08年）でベスト4入りを果たしても、この数を見る限りほとんど期待されていたとは思えない。

だが、大会が進むにつれて様相は一変した。

「なでしこ」は決勝トーナメントにまで駒を進めた。ここまでならば戦前でも十分に予想できた。しかし、準々決勝の相手がいきなり優勝候補の地元ドイツとなれば、「もはやこれまで」と健闘をたたえ、メディアも世間も「なでしこ」のW杯への挑戦を「良し」としたであろう。

ところが、そのドイツとは善戦するどころか、延長戦にまでもつれ込みまさかの金星を挙げてしまったのだ。そのまま勢いは止まらず、続く準決勝でも格上のスウェーデンを相手に90分で退けてしまったのだから、日本中が盛り上がらないわけがない。そもそも、これほどまでの活躍を誰も予想していなかった。成田空港での見送り風景がそれを如実に物語っている。地上波もライブ中継も予定されていなかった民放は急きょ、地上波で生中継することになった。

「なでしこ」はいい意味で予想を裏切ってくれたわけだが、一体何があったのだろうか。

07年――。「なでしこ」はW杯で予選リーグを敗退したが、その後を受けて監督に就任した佐々木則夫に臆するところはまったくなかった。

「体格では劣るが、協調性がある」。日本人の長所を彼女たちにも認めながら、別の可能性をも感じていた佐々木は、それまで国際舞台で大きな成果を上げずにきたことについて、「自信のなさ」と指摘した。それに真面目さも加わってアダとなっていたと言う。たとえば、「女性は弱点を指摘され否定されると、萎縮して長所を発揮できなくなる」と佐々木は言う。

つまり、言われたことはきちんとこなすものの、「これでいいですか？」と周りの評価を気にし過ぎて、自分たちのプレーに自信を持てず自主性がない。試合となれば、局面に応じてとっさの判断が求められるサッカーでは、「ここぞ」という一瞬が勝負の分かれ目となるが、せっかくの力も発揮しきれずに終わってしまっていたというのだ。

「自信を持ってプレーをすることがサッカーにおける最高の戦術なんだ。それは自主性から生み出される」と佐々木は言っていた。

転機となったのは、北京オリンピックだった。ベスト4とメダルには届かなかったが、大きな自信となった。実はこれには伏線があった。その前に行われた東アジア選手権での対北朝鮮戦だ。反則スレスレのプレーを仕掛ける相手に「もっと前でスライディングをしてボールを奪いにいけ」との指示を受け、「なでしこ」は守備主導で試合に臨んだ。結果、双方スライディングの応酬の激しいゲームとなり、北朝鮮を数でも上回る徹底的なスライディングで、「なでしこ」が勝利した。彼女たちが目覚めた瞬間だった。

以降、「なでしこ」は自主的にミーティングを開き、チームが活性化していった。

「同じ目標に向かって歯車がかみ合った時、物凄い力を発揮する。団結力は男子の数倍だ」

佐々木の役割はその時々の戦力を見きわめ、試合でいかに最大のパフォーマンスを発揮できるようにマネジメントするかだった。その一つが、佐々木のオヤジギャグだ。佐々木は彼女たちから「監督」ではなく「ノリさん」「ノリオ」と呼ばれ、そこにスパイスを利かせたのがオヤジギャグ。お互い身構えず、最高の雰囲気が出来上がった。

11年W杯の決勝の相手は、対戦成績0勝21敗3分のアメリカだ。数字だけを見れば絶望的だった。「なでしこ」は決戦前、雑草だらけのグラウンドで女子サッカー苦難の時の先輩たちの映像を思い出し、奮い立った。自信を持って一つに団結した。


試合は延長にもつれこみ先制を許したが、終了直前まで自分たちを信じて戦い抜いた。その結果、キャプテン澤穂希の奇跡の同点ゴールが生まれた。PK戦では「自分がまさか蹴るとは思ってもいなかった」と言う熊谷紗希が指名され、最後のキッカーとしてゴールネットを揺らし優勝を決めた。

凱旋《がいせん》帰国を待ちわびる成田空港には報道陣だけで260人を数え、空港始まって以来の人で溢《あふ》れた。

（敬称略）

▲優勝トロフィーを掲げるなでしこジャパン
…ドイツ・フランクフルト　2011年7月17日

◀サッカー女子ワールドカップからの帰国
…東京都内　2011年7月

◀帰国会見でメダルを手に笑顔を見せる日本代表の澤穂希さん…2011年7月

くろい　かつゆき――1958年、北海道生まれ。早稲田大学第一文学部卒業後、出版社勤務を経てノンフィクション作家。人物ドキュメントやスポーツなどの執筆活動を展開。『指導者の条件』『男の引き際』『高橋尚子 夢はきっとかなう』など著書多数。

2011
平成23年

3月11日の東日本大震災による死者・行方不明者は2万人を超え、最大で47万人が避難所暮らしを余儀なくさせられた。さらに福島第1原発のメルトダウンによる放射性物質大量放出によって原発から20キロメートル圏内が立ち入り禁止区域とされ、9市町村約7万8000人が自宅からの退去を強いられた。「アラブの春」と呼ばれた中東の民主化運動、ニューヨークに始った反格差運動の欧米への広がりなど、既存の体制あるいは経済主導のグローバリズムへの異議申し立てが、インターネットを通じて広まる現象が世界的にみられた。欧州の債務危機により円高が進行。10月31日には1ドル＝75円32銭と戦後最高値を更新した。これにより輸出産業を中心に株価が下落。

出来事

◀大津波警報が発令され、走って逃げる人たち
…仙台市宮城野区　2011年3月11日

1・1◉大雪のため鳥取県で車約1000台が立ち往生、撤去に42時間。同県西部では係留中の小型漁船約200隻が沈没

1・8◉大阪・豊中市で60代姉妹の変死体発見。孤立死

1・10◉東京・目黒区の元会社役員夫妻が殺傷される

1・14◉菅直人再改造内閣が発足。官房長官・枝野幸男、法務大臣・江田五月、外務大臣・前原誠司、財務大臣・野田佳彦など

1・14◉チュニジアのベンアリ大統領、サウジアラビアに亡命

1・14◉イタリアのベルルスコーニ首相に少女売春の容疑で出頭命令

1・23◉東京・秋葉原の歩行者天国が2年7カ月ぶりに再開

1・27◉鹿児島、宮崎県境の新燃岳で52年ぶりに爆発的噴火

1・28◉エジプトでムバラク大統領批判のデモが警官隊と衝突

1・30◉東京ドームシティの小型コースターで乗客が転落死

2・2◉大相撲の現役十両力士らのメール記録から八百長疑惑発覚

2・4◉北海道で間伐作業中の男性がライフルで撃たれ死亡

2・7◉会員制温泉クラブ（岡本倶楽部）を巡る詐欺で元暴力団組員のグループ元オーナーら逮捕

2・11◉エジプトのムバラク大統領辞任

2・14◉イランでアフマディネジャド政権を批判する1万人がデモ

2・14◉バーレーンで反政府デモ始まる

2・15◉リビアで本格的な反体制デモが始まる

2・22◉ニュージーランドの地震で日本人28人を含む185人死亡

2・26◉大学入試問題がインターネット質問掲示板に投稿される

3・6◉前原誠司外相、政治資金規正法で禁じられている在日外国人から政治献金を受け取っていたことから辞任

3・6◉米国務省日本部長の沖縄に対する暴言が発覚

3・11◉三陸沖でマグニチュード9・0の巨大地震、最大震度7。大津波で三陸から関東沿岸に甚大な被害。死者・不明者約2万人

3・12◉未明に長野・新潟県境でM6・7の地震、長野県栄村で最大震度6強。死者3人、負傷者57人、家屋の全半壊約500棟

3・12◉東京電力福島第1原発1号機で炉心溶融、水素爆発、大量の放射性物質が大気中に放出

3・14◉東京電力が初の計画停電を開始

3・15◉静岡県東部でM6・4の地震、富士宮市で最大震度6強、負傷者75人、家屋の損壊約1100棟

3・15◉みずほ銀行で大規模システム障害発生

3・18◉東日本大震災の義援金詐欺未遂事件で初の逮捕

3・22◉シリアの民主化デモ拡大

3・23◉最高裁が09年衆院選で3倍未満の1票の格差を「違憲状態」と初判断。1人別枠方式は廃止すべきとした

3月◉福島第1原発事故から反原発デモ、行動が全国で始まる

4・1◉パナソニックが三洋電機とパナソニック電工を完全子会社化

4・1◉アフガニスタンでコーラン冒涜に起因する反米デモが暴徒化

4・6◉ポルトガルがEUに金融支援を要請。ユーロ安へ

4・10◉統一地方選前半戦。東京都知事選で石原慎太郎が4選

4・18◉栃木・鹿沼市でクレーン車暴走、集団登校の児童6人死亡

4・27◉焼き肉チェーン店で食中毒。病原性大腸菌O111で死者

◀押し寄せる津波
…宮城県名取市　2011年3月11日

◀流されながら燃え続ける家屋
…宮城県名取市　2011年3月11日

◀電力需給緊急対策会議に臨む菅直人首相（左から2人目）と（左から）枝野幸男官房長官、松本龍環境相、江田五月法相
…首相官邸　2011年3月13日

▼福島第1原発事故。4号機に生コンクリート圧送機で注水
…2011年3月22日　東京電力提供

4・29◉英王室のウィリアム王子結婚

5・1◉オバマ米大統領が緊急テレビ演説で、ウサマ・ビンラディンをパキスタンの潜伏先で殺害したと発表

5・6◉菅直人首相、中部電力・浜岡原発の停止を要請

5・12◉東京・立川市の警備会社で約6億円の強奪事件発生

5・14◉ニューヨーク市警がＩＭＦ専務理事を性的暴行容疑などで拘束

5・17◉住宅金融支援機構の元営業推進室長を収賄容疑で逮捕

5・24◉布川事件再審、桜井昌司と杉山卓男に対し無罪判決

5・25◉スイス政府、2034年までの脱原発を決定

5・27◉親による虐待から子供を守る改正民法が成立

5・27◉北海道のＪＲ石勝線トンネルで特急列車が炎上、39人負傷

5・27◉大畠国土交通相がリニア中央新幹線建設をＪＲ東海に指示

5・28◉エジプト政府がパレスチナ自治区ガザとの境界にある検問を解放。07年に封鎖して以来

5・30◉最高裁が「校長の君が代起立斉唱命令は合憲」と初判断

6・2◉野党3党が菅内閣不信任決議案を提出。反対多数で否決

6・3◉大阪府議会で全国初の「君が代起立条例」成立

6・13◉イタリアで原発の是非を問う国民投票実施。原発否定

6・17◉議員立法による「障害者虐待防止法」成立

6・17◉「コンピュータウイルス作成罪」創設の改正刑法成立

6・20◉震災・原発事故被害を対象とする復興基本法成立

6・23◉生体腎移植を巡る金銭授受で開業医(55)ら5人を逮捕

6・24◉大阪・平野区でストーカーが母娘を殺害

6・24◉埼玉県熊谷市で6月として史上最高となる39.8度を観測

6・28◉Ｂ型肝炎訴訟の原告・弁護団が和解の基本合意書に調印

6・30◉政府・与党、「消費税率を段階的に10％まで引き上げる」ことを柱とした「税と社会保障の一体改革案」を決定

▶自宅跡に立ち、黙祷する家族
…宮城県気仙沼市　2011年4月11日

6・30◉ドイツ連邦議会で22年までに全原発を停止することを盛り込んだ「脱原発」法案可決

7・1◉政府は東京電力、東北電力管内で電力制限令発動

7・3◉タイ総選挙で野党「タイ貢献党」が勝利。タクシン元首相の妹インラックがタイ初の女性首相に

7・6◉九州電力が原発再稼働に向けたやらせメールを発表、謝罪

7・8◉英・日曜大衆紙の組織的な盗聴で元編集幹部逮捕

7・9◉南スーダン共和国独立

7・15◉最高裁は賃貸住宅「更新料」を「有効」との初判断

7・22◉ノルウェーで連続テロ事件発生。計77人死亡

7・23◉中国浙江省の高速鉄道で追突、落下事故。死傷者200人超

7・24◉岩手、宮城、福島3県を除く44都道府県で、テレビのアナログ放送終了。地上デジタル放送に移行

7・30◉新潟、福島で豪雨により死者4人など被害甚大

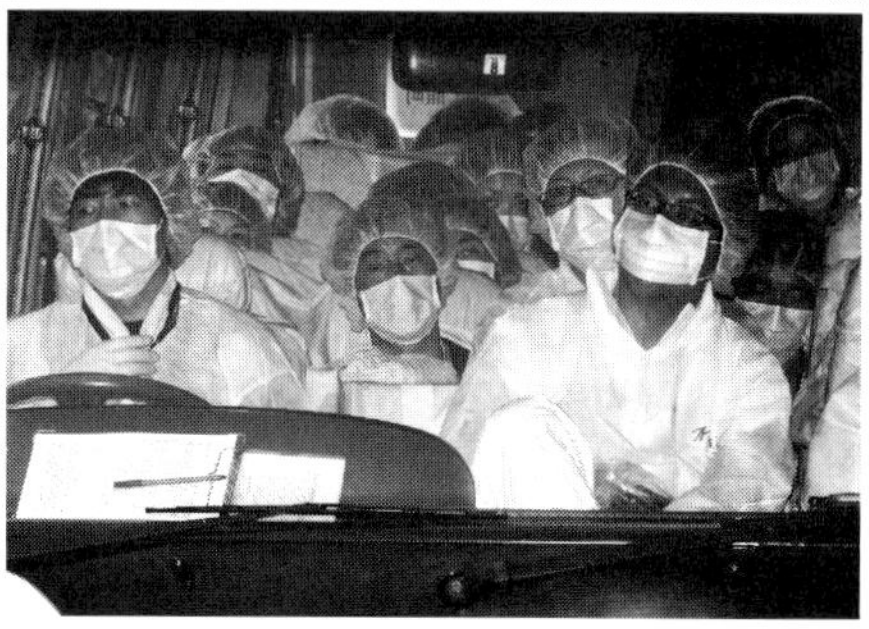

▶福島県大熊町の住民が一時帰宅。バスの中でスクリーニング検査を待つ参加者
…福島県田村市　2011年6月9日

8・4◉足立区の民家火災で3人死亡。死亡した女児の母親が放火

8・5◉米スタンダード・アンド・プアーズが米国債格下げ。円高に

8・15◉和牛オーナー制度で出資金を集めた安愚楽牧場倒産

8・17◉浜松市の天竜川で川下りの船が転覆、5人死亡

8・23◉リビア反体制派が首都を制圧、カダフィ政権は事実上崩壊

8・30◉菅内閣総辞職。衆参本会議は野田佳彦を首相に指名

8・31◉渋谷区のライブハウスで放火未遂、男を現行犯逮捕

9・2◉野田連立内閣発足。官房長官・藤村修、外務大臣・玄葉光一郎、財務大臣・安住淳、環境大臣・細野豪志など

9・3◉台風12号上陸で近畿・四国などで死者・行方不明者94人

▲川下り船が転覆した天竜川の河原
…静岡県浜松市
2011年8月17日

9・17◉米・ニューヨークで反格差デモ。以後、世界に拡大

9・18◉三菱重工の兵器、原発関連部署パソコン端末のウイルス感染判明。防衛情報の流出はなかったと発表

9・23◉パレスチナ自治政府は国連総会に加盟申請書を提出

9・27◉中国・上海市の地下鉄で追突事故。負傷者284人のうち日本人5人。原因は信号システム故障と、その対応ミス

10・18◉熊本市を20番目の政令指定都市とする閣議決定

10・20◉タイ大洪水で日系自動車工場が生産全面停止

10・20◉リビアのカダフィ大佐を反カダフィ派部隊が殺害

▶1ドル76円台に突入した為替相場
…東京・外為どっとコム
2011年8月3日

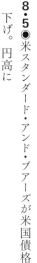

◀報道陣の質問に答える
吉田昌郎・福島第1原子力発電所長
…2011年11月12日

10・23◉トルコ東部でマグニチュード7・2の地震。死者約600人

10・25◉衆議院議員の公務用パソコンでウイルス感染判明

10・27◉ユーロ圏首脳会議がギリシャの債務危機対策に合意

10・31◉ユネスコはパレスチナを195カ国目の加盟国とする

10月◉国連人口基金が発表した「世界人口白書」2011年版で世界の人口が70億人を突破と推計

11・6◉東京・新宿区の木造アパート火災で、お年寄りら住人7人が死傷

11・6◉天皇が気管支炎で東大病院に入院。24日退院

11・8◉オリンパスは有価証券投資の巨額損失隠しを発表

11・11◉野田首相、環太平洋パートナーシップ協定(TPP)交渉参加の方針を表明

11・12◉イタリア・国会で財政緊縮策を盛り込んだ12年度予算案成立、ベルルスコーニ首相辞任。新首相に経済学者のマリオ・モンティを指名

11・15◉ブータン国王夫妻が国賓として来日

11・21◉オウム真理教の一連の事件を巡る公判が終結。計13人の死刑判決が確定

11・21◉復興と円高対策を盛り込んだ第3次補正予算成立

11・22◉大王製紙の創業者一族の前会長を特別背任で逮捕

11・24◉ブレーキがない競技用自転車「ピスト」走行で、東京の会社員を道交法違反罪で初の略式起訴。6000円の罰金

11・27◉大阪府知事、大阪市長の同日選投開票、知事に松井一郎、市長に橋下徹が当選

11・28◉東京・荒川区の路上で、近くの会社員男性が刺殺される。有力な情報がなく、公的懸賞金300万円の対象事件に

11・29◉米・アメリカン航空が破綻、連邦破産法適用を申請

11・30◉震災復興財源確保のための所得税など臨時増税法成立

11・30◉「年金たまご」と称するねずみ講式集金で会社元社長逮捕

12・6◉柔道の五輪金メダリストを準強姦容疑で逮捕

12・9◉東日本大震災の復興司令塔となる復興庁設置法成立

12・14◉オバマ米大統領がイラク戦争の終結を宣言。「勝利宣言」はなかった。18日、イラク駐留米軍の撤退完了

12・16◉野田佳彦首相「福島第1原発事故収束」を宣言

12・17◉朝鮮民主主義人民共和国の金正日総書記が死去

12・23◉政府は群馬県八ッ場ダムの建設再開を正式に決定

12・31◉指名手配されていたオウム真理教元幹部が警視庁に出頭

話題

東日本大震災の余震が続く中、政府の震災および福島第1原発崩壊への対応は混乱を極めた。

【暴言、放言、失言、妄言】

11・28◉沖縄防衛局・田中聡総局長が非公式の懇談会で、「犯す前に犯しますよと言いますか」と発言。

【へぇ〜】

6・24◉埼玉県熊谷市で6月としては史上最高の39・8度を観測

11・17◉英国ギネス社は東京スカイツリーを「世界一高いタワー」と認定

【流行語】

なでしこジャパン/絆/スマホ/こだまでしょうか/ラブ注入/年の差婚

【流行】

スーパークールビズ/シェイプアップ効果をうたうスニーカー・トーニングシューズ/ポンチョ

【新商品・ヒット商品】

スマートフォン/タブレット型情報端末/LED電球/扇風機/自転車/太陽光発電/ポン酢ジュレ/日清カップヌードルごはん/ニンテンドー3DS

【誕生】

3・5◉東北新幹線の新型車両E5系「はやぶさ」デビュー。東京―新青森間は最速3時間10分に

3・12◉九州新幹線、博多―鹿児島中央間の全線開通

5・4◉JR大阪駅北地区の再開発、大阪ステーションシティ開業

9・3◉神奈川・川崎市に藤子・F・不二雄ミュージアムオープン

【さよなら】

12・19◉テレビ時代劇「水戸黄門」(TBS)が最終回スペシャルで42年の歴史に幕

雑誌＝「ぴあ首都圏版」「スーパージャンプ」「たまひよこっこクラブ」「月刊消費者」

▶サッカー女子W杯で優勝したなでしこジャパン
…ドイツ・フランクフルト　2011年7月17日
©共同通信

【スポーツ】

1・22◉大相撲初場所で横綱・白鵬が大鵬に並ぶ6連覇を達成
1・23◉全日本卓球選手権男子シングルスで水谷隼が初の5連覇
2・11◉世界ボクシング評議会（WBC）ミニマム級で井岡一翔が日本選手で最短となるプロ7戦目での世界王座獲得
3・26◉競馬世界最高賞金競走のドバイW杯でヴィクトワールピサが日本馬として初優勝
4・10◉ゴルフ、マスターズで19歳の松山英樹が日本人初のベストアマに
4・30◉フィギュアスケート世界選手権女子シングルで安藤美姫が4年ぶり2回目の優勝
6・15◉マリナーズのイチローが日米通算600盗塁に到達
6・22◉第69期名人戦は森内俊之九段が4期ぶりに名人位獲得
7・14◉大関・魁皇が歴代単独最多の通算1046勝を達成
7・15◉女子ゴルフ・スタンレーレディースで有村智恵が国内男女ツアー初のアルバトロス、ホールインワン同時達成
7・17◉サッカー女子ワールドカップ（独大会）で日本代表が初優勝

▶世界一速いスーパーコンピューター「京」
…神戸市中央区 2011年6月21日

7・20◉アスレチックス・松井秀喜が日米通算500本塁打を達成
8・29◉陸上世界選手権（韓国・大邱）男子ハンマー投げで室伏広治が金メダルを獲得
8・31◉WBAスーパーフライ級で清水智信が王座を奪取
9・3◉中日・岩瀬仁紀が前人未到の300セーブ達成
10・23◉中央競馬菊花賞で、皐月賞、ダービーを制したオルフェーヴルが史上7頭目のクラシック3冠達成
10・14◉体操W杯男子個人総合で内村航平が史上初の3連覇
10・24◉WBAミニマム級で八重樫東がチャンピオンに
11・4◉横浜ベイスターズがTBSホールディングスからディー・エヌ・エー（DeNA）へ売却されることが正式に発表される
11・6◉WBCバンタム級で山中慎介が王座奪取
11・11◉巨人球団代表が不当な人事介入で球団会長を内部告発
11・20◉プロ野球日本シリーズ、福岡ソフトバンクが優勝。福岡ソフトバンク4−3中日

【科学・学術】

1・22◉無人補給機HTV2号「こうのとり」搭載の国産ロケット「H2B」2号機打ち上げ。28日に国際宇宙ステーションと結合完了
2・1◉東大大気海洋研究所などのチームがマリアナ諸島沖の水深200mで、天然のニホンウナギの卵を初めて発見
4・13◉国内初の15歳未満の法的脳死判定により臓器摘出・移植
5・25◉福岡県出身の山本作兵衛の炭鉱記録画および記録文書がユネスコの世界記憶遺産に登録。記憶遺産は日本初
6・8◉宇宙飛行士の古川聡がロシア宇宙船ソユーズで国際宇宙ステーションに出発。約5カ月半滞在し11月22日に帰還
6・20◉次世代スーパーコンピュータ「京」が演算速度世界1位に
6・29◉国際教育科学文化機関（ユネスコ）は「小笠原諸島」を世界自然遺産に、「平泉」を世界文化遺産に登録
7・21◉最後のスペースシャトル「アトランティス」がフロリダ州に着陸
9・18◉世界ジオパークに高知県の「室戸」地域認定
9・21◉福岡の元岡古墳群で、干支で570年を意味する「庚寅」と刻まれた大刀発見。13年1月、同時代で4例目の金象嵌と判明
12・10◉日本で11年5カ月ぶりに全経過を観測できる皆既月食
12・12◉政府の情報収集衛星を搭載したH2Aロケット打ち上げ

▲上海でのコンサートに出演したAKB48
…上海市内　2011年9月24日

▼NHK紅白歌合戦への出場が決まった芦田愛菜ちゃん（右）と鈴木福君
…東京・NHK放送センター　2011年11月30日

【文化・芸術・芸能】

6・21◉東日本大震災発生直後から震災支援活動を行ってきたレディ・ガガ来日。10日間滞在して復興イベントなどに参加
8・23◉島田紳助が暴力団関係者と交際関係があったとし、引退
9・10◉ベネチア映画祭で「ヒミズ」（園子園監督）に主演した染谷将

太(19)、二階堂ふみ(16)が新人俳優賞受賞

◆ドラマやCMで芦田愛菜、鈴木福をはじめとする子役ブーム

【音楽】

AKB48「フライングゲット」「Everyday カチューシャ」／嵐「Lotus」／薫と友樹、たまにムック。「マル・マル・モリ・モリ!」／SKE48「パレオはエメラルド」／Kis-My-Ft2「Everybody Go」／チーム・アミューズ「Let's try again」／チャン・グンソク「Let me cry」

▶「体脂肪計タニタの社員食堂」(大和書房)

【映画】

外国映画『ソーシャル・ネットワーク』米 監 デビッド・フィンチャー 演 ジェシー・アイゼンバーグ／『英国王のスピーチ』英・豪 監 トム・フーパー 演 コリン・ファース／『ブラック・スワン』米 監 ダーレン・アロノフスキー 演 ナタリー・ポートマン／『無言歌』香港・仏・ベルギー 監 ワン・ビン 演 ルウ・イエ、シュー・ツェンツー／『ハリー・ポッターと死の秘宝 Part1・2』米 監 デヴィッド・イェーツ 演 ダニエル・ラドクリフ

日本映画『大鹿村騒動記』(「大鹿村騒動記」製作委員会) 監 阪本順治 演 原田芳雄、大楠道代／『冷たい熱帯魚』(日活) 監 園子温 演 吹越満、でんでん／『まほろ駅前多田便利軒』(「まほろ駅前多田便利軒」製作委員会) 監 大森立嗣 演 瑛太、松田龍平／『八日目の蟬』(映画「八日目の蟬」製作委員会) 監 成島出 演 井上真央、永作博美／『コクリコ坂から』(スタジオジブリほか) 監 宮崎吾朗

【出版・文芸】

東川篤哉『謎解きはディナーのあとで』／タニタ『体脂肪計タニタの社員食堂』／長谷部誠『心を整える。』／伊集院静『大人の流儀』／西村賢太『苦役列車』(芥川賞)／朝吹真理子『きことわ』(芥川賞)／金原ひとみ『マザーズ』／津村節子『紅梅』／川上弘美『神様 2011』／高橋源一郎『恋する原発』／多和田洋子『雪の練習生』／古川日出男『馬たちよ、それでも光は無垢で』

◀小松左京

◀北杜夫

◀原田芳雄

◀立川談志

【漫画】

アダチケイジ、原作・森高夕次「グラゼニ」(週刊モーニング)／松田洋子「ママゴト」(月刊コミックビーム)／岡本健太郎「山賊ダイアリー」(イブニング)／橘賢一、原作・貴家悠「テラフォーマーズ」(ミラクルジャンプ)／アルコ、原作・河原和音「俺物語!!」(別冊マーガレット)／竹内友「ボールルームへようこそ」(月刊少年マガジン)／田中相「千年万年りんごの子」(ITAN)／しりあがり寿「あの日からのマンガ」(単行本)／田中相「地上はポケットの中の庭」(単行本)

【テレビ】

「家政婦のミタ」日本テレビ／「マルモのおきて」フジテレビ／「カーネーション」NHK／「妖怪人間ベム」日本テレビ

【CM】

東日本大震災の発生直後から民放各局はCMをカットする特別態勢で報道番組を流した。その後も自動車業界を中心にスポンサーが予定していたCM出稿を自粛するケースが多発し、各局はACジャパン(公共広告機構)の公共広告に差し替えた。公共広告の一つで採用された金子みすゞの詩「こだまでしょうか」が流行語にもなった。「あいさつ魔法編」(ACジャパン)／「消臭力 唄う男の子:ミゲル編」(エステー)／「MOVE VS所長 展開編」(ダイハツ工業)／「ニンテンドー3DS 大野智と松本潤:体験中・カメラ編」(任天堂)

冥友録

1・3◉**猿谷要**(87歳)アメリカ史研究者／1・3◉**中村富十郎**(81歳)歌舞伎役者、人間国宝／1・8◉**横沢彪**(73歳)テレビプロデューサー／1・14◉**和田勉**(80歳)演出家／2・28◉**与那嶺要**(85歳)元プロ野球選手、監督／3・10◉**坂上二郎**(76歳)コメディアン、俳優／3・23◉**エリザベス・テーラー**(79歳)米・女優／3・30◉**佐藤忠良**(98歳)彫刻家／4・9◉**シドニー・ルメット**(86歳)米・映画監督／4・23◉**大賀典雄**(81歳)ソニー元社長・会長、音楽家／5・6◉**団鬼六**(79歳)作家／5・16◉**児玉清**(77歳)俳優／6・23◉**ピーター・フォーク**(83歳)米・俳優「刑事コロンボ」／7・10◉**ローラン・プティ**(87歳)仏・バレーダンサー／7・19◉**原田芳雄**(71歳)俳優／7・26◉**小松左京**(80歳)作家／7・27◉**伊良部秀輝**(42歳)大リーグ投手／8・5◉**前田武彦**(82歳)放送作家、司会者／8・7◉**ジョー中山**(64歳)ロックシンガー／9・23◉**五十嵐喜芳**(83歳)テノール歌手／9・23◉**アキコ・カンダ**(75歳)現代舞踊家／9・25◉**ワンガリ・マータイ**(71歳)ケニア・環境保護活動家、ノーベル平和賞受賞者／10・5◉**スティーブ・ジョブズ**(56歳)米・アップル創業者／10・10◉**中村芝翫**(83歳)歌舞伎女形、人間国宝／10・10◉**柳ジョージ**(63歳)ロック歌手／10・24◉**北杜夫**(84歳)作家／11・21◉**立川談志**(75歳)落語家、元参院議員／11・25◉**西本幸雄**(91歳)元プロ野球選手、監督／12・10◉**市川森一**(70歳)脚本家、劇作家／12・20◉**森田芳光**(61歳)映画監督／12・28◉**杉原輝雄**(74歳)プロゴルファー

2012
平成24年

福島第1原発事故の刑事責任を問い、福島県民1324人が東京電力の幹部や国の責任者らを告訴・告発。国内の全原発稼働停止は56日間で終了。国会の事故調査委員会は、根源的な原因は「『人災』である」と断定。沖縄でオスプレイ配備撤回の県民集会。尖閣諸島を国有化。京大・iPS細胞研究所所長の山中伸弥教授にノーベル医学生理学賞。衆院選で自民党が圧勝、自公連立の第2次安倍内閣組閣

▼普天間飛行場に着陸するオスプレイ
…沖縄県宜野湾市で 2012年10月1日

出来事

◀オリンパス巨額損失隠し。解任されたマイケル・ウッドフォード元社長会見
…2012年1月6日

1・1◉元オウム真理教幹部の平田信が前日夜、東京・丸の内署に出頭。1日、監禁致死容疑で逮捕

1・13◉野田改造内閣が発足。岡田克也民主党最高顧問が副総理兼一体改革・行革担当相に就任

1・13◉イタリア豪華客船がトスカーナ沖で座礁。死者・行方不明32人。乗客残し避難した船長拘束

1・14◉台湾総統選で馬英九総統が再選

1・19◉米コダックが経営破綻、破産法適用を申請。デジタル時代に対応できず

2・1◉シャープ、3月期最終2900億円の赤字見通し。液晶不振で過去最大

2・7◉岡山県倉敷市のJX日鉱日石エネルギー水島製油所の海底トンネル掘削工事現場に海水が流入。作業員5人が死亡

2・10◉東日本大震災の復興政策を統括する復興庁が発足

2・16◉東京地検特捜部は、オリンパス前会長の菊川剛容疑者ら旧経営陣らを金融商品取引法違反容疑で逮捕

2・18◉天皇陛下が東大病院で冠動脈バイパス手術

2・20◉山口県光市で1999年に母子を殺害した元少年の差し戻し上告審で、最高裁は上告を棄却。3月14日付で死刑が確定

2・24◉金融庁が「AIJ投資顧問」に業務停止命令。預託の企業年金2000億円消失

2・27◉半導体大手エルピーダメモリが会社更生法の適用を申請。負債4480億円

2・27◉福島原発事故独立検証委員会(民間事故調)が菅直人前首相らの事故対応を批判した報告書を公表

3・1◉国内初の格安航空会社(LCC)「ピーチ・アビエーション」が運航開始

3・25◉柏崎刈羽原発6号機が定期検査に入り、東電の原発17基がすべて停止に

3・26◉全村が放射能汚染地域となっていた福島県川内村役場が元庁舎で業務再開。村民3000人のうち在村約230人

3・27◉シャープと台湾・鴻海精密工業が提携を発表

4・1◉中学校の新学習指導要領でダンスと武道が必修化

4・11◉金正恩氏が北朝鮮・朝鮮労働党の第1書記に就任。13日に国防委員会第1委員長に就任

4・12◉京都市東山区で軽ワゴン車が暴走、歩行者ら7人が死亡、12人が重軽傷。運転の男も死亡、持病のてんかん発作か

4・13◉首都圏連続不審死事件の裁判員裁判で、さいたま地裁は木嶋佳苗被告に求刑通り死刑判決

4・16◉訪米中の石原都知事が尖閣諸島(沖縄県石垣市)の所有者と合意したと購入意思を表明

4・22◉新潟県佐渡市で放鳥トキにひなが誕生。国内の自然界で36年ぶり

4・23◉京都府亀岡市で、集団登校中の児童に軽乗用車が突っ込み、小学2年の女児ら3人が死亡、7人が重軽傷

4・26◉「陸山会」を巡り、政治資金規正法違反で起訴された小沢一郎民主党元代表に東京地裁は無罪判決。11月12日に東京高裁が控訴を棄却、19日に無罪判決が確定

4・29◉群馬県の関越自動車道で、高速ツアーバスが防音壁に衝突し7人死亡

5・5◉北海道電力泊原発3号機が定期検査入り。6日に原子炉が完全に停止し、国内の原発が全て停止

5・6◉フランス大統領にフランソワ・オランド社会党前第1書記がサルコジ大統領を破り当選

5・6◉茨城、栃木などに竜巻が頻発し、死者1名、負傷者約30名。6月、史上最強クラスの「F3」と認定

5・18◉消費者庁がゲーム「コンプガチャ」を景品表示法違反と判断。各ゲーム会社は終了方針を発表

5・18◉英エリザベス女王即位60周年。昼食、晩餐会に天皇、皇后両陛下出席

◀海水が流入した海底トンネル掘削工事現場
…岡山県倉敷市　2012年2月7日

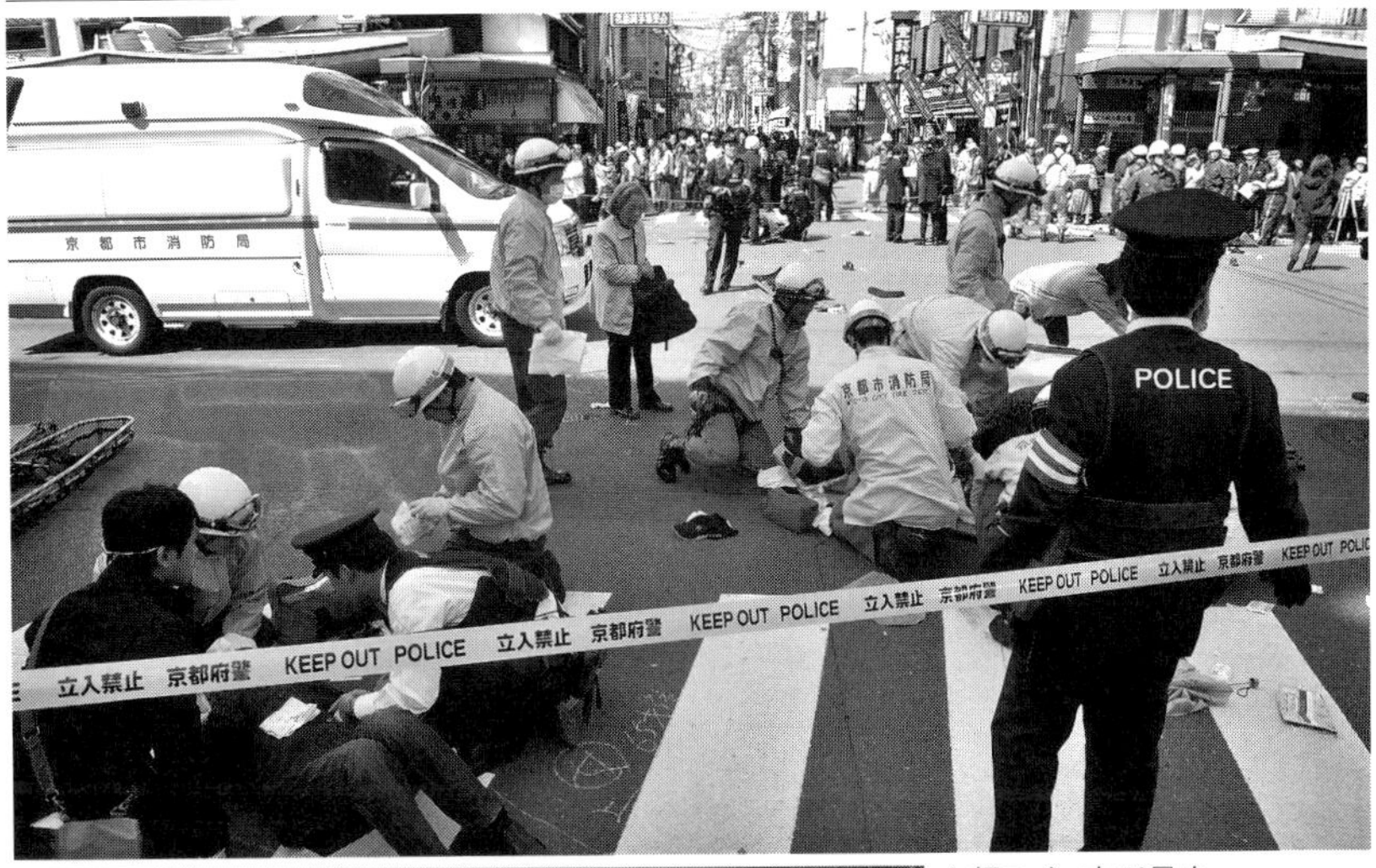

▲軽ワゴン車が暴走、路上に倒れた負傷者を救護する消防隊員ら
…京都市東山区　2012年4月12日

5・19◉利根川水系の浄水場で基準値超のホルムアルデヒド検出、広域で断水。高崎市の産廃処理業者が廃液の処理水を排出

5・19◉大阪市の印刷会社で元従業員5人が胆管がんを発症、4人が死亡が調査で判明。印刷機の洗浄剤が原因か

5・21◉午前7時半ごろ、日本列島太平洋側の広範囲で金環日食を観測。東京は173年ぶり

5・22◉高さ634メートル、世界一の自立式電波塔、東京スカイツリーが開業

6・1◉職歴情報漏えいで愛知県警がハローワーク横浜の非常勤職員を逮捕。他の個人情報漏えいも摘発し、長野県警警察官や関東運輸局職員ら計30人以上を逮捕

◀防音壁にぶつかって大破した高速ツアーバス
…群馬・関越自動車道藤岡ジャンクション付近　2012年4月29日

6・2◉民主化要求デモ参加者殺害指示などで、ホスニ・ムバラク前エジプト大統領に終身刑の判決

6・3◉警視庁は元オウム真理教信者、菊地直子容疑者を殺人容疑などで逮捕

6・4◉野田再改造内閣が発足。防衛相は民間から初の森本敏拓殖大学大学院教授

6・6◉「ヒゲの殿下」で親しまれた寛仁さま逝去。66歳。障がい者福祉に尽力

6・7◉東電女性社員殺害事件(97年)で、ネパール国籍のゴビンダ・マイナリ被告の再審決定。新たなDNA鑑定で現場に「第三者」が存在。マイナリ被告は同日釈放

6・11◉福島第1原発事故の刑事責任を問い、東京電力の幹部や国の機関の責任者らを福島県民1324人が告訴・告発。11月には史上最多の1万人余が第2次告訴

6・15◉地下鉄サリン事件などで手配の元オウム真理教信者、高橋克也を東京の漫画喫茶で発見。殺人容疑などで逮捕

6・20◉国連持続可能な開発会議(リオ＋20)開催。「環境と開発に関するリオ宣言」と「アジェンダ21」を採択

6・26◉シリアのアサド大統領が「戦争状態」宣言。全土で交戦が一気に激化

6・29◉日本麻酔科学会は、東邦大元准教授が執筆した論文212本のうち少なくとも172本にデータ捏造の不正があったと発表

7・1◉再生可能エネルギーの固定価格買い取り制度が始まる

7・1◉午後9時、大飯原発3号機を起動、5日より発送電開始。「稼働原発ゼロ」状態は56日で終了

▼漏斗状の竜巻が筑波東中学校校舎に襲来
…茨城県つくば市　2012年5月6日　永瀬敏夫撮影

▼竜巻で大きな被害を受けた雇用促進住宅
…茨城県つくば市　2012年5月7日

▶東京スカイツリー開業…東京都台東区　2012年5月22日

7・2◉小沢元代表ら50人が民主党に離党届を提出。「反増税・反原発」路線へ

7・5◉東京電力福島第1原発の事故原因などを調べてきた国会の事故調査委員会は、根源的な原因は「『人災』である」と断定

7・11◉滋賀県・大津市中2男子生徒自殺で滋賀県警が強制捜査。18日、被害者父親が加害者生徒を刑事告訴

7・14◉九州北部地方に豪雨災害をもたらした梅雨前線で約43万人に避難指示・勧告。気象庁は15日に「九州北部豪雨」と命名。

7・16◉東京・代々木公園で「さようなら原発10万人集会」。主催者発表で約17万人が参加

7・27◉ロンドンで夏季オリンピック大会が開幕。日本は計38個のメダルを獲得

7・31◉政府が東電に1兆円の資本注入。実質国有化完了

8・10◉韓国の李明博大統領が島根県の竹島にヘリコプターで上陸、韓国領と発言

8・14◉李明博大統領が天皇謝罪要求。日本政府は駐韓大使の一時的な帰国措置

8・15◉尖閣諸島魚釣島に香港から漁船で乗り付けた7人が不法上陸。入管法違反で14人を現行犯逮捕

8・20◉シリアで取材中のジャーナリスト、山本美香さんが戦闘に巻き込まれ死亡

8・22◉ロシアがWTOに正式加盟

8・29◉金正恩体制下で初の日朝政府間協議4年ぶり再開。日本は拉致問題提起

9・9◉沖縄・宜野湾市でオスプレイ配備撤回の県民集会。主催者発表で約10万人参加

9・10◉松下忠洋金融・郵政担当相が自宅で自殺。妻と野田首相、藤村官房長官宛て3通の遺書

9・11◉政府は尖閣諸島の魚釣島、南小島、北小島の3島を国有化。中国各地で抗議デモ

9・11◉リビア東部・ベンガジの米領事館を武装集団が襲撃、駐リビア大使ら死亡

9・14◉2030年代原発ゼロを目標にした革新的エネルギー・環境戦略を決定

9・14◉100歳以上が5万人突破。女性87・3%。10万人当たり割合1位は高知県

9・15◉中国で尖閣反日デモ拡大。一部暴徒化し日系企業や店舗に乱入、略奪

9・19◉原子力の安全規制を担う「原子力規制委員会」が発足。委員長に元原子力委員会委員長代理の田中俊一氏

9・19◉日本航空が東証1部に再上場。初値は3810円

9・25◉中国が初の空母「遼寧」を配備。11月には南シナ海を航行

9・26◉自民党総裁に安倍晋三元首相を選出

9・28◉橋下徹大阪市長が率いる国政政党「日本維新の会」が発足

10・1◉野田第3次改造内閣。国家戦略相に前原誠司氏、文科相に田中真紀子氏

10・3◉秋田・鮎川油ガス田でシェールオイル採取に成功。県全体埋蔵量1億バレル

10・6◉沖縄・普天間基地へのオスプレイ12機配備完了。本格運用へ

10・8◉京大iPS細胞研究所所長の山中伸弥教授のノーベル医学生理学賞受賞が決定

10・10◉連結子会社から計55億円余を無担保で借り入れた特別背任事件で、東京地裁は大王製紙の前会長、井川意高に懲役4年の判決

10・10◉ウイルス感染したパソコンなどから犯罪予告

▼シャープ堺工場…大阪府堺市　2012年6月24日

▲オスプレイ配備撤回要求の県民集会…沖縄県宜野湾市　2012年9月9日

▶脱原発を訴えるデモ行進…東京都中央区　2012年10月13日

◁党首討論に臨んだ野田首相（右）と安倍自民党総裁
…国会内　2012年11月14日

が書き込まれたPC遠隔操作事件。PCウイルス問題を放送中のTBSラジオに犯行声明メール、欧州サーバー経由で関与13件と記述

10・11◉中国人作家、莫言氏のノーベル文学賞受賞が決定。12日には、欧州連合（EU）へのノーベル平和賞授与が決定。

10・14◉昨年11月に発覚した尼崎ドラム缶遺体事件が急展開、同市の民家から複数遺体発見

10・17◉「1票の格差」が最大5・00倍だった2010年7月の参院選無効を求めた上告審で、最高裁大法廷は違憲状態と判断

10・21◉PC遠隔操作事件で、警視庁、大阪府警、神奈川、三重両県警に威力業務妨害などで4人が逮捕されていたが、この日までにそれぞれ誤認逮捕を認め、謝罪

10・23◉田中慶秋法相が献金・暴力団交際問題で辞任

10・25◉石原慎太郎東京都知事が知事辞職を表明。12月4日公示の衆院選に立候補

10・29◉ハリケーン「サンディ」が米・東海岸を直撃。オバマ大統領が東部各州に非常事態宣言、NY証券取引所が2日間休場

▲党首討論で解散を表明した野田佳彦首相
…国会内　2012年11月14日

11・1◉家電各社の収支悪化。パナソニックは7650億円の赤字に大幅下方修正、シャープの赤字が4500億円に拡大。ソニーの9月中間も401億円の赤字

11・4◉中国の「万里の長城」付近で強風と雪のため日本人観光客3人が死亡

11・6◉米大統領選でオバマ氏が再選

11・7◉1997年の東京電力女性社員殺害事件で、ゴビンダ・マイナリさんの再審控訴審判決で、東京高裁は無罪判決

11・7◉兵庫県尼崎市の連続変死事件で、角田美代子ら8人を死体遺棄容疑で逮捕。12月12日、角田容疑者が兵庫県警本部の留置場で自殺しているのが発見された

11・14◉野田佳彦首相は党首討論で、16日に衆院を解散すると表明

11・14◉イスラエルがパレスチナ自治区ガザ地区を空爆、ハマス軍事部門トップを殺害。21日に停戦合意

◁ノーベル医学生理学賞を受賞した山中伸弥京都大教授
…ストックホルム　2012年12月10日　代表撮影

11・15◉中国共産党は習近平国家副主席を党総書記に選出

11・17◉新党・太陽の党が日本維新の会に合流、石原新代表、橋下代表代行に

11・29◉国連総会はパレスチナ「国家」格上げ決議案を採択。賛成138反対9棄権41

12・2◉山梨県大月市の中央道トンネルで天井板崩落事故。9人死亡

12・10◉福井県の敦賀原発敷地内の断層を原子力規制委調査団が活断層と認定。20日には東北電力東通原発（青森県）の断層も活断層と認定

12・12◉北朝鮮が長距離弾道ミサイルと同技術の人工衛星を発射。搭載物が軌道に

12・12◉2008年の京都府舞鶴市の女子高生殺害事件で、大阪高裁は中勝美被告に逆転無罪を言い渡し、同日釈放

12・14◉米・コネチカット州で20歳男が小学校で銃乱射、子供・教職員26人射殺

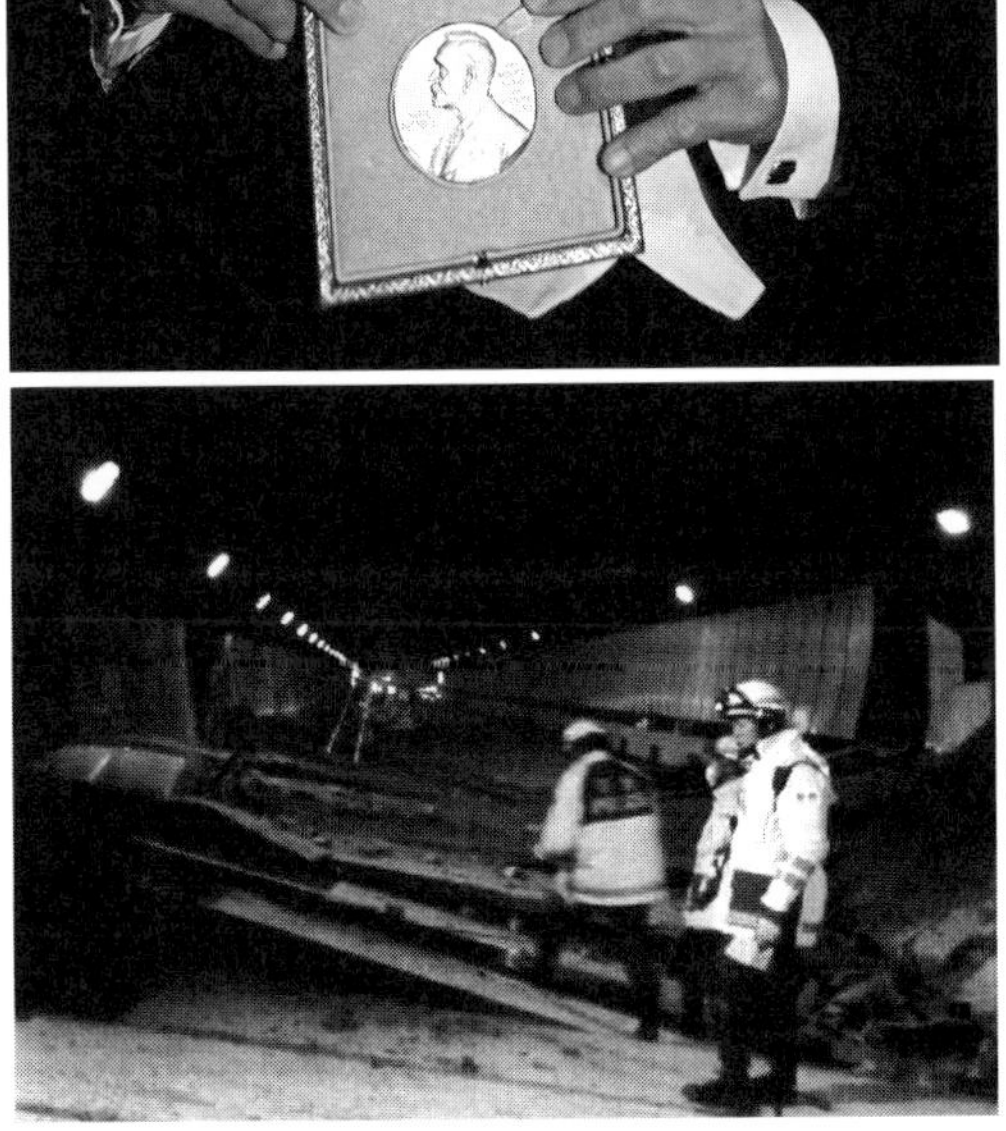

◁中央道トンネルで天井板崩落事故。崩落した上り線・笹子トンネルの内部
…山梨県大月市　2012年12月2日

12・16◉衆院選で自民党が圧勝。自民118議席から294、民主230から57と惨敗。投票率は戦後最低の59・32%

12・16◉東京都知事に猪瀬直樹副知事が433万票超の記録的圧勝で当選

12・19◉韓国大統領に朴正熙元大統領の長女、朴槿恵氏が当選。韓国史上初の女性大統領

12・26◉安倍晋三元首相が首相に就任し、公明党との連立政権、第2次安倍内閣を組閣。民主党は25日、海江田万里元経済産業相が新代表に

12・27◉大津市で2011年10月、中学2年の男子生徒が自殺した問題で、滋賀県警は、同級生2人を暴行などの容疑で大津地検に書類送検

話題

【流行語】

ワイルドだろぉ／iPS細胞／維新／LCC／手ぶらで帰らせるわけにはいかない／爆弾低気圧／原発ゼロ／塩こうじ／これまでに経験したことのないような大雨／美魔女

【流行】

「東京スカイツリー」／「東京駅丸の内駅舎」／「渋谷ヒカリエ」／街コン／B級グルメ／一人カラオケ／お掃除ロボット／「Wii U」／「Windows8」／ゆるキャラ

【新商品・ヒット商品】

スマートフォン／「LINE」／電子書籍／ノンアルコールビールテイスト飲料／免疫力を高めるヨーグルト

【誕生】

東京ゲートブリッジ(2・12)／新東名高速道路(4・14)／渋谷ヒカリエ(4・26)

【スポーツ】

1・9◉国際サッカー連盟年間表彰式で女子日本代表の澤穂希が世界最優秀選手に。佐々木則夫監督も最優秀女子監督を受賞

3・3◉スキーのワールドカップ(W杯)ジャンプ女子蔵王大会で高梨沙羅が初優勝。15歳4カ月での優勝は男女を通じ史上最年少

3・15◉プロ野球・巨人が97～04年に契約金の最高標準額を超える契約を新人選手と結んでいたことが発覚

3・27◉世界ボクシング評議会(WBC)スーパーフライ級で、佐藤洋太が初の世界挑戦で王座奪取

4・9◉大リーグ・レンジャースのダルビッシュ有が初登板・初先発。六回途中5失点で初勝利

5・20◉夏場所千秋楽で旭天鵬が栃煌山との優勝決定戦を制し初優勝。37歳8カ月での初優勝は史上最年長

5・26◉登山家の竹内洋岳(41歳)がヒマラヤ山脈のダウラギリ登頂、日本人初の8000メートル峰全14座の登頂を達成

5・27◉レスリング女子W杯で55キロ級の吉田沙保里がロシア選手に敗れ連勝が58でストップ

6・20◉国内王者同士による初のWBCとWBAのミニマム級王座統一戦で、WBCの井岡一翔が、八重樫東に勝利

7・23◉大リーグ・マリナーズのイチローがヤンキースに電撃移籍

8・1◉ロンドン五輪・バドミントンの女子ダブルスで計4ペアが無気力試合を行ったとして、失格処分に

8・2◉ロンドン五輪・馬場馬術に、日本の五輪史上最年長代表の71歳・法華津寛が出場

8・3◉ロンドン五輪・柔道男子は五輪史上初の金メダルゼロに

8・5◉ロンドン五輪・陸上男子100メートルでウサイン・ボルト(ジャマイカ)が9秒63の五輪新で連覇

8・12◉ロンドン五輪閉幕。日本は過去最多となるメダル38個(金7銀14銅17)を獲得。体操男子個人総合で内村航平が金、ボクシング男子ミドル級の村田諒太が48年ぶりの日本人金

8・19◉宮里美香がゴルフ米女子ツアー本格参戦4年目で初勝利

8・20◉ロンドン五輪メダリストが東京・銀座で凱旋パレード。沿道に50万人

▼ワールドカップ・ジャンプ女子蔵王大会で高梨沙羅が初優勝。15歳4カ月での優勝は男女を通じ史上最年少…山形・蔵王　2012年3月3日

▼ロンドン五輪のメダリストたちが凱旋パレード…東京・銀座　2012年8月20日

8・29◉パラリンピックがロンドンで開幕。最多164カ国・地域から約4300人が参加。日本は16個(金5銀5銅6)のメダルを獲得
9・12◉大相撲秋場所4日目に白鵬が歴代最速となる所要50場所で幕内600勝に到達した
9・15◉国体の競泳男子200メートル平泳ぎで、鹿児島・志布志高3年の山口観弘が2分7秒01の世界新記録
11・3◉プロ野球日本シリーズ、巨人が優勝。巨人4－2北海道日本ハム
12・8◉フィギュアスケートのグランプリファイナルの男子で高橋大輔が日本人初優勝。女子は浅田真央が4年ぶりの優勝
12・27◉大リーグ・レイズの松井秀喜が現役引退を表明。プロ野球人生に終止符

【科学・学術】

8・5◉NASA探査車・キュリオシティが火星着陸に成功
8・28◉環境省がニホンカワウソを絶滅種に指定

【文化・芸術・芸能】

2・4◉若手の登竜門であるローザンヌ国際バレエコンクールで、高校2年生、菅井円加さんが1位
2・11◉米歌手ホイットニー・ヒューストンさんが死去。グラミー賞6回受賞
7・9◉山田五十鈴さん死去。2000年に女優で初めて文化勲章受賞
11・10◉森光子さん死去。92歳。「放浪記」最多上演2017回、09年国民栄誉賞
12・5◉歌舞伎俳優、中村勘三郎さん急逝。芸盛り57歳

【音楽】

家入レオ「サブリナ」「Shine」／AKB48「真夏のSounds good！」「GIVE ME FIVE！」「ギンガムチェック」

【映画】

外国映画『アベンジャーズ』米 監ジョス・ウェドン 演ロバート・ダウニー・Jr／『アメイジング・スパイダーマン』米 監マーク・ウェブ 演アンドリュー・ガーフィールド)／『ニーチェの馬』独・仏・ハンガリー・スイス 監タル・ベーラ 演ボーク・エリカ／『ヒューゴの不思議な発明』米 監マーティン・スコセッシ 演エイサ・バターフィールド、クロエ・グレース・モレッツ
日本映画『BRAVE HEARTS 海猿』(東宝)監羽住英一郎 演伊藤英明／『テルマエ・ロマエ』(東宝)監武内英樹 演阿部寛／『ヱヴァンゲリヲン新劇場版：Q』(カラー)監庵野秀明 声緒方恵美)／『おおかみこどもの雨と雪』(東宝)監細田守 声宮崎あおい／『かぞくのくに』(スターサンズ)監ヤン・ヨンヒ 演安藤サクラ、井浦新／『桐島、部活やめるってよ』(映画「桐島」映画部)監吉田大八 演神木隆之介、橋本愛／『アウトレイジ ビヨンド』(アウトレイジ ビヨンド製作委員会)監北野武 演ビートたけし

【出版・文芸】

阿川佐和子『聞く力 心を開く35のヒント』／渡辺和子『置かれた場所で咲きなさい』／三浦しをん『舟を編む』／近藤麻理恵『人生がときめく片づけの魔法2』

【漫画】

尾田栄一郎「ONE PIECE」／岸本斉史「NARUTO」／冨樫義博「HUNTER×HUNTER」／久保帯人「BLEACH」(週刊少年ジャンプ)／椎名軽穂「君に届け」別冊マーガレット／加藤和恵「青の祓魔師」(ジャンプスクエア)／荒川弘「銀の匙」(週刊少年サンデー)／諫山創「進撃の巨人」(別冊少年マガジン)

【テレビ】

「ドクターX～外科医・大門未知子～」「相棒season11」(テレビ朝日)／「ATARU」TBS／「ストロベリーナイト」フジテレビ／「梅ちゃん先生」「カーネーション」NHK総合
12・17◉音楽番組「HEY！ HEY！ HEY！ MUSIC CHAMP」(フジテレビ)が18年の歴史に幕

【CM】

「BOSS 医師編他」(サントリー食品インターナショナル)／「ガス・パッチョ！ コンロ ガスパッチョ！ 東京ガスストーリー2安心編他」(東京ガス)／「淡麗グリーンラベル お一人様る編他」(キリンビール)／「消臭力 ミゲル&ディラン ポルトガルデビュー編他」(エステー)／「家庭教師のトライ 教えてトライさん登場編他」(トライグループ)／「東芝LED電球 僕とLEDの10年編他」(東芝)

◀大滝秀治

◀中村勘三郎

冥友録

1・2◉林由郎(89歳)プロゴルファー／**1・24◉テオ・アンゲロプロス**(76歳)ギリシャの映画監督／**2・6◉石元泰博**(90歳)写真家／**2・11◉ホイットニー・ヒューストン**(48歳)米ポップス界の女王／**2・23◉中村雀右衛門**(91歳)歌舞伎俳優、人間国宝／**2・28◉楢崎弥之助**(91歳)元社民連書記長／**3・16◉吉本隆明**(87歳)詩人、評論家／**4・6◉方励之**(76歳)中国民主化運動で指導的役割、物理学者／**4・8◉安岡力也**(64歳)俳優／**4・15◉三重野康**(88歳)元日銀総裁／**5・29◉新藤兼人**(100歳)映画監督／**5・31◉尾崎紀世彦**(69歳)歌手／**7・16◉中川志郎**(81歳)元上野動物園長／**8・3◉上山春平**(91歳)哲学者「照葉樹林文化論」／**8・5◉浜田幸一**(83歳)元自民党代議士／**8・25◉ニール・アームストロング**(82歳)米・「アポロ11号」船長／**10・2◉大滝秀治**(87歳)俳優／**10・13◉丸谷才一**(87歳)作家／**10・15◉ノロドム・シアヌーク**(89歳)前カンボジア国王／**10・17◉若松孝二**(76歳)映画監督／**10・30◉藤本義一**(79歳)直木賞作家でテレビ司会で活躍／**11・19◉ボリス・ストルガツキー**(79歳)露・SF作家／**12・5◉中村勘三郎**(57歳)歌舞伎俳優／**12・5◉デイブ・ブルーベック**(91歳)モダンジャズの巨匠／**12・10◉小沢昭一**(83歳)一人芝居、芸能史研究でも知られた俳優／**12・11◉ラビ・シャンカール**(92歳)インド・シタールの世界的奏者／**12・18◉米長邦雄**(69歳)日本将棋連盟会長

2013
平成25年

黒田日銀総裁の「異次元緩和」による円安誘導で株高に。安倍首相が憲法改正を国会で初言及。２０２０年夏季五輪・パラリンピックの東京開催が決定。福島第１原発で汚染水が海洋流出。富士山が世界文化遺産登録。「お・も・て・な・し」「倍返し」「アベノミクス」が流行語に。無料通話・メールアプリ「LINE」の世界登録者数が３億人突破。千葉県船橋市の非公認ゆるキャラ「ふなっしー」が人気。

▼小笠原諸島の西之島近くに出現した陸地から上がる噴煙…2013年11月21日

出来事

1・8◉大阪市教委は、市立桜宮高バスケットボール部主将の２年男子生徒が顧問教諭からの体罰を苦にしていた自殺していたと発表。顧問教諭は暴行・傷害罪で有罪判決確定

1・11◉最高裁が、市販薬のインターネット販売を一律に禁止した厚労省令は無効と初判断。市販薬のネット販売が事実上解禁状態に

1・16◉全日空のボーイング７８７がバッテリー過熱トラブルで緊急着陸。７８７はトラブルが続発し、改善策導入まで約４カ月半運航停止に

1・16◉アルジェリアの天然ガス施設をイスラム武装勢力が襲撃、プラント大手「日揮」社員ら日本人10人死亡

1・19◉元横綱・大鵬が心室頻拍で死去、72歳。「巨人・大鵬・卵焼き」と大人気、最多32回優勝した昭和の大横綱

1・22◉日銀が物価目標２％と「無期限緩和」導入

1・30◉全日本柔道連盟が女子強化選手への慢性的な暴力指導とパワハラがあったと公表。上村春樹会長はその後に発覚した助成金の不正受給もあって８月21日に引責辞任

1・30◉安倍首相が憲法改正を国会で初言及。96条改憲発議要件緩和から着手

2・8◉２０１２年貿易総額、中国が米国を約39億ドル抜き初の世界一に

2・10◉パソコン遠隔操作事件でＩＴ関連会社社員の男（30）を逮捕。関与を否定

2・11◉ローマ法王ベネディクト16世（85）が高齢を理由に、約６００年ぶりに生前退位を表明

2・12◉グアム島中心街のタモン地区で無差別殺傷事件、日本人観光客３人が死亡

2・14◉南アのパラリンピック陸上短距離金メダリスト、オスカー・ピストリウス選手が恋人銃撃容疑で逮捕。誤射か計画的か情報錯綜

2・15◉ロシア・ウラル地方に隕石落下。衝撃波で約１２００人が負傷

2・21◉青森市の酸ケ湯で観測史上最大の積雪５１５センチを記録。26日には５６６センチに

2・22◉市への移行を目指していた愛知県東浦町が２０１０年国勢調査の人口を水増ししたとして、前副町長（63）を逮捕

2・25◉朴槿恵氏が第18代韓国大統領に就任。女性大統領は韓国史上初

2・26◉エジプト南部のルクソールで観光客を乗せた熱気球が墜落、日本人４人を含む19人が死亡

2・28◉安倍首相が施政方針演説で「安全確認された原発は再稼働」を表明

3・2◉北海道で暴風雪、９人死亡

3・14◉中国の全国人民代表大会が、国家主席と国家中央軍事委員会主席に習近平中国共産党総書記（59）を選出

3・20◉第31代日銀総裁に元財務官僚で前アジア開発銀行総裁の黒田東彦（68）が就任

3・25◉２０１２年の衆院選「１票の格差」訴訟で広島高裁が初の選挙無効判決。26日には同高裁岡山支部も無効判決

3・29◉東証終値１万２３９７円91銭。年度末22・9％上昇、５年ぶり１万２０００円台回復

4・5◉福島第１原発の地下貯水槽で汚染水漏れが判明

4・8◉サッチャー元英首相が死去、87歳。在任11年半、「鉄の女」と呼ばれ、強い指導力で国営企業の民営化や規制緩和を進め、英国経済を復活

4・13◉北京で鳥インフルエンザの感染者初確認。感染者２市３省44人死者11人

4・15◉米ボストン・マラソンで連続爆破テロ、３人死亡

4・16◉最高裁が水俣病患者初認定。未認定患者救済の道開く

4・19◉インターネット選挙運動を解禁する改正公職選挙法が成立

4・23◉超党派国会議員１６８人が靖国神社参拝。97年春の例大祭１５２人を超え最多

◀第23回参議院選挙で自民党圧勝。
安倍総裁と石破茂幹事長
…東京・自民党本部　2013年7月21日

4・23◉尖閣諸島周辺領海に中国監視船8隻が侵入。国有化後で最多、侵入40回目

4・26◉証券監視委が米資産運用会社MRIを強制調査。顧客8700人、1365億円集金。金融庁が金融商品取引の登録取り消し

5・3◉北朝鮮が南北共同事業の開城工業団地を閉鎖。9月に再開

5・4◉子ども人口1649万人。32年連続減少。総人口の割合12・9%で最低更新

5・20◉米オクラホマ州で巨大竜巻、死者24人

5・22◉敦賀原発2号機直下の断層は活断層と原子力規制委員会が認定

5・25◉茨城県東海村の実験施設「J-PARC」で放射能漏れ事故が判明、34人被ばく

5・26◉日・ミャンマー首脳会談、安倍首相、インフラ支援に910億円供与表明

5・29◉日印首脳会談は原子力協定交渉再開で一致。地下鉄建設に710億円供与

5・30◉原子力規制委、もんじゅ運転再開禁止命令。点検漏れ部品約1万個を重視

5・31◉東京スカイツリー、地デジ電波送信開始

6・6◉米国家安全保障局（NSA）が電子メールなどを傍受、収集していると元職員のエドワード・スノーデン氏が証言と、米などで報道

6・14◉厚労省が子宮頸がんワクチンで方針を変更。定期接種を積極推奨せず

6・15◉イラン大統領に保守穏健派のロウハニ師（64）が当選

6・16◉静岡知事選。川勝平太氏が大差で再選。浜岡原発再稼働は県民投票

6・18◉安愚楽牧場の元社長ら3人逮捕。被害額約4200億円は過去最悪

6・18◉全国風疹患者数が1万人突破（1月〜6月9日）。12年度2392人の4倍超

6・19◉オバマ米大統領がベルリンで演説。ロシアに核軍縮交渉を提案

6・24◉衆院小選挙区定数「0増5減」の新区割り法成立。格差は1・998倍に縮小

6・26◉厚生労働省審査委がiPS細胞の臨床研究承認

7・3◉エジプトで軍事クーデター。モルシ大統領を解任

7・4◉カネボウ化粧品が白斑被害を受け製品の自主回収開始

7・10◉ソウル高裁が新日鉄住金に韓国人元徴用工への賠償命令

7・10◉福島第1原発、地下水観測用井戸のセシウム濃度が急上昇。5日採取比で107倍

7・11◉降圧剤「バルサルタン」の医学論文を巡り、京都府立医大がデータ操作を認める。慈恵医大などでも操作判明

7・18◉米デトロイト市が財政破綻。負債1・8兆円。09年GM倒産、人口流出響く

7・21◉参院選で自民圧勝。与党135議席でねじれ解消

7・22◉東京電力が福島第1原発で汚染水の海洋流出を認める

7・22◉ウィリアム英王子の妻キャサリン妃が男児出産。命名「ジョージ・アレクサンダー・ルイ」

7・24◉スペイン高速鉄道脱線。カーブ制限80キロを

▲2020年の五輪開催が決まり喜ぶ
安倍首相、猪瀬都知事ら
…アルゼンチン・ブエノスアイレス　2013年9月7日
代表撮影

▼JR北海道、
レール幅の異常が見つかった地点で
補修の検査をする国交省の監査員
…釧路市材木町　2013年9月26日

▶台風26号、伊豆大島で大規模土砂崩れ。海岸付近で行方不明者を捜す高校生
…東京都大島町　2013年10月16日

▲台風26号、伊豆大島で大規模土砂崩れ。市街地まで達した土石流
…東京都大島町　2013年10月17日

▲猪瀬直樹都知事が辞職表明し会見
…東京都庁で2013年12月19日

▼王将フードサービスの大東隆行社長銃撃
…京都市山科区　2013年12月19日

190キロで突入か。80人死亡

7・26◉山口県周南市の連続5人殺人・放火事件で男(63)逮捕

7・27◉福島第1原発敷地海側トレンチ内で23億ベクレルの放射性セシウム検出

7・28◉山口、島根両県で局地的豪雨。2人死亡、2人不明。「経験ない大雨」、気象庁は「命守る行動」を呼びかけ

8・1◉ロシア、エドワード・スノーデン氏の一時的亡命を認可。滞在1年間、国内移動は自由

8・8◉2013年上半期特殊詐欺の被害総額211億円(36%増)。振り込め詐欺は109億円

8・9◉国の借金が6月末で1008兆6281億円と初の大台突破。国民1人当たり792万円。

8・12◉高知県四万十市で観測史上最高の41・0度を記録

8・20◉福島第1原発のタンクから汚染水300トン漏れが発覚

8・26◉松江市の漫画「はだしのゲン」閲覧制限問題。市教委が制限撤回を決定

9・4◉最高裁が民法の婚外子相続規定は違憲と決定

9・6◉韓国が福島など周辺8県の水産物輸入を全面禁止。原発汚染水海洋流出で

9・7◉IOC総会で2020年夏季五輪・パラリンピックの東京開催が決定

9・13◉NASAは、1977年9月打ち上げの「ボイジャー1号」が太陽系脱出と発表

9・14◉米露がシリア化学兵器の国際管理下での廃棄で合意。米軍事介入を回避

9・14◉固形燃料を使った新型国産ロケット「イプシロン」の打ち上げ成功

9・16◉台風18号が本州を縦断し死亡・不明9人。気象庁が初の大雨特別警報

9・21◉9月19日函館線大沼駅構内の待避線で発生した脱線事故の調査で、JR北海道のレール幅異常の放置が判明

9・27◉JR福知山線脱線事故で強制起訴されたJR西日本の歴代3社長に対し神戸地裁が無罪判決

9・27◉伊豆大島沖で名古屋市の貨物船がシエラレオネ船籍の貨物船と衝突、転覆し乗組員6人死亡

9・27◉みずほ銀行が暴力団組員への融資を放置していたとして金融庁が業務改善命令

10・1◉安倍首相は2014年4月の消費税率8%への引き上げ発表

10・1◉米・新年度予算不成立で連邦政府機関が一部閉鎖

10・2◉伊勢神宮の式年遷宮で内宮の旧殿から新殿へ神体を移す神事「遷御の儀」

10・7◉「在日特権を許さない市民の会」のヘイトスピーチを巡り京都地裁が違法と認定し賠償命じる判決

10・8◉東京都三鷹市で高3女子刺殺される。元交際相手の男(21)逮捕

10・11◉福岡市博多区の医院火災、入院患者ら10人死亡

10・16◉台風26号で伊豆大島に土石流。死者・不明39人

10・16◉名張毒ぶどう酒事件を巡り、最高裁は奥西勝死刑囚(87)の第7次再審請求を認めない決定

10・22◉阪急阪神ホテルズが食材を「誤表示していた」と発表。その後、食材偽装が有名ホテル、百貨店で相次ぎ発覚

10・29◉NSA盗聴問題。米公聴会で国家情報長官が外国首脳の盗聴を認める証言

11・9◉国際宇宙ステーション(ISS)で若田光一さんが日本人初の船長就任

11・8◉台風30号がフィリピン中部直撃。死者・不明7200人に

11・14◉宮内庁が天皇、皇后両陛下の葬法を土葬から火葬に変え、陵の規模も縮小すると発表

11・17◉福島市長選で無所属新人が現職を破り初当選。福島県内では4月以降、現職首長6人が落選

11・18◉福島第1原発4号機の核燃料取り出し開始
11・20◉衆院選「1票の格差」訴訟で最高裁は「違憲状態」と判断。是正方法は国会の裁量として選挙無効請求は棄却
11・23◉北アルプス・立山連峰の真砂岳で雪崩、7人死亡
11・23◉中国国防省、尖閣諸島を含む東シナ海に防空識別圏を設定したと発表
11・24◉米英仏中露独の6カ国とイランは、イランの核活動制限で合意。見返りに制裁の一部緩和へ
11・28◉2013年7月の参院選「1票の格差」訴訟で広島高裁岡山支部が違憲・選挙無効判決
12・1◉小笠原西之島「新島」の火山活動なお活発、先月20日発見から10日間で2・5倍に
12・4◉徳洲会公選法違反で徳田毅衆院議員の母ら逮捕
12・5◉ネルソン・マンデラ元南ア大統領が死去、95歳。反アパルトヘイト闘争でノーベル平和賞受賞。
12・6◉特定秘密保護法が成立。与党が採決を強行
12・13◉北朝鮮が金正恩第1書記の叔父、張成沢氏(67)を処刑したと発表
12・15◉人気漫画「黒子のバスケ」の販売中止を迫っていた脅迫事件で警視庁が派遣社員の男(36)を逮捕
12・17◉三井金属鉱業がイタイイタイ病被害者団体に公式謝罪
12・17◉文科省が2012年公立校教員の懲戒免職処分を発表。最多206人(わいせつ119)。
12・19◉猪瀬直樹東京都知事が医療法人「徳洲会」から5000万円の資金提供を受けていた問題で辞職を表明
12・19◉王将フードサービスの大東隆行社長(72)が京都の本社ビル前駐車場で射殺される
12・23◉南スーダンPKOの陸自が保有弾薬をPKO展開中の韓国軍に無償譲渡。緊急性で武器三原則の例外
12・26◉安倍首相が靖国参拝。現職首相の参拝は7年4カ月ぶり
12・27◉沖縄県の仲井真弘多知事が、米軍普天間飛行場の移設先である同県名護市辺野古の埋め立て申請を承認
12・29◉マルハニチロホールディングスがグループ会社生産の冷凍食品の一部から農薬「マラチオン」を検出したと発表。翌1月25日、アクリフーズ群馬工場で働いていた男性契約社員を偽計業務妨害容疑で逮捕

話題

3月末の日本の人口は1億2639万3679人
訪日外国人客数が初めて年間1000万人の大台を突破

【暴言、放言、失言、妄言】

6・13◉復興庁幹部のツイッター暴言発覚。幹部は懲戒処分後、降格
7・29◉麻生太郎副総理がナチスを引き合いに「あの手口、学んだらどうかね」と発言

【流行語】

今でしょ!／お・も・て・な・し／じぇじぇじぇ／倍返し／アベノミクス／ご当地キャラ／特定秘密保護法／PM2・5／ブラック企業／ヘイトスピーチ／ふなっしー

【新商品・ヒット商品】

「ななつ星 in 九州」／コンビニコーヒー／「iPhone5s・5c」／「LINE」／エナジードリンク／「東京スカイツリー」／「グランフロント大阪」／ふなっしー／B級グルメ／グルメポップコーン

【誕生】

新石垣空港(3・7)／歌舞伎座リニューアル(4・2)／あべのハルカス部分開業(6・13)

【さよなら】

6・30◉松坂屋銀座店、88年の歴史に幕

【スポーツ】

1・7◉FIFAバロンドールにバルセロナのリオネル・メッシ。4回の受賞は史上初
1・13◉ラグビー全国大学選手権決勝で帝京大が史上初の4連覇
1・27◉大相撲の人気力士、元小結の高見盛が現役引退

◀別府大分毎日マラソン、大会新記録で優勝した川内優輝
…大分市　2013年2月3日

2・3◉別府大分毎日マラソンで川内優輝(埼玉県庁)が中本健太郎(安川電機)とのデッドヒートを制し、2時間8分15秒で初優勝
3・14◉囲碁の井山裕太本因坊(23)が史上初の6冠達成
3・24◉大相撲春場所、白鵬が歴代単独トップに立つ9回目の全勝優勝
4・6◉DeNAのラミレスが史上42人目の日本通算2000安打達成。海外から日本へ移籍してきた外国人選手として初
4・8◉世界ボクシング評議会(WBC)フライ級で世界ボクシング協会元ミニマム級王者の八重樫東が2階級制覇を達成
5・5◉東京ドームで長嶋茂雄、松井秀喜両氏の国民栄誉賞表彰式
5・11◉大リーグ・レンジャースのダルビッシュ有が日本人最速の通算300奪三振
5・11◉J1リーグ戦で大宮が敗れ、連続無敗記録は21でストップ
5・23◉冒険家の三浦雄一郎さんが史上最高齢となる80歳でエベレ

スト登頂成功
5・29◉名古屋場所でエジプト出身の大砂嵐が十両昇進を決め、アフリカ大陸初の関取誕生
5・31◉将棋の第71期名人戦で森内俊之名人(42)が3連覇
8・14◉全日本柔道連盟の新会長に宗岡正二・新日鉄住金会長を内定。上村春樹会長を含む23人の理事らは8月21日付で辞任。上村会長は国際柔道連盟の理事も退任
8・21◉大リーグ・イチローが日米通算4000安打を達成
8・25◉ボクシング・ロンドン五輪金メダルの村田諒太がプロデビュー戦でTKO勝ち
9・3◉国際ボクシング連盟スーパーフライ級王座決定戦で亀田大毅が2階級制覇。3兄弟同時世界王者は史上初
9・13◉プロ野球・楽天の田中将大が開幕21連勝で故稲尾和久(元西鉄)が持つ1シーズンの連続勝利記録を56年ぶりに塗り替え。その後24連勝まで記録を伸ばした
9・15◉プロ野球・ヤクルトのバレンティンが56号ホームランを放ちシーズンプロ野球新記録。その後60号まで記録を伸ばした
9・18◉プロ野球・中日の岩瀬仁紀が通算382セーブを記録

▲国民栄誉賞の金色バットを贈られた
長嶋茂雄読売ジャイアンツ終身名誉監督と松井秀喜
…東京ドームで2013年5月5日　代表撮影

9・19◉レスリングの世界選手権で女子55キロ級の吉田沙保里と63キロ級の伊調馨が優勝。吉田は14大会連続世界一
9・19◉日本野球機構の加藤良三コミッショナーが、統一球問題で辞任表明
9・26◉パ・リーグは楽天が創設9年目でリーグ初優勝
10・3◉体操の世界選手権男子個人総合で内村航平が4連覇、加藤凌平は銀。種目別・男子床運動で17歳の白井健三が金。床運動と跳馬の白井の新技は「シライ」と命名
10・28◉巨人で5度の首位打者を獲得するなど活躍した川上哲治さんが死去
11・3◉プロ野球日本シリーズ、東北楽天が巨人を破り球団創設9年目でシリーズ初優勝。東北楽天4—3巨人
11・3◉J2横浜FCの三浦知良が松本戦でゴールを決め、Jリーグ最年長得点記録を46歳8カ月8日に更新
12・1◉日本プロゴルフ、松山英樹がツアー通算5勝目を挙げ史上初のプロ転向1年目での賞金王に。
12・6◉フィギュアスケートのグランプリファイナル男子で羽生結弦が初優勝。7日の女子は浅田真央が2年連続4回目の優勝

▲東北楽天リーグ初優勝。
パレードで手を振る
田中将大投手
…仙台市　2013年11月24日
代表撮影

▶日本男子ゴルフ史上初の
プロ1年目で賞金王に輝いた
松山英樹
…高知・Kochi黒潮CC 2013年12月1日

【科学・学術】

2・1◉環境省が天然のニホンウナギを「絶滅危惧種」に指定
2月 ◉降圧剤バルサルタンの臨床試験をめぐるデータ操作疑惑。販売元のノバルティスファーマの社員が関与、5大学中3大学でデータ操作が判明
6・26◉厚生労働省審査委がiPS細胞の臨床研究承認。網膜の病気「加齢黄斑変性」の治療にiPS細胞を使う計画が世界で初めて承認
12月 ◉ヒッグス粒子にノーベル物理学賞。物質に質量を与える素粒子の存在が確定

【文化・芸術・芸能】

1・16◉芥川賞に史上最年長・75歳の黒田夏子さんの「abさんご」
6・22◉富士山の世界文化遺産登録が決定。世界記憶遺産に「慶長遣欧使節関係資料」と藤原道長の日記「御堂関白記」の登録決定
9・6◉アニメ映画の宮崎駿監督(72)が引退記者会見
9・29◉「白い巨塔」「大地の子」など社会派小説で知られた山崎豊子さん死去、88歳。09年毎日出版文化賞特別賞
10・13◉「アンパンマン」の漫画家・やなせたかしさん死去、94歳。
12・4◉和食のユネスコ世界無形文化遺産登録が決定

【音楽】

EXILE「EXILE PRIDE~こんな世界を愛するため~」/新里宏太「HANDS　UP!」/AKB48「さよならクロール」「恋するフォーチュンクッキー」

【映画】

外国映画『レ・ミゼラブル』英 監 トム・フーパー 演 ヒュー・ジャックマン、ラッセル・クロウ/『テッド』米 監 セス・マクファーレン 演 マーク・ウォルバーグ/『007 スカイフォール』米 監 サム・メンデス 演 ダニエル・クレイグ、ジュディ・デンチ/『愛、アムール』オーストリア・仏・独 監 ミヒャエル・

ハネケ 演 ジャン＝ルイ・トランティニャン／『ゼロ・グラビティ』英・米 監 アルフォンソ・キュアロン 演 サンドラ・ブロック／『ハンナ・アーレント』独・仏・ルクセンブルク 監 マルガレーテ・フォン・トロッタ 演 バルバラ・スコヴァ

日本映画『風立ちぬ』監 宮崎駿／『ONE PIECE FILM Z』（2012「ワンピース」製作委員会）監 長峰達也／『ペコロスの母に会いに行く』（『ペコロスの母に会いに行く』製作委員会）監 森崎東 演 岩松了、赤木春恵／『舟を編む』（松竹）監 石井裕也 演 松田龍平、宮崎あおい／『凶悪』（日活）監 白石和彌 演 山田孝之、ピエール瀧

【出版・文芸】

近藤誠『医者に殺されない47の心得』／村上春樹『色彩を持たない多崎つくると、彼の巡礼の年』／阿川佐和子『聞く力 心をひらく35のヒント』

【漫画】

中村光「聖☆おにいさん」（モーニング・ツー）／松井優征「暗殺教室」（週刊少年ジャンプ）／佐野菜見「坂本ですが？」（ハルタ）／藤巻忠俊「黒子のバスケ」（週刊少年ジャンプ）／マキ ヒロチ「いつかティファニーで朝食を」（月刊コミック@バンチ）

【テレビ】

6・4◉サッカーW杯アジア地区最終予選の日本対オーストラリア戦（テレビ朝日）が38・6％を記録

9・22◉「半沢直樹」（TBS）の最終回は42・2％と平成の民放ドラマの最高視聴率を更新。平均視聴率も29・1％でトップ

12・20◉NHK経営委員会が新会長に日本ユニシス前社長の籾井勝人氏を選出

「世界の果てまでイッテQ！」日本テレビ／「ザ！鉄腕！DASH!!」日本テレビ／「鶴瓶の家族に乾杯」NHK総合／「行列のできる法律相談所」「踊る！さんま御殿!!」日本テレビ

【CM】

「SoftBank 白戸家シリーズ・おじさんと再会編、半沢直樹編他」（ソフトバンクモバイル）／「BOSS 宇宙人ジョーンズ・コンサート編他」（サントリー食品インターナショナル）／「家庭教師のトライ 夏、ザワつくハイジ編他」（トライグループ）／「Cook Do 回鍋肉 最後の一切れ編他」（味の素）／「ファブリーズ こたつ編他」（P＆Gジャパン）／「東進ハイスクール 生徒への檄文編」（東進ハイスクール）

▲ネルソン・マンデラ

▶横綱大鵬

▲大島渚

▲谷川健一

◀高野悦子

▲三国連太郎

冥友録

1・15◉**大島渚**（80歳）映画監督／**1・19**◉**大鵬幸喜**（72歳）第48代横綱／**1・26**◉**安岡章太郎**（92歳）作家／**1・30**◉**加藤寛**（86歳）経済学者◉／**2・9**◉**高野悦子**（83歳）岩波ホール総支配人／**3・3**◉**村松増美**（82歳）同時通訳の草分け／**3・5**◉**二川幸夫**（80歳）建築写真家／**3・10**◉**山口昌男**（81歳）文化人類学者／**4・8**◉**マーガレット・サッチャー**（87歳）英・元首相「鉄の女」／**4・14**◉**三国連太郎**（90歳）俳優／**4・25**◉**田端義夫**（94歳）歌手／**4・29**◉**牧伸二**（78歳）ウクレレ漫談家／**5・3**◉**中坊公平**（83歳）元日弁連会長／**5・23**◉**茂山千作**（93歳）大蔵流狂言師。人間国宝／**5・23**◉**相沢秀禎**（83歳）芸能プロ・サンミュージックグループ会長／**5・23**◉**ジョルジュ・ムスタキ**（79歳）仏シャンソン歌手／**6・4**◉**長門勇**（81歳）俳優／**6・6**◉**なだいなだ**（83歳）精神科医、作家／**6・13**◉**尾崎行雄**（68歳）元プロ野球投手「怪童」／**6・15**◉**酒井田柿右衛門**（78歳）陶芸家。人間国宝／**7・30**◉**笑福亭松喬**（62歳）上方落語家／**8・10**◉**高崎一郎**（82歳）「オールナイトニッポン」初代パーソナリティー／**8・22**◉**藤圭子**（62歳）歌手／**8・24**◉**土橋正幸**（77歳）元プロ野球東映投手、監督／**8・24**◉**谷川健一**（92歳）民俗学者／**9・29**◉**山崎豊子**（88歳）作家／**10・4**◉**ボー・グエン・ザップ**（102歳）ベトナムの軍事指導者／**10・28**◉**川上哲治**（93歳）打撃の神様、巨人監督／**11・8**◉**島倉千代子**（75歳）歌手／**12・5**◉**ネルソン・マンデラ**（95歳）元南ア大統領。ノーベル平和賞／**12・5**◉**コリン・ウィルソン**（82歳）英の作家／**12・14**◉**ピーター・オトゥール**（81歳）アイルランド出身の俳優

2014
平成26年

消費税が8%に。増税による実質所得減で個人消費が振るわず、実質ゼロ成長。ソチ冬季五輪で羽生結弦が金メダル。32年間続いたバラエティー番組「笑っていいとも!」が放送終了。韓国で客船「セウォル号」が沈没、高校生ら304人が死亡・行方不明に。長野、岐阜県境にある御嶽山が噴火。57人が死亡、6人が行方不明。「STAP細胞」騒動に

出来事

▼杉並区内の図書館で見つかった、破損された「アンネの日記」
…2014年2月6日
杉並区提供

1・9◉三重県四日市市の三菱マテリアル工場で爆発、作業員5人死亡

1・13◉タイで反政権派が12万規模の「首都封鎖デモ」。総選挙と政権移譲で対立

1・15◉広島県沖の瀬戸内海で海上自衛隊の輸送艦「おおすみ」と釣り船「とびうお」が衝突。転覆した釣り船の船長ら2人死亡

1・17◉任天堂の2014年3月期連結営業赤字が350億円。スマホ普及でゲーム市場激変

1・25◉アクリフーズ群馬工場製造の冷凍食品に農薬マラチオンが混入していた事件で工場契約社員を逮捕

1・30◉理化学研究所の小保方晴子研究ユニットリーダーらが新しい万能細胞「STAP細胞」を作製したと英科学誌「ネイチャー」に発表

2・5◉被爆2世で「全ろうの作曲家」として知られた佐村河内守さん(50)が楽曲を18年にわたり代作させていたことが判明

▼噴火直後の御嶽山の山頂付近
…2014年9月27日
江田敦典さん提供

2・7◉ロシア初の冬季五輪がソチで開幕(〜23日)。88カ国・地域が参加。フィギュアスケート男子で羽生結弦が金メダルを獲得。日本のメダルは8個(金1、銀4、銅3)

2・9◉東京都知事選で舛添要一元厚生労働相が211万票で当選。2位の宇都宮健児氏に110万票の大差

2・14◉関東甲信地方を中心に各地で16日にかけて観測史上最大となる大雪を記録。全国で26人死亡、701人負傷。山梨などで孤立相次ぎ、農作物被害が拡大

2・20◉福島第1原発貯蔵タンクから高濃度汚染水100トン漏れ。配管弁開放見逃す

2・28◉インターネットの仮想通貨「ビットコイン」の取引所を運営するマウント・ゴックスが民事再生法の適用を申請し経営破綻

3・2◉ロシア軍がウクライナのクリミア半島掌握。米政権は6月ソチでのG8参加を凍結

3・8◉クアラルンプール発北京行きのマレーシア航空機(乗客乗員239人)が出発後に消息を絶つ

3・14◉2月に発生し拡大していた図書館の「アンネの日記」関連書籍破損事件で、小平市の無職・36歳男を逮捕。都内5区3市の38公立図書館で約308冊が被害

3・16◉拉致被害者の横田めぐみさんの両親が、孫娘のキム・ウンギョンさんとモンゴルで面会していたことが判明

3・18◉ロシアのプーチン大統領はウクライナからの独立を宣言したクリミア自治共和国とセバストポリ特別市をロシア連邦に編入する方針を表明

3・23◉Jリーグは、浦和サポーターの人種差別横断幕問題で初の無観客試合を実施

3・27◉袴田事件の第2次再審請求で静岡地裁は再審開始と死刑・拘置の執行停止を決定。袴田巌元被告を釈放

3・31◉国際司法裁判所が、南極海での日本の調査捕鯨を国際条約違反と認める判決

3・31◉32年間続いたフジテレビ系バラエティー番組「森田一義アワー 笑っていいとも!」が放送終了。8054回生放送単独司会者世界最長記録

4・1◉消費税率が5%から8%に

4・1◉政府は武器輸出三原則に代わる防衛装備移転三原則を閣議決定

4・1◉国際結婚の破綻による国境を越えた子どもの連れ去りを不法とするハーグ条約に日本が加盟

4・1◉STAP細胞疑惑で理研最終報告。「2画像に意図的不正、小保方氏1人で実行」。9日に小保方氏が反論会見。「STAP細胞はある」と断言。「200回作製」もコツ強調

4・6◉東日本大震災で全線不通となった岩手県の第三セクター「三陸鉄道」が全線再開

4・7◉みんなの党の渡辺喜美代表が化粧品会社会長からの8億円借り入れ問題で引責辞任の意向表明。11日に浅尾慶一郎幹事長を新代表に選ん

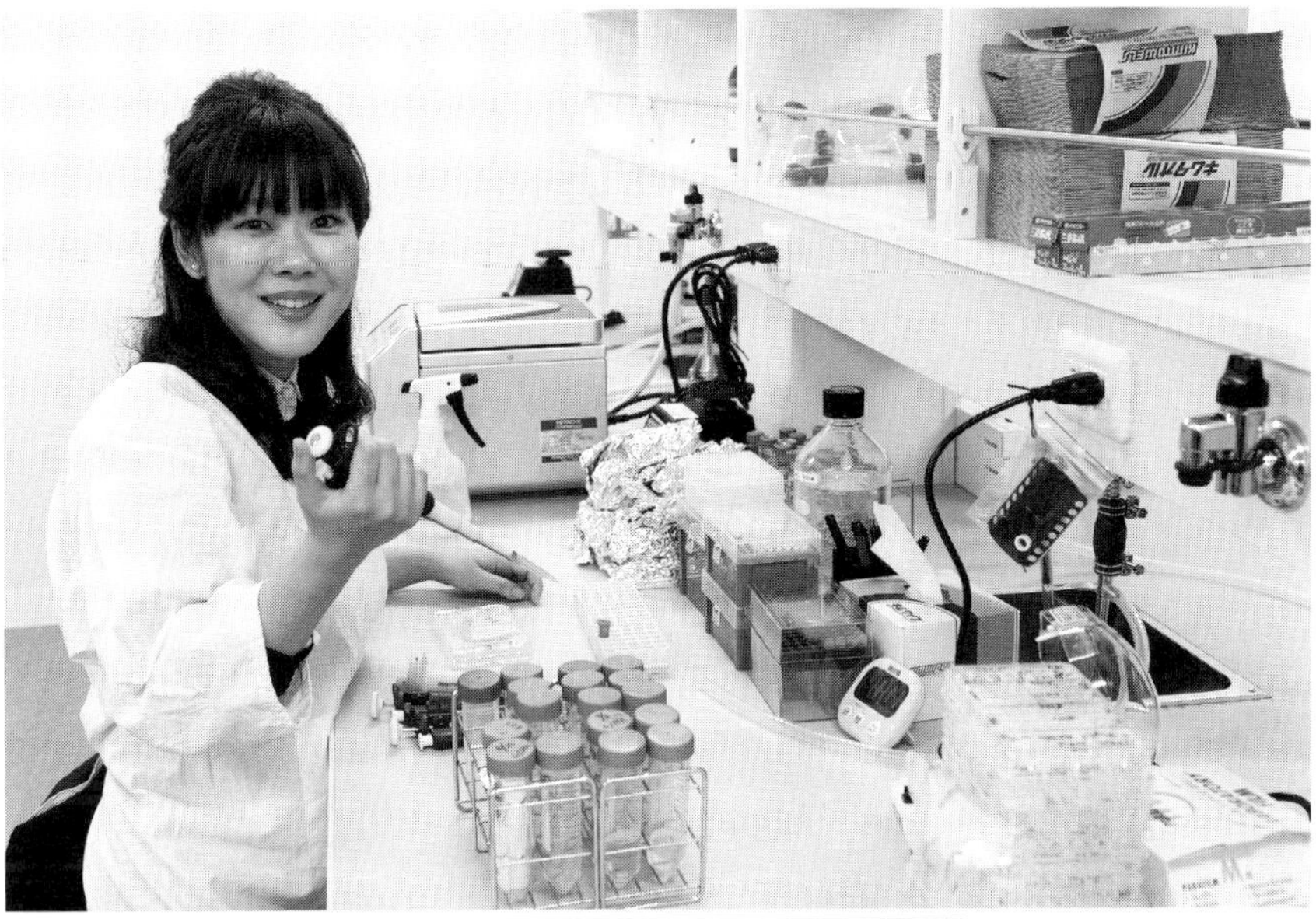

◀新しい万能細胞「STAP細胞」を作製したと発表した理化学研究所の小保方晴子ユニットリーダー…神戸市中央区　2014年1月28日

だが、11月に解党

4・11◉エネルギー基本計画を閣議決定。原発を「重要なベースロード電源」と位置づけ

4・16◉韓国南西部の全羅南道珍島沖で韓国の客船「セウォル号」が沈没。304人が死亡・行方不明に

4・23◉オバマ米大統領が国賓として来日。24日に安保条約の尖閣適用明言、TPP交渉は「重要課題に道筋」の日米共同声明

4・23◉トヨタグループの2013年世界販売実績が1013・3万台。前年比4・5％増、初めて1000万台の大台突破

5・5◉14歳以下の子ども人口は1633万人で全体の12・8％。33年連続減で人口比も先進国で最低

◀代作が判明した全ろうで被爆二世の作曲家、佐村河内守さん。写真は2010年7月に撮影

5・8◉3Dプリンターで製造した樹脂拳銃所持で川崎市高津区に住む27歳の大学職員を逮捕。殺傷能力があり、銃刀法違反が適用

5・14◉宇宙飛行士の若田光一さん、ISS滞在188日、船長の大役終え帰還。計4回348日は日本人最長

5・16◉インド下院選で、最大野党インド人民党が圧勝。10年ぶりに政権交代

5・17◉「CHAGE and ASKA」のASKA容疑者（本名・宮崎重明）を覚せい剤取締法違反容疑で逮捕

5・20◉パソコン遠隔操作事件、片山祐輔被告が無罪主張を撤回、全関与認める。保釈取り消し

6・3◉2005年に起きた栃木女児殺害事件で栃木・茨城両県警は商標法違反事件で公判中の男性被告を殺人容疑で逮捕

6・11◉降圧剤バルサルタン臨床試験疑惑で、東京地検特捜部がデータ改ざんをしたとする薬事法違反容疑でノバルティスファーマの元社員を逮捕

6・13◉改正国民投票法が成立。投票年齢は「18歳以上」に

▲初登庁した舛添要一都知事…東京都庁　2014年2月12日

▼マウント・ゴックスが経営破綻し、記者会見するマルク・カルプレス社長…東京・司法記者クラブ　で2014年2月28日

7・1◉政府は憲法解釈を変更し集団的自衛権の行使を容認することを閣議決定

7・2◉英科学誌ネイチャーがSTAP細胞論文2本の撤回を発表。新たに5点の誤り

7・9◉通信教育のベネッセホールディングスは顧客情報流出を発表。原田泳幸会長兼社長が「最大約2070万件の情報が漏洩した可能性」。17日、データベースの運用、保守管理を担当していた外部業者の男性派遣システムエンジニア（39歳）を逮捕

7・11◉政務活動費の不自然な支出や「号泣会見」が問題となっていた兵庫県の野々村竜太郎県議が議員辞職

7・17◉298人乗りのマレーシア航空機がロシア国境近くのウクライナ上空で撃墜され全員死亡

7・22◉日本マクドナルドとファミリーマートは、商品を仕入れている中国・上海の食品加工会社が品質保持期限を過ぎた鶏肉を使用した疑いがあるとして販売中止を発表

▲「三陸鉄道」が全線再開。久慈駅でくす玉を割った杉本哲太さん（左から2人目）と荒川良々さん（同3人目）
…三陸鉄道久慈駅　2014年4月6日

▲国際宇宙ステーションから帰還した若田光一宇宙飛行士
…カザフスタンで 2014年5月14日　NASA ／ JAXA

7・29◉中央最低賃金審議会が全国平均16円引き上げ。生活保護と逆転解消

8・3◉中国雲南省でM6・5の地震、死者381人超、倒壊1万2000棟以上

8・5◉笹井芳樹・理化学研究所副センター長が自殺。「STAP細胞」論文作成を指導

8・5◉朝日新聞は従軍慰安婦問題を巡る報道内容を検証する記事を掲載。「済州島で強制連行した」との証言を「虚偽と判断」し記事を取り消した

8・7◉オバマ米大統領はイスラム過激派組織「イスラム国」への限定空爆実施を承認したと緊急声明。米国防総省は翌8日に空爆開始を発表

▲土石流が襲った住宅地
…広島市安佐南区　2014年8月25日

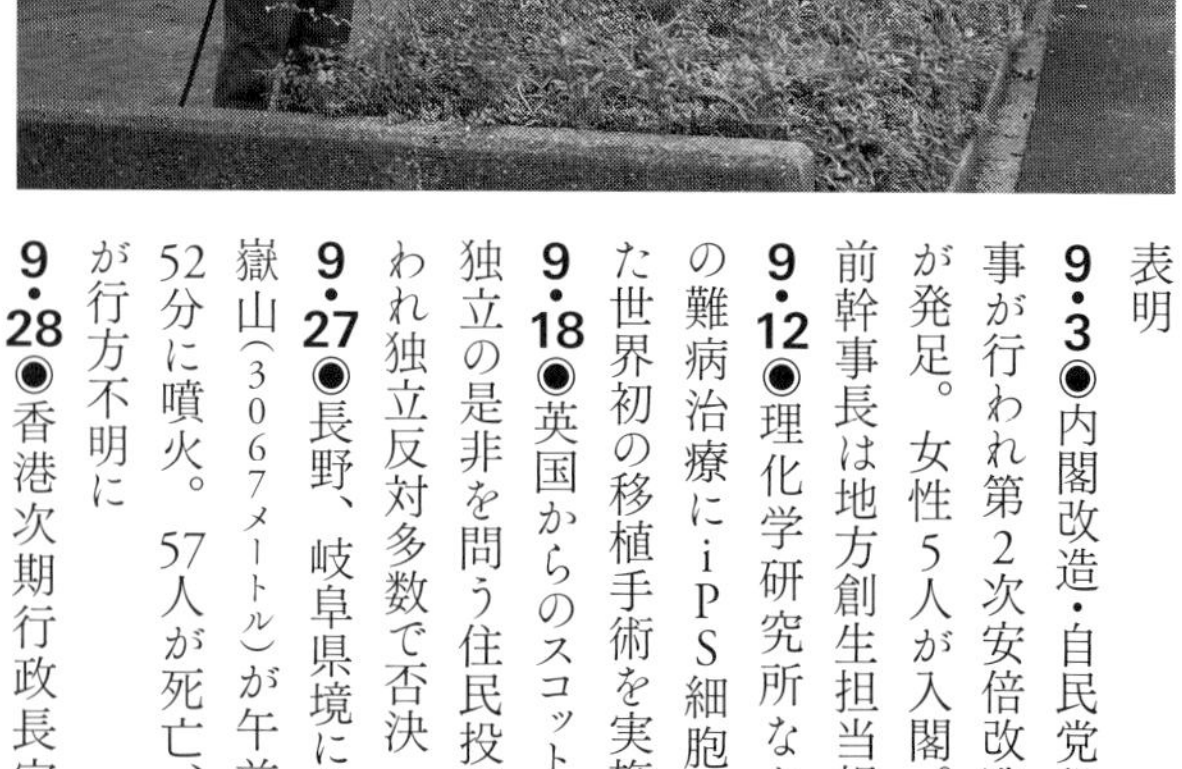

▶公園で行われた蚊の駆除作業
…千葉市稲毛区　2014年9月10日

8・12◉世界保健機関（WHO）は西アフリカで流行するエボラ出血熱の感染者に対し、未承認治療薬の条件付き投与容認を発表。感染拡大について「制御困難な状況」と表明

8・20◉広島市北部で豪雨のため土石流などの土砂災害が発生。多数の住宅が崩壊し74人死亡

8・27◉埼玉県在住の海外渡航歴のない日本人の10代女性がデング熱に感染したと厚労省が発表。国内での感染例は69年ぶり。東京・代々木公園で殺虫剤散布

8・30◉福島県の佐藤雄平知事は汚染土などを保管する中間貯蔵施設の建設計画受け入れを正式表明

9・3◉内閣改造・自民党役員人事が行われ第2次安倍改造内閣が発足。女性5人が入閣。石破前幹事長は地方創生担当相

9・12◉理化学研究所などが目の難病治療にiPS細胞を使った世界初の移植手術を実施

9・18◉英国からのスコットランド独立の是非を問う住民投票が行われ独立反対多数で否決

9・27◉長野、岐阜県境にある御嶽山（3067メートル）が午前11時52分に噴火。57人が死亡、6人が行方不明に

9・28◉香港次期行政長官選挙の制度改革を巡り、民主化を求める学生らが香港中心部を占拠。警察と衝突を繰り返すなど抗議デモが拡大

10・6◉警視庁が「イスラム国」参加計画の北大生ら任意聴取。私戦予備容疑を初適用

10・6◉スペインでエボラ出血熱患者から女性看護師が感染。アフリカ大陸以外で初めて

10・8◉産経新聞のサイトに掲載された韓国の朴槿恵大統領に関するコラムが大統領の名誉を毀損したとして、ソウル中央地検は執筆者の産経新聞の加藤達也・前ソウル支局長を情報通信網法違反で在宅起訴

10・10◉ノーベル平和賞をタリバンに襲撃され重傷を負いながら、女性や子供に教育機会を与える必要性を訴えているパキスタン人のマララ・ユスフザイさん（17）ら2人に授与するとノーベル賞委員会が発表

10・12◉米・テキサス州ダラスでエボラ出血熱2次感染。8日に死亡したリベリア人男性患者治療の女性看護師が感染

◀沖縄県知事選で、初当選した翁長雄志…2014年11月16日

10・17◉太田昭宏国土交通相はJR東海が2027年の開業を目指すリニア中央新幹線工事実施計画を認可。12月17日に着工

10・20◉政治団体による会計問題が浮上した小渕優子経済産業相と、選挙区内で「うちわ」を配布した松島みどり法相が閣僚を辞任

11・7◉若者の3年以内離職率状況。2011年卒業組では大卒32・4%、高卒39・6%、中卒で64・8%。

11・10◉安倍首相は中国の習近平国家主席と会談。日中首脳会談は約2年半ぶり。尖閣諸島を含む東シナ海を念頭に、日中防衛当局間のホットライン設置など「海上連絡メカニズム」の早期開始で一致

11・16◉米軍普天間飛行場の県内移設が最大の争点となった沖縄県知事選は、移設に反対する前那覇市長、翁長雄志氏が現職の仲井真弘多氏ら3氏を破り、初当選

11・24◉米ミズーリ州で黒人青年(18)が白人警官に射殺された事件で警官の不起訴が決定。その後も同様の事件が続き、抗議デモが全米各地に拡大し大きな社会問題

12・9◉京都朝鮮学園がヘイトスピーチで「在日特権を許さない市民の会」などに賠償などを求めた訴訟で、最高裁は在特会の上告棄却。街頭宣伝活動を人種差別と認めた1、2審判決が確定

12・10◉特定秘密保護法が施行

12・14◉第47回衆議院選。自民党は291議席を獲得し、自公が3分の2超の326議席維持。投票率は過去最低の52・66%

12・14◉国連気候変動枠組み条約第20回締約国会議(COP20)は2020年以降の温室効果ガス削減目標を自主的に掲げる基本ルールを盛り込んだ合意文書を採択し閉幕

12・16◉パキスタン北西部ペシャワルにある軍運営の学校を武装集団が襲撃し銃を乱射。生徒、職員計141人が死亡

12・26◉「STAP細胞」疑惑で理研調査委が最終報告書。「STAP論文はほぼすべて否定」

12・28◉マレーシアのLCC、エアアジア航空機がインドネシア海域で墜落、乗員乗客162人が死亡

12・31◉毎日新聞の連載四コマ漫画、東海林さだおの「アサッテ君」最終回。1万3749回(40年)でさようなら

話題

訪日外国人旅行者数が年間1300万人を突破。14年累計は前年を300万人超上回る1341万人と過去最高を更新

【流行語】

ダメよ~ダメダメ/集団的自衛権/ありのままで/カープ女子/壁ドン/危険ドラッグ/マタハラ/妖怪ウォッチ/レジェンド/デング熱/ハーフハーフ/イスラム国/2025年問題

【流行】

格安スマホ/Wトクホ飲料/ミドリムシ食品

【新商品・ヒット商品】

「妖怪ウォッチ」/機能性マットレス/遺伝子検査サービス/「iPhone6/6Plus」/「モンスターストライク」/「チェキ」/「クロームキャスト」/牛すき鍋膳/NISA

【誕生】

あべのハルカス全面開業(3・7)/ウィザーディング・ワールド・オブ・ハリー・ポッター(7・15)

【さよなら】

「小悪魔ageha」(インフォレスト)/「すてきな奥さん」(主婦と生活社)/「プレイコミック」(秋田書店)

【スポーツ】

2・7◉ソチ冬季五輪開幕(~23日)。羽生結弦の金メダルなど、日本の獲得メダル数は金1、銀4、銅3の計8個で、海外開催の冬季五輪では過去最多

3・7◉ソチ・パラリンピック開幕(~16日)。アルペンスキー男子滑降座位で狩野亮が金メダル、スーパー大回転も制し2冠。日本の獲得メダル数は金3、銀1、銅2の計6個

3・8◉埼玉スタジアムで行われたサッカーJ1の浦和—鳥栖戦で「JAPANESE ONLY」と書かれた横断幕が掲げられ、問題に。Jリーグは23日の浦和のホーム戦を初の無観客試合処分に

3・23◉大相撲春場所は大関・鶴竜が初優勝。場所後に第71代横綱に昇進

4・1◉全日本女子野球連盟設立

4・3◉プロ野球・楽天の聖沢諒が外野手連続守備機会無失策821のプロ野球新記録を達成

4・4◉米大リーグ・ヤンキースの田中将大がメジャー初登板で先発し、初勝利

4・6◉世界ボクシング評議会ライトフライ級世界戦で、井上尚弥が日本選手最速のプロ6戦目で世界王座を獲得

4・20◉女子プロゴルフ、KKT杯で高校1年の勝みなみ選手が史上最年少優勝。15歳293日

5・17◉世界ボクシング機構の女子アトム級王座決定戦で44歳の池山直が勝利

6・1◉米男子プロゴルフツアーのメモリアル・トーナメントで、松山英樹が初優勝

6・24◉2014FIFAワールドカップ予選リーグ第3戦で、日本はコロンビアに1—4で完敗。2大会連続の決勝トーナメント進出ならず

7・1◉内閣府は不祥事が続いた全日本テコンドー協会の公益社団法人認定を取り消し

7・8◉サッカー・W杯準決勝で開催国のブラジルがドイツに1—

7の歴史的大敗。
❖13日の決勝はドイツがアルゼンチンを1―0で破り6大会ぶり4回目の優勝

8・31◉全国高校軟式野球選手権準決勝で中京(岐阜)が大会最長の4日間にわたる延長五十回の末、3―0で崇徳(広島)に勝利。直後に行われた三浦学苑(神奈川)との決勝も2―0で制し、2年ぶり7回目の優勝

9・5◉プロ野球・中日の山本昌が49歳0カ月で先発登板して勝利、最年長勝利記録を更新

9・7◉日本ハムの大谷翔平が本塁打を放ち、史上初となる同一シーズンでの2桁勝利、2桁本塁打を達成

9・7◉女子野球ワールドカップで日本代表が4連覇を達成

9・8◉テニスの全米オープンで、錦織圭が4大会のシングルスで日本勢初の決勝に進み、準優勝

9・27◉アジア大会競泳男子の冨田尚弥が、カメラを盗んだ疑いで事情聴取を受けていたことが発覚(その後、窃盗罪で略式起訴)。日本水泳連盟は選手登録停止を決定、冨田は11月に開いた記者会見で窃盗を否定

10・30◉プロ野球日本シリーズ、福岡ソフトバンクが3年ぶり6回目の優勝。福岡ソフトバンク4―1阪神

▶ソチ冬季五輪男子シングルで優勝した羽生結弦…ロシア・ソチ 2014年2月14日

▶パリーグCSファーストステージに先発した日本ハム・大谷翔平…2014年10月11日撮影

11・7◉会計検査院がJOC加盟の11競技団体に国庫補助事業に不適正な経理処理があると指摘

11・23◉大相撲九州場所で横綱白鵬が14勝1敗で歴代最多に並ぶ32回目の優勝

11・26◉バスケットボール国内男子リーグの統合暗礁で、国際バスケットボール連盟が日本協会を無期限の資格停止処分

12・13◉サッカー天皇杯決勝でガンバ大阪が5大会ぶり4回目の優勝。J1、ナビスコ杯との3冠

12・15◉サッカー日本代表のアギーレ監督が八百長疑惑でスペインの検察から告発される

【科学・学術】

3月◉スイス・ジュネーブのモーターショウで塩水を燃料とするスポーツカー型リムジン「Quant e-Sportlimousine」披露。フロー電池を動力とし、4輪の車輪それぞれに電気モーターが備わる。すでに欧州では公道走行が認められている。

4・3◉土星の衛星「エンケラドス」での海の存在を確認。2005年、NASAの土星探索機カッシーニが白い氷の割れ目から水蒸気と氷が出ている様子を記録していた

6・2◉4Kテレビ試験放送開始

9・4◉2005年にアルゼンチン・パタゴニアで発見された化石が、体重65トンの最大の恐竜「ドレッドノータス」の化石と発表

10・7◉ノーベル物理学賞を青色発光ダイオード(LED)を開発した名城大の赤崎勇終身教授(85)、名古屋大の天野浩教授(54)、米カリフォルニア大サンタバーバラ校の中村修二教授(60)＝米国籍＝の3氏に贈るとスウェーデン王立科学アカデミーが発表

◈国際自然保護連合(IUCN)がニホンウナギを絶滅危惧種に指定

【文化・芸術・芸能】

3・5◉環境省が沖縄県の慶良間諸島を31番目の国立公園に指定

4・1◉宝塚歌劇が初演から100周年

5・27◉バレエ・ブノワ賞の最優秀女性ダンサー賞をスウェーデン王立バレエ団第1ソリスト、木田真理子さん(30)が受賞。日本人の受賞は初めて

6・21◉国連教育科学文化機関(ユネスコ)の世界遺産委員会は、「富岡製糸場と絹産業遺産群」(群馬県)の世界文化遺産登録を決定

8・21◉昭和天皇の生涯を記述した「昭和天皇実録」が完成。体裁は和とじ本で本文60冊に目次・凡例1冊の計61冊、約1万2000ページ

11・10◉俳優の高倉健さんが悪性リンパ腫のため死去、83歳

11・26◉ユネスコは「和紙 日本の手漉和紙技術」の無形文化遺産登録を決定

【音楽】

三代目J Soul Brothers from EXILE TRIBE「R.Y.U.S.E.I.」／西内まりや「LOVE EVOLUTION」／AKB48「ラブラドール・レトリバー」「希望的リフレイン」「前しか向かねぇ」

【映画】

外国映画『アナと雪の女王』米 監クリス・バック、ジェニファー・リー／『マレフィセント』米 監ロバート・ストロンバーグ 演アンジェリーナ・ジョリー／『ジャージー・ボーイズ』米 監クリント・イーストウッド 演ジョン・ヤング／『6才のボクが、大人になるまで。』米 監リチャード・リンクレイター 演パトリシア・アークエット

日本映画『永遠の0』（東宝）監山崎貴 演岡田准一／『STAND BY ME ドラえもん』（2014「STAND BY ME ドラえもん」製作委員会）監山崎貴／『るろうに剣心　京都大火編』（ワーナー・ブラザース）監大友啓史 演佐藤 健／『そこのみにて光輝く』（「そこのみにて光輝く」製作委員会）監呉美保 演綾野剛／『0.5ミリ』（ゼロ・ピクチュアズ）監安藤桃子 演安藤サクラ／『紙の月』（松竹）監吉田大八 演宮沢 りえ

【出版・文芸】

水野敬也、長沼直樹『人生はニャンとかなる！』／和田竜『村上海賊の娘』（上・下）／池井戸潤『銀翼のイカロス』／坪田信貴『学年ビリのギャルが1年で偏差値を40上げて慶應大学に現役合格した話』

【漫画】

尾田栄一郎「ONE PIECE」／諫山創「進撃の巨人」／岸本斉史「NARUTO」／椎名軽穂「君に届け」／荒川弘「銀の匙」／佐野菜見「坂本ですが？」／古舘春一「ハイキュー!!」／藤巻忠俊「黒子のバスケ」／咲坂伊緒「アオハライド」／松井優征「暗殺教室」／加藤和恵「青の祓魔師」／作貴家 悠、画橘 賢一「テラフォーマーズ」／大高忍「マギ」

▲世界文化遺産登録された富岡製糸場
…群馬県富岡市　2014年5月2日

▼3月31日「森田一義アワー 笑っていいとも！」が放送終了。2002年に「生放送単独司会世界最高記録」としてギネスブックに認定されたタモリさん
…2002年12月撮影

【テレビ】

「ドクターX～外科医・大門未知子～」テレビ朝日／「HERO」フジテレビ／「相棒season13・12」テレビ朝日／「きょうは会社休みます。」「花咲舞が黙ってない」日本テレビ／「軍師官兵衛」NHK大河ドラマ／「ザ！鉄腕！DASH!!」「世界の果てまでイッテQ！」「行列のできる法律相談所」日本テレビ／「ぴったんこカン・カン」TBS／「世界一受けたい授業」「世界まる見え！テレビ特捜部」日本テレビ

3・31◉「笑っていいとも！グランドフィナーレ感謝の超特大号」（フジテレビ）が平均視聴率28・1％を獲得し話題となった。

【CM】

「au学割特訓編他」（KDDI）／「TOYOTOWN どこでもノア　のび太とジャイ子の娘編他」（トヨタ自動車）／「カップヌードル　壁ドン編他」（日清食品）／マキアージュ　初、咲、唇。編他」（資生堂）／「行くぜ、東北。」（東日本旅客鉄道）

◀赤瀬川原平

◀高倉健

冥友録

1・3◉やしきたかじん（64歳）歌手、タレント／**1・16◉小野田寛郎**（91歳）旧日本陸軍軍人／**1・20◉クラウディオ・アバド**（80歳）イタリアの指揮者／**1・27◉ピート・シーガー**（94歳）米のシンガー・ソングライター／**2・2◉フィリップ・シーモア・ホフマン**（46歳）米・俳優／**2・10◉シャーリー・テンプル**（85歳）米・女優／**2・10◉山本邦山**（76歳）尺八奏者、人間国宝／**2・28◉まど・みちお**（104歳）詩人／**3・1◉アラン・レネ**（91歳）仏・映画監督／**3・19◉平田暁夫**（89歳）帽子デザイナー／**3・30◉蟹江敬三**（69歳）俳優／**4・8◉周富徳**（71歳）中華料理人／**4・17◉ガルシア・マルケス**（87歳）コロンビアのノーベル文学賞作家／**4・20◉ルビン・カーター**（76歳）黒人の米プロボクサー／**4・30◉渡辺淳一**（80歳）作家、医学博士／**5・15◉鈴木則文**（80歳）映画監督／**5・25◉ウォイチェフ・ヤルゼルスキ**（90歳）ポーランド元共産党第1書記、初代大統領／**7・7◉エドアルド・シェワルナゼ**（86歳）ソ連外相、グルジア大統領／**7・14◉深田祐介**（82歳）作家／**8・11◉ロビン・ウィリアムズ**（63歳）米俳優／**8・26◉米倉斉加年**（80歳）俳優で演出家、絵本作家／**8・29◉龍虎**（73歳）大相撲元小結、俳優／**9・6◉山口洋子**（77歳）銀座のクラブのママで作詞家、作家／**9・7◉山口淑子**（94歳）女優で歌手「李香蘭」、参院議員／**9・18◉宇沢弘文**（86歳）経済学者／**9・20◉土井たか子**（85歳）元社民党党首、衆議院議長／**9・26◉香川伸行**（52歳）プロ野球選手／**10・2◉坂本義和**（87歳）国際政治学者／**10・26◉赤瀬川原平**（77歳）美術家、作家／**10・31◉本島等**（92歳）元長崎市長／**11・7◉徳大寺有恒**（74歳）自動車評論家／**11・10◉高倉健**（83歳）東映の看板スター／**11・25◉国弘正雄**（84歳）同時通訳の草分け、元社会党参院議員／**11・27◉松本健一**（68歳）評論家／**11・28◉菅原文太**（81歳）俳優／**11・30◉呉清源**（100歳）囲碁棋士九段「昭和の碁聖」／**12・22◉ジョー・コッカー**（70歳）英ロック歌手

2015
平成27年

訪日外国人が前年比47・1％増の2000万人弱、その消費額が同71・0％増の3兆5000億円と、いずれも過去最高を更新。目抜き通りでは大型バスで乗り付けた中国人らが爆買い。ラグビーW杯で日本代表が強豪の南アフリカを破る歴史的勝利。記録的な豪雨で鬼怒川の堤防が決壊、住宅が激流に流される衝撃的な映像。集団的自衛権を認める安全保障関連法が参議院本会議で成立。国会周辺では連日、反対デモ。北陸新幹線が金沢まで開業、東京―金沢間が最速2時間28分に。

▼安保関連法案に反対デモ
…国会議事堂前 2015年9月18日

出来事

◀無罪判決を受けて会見をする藤井浩人美濃加茂市長(中央)
…名古屋地裁 2015年3月5日

1・7◉パリの週刊紙「シャルリーエブド」本社で12人死亡、約20人が負傷する銃乱射テロ

1・20◉「イスラム国」(IS)がジャーナリストの後藤健二さんと千葉市の湯川遥菜さんの殺害を予告するビデオ声明を公開。24日、湯川遥菜さん殺害画像を公開

1・27◉名古屋大の女子学生が77歳知人を殺害。「殺してみたかった」と供述

1・28◉国内航空3位のスカイマークが東京地裁に民事再生法適用を申請

2・14◉デンマーク・コペンハーゲンで銃乱射事件。カフェでの集会に覆面男が乱射、1人死亡。15日にもシナゴーグ銃撃で1人死亡

2・15◉埼玉県所沢市で小中学校の教室にエアコン設置で住民投票。設置賛成5万6921、反対3万0047。投票率31・54％

2・18◉1995年の八王子スーパーナンペイ事件。現場に残された粘着テープから10年前死亡の日本人男性の指紋確認

2・20◉川崎市の多摩川河川敷で同市内の中学1年、上村遼太さん(13)の遺体が見つかる。27日、殺人容疑で17～18歳の少年3人逮捕

2・24◉東電、福島第1原発2号機建屋の高濃度汚染水を発表。一部外洋流出、10カ月公表せず

3・3◉後見人の立場を悪用し、1260万円着服容疑で元弁護士を逮捕

3・3◉群馬大病院腹腔鏡手術問題。群馬大病院が10年から14年までに死亡した8人「全て過失」の最終報告発表

3・3◉戦艦武蔵の船体発見か。米マイクロソフトの共同創業者が潜水調査

3・5◉名古屋地裁は受託収賄罪などの藤井浩人岐阜県美濃加茂市長に無罪判決

3・9◉兵庫県洲本市で男女5人が刺され死亡。現場近くに住む無職男を逮捕

3・9◉アルゼンチンで番組収録中のヘリ墜落、フランスの五輪「金」選手ら10人死亡

3・12◉防衛省は辺野古海底ボーリング調査を再開。沖縄県との対立先鋭化

3・12◉女子大学院生殺害容疑、アカトンボの生態研究の福井大准教授を逮捕

3・13◉原発事故後の除染で出た福島県内の汚染土を同県大熊町の中間貯蔵施設建設予定地に初搬入

3・14◉北陸新幹線が長野―金沢間230キロを延伸し開業。東京―金沢間は最短2時間28分

3・15◉サイクロン直撃のバヌアツが非常事態宣言。死者24人、3300人が避難

3・17◉関西電力は運転開始から40年を超えた美浜原発1、2号機の廃炉を決定

3・17◉東洋ゴム工業子会社の免震装置の性能不足問題で、国土交通省が公共施設15棟を発表

3・18◉チュニジアで博物館がイスラム過激派組織に襲撃され、観光客ら22人死亡。日本人3人死亡、3人けが

3・18◉九州電力が玄海原発1号機の廃炉決定。中国電力の島根原発1号機も廃炉

3・23◉シンガポール「建国の父」、リー・クアンユー元首相が死去。91歳

3・24◉150人乗りのドイツ旅客機がフランス南部で墜落。日本人2人を含む全員が死亡。副操縦士が機長を操縦室から閉め出し、墜落させた

3・24◉東京・葛西臨海水族園で原因不明のクロマグロ大量死。とうとう1匹に

3・25◉原子力規制委員会の有識者調査団は敦賀原発2号機と東通原発1号機の敷地内断層を新規制基準で定める活断層と認める報告書を提出

3・27◉経営権を巡って父娘が対立していた大塚家具の株主総会で、61％の支持を集めた娘の大塚久美子氏の社長続投が決定。大塚勝久会長退任

4・1◉待機児童の解消や認定こども園の拡大を目指す「子ども・子育て支援新制度」が始まる

4・1◉体にどのようによいかを表示できる「機能性

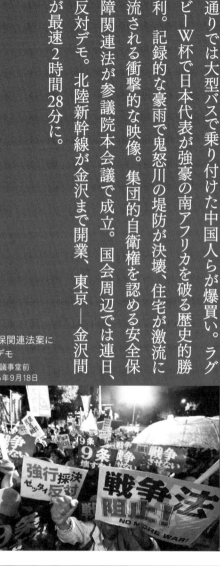

▲汚染土が運び込まれた
中間貯蔵施設の建設予定地
…福島県大熊町　2015年3月13日

▲再開された辺野古沖の
海底ボーリング調査
…沖縄県名護市　2015年3月12日

▲北陸新幹線が延伸開業。
金沢駅を出発する上り一番列車「かがやき」…JR金沢駅　2015年3月14日

▲首相官邸の屋上に墜落した
「ドローン」を調べる捜査員
…2015年4月22日

◀唯一生き残ったクロマグロ
…東京・葛西臨海水族園
２０１５年５月15日

表示食品制度」がスタート

4・1◉厚生労働省が年金の「マクロ経済スライド」を初めて実施

4・8◉天皇、皇后両陛下が戦後70年で、戦没者慰霊のためパラオ共和国を初訪問。9日には太平洋戦争の激戦地ペリリュー島の慰霊碑に供花

4・10◉東大寺大仏殿などの文化財に油をかける被害、6府県23カ所に拡大。

4・12◉統一地方選前半戦の10道県知事選全てで与党が支援する現職が勝利。知事選平均投票率は初めて50%を割り込む

4・14◉福井地裁は関西電力高浜原発3、4号機に危険があるとして再稼働を認めない仮処分を決定

4・18◉リビア沖で難民を乗せた密航漁船が転覆。死者７００人超

4・21◉リニア最新型「Ｌ０系」が初の時速６０３キロを記録。鉄道の世界最高速度を更新

4・21◉東洋ゴムの免震装置不正問題。新たに90棟で性能不足製品使用が判明

4・22◉首相官邸の屋上で小型無人機「ドローン」発見。微量の放射性セシウム検出。25日、威力業務妨害容疑で福井県在住の男(40)を逮捕

4・25◉ネパール中部でマグニチュード７・８の地震。建物が倒壊し、９０００人近くが死亡

4・29◉安倍首相が米議会の合同会議で演説。国会審議前の安全保障法制の今夏成立を約束

5・8◉トヨタ自動車の２０１５年３月期最終利益は２兆１７３３億円となり、過去最高に。２兆円超は日本企業で初めて

5・14◉シャープが２０１５年３月期連結決算の最終損益が２２２３億円の赤字と発表。その後も業績は改善せず、液晶事業売却交渉などが続く

5・17◉大阪市を廃止し五つの特別区に再編する「大阪都構想」が住民投票で否決。橋下徹大阪市長は任期満了(12・18)をもって政界引退を表明

5・17◉川崎市の簡易宿泊所火災で11人死亡。違法建築が明らかに

5・20◉日本動物園水族館協会が追い込み漁で捕獲されたイルカの入手禁止を発表

5・27◉米司法省が国際サッカー連盟(ＦＩＦＡ)の幹部

▶安全保障関連法案反対デモ
…国会議事堂前　2015年5月26日

らを贈収賄などで起訴。6月2日にはブラッター会長が引責辞任の意向を表明

5・29◉鹿児島県・口永良部島(屋久島町)の新岳が爆発的噴火。火砕流が発生し全島民137人が避難

5・30◉小笠原沖で震源が世界最深級のM8・1地震。初めて全都道府県で震度1を観測

6・4◉衆院憲法審査会で参考人の憲法学者3人全員が安全保障関連法案は「憲法9条違反」と明言

6・17◉選挙権年齢を「18歳以上」に引き下げる改正公職選挙法が成立。引き下げは70年ぶり

▶安全保障関連法案を強行採決した浜田靖一委員長(中央)に抗議する野党議員
…国会内　2015年7月15日

6・17◉電力販売を全面自由化する改正電気事業法が成立。16年4月から家庭向け電力も自由化へ

6・30◉東京発新大阪行き東海道新幹線「のぞみ」の車内で乗客の男(71)が焼身自殺。女性1人が巻き添え死

7・14◉イラン核問題、欧米など6カ国とイランが包括的共同行動計画で最終合意

7・15◉安全保障関連法案が衆院平和安全法制特別委員会で与党単独による強行採決で可決。16日には衆院通過

7・20◉米国とキューバが54年ぶりに国交を回復、双方の首都で大使館を再開

7・21◉東芝の田中久雄社長など歴代3社長が、組織的な不正会計処理問題の責任をとって辞任

7・28◉参院選の定数を10増10減する改正公職選挙法が成立。合区で「鳥取・島根」「徳島・高知」両選挙区が誕生

8・1◉来春卒業予定の大学生を対象にした企業の採用面接が解禁

8・11◉九州電力の川内原発1号機が再稼働。国内で約2年ぶりに「原発ゼロ」状態が終了。10月15日には同2号機も再稼働

8・12◉中国天津市の工業地帯で大規模爆発、死傷者多数。22日には山東省の化学工場でも大規模爆発

8・13◉大阪府寝屋川市の中学1年の少女が遺体で発見。21日には同級生の少年の遺体も発見され、同府警は不審車の男(45)を逮捕

8・17◉タイ・バンコク中心部で爆破テロ。20人死亡、約130人負傷

8・27◉国内最大の指定暴力団・山口組が分裂。山健組などが「神戸山口組」を結成

9・1◉2020年東京五輪で佐野研二郎氏がデザインした公式エンブレムを大会組織委員会が白紙撤回

9・10◉関東、東北地方で記録的大雨。茨城県常総市で鬼怒川の堤防が決壊

9・14◉埼玉県熊谷市で夫婦が殺害され、16日にも4人殺害。ペルー国籍の男が逮捕

9・18◉ドイツ・フォルクスワーゲンのディーゼル車で排ガス規制逃れが発覚。22日、同社はディーゼル車の不正対象が世界で1100万台に上ると発表

9・19◉安全保障関連法が参院本会議で自民・公明両党、野党3党などの賛成多数で可決、成立。国会議事堂周辺では連日、反対デモ

9・19◉ラグビー・ワールドカップ1次リーグ初戦で日本が南アフリカを34-32で破る歴史的快挙。日本はこの大会で3勝を挙げた

9・24◉サウジアラビアのイスラム教聖地メッカ近郊の谷メナーで圧死事故。死者2000人超

10・1◉スポーツ庁設置。初代長官に競泳金メダリストの鈴木大地氏

10・5◉マイナンバー制度関連法施行。23日「通知カード」の配達開始

10・7◉第3次安倍改造内閣が発足。新たな看板として掲げる「1億総活躍社会」の担当相を新設

10・9◉世界記憶遺産に中国が申請した旧日本軍による「南京大虐殺」に関する資料や、日本が申請したシベリア抑留者の引き揚げ記録が登録

10・10◉トルコの首都アンカラで自爆テロ。約100人死亡。

10・13◉沖縄県の翁長雄志知事が名護市辺野古沿岸部の埋め立て承認を取り消し

10・14◉三井不動産レジデンシャルが販売した横浜市の大型マンションで一部のくいが強固な地盤に届かず、データも改ざんされていたことが発覚

10・31◉エジプト発ロシア行きの旅客機が墜落、乗

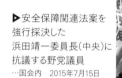

客・乗員224人全員死亡。ロシアなどは、ISへの空爆に対する報復の爆弾テロと断定

◀鬼怒川堤防決壊。濁流にのみ込まれた住宅地 …茨城県常総市 2015年9月10日

10・31◉橋下徹氏が率いる新党「おおさか維新の会」が結党大会。19人の国会議員が参加

11・4◉日本郵政グループの日本郵政、ゆうちょ銀行、かんぽ生命保険が同時上場。終値は売り出し価格を超え、3社の時価総額は約16兆円

11・5◉同性カップルを「結婚に相当する関係」と認める制度を創設した東京都渋谷区と世田谷区が、最初の証明書を交付

11・7◉シンガポールで、1949年の分断後初となる中台首脳会談。台湾海峡の平和の重要性を確認

◀鬼怒川堤防決壊。屋根からヘリコプターで救助される人たち …茨城県常総市 2015年9月10日

11・8◉ミャンマーの民政移管後初の総選挙で、アウンサンスーチー氏率いる国民民主連盟が勝利

11・9◉世界反ドーピング機関(WADA)の第三者委員会がロシア陸上界の組織的ドーピングを認定

11・10◉プロ野球・巨人の3投手が野球賭博関与により無期の失格処分に。巨人は契約を解除

◀鬼怒川堤防決壊。濁流にのまれる家の屋根に避難する住人 …茨城県常総市 2015年9月10日

11・13◉パリで劇場や競技場など6カ所を狙った同時多発テロ。死者130人。ISが犯行声明

11・22◉大阪府知事・大阪市長のダブル選で、いずれも地域政党「大阪維新の会」の公認候補が当選

11・24◉旭化成建材が過去のくい打ち工事3052件中、360件で施工データに不正があったと発表

11・25◉昨年の衆院選を巡る「1票の格差」訴訟の上告審判決で、最高裁大法廷が「違憲状態」と判断

12・2◉米カリフォルニア州の福祉施設で銃乱射事件。14人が死亡し、警察は容疑者2人を射殺

12・8◉居酒屋「和民」の女性社員過労自殺訴訟が和解。会社側が遺族に1億3365万円支払う

12・16◉米連邦準備制度理事会(FRB)が7年間続けたゼロ金利政策を解除、利上げを決めた

12・21◉国際サッカー連盟のブラッター会長とプラティニ副会長が金銭授受で8年間の活動停止に

12・24◉関西電力高浜原発3、4号機が危険だとして運転を禁じた福井地裁仮処分決定(4月)を同地裁が取り消し、再稼働が可能に

12・25◉中国が主導する「アジアインフラ投資銀行(AIIB)」が発足。創設メンバーは57ヵ国。日米は不参加

12・28◉慰安婦問題で日韓外相が「最終的かつ不可逆的」な解決で合意。日本が韓国の財団に10億円程度を支出。安倍晋三首相はおわびと反省を表明

話題

欧州でシリアなどからの難民が急増。12月初旬までに約95万人が流入

【流行語】

爆買い／トリプルスリー／アベ政治を許さない／安心して下さい(穿いてますよ)／一億総活躍社会／エンブレム／五郎丸(ポーズ)／SEALDs／ドローン／ラッスンゴレライ／下流老人

【流行】

ガウチョパンツ／コーディガン／「がんばらないブラ」／鮮やかな赤い口紅

【新商品・ヒット商品】

コンビニドーナツ／塩パン／「インスタグラム」／「iPhone6s Plus」／4代目「ロードスター」／4代目「プリウス」／スキレット／「スプラトゥーン」／「火花」／「まいにち、修造！」／プレミアム商品券／北陸新幹線／民泊／LCC専用ターミナル／ハロウィーン

【スポーツ】

1・10◉全国大学ラグビー選手権で帝京大が6連覇。連覇記録を更新

1・16◉プロ野球・DeNA創業者の南場智子氏が女性初の球団オーナーに就任

2・3◉サッカー日本代表のアギーレ監督が解任。3月12日、ボス

▶陸上の全日本競歩能美大会
男子20キロで
世界記録を樹立した鈴木雄介
…石川県能美市　2015年3月15日
©共同通信

▼サニブラウン・ハキーム
日本ジュニア陸上選手権
男子100メートル予選
…名古屋市・パロマ瑞穂スタジアム
2015年10月17日

ニア・ヘルツェゴビナ出身のバヒド・ハリルホジッチ氏の就任が正式決定

3・15◉陸上の全日本競歩能美大会男子20キロ競歩で、鈴木雄介が1時間16分36秒の世界新記録

5・2◉ボクシングの「世紀の対決」、世界ウエルター級王座統一戦でフロイド・メイウェザー(米国)がマニー・パッキャオ(フィリピン)に判定勝ち。報酬は計約336億円でスポーツ史上最大級の興行

5・18◉テコンドーの世界選手権女子57キロ級で浜田真由が優勝。五輪、世界選手権を通じて日本選手初の金メダル

5・23◉東京六大学春季リーグ戦で東大が法大に延長10回6—4で勝ち、連敗を94で止めた

6・25◉東京五輪・パラリンピック担当大臣に遠藤利明衆議院議員が就任

7・3◉セ・リーグ全6球団が勝率5割未満となる史上初の珍事。交流戦でパ・リーグに大きく負け越したことが影響

7・5◉サッカー女子ワールドカップカナダ大会決勝で日本が米国に2—5で敗れ準優勝

7・15◉陸上の世界ユース選手権男子100メートルで16歳のサニブラウン・ハキームが大会新記録の10秒28で優勝。200メートルも20秒34で制して2冠。

7・28◉中日の谷繁元信監督兼捕手が野村克也を抜いて単独最多3018試合出場。その後、記録を3021まで伸ばして今季で引退

8・9◉水泳の世界選手権男子400メートル個人メドレーで瀬戸大也が優勝、日本勢初の世界選手権連覇

8・9◉プロ野球・中日の山本昌が49歳11カ月で先発し、自身の持つプロ野球最年長出場・登板・先発記録を更新。10月に50歳1カ月まで記録を伸ばし、引退

8・12◉大リーグ・マリナーズの岩隈久志が、オリオールズ戦で無安打無得点試合

8・15◉イチローが日米通算4193安打とし、メジャー歴代2位のタイ・カッブ(4191安打)を超える

9・2◉付き人を金属バットで殴った大相撲・熊ケ谷親方(元十両・金親)を逮捕。その後、日本相撲協会が解雇処分

9・17◉日本代表コーチを務め、日本サッカー発展に尽力したドイツ人のデットマール・クラマー氏が死去。90歳

10・1◉プロ野球・西武の秋山翔吾がシーズン最多216安打の新記録

▲トリプルスリー、
プロ野球・ヤクルトの山田哲人
…神宮球場　2015年10月27日

▶トリプルスリー、
プロ野球・ソフトバンクの
柳田悠岐…2015年9月15日

10・4◉プロ野球・ヤクルトの山田哲人がプロ野球史上9人目の「トリプルスリー」(打率3割、30本塁打、30盗塁)。ソフトバンクの柳田悠岐も史上10人目のトリプルスリー。1シーズンに2人の達成は65年ぶり

10・28◉体操の世界選手権の男子団体総合で、日本が37年ぶりの優勝。30日には男子個人総合で内村航平が6連覇

10・29◉プロ野球日本シリーズ、福岡ソフトバンクが2年連続優勝。福岡ソフトバンク4—1ヤクルト

11・20◉第55代横綱で幕内優勝24回の日本相撲協会の北の湖理事長(本名=小畑敏満)が死去。62歳

12・18◉大相撲第13代理事長に八角親方(元横綱・北勝海)が選出

12・21◉FIFA倫理委員会は、ブラッター会長と、プラティニ副会長にそれぞれ8年間の活動停止処分と罰金を科したと発表

【科学・学術】

7・14◉米無人探査機ニューホライズンズが人類初の冥王星接近観測

10・5◉寄生虫感染症の薬開発に貢献した大村智・北里大特別栄誉教授(80)がノーベル医学生理学賞に決定

10・6◉素粒子ニュートリノの正体に迫った梶田隆章・東京大宇宙線研究所長(56)がノーベル物理学賞に決定

12・7◉金星探査機あかつきが金星周回軌道投入。日本初の惑星周回

▲『火花』が大ベストセラーとなった
お笑い芸人のピースの又吉直樹さん
…東京都新宿区　2015年3月12日

【文化・芸術・芸能】

1・9◉『文學界』2月号(1月7日発売)の再増刷を決定。ピース又吉の「火花」の掲載で、発売2日後で4万部

4・16◉米誌『タイム』が毎年恒例の「世界で最も影響力のある100人」

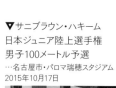

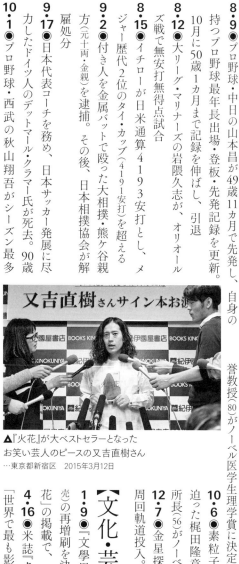

を発表。日本人は村上春樹と片付けコンサルタントの近藤麻理恵

7・5◉「明治日本の産業革命遺産」がユネスコの世界文化遺産に登録決定

10・10◉第二次大戦後のシベリア抑留資料「舞鶴への生還」と京都・東寺に伝わる国宝「東寺百合文書」が世界記憶遺産に登録。

【音楽】

三代目J Soul Brothers from EXILE TRIBE「Unfair World」／こぶしファクトリー「ドスコイ！ケンキョにダイタン」／AKB48「僕たちは戦わない」「ハロウィン・ナイト」

【映画】

外国映画『ジュラシック・ワールド』**米** **監**コリン・トレヴォロウ **演**クリス・プラット／『マッドマックス　怒りのデス・ロード』**豪** **監**ジョージ・ミラー **演**トム・ハーディ／『アメリカン・スナイパー』**米** **監**クリント・イーストウッド **演**ブラッドリー・クーパー／『アンジェリカの微笑み』**スペイン・仏・ブラジル・ポルトガル** **監**マノエル・デ・オリベイラ **演**リカルド・トレパ

日本映画『映画　妖怪ウォッチ　誕生の秘密だニャン！』（『妖怪ウォッチ』プロジェクト2014）**監**ウシロシンジ、高橋滋春／『バケモノの子』（THE BOY AND THE BEAST FILM PARTNERS）**監**細田守／『HERO』（フジテレビジョン）**監**鈴木雅之 **演**木村拓哉／『恋人たち』（松竹ブロードキャスティング）**監**橋口亮輔 **演**篠原篤／『野火』（自主製作）**監・演**塚本晋也

▲船戸与一

▼桂米朝

▲文化勲章を受章し笑顔を見せるノーベル医学生理学賞の大村智さん（左）と同物理学賞受賞の梶田隆章さん…皇居　2015年11月3日

【出版・文芸】

又吉直樹『火花』／ジェニファー・L・スコット『フランス人は10着しか服を持たない』／下重暁子『家族という病』／渡辺和子『置かれた場所で咲きなさい』／住野よる『君の膵臓をたべたい』／小熊英二『生きて帰ってきた男―ある日本兵の戦争と戦後』

◈電子出版市場が31・3％増の1502億円と拡大。

【漫画】

原泰久「キングダム」／**作**貴家悠 **画**橘賢一「テラフォーマーズ」（週刊ヤングジャンプ）／平本アキラ「監獄学園」（週刊ヤングマガジン）／花沢健吾「アイアムアヒーロー」（ビッグコミックスピリッツ）／九井諒子「ダンジョン飯」（ハルタ）／ふじた「ヲタクに恋は難しい」（一迅社）／石田スイ「東京喰種トーキョーグール」（週刊ヤングジャンプ）／鈴木央「七つの大罪」（週刊少年マガジン）

【テレビ】

「あさが来た」NHK／「下町ロケット」「天皇の料理番」TBS／「アイムホーム」「DOCTORS3　最強の名医」テレビ朝日、「〇〇妻」／「世界の果てまでイッテQ！」「ザ！鉄腕！DASH!!」「行列のできる法律相談所」日本テレビ／「ぴったんこカン・カン」TBS

【CM】

「au　三太郎シリーズ・あたらしい英雄編他」（KDDI）／「RIZAP　つぎつぎと！イキイキと！編他」（RIZAP）／「WAKE　WAKE兄弟　ゴルフ編他」（ダイハツ工業）／「ジョージア　世界は誰かの仕事でできている。」大工編他」（日本コカ・コーラ）／「ボス　宇宙人ジョーンズシリーズ　プレミアム京都編他」（サントリー食品インターナショナル）

▼福島菊次郎

▼水木しげる

冥友録

1・20◉斉藤仁（54歳）柔道五輪金メダリスト／**1・21◉陳舜臣**（90歳）作家、中国歴史小説／**1・29◉河野多恵子**（88歳）作家／**1・31◉リヒャルト・フォン・ワイツゼッカー**（94歳）統一独初代大統領／**3・19◉桂米朝**（89歳）落語家、人間国宝／**3・23◉リー・クアンユー**（91歳）シンガポール元首相／**4・13◉ギュンター・グラス**（87歳）独の作家／**4・14◉小島功**（87歳）漫画家／**4・16◉白川道**（69歳）作家／**4・22◉船戸与一**（71歳）作家／**4・26◉谷桃子**（94歳）元日本バレエ協会会長／**5・2◉マイヤ・プリセツカヤ**（89歳）バレリーナ／**5・14◉B・B・キング**（89歳）米の歌手「ブルースの王様」／**5・17◉車谷長吉**（69歳）作家／**6・11◉オーネット・コールマン**（85歳）米のジャズ奏者／**7・5◉南部陽一郎**（94歳）米シカゴ大名誉教授ノーベル物理学賞／**7・7◉菊地雅章**（75歳）ジャズピアニスト／**7・10◉オマー・シャリフ**（83歳）エジプトの俳優／**7・14◉高橋一三**（69歳）巨人軍投手／**7・19◉紀平悌子**（87歳）日本婦人有権者同盟会長／**7・20◉鶴見俊輔**（93歳）哲学者、評論家／**7・21◉川崎敬三**（82歳）俳優「アフタヌーンショー」の司会／**8・3◉阿川弘之**（94歳）作家／**8・5◉花紀京**（78歳）吉本新喜劇・元座長／**9・5◉原節子**（95歳）女優／**9・24◉福島菊次郎**（94歳）報道写真家／**10・7◉橘家円蔵**（81歳）落語家／**10・31◉佐木隆三**（78歳）作家／**11・20◉北の湖敏満**（62歳）日本相撲協会理事長、第55代横綱／**11・30◉水木しげる**（93歳）妖怪漫画の第一人者／**12・9◉野坂昭如**（85歳）作家／**12・19◉クルト・マズア**（88歳）独指揮者／**12・24◉国本武春**（55歳）浪曲師

2016
平成28年

歴史学者が言う「災間」の時代、熊本で最大震度７の大地震。「都民ファースト」の小池百合子元防衛大臣が初の女性都知事。天皇陛下が生前退位のご意向をビデオメッセージで。知的障がい者施設で元職員が入所者19人を刺殺。米大統領に不動産王ドナルド・トランプ。英国民投票でEU離脱派勝利。総人口に占める65歳以上が26・6%。ボブ・ディランにノーベル文学賞。人気アイドルグループ・SMAP解散

▼熊本地震。倒壊した家屋から女性を救出する警察官
…熊本県南阿蘇村 2016年4月16日撮影

出来事

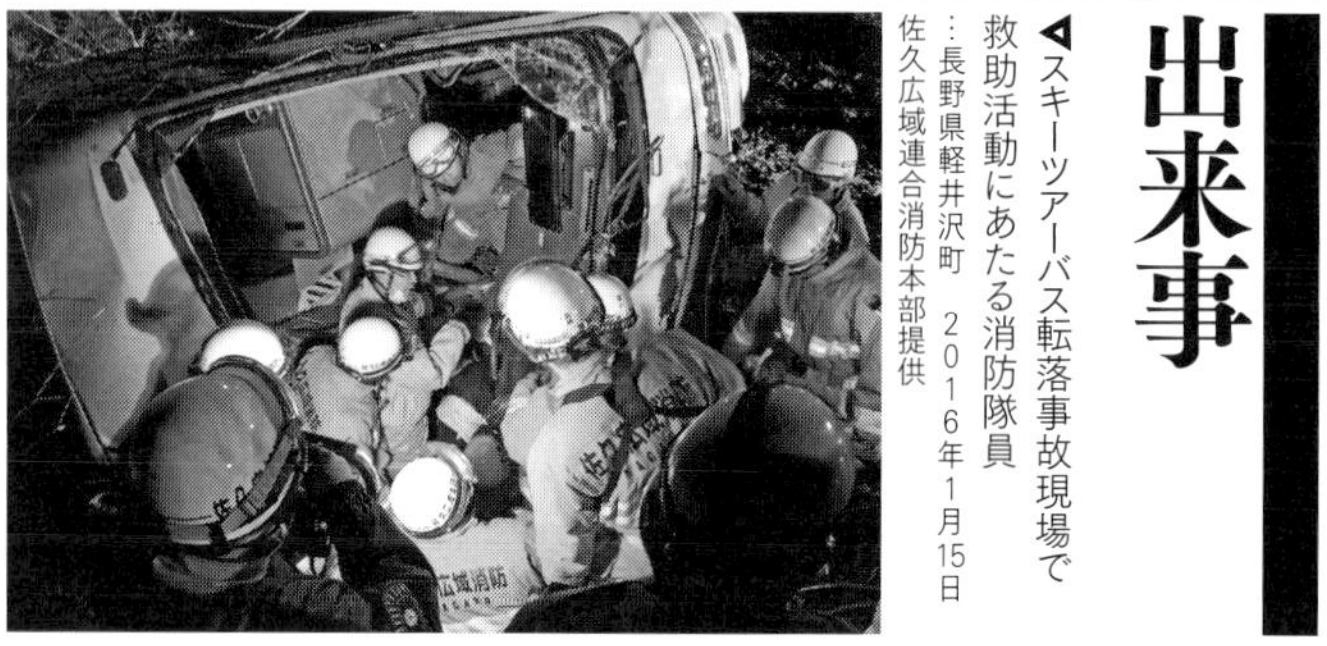

◀スキーツアーバス転落事故現場で救助活動にあたる消防隊員
…長野県軽井沢町 ２０１６年１月15日 佐久広域連合消防本部提供

1・1◉マイナンバー制度がスタート

1・6◉北朝鮮が「初の水爆実験に成功した」と発表

1・13◉ココイチの廃棄ビーフカツ転売で産廃処理業者「ダイコー」に立ち入り調査。大手スーパーや大手食品の委託廃棄食品横流し

1・15◉長野県軽井沢町の「碓氷バイパス」でスキーツアーバスが暴走転落。乗客の大学生ら計15人が死亡

1・16◉台湾総統選で野党・民進党の蔡英文主席が初当選。初の女性総統が誕生

1・18◉SMAP解散騒動に５人揃い謝罪、存続会見。「前を見て進みたい」。瞬間最高視聴率37・2%

1・19◉身寄りのない高齢者の身元保証や生活支援サービスなどをしていた公益財団法人「日本ライフ協会」が、預託金２億７４００万円を流用。全理事辞任

1・28◉都市再生機構を巡るトラブル仲裁で、甘利明経済再生担当相が千葉県の建設会社からの現金授受疑惑を受けて閣僚辞任

1・29◉日銀が初の「マイナス金利」に踏み込んだ追加の金融緩和策を決定。２月16日から実施

2・2◉西武や巨人で活躍した元プロ野球選手、清原和博容疑者を警視庁が覚せい剤取締法違反で逮捕

2・4◉環太平洋パートナーシップ協定（TPP）参加12カ国がニュージーランドで協定文に署名

2・7◉北朝鮮が予告していた事実上の長距離弾道ミサイルとなる「人工衛星」を発射

2・26◉２０１５年国勢調査速報値の総人口１億２７１１万47人。１９２０年調査以来初の減少

3・8◉巨人・高木京介選手が新たに野球賭博関与発覚。渡辺恒雄最高顧問、白石興二郎オーナー、桃井恒和会長の３首脳辞任

3・12◉２０１５年８月中野で25歳女性が自宅で殺害された事件で、37歳男を逮捕。現場付近の１０００人のDNA型を照合、事件後福島県に引っ越した男が一致

3・20◉オバマ米大統領がキューバを訪問。現職大統領の訪問は88年ぶり

3・22◉ベルギーの首都ブリュッセルの空港や地下鉄で連続爆破テロ。死者34人

3・25◉四国電力は、来年に運転開始40年となる伊方原発１号機（愛媛県伊方町）の廃炉を決定

3・26◉北海道新幹線が開業。東京―新函館北斗間を最速４時間２分で運行

3・27◉民主党と維新の党が合流、衆参１５６人で新党「民進党」旗揚げ

3・27◉２０１４年に埼玉県朝霞市で行方不明になった女子中学生を東京・中野で保護。未成年者誘拐の容疑者は23歳の男

3・30◉台湾の電子機器受託製造大手、鴻海（ホンハイ）精密工業はシャープの買収を正式決定

3・30◉東芝は白物家電子会社、東芝ライフスタイルを中国の家電大手「美的集団」に売却することで合意

3・30◉ミャンマーで約半世紀ぶりに文民政権発足。アウンサンスーチー氏は国家顧問兼外相として政権を事実上率いる

4・5◉アイスランドのグンロイグソン首相が辞任を表明。機密の金融取引文書「パナマ文書」で資産隠し疑惑が浮上。同文書の流出で政府首脳が辞任するのは初めて

4・14◉熊本県益城町でM６・５、震度７を観測する強い地震。気象庁は15日、「２０１６年熊本地震」と命名。16日には熊本地方を震源にM７・３、最大震度７の地震が発生。一連の地震で死者50人

4・16◉南米エクアドル沿岸部でM７・８の大地震。死者６６０人超。大被害の６州で非常事態を宣言

4・20◉三菱自動車工業が軽自動車４車種計62万５０００台で燃費試験の数値を不正操作していたと発表

4・20◉囲碁の井山裕太６冠（本因坊、棋聖、名人、王座、天元、碁聖）が十段を奪取し、史上初の７冠

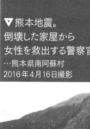

◀保釈された清原和博被告を乗せて警視庁を出る車
…東京都千代田区　2016年3月17日

◀シャープの高橋興三社長(左)にマフラーをかけ、肩を組んだ鴻海の郭台銘会長
…大阪府堺市　2016年4月2日

4・21◉新潟県佐渡市で、いずれも野生下で生まれ育ったトキのつがいから40年ぶりにひなが生まれたことを確認

4・25◉2020年東京五輪・パラリンピックの公式エンブレムに野老朝雄さんの作品「組市松紋」が選出

5・9◉フィリピン大統領選で、過激な発言で人気を集めるドゥテルテ・ダバオ市長が当選

5・9◉国際調査報道ジャーナリスト連合が租税回避地の不透明な取引に関する内部文書「パナマ文書」に載る約21万法人などをウェブサイトで公開

5・12◉燃費データ不正が発覚した三菱自動車が日産自動車と資本業務提携し、日産傘下に入ることを発表

5・21◉東京都小金井市で、アイドルの冨田真由さん(20)が、自称ファンの男に複数箇所を刺される

5・22◉全国のコンビニのATM約1400台で15日、偽造カードにより、18億円超が引き出されたことが判明

5・24◉取り調べの録音・録画(可視化)を義務付ける刑事司法改革関連法とヘイトスピーチ対策法が成立

5・26◉国内最高齢のゾウ、はな子(69歳)が東京・井の頭自然文化園で死亡

5・27◉オバマ米大統領が、現職の米大統領で初めて広島の平和記念公園を訪れ原爆慰霊碑に献花

▲熊本地震。役場前に避難した住民
…熊本県益城町　2016年4月15日

▼熊本地震。壊れた家から思い出の品を探す家族
…熊本県南阿蘇村　2016年4月19日

6・1◉日中戦争時の強制連行を巡り、中国人被害者・遺族と三菱マテリアルが和解。同社は謝罪し和解金を支払う

6・3◉元ヘビー級チャンピオンのムハマド・アリさん死去。74歳。人種差別、徴兵拒否、パーキンソン病と戦い続けた人生

6・8◉理化学研究所チームが合成した113番元素の名称案が「ニホニウム」に決定。日本発の元素命名は初めて

6・12◉米南部フロリダ州のナイトクラブで過激派組織「イスラム国」に忠誠を誓っていたとされる男が自動小銃などを乱射、49人殺害

6・15◉東京都の舛添要一知事が辞職願を提出し、都議会本会議が同意

6・19◉選挙権年齢を18歳以上に引き下げる改正公職選挙法施行。参政権の拡大は70年ぶり

6・20◉原子力規制委員会は、運転開始から40年を超えた関西電力高浜原発1、2号機の運転期間延長を認定

6・24◉欧州連合(EU)からの離脱の是非を問う英国の国民投票は離脱51・9%、残留48・1%で離脱票が過半数に。キャメロン首相が辞意を表明。東証一時1300円安、1万5000円割れ。円も一時100円の大台突破

▼七つのタイトルを書いた色紙を手にする
井山裕太七冠…東京都千代田区　2016年4月21日

6・29◉2015年国勢調査。総人口に占める65歳以上が26・6%。初めて高齢者の割合が4人に1人を超える

7・1◉バングラデシュの首都ダッカで武装集団がレストランを襲撃、立てこもり事件。日本人7人を含む人質20人が死亡

7・4◉岐阜・海津市で集団登校の列に突っ込み逃げたひき逃げ事件で児童8人けが。60代の男が故意にはねた疑い

7・7◉米国・ダラスの黒人殺害抗議デモで、警官を狙った銃撃で警官5人が死亡。相次ぐ警察官による黒人男性射殺事件への報復か

7・7◉永六輔さんが死去、83歳。ラジオ番組パーソナリティ、タレント、随筆家、元放送作家、作詞家。

7・10◉参議院選投開票。自公が改選過半数を大きく上回る70議席

◀オバマ米大統領が広島訪問。所感を述べた後、被爆者を抱きしめた
…広島・平和記念公園　2016年5月27日

▶EU離脱反対を訴え、デモ行進をする若者
…ロンドン　2016年6月24日

△元職員が入所者を複数殺害する事件があった津久井やまゆり園
…神奈川県相模原市　2016年7月26日

▼東京都知事選で当選した小池百合子元防衛相
…東京都豊島区　2016年7月31日

7・11◉英国の次期首相を決める保守党党首選でテリーザ・メイ内相の就任が決定。サッチャー氏以来の女性首相に。13日就任

7・12◉福島県南相馬市の避難指示解除。JR常磐線の小高—原ノ町間（9・4キロ）が再開

7・12◉中国が南シナ海で権利を主張する「九段線」に法的根拠なしと、オランダ・ハーグの仲裁裁判所が初の判断

7・14◉フランス南部ニースで、花火見物の群衆にトラックが突っ込み86人が死亡。バルス首相はテロと断定

7・18◉世界反ドーピング機関（WADA）がロシアの国家主導によるドーピング不正を認定。

7・19◉米共和党大会で、ドナルド・トランプ氏が大統領候補に正式指名

7・26◉相模原市の知的障がい者施設「津久井やまゆり園」に元職員が侵入、入所者19人を殺害。供述で障がい者への偏見示す

7・27◉子宮頸がんワクチン接種後に健康被害が出た女性らが、国とワクチン会社の責任を問う集団訴訟

7・28◉慰安婦問題に関する日韓合意に基づき、韓国政府は元慰安婦支援の「和解・癒やし財団」をソウルに設立

7・31◉舛添要一前知事の辞任に伴う東京都知事選で小池百合子氏が、政党の推薦候補らを大差で破り初当選。初の女性都知事に

8・3◉安倍再改造内閣が発足。防衛相に自民党の稲田朋美前政調会長が就任

8・5◉南米大陸初開催となる、夏季オリンピックのリオデジャネイロ大会開会（〜21日）。日本は過去最多となる金12、銀8、銅21個のメダル獲得

8・8◉天皇陛下が象徴としての務めに関しおことばを表明。退位の意向が強くにじむ内容

8・11◉「山の日」（8月11日）が国民の新しい祝日に。祝日がないのは6月だけに

8・14◉人気アイドルグループのSMAPが12月31日に解散すると、所属事務所が正式に発表

8・31◉前日岩手県に上陸した台風10号で同県岩泉町の川が氾濫、高齢者グループホームの入所者9人死亡

8・31◉東京都の小池百合子知事が、11月に予定されていた築地市場の豊洲への移転延期と発表

9・3◉将棋の藤井聡太三段（14）が四段昇段を決め、プロ棋士の最年少記録を62年ぶりに更新

9・7◉リオデジャネイロ・パラリンピックが開幕（〜18日）。日本はメダル24個を獲得。金メダルは夏季大会初のゼロ

9・9◉北朝鮮が北東部プンゲリで5回目の核実験。推定約10キロトンで過去最大

9・17◉40年連載の「こちら葛飾区亀有公園前派出所」最終回を収めた「週刊少年ジャンプ」発売

9・21◉豊洲新市場の盛り土問題で、石原慎太郎元知事が混乱を謝罪。関与は否定

9・29◉豊洲新市場の地下水調査、3地点で環境基準を超えるベンゼン、ヒ素検出

10・7◉左翼ゲリラとの内戦終結、和平努力でコロンビアのサントス大統領のノーベル平和賞受賞決定

10・7◉広告大手・電通の女性新入社員の自殺は、過重労働でうつ病発症と労災認定

10・12◉埼玉県新座市で埋設された東電の送電ケーブル出火。都内で大規模な停電

10・13◉病気療養中のタイのプミポン国王が死去、88歳

10・16◉新潟県知事選で、柏崎刈羽原発再稼働に慎重な新人の米山隆一氏が自公推薦候補らを破り初当選

10・26◉東日本大震災での宮城・大川小の津波被害を巡る訴訟で、仙台地裁が学校側の過失を認める判決

10・27◉天皇陛下の叔父、三笠宮崇仁さまが死去。100歳。陸軍少佐から歴史家へ。

10・28◉横浜市港南区で集団登校の列に軽トラックが突っ込み1年生男児が死亡。過失致死傷容疑で87歳の男を逮捕

10・31◉韓国の朴槿恵大統領から機密文書を受け取ったなどの疑惑で、親友の崔順実容疑者を逮捕

11・4◉国際協力で温室効果ガス削減を進める地球温暖化対策の新枠組み「パリ協定」発効

11・8◉米大統領選で共和党トランプ氏が民主党クリントン氏に勝利

11・8◉福岡市の「はかた駅前通り」で5車線の目抜き通りが約30mにわたり陥没。地下鉄工事が原因

11・9◉福島から避難の横浜・中1男子生徒が不登校に。2011年の転校直後からいじめ。

11・12◉相次ぐ高齢者運転事故。東京・立川で83歳運転の乗用車暴走で歩行者2人死亡

◁天皇陛下が象徴としての務めに関しおことばを表明…2016年8月8日

11・16◉原子力規制委が美浜原発3号機の運転延長認可。原発の「40年ルール」形骸化

11・20◉「駆け付け警護」の新任務付与の南スーダン国連平和維持活動（PKO）参加の陸上自衛隊約130人が出発

11・21◉トランプ次期米大統領が環太平洋パートナーシップ協定（TPP）離脱の方針を表明

11・25◉キューバのフィデル・カストロ前国家評議会議長が死去。90歳

11・29◉新潟、青森両県で毒性の強いH5型の高病原性鳥インフルエンザが検出され、鶏など計32万羽処分

12・9◉韓国国会は親友による国政介入事件を巡り朴槿恵大統領の弾劾訴追案を可決

12・13◉米軍普天間飛行場所属のオスプレイが沖縄・名護沖に不時着し大破。乗員5人は救助

12・14◉年金額抑制強化を柱とした年金制度改革関連法が成立

12・15◉カジノ解禁に向けた「統合型リゾート（IR）整備推進法」（カジノ法）が成立

12・19◉ベルリンで開かれていたクリスマス市に大型トラックが突っ込み60人死傷

12・20◉沖縄の米軍普天間飛行場の名護市辺野古沖への移設計画を巡り、埋め立て承認を取り消した翁長雄志知事を国が訴えた訴訟の最高裁上告審判決で県の敗訴が確定

12・21◉政府は福井県敦賀市の高速増殖原型炉「もんじゅ」の廃炉を正式決定

12・22◉新潟県糸魚川市の商店街で火災、約150棟延焼

12・28◉新入社員が過労自殺した問題で、広告代理店最大手・電通が労働基準法違反容疑で書類送検。石井直社長が引責辞任を表明

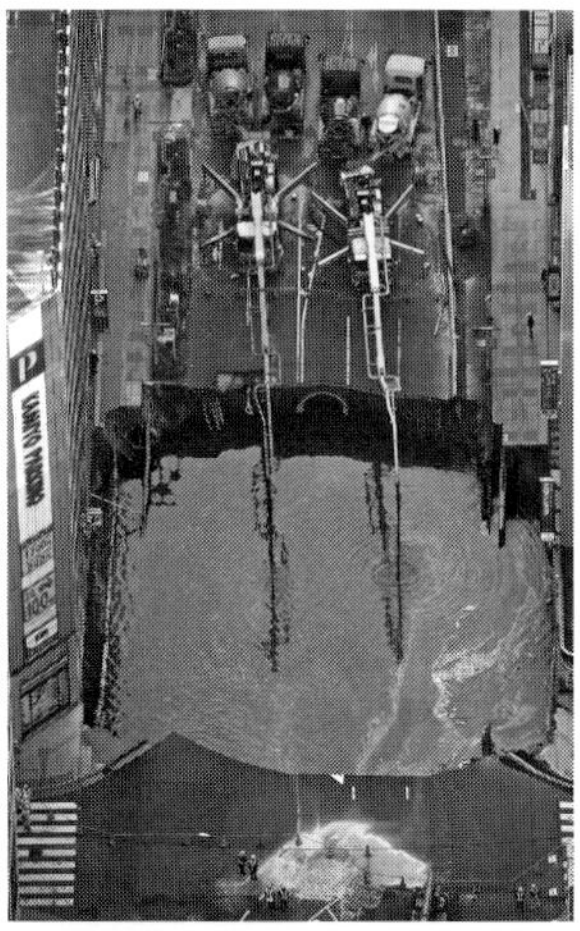

◁陥没したはかた駅前通り…福岡・博多 2016年11月9日

▽豊洲新市場、水がたまった水産仲卸売場棟の地下…東京都江東区 2016年9月16日

話題

【流行語】

神ってる／聖地巡礼／ゲス不倫／マイナス金利／盛り土／保育園落ちた日本死ね／ポケモンGO／PPAP／都民ファースト／歩きスマホ／EU離脱／民泊

【新商品・ヒット商品】

ポケモンGO／インスタグラム／プリウス／NOTE e-POWER／メルカリ／ペヨングソースやきそば／グランピング／シンゴジラ／ピコ太郎／ハロウィーン

【誕生】

3・26◉北海道新幹線が開業。東京―新函館北斗間を最速4時間2分で運行

4・4◉新宿南口交通ターミナル（バスタ新宿）開業

4・11◉インターネットテレビ局「AbemaTV」が開局

4・29◉京都鉄道博物館開業

【さよなら】

「TVぴあ」ぴあ／「週刊将棋」マイナビ出版／「ケイコとマナブ」リクルートライフスタイル／「小学二年生」小学館

【スポーツ】

1・24◉大相撲初場所は大関・琴奨菊が初優勝。日本出身力士の優勝は10年ぶり

2・11◉藤田菜七子（18）が新規騎手免許試験に合格。中央競馬で16年ぶりに女性騎手誕生

2・21◉女子ゴルフの野村敏京が米ツアー初制覇。日本人の優勝は4季ぶり9人目

3・13◉バドミントンの全英オープン女子シングルスで奥原希望が初優勝。日本勢の優勝は39年ぶり

4・6◉米大リーグ・ドジャースの前田健太が初登板で初勝利

4・7◉バドミントン男子の桃田賢斗と田児賢一が違法カジノ店で賭博をしていたことが発覚。日本バドミントン協会は10日に桃田を無期限の出場停止に

5・1◉日本パラ陸上選手権で、男子走り幅跳びの山本篤が6メートル56をマークし、切断・機能障害クラスT42で世界新記録を樹立

5・2◉サッカーの英プレミアリーグで、岡崎慎司が所属するレスターが初優勝

5・11◉英紙ガーディアンが、20年東京五輪・パラリンピックの招致を巡り、ディアク前国際陸連会長の息子に関係する口座に130万ユーロ（約1億6000万円）を支払った疑惑を報道。その

後、フランス検察当局が汚職などの疑いで捜査していると発表。日本オリンピック委員会(JOC)は「コンサルタント料で問題ない」とする見解を公表

6・15◉米大リーグ・マーリンズのイチローが日米通算で4257安打に到達。ピート・ローズが持つ大リーグ記録4256安打を上回った

6・17◉ドーピング問題で国際陸上競技連盟がロシア陸連をリオデジャネイロ五輪に参加させないことを決定

7・31◉第58代横綱「千代の富士」の九重親方が、膵臓がんで死去。61歳

▷JRA16年ぶりの女性騎手・藤田菜七子騎手
…浦和競馬場 2016年3月24日

▷ゴルフの日本女子オープン、最年少のアマチュアで初めて優勝した畑岡奈紗
…栃木県・烏山城カントリークラブ 2016年10月2日

8・3◉国際オリンピック委員会は総会で、2020年東京五輪で野球・ソフトボールなど5競技18種目を追加承認

8・30◉「五輪の名花」チェコの体操選手、ベラ・チャスラフスカさん死去。74歳

9・16◉WBCスーパーバンタム級5位の長谷川穂積が世界3階級制覇を達成。同バンタム級王者の山中慎介(帝拳)は歴代2位タイの11連続防衛

9・18◉日本中央競馬会の最多勝利記録を持つ武豊がJRA所属馬で史上初の通算4000勝達成

9・20◉「ハマの番長」として親しまれたプロ野球・DeNAの三浦大輔投手が現役引退を表明。通算172勝184敗

9・22◉国内バスケットボール男子のナショナルリーグ(NBL)とbjリーグが統合した「Bリーグ」が開幕

9・25◉マスターズ50回連続出場のゴルフ界のレジェンド、米国のアーノルド・パーマーが死去。87歳

10・2◉ゴルフの日本女子オープン選手権でアマチュアの17歳、畑岡奈紗(茨城・ルネサンス高3年)が国内ツアー初制覇。女子の公式戦でアマ選手の優勝は初めて。

10・16◉プロ野球日本ハムの大谷翔平投手がソフトバンク戦で日本最速165キロを記録

10・18◉プロ野球・広島の黒田博樹が現役引退を表明

▼69歳、国内最高齢で死亡したアジアゾウの「はな子」
…東京・井の頭自然文化園 2013年1月20日

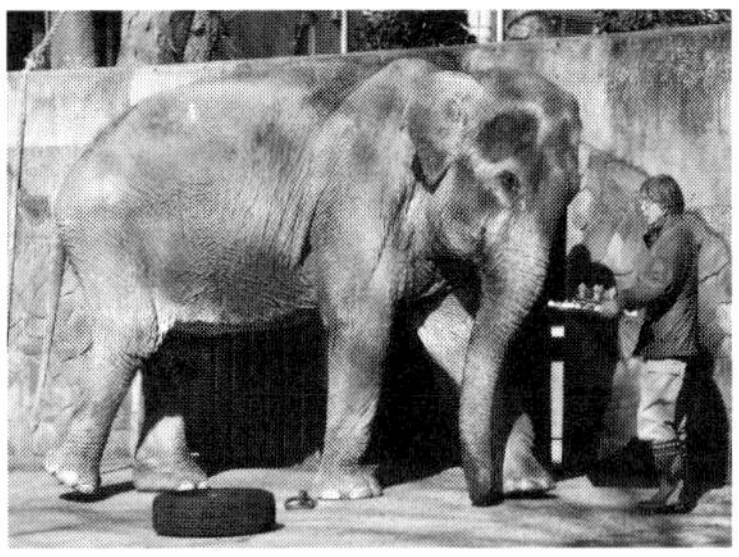

10・20◉女子個人種目で五輪史上初の4連覇を達成したレスリングの伊調馨に国民栄誉賞授与

10・20◉ラグビー日本代表監督などを務め「ミスター・ラグビー」と称された平尾誠二・神戸製鋼ゼネラルマネジャーが胆管細胞がんのため死去。53歳

10・20◉世界最高峰のエベレストに女性として初めて登頂した登山家の田部井淳子さんが腹膜がんのため死去。77歳

10・29◉プロ野球日本シリーズで北海道日本ハムが10年ぶり3回目の優勝。北海道日本ハム4−2広島

11・27◉内村航平が日本体操界初のプロ転向を宣言

11・28◉バスケットボール男子Bリーグ・北海道の折茂武彦が千葉戦で、日本出身選手として旧NBLなどを含めた国内トップリーグで初の通算9000得点を達成

12・18◉サッカーのクラブW杯決勝でJ1鹿島が欧州王者のレアル・マドリード(スペイン)に敗れたがアジア勢最高の準優勝

▲ノーベル文学賞を受賞したボブ・ディラン。
写真は1978年の日本初公演

【科学・学術】

2・11◉米などの国際研究チーム「LIGO」が、宇宙から届く重力波の観測に初めて成功したと発表

2・26◉高浜原発4号機再稼働。新規制基準で4基目

3・15◉AI「アルファ碁」とプロ棋士の5番勝負最終局でAIが勝利し4勝1敗に

3・25◉伊方原発1号機の廃炉決定。震災後で福島第1原発を除いて6基目

4・27◉原子力規制委が志賀原発1号機の原子炉直下にある活断層を指摘した報告書を受理

8・12◉伊方原発3号機再稼働。新規制基準で5基目

11・22◉最高危険度の病原体を研究する施設建設に、現地の長崎市などが合意

12・11◉大隅良典・東京工業大学栄誉教授がノーベル医学生理学賞を受賞

【文化・芸術・芸能】

5・12◉舞台演出家の蜷川幸雄さんが肺炎で死去。80歳。2010年文化勲章

7・17◉国立西洋美術館本館が世界文化遺産に

10・9◉「灰とダイヤモンド」などポーランドの巨匠アンジェイ・ワイダさんが死去。90歳

10・13◉ノーベル文学賞に米国の歌手ボブ・ディランさん

10・22◉「王女メディア」「近松心中物語」などの名優・平幹二朗さんが死去。82歳

11・30◉18府県33件の祭りで構成する「山・鉾・屋台行事」がユネスコ無形文化遺産への登録が決定

【音楽】

2・15◉指揮者の小澤征爾さん

がグラミー賞最優秀オペラ録音部門受賞

7・26◉国際的ピアニストの中村紘子さんが、大腸がんのため死去。72歳。

西野カナ「あなたの好きなところ」／iKON「DUMB&DUMBER」／AKB48「翼はいらない」「君はメロディー」「LOVE TRIP」／しあわせを分けなさい」

【映画】

外国映画『スター・ウォーズ／フォースの覚醒』米 監 J・J・エイブラムス 演 ハリソン・フォード、デイジー・リドリー／『ズートピア』米 監 バイロン・ハワード、リッチ・ムーア／『ファインディング・ドリー』米 監 アンドリュー・スタントン／『ハドソン川の奇跡』米 監 クリント・イーストウッド 演 トム・ハンクス／『キャロル』米 監 トッド・ヘインズ 演 ケイト・ブランシェット、ルーニー・マーラ／『ブリッジ・オブ・スパイ』米 監 スティーヴン・スピルバーグ 演 トム・ハンクス

日本映画『君の名は。』（「君の名は。」製作委員会）監 新海誠／『シン・ゴジラ』（東宝）監 庵野秀明、樋口真嗣 演 長谷川博己／『名探偵コナン 純黒の悪夢（ナイトメア）』（小学館ほか）監 静野孔文／『この世界の片隅に』（「この世界の片隅に」製作委員会）監 片渕須直／『ディストラクション・ベイビーズ』（「ディストラクション・ベイビーズ」製作委員会）監 真利子哲也 演 柳楽優弥

【出版・文芸】

石原慎太郎『天才』／カール・ヨハン・エリーン『おやすみ、ロジャー 魔法のぐっすり絵本』／宮下奈都『羊と鋼の森』／村田沙耶香『コンビニ人間』／佐藤愛子『九十歳。何がめでたい』

◈電子出版市場は前年比27・1％増の1909億円と好調

【漫画】

「ONE PIECE」（集英社）と「進撃の巨人」（講談社）が圧倒的な強さ／高野苺「orange」（月刊アクション）／末次由紀「ちはやふる」（BE・LOVE）

【テレビ】

「あさが来た」「真田丸」NHK／「ドクターX～外科医・大門未知子」テレビ朝日／「99.9―刑事専門弁護士―」TBS／「世界一難しい恋」日本テレビ／FIFAクラブW杯決勝の鹿島アントラーズ対レアルマドリード戦（日本テレビ12・18）／「ブラタモリ」NHK／「中居正広の金曜日のスマイルたちへ」TBS

1・18◉「SMAP×SMAP」（フジテレビ）が31・2％と紅白歌合戦を除く全番組中、最高視聴率を獲得

【CM】

「au 三太郎シリーズ 春のトビラ・みんながみんな英雄編他」（KDDI）／「ジョージア 公園施設点検員編他」（日本コカ・コーラ）／「ネオレスト リトルベンの作文編他」（TOTO）／「ワンアップ 海外、向こうで1UP 本人の証言編他」（住友生命保険）

◀永六輔

▼平尾誠二

▼蜷川幸雄

▼SMAP×SMAP最終回の映像を流す街頭テレビ
…東京都千代田区 2016年12月26日

▼フィデル・カストロ

▼中村紘子

冥友録

1・9◉**桂春団治**（85歳）落語家／**1・10**◉**デビッド・ボウイ**（69歳）英のミュージシャン／**3・6**◉**多湖輝**（90歳）心理学者、「頭の体操」／**3・19**◉**夏樹静子**（77歳）推理作家／**3・24**◉**ヨハン・クライフ**（68歳）オランダの元サッカー代表、元FCバルセロナ監督／**4・10**◉**山岸章**（86歳）元連合会長／**4・21**◉**プリンス**（57歳）米の歌手／**4・26**◉**戸川昌子**（85歳）シャンソン歌手、作家／**5・5**◉**冨田勲**（84歳）作曲家、シンセサイザー音楽の第一人者／**5・12**◉**蜷川幸雄**（80歳）舞台演出家／**6・3**◉**ムハマド・アリ**（74歳）プロボクシングの元ヘビー級王者／**6・18**◉**松本雄吉**（69歳）劇団「維新派」主宰／**7・2**◉**エリ・ウィーゼル**（87歳）ハンガリー出身の米の作家／**7・3**◉**マイケル・チミノ**（77歳）米の映画監督／**7・4**◉**アッバス・キアロスタミ**（76歳）イランの映画監督／**7・7**◉**永六輔**（83歳）放送作家、エッセイスト／**7・12**◉**大橋巨泉**（82歳）タレント、元参院議員／**7・26**◉**中村紘子**（72歳）ピアニスト／**7・31**◉**九重親方**（61歳）元大相撲横綱千代の富士／**8・12**◉**武邦彦**（77歳）騎手、元調教師／**8・14**◉**豊田泰光**（81歳）元プロ野球選手、野球評論家／**8・16**◉**ジョアン・アベランジェ**（100歳）ブラジル、元国際サッカー連盟（FIFA）会長／**8・20**◉**吉田文雀**（88歳）人形浄瑠璃、人間国宝／**8・21**◉**むのたけじ**（101歳）ジャーナリスト／**8・21**◉**平松守彦**（92歳）前大分県知事／**8・30**◉**ベラ・チャスラフスカ**（74歳）チェコスロバキア（当時）の体操選手／**9・25**◉**アーノルド・パーマー**（87歳）米のプロゴルファー／**10・9**◉**アンジェイ・ワイダ**（90歳）ポーランドの映画監督／**10・20**◉**田部井淳子**（77歳）登山家／**10・20**◉**平尾誠二**（53歳）元ラグビー日本代表監督／**10・22**◉**平幹二朗**（82歳）俳優／**11・1**◉**二上達也**（84歳）元日本将棋連盟会長／**11・25**◉**フィデル・カストロ**（90歳）キューバの前国家評議会議長／**11・29**◉**小川宏**（90歳）フジテレビアナウンサー／**12・29**◉**根津甚八**（69歳）俳優

2017
平成29年

世界が奇妙な髪型の二人に振り回された1年だった。アメリカが標的と核実験と弾道ミサイル発射を繰り返した北朝鮮の金正恩朝鮮労働党委員長と前政権の国際協調路線を反故にして国内外を混乱させ、北朝鮮には軍事制圧も辞さずと対峙した米国ファーストのドナルド・トランプ第45代大統領。国内ではモリカケ問題が発覚。安倍総理らの関与と官僚の忖度が疑われ政府は防戦に追われた。10月の衆院選で政権交代を目論んだ小池都知事は「排除」発言をきっかけに自滅、自民・公明の与党が衆議院の3分の2を維持した。韓国の朴槿恵大統領が弾劾され、稲田朋美防衛相は日報隠蔽で引責辞任。九州北部を襲った記録的な大雨で多数の犠牲者が出た。

出来事

◀森友学園への国有地売却問題について、自席で発言する安倍首相
…国会内 2017年2月27日

1・1◉トルコのイスタンブールのナイトクラブで銃乱射テロ。39人死亡

1・9◉慰安婦を象徴する少女像設置に抗議し、長嶺安政・駐韓国大使らが一時帰国

1・10◉沖縄・八重山諸島の国内最大のサンゴ礁「石西礁湖」で、70・1%が死滅

1・13◉欠陥エアバッグ問題、タカタが詐欺罪を認め10億ドル支払いで和解

1・14◉東京・豊洲新市場の地下水最終調査で、ベンゼンなど有害物質が基準値超え

1・17◉小田原市生活支援課職員が「保護なめんな」と書かれたお揃いジャンパー着用

1・19◉将棋のソフト不正疑惑で、混乱を招いたと谷川浩司将棋連盟会長辞任

1・20◉第45代米大統領に共和党のドナルド・トランプ氏が就任

1・23◉トランプ米大統領が環太平洋パートナーシップ協定(TPP)から離脱する大統領令に署名。25日、メキシコ国境に壁建設の大統領令。27日にはイスラム圏7カ国からの入国を禁止する大統領令にも署名

2・6◉米軍普天間飛行場の名護市辺野古への移設で、防衛省が海上での本体工事に着手

2・7◉南スーダンPKO派遣陸上自衛隊部隊の昨年の日報公開、「戦闘」の表現複数回記載

2・10◉査定額9億円の大阪・豊中の国有地を1億円で森友学園に売却していたことが判明。算定に疑惑が浮上

2・13◉北朝鮮の金正恩朝鮮労働党委員長の異母兄、金正男氏がマレーシアの空港で殺害

2・14◉東芝は昨年末に1912億円の債務超過に陥ったと発表。米原発事業で損失。志賀重範会長引責辞任

3・5◉長野県の防災ヘリが救助訓練中に墜落。乗っていた消防隊員ら9人が死亡

3・5◉自民党は総裁任期を「連続3期9年」に延長、安倍首相在任21年まで可能に

3・6◉北朝鮮が弾道ミサイル4発を発射。うち3発が日本の排他的経済水域内に落下。「在日米軍標的に訓練」と北朝鮮が発表

3・10◉韓国の憲法裁判所が朴槿恵大統領の罷免決定。親友の国政介入を違憲と判断、即日失職

3・20◉石原慎太郎元都知事が築地市場の豊洲移転問題に関する都議会百条委員会に出席、「頂点の私に責任」と認めるも「既定路線」を強調

3・23◉森友問題、衆参両院で籠池泰典(康博)氏証人喚問。首相の昭恵夫人から100万円の寄付を受けたなどと主張したが、首相側は寄付や売却への関与を否定。野党、昭恵夫人の喚問を要求。

3・27◉栃木県那須町のスキー場で雪崩。登山講習中の高校生と教諭の計8人が死亡

3・29◉英国のメイ首相が欧州連合(EU)に対し離脱を通告

3・30◉文部科学省が組織的天下りあっせん問題で最終報告書。43人処分、違法天下りは62件

3・31◉韓国検察が朴槿恵前大統領を収賄などの容疑で逮捕。大統領経験者の逮捕は3人目

4・12◉フィギュアスケートの浅田真央が現役引退。会見で「体も気力も出し切った」、背を向けて涙を拭う場面も

4・14◉千葉・我孫子の小3女児殺害で、保護者会会長を死体遺棄容疑で逮捕、DNA型一致

4・20◉仏・パリのシャンゼリゼ通りで銃撃、警官ら4人死傷。ISが犯行声明

4・28◉文科省が中学教師の6割近くが「過労死ライン」にまで残業増加の調査・速報値公表

4・29◉北朝鮮が弾道ミサイル1発を発射。発射直後に空中で爆発したが東京メトロが一時運転停止

5・1◉安保関連法に基づき、海上自衛隊初の「米艦防護」任務を実施

◁森友学園の国有地取得問題について答弁する佐川宣寿理財局長
…国会内　2017年3月1日

5・7◉仏大統領選決選投票で中道のエマニュエル・マクロン氏が当選。極右のマリーヌ・ルペン氏に大勝

5・9◉韓国の朴前大統領罷免に伴う大統領選で、最大野党の文在寅氏が当選。9年ぶりの革新政権

5・12◉身代金要求型ウイルス「ランサムウエア」によるサイバー攻撃が世界各国で発生。米・国土安全保障省が警告

5・14◉北朝鮮が新型の中長距離弾道ミサイル「火星12」を発射。高度2000キロを超える

5・14◉中国提唱の経済圏構想「一帯一路」会議開幕、露大統領ほか29カ国の首脳参加

5・17◉加計学園獣医学部新設問題で「総理の意向」文書発覚。早期認可に慎重だった文科省に内閣府が迅速化迫る

5・21◉北朝鮮が潜水艦発射弾道ミサイル(SLBM)を改良した中距離弾道ミサイル「北極星2」を発射

5・22◉英マンチェスターで米歌手アリアナ・グランデさんのコンサート直後に爆発が起き、22人が死亡。ISが犯行声明

◁籠池泰典森友学園理事長、証人喚問
…衆院第一委員室　2017年3月23日

5・23◉「共謀罪」法案、衆議院本会議で可決

5・24◉政府系金融機関の商工中金本店に不正融資疑惑で金融庁が立ち入り検査

5・25◉前川喜平文科省前事務次官が、加計学園問題「総理の意向」文書は実在と記者会見で証言

6・1◉トランプ米大統領が地球温暖化対策の国際的な枠組み「パリ協定」からの離脱を表明

6・5◉サウジアラビアやエジプトなどのアラブ諸国が、イランへの接近や過激派支援を理由にカタールと国交断絶

6・8◉英総選挙でメイ首相率いる与党保守党が過半数割れ、メイ首相続投も、EU離脱交渉に影

6・9◉天皇の退位を実現する特例法が成立。2019年4月30日に退位へ。天皇退位は1817年の光格天皇以来、約200年ぶり

6・12◉上野動物園でジャイアントパンダの雌シンシン(11歳)がメスの赤ちゃん1頭を出産。9月25日、「シャンシャン(香香)」と命名

6・13◉環境省が強毒性の外来種ヒアリが国内で初めて確認されたと発表

▲墜落した長野県の消防防災ヘリコプター
…長野県中部・鉢伏山付近　2017年3月5日

▲雪崩死亡事故が発生した那須温泉ファミリースキー場
…栃木県那須町　2017年3月27日

6・15◉「テロ等準備罪」を新設する改正組織犯罪処罰法が成立。「中間報告」で参院法務委員会を省略、本会議で採決強行

6・15◉加計学園「総理の意向」文書、松野文科相が一部が省内に存在していたとの再調査結果を発表

6・17◉米海軍のイージス艦とフィリピン船籍のコンテナ船が静岡県沖で衝突。イージス艦の乗組員7人が死亡

6・18◉仏総選挙でマクロン新党「共和国前進」が過半数を占め、2大政党に圧勝

6・19◉詐欺と補助金適正化法違反容疑で、大阪地検特捜部が森友学園に強制捜査

6・26◉将棋の史上最年少棋士、14歳の藤井聡太四段が29連勝。デビューから無敗で達成

6・26◉エアバッグのリコール問題で経営が悪化したタカタが東京地裁に民事再生法の適用申請。負債総額1・7兆円

7・2◉東京都議選で自民党が23議席にとどまる惨敗。小池知事率いる「都民ファーストの会」が第1党に

7・4◉北朝鮮が弾道ミサイルを発射。国営朝鮮中央テレビは「大陸間弾道ミサイルの試験発射に成功」と発表

7・6◉九州北部で豪雨。気象庁は「平成29年7月

▼加計学園問題について会見する文科省の前川喜平前事務次官
…東京・弁護士会館　2017年5月25日

▲中長距離弾道ミサイル・火星12の発射成功を喜ぶ金正恩朝鮮労働党委員長
…2017年8月　朝鮮中央通信＝朝鮮通信

▼打ち上げられた中距離弾道ミサイル・火星12
…2017年8月29日　朝鮮中央通信＝朝鮮通信

九州北部豪雨」と命名。福岡・大分両県で死者・行方不明者が計41人に

7・7◉核兵器禁止条約が国連の交渉会議で採択。核兵器を違法とする条約の採択は国連初。日本「署名せず」

7・10◉イラクのアバディ首相がISからモスルを奪還と勝利を正式表明

▶辞任を表明した稲田朋美防衛相
…東京都新宿区　2017年7月28日

7・13◉法務省が2人の死刑囚の死刑執行。1人は再審請求中で、請求中の執行は極めて異例

7・13◉中国の民主活動家でノーベル平和賞受賞者の劉暁波氏が死去。61歳

7・18◉「元気に老いる」を体現した聖路加国際病院名誉院長の日野原重明さん死去。105歳。

7・21◉東京電力が福島第1原発3号機の格納容器内で、溶け落ちた核燃料とみられる塊を確認したと発表

7・27◉蓮舫民進党代表が都議選敗北などで辞任表明

7・28◉稲田防衛相が南スーダンPKOの日報問題の責任を取って辞表提出

7・31◉国の補助金をだまし取った疑いで、森友学園の籠池泰典前理事長夫妻を逮捕

8・1◉京大、難病「進行性骨化性線維異形成症」にiPS活用の創薬で世界初の治験へ

8・4◉ベネズエラで三権を超越する最高機関の制憲議会発足、マドゥロ大統領独裁確立

8・8◉中国・四川省でマグニチュード7・0の地震。震源近くの世界遺産・九寨溝では旅行客にも死者

8・29◉北朝鮮が弾道ミサイル・火星12を発射。北海道上空を通過し襟裳岬東の太平洋上に落下。12道県にJアラート

9・1◉民進党臨時党大会で、前原誠司氏が枝野幸男氏を破り代表に選出

9・3◉北朝鮮が6回目の核実験。国営朝鮮中央テレビは「大陸間弾道ミサイル搭載用の水爆実験に成功」と報道

9・3◉宮内庁が、秋篠宮家の長女眞子さまと大学で同級生だった小室圭さんとの婚約内定を発表

9・8◉元SMAPの稲垣吾郎、草彅剛、香取慎吾がジャニーズ事務所を退所。22日にファンサイト「新しい地図」を開設

9・9◉陸上の男子100メートルで桐生祥秀(21)が9秒98の日本新記録

9・11◉「民族浄化の典型」、国連人権高等弁務官がロヒンギャ迫害でミャンマー政府批判。12日、ミャンマーのスーチー国家顧問が今月の国連総会欠席へ

9・25◉小池都知事が国政参入の「希望の党」を結成し代表に就任。27日、民進党が合流し、事実上解党

9・29◉「希望の党」への合流「全員はない」、小池代表の発言に民進党内で反発。10月3日、枝野幸男代表代行が新党「立憲民主党」結成

10・1◉米ネバダ州ラスベガスで、コンサート会場を狙った銃乱射事件。50人以上が死亡

10・1◉スペイン・カタルーニャ自治州の独立を問う住民投票で、賛成票が約90%

10・4◉NHK記者の佐戸未和さん(当時31歳)が2013年に過労死し労災認定されていたことを4年経ってNHKが発表

10・6◉ノーベル平和賞に、核兵器禁止条約成立に貢献した核兵器廃絶国際キャンペーン(ICAN・本部ジュネーブ)が決定

▲新党の名前を発表する東京都の小池百合子知事
…東京都庁　2017年9月25日

▼「立憲民主党」結成を発表する民進党の枝野幸男代表代行
…東京都内　2017年10月2日

10・8◉神戸製鋼所はアルミ板や銅製品で、検査証明書の書き換えなどの不正があったと発表

10・17◉クルド人主体のシリア民主軍が、「イスラム国」が首都とするシリア北部ラッカを制圧

10・22◉衆院選投開票。自民、公明両党で3分の2(310議席)を維持。野党第1党は立憲民主

10・28◉福島第1原発事故に伴う除染で出た土壌を保管する「中間貯蔵施設」(福島県大熊町、双葉町)が本格稼働

10・31◉神奈川県座間市のアパートで9人の遺体が見つかり、警視庁は白石隆浩容疑者(27)を死体遺棄容疑で逮捕。ツイッターで自殺願望を書き込む女性に「一緒に死にませんか」と接触し、誘い出していた

11・1◉特別国会召集。安倍晋三首相が第98代首相に選出され、全閣僚を再任した第4次安倍内閣発足

11・5◉トランプ米大統領が初来日。「日本は極めて重要な同盟国だ」と到着した横田基地で演説

11・8◉格安旅行会社「てるみくらぶ」の融資金詐取事件で、警視庁は山田千賀子社長を逮捕

11・9◉トランプ米大統領と中国の習近平国家主席が会談。約2500億ドル(約28兆円)の商談成立発表

11・13◉北朝鮮軍の男性兵士1人が南北軍事境界

線上にある板門店で韓国側に亡命。北朝鮮側から撃たれ負傷
11・14◉林芳正文科相は、加計学園の申請した岡山理科大獣医学部新設を認可したと発表
11・23◉秋田県由利本荘市の海岸に北朝鮮の木造船が漂着し8人を保護。その後も漂着船が相次ぐ
11・24◉エジプトのシナイ半島北部のモスクで爆弾テロ。305人死亡
11・28◉繊維大手の東レは、子会社がタイヤ補強材などの検査データを改ざんしていたと発表
11・29◉北朝鮮が新型ミサイル「火星15」を発射。金正恩委員長は「国家核戦力完成の歴史的大業」と宣言
11・29◉大相撲の横綱日馬富士が同じモンゴル人力士貴ノ岩への酒席での暴行で、日本相撲協会に引退届
11・30◉9人が死亡した中央自動車道笹子トンネル崩落事故で山梨県警は中日本高速道路前社長ら8人を書類送検
12・1◉皇室会議が開かれ、天皇陛下の退位を2019年4月30日と決定。皇太子さまは翌5月1日に即位
12・6◉トランプ米大統領はイスラエルの首都をエルサレムと認定すると表明
12・6◉最高裁大法廷はNHKの受信料制度について「合憲」と判断。受信料支払いは「国民の法的な義務」
12・7◉東京・江東区の富岡八幡宮で、宮司が元宮司の弟とその妻に日本刀などで襲われ殺害。元宮司は直後に妻を刺殺し、自殺。姉弟間の宮司職を巡るトラブルが原因
12・12◉東海道・山陽新幹線のぞみ台車に亀裂や油漏れ、新幹線初の「重大インシデント」
12・13◉沖縄県宜野湾市の小学校の校庭に米軍の大型ヘリコプターの窓が落下
12・14◉TOKYO MXが1月2日に沖縄県の米軍ヘリコプター離着陸帯建設への抗議活動を放送した「ニュース女子」に、放送倫理・番組向上機構(BPO)は「重大な放送倫理違反」との意見書公表
12・18◉リニア談合疑惑。建設4社受注調整、独禁法違反容疑で地検と公取委が鹿島建設・清水建設捜索
12・28◉韓国・文在寅大統領が慰安婦問題日韓合意に「重大な欠陥」、措置検討を指示したと声明

◀中間貯蔵施設へ運び込まれる汚染土
…福島県大熊町　2017年10月28日

◀9遺体が見つかったアパート
…神奈川県座間市　2017年10月31日

▲共同記者会見のトランプ米大統領と安倍首相
…東京・迎賓館　2017年11月6日　代表撮影

▼大統領専用機に乗り込むトランプ米大統領
…東京・米軍横田基地　2017年11月7日

話題

訪日外国人数は前年比19・3%増の2869万1000人、外国人消費額は17・8%増の4兆4161億円と、いずれも過去最高を更新した。

【暴言、放言、失言、妄言】

4・26◉「震災、東北で良かった」、講演での失言で今村雅弘復興相辞任
5・22◉自民党厚生労働部会での受動喫煙対策議論中に「がん患者は働かなくていい」のヤジを飛ばした大西英男議員謝罪
6・27◉都議選応援で稲田防衛相が「自衛隊としてお願い」との発言撤回

【流行語】

インスタ映え／忖度／Jアラート／睡眠負債／ひふみん／フェイクニュース／プレミアムフライデー／魔の2回生／○○ファースト

【流行】

アンクルパンツ／消臭・抗菌加工を施したスーツ

【新商品・ヒット商品】

「ニンテンドースイッチ」／コンビニ焼き鳥／格安4Kテレビ／「うんこ漢字ドリル」／「ミニオン・パーク」／豪華寝台列車／ミールキット／「ドラゴンクエストXI」／「DAZN」／「AbemaTV」／「安室奈美恵」／「シャンシャン」

【誕生】

レゴランド・ジャパン(4・1)／GINZA SIX(4・20)／トワイライトエクスプレス瑞風(6・17)／ガンダムベース東京(8・19)

【スポーツ】

1・3◉箱根駅伝で青学大が3年連続3回目の総合優勝。史上4校目の大学駅伝3冠を達成、総合3連覇は史上6校目

1・25◉大関・稀勢の里が第72代横綱昇進を決定。日本出身横綱は98年の若乃花以来。新入幕から73場所での昇進は昭和以降で最も遅い

1・29◉競泳の渡辺一平(早大)が東京都選手権男子200メートル平泳ぎ決勝で2分6秒67の世界新記録を樹立

2・2◉岡野俊一郎元日本サッカー協会会長が肺がんで死去。85歳

2・26◉スピードスケート女子の小平奈緒が世界スプリント選手権で総合優勝。日本勢の総合優勝は87年の黒岩彰以来で女子では初

3・8◉フリースタイルスキー世界選手権のモーグルで初出場の19歳、堀島行真が男子で日本勢初の金メダル。9日にはデュアルモーグルでも優勝し2冠達成

3・18◉フリースタイルスキー世界選手権のハーフパイプ女子で、小野塚彩那が日本勢初の金メダル

3・26◉大相撲春場所千秋楽で横綱・稀勢の里が本割と優勝決定戦で大関・照ノ富士を連破し13勝2敗で2場所連続2回目の優勝

4・16◉競泳の日本選手権で16歳の池江璃花子(ルネサンス亀戸)が5冠達成

5・26◉女子ゴルフの元世界ランキング1位の宮里藍が現役引退を表明。米女子ツアー通算9勝、国内ツアー通算15勝

5・27◉バスケットボールのBリーグで栃木が初代王者に

5・28◉米国伝統の自動車レース、インディアナポリス500マイルで佐藤琢磨(ホンダ)が日本人初優勝

6・10◉テニスの全仏オープン車いすの部女子ダブルス決勝で上地結衣がマリヨレン・バウス(オランダ)とのコンビで、同日のシングルスと合わせ2冠達成

6・18◉ゴルフの全米オープンで松山英樹が通算12アンダーで2位に。80年の青木功に並ぶ男子メジャーの日本勢最高順位

6・20◉将棋の加藤一二三九段が引退。77歳5ヵ月での引退は最年長記録

7・1◉プロ野球の阪急(現オリックス)で監督を務め、日本シリーズ3連覇を果たした上田利治氏が肺炎のため、80歳で死去

7・21◉大相撲名古屋場所13日目で横綱・白鵬が歴代単独最多の1048勝目

8・6◉プロ野球・中日の岩瀬仁紀が通算登板試合数を950として歴代単独1位

8・15◉WBCバンタム級王者の山中慎介が13回目の防衛に失敗

▶大相撲春場所優勝決定戦で、照ノ富士を破った稀勢の里(右)
…大阪・エディオンアリーナ大阪　2017年3月26日

▼歴代単独1位の1048勝を挙げ、拳を握り締める白鵬
…愛知県体育館　2017年7月21日

▼引退会見を終え、笑顔の加藤一二三九段
…東京・将棋会館　2017年6月30日

8・27◉バドミントンの世界選手権女子シングルスで奥原希望がシングルス日本勢で初の金メダル

9・13◉IOCが、24年と28年の夏季五輪の開催都市をパリとロサンゼルスに正式決定

10・8◉体操の世界選手権で村上茉愛が床運動で初優勝し、日本女子63年ぶりの金メダル

10・17◉囲碁の井山裕太六冠が名人戦に勝利、2度目の七冠に返り咲き

10・26◉プロ野球ドラフト会議で清宮幸太郎(早実)に高校生最多タイの7球団が1位指名。日本ハムが交渉権を得る

11・4◉プロ野球日本シリーズ、福岡ソフトバンクが2年ぶりに優勝。福岡ソフトバンク4－2横浜DeNA

11・25◉サッカーのアジア・チャンピオンズリーグで、浦和が07年以来2度目の優勝

12・5◉IOCが、平昌五輪からロシア選手団の除外を決定。一方でドーピングに関与していないロシア選手は個人資格での出場を認めた

12・5◉将棋の羽生善治棋聖が通算7期目の竜王となり、7タイトルの永世資格を持つ「永世7冠」を達成

12・9◉大谷翔平が米大リーグ・エンゼルス入団会見、背番号17。監督「二刀流起用」明言。

12・24◉第62回有馬記念でキタサンブラックが有終のV。G1最多7勝、獲得賞金も最多。

【科学・学術】

8・17◉長崎県対馬で野生のカワウソの撮影に成功。国内での確認は38年ぶり。後にユーラシアカワウソと判明

10・16◉高密度の天体「中性子星」が衝突・合体した際に放出した重力波を米欧研究者が初観測と発表

11・13◉77万年前～12万6000年前の地層が国際地質科学連合から「チバニアン(千葉

時代」と命名されることが内定

【文化・芸術・芸能】

3月◉奈良県明日香村の小山田遺跡が飛鳥時代最大級の方墳と判明。被葬者は舒明天皇か大臣・蘇我蝦夷が有力に

5月◉沖縄県・石垣島の白保竿根田原洞穴遺跡の旧石器時代人骨は少なくとも19体と確認、世界最大級の出土量。2万7000年前の日本最古の「墓」とみられる

7・9◉福岡県の「沖ノ島」など関連遺産群の世界文化遺産登録が決定

9・20◉歌手の安室奈美恵さんが、1年後の2018年9月16日に引退と発表

10・5◉ノーベル文学賞に、長崎県出身の日系英国人で作家のカズオ・イシグロさん(62)が決定

10・30◉ユネスコは世界記憶遺産に群馬県の古代石碑群「上野三碑」などを登録

【音楽】

乃木坂46「インフルエンサー」／つばきファクトリー「就活センセーション」／AKB48「願いごとの持ち腐れ」／星野源「恋」／エド・シーラン「シェイプ・オブ・ユー」／DAOKO×米津玄師「打上花火」

【映画】

外国映画『美女と野獣』米 監ビル・コンドン 演エマ・ワトソン、ダン・スティーヴンス／『ファンタスティック・ビーストと魔法使いの旅』英・米 監デヴィッド・イェーツ 演エディ・レッドメイン／『わたしは、ダニエル・ブレイク』英・仏・ベルギー 監ケン・ローチ 演デイヴ・ジョーンズ／『パターソン』米・仏・独 監ジム・ジャームッシュ 演アダム・ドライバー／『マンチェスター・バイ・ザ・シー』米 監ケネス・ロナーガン 演ケイシー・アフレック

日本映画『名探偵コナン　から紅の恋歌(ラブレター)』(小学館ほか) 監静野孔文／『ドラえもん のび太の南極カチコチ大冒険』(映画ドラえもん製作委員会) 監高橋敦史／『銀魂』(映画「銀魂」製作委員会) 監福田雄一 演小栗旬、菅田将暉／『夜空はいつでも最高密度の青色だ』(「映画 夜空はいつでも最高密度の青色だ」製作委員会) 監石井裕也 演石橋静河、池松壮亮

▼地磁気逆転地層、チバニアン
…千葉県市原市　2017年12月17日

【出版・文芸】

佐藤愛子『九十歳。何がめでたい』／恩田陸『蜜蜂と遠雷』／村上春樹『騎士団長殺し』全2巻／呉座勇一『応仁の乱』／松浦理英子『最愛の子ども』

【漫画】

堀越耕平「僕のヒーローアカデミア」(週刊少年ジャンプ)／羽海野チカ「3月のライオン」(ヤングアニマル)／矢部太郎「大家さんと僕」(小説新潮)

【テレビ】

1・25◉NHKの籾井勝人会長が退任、新会長に元三菱商事副社長の上田良一氏が就任

「ドクターX～外科医・大門未知子～」「相棒season15・16」テレビ朝日／「陸王」「A LIFE～愛しき人～」TBS／「コード・ブルー―ドクターヘリ緊急救命―3rd season」フジ／「ブラタモリ」NHK総合／「笑点」日本テレビ

▲藤村俊二

◁日野原重明

◁鈴木清順

【CM】

「au　三太郎シリーズ　やってみよう編他」(KDDI)／「UQ mobile／UQ WiMAX　紀香の誕生日編他」(UQコミュニケーションズ)／「ジョージア　おつかれ、俺たち。編他」(日本コカ・コーラ)／「一番搾り　堤真一どっち編他」(キリンビール)／「ビオレ薬用デオドラントZ　Zダンス編他」(花王)

▶『九十歳。何がめでたい』がベストセラーとなった佐藤愛子
…藤原亜希撮影

冥友録

1・16◉**ユージン・サーナン**(82歳)アポロ17号船長、月面歩行／**1・17**◉**岡田節人**(89歳)京都大名誉教授、発生生物学の世界的権威／**1・21**◉**松方弘樹**(74歳)俳優／**1・25**◉**藤村俊二**(82歳)俳優、タレント／**2・2**◉**岡野俊一郎**(85歳)元日本サッカー協会長／**2・10**◉**山中毅**(78歳)五輪競泳男子メダリスト／**2・13**◉**鈴木清順**(93歳)映画監督／**2・16**◉**船村徹**(84歳)作曲家／**2・16**◉**ディック・ブルーナ**(89歳)オランダの絵本作家／**3・1**◉**ムッシュかまやつ**(78歳)ミュージシャン／**3・14**◉**渡瀬恒彦**(72歳)俳優／**3・18**◉**チャック・ベリー**(90歳)米歌手、ギタリスト／**4・5**◉**大岡信**(86歳)詩人／**4・6**◉**京唄子**(89歳)漫才師、女優／**4・12**◉**ペギー葉山**(83歳)歌手／**4・23**◉**三遊亭円歌**(88歳)落語協会最高顧問／**5・3**◉**月丘夢路**(95歳)宝塚歌劇団の元娘役スター／**5・15**◉**日下武史**(86歳)俳優／**5・29**◉**マヌエル・ノリエガ**(83歳)中米パナマの元最高実力者／**5・31**◉**杉本苑子**(91歳)作家／**6・12**◉**大田昌秀**(92歳)元沖縄県知事／**6・13**◉**野際陽子**(81歳)女優／**7・1**◉**上田利治**(80歳)元プロ野球阪急監督／**7・13**◉**劉暁波**(61歳)中国の民主活動家、ノーベル平和賞受賞者／**7・18**◉**日野原重明**(105歳)聖路加国際病院名誉院長／**7・21**◉**平尾昌晃**(79歳)作曲家、歌手／**7・31**◉**ジャンヌ・モロー**(89歳)仏女優／**8・10**◉**阿部進**(87歳)教育評論家／**12・2**◉**はしだのりひこ**(72歳)歌手、「ザ・フォーク・クルセダーズ」／**12・16**◉**早坂暁**(88歳)脚本家

なぜ「格差」がこんなに拡大したのか

「アンダークラス」1200万人の実態

早稲田大学教授
橋本健二

平成時代の特徴として、格差拡大に着目する学者がいる。それも単なる所得格差、経済格差ではない。階級という定義を使わないと説明のつかないほどの分断的、利害対立的な格差社会が現出している、と指摘する。

橋本健二・早稲田大学教授である。橋本氏が平成の終わりに出した話題作『新・日本の階級社会』（講談社現代新書、2018年1月）は、いかに日本社会が階級分化しつつあるか、データを駆使して丹念に検証しているが、何より衝撃的なのは、今の日本には、あのマルクスが発見したプロレタリアート以下ともいえるアンダークラス（階級以下）という最貧困層が広範に存在している、というデータだ。

プロレタリアートとは生産手段を持たないがゆえに搾取され、労働力の再生産しかできない労働者たちであったが、アンダークラスとは、その労働力の再生産からも疎外された人たちで、一生非正規労働を続け、結婚もままならず、老いては生活保護を受けることが確実な最底辺の階級だ。橋本氏の試算ではすでに1000万人規模で誕生しているという。

◀「最低賃金を1500円に」と訴えるデモ
日本でも格差社会は深刻化している
…東京都新宿区で　2018年2月

平成時代に何がどう変化し、この階級的格差社会を作り出したのか、橋本氏と共に迫っていく。

――格差が広がったのは1980年代？

「高度経済成長の時代が終わり、80年前後は全般的に格差が小さくなっていた。1億総中流などと呼ばれた時代だ。アンケート調査によると、多くの人が自分の帰属階層として『中の中』と答えていた。それが80年代後半のバブル経済で、次第に格差が広がっていく。ただ、普通の人の所得はそのままで、富裕層が豊かになっていったので貧困層が増えたわけではなかった」

――1億総中流の日本社会が格差を意識したのはいつか。

「大手メディアが意識的に『格差社会』という言葉を使ったのは、『朝日新聞』の1988（昭和63）年11月19日付の『格差社会でいいのか』という社説が最初ではないか」

――前日の11月18日公表の国民生活白書を受けたものだ。

「高度成長期以降の日本政府が初めて公式に格差拡大の事実を認めた歴史的文書だった。80年代に地価上昇で資産格差が拡大し、国民の多くが『格差が広がった』と実感するようになったことを指摘した。朝日社説は豊かになれない人たちがおり、階級社会になるかもしれない、と書いている」

――80年代後半になぜ格差が広がった？

「後の格差拡大へとレールを敷くいくつもの動きがあった。まずは、86年の労働者派遣法の施行だ。最初のうちは派遣対象が専門性の高い業務を中心に狭く限定され、賃金は比較的高かったが、99（平成11）年には派遣の範囲が原則自由化され、2003年には製造業への派遣も解禁され、派遣労働者は一気に増加し賃金は低下した」

――フリーターと呼ばれる新しい〝人種〟が誕生した。

「1987年にリクルート社がその言葉を使い始め、そのタイトルを冠する映画も製作して、華やかで楽観的なイメージを振りまいた。リクルート社からすれば、フリーターは繰り返し自分たちの顧客になるからマーケティング戦略としては優れていたかもしれないが、若者たちに対し、非正規労働への抵抗感を薄れさせ、結果的にフリーターという名のワーキングプア増加に道を開いた、ともいえる」

「労働法制だけでなく税制も大きかった。89年に消費税導入、所得税減税がセットで実施された。消費税は逆進性があり、所得減税は富裕層に有利だったので、全体として可処分所得の差が拡大した。その後も富裕層に有利な税制改革が続いた。92年の大規模小売店舗法改正に始まる一連の出店規制緩和は、郊外に大型店舗を次々に開店させ、膨大な数の個人商店が姿を消した。多くの人が仕事を失った」

2035年に男性の「生涯未婚率」は29％に

——その後も格差拡大が続き日本社会は大きく変質していく。

「貧困率（所得が国民の平均値の半分に満たない人の割合）が上昇し、膨大な貧困層が形成された。85年に12％だった貧困率が2012年には16・1％に達した。数でいえば、1400万人が2050万人まで増えたことになる。中でも深刻なのは学校を出た後、安定した職に就けず、その後も非正規労働者として低賃金で不安定な職に就くことを余儀なくされ続けている若者と元・若者たちである」

——結婚もできない層だ。

「生涯未婚率という数字がある。50歳時点で一度も結婚したことのない人たちの割合だ。国立社会保障・人口問題研究所は、この値が2035年には男性で29％、女性で19・2％にまで上がると予測している」

——人々の意識も変わった。

「ある調査では、自分を『人並みより上』と考える人は、1975年時点では富裕層でも44・5％、貧困層で17・2％だったのが、2015年では富裕層が73・7％と上昇、貧困層が10％まで落ち込んだ。政治意識も同様だ。自民党支持率で見ると、05年段階では富裕層37・4％、貧困層27・1％だったが、15年は富裕層が37・7％と変化してないのに、貧困層が20・9％と急落した。自民党の支持基盤は明らかに富裕層に軸足を移している。自民党支持者は格差を容認し、自民党が貧しい人から離れた」

——現状が格差を超えた？

「格差という言葉は、量的な差異を示す日常用語に過ぎず、そこにある分断や断絶、質的差異、相互の対立関係や搾取関係が見落とされる。格差と貧困の背後にある社会構造そのものを問題にするためには、階級、階級構造という概念を使う必要がある。格差は階級構造を背景に形成された資源配分の差異であり、貧困は格差構造の最底辺に生み出される。いずれも階級構造の現象形態といえる。その意味では、格差や貧困で今後起こることを予測するためにも、階級構造という社会の骨格部分に対する的確な認識が必要だ」

——橋本氏によると、日本社会は4つの階級、つまり資本家（経営者、役員）、新中間階級（被雇用の管理職・専門職・上級事務職）、労働者階級、旧中間階級（自営業者、家族従業者）からなっており、それぞれに固定化が進んでいるという。

「資本家階級がそうだ。経済の成長力が弱くなり、新規事業を始めるのが難しくなった。技術革新で初期投資もかかる。となると、親が経営者でないと経営者になれなくなる」

——そして、この4階級に加えて、最近登場したのがアンダークラス（パート主婦を除く非正規労働者）だという。アンダークラスはいつ出現したのか？

「1990年前後だ。80年代後半、バブル時代にフリーターが増えた。景気は良かったが、石油ショックの教訓から企業が正社員を抑制、非正規を意図的に増やした。雇われる側も好景気なので気にしなかった。その後も就職氷河期、リーマンショックと景気変動の波はあったが、毎年10万

◀格差社会に抗議する世界同時デモ
…東京都新宿区　2011年10月

人から30万人くらいの若者が非正規になっていった。人生の一時期の非正規ではなく、人生の大半が非正規という新しい階級、アンダークラスの誕生だ。87年の時のフリーターが今は50歳代。元フリーターの中高年と現役フリーターをひっくるめての命名だ。そこには、夫と離死別して非正規で働く元主婦たちも入ってくる」

――なぜ非正規が固定化したのか。

「かつて非正規は景気の調整弁とされ、景気がいい時には減って、悪い時には増えるといわれたが、近年の統計によると、景気変動と非正規の数は連動しなくなっている。景気の良しあしに関係なく企業は一定数の非正規を使うことで経営を成り立たせている。たとえば、飲食業だと7、8割、製造業だと3割くらいが非正規化し、収益確保することがビルトインされている。まったくの固定費用だ」

アンダークラスは「生存権が保障されていない」

――アンダークラスの数はどのくらいいるか。その平均収入はどうだろうか。

「私の試算では、929万人と就業人口の14・9％を占める。年金が受給できる60歳以上を除くと、平均個人年収は186万円と極端に低く、貧困率は38・7％と極端に高い。際立った特徴は男性の未婚率が高く（66・4％）、女性の夫との離死別者が多いことだ」

――これは先進国共通の現象なのか。

「欧州も非正規は多いが、同一労働同一賃金で日本ほど給与格差はない。日本企業特有の問題として人材活用能力の低下がある。人を育てられなくなっている。高度成長期の日本は、経営者はそんなに給料をもらっていなかったし、社員間の給料格差もなかった。それでも皆で一生懸命頑張ることができた。人材活用がうまくいっていたからだ。今や経営者は億単位の報酬を与えないと仕事をしない」

――アンダークラスには大卒者もいる？

「大学中退者と高卒者が多いが、２０００年代前半の大学生の就職率が６割を切っていた就職氷河期には、大卒者でありながら非正規になった人も多い」

――ところで、なぜアンダークラスと命名したのか。

「アンダークラスには中高年も多く、夫と離死別したシングルマザーも入るから、フリーター（非正規の15歳から34歳の若者）としては括れない。『下層階級』では中小零細企業の正社員労働者や経営規模の小さい自営業者や農民も入る。そういった階層分類と差別化する必要があったし、この30年で新しくできあがった階級として、非常に不安定で貧困な人たちを総称するには『アンダークラス』というしかなかった。あえて訳せば『階級以下』だ」

――その最大の特徴は？

「結婚できない、ということ。マルクスの考えからいうと、労働者階級は下層階級だが、労働力を再生産するだけの賃金はもらう。彼らは家庭を持ち子孫を作った。そうしないと資本主義は滅びる。ただ、アンダークラスの人たちは、労働力を再生産するための十分な賃金ももらっていない。自分一人の肉体的生存はぎりぎり可能だが、家庭を作って子どもを産み育てるまでには至ってない。勉強して技能を向上、そこから抜け出すこともできない。つまり、次世代の労働者を再生産できない。生物種としての条件すら欠いている。生かさず殺さずだ」

――まさにプロレタリアート以下？

「少なくとも労働者以下だ。生存権をはじめとする人権が十分に保障されてないこと自体が問題だ」

――加えて、社会的にも大きな損失があり、また社会保障のコストも甚大だと。

「人材活用ができていない。貧しい家の子は大学に入れない。本来持っているはずの才能を磨き発揮できる場を持てない。非正規は使い捨てだから、企業が人材開発投資の対象にしない。だからますま

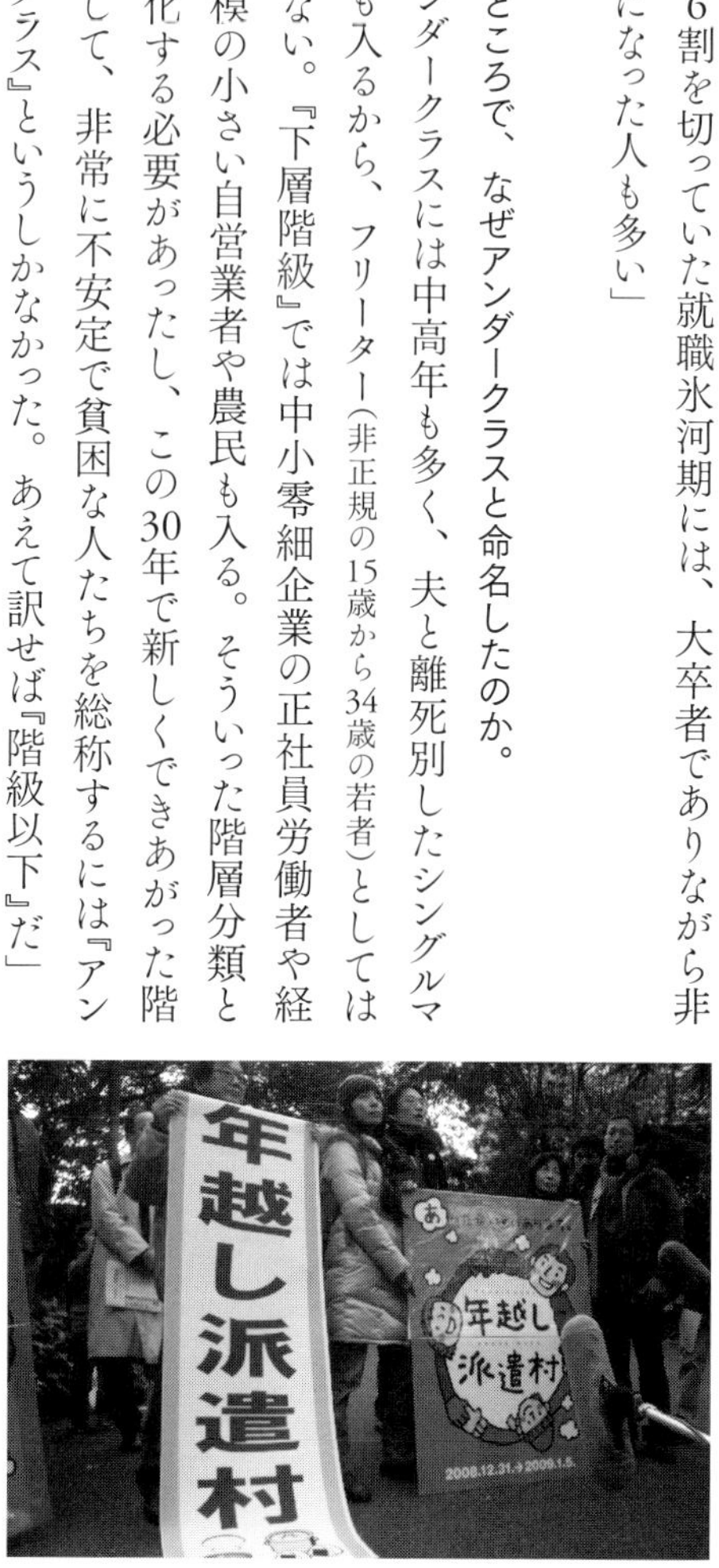

▶「年越し派遣村」で会見する実行委員のメンバーら
…東京都千代田区の日比谷公園で2008年12月

す育たない。そうやって低賃金のままに置かれてきた人たちが65歳になると、ほぼ間違いなく生活保護受給者になる。そのコストは数十兆円だ」

「健康状態が良くない人が多いから医療費もかかる。社会全体の健康レベルも下がる。自殺も多くなる」

「格差拡大で利害対立が起こりやすくなり社会不安も懸念される。偏見を持ってはいけないが、生活苦で犯罪を犯す人が増えることも予想される。現に高齢者の万引きが増えている」

格差社会を克服する「新たな政治勢力」の結集

――ファシズムの温床にも？

「ネトウヨ、ヘイトは必ずしもアンダークラスの人たちではない。だが、最底辺の社会基盤として常に社会に対する不満を抱え、低賃金の外国人労働者らと競合しているのは事実で、頭のいいエリート右翼がアンダークラスをたきつけて動かすことはあり得る。オレたちにカネよこせ、外国人は出ていけ、となる。まさにナチスの支持基盤と一緒だ」

――この先はどう予測するか。

「フリーター第1世代がいま50歳前後だ。彼らが65歳まで働くとすると、あと15年は先述のように毎年若者たちが流れ込んできて、アンダークラス層が増える。ここ数年は学卒者の就職状況が好転しているので足踏み状態だが、最終的には1100万～1200万人に膨張する可能性がある。その段階で出と入りが均衡するだろう」

――新たにアンダークラス化するのはどういう人々か？

「アンダークラスは子どもを持てないので、1代限りの人が多い。労働者階級や新中間階級の子どもが流れ込まないと、企業に必要な非正規枠が維持できない。実際流れ込んできている」

――1200万人といえば、就業人口の2割を占める。まさに一大階級になる。

「アンダークラス対ほかの4階級という対立図式が鮮明になり、社会の分裂がますます激しくなる。これほど多くの人たちが貧しいために結婚もできないという社会は異常だ。人類史上かつてなかったディストピア（ユートピアの対極）だ。若者の貧困はさまざまな文化が継承者を失うことでもある」

――聞くほどに深刻な問題だ。

「アンダークラスという階級の大きな塊があって、固定化して脱出できない。それが今の日本社会に深刻な問題をまき続けている。平成が終わろうとしている今、果たして為政者や国民にどれだけ理解されているか」

橋本氏は具体的な処方箋にも触れた。

最低賃金の引き上げなど賃金格差の縮小、労働時間短縮とワークシェアリングの推進、累進課税の強化・相続税率の引き上げ・資産税の導入など所得再配分政策の推進、生活保護制度の実効性の確保、ベーシックインカム制度の導入などである。ただ、こういった制度改革に切り込むためには政治の力が必要ではないか。

「そうだ。格差社会の克服という一点で、弱者とリベラル派を結集する政治勢力の結成ができるかどうかだ。アンダークラスをこのまま放置していいのか。日本社会の未来はここに懸かっていると私は思う」と言う。

平成から令和へ。日本の政治に1つの大きな課題が突きつけられた。

（構成／倉重篤郎）

はしもと　けんじ――社会学者。1959年、石川県生まれ。東京大学教育学部卒業。東京大学院博士課程修了。静岡大学教員などを経て早稲田大学人間科学学術院教授。著書に『「格差」の戦後史』『はじまりの戦後日本』『階級社会』など多数。

「ゆとり世代」のアスリートはなぜ海外で成功したのか

ノンフィクション作家 黒井克行

◀エンゼルスの大谷翔平選手
…東京・日本橋三越本店の報道写真展
2018年12月

若いアスリートの活躍が目覚ましい。

10代や20代前半のまだ競技歴の浅い彼らが、世界に通用する先輩たちに一泡吹かせて意気揚々としている。世代交代を考える間も与えず台頭をはじめた彼らは、国内の代表をめぐる競争を激化させ、競技レベルをも上げて海外進出も果たしているのである。

たとえば卓球の張本智和は、ブラジル・リオデジャネイロ五輪で日本人初のシングルスメダリストになったエース・水谷隼を降しているが、この時まだ14歳だった。その翌年の対戦でも連破し、エースの座から引きずり下ろさんばかりの勢いである。同じ卓球女子の伊藤美誠《みま》も16歳でリオデジャネイロ五輪の団体銅メダル獲得の立役者となり、その後も中国のトップ選手を次々と倒し、国際卓球連盟が表彰する2018(平成30)年の年間最優秀選手賞にノミネートされるまでになった。

卓球界だけではない。象徴的なのは「1994年生まれ」のアスリートである。羽生結弦(フィギュアスケート　ソチ、平昌五輪2大会金メダル)、大谷翔平(大リーグエンゼルス)、萩野公介(リオデジャネイロ五輪水泳400メートル個人メドレー金メダルほか)、髙木美帆(平昌五輪スピードスケート金銀銅メダル)、桃田賢人(バドミントン世界ランク1位)、鈴木誠也(プロ野球広島東洋カープ)……で、スポーツ史に残る黄金世代といわれる。その翌年に生まれた中にも日本人初の100メートル9秒台をマークした桐生祥秀や日本バドミントン史上初の女子シングルスメダリストに輝いた奥原希望《のぞみ》に、低迷する日本男子バレーボールのエースとして期待される石川祐希が控えている。ほかにもこの世代のアスリートを挙げればきりがなく、若くしてもうすでに世界と戦っている日本のスターだ。

いわゆる「ゆとり世代」のアスリートたちである。

「ゆとり世代」とは広い意味では、1987年4月2日〜2004年4月1日に誕生した、「ゆとり教育」(授業時間と教科内容が削減された学習指導要領)のカリキュラムの下で小・中学校生活を過ごした世代をいう。とりわけ「1994年」は、11年からの「脱ゆとり教育」の影響を受けていない〝ゆとり世代ド真ん中〟である。

彼らの活躍は果たして「ゆとり教育」と密接に関係しているのか？

それとも、たまたま偶然が重なっただけなのか？

そもそも「ゆとり教育」の目的は何だったのか。導入に関わった文部科学省の関係者によると「目指したのは個人の尊厳を尊重することだった。子どもの頃から好きなことに取り組み、主体的に考え、自ら学ぶ人間に育てることだ」と言う。

完全週休2日制も導入された。学校へ行く時間を減らし、代わって興味や関心、適性に合わせて好きなことに打ち込み、自ら学ぶことの大切さを促したのである。つまり、1970年代までの詰め込み教育はスポーツや音楽などに才能のある子どもを学校生活に縛りつけてしまい、最も才能の伸びる時期を生かしきれていなかったという反省に立っている。

確かに、スポーツの世界では9〜12歳を「ゴールデンエイジ」と呼び、この時期に施される練習は彼らの運動能力を大きく伸ばすという考え方は今や常識になっている。この世代の子どもたちを支えるスポーツクラブの活動もさかんである。羽生や浅田真央らフィギュアスケーターは学校を終えるや、クラブで練習を積んだ。しかも、彼らの頃は土曜日をまるまる練習時間に充てることができるようになっていた。

また「日本の」というよりも「世界の」といったほうがふさわしい羽

▶引退後初となるアイスショーで演技する浅田真央
…大阪市　2017年7月

生や大谷を見ていると、10代の頃からしっかりとした〝自分〟があり、自分なりの考え方も持ち、それがインタビューの中でも堂々と表現されている。子どもの頃から大好きなことに取り組み、自ら積極的に学んで培った結果だと思われるが、この能力はスランプやケガなどの逆境に陥った際にそれを乗り越える自浄作用にもつながっている。

「語学習得」を怠らなかった選手が生き残る

「ゆとり世代」といえば、これまで「集団行動よりもプライベート優先」「コミュニケーションがとれない」といった批判にさらされ、企業によっては社会人になった彼らに入社後、「ゆとり世代の再教育」を行うところもあった。この中で、雇用する企業側が再教育に際して心がけたのは「指示ではなく納得させることの重要性」だったという。

頭ごなしではなく、納得させることで彼らは大きな力を発揮することができるのだという。実際、若いアスリートは大きな国際大会でも臆することなく楽しんでプレーをしているように見え、かつての先輩アスリートに見られる悲壮感を漂わせることが少ない。つまり、自分の中で納得して積み重ねてきた自信がそのような〝ゆとり〟をのぞかせているのではと思われる。これは成果といっていいのかもしれない。

また、こうした若い世代の台頭の背景には、スポーツを取り巻く環境が整備されたことにも求めることができるだろう。

11年、「スポーツ基本法」が施行された。これによって国のスポーツ振興への予算が格段に増えた。たとえば、選手の海外遠征や外国人コーチの招へいにお金が使えるようになった。羽生や髙木のコーチは外国人である。国際的にまったく通用しなかったフェンシングはウクライナからコーチを呼び寄せたことで明らかに変わった。「ゆとり世代」の太田雄貴だけでなく、団体でもオリンピックでメダルを獲得するまでになったわけである。日本がバドミントン大国に躍進したのも、当初の韓国人コーチの手腕によるところが小さくない。

08年に開所した「ナショナルトレーニングセンター」の存在も忘れてはならない。国のスポーツ振興基本計画に基づき、トップレベルの競技者の国際競技力の向上を図ることを目的に建設されたトレーニング施設だが、練習場の確保や合宿もままならなかった競技団体はこれで大きく問題が解消され、トレーニングに打ち込める環境が出来上がったのである。「ゆとり世代」のアスリートのほとんどがここの〝お世話〟になっているはずだ。

また、隣接する「国立スポーツ科学センター」と一体となって子どもの頃から有望な選手の強化プログラムによる育成にも取り組み、海外での活躍も視野に入れた英語の授業も行われている。実際、語学ができるできないはパフォーマンスにも大きくかかわる問題で、たとえば、これまでに60人近くの日本人メジャーリーガーが誕生しているが、長く活躍して実績を残したのは、イチローや松井秀喜ら語学習得を怠らなかった選手である。通訳頼みで過ごしたほとんどの選手は最初の1、2年だけで、言葉が障壁となってコミュニケーション不足に陥り実力を出し切れずに帰国を余儀なくされた。「ゆとり世代」の福原愛は卓球王国中国のスーパーリーグに参戦したが、中国語は堪能で中国人からも愛され、選手としての可能性を膨らませ、ロンドンオリンピックで日本卓球史上初となる団体銀メダルを獲得した。

プロテニスプレーヤーの錦織圭、プロゴルファーの松山英樹、メジャーリーガーのダルビッシュ有や田中将大、サッカーでも本田圭佑や長友佑都に香川真司、それに〝半端ない〟大迫勇也もみな海外で活躍する「ゆとり世代」だが、もう一つ彼らに共通するのは、可能性を追求してやまぬチャレンジャーだということだ。それが、グローバル化への対応力となった。これら「ゆとり教育」の成果は、今後のアスリート育成のヒントになろう。

◀プレーする松山英樹
…太平洋クラブ御殿場コース　2018年11月

くろい　かつゆき……1958年、北海道生まれ。早稲田大学第一文学部卒業後、出版社勤務を経てノンフィクション作家。人物ドキュメントやスポーツなどの執筆活動を展開。『指導者の条件』『男の引き際』『髙橋尚子 夢はきっとかなう』など著書多数。

2018
平成30年

南北朝鮮の首脳会談、歴史的な米朝首脳会談と唯一の分断国家に融和の兆しが見えた。アマチュアスポーツ界のパワハラが次々と明らかにされ、米中貿易戦争が世界経済に暗い影を落とし、西日本豪雨で河川の氾濫や土砂災害が相次ぎ大被害。オウム真理教事件の死刑囚13人に刑が執行され、モリカケ問題で国会は大荒れ、「忖度」「改竄」の文字が連日踊った。羽生結弦の五輪2連覇、大谷翔平が二刀流で大リーグを湧かせた

▼北海道胆振東部地震。多数の山崩れが起きた厚真町の山の斜面…2018年9月6日

出来事

▼謝罪する「はれのひ」の篠崎洋一郎社長…横浜市中区 2018年1月26日

1・8◉晴れ着の着付け・レンタル業者「はれのひ」(横浜市)と連絡がとれず、振り袖を着られない新成人が相次ぐ

1・18◉オウム真理教の元信者、高橋克也被告の無期懲役確定へ。教団関連の裁判が全て終結

1・23◉草津白根山の本白根山が噴火、自衛隊員1人死亡

1・26◉仮想通貨交換業者「コインチェック」が580億円相当の仮想通貨が不正に流出したと発表

1・30◉旧優生保護法下で不妊手術を強制された宮城県の女性が個人の尊厳などを保障した憲法違反として国を提訴

2・5◉佐賀・神埼市の民家に陸自の戦闘ヘリ墜落で女児軽傷、3棟を焼く。乗員2人死亡

2・6◉宮内庁は、秋篠宮家の長女眞子さまと小室圭さんが結婚を延期されると発表

2・9◉平昌冬季五輪開幕(～25日)。開会式で韓国と北朝鮮が統一旗を掲げて合同行進。日本は羽生結弦の2連覇をはじめ冬季五輪史上最多の13個のメダル(金4、銀5、銅4)を獲得

2・14◉米フロリダ州の高校で19歳の元生徒の男が銃を乱射。17人死亡

2・14◉安倍首相、衆院予算委で裁量労働制に関する1月29日の答弁撤回。根拠データに不備

3・2◉森友問題で財務省が決裁文書を書き換えた疑いがあると朝日新聞が報じ、野党が追及

3・9◉平昌冬季パラリンピック開幕(～18日)。過去最多49カ国・地域などから567人が出場。日本はソチ大会を超える10個のメダル(金3、銀4、銅3)

3・9◉森友学園への国有地売却の決裁文書を巡る疑惑が浮上する中、財務省前理財局長の佐川宣寿国税庁長官が辞任

3・12◉森友学園への国有地売却に関する決裁文書で、財務省は削除や書き換えがあったと国会に報告

3・16◉福島原発事故による避難者が損害賠償を求めた集団訴訟で、東京地裁が国と東京電力の責任を認める判決

3・18◉任期満了に伴うロシア大統領選でプーチン大統領(65)が4選。任期は2024年まで

3・23◉米トランプ政権が鉄鋼・アルミニウム製品の輸入制限を発動

3・27◉佐川宣寿・前国税庁長官証人喚問。森友文書改ざんに「官邸指示なし」、経緯・関与などの証言は拒否

4・2◉存在しないとしていた陸上自衛隊イラク派遣時の日報が見つかったと防衛省が発表。16日、計435日分の日報を公開、「戦闘拡大」の表現も

4・2◉中国政府が米国の鉄鋼などの輸入制限に対抗し米国製品128品目に高関税措置を発動

4・4◉大相撲巡業先の京都・舞鶴で市長が倒れ救命中の女性に「土俵下りて」の場内放送

4・6◉日本レスリング協会が栄和人強化本部長による伊調馨選手へのパワハラを認定し、強化本部長は引責辞任

4・9◉米フェイスブック、大量個人情報流出問題でザッカーバーグ会長兼CEOが議会に陳謝

4・10◉中村時広愛媛県知事が加計学園問題で柳瀬唯夫首相秘書官(当時)が県職員に「首相案件」と説明したと発表

4・18◉新潟県の米山隆一知事が女性問題で辞職。会見で「公職に就く者の覚悟が足りなかった」

4・26◉強制わいせつで書類送検されたTOKIOの山口達也容疑者が記者会見で謝罪

4・27◉南北朝鮮首脳が会談。半島の非核化を目指す板門店宣言

5・6◉アメリカンフットボール、日大選手の危険な反則タックルで関学大選手が負傷。SNSで批判噴出

5・7◉希望の党と民進党による新党「国民民主党」の設立大会に国会議員62人が参加。野党第2党に

5・8◉トランプ米大統領が2015年のイラン核合意からの離脱を発表

◀草津・本白根山から立ち上る噴煙と噴石
…草津白根山ゴンドラ雲上ライブカメラの映像から　2018年1月23日
草津温泉観光協会提供

▲辞任を発表した佐川宣寿国税庁長官
…財務省　2018年3月9日

5・14◉米国が在イスラエル大使館をエルサレムに移転、パレスチナ自治区ガザで4万人抗議デモ

5・14◉新潟県警は小2女児殺害で近所に住む23歳の男を、死体遺棄・損壊容疑で逮捕

5・15◉スルガ銀行はシェアハウス購入者への融資審査書類が偽造された可能性を「複数の行員が認識していた」とする調査報告書を公表

5・16◉「YOUNG MAN」をはじめ多くのヒット曲で知られる歌手・西城秀樹さん死去。63歳

5・17◉旧優生保護法下で不妊手術を強制された70代男女3人が、国に計約8000万円の損害賠償を求め提訴

5・23◉前国税庁長官が「廃棄した」と国会答弁していた国有地売却を巡る森友学園との交渉記録を財務省が公表

5・24◉北朝鮮が北東部の豊渓里にある地下核実験場を爆破

5・29◉アメフット、悪質タックル問題で関東学生連盟が日大・内田前監督と元コーチ除名

6・4◉森友文書改ざん問題で財務省が調査報告書公表、職員20人処分。麻生財務相は続投

6・5◉東京地検特捜部と警視庁が品質検査データ改ざん問題で神戸製鋼所を家宅捜索

▲日本大学アメリカンフットボール部の内田正人前監督(右)と井上奨コーチ
…東京都千代田区　2018年5月23日

▼パワハラ問題について謝罪する日本レスリング協会の栄和人前強化本部長
…東京・駒沢体育館　2018年6月14日

6・9◉神奈川県内を走行中の東海道新幹線「のぞみ」車内で男女3人が刺され死傷

6・11◉「袴田事件」再審開始決定で釈放された袴田巌元被告の即時抗告審で、東京高裁が再審開始認めず

6・12◉米朝首脳がシンガポールで史上初の会談。北朝鮮が「朝鮮半島の完全な非核化」を約束する共同声明に署名

6・13◉「18歳成人」国会で成立。民法改正で2022年4月施行

6・18◉大阪府北部を中心にM6・1、最大震度6弱の地震が発生。死者は6人、負傷者は400人超。高槻市で市立小学校のブロック塀が倒れ、4年生の女児が死亡

6・26◉富山市で交番の警官を刺して拳銃を奪った元自衛官が発砲し、小学校の警備員らが死亡

6・27◉東京都内にある飲食店の8割超を原則全面禁煙とする都受動喫煙防止条例が可決、成立

6・29◉高度プロフェッショナル制度、残業時間の罰則付き上限規制などを設ける働き方改革関連法が成立

7・4◉東京地検特捜部は息子の合格を謝礼に東京医科大の便宜を図ったとして文科省局長を逮捕

▼大阪府北部地震。ブロック塀が倒れ、4年生の女児が下敷きになった現場…高槻市栄町　2018年6月19日

7・6◉米国は中国からの輸入品に25％の追加関税を課す制裁措置。中国も米国製品に追加関税

7・6◉法務省がオウム真理教元代表松本智津夫（麻原彰晃）死刑囚ら7人の刑を執行（26日には教団元幹部ら6人の刑を執行）

7・7◉2016年9月に横浜市の病院で入院患者が相次いで死亡した事件で元看護師逮捕

7・7◉記録的な大雨が続き、西日本を中心に河川の氾濫や土砂災害が発生（西日本豪雨）。16日までに14府県で214人死亡

7・10◉大雨でタイ北部チェンライの洞窟に取り残されたサッカーチームの少年ら13人全員無事救出

7・18◉参院定数を6増する改正公職選挙法が衆院本会議で自民、公明両党の賛成多数で可決、成立

7・18◉岐阜県多治見市で40・7度。国内で40度超えは2013年8月以来。全国では熱中症で8人死亡

7・20◉カジノを含む統合型リゾート（IR）実施法が

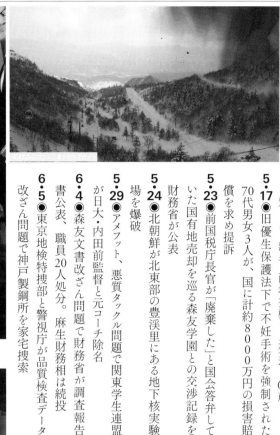

▶水没した真備町の市街地
…岡山県倉敷市　2018年7月8日

参院本会議で賛成多数で可決、成立

7・29◉台風12号が三重県伊勢市付近に上陸後、近畿・中国地方へと西進。統計開始後初めて日本列島を東から西に横断。少なくとも8都府県で24人けが

8・7◉東京医科大不正入試の内部調査で、今年と昨年に計19人の受験生に不正に加点したと認定

8・8◉辺野古移設反対を貫いた翁長雄志沖縄県知事が死去（67歳）。闘病続け執務

8・8◉日本ボクシング連盟の山根明会長が辞任を表明。「大きな理由は反社会勢力との交流」と説明

8・15◉山口県周防大島町で行方不明になっていた2歳男児を78歳のボランティア男性が発見

8・15◉JAXA汚職。文科省前統括官を収賄、元会社役員を贈賄で東京地検が起訴

8・24◉収賄などの罪に問われていた韓国の朴槿恵前大統領にソウル高裁が懲役25年、罰金200億ウォン（約20億円）判決

8・28◉中央省庁の27機関で3460人の障がい者雇用水増しがあったとの調査結果を厚生労働省が公表

▼日本ボクシング連盟の山根明会長
…大阪市淀川区　2018年8月7日

▶「スーパーボランティア」の尾畠春夫さん
…広島県呉市　2018年8月23日

8・30◉日本原子力研究開発機構、もんじゅの核燃料取り出しに着手。廃炉作業本格化

9・4◉非常に強い台風21号が徳島県、神戸市に上陸。関西国際空港が浸水し閉鎖

9・6◉北海道胆振地方でM6・7、震度7の地震。土砂崩れなどによる死者41人を含む死傷者約800人、道内全域295万戸が停電（北海道胆振東部地震）

9・8◉テニス全米オープン女子シングルスで大坂なおみが優勝。日本選手の4大大会シングルス制覇は男女を通じ初

9・12◉プーチン露大統領が安倍首相に前提条件抜きの年内の平和条約締結を提案

9・16◉「平成の歌姫」安室奈美恵さんが故郷沖縄でのライブを最後に引退

9・18◉韓国の文在寅大統領が北朝鮮の平壌を訪問し金正恩朝鮮労働党委員長と会談

9・20◉自民党総裁選で安倍首相が石破茂元幹事長を破り3選。次の国会への憲法改正案提出に意欲

9・25◉新潮社の月刊誌「新潮45」が休刊。性的少数者などへの差別的な表現で批判を受けていた

9・26◉日米首脳会談。2国間で物品貿易の自由化を進める「日米物品貿易協定（TAG）」の交渉開始で合意

▼沖縄知事選、支援者と乾杯する玉城デニー氏
…沖縄県那覇市　2018年9月30日

9・29◉8月12日に大阪府警富田林署から逃走した樋田淳也容疑者が山口県内で万引き、現行犯逮捕。48日間の逃走劇

9・30◉翁長雄志氏の死去に伴う沖縄県知事選で玉城デニー元衆院議員が安倍政権が支援した候補を破り過去最多得票で初当選

10・1◉首都圏の米軍横田基地に垂直離着陸輸送機CV22オスプレイ5機が配備

10・2◉第4次安倍改造内閣が発足、派閥均衡に配慮し12人が初入閣

10・5◉ノーベル平和賞に戦時性暴力の終結に努力したコンゴ民主共和国の医師、ムクウェゲ氏とイラクの女性活動家ムラド氏

10・6◉東京都中央卸売市場の築地市場が豊洲への移転に伴い最終営業。83年の歴史に幕。11日、豊洲市場が2年遅れでようやく始動

10・16◉油圧機器メーカーKYBが免震・制振用装置の性能検査データ改ざんを発表
10・16◉積水ハウスが都内の土地取引で約55億円を詐取された事件で、地面師集団を逮捕
10・20◉トランプ米大統領、旧ソ連と締結した中距離核戦力全廃条約離脱と新型核開発表明
10・20◉サウジアラビア検察当局はトルコ・イスタンブールの総領事館で記者が死亡したと認め、18人を拘束
10・25◉シリアで2015年6月に武装勢力に拘束されたフリージャーナリストの安田純平さんが帰国
10・30◉韓国最高裁は元徴用工による損害賠償請求訴訟で新日鉄住金の上告棄却、賠償命令が確定
11・6◉米中間選挙で民主党が下院で8年ぶりに多数派を奪還。上院は共和党が多数派を維持
11・9◉京大はヒトのiPS細胞から作った細胞をパーキンソン病患者の脳に世界初の移植と発表

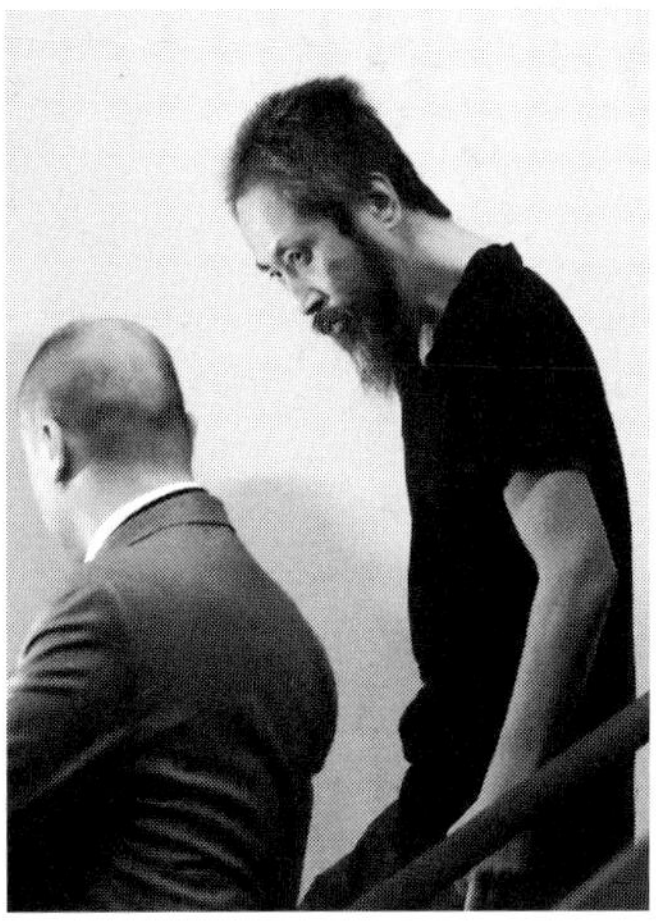

◀帰国し飛行機から降りる安田純平さん
…千葉・成田空港
2018年10月25日

11・12◉米大リーグ・エンゼルスの大谷翔平がア・リーグの最優秀新人に。日本人で4人目
11・18◉パプアニューギニアで開催のAPECで米中が対立し、初の首脳宣言断念
11・19◉東京地検特捜部がカルロス・ゴーン日産自動車会長ら2人を金融商品取引法違反容疑で逮捕。22日、日産自動車は会長職と代表取締役の解任を決定
11・23◉2025年国際博覧会(万博)の開催地を決める総会がパリで開かれ、大阪市に決定
11・25◉EU臨時首脳会議で英国の離脱に関する「離脱協定」と「政治宣言」に正式合意
12・5◉カナダ司法当局が中国通信機器大手ファーウェイの孟晩舟CFOを逮捕
12・6◉自治体の水道事業の民間運営に道を開く改正水道法が成立
12・8◉外国人労働者の受け入れを拡大する改正入管法が、参院本会議で可決、成立
12・10◉経済産業省と報酬水準などで対立した産業革新投資機構の社長ら取締役9人が辞任表明
12・14◉米軍普天間飛行場移設に向け、防衛省が名護市辺野古沿岸部に土砂を投入
12・14◉東名高速あおり運転死亡事故判決で、横浜地裁は危険運転致死傷罪を認め、被告に懲役18年
12・16◉札幌市豊平区の雑居ビルで爆発、42人が重軽傷。1階の不動産仲介業者の社員が、100本以上のスプレー缶のガスを抜いていたことが原因
12・20◉米・マティス国防長官がシリアからの米軍撤収を発表した大統領に抗議し、辞表提出
12・21◉石川県・能登半島沖で韓国駆逐艦から海自機がレーダー照射を受けたと防衛省が発表
12・26◉政府が国際捕鯨委員会(IWC)からの脱退を表明。来年7月から商業捕鯨を再開する方針
12・30◉環太平洋パートナーシップ協定(TPP)発効

話題

【暴言、放言、失言、妄言】

「LGBTのカップルのために税金を使うことに賛同が得られるものでしょうか。彼ら彼女らは子供を作らない、つまり『生産性』がないのです」杉田水脈自民党衆院議員『新潮45』8月号
1・25◉「それで何人死んだんだ」松本文明内閣府副大臣が沖縄県で相次いだ米軍機事故をめぐる衆院本会議の質問中にヤジ
5・4◉「セクハラ罪という罪はない」麻生太郎財務相が前事務次官のセクハラ問題について記者会見で

【流行語】

そだねー/eスポーツ/おっさんずラブ/ご飯論法/災害級の暑さ/スーパーボランティア/ボーっと生きてんじゃねーよ!/#MeToo

【新商品・ヒット商品】

ZOZOSUIT/無糖強炭酸/本麒麟/明治エッセルスーパーカップSweet's/タピオカミルクティー/ドライブレコーダー/サバ缶

【誕生】

東京ミッドタウン日比谷(3・29)

【スポーツ】

1・21◉卓球の全日本選手権男子シングルスで14歳6カ月の張本智和が史上最年少で初優勝
2・17◉朝日杯将棋オープン戦で藤井聡太五段が羽生善治竜王らを破り初優勝。初の中学生六段
2・18◉平昌五輪スピードスケート女子500メートルで小平奈緒が五輪新記録で優勝
2・21◉平昌五輪スピードスケート女子団体追い抜きで高木菜那・美帆姉妹らの日本が五輪新記録で優勝
2・24◉平昌五輪新種目の女子マススタートで高木菜那が金メダル。日本女子の同一大会「金」2個は夏季を含めて初
3・24◉ノルディック・ジャンプ女子の高梨沙羅がワールドカップ第14戦で今季初優勝。W杯勝利数が単独最多の54に
4・1◉米大リーグ、エンゼルスの大谷翔平二刀流デビュー。3月29日の開幕戦初打席初安打に続き、投手初登板で初勝利
4・9◉日本サッカー協会が日本代表のハリルホジッチ監督の解任を発表。後任は西野朗氏
4・15◉米男子ゴルフRBCヘリテージで小平智が初優勝。日本勢の米ツアー制覇は5人目
4・16◉米、ボストンマラソンで川内優輝が初優勝、日本勢では瀬古利彦以来31年ぶり
4・23◉プロ野球・広島で活躍、2215試合連続出場記録の「鉄人」衣笠祥雄さん死去。71歳
5・30◉大相撲、ジョージア出身の栃ノ心が大関に昇進

▲ピョンチャン冬季五輪、フィギュアスケート男子で連覇した羽生結弦
…韓国・江陵アイスアリーナ 2018年2月17日

6・10◉テニス、全仏オープン女子ダブルスで穂積絵莉、二宮真琴組準優勝。日本人同士のペアで初
6・17◉第86回ルマン24時間レースでトヨタが初優勝、日本車27年ぶりV
7・2◉サッカーW杯決勝トーナメント1回戦で日本はベルギーに2―3で逆転負け、ベスト8入りを逃す
7・2◉フィギュアスケート男子で五輪2連覇の羽生結弦選手に国民栄誉賞授与
7・15◉サッカーW杯ロシア大会でフランスがクロアチアを破り5大会ぶり2度目の優勝
8・21◉夏の甲子園で大阪桐蔭が秋田県勢として103年ぶりに決勝進出した金足農を破り、史上初の2度目の春夏連覇
8・24◉ジャカルタ・アジア大会で競泳女子の池江璃花子が50メートル自由形を制して6冠を達成
9・16◉ベルリン・マラソンでエリウド・キプチョゲ(ケニア)が2時間1分39秒の世界新
9・22◉大相撲、横綱白鵬41度目の優勝。秋場所で横綱通算800勝、幕内1000勝の記録も達成
9・25◉大相撲の元横綱・貴乃花親方が引退届を提出したと記者会見
10・7◉大迫傑がシカゴ・マラソンで2時間5分50秒の日本新記録をマークし3位
10・21◉卓球の福原愛(29)が現役引退を発表
11・3◉プロ野球日本シリーズ、福岡ソフトバンクが2年連続9回目の制覇。福岡ソフトバンク4―1広島
12・8◉フィギュアスケート女子の紀平梨花(16)がグランプリファイナル初出場で優勝

◁ピョンチャン冬季五輪、女子500メートルで優勝した小平奈緒
…韓国・江陵オーバル 2018年2月18日

【科学・学術】

3・14◉宇宙創成の謎に挑み続けた「車いすの天才物理学者」、S・ホーキング博士死去(76歳)。
10・1◉京都大高等研究院の本庶佑特別教授が新しいタイプの「がん免疫療法」実現でノーベル医学生理学賞に決定

【文化・芸術・芸能】

2・10◉水俣病を告発した「苦海浄土」で知られる作家・石牟礼道子さん死去。90歳
2・13◉将棋で初の永世7冠の羽生善治氏と、囲碁で2度の7冠独占の井山裕太氏に国民栄誉賞
3・4◉第90回アカデミー賞で辻一弘さん(48)が日本人初のメーキャップ&ヘアスタイリング賞
4・5◉映画「火垂るの墓」などアニメーション監督として知られる高畑勲さん死去。82歳
5・19◉カンヌ国際映画祭で是枝裕和監督の「万引き家族」が最高賞パルムドールを受賞
6・30◉ユネスコの世界遺産委員会が「長崎と天草地方の潜伏キリシタン関連遺産」の世界文化遺産登録を決定
7・2◉演芸番組「笑点」で長く親しまれた人気落語家の桂歌丸さん死去。81歳
9・15◉個性的な演技で映画やテレビで存在感を示した女優の樹木希林さん死去。75歳
10・24◉「男鹿のナマハゲ」(秋田)など10件の伝統行事の無形文化遺産登録をユネスコの補助機関が勧告したと文化庁が発表

◁全米オープンテニスの女子シングルスで初優勝した大坂なおみ…米・ニューヨーク 2018年9月8日 ©共同通信

◁報道写真展会場で、自身のパネルの前に立つエンゼルス・大谷翔平
…東京・日本橋三越本店 2018年12月18日

【音楽】

米津玄師「Lemon」／DA PUMP「U.S.A.」／欅坂46「ガラスを割れ!」／TWICE「Wake Me Up」

▲カンヌ国際映画祭で記念撮影に応じる「万引き家族」の是枝裕和監督(左)と出演者
…フランス・カンヌ 2018年5月14日
©フジテレビジョン ギャガ AOI Pro.

▶「カメラを止めるな!」
©ENBUゼミナール

【映画】

外国映画『スリー・ビルボード』米 監 マーティン・マクドナー 演 フランシス・マクドーマンド／『ジュラシック・ワールド 炎の王国』米 監 J・A・バヨナ 演 クリス・プラット／『シェイプ・オブ・ウォーター』米 監 ギレルモ・デル・トロ 演 サリー・ホーキンス／『ボヘミアン・ラプソディ』英・米 監 ブライアン・シンガー 演 ラミ・マレック

日本映画『万引き家族』(『万引き家族』製作委員会) 監 是枝裕和 演 リリー・フランキー、安藤サクラ／『菊とギロチン』(「菊とギロチン」合同製作舎) 監 瀬々敬久 演 木竜麻生／『きみの鳥はうたえる』(函館シネマアイリス) 監 三宅唱 演 柄本佑、石橋静河、染谷将太／『カメラを止めるな!』(ENBUゼミナール) 監 上田 慎一郎 演 濱津 隆之、真魚／『劇場版コード・ブルー ドクターヘリ緊急救命』(東宝) 監 西浦正記 演 山下智久、新垣結衣

【出版・文芸】

原 吉野源三郎 画 羽賀翔一『漫画 君たちはどう生きるか』／佐久間健一『モデルが秘密にしたがる体幹リセットダイエット』／矢部太郎『大家さんと僕』／若竹千佐子『おらおらでひとりいぐも』／辻村深月『かがみの孤城』／辻原登『不意撃ち』／平野啓一郎『ある男』／石井遊佳『百年泥』／芥川賞—高橋弘希『送り火』／直木賞—島本理生『ファーストラヴ』／星野智幸『焰』

◈乃木坂46、欅坂46のメンバー写真集が写真集売り上げランキングの上位独占、100万部以上売り上げ

【漫画】

あずまきよひこ「よつばと!」(月刊コミック電撃大王)／枢 やな「黒執事」(月刊Gファンタジー)

◈漫画誌は月刊誌が約11%減、週刊誌が約8%減。「ONE PIECE」「キングダム」「僕のヒーローアカデミア」「進撃の巨人」などの人気シリーズ単行本は堅調。「名探偵コナン」も健闘。

【テレビ】

「おっさんずラブ」テレビ朝日／「半分、青い。」NHK／「チコちゃんに叱られる!」NHK／「99.9 —— 刑事専門弁護士——SEASON II」／「義母と娘のブルース」TBS

【CM】

「ロト部長、ロト夫木」(ロト7)／「URであ~る」(UR賃貸住宅)／「働くあなたに1UP(ワンアップ)」(住友生命)／「世の中の文字は小さすぎて、読めないっ!」(ハズキルーペ)

▼スティーブン・ホーキング

▼石牟礼道子

◀さくらももこ

▼西城秀樹

冥友録

1・4◉**星野仙一**(70歳)プロ野球・投手、監督／1・21◉**西部邁**(78歳)評論家／1・26◉**野中広務**(92歳)元官房長官／2・10◉**石牟礼道子**(90歳)作家／2・20◉**金子兜太**(98歳)俳人／2・21◉**大杉漣**(66歳)俳優／2・24◉**左とん平**(80歳)俳優／3・7◉**中島宏**(76歳)青磁作家、人間国宝／3・10◉**ユベール・ド・ジバンシィ**(91歳)仏・ファッションデザイナー／3・14◉**スティーブン・ホーキング**(76歳)英国の物理学者／4・5◉**高畑勲**(82歳)アニメーション監督／4・13◉**ミロス・フォアマン**(86歳)チェコスロバキアの映画監督／4・23◉**衣笠祥雄**(71歳)元プロ野球選手／4・28◉**竹本住太夫**(93歳)人形浄瑠璃文楽の太夫。人間国宝／5・2◉**加古里子**(92歳)絵本作家／5・16◉**西城秀樹**(63歳)歌手／5・22◉**フィリップ・ロス**(85歳)米作家／5・26◉**津本陽**(89歳)作家／6・7◉**日高六郎**(101歳)社会学者／6・18◉**樫尾和雄**(89歳)カシオ計算機会長／6・18◉**加藤剛**(80歳)俳優／7・2◉**桂歌丸**(81歳)落語家／7・13◉**浅利慶太**(85歳)演出家、元劇団四季代表／7・18◉**常田富士男**(81歳)俳優／7・19◉**橋本忍**(100歳)脚本家、映画プロデューサー／8・4◉**津川雅彦**(78歳)俳優／8・8◉**翁長雄志**(67歳)沖縄県知事／8・10◉**菅井きん**(92歳)俳優／8・15◉**さくらももこ**(53歳)漫画家「ちびまる子ちゃん」／8・16◉**アレサ・フランクリン**(76歳)米歌手「ソウルの女王」／8・18◉**コフィ・アナン**(80歳)国連事務総長／8・26◉**ニール・サイモン**(91歳)米劇作家／9・5◉**鶴沢寛治**(89歳)人形浄瑠璃文楽三味線、人間国宝／9・15◉**樹木希林**(75歳)俳優／10・8◉**輪島大士**(70歳)第54代横綱／10・18◉**長部日出雄**(84歳)直木賞作家／10・19◉**下村脩**(90歳)ノーベル化学賞受賞者／10・27◉**江波杏子**(76歳)俳優／11・7◉**フランシス・レイ**(86歳)フランスの作曲家／11・12◉**スタン・リー**(95歳)米コミック界の「巨匠」／11・26◉**ベルナルド・ベルトルッチ**(77歳)イタリアの映画監督／12・3◉**大中恩**(94歳)作曲家。童謡「サッちゃん」／12・28◉**藤田淑子**(68歳)声優、「一休さん」

2019
平成31年

▲「退位礼正殿の儀」でお言葉を述べられる天皇陛下
… 皇居・宮殿「松の間」2019年4月30日 代表撮影

1月

1・1◉午前0時すぎ、初詣客でにぎわう東京の竹下通りに軽乗用車が突入、通行人8人を次々にはねた。逮捕された男(21)は「殺そうと思った」と供述

1・3◉箱根駅伝は東海大が往路2位から初の総合優勝。昨年の大会記録を5分30秒更新

1・5◉東京都豊洲市場の初競りで、青森県大間産のクロマグロ(278キロ)が1本3億3360万円

1・5◉小学4年の仲邑菫《なかむらすみれ》さん(9)が囲碁のプロ棋士に

1・10◉日本女子レスリング界をけん引してきた吉田沙保里さん(36歳)が現役引退

1・10◉毎月勤労統計の不正調査問題で、雇用保険と労災保険の過少給付総額は各数百億円に上ることが判明。04年にさかのぼり不足分を支払う方針

1・11◉日立製作所は英国での原発新設計画を凍結。「日の丸原発輸出」の頓挫が鮮明に

1・12◉日本古代史への大胆な仮説など日本文化や現代文明の在り方を問い続けた梅原猛さんが死去。93歳。

1・12◉女優の市原悦子(本名・塩見悦子)さんが死去。82歳。

1・15◉英下院は、EUからの離脱合意案を賛成202、反対432の大差で否決

1・16◉大相撲の横綱稀勢の里が現役を引退。通算成績は800勝496敗97休、優勝2回

1・17◉猛吹雪の北海道当別町で古市栄治さん(66)が自宅玄関の数十センチ手前で倒れているのを警察官が発見。低体温症による凍死だった

1・21◉防衛省は韓国海軍駆逐艦による火器管制レーダー照射問題に関する「最終見解」を発表

1・21◉中国の研究者がゲノム編集技術で双子が生まれたと主張した問題で、中国の調査グループは双子が誕生していたと認定、警察に告発

1・21◉フランスのデータ保護当局は、米・グーグルに「一般データ保護規則」違反で5000万ユーロ(約62億円)の制裁金支払いを命令

1・21◉兵庫県淡路市の養護老人ホームでインフルエンザ集団感染、高齢の入所者7人が死亡

1・24◉仏自動車ルノーはカルロス・ゴーン被告の会長兼最高経営責任者の辞任を承認

1・25◉トランプ米大統領は政府機関の一時再開で米議会と合意。昨年末から35日間続いた閉鎖はいったん解除

1・25◉千葉県野田市の小学4年、栗原心愛《みあ》さんが自宅で死亡した事件で、父親を逮捕。体に複数の古いあざがあり、日常的に暴力を振るっていた疑い

1・26◉テニスの全豪オープン女子シングルスで、大坂なおみ(21)が初優勝。昨年の全米オープンに続き4大大会2連勝

1・27◉山梨県知事選は自民、公明両党が推薦する元衆院議員、長崎幸太郎氏(50)が初当選

1・29◉岐阜県各務原市の養豚場で豚コレラが発生。飼育中や出荷した豚約1800頭を殺処分

1・29◉農林水産省は輸出が認められていない和牛の受精卵と精液を中国に持ち出したとして、大阪府在住の男性を大阪府警に刑事告発

1・29◉小説「桃尻娘」や古典の現代語訳、独特の社会批評などで知られた作家の橋本治さんが肺炎のため死去。70歳

1・31◉反権力、反権威を掲げた雑誌『噂の真相』元編集長の岡留安則さんが肺がんのため死去。71歳

2月

2・1◉日本とEUの経済連携協定(EPA)が発効し、世界のGDPの3割弱を占める自由貿易圏が誕生

2・1◉トランプ米大統領は、ロシア政府に中距離核戦力(INF)全廃条約から離脱すると表明

2・1◉兵庫県明石市の泉房穂市長が、道路用地買収を巡り担当幹部に暴言を吐いた問題で辞職

2・4◉栗原心愛さんが父親からの虐待で死亡した事件で、暴行を制止しなかったとして母親(31)を逮捕。母親も暴力を受けていた

2・4◉ノルディックスキー・ジャンプで「鳥人」と呼ばれたマッチ・ニッカネンさん(フィンランド)が死去。55歳

2・7◉レオパレス21は、新たに33都府県にある1324棟で施工不良が見つかったと発表。入居者は計1万4443人

2・8◉フィギュアスケートの4大陸選手権、紀平梨花が逆転で初優勝。男子も宇野昌磨が逆転で初優勝

2・8◉「団塊の世代」の名付け親で、元経済企画庁長官の堺屋太一(本名・池口小太郎)さんが死去。83歳

2・9◉横浜市神奈川区のコンビニのアルバイト店員がおでんの白滝を口に出し入れしたり、踊りながら商品のたばこを触ったりしている動画をSNSに投稿。「すき家」や「くら寿司」でもアルバイトによる投稿が発覚

2・10◉第61回グラミー賞で東京生まれのヒロ・ムライさんが最優秀ミュージック・ビデオ賞を受賞

2・12◉約1億8000万円脱税で健康食品販売会社「メディアハーツ」の三崎優太社長(29)ら3人を逮捕。三崎容疑者は「青汁王子」などの呼称でテレビ番組に出演していた

2・18◉就職活動のOB訪問に来た女子大学生にわいせつな行為をしたとして、大手ゼネコン大林組の27歳の社員を逮捕

2・18◉将棋の第45期女流名人戦で里見香奈女流名人が10連覇。女流王座・女流王将・倉敷藤花とともに女流4冠を保った

2・19◉大津地裁は、'11年に中学2年の男子生徒が自殺したのはいじめが原因として、元同級生2人に、損害賠償請求のほぼ全額となる計約3750万円の支払いを命じる判決

2・22◉小惑星探査機「はやぶさ2」が小惑星リュウグウへの着陸に成功

2・24◉沖縄県名護市辺野古の埋め立てを問う県民投票で「反対」が7割超

2・24◉日本文学研究者で米コロンビア大名誉教授のドナルド・キーンさんが心不全で死去。96歳

2・24◉天皇陛下の在位30年を祝う政府主催の式典開催

◀県民投票の結果を受け、米軍キャンプ・シュワブ前で基地の撤廃を訴える人たち
…沖縄県名護市辺野古 2019年2月25日

◀作業員に変装して東京拘置所を出るカルロス・ゴーン前日産会長
…東京都葛飾区 2019年3月6日

2・24◉バスケットボール男子のワールドカップ(W杯)アジア2次予選最終戦、日本はカタールに快勝し、21年ぶりに予選突破

2・24◉日本中央競馬会の5重勝単勝式馬券「WIN5」の払戻金は、的中が1票で、史上最高の4億7180万9030円

2・26◉慶応大学病院は、昨年8月に268グラムで生まれた男児が、今月無事退院したと発表

2・28◉ベトナム・ハノイの2回目の米朝首脳会談は合意には至らず、共同声明への署名は見送り

3月

3・6◉東京都は公立福生病院を立ち入り検査。昨年8月、この病院の外科医が女性腎臓病患者に人工透析治療をやめる選択肢を示し、透析治療中止を選んだ女性が1週間後に死亡していた

3・6◉日産前会長のカルロス・ゴーン被告が、保釈金10億円を納付し東京拘置所から保釈。ゴーン前会長は工事作業員のような上着と帽子、マスクで、工事用の軽ワゴン車に乗り込んで拘置所を後にした

3・7◉覆面のプロレスラー「ザ・デストロイヤー」として日米で活躍したリチャード・ベイヤーさんが死去。88歳

3・10◉ケニアに向かっていたエチオピア航空の最新鋭ボーイング737MAX8旅客機が墜落。乗客149人と乗員8人全員が死亡

3・10◉ノルディックスキー・ジャンプ男子で小林陵侑(22)がワールドカップ(W杯)日本勢初の個人総合優勝

3・11◉東日本大震災から8年。岩手、宮城、福島3県の避難生活を続けている被災者は約5万2000人

3・12◉コカインを使用したとして、ミュージシャンで俳優のピエール瀧(本名・瀧正則)を麻薬取締法違反で逮捕

3・13◉東京都江東区の加藤邦子さん(80)が殺害された事件で、男3人を逮捕。加藤さん宅には事件前、現金の有無を聞き出す「アポ電」があった。2月1日に渋谷区であったアポ電を使ったとみられる事件と車の走行記録などに共通点があり、同一グループが関与したとみている

3・15◉ニュージーランド南部のクライストチャーチで、2カ所のモスクで白人男性が銃乱射。49人死亡、約50人が負傷。容疑者はモスク内で自動小銃を乱射する様子をインターネット上で17分間生中継した

3・17◉ロック歌手で俳優としても活躍した内田裕也(本名・雄也)さんが死去。79歳

3・19◉20年東京五輪・パラリンピック招致を巡る不正疑惑で、JOCの竹田恒和会長(71)が、任期満了をもって退任すると発表

3・21◉米大リーグ・マリナーズのイチロー外野手が現役を引退

3・26◉「ショーケン」の愛称で親しまれた歌手で俳優の萩原健一(本名・敬三)さんが死去。68歳

3・27◉'19年度予算が参院本会議で可決、成立。総額は101兆4571億円と過去最大

3・27◉藤井聡太七段(16)が竜王戦のランキング戦で勝ち、18年度を45勝8敗で終えた。勝率で2年連続の1位が確定

3・27◉関脇・貴景勝(22)が大関昇進

3・28◉1985年の「松橋事件」再審で、熊本地裁は服役した宮田浩喜さん(85)に無罪判決。認知症の宮田さんは出廷できなかった

3・29◉内閣府は40〜64歳でひきこもり状態にある人が全国推計で61万3000人に上るとの調査結果

3・29◉タイ中部パタヤで日本人の振り込め詐欺グループの拠点が摘発され、22〜54歳の日本人の男15人が逮捕

▶最後の勇姿、声援に応えるイチロー
…東京ドーム　2019年3月21日

4月

4・1◉政府は新たな元号を「令和《れいわ》」に決定。新元号は5月1日午前0時に施行

4・3◉第91回選抜高校野球大会は、東邦(愛知)が習志野(千葉)を破り、30年ぶり5回目の優勝。平成最初の第61回大会を制した東邦が、平成最後の大会も頂点に立った

◀炎を上げて燃えるノートルダム大聖堂
…パリ　2019年4月15日

4・4◉東京地検特捜部は保釈中のカルロス・ゴーン被告を特別背任容疑で新たに逮捕。前会長が逮捕されるのは4回目

4・5◉塚田一郎副国土交通相は、下関北九州道路の建設計画を巡って安倍首相と麻生副総理兼財務相に「忖度した」などと発言をした責任を取り、辞表を提出

4・5◉「はやぶさ2」が小惑星リュウグウに銅の塊を高速で撃ち込み、人工クレーターを作る実験に成功

4・7◉第19回統一地方選の前半戦。大阪府知事・大阪市長のダブル選は大阪維新の会が勝利、与野党全面対決だった北海道知事選は与党の新人が大勝した。保守分裂の4県知事選のうち、福岡、島根で自民党本部が推薦した新人が敗れた

4・8◉日産自動車の臨時株主総会でカルロス・ゴーン前会長を取締役から解任

4・9◉航空自衛隊三沢基地所属の最新鋭ステルス戦闘機F35A機が、太平洋上での訓練飛行中にレーダーから消え、連絡を絶った

4・9◉新紙幣の肖像画を発表。1万円札は実業家の渋沢栄一、5000円札は津田塾大学創始者の津田梅子、1000円札は「近代日本医学の父」北里柴三郎

4・10◉桜田義孝五輪担当相は、失言の責任を取って辞任。事実上の更迭

4・10◉国際研究チームが、世界で初めて地球から約5500万光年離れた楕円銀河「M87」の中心にあると考えられていたブラックホールの影を撮影することに成功

4・11◉「ウィキリークス」の創設者ジュリアン・アサンジ容疑者(47)が、保釈条件違反で約7年間籠城していたロンドンのエクアドル大使館で逮捕

4・11◉EUの首脳会議は、英国のEU離脱期限を10月31日まで延期で合意

4・11◉世界貿易機関(WTO)の上級委員会は、韓国による福島など8県産の水産物輸入禁止措置を不当とした紛争処理小委員会の判断を破棄。日本は逆転敗訴

4・11◉「ルパン三世」の漫画家、モンキー・パンチ(本名・加藤一彦)さんが肺炎のため死去。81歳

4・12◉スズキはブレーキや速度計などの全車検査で不正と発表。これと別に排ガス・燃費の検査不正が1万1070台に達したと説明。200万台のリコール実施

4・14◉在留資格「特定技能1号」の取得に必要な宿泊業の技能試験が、全国7会場で実施

4・14◉男子ゴルフのマスターズでタイガー・ウッズ(米国)が逆転優勝。メジャー制覇は'08年の全米オープン以来11年ぶり、マスターズ優勝は5回目

4・15◉東京電力は福島第1原発3号機の使用済み燃料プールから核燃料の取り出しを開始

4・15◉フランス・パリ中心部にあるノートルダム大聖堂で大規模な火災が発生し、高さ約90メートルの木造の尖塔が焼け落ちた

4・16◉第19回統一地方選告示。121の町村長選で55人が、93町村議選で988人が無投票当選

4・17◉「子連れ狼」などの漫画原作者の小池一夫(本名・俵谷星舟)さんが死去。82歳

4・19◉東京・東池袋で87歳の男性が運転する乗用車が約150メートルにわたって暴走、自転車に乗っていた母子が死亡し、男女8人が重軽傷

4・21◉スリランカの教会や高級ホテル計8カ所で同時爆発テロ。イスラム過激派の自爆テロとみられ死者290人、日本人1人が死亡

4・21◉衆院大阪12区、沖縄3区の両補欠選挙は自民党が連敗。大阪12区は日本維新の会新人、沖縄3区は無所属新人が当選

4・21◉日本室内選手権・男子高飛び込みで中学1年の玉井陸斗が初優勝

4・24◉旧優生保護法下で不妊手術を受けさせられた障がい者らへの救済法が、参院本会議で全会一致で可決、成立。被害者に一律で320万円を支給

4・24◉陸上競技指導者で金メダリストら多くのランナーを育てた小出義雄さんが死去。80歳

4・25◉プーチン露大統領と北朝鮮の金正恩朝鮮労働党委員長が初めて会談

4・25◉セブン—イレブン・ジャパンは行動計画で一律に24時間営業を求める姿勢からの方向転換

4・25◉「デゴイチ」の異名を取った大相撲の元関脇・黒姫山(本名・田中秀男)が肺炎のため死去。70歳

4・26◉東京都文京区のお茶の水女子大付属中学校で、秋篠宮悠仁さまの机に果物ナイフが置かれていた。29日、自称・長谷川薫容疑者(56)を建造物侵入容疑で逮捕

4・28◉体操の全日本選手権の男子個人総合で谷川翔(順大)が2連覇。内村航平は予選落ち、前回2位の白井健三は最下位の30位だった。

4・29◉柔道の全日本選手権でウルフ・アロンが初優勝

4・29◉米国から国際郵便で覚醒剤を密輸しようとした経産省の自動車課課長補佐(28)を麻薬特例法違反で現行犯逮捕

4・30◉皇居・宮殿で「退位礼正殿の儀」が行われ、天皇陛下が「象徴としての私を受け入れ、支えてくれた国民に、心から感謝します」と述べた。在位期間は30年3カ月24日

特捜検察は「1強政権」に敗北したのか！

くすぶり続ける「森友・加計」疑惑の謎

ノンフィクション作家
森 功

竹下登内閣で官房長官を務めた小渕恵三が新たな元号を発表し、平成の幕が開いた。その内閣はほどなく、リクルート事件という疑獄にまみれ、退陣を余儀なくされる。そこから稀《まれ》に見る大事件が相次いだ。イトマンや東京佐川急便、ゼネコンを舞台にした汚職……。平成の前半に起きた数々の事件は、終戦時のカオスから経済大国と呼ばれるまでに成長を遂げた日本社会に蓄積した歪《ゆが》みを露呈した。

事件には政治とカネという表現に象徴される巨悪が存在し、司法や警察の捜査が切り込んだ。ある意味、それはわかりやすい犯罪であり、人々は事件が起きるたび不正に怒り、社会の浄化を求めてきた。

しかし21世紀に入り、平成も後半に差し掛かると、事件の様相が一変する。贈収賄や背任などの事件で見られたストレートな賄賂や裏金がなりを潜め、それまで形式犯扱いとされてきた政治資金規正法や独占禁止法の違反が摘発されるようになる。小沢一郎事務所の陸山会事件、リニア新幹線の談合などもそうだ。その犯罪は巨悪というイメージはなく、不正が見えづらい。いわばわかりにくい犯罪であり、刑事事件として立件されないケースも少なくない。

◀安倍晋三首相と妻の昭恵氏…2017年4月

しかし、そこには新たに日本が抱える大きな歪みが潜む。2017（平成29）年以降、くすぶってきた森友学園と加計学園という二つの学校法人で起きた出来事は、まさしくその典型といえる。いずれも刑事告発され、東京と大阪の両地検特捜部が追及をした。が、捜査は不発に終わり、疑惑だけが残っている。

森友事件における最大の焦点が、国有地の払い下げ時の大幅値引きだったのは、改めて念を押すまでもない。財務省近畿財務局が、相場9億5000万円の小学校建設予定地を1億3400万円で森友学園に売却した。地中のゴミ撤去費用と称した値引きは、実に8億2000万円にのぼる。

この法外な値引きに登場したのが、首相の安倍晋三と妻の昭恵である。森友学園の理事長は小学校に首相本人の名を冠し、昭恵付きの秘書まで出てきて、土地取引に首を突っ込んだ。

「私や妻がかかわっていたら、総理大臣も国会議員も辞める」

17年2月17日のこの国会答弁が引き金となり、財務省が公文書の改ざんという前代未聞の犯罪に手を染める。財務省近畿財務局が17年の2月下旬から4月にかけ、土地取引の決裁文書を改ざんし、書き換えられた文書が議員たちに公開されていた。公文書の〝偽造・変造〟は実に300カ所にのぼる。それは、首相夫妻を守るために都合の悪い文書を書き換えた、とのちの財務省調査で認定されたほどだ。夫妻の関与は濃厚だった。

大阪地検特捜部がつかんだ「決裁文書の改ざん」

そんな森友疑惑に関する大阪地検特捜部の捜査は、財務省による公文書改ざんが発覚する1年前にすでに市民団体の告発を端緒に始まっていた。初めに特捜部が取り組んだ容疑が、国有地の不当値引きによる財務省の「背任」と、交渉記録を廃棄した「証拠隠滅」などだった。複数の大阪地検関係者に聞くと、特捜部の捜査はかなり進んでいたという。

「特捜部は、告発直後の17年4月から財務省や国土交通省の事情聴取を進めていました。それはあくまで背任容疑です。ただ、国に損害を与える犯意をもって値引きに応じたという立証が難しい。だから捜査は難航していました。そんなとき、たまたま見つけたのが財務省の決裁文書の改ざんだったのです」

特捜部では、森友学園と交渉してきた財務省近畿財務局のパソコンからデータを押収。その解析を担ったのがＤＦ（デジタル・フォレンジック）センター準備室だ。

ＤＦ室はその名称どおりコンピューターに残っているデジタルデータを復元する鑑識部隊である。くしくも大阪地検は、同地検の証拠改ざん事件を機にＤＦセンター準備室を新設した。そして特捜部の捜査実務を担ってきた資料課の優秀な4人の事務官たちが配置され、データ解析を進めた。結果、決裁文書の改ざんに行きあたったのである。

それが、国会閉幕中の17年夏から秋口にかけてのことだ。背任捜査に手間取っていた大阪地検は、まず先に公文書の変造容疑を固めようとした。先の関係者がこう打ち明けた。

「近畿財務局だけではなく、東京に出張して本省の理財局や国交省の事情聴取を進め、少なくとも年内には事実関係を固めていました。霞が関の捜査なので、東京地検や関東周辺の検事を応援に駆り出し、大阪地検の検事が東京に出張して合流していました」

だが、やがて捜査の空気がしぼんでいった。この年の12月26日、法務省刑事局長の林真琴に対する名古屋高検検事長への異動が閣議決定された。このときの法務省人事もまた、森友学園捜査に大きな影を落としたといわれる。

▶森友学園問題で衆議院予算委員会の証人喚問に答える佐川宣寿・元国税庁長官
…国会内で　2018年3月

法務・検察組織に異例人事がまかり通った

法務・検察組織では、事務次官を役人の最高位とする他の霞が関の省庁と首脳人事の序列が異なる。検事総長を頂点に東京高検検事長や最高検次長検事、大阪高検検事長、法務省事務次官、各高検検事長という位置づけになる。検事総長候補と評されるエリート検事の林は、現場の捜査検事からの信頼も厚い。したがってこのときの人事で、検事総長の登竜門とされる法務省の事務次官になり、続いて東京高検検事長、検事総長という階段を上ると目されていた。

ところが、その林が事務次官を飛び越え、名古屋高検検事長に就任したのである。本来、名古屋高検検事長はアガリに近いポストであり、検事総長が遠のいたことになる。これが官邸ならびに政府主導の意思だとされた。なぜ、そんなことが起きたのか。ある特捜部長経験者が、こう説明してくれた。

「安倍1強政権の下、内閣人事局が霞が関の幹部人事を牛耳っているといわれますが、司法の独立という建前上、検事の人事だけは口を出せないことになっていました。しかし、政権にとって検察は最も怖い存在です。そこで官邸は黒川（弘務）事務次官を頼りにしてきた。森友問題が刑事告発されている中、黒川さんを残したい。そのための事務次官留任だといわれています」

法務・検察官僚は「赤れんが」と呼ばれる法務省と捜査現場の検察庁を行ったり来たりするのが普通だが、黒川は法務省官房長、事務次官を7年も務めてきた。それだけに政権中枢と極めて近い。法務・検察内部では、16年、17年とすでに黒川の交代案が出ていたが、これも流れ、事務次官として留任してきた。

「黒川君は安倍政権の悲願だった共謀罪法を成立させるため、野

◀森友学園問題で小学校建設現場を訪れた参議院予算委員会の視察団に説明する籠池泰典氏
…大阪府豊中市で　2017年3月

党に働きかけてきた。菅（義偉）官房長官をはじめ、最も官邸の覚えめでたい法務官僚といわれています。だが法務・検察組織としては、さすがに人事で地方の高検検事長にすることにしていたのですが、ここでそれもひっくり返ったのです」（同）

当然のことながら、黒川を事務次官としてそばに残そうとすれば、林をほかに異動させるしかない。そこで名古屋高検の検事長にしたのだとの見立てだ。法務・検察組織にとって、まさに異例中の異例人事である。だが、それがまかり通ったことになる。

この異例の人事は大阪地検の森友捜査を封じるためではなかったか。いきおい、そんな不信が検察関係者の間から沸き起こった。この件について、ある大阪地検関係者はこう解説した。

「世間の風当たりを気にしたのか、人事は表向き上川陽子法務大臣が決めたことになっていますが、官邸に無断でここまでの人事ができるわけがない。というより、官邸の意思で黒川君を事務次官に留任させたと見るほうが正しい。ここまで見せつけられると、検察庁も森友捜査については地検マターではなく、政治判断という捉え方になりますよ」

文字どおり奥の院の謀《はかりごと》だけに、特捜部の捜査にどう影響があったのか、真偽のほどは定かではない。しかし現に大阪地検の捜査が、立件に向かわなかったのは確かだ。

そしてそんな折、飛び出したのが、『朝日新聞』のスクープによる公文書改ざんだったのである。おまけに財務省が国有地の値引きに関し、森友サイドへ口裏合わせをしていた事実まで白日の下にさらされた。それまでの疑惑が国民の目には現実の犯罪行為として映った。大阪地検もさすがにいったんは捜査を仕切り直し、財務省はもとより政府は青ざめた。

だが、そもそも検察には安倍政権相手に本気で捜査をする気概などなかったのかもしれない。結局、捜査はそのまま幕を閉じた。まさに政治判断の捜査終結という以外に言葉が見当たらない。大阪地検特捜部は、前理財局長の佐川宣寿をはじめ告発された財務省関係者ら38人全員の起訴を見送ったと記者発表した。不起訴の理由は詳《つまび》らかにせず、「捜査を尽くした」と繰り返す言葉がむなしく響くばかりだった。

▶加計学園問題について記者会見する下村博文氏
…自民党本部で　2017年6月

刑事事件として
消化不良に終わった「加計学園疑惑」

一方で、もう一つの加計学園事件のポイントは、40年来の「腹心の友」に対する依怙《えこ》贔屓疑惑だった。

私立大学の獣医学部新設が、第2次安倍政権下で編み出した国家戦略特区という新たな経済特区の仕組みにより、半世紀ぶりに愛媛県今治市の加計学園で実現した。首相秘書官だった柳瀬唯夫をはじめ、内閣府審議官の藤原豊ら官邸官僚が奔走し、所管官庁の文部科学省などにプレッシャーをかけてきた。そのさまもまた、文科省の「総理のご意向」文書によって明らかになるのだが、刑事事件として見た場合、これも消化不良という以外にない。なかでも15年当時、文科相だった下村博文に対する加計学園の政治資金問題は合点がいかない。

安倍派四天王の一人と目される下村は、第2次安倍政権の発足から15年10月の内閣改造に伴う自民党総裁特別補佐となるまで、3年近く文科相を務めた。首脳に倣い、加計学園理事長の加計孝太郎との親密な交友を続けてきた。その加計と下村の関係を取材する過程で、私は下村事務所の政治資金に関する資料を入手した。

◀加計学園の獣医学部新設を巡る問題で
記者会見する加計孝太郎理事長
…愛媛県今治市で　2018年10月

〈博友会パーティ入金状況〉

そう題されたカラーコピーの一覧がその一つだ。そこには、文科相時代の3年間に後援組織「博友会」で開いてきた政治資金パーティー券の収支が記されていた。なかでも1枚2万円のパーティー券の購入先として目を引くのが、加計学園の項目だった。次のように記載されていた。

〈入金日9月21日　グループ学校　所属加計学園　金額200,000　枚数10〉(12年)

〈入金日9月27日　グループ学校　所属加計学園　金額1,000,000　枚数50〉(13年)

〈入金日10月10日　グループ学校　氏名山中一郎　所属加計学園　金額1,000,000　枚数50〉(14年)

一覧記録を見る限り、加計学園のように一度に50枚もチケットを買っているところはほとんどない。博友会は下村の選挙区である東京都の選挙管理事務所に届け出ている政治団体であり、パーティー券収入はいずれも加計学園からの政治献金とみるほかない。

政治資金規正法では、20万円を超える大口のパーティー券購入者は報告を義務付けている。とすれば、少なくとも12年以外の13年と14年の各100万円の合計200万円は政治資金収支報告書に記載しなければならない。だが下村事務所のそれには、加計学園の記載がいっさい見当たらない。つまり、裏政治献金の疑いが生じるのである。

下村関連でいえば、この政治資金の帳簿とともに事務所の日報も入手した。たとえば14年4月21日付の日報には、〈(加計学園)山中(秘書)室長より〉として、以下のような記録がある。

〈大臣にお繋ぎして頂いた山本順三先生と23日に会食することになりました。もし宜しければ、是非大臣もご参加下さい〉

加計学園が下村から紹介された山本順三は愛媛県今治市出身で、安倍と同じ自民党細田派に所属する6回当選のベテラン参議院議員だ。今治市の出身だけに、加計学園は獣医学部新設に向けた協力を仰ぐ腹積もりだったのだろう。パーティー前の14年9月22日付のそれには、〈◇加計理事長との会合について〉として次のようにも記されている。

〈山本順三先生、塩崎大臣のところにご案内をお持ちしました。

博友会パーティチケット依頼電話かけ・送付作業博友会入金確認〉

実はこの時期、加計学園の運営する岡山理科大学では、獣医学部とともに教育学部の設置を文科省に申し出ていた。同日の日報には、学園秘書室長の山中からの〈陳情・ご報告事項〉としてこう記されている。

〈岡山理科大学の設置申請の件で、文科省に何度も連絡をしたのですが込み合っているとの理由で取り合って頂けません。五月末が申請でそれまでに2、3回は質問し書類を整えたいと思っていますので、大変勝手なお願いですが、何卒面会させて頂けないでしょうか〉

これに対する返答は〈事務方を通して、お願いをしました〉だ。こちらは教育学部開設にかかわる相談かもしれない。加計学園を巡っては獣医学部より一足先に15年8月に学部設置の認可が下りている。認可したのがほかでもない下村文科相である。

▶加計学園問題で
衆議院予算委員会に
参考人として出席する
柳瀬唯夫・元首相秘書官
…国会内で　2018年5月

「首相案件文書」が物語る不可解な流れ

そして問題の15年に入ると、加計学園がいよいよ本丸の獣医学部新設に向け、国家戦略特区への衣替えの準備に入る。そこで官邸の窓口として相談に乗ってきたのが、秘書官の柳瀬だった。柳瀬はこの年の4月2日、首相官邸で加計学園、愛媛県、今治市の幹部職員たちと会い、獣医学部の新設に向けて話し合っている。

この面談については当初、柳瀬自身が否定し続けてきた。だが、